Keller • Botschafterporträts

Florian Keller

Botschafterporträts

Schweizer Botschafter in den «Zentren der Macht» zwischen 1945 und 1975

Publiziert mit Unterstützung des Schweizerischen Nationalfonds zur Förderung der wissenschaftlichen Forschung im Rahmen des Pilotprojektes OAPEN.CH.

Weitere Informationen zum Verlagsprogramm:
www.chronos-verlag.ch

© 2017 Chronos Verlag, Zürich
ISBN 978-3-0340-1353-6

Inhalt

Vorwort von Altbundespräsident Joseph Deiss		11
Einleitung		15
I	Das Eidgenössische Politische Departement, ein Akteur der Aussenpolitik	19
1	Aussenpolitik der Schweiz im 20. Jahrhundert	19
	1.1 Die Schweizer Neutralitätskonzeption	19
	1.2 Aktive Aussenpolitik inner- und ausserhalb der Neutralitätskonzeption	21
	1.3 Entwicklung der Schweizer Aussenpolitik 1945–1975	23
2	Das EPD im 20. Jahrhundert	28
	2.1 Aufgaben	29
	2.2 Struktur	32
	2.3 Personal	38
3	Die Botschaft und ihre Aufgaben	39
	3.1 Formen der staatlichen Aussenvertretung	39
	3.2 Aufgaben einer Botschaft	39
	3.3 Mitarbeiter einer Botschaft	40
II	Schweizer Botschafter zwischen 1945 und 1975 – Annäherung an eine Kollektivbiografie	43
1	Das diplomatische Corps 1945–1975	43
	1.1 Herkunft und Bildungshintergrund der Vor-Concours-Diplomaten	43
	1.2 Karriere der Vor-Concours-Diplomaten	45
	1.3 Demokratisierung des diplomatischen Corps – der Concours und seine Folgen	50
2	Schweizer Botschafter in den «Zentren der Macht»	53
	2.1 Paris	54
	2.2 Washington	55
	2.3 London	56

	2.4 Moskau	57
	2.5 New York	58
	2.6 Köln	59
III	**Karl Bruggmann – ein stiller Netzwerker für die Schweiz**	61
1	Eine Karriere auf exponierten Posten	61
	1.1 Vom Bauernhaus in zusammenbrechende Staaten	61
	1.2 Der goldene Briefkasten	64
2	Minister in Washington 1945–1954	66
	2.1 Atmosphärische Störungen zwischen Washington und New York	66
	2.2 Das Washingtoner Abkommen	71
	2.3 Der Marshallplan und die Schweiz	78
	2.4 Der Uhrenkrieg	79
	2.5 Engagement in verschiedenen Botschaftsaufgaben	83
	2.6 Mary A. Wallace als Schlüssel zur Washingtoner Society	87
3	Ansichten, Persönlichkeit und Familie	91
4	Wertung	94
IV	**Henry de Torrenté – ein Walliser Wirbelwind und Reformer**	97
1	Ein Aufstieg im Windschatten des «grossen Stucki»	97
2	Minister und Botschafter in London 1948–1954 und Washington 1955–1960	102
	2.1 In London zu Beginn des Kalten Krieges	102
	2.2 Gute Dienste in der Abadan-Krise	104
	2.3 Reibungsflächen in den Beziehungen zu Washington	107
	2.4 Der Uhrenkrieg	110
	2.5 Der erste Atomreaktor für die Schweiz	112
	2.6 Engagement in verschiedenen Botschaftsaufgaben	114
	2.7 Ein emsiger Netzwerker	123
3	Ansichten, Persönlichkeit und Familie	125
4	Wertung	128

V	Albert Huber – ein Promotor freundnachbarlicher Beziehungen zur BRD	131
1	Die deutsche Frage	131
2	Minister und Botschafter in Köln 1949–1959	134
	2.1 Aufnahme diplomatischer Beziehungen zur BRD	134
	2.2 Vom Nahverhältnis unter befreundeten Nachbarn	140
	2.3 Das Luftverkehrsabkommen	146
	2.4 Engagement in verschiedenen Botschaftsaufgaben	148
	2.5 Beste Beziehungen zur Führung der BRD	155
3	Ansichten, Persönlichkeit und Familie	159
4	Wertung	162
VI	Armin Daeniker – ein scharfer Beobachter auf dem falschen Posten	165
1	Der Asien- und Indienspezialist	165
2	Minister und Botschafter in London 1955–1963	171
	2.1 Aufgaben, Probleme, Besonderheiten	171
	2.2 Handelspolitik – ein Spielfeld für den Wirtschaftsrat	174
	2.3 Analysen zur Suezkrise und zum EWG-Beitrittsgesuch	177
	2.4 Engagement in verschiedenen Botschaftsaufgaben	181
	2.5 Die Freundschaft mit Bundesrat Max Petitpierre	187
3	Ansichten, Persönlichkeit und Familie	190
4	Wertung	193
VII	August R. Lindt – Lichtgestalt der Schweizer Entwicklungsdiplomatie	195
1	Vom Journalisten zum Putschisten	195
2	Missionschef in New York 1953–1956, Botschafter in Washington 1960–1963 und Moskau 1966–1969	201
	2.1 Eine aktive Rolle als Schweizer Beobachter in der UNO	201
	2.2 UNO-Hochkommissar für Flüchtlinge	204
	2.3 Botschafter in Washington – Kennedy und Kuba	205
	2.4 UdSSR-Botschafter – in Biafra statt in Moskau	210
	2.5 Ein kritischer und genauer Beobachter	214

		2.6 Engagement in verschiedenen Botschaftsaufgaben	217
		2.7 Ein guter Freund des UNO-Generalsekretärs	219
	3	Ansichten, Persönlichkeit und Familie	223
	4	Wertung	227

VIII Max Troendle – ein Freund des Ostens in schweren Zeiten 231

1	Unbeliebter Kämpfer für den Schweizer Osthandel		231
2	Botschafter in Moskau 1961–1964 und Köln 1964–1969		240
	2.1 Antikommunistisches Sperrfeuer		240
2.2	Als Botschafter in der BRD – ein Missverständnis		246
	2.3 Schweizerisch-deutsches Doppelbesteuerungsabkommen		249
	2.4 Ein Goldfisch mit gutem Auge		251
	2.5 Engagement in verschiedenen Botschaftsaufgaben		255
	2.6 Kein grosser Netzwerker		257
3	Ansichten, Persönlichkeit und Familie		260
4	Wertung		264

IX Felix Schnyder – ein Botschafter in seinem Element 267

1	Militärfreundschaft als Türöffner für Ostberlin	267
2	Missionschef in New York 1958–1961 und Botschafter in Washington 1966–1975	273
	2.1 Der UNO-Beobachter und sein Einfluss auf die UNO-Mission im Kongo	273
	2.2 UNO-Hochkommissar für Flüchtlinge	276
	2.3 Vertreter in Washington	278
	2.4 Vermittlung zwischen Washington und Havanna	280
	2.5 Berichterstattung dank Quellenarbeit	282
	2.6 Engagement in verschiedenen Botschaftsaufgaben	285
	2.7 Gattin als Schlüsselfaktor im ausgedehnten Netzwerk	292
3	Ansichten, Persönlichkeit und Familie	296
4	Wertung	298

| X | Pierre Dupont – ein «agent de charme» in Paris | 301 |

1	Genf und Paris als karriereprägende Schauplätze	301
2	Botschafter in Paris 1967–1977	306
	2.1 Spezielle Anforderungen des Pariser Postens	306
	2.2 Von de Gaulle zu Pompidou und die EWG-Frage	307
	2.3 Wenig Einfluss auf bilaterale Fragen	310
	2.4 Kaum Berichte des Botschafters	313
	2.5 Engagement in verschiedenen Botschaftsaufgaben	315
	2.6 Eine «eminente Pariser Persönlichkeit»	322
3	Ansichten, Persönlichkeit und Familie	324
4	Wertung	328

| XI | Konklusion | 331 |

1	Schweizer Botschafter in den «Zentren der Macht» – eine Kollektivbiografie	331
2	Vom bilateralen Troubleshooter zum «agent de charme»	336
3	Wie die Person die Tätigkeit prägte	348
4	Fazit	351
5	Diskussion und Ausblick	353

| XII | Zum Forschungsdesign | 357 |

1	Themenwahl	357
2	Fragestellung	358
3	Gliederung	360
4	Quellenlage und Forschungsstand	361
5	Methode	366
6	Botschafterstichprobe: Kriterien der Auswahl	367

| Anhang | | 371 |

1	Tabellen	373
2	Abkürzungsverzeichnis	376
3	Bibliografie	379

Vorwort

«Comparaison n'est pas raison», heisst es in der Diplomatensprache. Es darf deshalb angezweifelt werden, ob sich ein Vertreter der Schweizer Aussenpolitik der frühen 2000er-Jahre für ein Vorwort zu einem Buch über die Schweizer Aussenpolitik zwischen 1945 und 1975 eignet.

An einer der über hundert öffentlichen Debatten, welche ich vor der Abstimmung über unseren UNO-Beitritt zu bestreiten hatte, im Jahre 2002, wurde ich von einem Gegner aus dem Publikum persönlich hart angegriffen, ich würde einzelne meiner Vorgänger als «Lügner» bezeichnen. Als ich fragte «Wen?» und «Wieso?», hiess es: «Max Petitpierre hat in den Fünfzigerjahren gesagt, ein UNO-Beitritt sei mit der Schweizer Neutralität nicht vereinbar.» Da ich nun das Gegenteil behaupte, würde ich diesen hoch angesehenen Bundesrat des Betrugs am Volk bezichtigen.

Hätte es zu jener Zeit das vorliegende Werk gegeben, wäre mir meine damalige Erklärung der Unmöglichkeit eines Vergleichs der UNO im Jahre 2000 mit jener aus der Nachkriegszeit viel leichter gefallen. Auch dass die Konstanten der Schweizer Diplomatie – Neutralität, Solidarität, Universalität und Disponibilität – in einer globalen Welt anders auszulegen sind, kann man dank eines Zurückblickens in die Zeit des Kalten Krieges besser ermessen.

Vieles ist zwar gleich geblieben. Auch heute noch gelten Botschafterposten in Washington, New York, London oder Moskau als Krönung einer Botschafterkarriere. Auch wenn nun noch einige andere, ich denke zum Beispiel an Brüssel oder Genf, dazugekommen sind. Auch heute ist im Sinne gewisser Schichten der Bevölkerung und Politiker die Neutralität ein Zweck unseres Bundes, statt ein Mittel dessen, seine Ziele zu erreichen. Und schliesslich ist die Schweizer Diplomatie weiterhin geschätzte Interessenvertreterin oder Erbringerin guter Dienste für andere Staaten.

Doch vieles hat sich infolge politischer, institutioneller, aber auch technischer Entwicklungen einem tiefschürfenden Wandel unterzogen. So spielt aus meiner Sicht die Grösse eine geringere Rolle. Persönlich spreche ich im Prinzip nie von der «kleinen» Schweiz. Für mich ist sie ein Staat mit gleichen Rechten und Pflichten wie alle anderen. Natürlich bin ich mir der demografischen oder geografischen Dimensionen bewusst. Aber in mancher Hinsicht moralischer, wirtschaftlicher oder historischer Art kann auch die Schweiz Grösse beanspruchen.

Auch die Interessenvertretung ist in einer multilateralen und globalen Welt anders zu verstehen. Von 1946 bis 1964, also in der unmittelbaren Nachkriegszeit, hat unser Land 64 Mandate der Interessenvertretung wahrgenommen. Bei wichtigen internationalen Verhandlungen, man denke an die Verträge von Evian oder den Waffenstillstand zwischen den beiden Korea, haben die Schweiz und ihre Diplomaten aktiv und initiativ mitgewirkt. Heute ist die Zahl bedeutend kleiner und es gibt mehr multilaterale Gefässe, um solche Prozesse abzuwickeln. So hat unser Land bei der Schaffung der OSZE wie auch des Internationalen Strafgerichtshofes grosse Verdienste erlangt. Umgekehrt hat die Zahl der Schweizer Missionen im Ausland (Botschaften) enorm zugenommen und die Politik der letzten Amtsträger bestand darin, die Universalität unserer Beziehungen durch eine Ausdehnung auf praktisch alle Staaten der Welt zu bezeugen.

Wie bereits angedeutet, betrachte ich unsere heutige UNO-Mitgliedschaft als die grundlegendste Differenz zur damaligen Zeit. Nicht nur weil heute die multilaterale Aussenpolitik gegenüber den rein bilateralen Beziehungen zwischen Staaten erheblich an Gewicht gewonnen hat. Viele unserer Zeitfragen – Frieden, Umwelt, Armut, Terrorismus – lassen sich nicht befriedigend durch Initiativen einzelner Staaten lösen. Eine globale Welt verlangt nach globalen Lösungen.

Viel mehr noch lässt sich in einem Gremium der Staatengemeinschaft, welches in der Zwischenzeit auch zur Globalität gefunden hat – heute hat die UNO 193 Mitgliedstaaten – unsere Neutralität viel besser leben als im Abseits. Auch in den 1950er-Jahren hatte die Schweiz zwar keine Wahl und musste wohl oder übel, Neutralität hin oder her, zum Beispiel die Rhodesien-Sanktionen umsetzen. Was damals für ein Nichtmitglied ein autonomer Entscheid war – und deshalb aus der Sicht der Betroffenen ein Bruch mit der Neutralität – ist heute eine Handlung im Sinne der Völkergemeinschaft, der wir im Rahmen der UNO angehören. Sollte 2022 die Schweiz sogar Mitglied des Sicherheitsrats werden und ihn turnusgemäss einen Monat lang präsidieren, würden auch die Lindts und Schnyders zum Schluss kommen, dass gerade eine solche Funktion für ein neutrales Land wie massgeschneidert ist. Zusätzlich würde der Posten in New York im internen Ranking der Schweizer Diplomatie sicher noch an Gewicht gewinnen.

Die Betrachtung unserer Aussenpolitik durch die Lupe des Botschafters erlaubt es, nebst der Würdigung vieler in diesem Buch behandelter Persönlichkeiten das Tagesgeschäft der Diplomaten im Verhältnis eins zu eins zu verfolgen. Das soll uns aber nicht dazu verleiten, die ureigene Aufgabe eines «ausserordentlichen und bevollmächtigten Botschafters» zu vergessen. Diese besteht auch heute noch darin, seine Regierung und seinen Staatschef – für die Schweiz den Bundesrat – gegenüber dem Gastland zu vertreten. Wie die im Französischen noch vertrauter klingenden Adjektive «extraordinaire et plénipotentiaire» es sagen, ist er dafür mit der maximalen Macht ausgestattet, nämlich jener, seinen Auftraggeber zu verpflichten. Deshalb ist man heute vielleicht vorsichtiger und belässt einen Botschafter im Schnitt etwa vier Jahre auf demselben Posten. Die in diesem Buch erforschten Mandate dauern in den meisten Fällen oft acht Jahre und mehr und wären in der heutigen Landschaft eher atypisch. Auch sind heute bei Weitem nicht mehr alle Diplomaten Juristen: Philosophie, Philologie, Agronomie, Physik und sogar Ökonometrie können durchaus einen nützlichen intellektuellen Hintergrund darstellen. Der Wandel vom Interessenvertreter zum «agent de charme» ist auf «Durchschnittsmissionen» bilateraler Natur ein leicht beobachtbarer Trend. Dass die Übermittlung von Informationen für die Zentrale heute durch zahlreiche andere Kanäle als Botschafterrapporte hergestellt werden kann, ist sicher ein anderer Grund der tiefen Veränderung der Aufgaben unserer Diplomaten.

Bei der Schaffung des Bundesstaates im Jahre 1848 haben es unsere Väter verstanden, wichtige zentrale Aufgaben eines Staatenbundes – Aussenpolitik, Militär und Währung – auf nationaler Ebene zu konzentrieren. Genau die Bereiche, in welchen zum Beispiel die EU am meisten Mühe hat, gemeinsame Politiken zu entwickeln. Gleichzeitig hat man aus meiner Sicht damals die Aussenpolitik nicht unterschätzt, sondern hat diese zur Angelegenheit des Bundespräsidenten gemacht. Der Bundespräsident war zugleich Aussenminister. Das hatte sicher auch seine Vorteile. Und es ist wohl deshalb, dass man sich im Kreis der Diplomaten, insbesondere wenn man mit den genauen Titelbezeichnungen nicht ganz sicher ist, immer mit «Excellence» ansprechen kann. Jedenfalls dürfen die in dieser Studie vorgestellten, verdienten Missionschefs den Anspruch auf diese Qualifikation ohne Zweifel erheben.

Joseph Deiss

Ehemaliger Bundespräsident und Bundesrat
Präsident der 65. Generalversammlung der Vereinten Nationen

Einleitung

Zahllose Champagnercocktails, herrschaftliche Residenzen, geheime Netzwerke, gewiefte Gesprächs- und Verhandlungsführer, Weltenbummler, Protokollfanatiker, verkappte Spione, standhafte Repräsentanten, feine Beobachter, Savoir-vivre – um kaum eine andere Berufsgattung in der öffentlichen Verwaltung ranken sich so viele Geschichten und Mythen wie um die der Diplomaten. Der Kontakt der Bürger mit dem diplomatischen Netzwerk beschränkt sich oft auf Visumfragen und entsprechend gering ist das Wissen der breiten Bevölkerung über die Arbeit der Diplomaten.
Die vorliegende Arbeit soll hier einen Beitrag leisten und Schweizer Diplomaten des 20. Jahrhunderts in ihren Lebensumwelten beschreiben und untersuchen. Sie beschäftigt sich mit einer besonderen Gruppe innerhalb der Schweizer Diplomatie – den Botschaftern.[1] Sie sind die äusserste Vertretung der Schweizer Regierung. Sie sind der längste, wenn auch nicht immer der stärkste Arm der Schweizer Aussenpolitik, sind zugleich Nachrichtensammler und Verkörperung des Bildes der Schweiz im Ausland. Doch wer sind diese Leute? Woher kommen sie und welche Ausbildung haben sie durchlaufen? Wie verläuft ihre Karriere und wie kommen sie zu einem Botschafterposten? Vor allem aber: Wie erfüllen sie ihre Aufgabe? Was tun sie und wo legen sie Schwergewichte? Und schliesslich, was denken sie über die Schweizer Aussenpolitik?[2]
Um auf diese Fragen eine Antwort zu geben, konzentriert sich das vorliegende Buch auf die Lebensgeschichte und vor allem die Botschaftertätigkeit von acht

---

1 Der Begriff Botschafter bezeichnet sowohl eine Funktion – der Botschafter ist der «ausserordentliche und bevollmächtigte» Vertreter seiner Regierung bei der Regierung des Gastlandes, wobei ausserordentlich bedeutet, dass der Botschafter in permanenter Mission entsandt, während der ordentliche Botschafter nur für eine spezielle Mission ernannt wurde – als auch einen Titel im diplomatischen Dienst. Siehe dazu Kap. I, 3.3. Bis 1957 ernannte die Schweiz keine Botschafter, sondern «ausserordentliche und bevollmächtigte Minister», die auch als Gesandte bezeichnet wurden. Siehe dazu Kap. I, 3.1. In der vorliegenden Arbeit meint «Botschafter» in der Regel die Funktion und schliesst damit «Gesandter mit Ministertitel» mit ein. Ausnahmsweise kann er sich auf den Titel beziehen. Wenn es heisst: «Botschafter August R. Lindt wurde Leiter des Dienstes für technische Zusammenarbeit», war Lindt also in der EPD-Zentrale in Bern tätig und hatte die Funktion, den Dienst für technische Zusammenarbeit zu leiten. Er trug aber persönlich den Botschaftertitel. Der Begriff Minister wird nur dann eingesetzt, wenn die Aussage die Zeit vor 1957 betrifft.

2 Die präzise Ausformulierung der Fragestellung kann in Kap. XII, 2 nachgelesen werden.

Schweizer Botschaftern. Es handelt sich dabei um Personen, die vom Bundesrat ausgewählt wurden, die Schweizer Interessen auf den wichtigsten Aussenposten zu vertreten, und dies deutlich länger als der Durchschnitt, nämlich über acht Jahre. Dies darf durchaus als bundesrätliches Gütesiegel verstanden werden. Die untersuchten Botschafter haben nicht nur die oberste Stufe der diplomatischen Karriereleiter erklommen, sondern ihre Arbeit aus Sicht der Departementsleitung und des Bundesrates auch besonders gut gemacht. Die Studie befasst sich mit den absoluten Experten der Vertretung schweizerischer Interessen im Ausland, den sogenannten Präsenzspezialisten.[3] Dabei interessieren vor allem Parallelen und Unterschiede, da diese zeigen, welche Punkte für alle Schweizer Botschafter dieser Zeit gelten dürften und welche nicht.

Es handelt sich also um eine Annäherung an eine sozialgeschichtliche Kollektivbiografie der Schweizer Botschafter. Während über faktische Punkte wie Studienabschluss, Sprachregionenvertretung und soziale Schicht dank Vollerhebung anderer Studien allgemeingültige Aussagen gemacht werden können, konzentriert sich die vorliegende Studie darauf, einige als wesentlich angesehene Repräsentanten in der Gesamtheit ihres Lebensumfeldes und ihrer Tätigkeit als Botschafter zu beschreiben und zu analysieren. Es wird also ein breites Themenspektrum anhand einer kleinen Gruppe von Diplomaten untersucht. Der Rahmen der Studie liess es nicht zu, eine grössere Zahl von Botschaftern dieser detaillierten Analyse zu unterziehen. Nichtsdestotrotz garantiert der gezielte Auswahlprozess, dass die Gruppe der untersuchten Botschafter Modellcharakter für die gesamte Gruppe der Diplomaten dieser Zeit hat.

Durch die Einschränkung des Untersuchungszeitraums auf 1945 bis 1975 rückt zudem eine ganz spezielle Gruppe von Diplomaten in den Fokus: Alle Botschafter auf wichtigen Aussenposten dieser Zeit sind vor der Einführung eines geregelten Selektionsprozesses ins Eidgenössische Politische Departement (EPD) eingetreten. Wie später beschrieben wird, hat die Einführung des neuen Aufnahmemechanismus, des sogenannten Concours, das Personal im Departement grundsätzlich verändert.[4] Die Studie richtet also den Blick auf die Vor-Concours-Diplomaten.

Interessanterweise sind in der schweizerischen Aussenpolitik gerade die Jahre zwischen 1945 und 1975 als eine Epoche zu sehen. In dieser Zeit war das Neutralitätsverständnis der Ära Petitpierre dominierend. Es wurde zwischen «politischer» und «technischer» internationaler Zusammenarbeit unterschieden, wobei die Schweiz versuchte, möglichst nur auf «technischer» Ebene

---

3 Siehe dazu Kap. II, 1.2.
4 Ebd.

zu partizipieren. Gleichzeitig versuchte man sich aus allen «politisch» motivierten Ereignissen herauszuhalten. Erst die aktive Beteiligung der Schweiz an der KSZE 1975 brach diese rigide Doktrin auf. Damit beteiligte sich die Schweiz zum ersten Mal seit den Zeiten des Völkerbunds aktiv an einer klar politisch motivierten Konferenz und verfolgte dabei eigene politische Ziele. Verschiedene Forscher sehen daher in der KSZE den offiziellen Endpunkt einer Epoche der Schweizer Aussenpolitik, die Ende des Zweiten Weltkriegs ihren Anfang nahm.[5]

Während die Schweizer Aussenpolitik des 20. Jahrhunderts als solche ein vielfach untersuchtes Thema ist, wurden ihre Akteure bisher kaum wissenschaftlich erforscht. Die Arbeit versteht sich also als eine Initialstudie. Erst in den letzten Jahren gerieten Personen wie Bundesrat Max Petitpierre, Minister Walter Stucki oder Minister Jean Hotz in den Fokus der Forschung.[6] Die vorliegende Publikation widmet sich im Gegensatz dazu nicht einer einzelnen Person, sondern einem institutionellen Akteur sowie den Menschen in dieser Funktion. Hier ist zu erwähnen, dass den Personen in dieser Rolle ein besonderes Gewicht beigemessen werden muss, da auch in der Zeit der Telegrafen und des Telefons Botschafter immer noch relativ weit weg von der Zentrale in Bern waren. Zudem hatten sie dank ihrem speziellen Status als Vertreter des Gesamtbundesrates in einem fremden Land eine relativ grosse Freiheit. Dies vor allem im Vergleich zu ihren Kollegen in Bern, die den Einflüssen von staatlichen und nichtstaatlichen Akteuren viel direkter ausgesetzt waren.

Dabei waren die Schweizer Botschafter natürlich auch Veränderungen in der Welt der Diplomatie dieser Zeit ausgesetzt. In diesem Zusammenhang stellt sich die Frage, was denn überhaupt unter Diplomatie zu verstehen ist. In der internationalen Forschungsliteratur wurde bereits viel über die Ausweitung der Diplomatie im 20. Jahrhundert diskutiert. Verstand man früher darunter nur das, was Diplomaten taten, fassen neuere Definitionen sämtliche zwischenstaatlichen Beziehungen auf Regierungsebene unter dem Begriff Diplomatie zusammen. In Anlehnung an das berühmte Zitat von Carl von Clausewitz,

---

5 Siehe Altermatt, Vom Ende des Zweiten Weltkrieges bis zur Gegenwart, 67–73. Breitenmoser sowie Kurt R. Spillmann (im Vorwort zu Breitenmosers Arbeit) bezeichnen die KSZE als Höhepunkt der aussenpolitischen Öffnung, die dem «rigiden Neutralitätsaxiom» der Ära Petitpierre ein «offenes Konzept» gegenüberstellt. Breitenmoser, Sicherheit für Europa, 1 und 11. Linke, der die Schweizer Aussenpolitik zwischen 1945 und 1989 in drei Perioden einteilt, wählt für den Übergang von der zweiten zur dritten Periode ebenfalls die KSZE, hingegen bezieht er sich nicht auf die Unterzeichnung der Schlussakte, sondern auf den Beginn der Verhandlungen 1973. Linke, Schweizerische Aussenpolitik der Nachkriegszeit, 5. Siehe auch Tanner, Grundlinien der schweizerischen Aussenpolitik seit 1945, 10.
6 Zum Stand der Forschung siehe Kap. XII, 4.

«Krieg ist die Fortsetzung der Politik mit anderen Mitteln»,[7] könnte man sagen, dass sowohl der Krieg als auch die Diplomatie, als weiteres Werkzeug der Politik, im vergangenen Jahrhundert «total» geworden sind.[8] So veränderte sich das Umfeld der Diplomaten grundsätzlich: Die Dekolonialisierung führte zu einer starken Zunahme an Staaten auf dem internationalen Parkett. Neue Technologien wie Telefon, Radio und Fernsehen vernetzten die Welt und machten die Informationssammlung auch aus der Distanz einfacher. Flugzeuge verringerten die Reisezeiten und erlaubten damit den verstärken direkten, persönlichen Austausch zwischen Staatschefs und anderen Funktionären. Multilaterale Organisationen übernahmen die Rolle der internationalen Koordination und wurden Inkubatoren internationaler Verträge. Alle diese Entwicklungen stellten aber die klassische Aufgabe einer Botschaft infrage. Es ist Ziel der vorliegenden Studie, zu untersuchen, ob diese Veränderung der Umwelt einen beobachtbaren Einfluss auf den Arbeitsinhalt der Schweizer Botschafter zwischen 1945 und 1975 hatte.

Das vorliegende Buch ist eine Überarbeitung meiner Dissertation, die ich unter der Leitung von Prof. em. Dr. Dr. h. c. Urs Altermatt[9] verfasst und 2013 unter dem Titel «Unser Mann vor Ort» an der Universität Freiburg im Üechtland veröffentlicht habe. Dem wissenschaftlich interessierten Leser gibt daher das Kapitel XII Auskunft über das ursprüngliche Forschungsdesign und den wissenschaftlichen Kontext der Studie.

«Le plus fascinant, dans notre métier,
c'est bien cette impression d'être au cœur de l'histoire.»
Pierre Dupont, 1970[10]

---

7 Clausewitz, Vom Kriege, Buch 1, 24.
8 Siehe dazu Hamilton/Langhorne, The Practice of Diplomacy; Herz, The Modern Ambassador; Kingston de Leusse, Diplomate; Kaltenbrunner, Wozu Diplomatie.
9 Urs Altermatt war zu diesem Zeitpunkt ordentlicher Professor für Allgemeine und Schweizer Zeitgeschichte an der Universität Freiburg.
10 Conférence prononcée par M. Pierre Dupont, Ambassadeur de Suisse en France, le Lundi 20 avril 1970 au Cercle d'Etudes Economiques et Sociales du Haut-Léman, undatiert, BAR, E 2500 1990/6, a.21 Pierre Dupont.

I Das Eidgenössische Politische Departement, ein Akteur der Aussenpolitik

1 Aussenpolitik der Schweiz im 20. Jahrhundert

Es ist nicht Aufgabe der vorliegenden Arbeit, eine Gesamtübersicht über die Schweizer Aussenpolitik zu geben. Die Tätigkeit der Schweizer Diplomaten ist aber nur vor dem Hintergrund der Aussenpolitik zu verstehen. So werden in den folgenden zwei Kapiteln die Grundzüge der Schweizer Aussenpolitik erläutert und in einem dritten ihre Entwicklung während der Untersuchungsperiode genauer betrachtet.

1.1 Die Schweizer Neutralitätskonzeption

Die Aussenpolitik der Schweiz ist nur zu verstehen, wenn die spezielle Schweizer Auslegung des Konzepts der Neutralität mit einbezogen wird. In den Köpfen vieler ihrer Bürger ist die Schweiz seit der Schlacht bei Marignano 1515 neutral. Die Neutralität wurde damit als zur Schweiz gehörend betrachtet. Und da sich der Kleinstaat seit seiner Gründung 1848 positiv entwickelt hat, galt die Neutralität vielerorts per se als gut. Ja, die Verteidigung der Neutralität wurde sogar als eigentlicher Zweck der Schweizer Aussenpolitik wahrgenommen.[1] Wie Riklin und Kälin aufzeigten, waren die Bundesbehörden im Gegensatz dazu der Ansicht, dass die Neutralität ein Mittel zum Zweck und auf keinen Fall Selbstzweck sein sollte.[2] Trotzdem ist die oben beschriebene Vorstellung durch die direktdemokratische Einflussnahme des Volkes bis ins heutige 21. Jahrhundert hinein für grosse Teile der Schweizer Aussenpolitik entscheidend.

Die Schweizer Neutralität ist im Gegensatz zur Neutralität, die ein Drittstaat bei einem Konflikt zwischen zwei Staaten temporär einnehmen kann, dauernd. Das heisst, dass die Schweiz sich auch in Friedenszeiten dazu verpflichtet fühlt, sämtliche Anstrengungen zu unterlassen, die zu einer Parteinahme in einem Konflikt zwingen könnten.[3] Ein weiterer wichtiger Punkt zum Verständnis der Schweizer Neutralitätskonzeption bezieht sich auf die Frage der Bewaffnung. Die Schweiz sah sich in der Pflicht, das eigene Territorium verteidigen

---

[1] Siehe Gabriel/Fischer, Swiss Foreign Policy, 1945–2002, 8.
[2] Riklin, Ziele, Mittel und Strategien der schweizerischen Aussenpolitik, 31.
[3] Gabriel, The Price of Political Uniqueness, 6–9.

zu können und damit einem allfälligen Kriegsteilnehmer die Verletzung ihrer Neutralität zu verwehren. Sie hat sich daher zu einer bewaffneten Neutralität bekannt. Dies tat sie im Kalten Krieg exzessiv, sodass dem von Martin Gabriel angeführten Ausspruch, «that Switzerland did not possess but was an army»,[4] eine gewisse Berechtigung zuzuschreiben ist.

Prägend für die Aussenpolitik der Schweiz nach dem Zweiten Weltkrieg waren aber auch die unter Max Petitpierre herausgearbeiteten Maximen der Schweizer Aussenpolitik: Neutralität, Solidarität, Universalität und Disponibilität.[5] Diese werden in der Folge genauer beschrieben. Die Maxime Solidarität muss vor allem aus dem Kontext der Nachkriegszeit heraus verstanden werden. Das Abseitsstehen der Schweiz im Zweiten Weltkrieg wurde von den «moralisch kämpfenden» Alliierten als egoistisch und gleichgültig betrachtet.[6] Auch die enge wirtschaftliche Bindung der Schweiz an Deutschland hat bei den Siegermächten Unmut ausgelöst.[7] In der Nachkriegszeit geriet die Schweiz daher international unter Druck und wurde von den Siegermächten isoliert. Der Bundesrat wollte dem mit solidarischem Handeln entgegentreten. Die Schweiz sollte ihren Platz in der Völkergemeinschaft einnehmen und zeigen, dass sie bereit ist, durch Hilfeleistung Verantwortung zu übernehmen. Petitpierre sah die Solidarität als wichtigen Gegenpart zur Neutralität; sie sollte es der Schweiz überhaupt erlauben, neutral zu bleiben. Die Maxime Universalität ergab sich aus der Stellung der Schweiz zwischen den beiden sich herausformenden Blöcken im Kalten Krieg. Sie sah sich dazu verpflichtet, mit allen Staaten, ungeachtet ihrer Stellung in der Völkergemeinschaft, diplomatische Beziehungen zu unterhalten.[8] Die vierte und letzte Maxime, Disponibilität, ist besser bekannt als Bereitschaft, «gute Dienste» zu leisten. Kälin und Riklin fassen diese «guten Dienste» folgendermassen zusammen: «Dazu gehören u. a. die Übernahme internationaler Mandate (z. B. der UNO), die Übernahme von Schutzmachtmandaten für miteinander verfeindete Länder, die Gewährung von Gastrecht für internationale Organisationen und für wichtige internationale Konferenzen, die Unterstützung friedenserhaltender Aktionen der UNO oder Bemühungen für die Entwicklung vertrauensbildender Massnahmen und Mechanismen der friedlichen Streitbeilegung (z. B. [...] KSZE).»[9] Diese Maximen sind als Leitlinien zu verstehen. Wie in der Folge aufzeigt wird, wurden sie nur zum Teil umgesetzt.

---

4 Gabriel/Fischer, Swiss Foreign Policy, 9.
5 Riklin, Ziele, Mittel und Strategien der schweizerischen Aussenpolitik, 32.
6 Altermatt, Die Schweizer Bundesräte, 433.
7 Hug/Gees/Dannecker, Die Aussenpolitik der Schweiz im kurzen 20. Jahrhundert, 28.
8 Was sie aber nicht tat. Siehe dazu Kap. V, 2.1.
9 Kälin/Riklin, Ziele, Mittel und Strategien der schweizerischen Aussenpolitik, 177.

1.2 Aktive Aussenpolitik inner- und ausserhalb der Neutralitätskonzeption

Wie bereits viele Forscher aufgezeigt haben, muss eine Betrachtung der Schweizer Nachkriegsaussenpolitik, die sich nur auf die oben erläuterte Konzeption der Schweizer Neutralität abstützt, gezwungenermassen scheitern.[10] Hans Ulrich Jost prägte das Bild der schweizerischen Aussenpolitik, die mit Schild und Schwert betrieben wird. Der Schild wird dabei als die Schutz bietende Deckung der offiziellen und strikten Aussenpolitik nach den oben erwähnten Maximen verstanden. Er wurde vor allem dann hervorgehoben, wenn er von Nutzen war. Das Schwert steht für eine aktive, sich nicht nach einem strikten Neutralitätskonzept richtende Wirtschaftspolitik.[11] Die Schweiz entwickelte sich im vergangenen Jahrhundert zu einem hoch technisierten, modernen und erfolgreichen Wirtschaftsstandort. Als Binnenland ohne nennenswerte Rohstoffe war sie auf eine funktionierende Aussenwirtschaft angewiesen. Oft stellte sie daher vitale wirtschaftliche Interessen über die strikten neutralitätstheoretischen Überlegungen. Mitte der 1990er-Jahre wurde dies der Schweizer Öffentlichkeit durch die Aufarbeitung der Beziehungen zwischen der Schweiz und Nazideutschland während des Zweiten Weltkriegs vor Auge geführt.[12] Dass diese Gewichtung zugunsten der Aussenwirtschaft nach dem Weltkrieg ein fester Bestandteil der Schweizer Aussenpolitik geblieben ist,[13] drang erst teilweise ins öffentliche Bewusstsein ein.

Ein veranschaulichendes Beispiel dieser Politik stellt die Anerkennung der DDR dar. Bereits 1951 nahm die Schweiz zur neu gegründeten BRD diplomatische Beziehungen auf, gleichzeitig schwenkte man auf ihre politische Linie ein und gestand ihr das Recht zu, als einzige rechtliche Nachfolgerin des Deutschen Reiches aufzutreten. Damit schloss man die DDR aus, zu der man zu dieser Zeit keine offiziellen diplomatischen Beziehungen pflegte.[14] Erst über zwanzig Jahre später wurde die DDR offiziell anerkannt.[15] Diese im Widerspruch zur neutralitätspolitischen Maxime der «Universalität» stehende Politik gründete auf der Angst, dass man die wirtschaftlich schnell wachsende BRD verärgern könnte und somit Nachteile im blühenden wirtschaftlichen Austausch

---

10 Zum Beispiel Urs Altermatt, Hans Ulrich Jost, Jürg Martin Gabriel.
11 Siehe Jost, La Suisse dans le sillage de l'impérialisme américain.
12 Unabhängige Expertenkommission Schweiz – Zweiter Weltkrieg, Die Schweiz, der Nationalsozialismus und der Zweite Weltkrieg.
13 Siehe von Tscharner, Aussenwirtschaft und Aussenwirtschaftspolitik der Schweiz; Hug/Gees/Dannecker, Die Aussenpolitik der Schweiz, 35–41.
14 Ein eingeschränkter Austausch, der sich auf den Einsatz für Schweizer Interessen im Hoheitsgebiet der DDR beschränkte, wurde über die Mission in Berlin betrieben. Siehe dazu Kap. IX, 1.
15 1973 anerkannte die Schweiz die DDR als unabhängigen Staat und es wurden diplomatische Beziehungen aufgenommen.

hinnehmen müsste.¹⁶ Die Unterteilung der multilateralen Organisationen in «technische» Gremien, denen die Schweiz beitrat, und «politische», denen sie fernblieb,¹⁷ ist auf diesem Hintergrund aus einem weiteren Blickwinkel zu betrachten. War der Beitritt zu einigen «technischen» Organisationen durch solidaritätspolitische Überlegungen gesteuert,¹⁸ muss der Beitritt zu anderen Organisationen unter dem Vorzeichen einer aktiven Wirtschaftspolitik und der Sicherung von wirtschaftlichen Interessen verstanden werden.¹⁹ Die Schweiz integrierte sich wirtschaftlich klar auf der Seite des Westens und wich in diesem Zusammenhang von einer strikten Auslegung der neutralen Stellung zwischen Ost und West ab.

Doch nicht nur wirtschaftlich war die Schweiz dem westlichen Block zugehörig. Als demokratischer und liberaler Staat waren die Sympathien verständlicherweise gegenüber den westlichen Demokratien viel grösser als gegenüber den kommunistisch geprägten Staaten. Trotz der Aufnahme von politischen und wirtschaftlichen Beziehungen mit der UdSSR überwand die Schweiz den 1917 aufgebauten Antikommunismus nicht. Er war ein prägender Faktor im Umgang mit dem Ostblock. Er manifestierte sich zwar hauptsächlich innenpolitisch, doch blieb die Aussenpolitik nicht unberührt davon.²⁰ Dies konnte zum Beispiel beim Umgang mit der Anerkennung von geteilten Staaten beobachtet werden.²¹

Es wäre nun falsch, über den Führern der Aussenpolitik den Stab zu brechen und ihnen die Doppelseitigkeit ihrer Politik vorzuwerfen. Es ist zulässig, ja nötig, dass ein Staat seine Wirtschaftsinteressen schützt. Dass die Schweiz dabei massivem Druck vor allem der USA ausgesetzt war, zeigen nicht nur die jüngsten Auseinandersetzungen über das Bankgeheimnis, sondern auch das Washingtoner Abkommen (1946)²² und das Hotz-Linder-Agreement (1951).²³ Trotzdem muss festgehalten werden, dass in verschiedenen Fällen der wirtschaftliche Erfolg mit aus neutralitätsrechtlicher Perspektive fragwürdigem Handeln gesucht wurde. So stellte der Bund 1952 und 1953 grosszügige Lizenzen für den Export von 340 000 8-cm-Oerlikon-Raketen in die USA aus, die von der Grossmacht nach eigenen Aussagen dringend für den Krieg in Korea

---

16 Siehe dazu Kap. V, 2.1; Trachsler, Bundesrat Max Petitpierre, 162.
17 Altermatt, Vom Ende des Zweiten Weltkrieges bis zur Gegenwart, 63.
18 Vor allem UNO-Unterorganisationen: UNESCO, WHO usw.
19 EFTA, OECE, Bretton Woods, WTO.
20 Siehe dazu Kap. VIII, 2.1.
21 Siehe Kaufmann, Nicht die ersten sein, aber vor den letzten handeln, 80 f.
22 Siehe dazu Kap. III, 2.2.
23 In einer Absprache zwischen Jean Hotz und Harold Linder verpflichtete sich die Schweiz, eine Art Embargo beim Export strategisch wichtiger Güter in den Ostblock einzuhalten. Im Gegenzug hatte sie weiterhin unbeschränkten Zugang zum amerikanischen Markt.

gebraucht wurden.[24] Die Schweizer Industrie belieferte also mit offizieller Erlaubnis ein sich im Krieg befindendes Land mit Rüstungsgütern einseitig. Vor allem aber muss die damalige Informationspolitik gegenüber den Bürgern infrage gestellt werden. Die Schweiz arbeitete in vielen «technischen» multilateralen Gremien intensiv mit und verstand es, in der westlichen Wirtschaftsintegration mit den Waffen eines starken Finanzplatzes eine wichtige Stellung zu erringen und zu behaupten. Entgegen diesen Tätigkeiten wurde in der Öffentlichkeit das Bild einer «abseitsstehenden» Schweiz propagiert, welches sich im öffentlichen Gedächtnis fest verankerte.[25] Bundesrat Petitpierre wollte zudem jegliche öffentliche Diskussion über die Neutralitätspolitik vermeiden, da er einen negativen Effekt auf die Stellung der Schweiz im Ausland fürchtete. Er wollte verhindern, dass in anderen Staaten der Eindruck entstehen könnte, die Schweiz selbst zweifle an ihrer Neutralität. So erfuhr die Öffentlichkeit nicht, dass die Schweiz weder ausschliesslich eine strikte Neutralitätspolitik verfolgte noch dass der Bundesrat selbst ab und zu die Neutralität infrage stellte.[26] Diese selektive offizielle Kommunikation verschloss Türen, die nur sehr schwer wieder zu öffnen waren (UNO) oder noch immer geschlossen sind (EWR, EU).[27]

1.3 Entwicklung der Schweizer Aussenpolitik 1945–1975

Urs Altermatt periodisiert die Schweizer Aussenpolitik der Nachkriegszeit nach den Amtsdauern der Vorsteher des Eidgenössischen Politischen Departements (EPD).[28] Dieser Ansatz scheint für die vorliegenden Betrachtungen hilfreich, bringt er doch neben den aussenpolitischen Ereignissen auch die verschiedenen Departementsvorsteher näher. Diese waren als Vorgesetzte für die Botschafter und Gesandten wichtig. Der Ansatz kann insofern kritisiert werden, als er das Schwergewicht auf die Aussenpolitik legt und nicht auf die ebenfalls wichtige Aussenwirtschaftspolitik. Dies scheint aber insofern gerechtfertigt, als die untersuchten Botschafter und Gesandten Mitarbeiter des EPD und nicht des Eidgenössischen Volkswirtschaftsdepartementes (EVD) waren. Der erste und wohl auch prägendste Vorsteher des EPD nach dem Zweiten Weltkrieg war Max Petitpierre (1945–1961). Ihm kam die Aufgabe zu, nach

---

24 Mantovani, Schweizerische Sicherheitspolitik im Kalten Krieg, 144–147, zitiert nach Schaufelbuehl/König, Die Beziehungen zwischen der Schweiz und den Vereinigten Staaten im Kalten Krieg, 10. Auch während des Vietnamkriegs lieferte die Schweiz den USA Teile für Waffen, die im Kriegsgebiet eingesetzt wurden. Gaffino, Autorités et entreprises suisses face à la guerre de Viêt Nam, 154–158.
25 Siehe Hug/Gees/Dannecker, Die Aussenpolitik der Schweiz, 41 f.
26 Siehe Trachsler, Bundesrat Max Petitpierre, 126 f., 190 f. und 352 f.
27 Siehe Keller, Wenn Aussenminister sich besuchen, 15.
28 Altermatt, Vom Ende des Zweiten Weltkrieges bis zur Gegenwart.

den Wirren des Krieges das EPD und die Schweiz in die sich neu entwickelnde Staatenwelt hineinzuführen. Seine Hauptaufgabe bestand darin, das internationale Ansehen der Schweiz, das sich am Ende des Zweiten Weltkriegs auf einem Tiefstand befand, wieder zu heben. Namentlich die USA und die UdSSR sahen im Verhalten der Schweiz während des Krieges egoistische Züge und warfen der Schweiz eine zu enge Kooperation mit den Achsenmächten vor.[29] Erst durch zähe Verhandlungen und das Einlenken der Schweiz, das zum Washingtoner Abkommen führte,[30] sowie dank der reibungslosen Auslieferung von sowjetischen Internierten konnte die Isolation langsam überwunden werden. 1946 wurden nach 28-jährigem Unterbruch wieder diplomatische Beziehungen mit Moskau aufgenommen.[31]

Im Anschluss verstand es Petitpierre, der Schweiz durch die unter ihm entworfene Aussenpolitik mit den Maximen Neutralität und Solidarität[32] eine besondere Rolle in der vom Ost-West-Konflikt bestimmten Welt einzuräumen. Die Schweiz konnte viele vom Wert eines neutralen Staates zwischen den Blöcken überzeugen. Wie Daniel Trachsler in seiner Petitpierre-Biografie darlegt, betrieb die Schweiz in dieser Zeit eine Politik «à double face».[33] Einerseits vertrat sie offiziell eine strikte Neutralitätspolitik, um sich zwischen den Blöcken zu positionieren, andererseits versuchte sie in verschiedenen Bereichen, wie beim Marshallplan oder in der Entwicklungshilfe, ihre Solidarität mit dem Westen zu zeigen.[34] Als Folge dieser Politik wurde die für die eidgenössische Aussenpolitik lange Zeit massgebende Unterscheidung zwischen «politischen» und «technischen» Bereichen der Weltpolitik ausgearbeitet.[35]

In der Ära Petitpierre stellte sich vor allem die Frage, welche Rolle die Schweiz in den sich formierenden internationalen Organisationen einnehmen soll. Durch die eben erwähnte Unterscheidung ergab sich für die Schweiz in verschiedenen Organisationen eine Sonderstellung. So sah der Bundesrat in der UNO eine «politische» Vereinigung und wollte nur beitreten, wenn der Schweiz aufgrund ihrer Neutralität eine Sonderrolle zugestanden würde. Als die UNO dies verweigerte, beschloss die Schweiz 1946, der Organisation nicht beizutreten. Anders verhielt es sich bei all den Spezialorganisationen und -programmen, die als «technisch» bezeichnet wurden: Hier war die Schweiz von Anfang an dabei und übernahm teilweise eine wichtige Rolle.[36] Auch

---

29 Siehe oben.
30 Siehe dazu Kap. III, 2.2.
31 Siehe Gehrig-Straube, Beziehungslose Zeiten, 473–480.
32 Siehe oben.
33 Trachsler, Bundesrat Max Petitpierre, 122.
34 Siehe Trachsler, Bundesrat Max Petitpierre, 351–361.
35 Altermatt, Vom Ende des Zweiten Weltkrieges bis zur Gegenwart, 63.
36 Siehe zum Beispiel Kap. IX, 2.1.

dem 1949 gegründeten Europarat trat die Schweiz aus neutralitätsrechtlichen Überlegungen nicht bei. Etwas anders sah die Situation bei der wirtschaftlichen Integration aus.[37] Die Schweiz trat 1948 der Organisation für europäische wirtschaftliche Zusammenarbeit (OECE),[38] der Organisation des Marshallplans, bei. Der Weltbank und dem Internationalen Währungsfond blieb die Schweiz zwar formell fern, arbeitete mit diesen Institutionen jedoch als assoziiertes Mitglied eng zusammen. Eine Ausnahme bildete vorerst das GATT, dem die Schweiz 1948 nicht beitrat. In der europäischen Wirtschaftspolitik kamen in der Ära Petitpierre wichtige Integrationsprozesse in Gang: 1951 wurde die Montanunion (EGKS) und 1957 die Europäische Wirtschaftsgemeinschaft (EWG) gegründet. Für Petitpierre war klar, dass dieser Zusammenschluss zu einem westeuropäischen Block auch politische Ausmasse annehmen würde. Daher kam ein Beitritt in seinen Augen nicht infrage.[39] Um nicht ganz in die Isolation abzurutschen, setzte sich die Schweiz in der OECE für eine möglichst liberale Wirtschaftspolitik in ganz Europa ein. Als die Verhandlungen für eine grosse Freihandelszone, die alle OECE-Staaten einschliessen sollte, scheiterten, gründeten die westlichen Nicht-EWG-Staaten 1960 die Europäische Freihandelsassoziation (EFTA). In diesem Zusammenhang ist zu erwähnen, dass die Entwicklungen im Europadossier zu dieser Zeit hauptsächlich vom EVD und nicht vom EPD betreut wurden.[40]

Auf die lange Ära Petitpierre folgten zwei Bundesräte, die Altermatt in einem Abschnitt zusammenfasst: Friedrich Traugott Wahlen und Willy Spühler. Wahlen übernahm 1961 den Vorsitz des EPD. Mit ihm begann eine Zeit der langsamen, aber kontinuierlichen Öffnung der schweizerischen Aussenpolitik. Die wichtigste Veränderung im internationalen Rahmen während seiner Amtszeit war der Beitritt der Schweiz zum Europarat 1963. Der Europarat war für die Schweiz bis zur KSZE die wichtigste westeuropäische Gesprächsplattform. Auch in der Frage der wirtschaftlichen Integration hatte die Schweiz neue Herausforderungen zu meistern. 1962 reichte sie, im Schlepptau des britischen Beitrittsgesuchs, ein Assoziationsgesuch bei der EWG ein. Beide Gesuche wurden nach dem Veto von de Gaulle 1963 abgelehnt. Wahlens Verdienst ist vor allem eine Öffnung der schweizerischen Aussenpolitik in Richtung der Dritten Welt. Sein Nachfolger war der Sozialdemokrat Willy Spühler, der

---

37 Siehe dazu Kap. I, 1.2.
38 In der Schweizer Literatur wird meist die französische Abkürzung OECE verwendet, während in deutscher Literatur meist die englische Abkürzung OEEC verwendet wird. In der vorliegenden Arbeit wird OECE verwendet. 1960/61 Umbenennung in Organisation für wirtschaftliche Zusammenarbeit und Entwicklung (OECD).
39 Trachsler, Bundesrat Max Petitpierre, 239.
40 Siehe Trachsler, Bundesrat Max Petitpierre, 241–259.

das Amt 1965 übernahm. Er führte die langsame Öffnung weiter. Er war der erste Bundesrat, der den Beitritt der Schweiz zur UNO als wünschenswert erachtete.[41] Unter Spühler erschien zudem der erste UNO-Bericht, der zwar die offizielle Politik von Bern nicht änderte, aber die UNO-Problematik zum ersten Mal in ihrem ganzen Umfang auf den Tisch brachte. Auch wirtschaftlich wurde die Integration langsam weitergeführt. So trat die Schweiz 1966 dem GATT als Vollmitglied bei. Die Kennedy-Runde von 1967 brachte eine allgemeine Zollsenkung, was das Eis zwischen den beiden westeuropäischen Wirtschaftsblöcken EWG und EFTA etwas schmelzen liess.

Unter dem nächsten Vorsitzenden des EPD, Pierre Graber (1970–1978), kam es zu einem entscheidenden Umbruch in der schweizerischen Aussenpolitik.[42] Man kann von einem Übergang zur «aktiven Aussenpolitik»[43] sprechen. So gab der Bundesrat Mitte der Siebzigerjahre die Trennung von politischen und technischen Bereichen von internationalen Institutionen auf. Die Schweiz durfte nach neuer Auffassung des Bundesrates einzig keine Verpflichtungen eingehen, die sie in einem Kriegsfall zur Verletzung der Neutralität zwingen würden. Ansonsten war es nun möglich, auch politischen Zusammenschlüssen beizutreten. Der Bundesrat stellte sich immer klarer hinter einen UNO-Beitritt. Im Jahr 1977 folgte der dritte UNO-Bericht, der einen Beitritt ausdrücklich forderte.[44] Bereits früher hatte es sich gezeigt, dass sich die Schweiz nicht immer aus der UNO-Politik heraushielt. 1966/67 hat sie im Rhodesien-Konflikt im Sinne der UNO gehandelt, als sie sämtliche Waffenlieferungen eingestellt und den restlichen Handel auf den Courant normal reduziert hatte. Auch im Bereich der europäischen Integration konnten Fortschritte gemacht werden. Nachdem 1969 de Gaulle zurückgetreten war, wurde das französische Veto gegen den EG-Beitritt Grossbritanniens und Dänemarks aufgehoben und auch die drei neutralen Staaten Schweiz, Österreich und Schweden reichten 1970 aufeinander abgestimmte Assoziationsgesuche ein.[45] Die darauf folgenden Verhandlungen mündeten 1972 in ein Freihandelsabkommen, welches für die Schweiz eine gute Lösung darstellte, da es die heiklen Bereiche der Neutralität nicht tangierte.

Während der erfolgreiche Abschluss des Freihandelsabkommens vor allem der Arbeit des EVD zu verdanken war, wurde der zweite aussenpolitische Erfolg

---

41 Keller, Wenn Aussenminister sich besuchen, 99.
42 Siehe dazu Kap. XII, 1.
43 Altermatt, Vom Ende des Zweiten Weltkrieges bis zur Gegenwart, 70.
44 Bericht über das Verhältnis der Schweiz zu den Vereinten Nationen und ihren Spezialorganisationen für die Jahre 1972–1976, BBl. 1977/2, 961.
45 Siehe Keller, Wenn Aussenminister sich besuchen, 118.

der 1970er-Jahre vom EPD selbst erreicht.[46] Am 1. August 1975 wurde in Helsinki von 35 Teilnehmerstaaten inklusive der Schweiz die KSZE-Schlussakte unterzeichnet. Die vom Warschauer Pakt ausgegangene Idee einer Sicherheitskonferenz wurde in der schweizerischen Diplomatie[47] als Möglichkeit erkannt, sich eine multilaterale Gesprächsplattform zu schaffen. Im Ost-West-Konflikt konnten sich die neutralen zusammen mit den nicht blockgebundenen Staaten (N+N)[48] eine wichtige Vermittlerrolle erarbeiten und so aktiv einen Beitrag zur Friedenssicherung in Europa leisten. Diese N+N-Staaten arbeiteten eng zusammen und hatten so ein grösseres Gewicht. Das Hauptanliegen des EPD war dabei die Schaffung eines Mechanismus für die friedliche Streitschlichtung bei zwischenstaatlichen Konflikten.

Die aktive Beteiligung der Schweiz an der KSZE kann als sichtbarstes Zeichen für die Entwicklung der Schweizer Aussenpolitik verstanden werden. Während der Aufbruch zu einer dynamischeren Aussenpolitik «an allen Fronten»[49] stattfand, bildete die Mitarbeit der Schweiz in der KSZE das «herausragende Element der schweizerischen Aussenpolitik»[50] dieser Zeit. Zum ersten Mal seit den Zeiten des Völkerbunds beteiligte sich die Schweiz aktiv an einer klar politisch motivierten Konferenz und verfolgte dabei eigene politische Ziele. Verschiedene Forscher sehen daher in der KSZE den offiziellen Endpunkt einer Periode der Schweizer Aussenpolitik, die Ende des Zweiten Weltkriegs ihren Anfang nahm.[51] Dies war mit ein Grund dafür, dass für die vorliegende Arbeit 1975 als Endpunkt des Untersuchungszeitraums gewählt wurde.[52]

---

46 Siehe Altermatt, Vom Ende des Zweiten Weltkrieges bis zur Gegenwart, 73.
47 Siehe Keller, Wenn Aussenminister sich besuchen, 126.
48 Neutrale Staaten: Schweden, Schweiz, Österreich, Finnland. Nicht blockgebundene Staaten: Jugoslawien, Zypern, Malta, Liechtenstein, San Marino.
49 Breitenmoser, Sicherheit für Europa, 11. Siehe dazu auch oben.
50 Altermatt, Vom Ende des Zweiten Weltkrieges bis zur Gegenwart, 67.
51 Siehe Altermatt, Vom Ende des Zweiten Weltkrieges bis zur Gegenwart, 67–73. Breitenmoser sowie Kurt R. Spillmann (im Vorwort zu Breitenmosers Arbeit) bezeichnen die KSZE als Höhepunkt der aussenpolitischen Öffnung, die dem «rigiden Neutralitätsaxiom» der Ära Petitpierre ein «offenes Konzept» gegenüberstellt. Breitenmoser, Sicherheit für Europa, 1 und 11. Linke, der die Schweizer Aussenpolitik zwischen 1945 und 1989 in drei Perioden einteilt, wählt für den Übergang von der zweiten zur dritten Periode ebenfalls die KSZE, hingegen bezieht er sich nicht auf die Unterzeichnung der Schlussakte, sondern auf den Beginn der Verhandlungen 1973. Linke, Schweizerische Aussenpolitik der Nachkriegszeit, 5. Siehe auch Tanner, Grundlinien der schweizerischen Aussenpolitik seit 1945, 10.
52 Siehe dazu Kap. XII, 1. Der andere Grund war, dass in dieser Zeit die Ablösung einer Diplomatengeneration stattfand. Siehe ebd.

2 Das EPD im 20. Jahrhundert

Man kann sich vorstellen, dass die Aussenpolitik für die Schweiz als Kleinstaat schon von jeher eine wichtige Rolle gespielt hat, muss doch ein Kleinstaat mangels politischer und militärischer Macht versuchen, sich mit anderen Mitteln bei den Mächtigen der Welt eine gewisse Daseinsberechtigung zu erarbeiten. Diese aus der heutigen Sicht heraus formulierte Vorstellung verkörpert aber gerade das Gegenteil der Vorstellung und der praktizierten Politik des Schweizer Bundesstaats bis weit ins 20. Jahrhundert hinein. «Wir sind ein kleines Land und ein sparsames Volk. Für unsere Verhältnisse sind acht Gesandtschaften zu viel, die reine Grosstuerei.»[53] Diese von Bundesrat Ludwig Forrer 1905 gemachte Aussage ist geradezu symptomatisch für den langjährigen Umgang der Schweiz mit der Aussenpolitik.[54] In den Augen der Schweizer war Aussenpolitik eine Sache der Grossmächte, der Kaiser und Könige mit ihren Kabinetten. Der republikanisch geprägte Kleinstaat hatte aus damaliger Sicht nur eine marginale Aussenpolitik nötig. So erhielt das EPD 1848 einen Sonderstatus: es wurde im Nebenamt geführt. Schon damals rotierte das Bundespräsidentenamt jährlich. Im Gegensatz zu heute gab es ein Präsidialministerium; der Bundespräsident verliess also jeweils sein angestammtes Departement für ein Jahr. Da die Führung der Aussenpolitik als kleinste Aufgabe eines Bundesrats betrachtet wurde, hängte man sie dem Bundespräsidenten als Zusatzaufgabe an.[55] Die Departementszentrale bestand in dieser Zeit aus dem Bundesrat selbst und einem Sekretär, der 1850 aber aus Kostengründen gestrichen wurde.[56] Dieses Rotationsprinzip wurde mit einer Ausnahme bis zum Ersten Weltkrieg weitergeführt.

Das EPD hatte bei seiner Gründung nur zwei diplomatische Aussenposten.[57] Auf den folgenden Seiten wird die Entwicklung des Departements und seines Aussennetzes beleuchtet. Dabei liegt der Schwerpunkt auf dem 20. Jahrhundert, vor allem auf der Zeit zwischen 1945 und 1975. Erst nach dieser Periode, 1979, wurde das EPD in «Eidgenössisches Departement für auswärtige Angelegenheiten» (EDA) umbenannt. Dementsprechend wird in der vorliegenden Arbeit nur die Bezeichnung EPD verwendet.

---

53 Protokoll der Sitzung des Bundesrates vom 25. September 1905, Annex 2 zu Dokument Nr. 88, in: DDS-V.
54 Kreis, Von der Gründung des Bundesstaates bis zum Ersten Weltkrieg.
55 Ebd., 30.
56 Altermatt, 1798–1998, 10.
57 Gesandtschaften in Paris und Wien. Daneben gab es sieben Generalkonsulate, 31 Konsulate und drei Vizekonsulate.

2.1 Aufgaben

Doch welche Aufgaben hatte das EPD zu dieser Zeit? Wie Luzius Wildhaber 1975 festhielt, ist die Kompetenz für aussenpolitisches Handeln grundsätzlich beim Bund und nicht bei den Kantonen angesiedelt.[58] Innerhalb der Bundesorgane habe es die Bundesverfassung darauf angelegt, dass es zwischen Bundesrat und Bundesversammlung zu Kompetenzüberschneidungen komme und damit eine gemeinsame Verantwortung entstehe. Wildhaber weist aber auch darauf hin, dass diese nicht schon immer bestand: «Während man zwischen den beiden Weltkriegen unter dem Regime von Bundesrat Giuseppe Motta fast von einer aussenpolitischen ‹Alleinherrschaft› des Bundesrates sprechen konnte, ist heute die gemeinsame Verantwortung von Bundesversammlung und Bundesrat viel stärker in den Vordergrund gerückt.»[59] Mit dem Einbezug der Legislative in die aussenpolitische Entscheidungsfindung kann man von einer Demokratisierung der Aussenpolitik sprechen. Diese Tendenz setzte sich in der Schweiz zuerst mit den Staatsvertragsreferenden fort und geht in der heutigen Zeit so weit, dass einige politische Kreise sämtliche aussenpolitischen Entscheidungen dem Volk vorlegen möchten.[60]

Innerhalb des Bundesrates wurde auf der Basis «einer kollegialen Zuständigkeit des Bundesrates für Aussenbeziehungen der Eidgenossenschaft» gearbeitet, was dazu führte, dass in allen Departementen spezielle Dienste für internationale Fragen geschaffen wurden.[61] Trotz der zunehmenden internationalen Verflechtung aller Bereiche der Politik kommen sowohl Wildhaber als auch Manz zum Schluss, dass die traditionelle Aussenpolitik «in erster Linie Aufgabe des EDA» sei.[62] Diese These wird durch eine Studie von Gees und Meier unterstützt, die zeigt, dass zwischen 1945 und 1976 die meisten Anträge an den Bundesrat zu Dossiers mit aussenpolitischem Hintergrund vom EPD eingereicht wurden.[63] Es kann also festgehalten werden, dass trotz Demokratisierung der Aussenpolitik, Einbezug des Gesamtbundesrats und Einfluss

---

58 Siehe Wildhaber, Aussenpolitische Kompetenzordnung im schweizerischen Bundesstaat, 238.
59 Wildhaber, Kompetenzverteilung innerhalb der Bundesorgane, 255.
60 Die überparteiliche Aktion für eine unabhängige und neutrale Schweiz (AUNS) reichte am 11. August 2009 genügend Unterschriften ein, um die Volksinitiative «Für die Stärkung der Volksrechte in der Aussenpolitik (Staatsverträge vor das Volk)» zur Abstimmung zu bringen. Die Volksinitiative will das obligatorische Referendum bei Staatsverträgen erheblich ausweiten. Medienmitteilung, Das Referendumsrecht bei Staatsverträgen massvoll ausweiten, EJPD, 1. Oktober 2010.
61 Manz, Bundeszentralverwaltung, 154.
62 Ebd.; Wildhaber, Kompetenzen und Funktionen der Bundeszentralverwaltung, 277.
63 Siehe Gees/Mohseni, Aussenpolitische Entscheide des Bundesrates 1918–1976, 14.

anderer Departemente das EPD im Untersuchungszeitraum der Hauptakteur der offiziellen schweizerischen Aussenpolitik darstellte.[64]
Ein guter Überblick über die Aufgaben des EPD ist dem Florian-Bericht[65] von 1975 zu entnehmen. Dieser interne Arbeitsbericht hält fest, dass sich die Aufgaben des EPD immer noch auf Artikel 29.1 des «Bundesgesetzes über die Organisation der Bundesverwaltung» vom 26. März 1914 stützen:
- «Wahrung der Unabhängigkeit, Neutralität und Sicherheit der Schweiz und Ordnung ihrer völkerrechtlichen Beziehungen;
- Einrichtung schweizerischer diplomatischer und konsularischer Vertretungen im Ausland und Betreuung der Vertretungen des Auslandes in der Schweiz;
- Wahrnehmung der auswärtigen Angelegenheiten überhaupt, und entsprechende Unterrichtung des Bundesrates;
- Vorbereitung völkerrechtlicher Verträge und Vermittlung des amtlichen Verkehrs der Kantone mit dem Ausland;
- diplomatischer Schutz der Schweizerbürger und Wahrung schweizerischer Interessen gegenüber dem Ausland;
- Regelung der Fragen der Grenzen und des Nachbarrechts;
- Verkehr mit internationalen Ämtern und Organisationen, unter Mitwirkung der beteiligten Departemente in fachtechnischen Fragen.»[66]

Während sich die gesetzlichen Vorgaben betreffend die Aufgaben des EPD zwischen 1914 und 1975 und damit während der ganzen Untersuchungsperiode nicht verändert haben, verlangte das sich wandelnde Umfeld laufend Anpassungen in der praktischen täglichen Arbeit. Der Florian-Bericht wies vor allem darauf hin, dass dauernd neue Aufgaben hinzukamen: «Der Aufgabenbereich des Politischen Departementes ist in den letzten Jahren unaufhörlich gewachsen. Es besteht Grund zur Annahme, dass die Zukunft zusätzliche Pflichten

---

64 Diese auf den ersten Blick wenig überraschende Feststellung ist besonders in Bezug auf die Diskussion um die Rolle des EVD und seiner Handelsabteilung relevant. Siehe dazu unten. Nicht einbezogen ist hier die inoffizielle Aussenpolitik von Schweizer Wirtschaft und Finanz.
65 Die Arbeitsgruppe hatte den Auftrag, die Arbeit des EPD zu analysieren. Dabei lag das Hauptgewicht auf der Frage nach Sparmöglichkeiten, denn die Aufgabenvielfalt im Departement nahm laufend zu, während die finanziellen Mittel, die der Bund zur Verfügung stellte, dieser Zunahme nicht folgten. «Es leuchtet ein, dass angesichts der geschilderten Umstände selbst eine Schwerpunktebildung bei der Problembewältigung zu Interessenskonflikten führen muss, die häufig über das Departement hinausgreifen. Die Arbeitsgruppe glaubte, dieser Gefahr nicht ohne Humor beggnen zu dürfen und hat sich schon an ihrer ersten Sitzung den Namen jenes Heiligen verliehen, an den man sich bei drohender Gefahr mit der Bitte wendet, wenn nicht andere, so doch den Bittsteller zu verschonen.» EPD, Ein Aussenministerium befragt sich selbst, 10.
66 EPD, Ein Aussenministerium befragt sich selbst, 13.

bereithält.»⁶⁷ Als wichtigste Entwicklungen in diesem Sinne sind die Vertretung in multilateralen Organisationen, das wachsende Netz von Vertretungen in Staaten, welche im Zuge der Entkolonialisierung entstanden, und der Bereich der Entwicklungszusammenarbeit zu nennen.⁶⁸ Eine rechtliche Anpassung der Aufgaben des EPD wurde erst mit der Verordnung über die Aufgaben der Departemente, Gruppen und Ämter vom 9. Mai 1979 vorgenommen.⁶⁹
Betrachtet man die Aufgaben des EPD genauer und vergleicht sie mit denjenigen von Aussenministerien anderer Staaten,⁷⁰ fällt auf, dass ein zentrales Arbeitsfeld der Aussenpolitik fehlt: die Aussenwirtschaftspolitik. 1917 wurde die Handelsabteilung aus dem EPD aus- und ins EVD eingegliedert.⁷¹ Die Führung der Aussenpolitik wurde damit auf zwei Departemente verteilt: Während sich das EPD um die sogenannten politischen Aspekte der Aussenpolitik zu kümmern hatte, war die Behandlung wirtschaftlicher Fragen dem EVD vorbehalten. Die Zweckmässigkeit dieser Unterteilung wurde viel diskutiert und infrage gestellt,⁷² Riklin zum Beispiel bezeichnete die Trennung als willkürlich.⁷³ Interessant ist diese Frage auch wegen der Diskrepanz zwischen aktiver Aussenwirtschaftspolitik und zurückhaltender Neutralitätspolitik in anderen Bereichen.⁷⁴ Es wäre spannend, der Frage nachzugehen, wie stark die Trennung der Aufgaben auf zwei Departemente diese Diskrepanz in der Aussenpolitik begründet hat.⁷⁵ In diesem Zusammenhang ist festzuhalten, dass die Leiter der Handelsabteilung grossen Einfluss auf die Aussenpolitik hatten und vielfach als «starke Männer» bekannt waren.⁷⁶ Oft überstrahlten sie die eigentlich höher positionierten Generalsekretäre des EPD. Es kann daher nicht überraschen, dass der einzige Verwaltungsvertreter, der nach dem Zweiten Weltkrieg in den Bundesrat gewählt wurde, Direktor der Handelsabteilung war: Hans Schaffner (1961).

67 Ebd., 8.
68 Siehe dazu Kap. I, 2.2.
69 Siehe Borer/Schaller, Struktur und Arbeitsweise des EDA im Wandel, 262.
70 Frankreich: Baillou, Les affaires étrangères et le corps diplomatique français, 610–620; Grossbritannien: Hamilton/Langhorne, The Practice of Diplomacy, 220; USA: ebd., 218.
71 Manz, Bundeszentralverwaltung, 159.
72 Siehe Müller, Von Willi bis Blankart, 37–42.
73 Riklin, Ziele, Mittel und Strategien der schweizerischen Aussenpolitik, 48.
74 Siehe dazu Kap. I, 1.2.
75 Trachsler hat aufgezeigt, dass auch innerhalb des EPD in einigen Fragen für eine strikte Neutralitätspolitik und in anderen Fragen für eine flexiblere Auslegung der Neutralität votiert wurde. Trachsler, Bundesrat Max Petitpierre, 265–270 und 349–353. Die vorgängig erwähnten staatlich geduldeten Waffenlieferungen an die USA während des Korea- und des Vietnamkriegs wurden vom EVD betreut. Siehe dazu Kap. I, 1.2.
76 1896–1923 Arnold Eichmann, 1923/24 Ernst Wetter, 1925–1935 Walter Stucki, 1935–1954 Jean Hotz, 1954–1961 Hans Schaffner, 1961–1966 Edwin Stopper, 1966–1984 Paul Jolles, 1984–1986 Cornelio Sommaruga, 1986–1998 Franz Blankart.

Weitere wichtige Akteure der Schweizer Aussenpolitik, vor allem inoffizieller Art, sind in der Wirtschaft zu finden. Wie Marc Perrenoud[77] aufzeigt, war die Schweizer Aussenpolitik der Kriegs- und ersten Nachkriegszeit durch ein «système policratique» geprägt. Neben den offiziellen Akteuren EPD und EVD nahmen auch der Vorort (Schweizerischer Handels- und Industrieverein), die Nationalbank, Branchenverbände wie die Bankiervereinigung oder der Uhrenverband[78] und in einigen Fällen auch Grossfirmen wie die Schweizerische Kreditanstalt wesentlichen Einfluss auf die Aussenpolitik. Das EPD kann also keineswegs als alleinige Schweizer Stimme im Ausland verstanden werden und seine Vertreter waren der zunehmenden Dominanz wirtschaftspolitischer Fragen im Aussendienst unterworfen. Das EPD konnte dementsprechend nicht im luftleeren Raum operieren, sondern war stark geprägt durch politische und wirtschaftliche Interessen.[79] Die vorliegende Arbeit zeigt aber, dass die Botschafter in ihrer Aufgabenerfüllung mit einem grossen Handlungsspielraum ausgestattet waren und sich vielen Einflüssen aus Bern entziehen konnten.[80]

2.2 Struktur

Grundsätzlich bestand das EPD aus den zentralen Diensten in Bern und dem Aussendienst, das heisst der Gesamtheit der Auslandsvertretungen. War das EPD im 19. Jahrhundert ein kleines Departement, dem 1850 auch noch der einzige Sekretär des zuständigen Bundesrates in der Zentrale gestrichen wurde,[81] wuchs es in der ersten Hälfte des 20. Jahrhunderts stark und erreichte 1945, zu Beginn des Untersuchungszeitraums, mit 1917 Mitarbeitern einen Höhepunkt. Dieser Höhepunkt ist auf die ausgedehnte Tätigkeit der Schweiz als Schutzmacht während des Zweiten Weltkriegs zurückzuführen. Man kann in dieser Zeit von einem wahren Rekrutierungsschub sprechen, waren doch vor dem Krieg gerade mal 676 Mitarbeiter beim EPD tätig gewesen, also rund ein Drittel des Bestandes von 1945.[82] Gegen das Ende des Untersuchungszeitraums, 1973, waren mit 1732 Mitarbeitern rund 200 Personen weniger im Aussendepartement beschäftigt als 28 Jahre zuvor.[83]

---

77 Perrenoud, Banquiers et diplomates suisses.
78 Siehe dazu Kap. III, 2.4 und IV, 2.4.
79 Siehe dazu Kap. II, 1.3.
80 Siehe dazu Kap. XI, 1.2.
81 Altermatt, Les débuts de la diplomatie professionnelle en Suisse, 166.
82 Wildhaber, Kompetenzen und Funktionen der Bundeszentralverwaltung, 276.
83 Ebd. Auf die genauen Rekrutierungsstrategien des EPD wird später eingegangen.

Die Zentrale
Besonders stark war der Wachstumsschub während des Krieges in der Berner Zentrale. Arbeiteten dort 1939 gerade mal rund hundert Personen, waren es nach dem Krieg rund 700.[84] Da während des Krieges und der mit den Schutzmachtmandaten verbundenen Arbeit keine Zeit für organisatorische Fragen blieb, wurde 1945 eine interne Reorganisation dringend notwendig. Mit der am 26. März 1946 vom Bundesrat gutgeheissenen «provisorische[n] Aufteilung der Dienstzweige innerhalb des Politischen Departements»[85] wurde die längst fällige Schaffung von fünf Abteilungen vollzogen. Es entstanden die Abteilung für Politische Angelegenheiten, die Abteilung für Rechtswesen, Finanz- und Verkehrsangelegenheiten, die Abteilung für Verwaltungsangelegenheiten, der Informations- und Pressedienst und der Dienst für Internationale Organisationen. Später wurde die Struktur der Zentrale, wie diejenige vieler anderer grösserer Organisationen, einem laufenden Anpassungsprozess unterworfen. So wurden noch unter Petitpierre weitere Stellen geschaffen: 1952 das Sekretariat der nationalen UNESCO-Kommission, 1957 der Rechtsdienst und die Delegation für Atomfragen, und 1960 nahm das heutige DEZA einen bescheidenen Anfang als «Dienst für Technische Hilfe».[86] 1961 wurde zudem das Integrationsbüro geschaffen, das sich des Themas der europäischen Integration annahm und sowohl dem EPD als auch dem EVD unterstellt wurde.[87] Eine grössere Reorganisation wurde erst wieder nach dem Ende des Untersuchungszeitraums durchgeführt.[88] Bis zu diesem Zeitpunkt wurden Veränderungen meist aufgrund unveröffentlichter Bundesratsbeschlüsse vollzogen.[89]
Um dem Leser einen Überblick über die verschiedenen Dienste und ihre Aufgaben zu geben, dabei aber nicht in die feingliedrige Kompetenzstruktur und deren Verschiebung über dreissig Jahre einzutauchen,[90] stützen sich die folgenden Zeilen auf eine wegweisende Darstellung zur Rolle der Verwaltung in der schweizerischen Aussenpolitik von Armin Daeniker aus dem Jahr 1966.[91] Daeniker hält fest, dass sich die Auslandsbeziehungen der Schweiz, wie es damals zur internationalen Regel geworden war, in zwei Gruppen aufteilen

---

84 Ebd.
85 Bericht des Bundesrates über seine Geschäftsführung 1946, 138–142, zitiert nach Ackmann, Die schweizerischen Sozialattachés, 27.
86 Altermatt, Die Schweizer Bundesräte, 432.
87 Siehe dodis.ch/R11314.
88 Bundesgesetz über die Organisation und die Geschäftsführung des Bundesrates und der Bundesverwaltung (Verwaltungsorganisationsgesetz [VwOG]), 19. September 1978, SR 172.010, BBl. 1978/2, 745–770.
89 Wildhaber, Kompetenzen und Funktionen der Bundeszentralverwaltung, 281.
90 Die Aufarbeitung dieser Thematik ist ein Desiderat.
91 Daeniker, Die Rolle der Verwaltung in der schweizerischen Aussenpolitik, 68–71.

liessen, «nämlich in bilaterale Beziehungen von Regierung zu Regierung einerseits und die immer umfangreicher werdenden multilateralen Beziehungen andererseits».[92] Dementsprechend sei auch die Betreuung der Aussenbeziehungen in der Zentrale auf zwei Abteilungen aufgeteilt: auf die Abteilung für Politische Angelegenheiten, die sich der Fragen der bilateralen Beziehungen annahm, und der Abteilung für Internationale Organisationen zur Betreuung von multilateralen Fragen.[93] Die Abteilung für Verwaltungsangelegenheiten war für die gesamte Organisation und den Betrieb des Departements verantwortlich. Dabei war vor allem der Aufwand für den Aussendienst mit seinen vielen Vertretungen in verschiedenen Ländern gross. Der Dienst für technische Zusammenarbeit sollte nach der Maxime der Solidarität «den weniger entwickelten Nationen über das durch eine beschleunigte Entkolonialisierung erwachsene Vakuum hinweghelfen».[94] Als zentrale Dienste für die Informationsbearbeitung bezeichnet Daeniker den Presse- und Informationsdienst und den Dienst für politische Dokumentation. Während Ersterer als Aufgabe «die Auswertung der in- und ausländischen Presse, die [...] Betreuung der Presseattachés und in- und ausländischen Journalisten sowie Information der Öffentlichkeit» hatte, arbeitete Letzterer mit den politischen Berichten der Aussenposten. Er stellte daraus die wichtigsten Informationen zuhanden des Departementsvorstehers oder des Generalsekretärs zusammen. Der Rechtsdienst hatte die Aufgabe, in sämtlichen Rechtsfragen im Zusammenhang mit der Aussenpolitik eine Art «unité de doctrine» auf neutralitätsrechtlichem Boden sicherzustellen. Zudem bearbeitete er Rechtsfragen in Staatsverträgen, Steuerangelegenheiten, den diplomatischen Schutz Betreffendes, Schiedsgerichtsbarkeiten, Vergleichskommissionen und befasste sich mit dem Internationalen Gerichtshof.[95]

Geführt wurde die Zentrale vom Departementsvorsteher. Eine sehr wichtige Person war aber auch der Generalsekretär, der zugleich erster Mitarbeiter und oberster Beamter im Departement war. Dem Generalsekretär oblag die Koordination der verschiedenen Abteilungen in der Zentrale, während die Politische Direktion und damit das klassische diplomatische Geschäft ihm direkt unterstellt war.[96] Der Begriff Generalsekretär wurde im Anschluss an den Untersuchungszeitraum dieser Studie für verschiede weitere Funktionen verwendet, was zu Verwirrungen führen kann. «Mit dem Verwaltungsorganisationsgesetz von 1978 wurde dieser Titel dem Chef der Verwaltungsdirektion

92 Ebd., 68.
93 Ebd.
94 Ebd.
95 Ebd., 70.
96 Ebd., 68.

gegeben, während der Politische Direktor den Titel Staatssekretär erhielt. Seit 1987 verfügt das EDA über einen Generalsekretär als Stabsorgan, während der bisher Generalsekretär genannte nun wieder Direktor für Verwaltungsangelegenheiten und Aussendienst heisst.»[97] In der vorliegenden Studie wird der Begriff gemäss seiner Bedeutung im Untersuchungszeitraum verwendet. In der Zeit zwischen 1945 und 1975 wurde die Zentrale von fünf Generalsekretären geleitet, diese sind vor allem in Bezug auf unten folgende Betrachtungen zum Netzwerk der Botschafter nennenswert: 1945/46 Walter Stucki,[98] 1946–1957 Alfred Zehnder, 1957–1961 Robert Kohli, 1961–1970 Pierre Micheli und 1971–1975 Ernesto A. Thalmann.

Der Aussendienst
Die skeptische Haltung des Bundesrats und weiter Teile der Bevölkerung gegenüber der Aussenpolitik des jungen Bundesstaates im 19. Jahrhundert[99] fand auch im Aufbau des Vertretungsnetzes seinen Niederschlag. Bis ins 20. Jahrhundert hinein wurde die Eröffnung jeder neuen Gesandtschaft zu einem politischen Thema. Die Kritiker führten vor allem zwei Argumente ins Feld: Erstens war man der Meinung, ein diplomatisches Aussennetz dürfe nichts kosten. So erklärt sich, dass in den ersten Jahren vor allem Konsulate und kaum Gesandtschaften geschaffen wurden, denn im Gegensatz zu den Gesandten arbeiteten zu dieser Zeit die Konsuln nur nebenamtlich und ohne Gehalt, während sie hauptberuflich Schweizer Geschäftsleute waren.[100] Zweitens wurde darauf hingewiesen, dass die klassische Diplomatie als solche etwas Unschweizerisches und mit den Grundsätzen der Einfachheit, der Bescheidenheit und der Ehrlichkeit des republikanischen Kleinstaates unvereinbar sei.[101] So kam es, dass die Schweiz mit elf Gesandtschaften bis zum Ersten Weltkrieg im Vergleich mit anderen europäischen Kleinstaaten ein sehr kleines Netz unterhielt.[102]
Am Vorabend des Zweiten Weltkriegs verfügte die Schweiz über ein Netz von 27 Gesandtschaften und 121 Konsularposten.[103] Während des Krieges stagnierten diese Zahlen weitgehend, während das EPD durch die Übernahme

---

97 Manz, Bundeszentralverwaltung, 155.
98 Walter Stucki war eine hervorragende Persönlichkeit im EPD und wurde vom Bundesrat zum Generalsekretär ernannt. Er wollte das Departement unter der formellen Leitung von Max Petitpierre selbständig führen. Dies führte 1946 zum schnellen Bruch zwischen den beiden. Siehe Altermatt, Die Schweizer Bundesräte, 432.
99 Siehe dazu Kap. I, 1.
100 Siehe Altermatt, 1798–1998, 10.
101 Altermatt, Les débuts de la diplomatie professionnelle en Suisse, 187–239.
102 Schweiz 11, Schweden 15, Portugal 22, Belgien 34.
103 Altermatt, 1798–1998, 33.

von 200 Schutzmachtmandaten personell stark zulegte. Erst nach dem Ende des Krieges setzte ein starkes Wachstum ein, sodass 1973 das schweizerische Vertretungsnetz aus 86 Botschaften, fünf Missionen und Delegationen sowie rund hundert Konsularposten bestand.[104] In den folgenden Zeilen werden die wichtigsten Wachstumsfaktoren kurz erläutert. Die Ausführungen stützen sich vor allem auf eine Studie von Claude Altermatt.[105]

Der erste Wachstumsfaktor steht im Zusammenhang mit der Isolierung der Schweiz nach dem Zweiten Weltkrieg und mit ihren Bemühungen, universale Beziehungen zu unterhalten. Zu erwähnen ist vor allem die Bestrebung, die Beziehungen mit dem Osten zu normalisieren: 1946 wurde eine Gesandtschaft in Moskau eröffnet. Dass es bei der Anerkennung des östlichen Teils von geteilten Staaten zu Konflikten zwischen der neutralitätspolitisch motivierten Universalität und wirtschaftlichen Interessen kam, wobei sich Letztere meist durchsetzten, wurde bereits erwähnt.[106] Neben der Aufnahme diplomatischer Beziehungen mit dem Osten ging es auch darum, das Netz in Europa abzurunden[107] und in Übersee auszubauen.[108]

Ein zweiter wichtiger Wachstumsfaktor war die von der Schweiz begonnene Praxis, ständige Vertretungen bei wichtigen internationalen Organisationen einzurichten. Die erste dieser Missionen wurde 1949 als «ständige Beobachtermission» bei der UNO in New York errichtet. Weitere folgten 1953 bei der OECE in Paris,[109] bei den internationalen Organisationen in Genf und 1968 beim Europarat in Strassburg. Die für die schweizerische Aussenpolitik immer wichtiger werdende Mission in Brüssel bei den europäischen Institutionen wurde zwar 1959 gegründet, aber erst 1963 mit einem Botschafter besetzt.[110]

Die weitaus wichtigste Triebkraft bei der Zunahme der Schweizer Gesandt- und Botschaften war die in den 1950er- und 1960er Jahren voranschreitende Entkolonialisierung. Innerhalb weniger Jahre entstand vor allem in Afrika und Asien eine Vielzahl von Staaten, die nun nicht mehr über die Kolonialmächte in Paris oder London angesprochen werden konnten, sondern eine Repräsentation vor Ort verlangten. Der Prozess wurde dadurch beschleunigt, dass diese Länder zur Legitimation ihrer Unabhängigkeit nach diplomatischer Anerkennung strebten.[111] Darunter waren nicht nur reine Entwicklungsländer, sondern auch Staaten, die das wirtschaftliche Interesse der Schweiz auf

---

104 Wildhaber, Kompetenzen und Funktionen der Bundeszentralverwaltung, 276.
105 Altermatt, 1798–1998, 33–40.
106 Siehe dazu Kap. I, 1.2.
107 Oslo 1945, Kopenhagen 1945, Köln 1949/51.
108 Ottawa 1945, Mexiko 1946, Lima 1946, Montevideo 1946.
109 Ab 1961 OECD.
110 EGKS, EAG – EURATOM, EWG – EG – EU.
111 Siehe Hamilton/Langhorne, The Practice of Diplomacy, 213.

sich zogen, zum Beispiel Indien (Vertretung ab 1948), Südafrika (1952) oder Australien (1961).

Ein Punkt, der in diesem Zusammenhang nicht unerwähnt bleiben darf, ist die Botschafterfrage. In der vorliegenden Studie ist zu Beginn des Untersuchungszeitraums immer von Gesandtschaften und am Ende von Botschaften die Rede. Was auf den ersten Blick wie eine rein terminologische Veränderung aussieht, war in den 1950er-Jahren Inhalt weitreichender Auseinandersetzungen über das Wesen der Schweizer Diplomatie. Ausgangspunkt dieser Diskussion über die Besonderheit des schweizerischen diplomatischen Dienstes ist die von Georg Kreis als «republikanischer Reflex»[112] beschriebene Abneigung der Schweiz gegen die klassischen Formen der Diplomatie. Im 19. Jahrhundert war es Grossmächten vorbehalten, Vertreter im Range eines Botschafters in andere Länder zu entsenden.[113] Dementsprechend ernannte die Schweiz sogenannte Gesandte im Range eines bevollmächtigten Ministers. Auch in der Schweiz wurden die meisten Staaten durch «Minister» vertreten, einzige Ausnahme war die grosse «Schwesterrepublik» Frankreich, die sich durch einen Botschafter vertreten liess. Nach dem Ende des Zweiten Weltkriegs begannen viele Länder ihre Vertreter in den Botschafterrang zu erheben, um ihnen mehr Gewicht zu geben. Die Schweiz widersetzte sich dieser Strömung aufgrund des beschriebenen Reflexes lange. Der Druck nahm aber aus zwei Richtungen laufend zu. Einerseits wollten verschiedene Staaten ihre Vertreter in Bern zu Botschaftern machen.[114] Andererseits ernannten nicht nur andere Kleinstaaten, sondern auch die eben erst entkolonialisierten Länder Botschafter.[115] Da das diplomatische Protokoll diese über die Minister stellte, verloren die Schweizer Minister an Gewicht und riskierten, inmitten des immer grösser werdenden diplomatischen Corps unterzugehen.[116] 1955 gab der Bundesrat dem Druck nach und meinte: «Wohl scheuen wir uns nicht davor, auf internationaler Ebene manchmal eine Sonderstellung einzunehmen. Führt diese Besonderheit jedoch zu weit, so läuft man Gefahr, nicht mehr verstanden zu werden und zu gewissen Empfindlichkeiten Anlass zu geben.»[117] Claude Altermatt dürfte mit seiner Einschätzung recht haben, dass die folgende Umwandlung der Gesandtschaften zu Botschaften auch deshalb einfach durch die Räte ging,

---

112 Kreis, Von der Gründung des Bundesstaates bis zum Ersten Weltkrieg, 27–40.
113 Altermatt, 1798–1998, 36.
114 Siehe dazu Kap. III, 2.1.
115 Hamilton/Langhorne, The Practice of Diplomacy, 214.
116 Siehe Brief Minister de Torrenté an Bundesrat Petitpierre, 11. November 1954, BAR, E 2800 1967/59, 94.1 Henry de Torrenté.
117 Botschaft des Bundesrates vom 5. Dezember 1955 betreffend die Umwandlung schweizerischer Gesandtschaften in Botschaften, BBl. 1955/2, 1332, zitiert nach Altermatt, 1798–1998, 38.

weil sie kaum etwas kostete.[118] 1957 wurde der Schweizer Minister in Paris als Erster zum Botschafter ernannt; bis Ende des Jahres folgten 28 weitere. 1963 gehörte die Schweizer Gesandtschaft definitiv der Geschichte an.

2.3 Personal

Das Personal des EPD kann in zwei Gruppen aufgeteilt werden: Den eigentlichen Kern des Departments bilden die Karrieredienste, während die allgemeinen Dienste als administrative, operationelle und organisatorische Unterstützung der Kernprozesse zu verstehen sind.

Bei den Karrierediensten lassen sich wiederum drei Dienste unterscheiden: der diplomatische Dienst, der konsularische Dienst und der Sekretariats- und Fachdienst. Personen im diplomatischen Dienst übernahmen diplomatische Aufgaben, also die Vertretung der eigenen Regierung gegenüber der Regierung in einem Gastland. Personen im konsularischen Dienst hingegen waren zur Unterstützung der eigenen Staatsbürger im Gastland tätig. Der Sekretariats- und Fachdienst beinhaltete auf der einen Seite Personen, die administrative Unterstützung leisteten, auf der anderen Seite Fachkräfte, die für eine bestimmte Aufgabe ins EPD geholt wurden. Als Beispiel seien hier die sogenannten Sozialattachés erwähnt. Im Unterschied zu den allgemeinen Diensten waren Mitarbeiter im Sekretariats- und Fachdienst wie die Diplomaten oder Konsulatsmitarbeiter dem Versetzungsrhythmus ausgesetzt und vielfach im Ausland tätig.

In den unterschiedlichen Diensten wurde unterschiedliches Personal eingesetzt. Im konsularischen Dienst kamen oft zuverlässige Verwaltungsangestellte zum Einsatz, die sich durch präzise Arbeitsweise und ein fundiertes Wissen in Rechts- und Verwaltungsfragen auszeichneten. Der Sekretariats- und Fachdienst wurde mit Personal, das die für die jeweilige Aufgaben nötigen Kompetenzen mitbrachte, besetzt. Im Sekretariatsdienst kamen vor allem jüngere Frauen zum Einsatz, die nach der Heirat meist aus dem Dienst ausschieden. Die Personalstruktur und die Anforderungen an das Personal des diplomatischen Dienstes sind Thema der folgenden Kapitel. Wegen der Unterschiedlichkeit der Anforderungen war ein Übertritt von einem Dienst zum andern eher ungewöhnlich.

---

118 Ebd. Siehe dazu auch Kap. II, 1.1.

3 Die Botschaft und ihre Aufgaben

3.1 Formen der staatlichen Aussenvertretung

Grundsätzlich sind Aussenvertretungen der Schweiz in zwei Gruppen einzuteilen: konsularische Vertretungen und diplomatische Vertretungen. Konsularische Vertretungen «unterstützen Landsleute im Ausland – sowohl ständig niedergelassene Auslandschweizer wie auch schweizerische Staatsbürger, die sich nur vorübergehend (Ferien, Geschäftsreisen usw.) im Ausland aufhalten».[119] Der Hauptauftrag diplomatischer Vertretungen «besteht in der Wahrnehmung der politischen, wirtschaftlichen und rechtlichen Interessen gegenüber dem Gastland»[120] oder einer multilateralen Organisation. Während die konsularische Vertretung also hauptsächlich für die Staatsbürger des Entsendestaats im Gastland rechtliche und administrative Fragen bearbeitet, übernimmt die diplomatische Vertretung die politische Vertretung der Entsenderegierung bei der Gastregierung beziehungsweise bei der internationalen Organisation.

In der zweiten Hälfte der 1950er-Jahre wurden aus den Schweizer Gesandtschaften Botschaften.[121] Grundsätzlich ist aber unter Gesandtschaft oder Legation und Botschaft, so wie der Begriff nach dem Zweiten Weltkrieg gebraucht wurde, das Gleiche zu verstehen.[122] Gesandtschaften konnten in zwei Gruppen eingeteilt werden: in solche, die von einem «ausserordentlichen Gesandten und bevollmächtigten Minister», und solche, die von einem Geschäftsträger geführt wurden. Die Botschaften wurden in zwei Klassen eingeteilt. Die Botschaften erster Klasse waren den Botschaften zweiter Klasse übergeordnet, ohne dass daraus ein Unterstellungsverhältnis entstanden wäre. Es handelte sich dabei um eine Unterscheidung nach Bedeutung des Postens.

Auch bei multilateralen Organisationen wurden diplomatische Vertretungen eingerichtet, diese wurden aber nicht Botschaft, sondern Mission, Delegation oder ständige Vertretung genannt.[123] Sie hatten weniger vielfältige Aufgaben als eine Botschaft. So war ihnen keine Konsularabteilung zugeordnet. Die folgenden Ausführungen beziehen sich nur auf diplomatische Vertretungen.

3.2 Aufgaben einer Botschaft

Die Aufgaben einer diplomatischen Mission wurden im Wiener Übereinkommen über die diplomatischen Beziehungen von 1961 in Artikel 3 festgelegt:

---

119 Ryser, Dialog, 18.
120 Ebd., 19.
121 Siehe dazu Kap. I, 2.2.
122 Dies ist eine sehr allgemeine Aussage. Genauere Ausführungen zu diesem Thema im Kap. I, 2.2.
123 Siehe Ryser, Dialog, 19.

«Aufgabe einer diplomatischen Mission ist es unter anderem,
a. den Entsendestaat im Empfangsstaat zu vertreten;
b. die Interessen des Entsendestaats und seiner Angehörigen im Empfangsstaat innerhalb der völkerrechtlich zulässigen Grenzen zu schützen;
c. mit der Regierung des Empfangsstaats zu verhandeln;
d. sich mit allen rechtmässigen Mitteln über Verhältnisse und Entwicklungen im Empfangsstaat zu unterrichten und darüber an die Regierung des Entsendestaats zu berichten;
e. freundschaftliche Beziehungen zwischen Entsendestaat und Empfangsstaat zu fördern und ihre wirtschaftlichen, kulturellen und wissenschaftlichen Beziehungen auszubauen.»[124]

Diese Punkte stellen eine generelle Zusammenfassung dessen dar, was man damals unter den Aufgaben einer diplomatischen Mission verstand. Young hält in seiner Studie «Twentieth-Century Diplomacy» fest: «Of course, not all diplomatic posts fulfil the same functions. There is no ‹typical› embassy.»[125] Die Herausarbeitung der unterschiedlichen Funktionen der Schweizer Vertretungen in den «Zentren der Macht» ist einer der Inhalte der vorliegenden Untersuchung. Dabei steht aber nicht die Tätigkeit einer Botschaft im Mittelpunkt, sondern der Einfluss des Botschafters als Einzelperson darauf. Dass diese beiden Punkte eng miteinander verbunden sind und ein Botschafter die Arbeit seiner Botschaft entscheidend prägt, hält Benedikt von Tscharner in seinem Buch über seine Zeit als Botschafter in Paris fest.[126] Basierend auf den oben zitierten Aufgaben einer diplomatischen Vertretung wird die Tätigkeit der Botschafter untersucht.[127]

3.3 Mitarbeiter einer Botschaft

Wie erwähnt beherbergte grundsätzlich jede Botschaft eine Konsularabteilung. Dementsprechend besteht das Personal einer Botschaft aus diplomatischen und konsularischen Agenten, zudem wurden oft lokale Mitarbeiter angestellt, die vorwiegend im Hausdienst, aber auch als Übersetzer dienten. Wie das Zitat von Young[128] andeutet, war die Grösse der Botschaften immer verschieden. Als Extreme im Untersuchungszeitraum seien einerseits Paris mit bis zu 93 Mitarbeitern, andererseits die Beobachtermission in New York mit minimal vier Mitarbeitern oder die Botschaft in Moskau mit minimal zehn Mitarbeitern erwähnt. Zudem gab es keinen klaren Verteilschlüssel, wie

---

124 Wiener Übereinkommen, Art. 3.1.
125 Young, Twentieth-Century Diplomacy, 65.
126 Siehe von Tscharner, Profession Ambassadeur, 28.
127 Siehe dazu Kap. XII, 2.
128 Siehe dazu oben.

viele Personen in den jeweiligen Abteilungen tätig sein sollten. Die Grösse der Abteilungen hing von Gewicht und Umfang ihrer Aufgaben ab. Wies der Konsularbezirk der Botschaft eine grosse Anzahl Schweizer Bürger auf, war die Konsularabteilung entsprechend grösser.[129] In anderen Ländern hingegen wurde der diplomatischen und wirtschaftlichen Interessenvertretung deutlich mehr Gewicht beigemessen.

Ein Botschafter ist nicht einfach oberster Beamter und Vorsteher einer Botschaft, er nimmt als «ausserordentlicher und bevollmächtigter» Vertreter seiner Regierung bei der Regierung des Gastlandes eine ganz besondere Stellung ein. Im Gegensatz zum restlichen diplomatischen Personal wurde er nicht von der EPD-Führung nominiert, sondern vom Gesamtbundesrat als dessen Vertreter entsandt. Dies gab ihm die Legitimation, gegenüber der Gastlandregierung im Namen des Bundesrats zu sprechen.[130] Welch zentrale Rolle ein Botschafter in der Vergangenheit einnehmen konnte, stellt Young dar: «In the past, an ambassador could find himself weeks away from contact with his capital, caught up in a crisis in which he (and invariably it was a ‹he›), as the ‹man on the spot›, could effectively commit the country to war.»[131] Diese Rolle hat sich grundlegend verändert. Mit den modernen Kommunikationsmitteln – im Untersuchungszeitraum waren es vor allem Telegramm, Telex und Telefon – ist er viel stärker zum «ausführenden Organ»[132] geworden. Seit dem Ende des Zweiten Weltkriegs gab es immer wieder grosse Diskussionen, welche Rolle ein Botschafter überhaupt noch spiele. Zbigniew Brzezinski, National Security Advisor von US-Präsident Jimmy Carter, war der Meinung, dass er in der zweiten Hälfte des 20. Jahrhunderts nicht mehr nötig sei, und bezeichnete ihn als einen Anachronismus.[133] Es ist Inhalt der vorliegenden Studie, die Funktion der Schweizer Botschafter in den ausgewählten Hauptstädten zu ermitteln und zu beschreiben.

Der Geschäftsträger ad interim ist der erste Mitarbeiter des Botschafters und damit sein Stellvertreter, wenn er seine Funktion nicht ausüben kann. Dies ist der Fall, wenn es bei der Amtsübergabe vom einen zum nächsten Botschafter zu einer Vakanz kommt, wenn der Botschafter ausserhalb des Gastlandes weilt oder krankheitshalber ausfällt.[134] In den meisten hier untersuchten Fällen wurde

---

129 Die Botschaft in Paris hatte den weltweit grössten Konsularkreis zu betreuen. Obwohl Paris auch für den diplomatischen Dienst sehr wichtig war, stellte der konsularische Dienst das Gros der Belegschaft. Anders sah es in Moskau aus, wo mehr Diplomaten als Konsularagenten im Einsatz waren.
130 Siehe von Tscharner, CH-CD, 39.
131 Young, Twentieth-Century Diplomacy, 60.
132 Troendle, Der Beruf eines Schweizer Diplomaten, 3.
133 The Washington Post, 5. Juli 1970, zitiert nach Berridge, The Resident Ambassador.
134 EDA, ABC der Diplomatie, 15.

für die Stellvertretung der Vorsteher der politischen Abteilung der Botschaft ausgewählt. Dies bietet sich an, da er in dieser Funktion bereits viele Kontakte mit dem Aussenministerium des Gastlandes zu unterhalten hat. Gelegentlich werden auch Vertreter anderer Abteilungen mit dieser Funktion betraut.

Die Bezeichnung Attaché kann auf zwei Arten verwendet werden. Zum einen handelt es sich um eine Funktion. Ein Attaché führt einen bestimmten Bereich an einer Botschaft, zum Beispiel der Militärattaché den Militärbereich. Zum anderen handelt es sich um einen diplomatischen Rang am unteren Ende des Spektrums. Dies kann zu Verwirrungen führen, so steht ein Wirtschaftsattaché an einer grösseren Botschaft sicher im diplomatischen Rang eines Botschaftsrates.[135]

Während in kleinen Botschaften wenige diplomatische Mitarbeiter mehrere Bereiche abzudecken hatten,[136] waren in grösseren mehrere diplomatische Mitarbeiter für einen Bereich zuständig.[137] Die Unterteilung in Bereiche war nicht einheitlich und richtete sich nach den Gegebenheiten vor Ort, vor allem nach dem Arbeitsaufwand. An grösseren Botschaften können meist folgende Bereiche unterschieden werden: politische und juristische Angelegenheiten, Wirtschafts- und Finanzangelegenheiten, Kultur- und Presseangelegenheiten und Militärangelegenheiten. Attachés standen jeweils einem dieser Bereiche vor. Während der Militärattaché aus dem EMD kam und ein hochrangiger Offizier war, wurden die anderen Bereiche mit diplomatischem Personal des EPD besetzt.[138] Als besondere Funktionen gab es vereinzelt auch Sozialattachés[139] oder Wissenschaftsattachés,[140] die ebenfalls mit Fachspezialisten besetzt wurden.

---

135 Siehe Ackmann, Die schweizerischen Sozialattachés, 89.
136 François Pictet hatte sich gemäss dem internen Pflichtenheft der Botschaft in Moskau von 1960 um folgende Angelegenheiten zu kümmern: «Affaires politiques, economiques, juridiques, culturelles et presse.» Cahier des charges 1960, 31. Januar 1960, BAR, E 2200.157 1978/129, A.02.3 Pflichtenhefte.
137 Siehe zum Beispiel Botschaft in Washington 1973: Organisation au 1er Octobre 1973, 1. Oktober 1973, BAR, E 2200.36 1996/251, 011.4 Pflichtenhefte.
138 Siehe Aufgabenverteilung in der Botschaft, 1. Oktober 1973, ebd.
139 Siehe Ackmann, Die schweizerischen Sozialattachés.
140 Siehe dazu Kap. IV, 2.6.

II Schweizer Botschafter zwischen 1945 und 1975 – Annäherung an eine Kollektivbiografie

1 Das diplomatische Corps 1945–1975

Die Diplomaten des EPD während des Untersuchungszeitraums lassen sich in zwei Gruppen einteilen: in Vertreter, die vor oder während des Zweiten Weltkriegs und in solche, die nach der Einführung des Concours ins EPD eingetreten sind. Der Concours, eine Art Aufnahmeprüfung,[1] veränderte die Rekrutierungspolitik des Departements grundsätzlich und führte zu einer deutlichen Veränderung der Zusammensetzung des diplomatischen Corps. Es ist daher unerlässlich, die beiden Gruppen getrennt zu betrachten. Das Schwergewicht wird auf die erste Gruppe gelegt, da die später genauer untersuchten Botschafter allesamt aus dieser Gruppe stammen.

1.1 Herkunft und Bildungshintergrund der Vor-Concours-Diplomaten

Die Anfänge der Schweizer Diplomatie waren bescheiden und von einer gewissen Skepsis begleitet. Im Zentrum der Kritik standen vor allem die Kosten. Dies wirkte sich auf die Auswahl des Personals aus. Wer sich für eine diplomatische Karriere, die als solche erst in diesen Jahren geschaffen wurde, interessierte, erhielt 1892 folgende Informationen zu den gewünschten Qualifikationen: Er sollte ein juristisches Studium absolviert haben, über Kenntnisse der modernen Geschichte verfügen, der deutschen und der französischen sowie mit Vorteil auch der englischen und der italienischen Sprache mächtig sein. Vor allem aber sollte er Folgendes mitbringen: «4. Endlich – leider! – ein gewisses Vermögen: denn wir können unsere Diplomaten – selbst wenn sie Missionschef sind – nicht so stellen, dass sie von ihrem Gehalte leben können. Überdies müssen sich unsere jungen Herren gefasst machen, 2–3 Jahre ohne jede Entschädigung zu dienen und müssen die Absicht haben, in der Carrière zu bleiben, nicht nur dieselbe benützen zu wollen, um einen längeren oder kürzeren Aufenthalt mit besserer sozialer Stellung in einer ausländischen Grossstadt zu machen.»[2] Zwar wurde der Dienst ohne jegliches Einkommen mit dem Reglement von 1904 abgeschafft,[3] aber die Tatsache, dass ein Mitarbeiter über ein Vermögen

---

1 Siehe dazu Kap. II, 1.3.
2 Brief Carlin an von Salis, 2. Juni 1982, BAR E2/555, zitiert nach Altermatt, Les débuts de la diplomatie professionnelle en Suisse, 247 f.
3 Altermatt, Les débuts de la diplomatie professionnelle en Suisse, 254.

verfügen musste, um sich den Lebensunterhalt selbst finanzieren zu können, blieb bestehen und stellte das selektivste Kriterium bei der Personalauswahl dar. Es kann daher nicht verwundern, dass in diesen Jahren vor allem Männer aus alteingesessenen und begüterten Familien in den diplomatischen Dienst eintraten.[4]

Ansonsten waren die Anforderungen nicht besonders hoch: «Celui qui désire entrer dans le service diplomatique de la Confédération doit en adresser la demande au Département politique et prouver qu'il sait parler et écrire les langues français et allemand et qu'il a accompli ses études de droit dans une faculté suisse ou étrangère.»[5] Trotzdem hatte das Department immer wieder Mühe, genügend Kandidaten zu finden, sodass die Vergütungspolitik nach und nach angepasst werden musste.[6] Klöti stellt in seiner wegweisenden Studie von 1972 fest, dass der finanzielle Rückhalt einer Person noch bis in den Zweiten Weltkrieg eine entscheidende Rolle spielte. Er hält für das Jahr 1938 fest: «Die Chefbeamten des EPD stammen also immer noch, gesamthaft gesehen, aus ‹besseren Familien› als ihre Kollegen anderer Departemente.»[7]

Die angesprochene Studie erweist sich auch sonst als hilfreich, um sich ein Bild des schweizerischen diplomatischen Corps dieser Zeit zu machen. Klöti untersucht Chefbeamte in der Bundesverwaltung in den Stichjahren 1938, 1955 und 1969.[8] Da Chefbeamte im EPD etwa zwanzig Jahre im Dienst sein mussten, um eine solche Chefposition einzunehmen,[9] kann davon ausgegangen werden, dass auch die 1955 und 1969 untersuchten Beamten bereits vor oder während des Zweiten Weltkriegs ins EPD eingetreten sind.

Die Studie zeigt auf, dass studierte Juristen im EPD überaus stark vertreten waren, was in Anbetracht der oben erwähnten Stellenanforderung wenig überraschen kann. In den von Klöti untersuchten Jahren bewegte sich ihr Anteil zwischen 77 und 93 Prozent.[10] Wie er feststellte, kann dies als Zeichen gedeutet werden, dass man zu dieser Zeit das rechtswissenschaftliche Studium als beste «Allrounder»-Ausbildung betrachtete.[11] Ein weiterer wichtiger Punkt ist die Übervertretung der Romands. Während bei allen anderen untersuchten Bun-

---

4 Siehe von Tscharner, CH-CD, 85.
5 Recueil officiel, nouvelle série, tombe XVIII, 673, zitiert nach Altermatt, Les débuts de la diplomatie professionnelle en Suisse, 253.
6 Siehe Altermatt, Les débuts de la diplomatie professionnelle en Suisse, 225.
7 Klöti, Die Chefbeamten der schweizerischen Bundesverwaltung, 48.
8 Unter Chefbeamten verstand Klöti die EPD-Generalsekretäre, die Direktoren der Abteilungen in der Zentrale sowie die Minister/Botschafter auf den Aussenposten. Ebd., Anhang, Tab. 2.
9 Ebd., 122.
10 Ebd., 126.
11 Ebd., 56.

desstellen eine ziemlich ausgewogene und den Anteilen der Sprachgruppen entsprechende Vertretung festgestellt wurde, gab es im EPD überdurchschnittlich viele Vertreter der französischen Schweiz. Im Jahr 1969 bilden diese sogar die Mehrheit.[12] Auf der einen Seite dürfte dies auf die Tatsache zurückzuführen sein, dass Französisch als Sprache der Diplomatie schlechthin galt. Andererseits ist anzunehmen, dass die besseren Chancen für Deutschschweizer, in der Wirtschaft Karriere zu machen, ebenfalls einen Einfluss hatten. Zum Schluss sei noch erwähnt, dass Vertreter aus dem EPD am häufigsten angaben, weder einer Partei noch sonst einer grösseren Vereinigung anzugehören.[13] Dabei darf aber nicht aus den Augen verloren werden, dass sie meist und vor 1946 ausschliesslich aus dem bürgerlichen Lager stammten.[14]
Der durchschnittliche Minister oder Botschafter im Untersuchungszeitraum kann somit folgendermassen beschrieben werden: ein bürgerlicher, eher apolitischer Jurist aus der Ober- oder oberen Mittelschicht, der mit gleicher Wahrscheinlichkeit aus der Deutschschweiz oder der Romandie stammt und schon über zwanzig Jahre im EPD gedient hat.

1.2 Karriere der Vor-Concours-Diplomaten

Karrierediplomat als Standard
Wenn Diplomaten über Vor- und Nachteile ihres Berufs berichten, sticht ein Punkt als konstantes Negativum hervor: der ständige Wechsel des Arbeitsorts. So beschreibt Benedikt von Tscharner den Diplomaten als Nomaden.[15] Dabei wird oft nicht der Wechsel an sich negativ bewertet, sondern die Veränderungen im Umfeld. Diese können das Klima, die Aufgabe eines eben erst gewonnenen Freundeskreises oder sogar die Trennung von den eigenen Kindern betreffen.[16] Die meisten diplomatischen Dienste kennen ein System der konstanten Versetzung. Das System des EPD sieht vor, dass ein Diplomat alle drei bis vier Jahre seinen Posten wechselt.[17] Dabei hat sich über die Zeit ein regelmässiger Wechsel zwischen der Zentrale in Bern und einem Aussenposten eingebürgert.

---

12 Ebd., 94.
13 Ebd., 130.
14 Siehe dazu Kap. II, 1.3; Ackmann, Die schweizerischen Sozialattachés, 28.
15 Von Tscharner, CH-CD, 80.
16 Siehe ebd., 96; Brunner, Lambris dorés et coulisses, 10. Siehe auch Kap. IV, 3.
17 Siehe Manz, Bundeszentralverwaltung, 157 f.; Geissbühler, Sozialstruktur und Laufbahnmuster der schweizerischen diplomatischen Elite, 86 f. Nicht alle Länder folgten einem so konsequenten Versetzungsmechanismus: Die UdSSR und Japan bildeten in ihren diplomatischen Corps jeweils Spezialisten für bestimmte Regionen aus, die dann dauerhaft in der entsprechenden Region stationiert wurden. Siehe Hamilton/Langhorne, The Practice of Diplomacy, 219.

Grund dafür ist die Bekämpfung einer Gefahr, der ein Vertreter im Ausland immer ausgesetzt ist und die mit dem Term «going native» umschrieben wird:[18] Ein Diplomat lebt längere Zeit in einer fremden Gesellschaft. Es wird von ihm verlangt, dass er sich mit ihr vernetzt und sie versteht. Im Gegenzug besteht die Gefahr, dass deren Einfluss auf ihn laufend zunimmt, ja dass er mit der Zeit ihre Positionen übernimmt und damit mehr zum Vertreter des Gastlands als zu demjenigen des Heimatlands wird.[19] Der Florian-Bericht rechnet vor, dass innerhalb jedes Jahres rund ein Viertel bis ein Drittel des diplomatischen Personals den Posten wechselt.[20] Dementsprechend wird die Zuteilung der freien Posten zu einem zentralen Thema im Departement. Eine wichtige Rolle spielte dabei neben der Rangordnung auch das Anciennitätsprinzip. Dieses verlangt, dass immer der dienstälteste Kandidat befördert werde. Thomas Borer, der kurz nach dem Ende seiner diplomatischen Karriere schreibt, dieses Prinzip gelte uneingeschränkt und werde über jedes Leistungsprinzip gestellt, ist aber nicht zuzustimmen.[21] Gerade bei den untersuchten neuralgischen Posten der Schweizer Aussenpolitik war klar das Bestreben erkennbar, den richtigen Mann[22] für die jeweilige Aufgabe zu finden.[23] Dies ändert nichts daran, dass sich ein Neuling im diplomatischen Dienst in der Regel über mehrere Attaché- und Botschaftsratsposten zu einem Botschafterposten heraufarbeiten musste und zuerst eine kleinere Botschaft führte.

In der Forschung wird viel über Sinn und Unsinn der Nomination von Quereinsteigern für diplomatische Posten diskutiert.[24] Vor allem in den USA ist es üblich, dass der Präsident nach einem Wahlerfolg wichtige Wahlhelfer seiner Kampagne mit einem Botschafterposten belohnt. So waren 1983 von den 111 US-Botschaften 44 an der Spitze mit «political appointees» besetzt.[25] Dieses System wird von grossen Teilen der Forschung scharf kritisiert. Weniger

---

18 Siehe von Tscharner, CH-CD, 78.
19 Ebd., 79.
20 EPD, Ein Aussenministerium befragt sich selbst, 68.
21 Borer, Public affairs, 63.
22 Zu dieser Zeit gab es auf Botschafterposten noch keine Frauen.
23 Hier sei einerseits auf die Resultate der vorliegenden Untersuchung hingewiesen, wonach für die untersuchten Posten gewisse Auswahlkriterien konstant blieben, siehe dazu Kap. II, 2. Diese Sichtweise wurde vom Historiker und Diplomaten Claude Altermatt in einem vom Autor am 1. September 2010 geführten Interview unterstützt. Ein Protokoll einer Chefbeamtensitzung von 1966 zeigt dieselbe Bestrebung, als über die Neubesetzung des Botschafterpostens in Rom gesprochen wurde. Chefbeamtenbesprechung vom 27. Januar 1966, 31. Januar 1966, BAR, E 2807 1974/12, Bd. 9, dodis.ch/31993.
24 Siehe Hamilton/Langhorne, The Practice of Diplomacy, 232–256; Nicholson, Diplomacy, 39 f.; Ellis O. Briggs, This Is a Professional Game; Smith, Non-Professional Diplomats; Paschke, Experience Matters Most.
25 Briggs, This Is a Professional Game, 146.

eindeutig zeigt sie sich bei der Frage nach dem Wert von Fachspezialisten im diplomatischen Dienst. Unter Fachspezialisten versteht Ackmann «diejenigen Sachverständigen, die aufgrund ihrer Kenntnisse von ausserhalb des Korps eigens zur Erfüllung spezifischer Funktionen berufen werden».[26] Den Vorteilen eines grossen aufgabenspezifischen Fachwissens solcher Vertreter stehen Nachteile wie geringeres Allgemeinwissen, weniger diplomatisches Know-how oder die fehlende Sozialisierung im System gegenüber. Gerade der letzte Punkt kann sich aber auch positiv auswirken. Bringt ein Quereinsteiger Erfahrungen zum Beispiel aus der Privatwirtschaft mit, kann er die im Dienst als gegeben hingenommenen Faktoren infrage stellen und so Probleme aufdecken, die vorher nicht gesehen wurden.[27]

Im diplomatischen Dienst der Nachkriegsschweiz kamen weder Nominationen von «political appointees» noch von Fachspezialisten häufig vor.[28] Die Einstellung des Bundesrates zu solchen Nominationen führte Petitpierre in einer Rede vor dem Nationalrat aus: «Au demeurant, je pense que, dans la règle, les ministres doivent être choisis dans la carrière. La diplomatie est un métier comme un autre. Il doit s'apprendre. Ceux qui le connaissent le mieux sont normalement ceux qui l'ont pratiqué dès le début de leur activité. D'autre part, en choisissant trop fréquemment des ministres en dehors de la carrière […] on découragerait les jeunes gens capables d'entrer dans celle-ci parce qu'ils auraient la crainte, au moment où ils pourraient légitimement prétendre à diriger un poste, de se voir préférer une personnalité politique ou quelque autre outsider.»[29]

Karrieremuster

Das folgende Kapitel bezieht sich auf die Karrieren der Chefbeamten im EPD. Zur Abgrenzung dieser Gruppe wurde eine Definition von Jaeggi herangezogen, die alle Spitzenbeamten bis zur Stufe Sektionschef mit Ausnahme der Vorsteher von rein technischen Sektionen einschliesst.[30] Die Laufbahnen der Chefbeamten während des Untersuchungszeitraums können in drei Klassen eingeteilt werden:[31] die Aussenpolitiker, die Aussendiplomaten und die Ein-

---

26 Ackmann, Die Schweizerischen Sozialattachés, 83.
27 Siehe ebd.
28 Bei den «political appointees» sind Eduard Zellweger, Anton R. Ganz und Enrico Celio zu nennen. Fachspezialisten wurden vor allem für die Posten von Wissenschafts-, Atom- und Sozialattachés nominiert. Siehe ebd. Im 19. Jahrhundert war dies noch anders. Siehe Altermatt, Les débuts de la diplomatie professionnelle en Suisse, 286 f.
29 Steno Bull. NR, 4. Oktober 1945, zitiert nach Ackmann, Die Schweizerischen Sozialattachés, 86.
30 Jaeggi/Schmid/Hugentobler, Die Chefbeamten des EPD, 4.
31 Es wurden Daten aus der Datenbank der Diplomatischen Dokumente der Schweiz, dodis.ch, verwendet.

und Umsteiger. Diese Klassen sind nicht absolut trennscharf, es gibt Personen, die verschiedenen Klassen zugeordnet werden könnten.

Aussenpolitiker: Diese Klasse fasst Beamte zusammen, die über längere Zeit die Geschicke der Aussenpolitik der Schweiz geprägt haben. Sie zeichnen sich dadurch aus, dass sie in der Zentrale eine einflussreiche Position innehatten und insgesamt mehr Zeit als Chefbeamter in Bern als auf einem Botschafterposten verbracht haben. Zu dieser Gruppe gehören alle Generalsekretäre,[32] aber auch Leiter des Rechtsdienstes wie Rudolf Bindschedler[33] und Emanuel Diez,[34] die als Rechtsspezialisten grossen Einfluss hatten, aber nie als Botschafter im Ausland tätig waren, weiter Personen wie Jakob Burkhard,[35] der als Spezialist für Atomfragen ins EPD eintrat, später aber die Abteilung für Internationale Organisationen leitete, oder Maurice Jaccard,[36] der über die Jahre alle Fragen betreffend Auslandschweizer koordinierte.

Aussendiplomaten: Dies ist die grösste Chefbeamtengruppe im EPD. Es sind Botschafter, die bis auf wenige Ausnahmen eine klassische Karriere im diplomatischen Dienst durchlaufen haben und ihre Chefbeamtenzeit meist im Ausland verbrachten. Sie wurden an den verschiedensten Orten der Welt eingesetzt und hatten daher eine grosse interkulturelle Erfahrung. Einige von ihnen waren auch als Chefbeamte in Bern, doch verbrachten sie deutlich weniger Zeit in der Zentrale als im Ausland.

Gemäss der Relevanz der jeweils eingenommenen Botschafterposten kann eine gewisse Abstufung der Diplomaten in dieser Gruppe vorgenommen werden. So haben einige während des Grossteils ihrer Karriere als Botschafter in einem Zentrum der Weltpolitik geamtet, während andere mehrheitlich in kleineren, für die Schweizer Aussenpolitik oft weniger entscheidenden Aussenposten[37] tätig waren. In diesem Zusammenhang sei auf die neuralgischen Posten der Schweizer Aussenpolitik hingewiesen.[38] Da bei der Besetzung dieser Posten sehr wohl Wert darauf gelegt wurde, den jeweils besten Mann auszuwählen,

---

32 Stucki (Bern 22, Ausland 6 Jahre), dodis.ch/P35; Zehnder (Bern 9, Ausland 8 Jahre), dodis.ch/P79; Kohli (Bern 8, Ausland 8 Jahre), dodis.ch/P97; Micheli (Bern 13, Ausland 5 Jahre), dodis.ch/P86; Thalmann (Bern 9, Ausland 8 Jahre), dodis.ch/P997.
33 Dodis.ch/P1396.
34 Dodis.ch/P1692.
35 Nicht zu verwechseln mit Carl Jacob Burckhardt, dodis.ch/P2430.
36 Dodis.ch/P4611.
37 Es ist festzuhalten, dass auch diese Posten zuzeiten von zentraler Bedeutung für die Schweiz sein konnten, zum Beispiel Stockholm und Wien, wo es oft um Koordinationsfragen im Zusammenhang mit der Neutralitätspolitik ging. Belgrad und Neu-Delhi waren im Zusammenhang mit der KSZE wichtig. Die Vertretung in Havanna erreichte als Interessenvertretung der USA von 1961 bis 2015 eine weltpolitisch ausserordentliche Bedeutung.
38 Zur Definition siehe Kap. XII, 6.

kann angenommen werden, dass diese Vertreter vom Bundesrat[39] durchaus als Spezialisten ihres Fachs betrachtet wurden. Die in der vorliegenden Studie behandelten Diplomaten gehören also einer kleinen Gruppe von Spitzendiplomaten an, die die Schweiz während des Grossteils ihrer Chefbeamtenkarriere in einem Zentrum der Weltpolitik vertreten haben. Die Vertreter dieser Gruppe werden hier als Präsenzspezialisten bezeichnet.

Es soll aber keine Qualifikation im Sinne von «guten» und «weniger guten» Diplomaten vorgenommen werden. Ein Urteil über deren Fähigkeiten kann anhand der beschriebenen Unterscheidung nicht gefällt werden. Es ist zum Beispiel vorstellbar, dass es Botschafter gegeben hat, die ausgezeichnet mit lateinamerikanischen Regimes zurechtkamen und gerade deshalb nicht in eines der sechs ausgewählten Zentren versetzt wurden.[40] Eine detaillierte Untersuchung der Mechanismen der Zuteilung von Diplomaten auf die Gesamtheit der Botschafterposten steht noch aus.

Ein- und Umsteiger: Diese Gruppe ist bunt gemischt. Das Hauptmerkmal ihrer Vertreter ist, dass sie eine lange Zeit ihrer Karriere ausserhalb des EPD verbracht haben. Sie sind entweder spät eingestiegen oder haben das EPD zwischenzeitlich für andere Aufgaben verlassen. Unterschiedlich ist auch ihr Einfluss auf die Geschicke des Departements. Waren einige durch ihre Erfahrung und ihre Stellung wichtige Impulsgeber, waren andere wenig prägend.

In diese Gruppe gehören Quereinsteiger wie Hermann Flückiger,[41] der vom EMD her kommend der erste Schweizer Vertreter auf dem wiedereröffneten Posten in Moskau war, oder Eduard Zellweger, der nur eine kurze Zeit als Gesandter in Belgrad tätig war, bevor er an die Universität Zürich wechselte und seine politische Karriere wiederaufnahm.[42] Zu den Umsteigern gehört Carl Jacob Burckhardt, der zwischen Universität, EPD und einer internationalen Karriere, die in seiner Mission in Danzig ihren Höhepunkt fand, hin und her wechselte.[43] Ein weiterer Vertreter der Umsteiger ist Olivier Long, der zuerst lange in der Handelsabteilung tätig war, anschliessend nach nur einem Jahr als Botschafter in London zum GATT wechselte und bis 1980 dessen Generaldirektor blieb.[44] Schliesslich gehören diejenigen Chefbeamten des EPD zu dieser Gruppe, die einen grossen Teil ihrer Karriere in der Handelsabteilung verbracht haben. Sie zeichnen sich durch eine handelspolitische Denkweise

---

39 Botschafter wurden vom Gesamtbundesrat nominiert.
40 Ein solches Beispiel könnte Emil Stadelhofer sein: 1961–1966 Havanna, 1967–1971 Tokio, 1971–1976 Rio de Janeiro, 1976/77 Stockholm. Dodis.ch/P2647.
41 Dodis.ch/P77.
42 Dodis.ch/P1092. Nicht in diese Gruppe gehört Anton R. Ganz, der zwar quer eingestiegen, aber nachher während 23 Jahren auf sieben Botschafterposten gedient hat.
43 Siehe dodis.ch/P85.
44 Dodis.ch/P1110.

und vor allem durch reiche Erfahrung in der Verhandlungsführung aus. Als Beispiel sei Albert Weitnauer erwähnt, der zwölf Jahre lang als Delegierter des Bundesrates für Handelsverträge amtete.[45]

1.3 Demokratisierung des diplomatischen Corps – der Concours und seine Folgen

Im Rahmen der allgemeinen Bemühungen, die Bundesausgaben in den Nachkriegsjahren zu verringern, geriet das im Krieg stark gewachsene EPD unter starken Spardruck. Als Erstes hatte eine allgemeine Personalsperre im Jahr 1948 grössere Folgen für das EPD, die aber erst später zum Tragen kamen.[46] Ebenfalls 1948 kürzte die Bundesversammlung die Mittel des EPD um 700 000 Franken.[47] Zudem wurde es von einem Experten aus der Kriegswirtschaft auf Einsparungsmöglichkeiten untersucht. Der Bericht, der 1949 Bundesrat Petitpierre vorgelegt wurde, hielt zwar zuerst fest, dass gerade im EPD Sparmassnahmen am falschen Ort «weittragende Auswirkungen zeitigen» könnten: «Unsere Volkswirtschaft kann unter Umständen einen Schaden erleiden, der vielleicht in keinem Verhältnis steht zu den eventuell erzielten Einsparungen.»[48] Er kam aber auch zum Schluss, dass für die Erledigung der Aufgaben maximal 1300 Mitarbeiter benötigt würden. Dies bedeutete einen Abbau von rund 250 Stellen. Der Bundesrat folgte 1950 dem Bericht, und im selben Jahr wurde ein Abbau auf 1346 Mitarbeiter umgesetzt.[49] 1951 wurden im EPD nochmals rund fünfzig Stellen gestrichen. Nur zwei Jahre später sahen die Räte eine erneute Budgetkürzung von 600 000 Franken vor und eine Kommission unter dem späteren Vorsteher der Abteilung für Verwaltungsangelegenheiten, Paul Clottu, fand die Einsparung von weiteren 64 Stellen angebracht. Frappant ist vor allem die Diskrepanz zwischen diesem Abbau beim Personal einerseits und dem gleichzeitigen Ausbau des Vertretungsnetzes andererseits.[50] Dies blieb auch der Presse nicht verborgen, und so gingen die Entlassungen von 1953 nicht geräuschlos über die Bühne. Die «Neue Zürcher Zeitung» meinte am 24. Januar 1954: «Heute aber, [...] nachdem die Errichtung neuer Gesandtschaften Früchte zu tragen beginnt,

---

45 Dodis.ch/P2132.
46 Siehe dazu Kap. II, 1.3.
47 Rundschreiben Petitpierre «Aux légations et consulats de Suisse. Pour le Chef de poste», 30. Januar 1948, BAR, E 2200.40 1000/1666, Bd. 3.
48 Bericht über die Aufgaben, die Organisation und den Personalbestand des Eidgenössischen Politischen Departementes, 10. Dezember 1949, BAR, E 2004 (B) 1970/2, Bd. 9, 11, zitiert nach Ackmann, Die Schweizerischen Sozialattachés, 192.
49 Ackmann, Die schweizerischen Sozialattachés, 193.
50 Siehe dazu Kap. I, 2.2.

weht im Parlament und in gewissen Kreisen der Öffentlichkeit plötzlich der Wind aus entgegengesetzter Richtung.»[51]
Als Folge der kontinuierlichen Abbaumassnahmen und der Personalsperre wurde zwischen 1948 und 1956 kaum neues Personal eingestellt. Dies führte im Departement zu einer veränderten Altersverteilung. Der Florian-Bericht von 1975 hielt fest, dass zwischen 1978 und 1984 rund ein Drittel des diplomatischen Personals in den Ruhestand entlassen werde.[52]
Das EPD geriet gegen Ende des Krieges nicht nur wegen der Ausgaben unter verstärkten Druck der Öffentlichkeit, sondern wurde auch wegen seiner Tätigkeit scharf beobachtet. Dafür verantwortlich war der Vorsteher des Departements, Marcel Pilet-Golaz. Dessen schlechter Ruf basierte auf einer Rede, die er 1940 nach dem überraschend schnellen Zusammenbruch Frankreichs an die Bevölkerung gerichtet und in der er sich für eine gewisse Anpassung ans Deutsche Reich offen gezeigt hatte, was die Schweizer Öffentlichkeit, die gerade erst auf den Widerstandskampf eingeschworen worden war, nicht goutierte.[53] Urs Altermatt meint dazu: «Während Guisan jenes Heldentum verkörperte, von dem die Schweizer wünschten, sie hätten es gegenüber den Nazis ununterbrochen gezeigt, ist Pilet dazu verurteilt, das Symbol jener Politik zu bleiben, die sie wirklich geführt hat.»[54] Mit Pilets jungem Nachfolger Petitpierre kam zwar frischer Wind ins EPD, doch die Kritik blieb vorerst bestehen und konzentrierte sich immer mehr auf die Personalrekrutierung. Vorab linke Kreise, gestärkt durch die Parlamentswahlen von 1943 und die Wahl des ersten sozialdemokratischen Bundesrates, Ernst Nobs, 1944, zeigten sich mit ihrer Untervertretung in der Bundesverwaltung unzufrieden.[55] Der Bundesrat begegnete den Forderungen vorerst mit der Berufung von zwei Vertretern der SP auf Gesandtschaftsposten.[56] Die beschriebenen Sparmassnahmen hielten das Departement vorerst davon ab, seine Rekrutierungspolitik den neuen Anforderungen anzupassen. Als 1955 die Personalsperre aufgehoben wurde, erarbeitete eine Kommission unter der Leitung von Walter Stucki eine Prüfung für die Zulassung zum diplomatischen Dienst als neues Rekrutierungsinstrument. Max Troendle, der die Zulassungskommission von 1966 bis 1975 präsidierte, beschreibt die Prüfung wie folgt: «Bei dieser Zulassungsprüfung handelt es sich nicht um ein eigentliches Examen, das man besteht oder nicht besteht,

---

51 Neue Zürcher Zeitung, Nr. 182, 24. Januar 1954, zitiert nach Ackmann, Die schweizerischen Sozialattachés, 196.
52 EPD, Ein Aussenministerium befragt sich selbst, 67.
53 Siehe Altermatt, Die Schweizer Bundesräte, 368; Kap. VII, 1.
54 Altermatt, Die Schweizer Bundesräte, 371.
55 Siehe Ackmann, Die Schweizerischen Sozialattachés, 28.
56 Eduard Zellweger wurde 1945 zum Minister in Belgrad berufen, Anton Roy Ganz im selben Jahr zum Minister in Warschau. Siehe dodis.ch/P1092 und dodis.ch/P140.

sondern um einen sogenannten Concours, d. h. um einen Wettbewerb. Die
Zahl der Kandidaten, die jährlich eingestellt werden können, steht zum vornherein fest und richtet sich nach dem Nachwuchsbedarf.»[57] Dieser Nachwuchsbedarf war allerdings vorderhand nicht besonders gross, der Florian-Bericht
spricht von durchschnittlich fünf Akademikern und fünf Nichtakademikern
jährlich.[58] Neu wurden an die Kandidaten folgende Anforderungen gestellt:
«Bürgerliche Ehrenfähigkeit und unbescholtener Leumund», schweizerische
Staatsangehörigkeit, ein Alter unter dreissig Jahren und ein abgeschlossenes
Hochschulstudium. Eine ein- bis zweijährige Berufserfahrung war erwünscht,
aber nicht Voraussetzung.[59] Die Prüfungen im Concours erstreckten sich auf
die Bereiche «allgemeine Bildung, schweizerische und allgemeine Geschichte,
Grundlagen der schweizerischen Volkswirtschaft, schweizerisches Staatsrecht,
Grundzüge des Völkerrechts und Sprachkenntnisse».[60]
Vergleicht man diese Anforderungen mit der Praxis vor dem Zweiten Weltkrieg, so stellt man fest, dass Grundpfeiler der damaligen Rekrutierung umgestossen wurden. So war nun das Feld auch für Nichtjuristen offen. Jaeggi stellt
fest, dass der Juristenanteil bereits 1978 auf 42 Prozent gesunken, der Anteil
der Ökonomen hingegen auf siebzehn Prozent und derjenige von Personen
mit einem Abschluss an einer philosophischen Fakultät sogar auf 24 Prozent
angestiegen war.[61] Ein wichtiger Punkt war die Öffnung des diplomatischen
Dienstes für alle sozialen Schichten. Troendle meinte dazu: «Es ist auch nicht
so, dass man einer ‹gehobenen sozialen Schicht› angehören oder in der Gunst
einer ‹Protektion› stehen muss, um in den diplomatischen Dienst aufgenommen
zu werden und darin vorwärtszukommen.»[62] Diese Öffnung konnte sich aber
nur mit der Anpassung der Besoldung definitiv entfalten.
Betrachten wir diese Faktoren, ist Ursula Ackmann zuzustimmen, dass der
Concours eine Demokratisierung des EPD eingeleitet hat.[63] Der Concours
wurde vielfach positiv bewertet. So fasst der Florian-Bericht zusammen: «Die
1955 eingeführten und seither nur wenig geänderten Zulassungsbedingungen
für den diplomatischen und konsularischen Dienst einerseits, den Kanzleidienst andererseits, haben sich, so darf in der Rückschau über zwanzig Jahre
festgestellt werden, vorzüglich bewährt. Ihnen ist es zu verdanken, dass namentlich unser diplomatischer Dienst sowohl in sozialer Hinsicht als auch

---

57 Troendle, Der Beruf eines schweizerischen Diplomaten, 13.
58 EPD, Ein Aussenministerium befragt sich selbst, 43.
59 Troendle, Der Beruf eines schweizerischen Diplomaten, 13.
60 Ebd.
61 Jaeggi, Chefbeamte des EPD, 11.
62 Troendle, Der Beruf eines schweizerischen Diplomaten, 10.
63 Siehe Ackmann, Die Schweizerischen Sozialattachés, 199.

von der akademischen Vorbildung her auf einem bedeutend repräsentativeren Fundament ruht als zuvor.»[64]

Ein weiterer wichtiger Faktor war die Herausbildung des in vielen autobiografischen Arbeiten von Diplomaten aus dieser Zeit beschriebenen «esprit de corps». Edouard Brunner schrieb dazu: «Nous étions tous passés par la même filière, nous avions été soumis aux mêmes examens, nous bénéficions des mêmes avantages et subissions les mêmes désagréments.»[65] Vor allem der Zusammenhalt innerhalb eines Jahrgangs, einer Volée, war stark.[66] Der Concours und die dazugehörige Ausbildung nach dem Eintritt sind aber keine Schweizer Erfindungen, die meisten diplomatischen Dienste kennen eine solche Zulassungsprüfung, und die Effekte des gemeinsamen Einstiegs in den diplomatischen Dienst sind ähnlich.[67]

2 Schweizer Botschafter in den «Zentren der Macht»[68]

Während in den vorhergehenden Kapiteln das gesamte diplomatische Corps oder dessen Chefbeamten im Zentrum standen, behandelt das folgende Kapitel eine besondere Gruppe von Spitzendiplomaten. Es handelt sich um diejenigen Botschafter, die die Schweiz auf ihren wichtigsten Aussenposten[69] vertreten haben. Die sechs ausgewählten Posten befinden sich in Zentren der globalen Machtpolitik dieser Zeit. Die Berufung auf einen dieser Posten darf als Karrierehöhepunkt eines Schweizer Diplomaten gesehen werden und abgesehen vom Generalsekretär gab es zu dieser Zeit kaum angesehenere Positionen im EPD.

In den folgenden Abschnitten wird untersucht, welche Botschafter die verschiedenen Posten während des Untersuchungszeitraums besetzten.[70] Dabei wird auf Parallelen zwischen den Postenchefs geachtet. Damit lässt sich aufzeigen, dass für die Auswahl der Vertreter postenspezifische Kriterien berücksichtigt wurden.

---

64 EPD, Ein Aussenministerium befragt sich selbst, 67.
65 Brunner, Lambris dorés et coulisses, 10.
66 Siehe Borer, Public affairs, 63.
67 Siehe Nicholson, Diplomacy, 40.
68 Gemäss der in der Einführung, Anm. 1, aufgestellten Regel wird auch in diesem Kapitel nicht zwischen Gesandten, Ministern und Botschaftern unterschieden. Der Botschaftertitel wurde dem Missionschef jeweils mit der im vorhergehenden Kapitel erläuterten Erhebung der Mission zur Botschaft verliehen.
69 Zum Auswahlprozess und zu den Selektionskriterien der «wichtigsten Aussenposten» siehe Kap. XII, 6.
70 Eine grafische Übersicht liefern die Tabellen 1–3 im Anhang.

2.1 Paris

Der Pariser Posten wurde nach dem Zweiten Weltkrieg von Carl Jacob Burckhardt geführt, einem Ein- und Umsteiger,[71] der vor dem Krieg vor allem im Völkerbund Karriere gemacht und mit der Danziger Mission grosse internationale Bekanntheit erlangt hatte. Burckhardt wurde von Petitpierre persönlich nominiert und war ein enger Berater des Departementsvorstehers.[72] Auf ihn folgten mit Peter von Salis[73] und Pierre Dupont[74] zwei Präsenzspezialisten, mit Pierre Micheli[75] ein späterer Generalsekretär und mit Pierre Soldati[76] ein Aussendiplomat, der in internationalen Organisationen Erfahrungen gesammelt hatte. Alles in allem eine recht illustre Gruppe. Im Vergleich mit den anderen untersuchten Posten fällt auf, dass in Paris Personen mit einer kurzen Botschaftererfahrung von durchschnittlich nur 3,2 Jahren eingesetzt wurden.[77] Mit Burckhardt und Micheli wurden Personen entsandt, die als Botschafter gar keine, dafür aber in anderen Funktionen viele Erfahrungen gesammelt hatten.[78] Mit 6,4 Jahren ist die durchschnittliche Amtsdauer auf diesem Posten die längste aller untersuchten. Diese Tendenz wird nach 1975 mit der zehnjährigen Amtszeit von François de Ziegler[79] fortgeführt.

Zusammenfassend kann gesagt werden: Die Schweiz liess sich in Paris meist von Personen vertreten, die ihre Erfahrungen nicht als Botschafter gemacht hatten, aber sonst hohes Ansehen genossen.[80] Sie blieben lange auf ihrem Posten und stammten überraschenderweise nicht mehrheitlich aus der Romandie.[81]

---

71 Siehe dazu Kap. II, 2.
72 Siehe Trachsler, Bundesrat Max Petitpierre, 49 und 59. Die Ernennung des Schweizer Vertreters bei der Regierung de Gaulle war von einer Fehleinschätzung gekennzeichnet. In den Augen der neuen Regierung in Paris hatte die Schweiz zu lange das kollaborationistische Regime in Vichy gestützt und die provisorische Regierung de Gaulles zu lange nicht anerkannt. Als die Schweiz den ehemaligen Gesandten in Vichy, Walter Stucki, in Paris akkreditieren wollte, führte dies zu einem französischen Refus. Siehe dazu Kap. IV, 1.
73 Siehe dodis.ch/P69.
74 Siehe dazu Kap. X.
75 Siehe dodis.ch/P86.
76 Siehe dodis.ch/P87.
77 Siehe dazu Anhang, Tab. 2.
78 Zu Burckhard siehe oben; Micheli leitete viele Jahre die Abteilung für Internationale Organisationen in Bern. Dodis.ch/P86.
79 Siehe dodis.ch/P2755.
80 Die Ausnahme bildet Pierre Dupont. Siehe dazu Kap. X, 1.
81 Deutschschweiz: Burckhardt und von Salis; italienische Schweiz: Soldati; französische Schweiz: Micheli und Dupont.

2.2 Washington

Mit Karl Bruggmann[82] und Henry de Torrenté[83] wurde die Botschaft in Washington bis 1960 von zwei Personen mit grosser Botschaftererfahrung geleitet. August R. Lindt,[84] Alfred Zehnder[85] und Felix Schnyder[86] hatten andere Erfahrungsschätze vorzuweisen. Lindt und Schnyder amteten sowohl als Schweizer Beobachter bei der UNO, vor allem aber als UNO-Hochkommissare für Flüchtlinge, wodurch sie auf der internationalen Bühne bekannt waren.[87] Zehnder wiederum war über neun Jahre Generalsekretär des EPD mit grossem Einfluss auf die Schweizer Aussenpolitik.[88] Ganz allgemein kann festgehalten werden, dass die Botschafter in Washington bei Amtsantritt im Durchschnitt am meisten Botschaftererfahrung hatten.[89] Drei der fünf Botschafter leiteten vor Washington bereits einen der anderen fünf neuralgischen Posten. Während Lindt und Zehnder mit zwei und drei Jahren nur kurz in Washington blieben, waren die Amtszeiten von Bruggmann, de Torrenté und Schnyder sehr lang.[90]
Zusammenfassend kann festgehalten werden, dass nach Washington nur sehr erfahrene und besondere Leute entsandt wurden. Im Vergleich mit den anderen Botschaften darf durchaus davon gesprochen werden, dass die Gruppe der Vertreter in Washington an Erfahrung und internationalem Rendement an erster Stelle steht. Es verwundert daher nicht, dass vier der fünf Botschafter im Sieb der vorliegenden Untersuchung hängen geblieben sind.[91] Die Auswahlpraxis wurde übrigens nach 1975 weitergeführt: Schweizer Botschafter in den USA waren unter anderen die drei Generalsekretäre Raymond Probst,[92] Klaus C. Jacobi[93] und Edouard Brunner.[94]

---

82 Siehe dazu Kap. III.
83 Siehe dazu Kap. IV.
84 Siehe dazu Kap. VII.
85 Dodis.ch/P79.
86 Siehe dazu Kap. IX.
87 Siehe dazu Kap. VII und IX.
88 Siehe dazu Kap. I, 2.2; dodis.ch/P79.
89 Sieben Jahre. Siehe dazu Anhang, Tab. 2.
90 Bruggmann (inklusive der Zeit vor und während des Zweiten Weltkriegs) sechzehn Jahre, de Torrenté fünfeinhalb Jahre, Schnyder zehn Jahre.
91 Auch Zehnder fehlte nur ein Jahr in einer der sechs Botschaften, um in die Untersuchung aufgenommen zu werden. Siehe dazu Anhang, Tab. 3.
92 Siehe dodis.ch/P11.
93 Siehe dodis.ch/P19511.
94 Siehe dodis.ch/P19047.

2.3 London

Auch die Botschaft in London wurde nach dem Krieg zuerst von einem Ein- und Umsteiger geleitet. Im Gegensatz zu Burckhardt in Paris erlangte Paul Ruegger seinen internationalen Ruf als IKRK-Präsident aber erst nach seiner Tätigkeit in London.[95] Wie sein Amtskollege in Paris war er ein enger Vertrauter und Berater von Max Petitpierre. Ruegger hatte grossen Einfluss auf den Departementsvorsteher und wird als Vater der Konzeption Neutralität und Solidarität bezeichnet.[96] Auf ihn folgen mit Henry de Torrenté[97] und Armin Daeniker[98] zwei klassische Präsenzspezialisten. Zwischen 1964 und 1970 folgten drei Botschafter mit kurzer Amtsdauer. Beat von Fischer[99] und René Keller[100] waren beide erfahrene Botschafter, während Olivier Long ein Ein- und Umsteiger war.[101] Am Ende des Untersuchungszeitraums wurde die Botschaft in London von Albert Weitnauer[102] geführt, einem gewieften Aussenpolitiker aus der Handelsabteilung, der anschliessend zum Generalsekretär des EPD aufstieg. Die kurze durchschnittliche Amtsdauer von 4,4 Jahren[103] erklärt sich durch die drei genannten Botschafter mit kurzer Amtsdauer zwischen 1964 und 1970.[104] Sie wäre ohne die Wahl Longs zum Präsidenten des GATT[105] und den damit verbundenen Wechsel durchschnittlich. Auffallend ist, dass mit de Torrenté, Long und Weitnauer drei ehemalige Delegierte für Handelsverträge und damit Wirtschaftsfachleute für den Londoner Posten nominiert wurden.

Zusammenfassend kann festgestellt werden, dass sich die Schweiz in London entweder von erfahrenen Botschaftern[106] oder Leuten mit handelspolitischem Hintergrund[107] vertreten liess.

---

95 Wie erwähnt war Burckhardt bereits bei seinem Amtsantritt eine international angesehene Person. Er amtete zu dieser Zeit als Präsident des IKRK. In dieser Funktion wurde er 1948 von Paul Ruegger abgelöst. Siehe dodis.ch/P88.
96 Möckli, Neutralität, Solidarität, Sonderfall, 103–105; Trachsler, Bundesrat Max Petitpierre, 84.
97 Siehe dazu Kap. VI.
98 Siehe dazu Kap. IV.
99 Siehe dodis.ch/P128.
100 Siehe dodis.ch/P1109.
101 Siehe dazu Kap. II, 1.2.
102 Siehe dodis.ch/P2132.
103 Siehe dazu Anhang, Tab. 2.
104 Von Fischer erreichte das Pensionsalter; Long wurde zum Präsident des GATT gewählt.
105 Dodis.ch/P1110.
106 Ruegger, de Torrenté, Daeniker und vor allem Keller und von Fischer.
107 De Torrenté, Weitnauer und Long. Aber auch Keller hatte sich während seiner Karriere verschiedentlich mit wirtschaftspolitischen Fragen auseinandergesetzt. Siehe dodis.ch/P2132.

2.4 Moskau

Schon beim ersten Blick auf die Aufstellung der Schweizer Botschafter in Moskau sticht deren grosse Zahl ins Auge.[108] Während in Paris, Washington und Köln im Untersuchungszeitraum jeweils fünf Botschafter tätig waren, liess sich die Schweiz an der Moskwa durch zehn Botschafter vertreten. Daraus ergibt sich die kurze durchschnittliche Amtsdauer von 3,3 Jahren.[109] Anders als in London verteilen sich die Amtsjahre gleichmässig auf die Botschafter. Die kurze Amtsdauer dürfte auf die schwierige Stellung westlicher Botschafter in Moskau zurückzuführen sein.[110] Dass der Moskauer Posten politisch eine heikle Position war, kann man daran erkennen, dass mit Ausnahme von Hermann Flückiger[111] und Alfred Zehnder nur erfahrene Botschafter berufen wurden. Die durchschnittliche Botschaftererfahrung vor Amtsantritt lag bei 6,7 Jahren und ist damit die zweithöchste aller untersuchten Posten.[112] Angesichts des speziellen Postens bei der kommunistischen Grossmacht ist die Tendenz zu erkennen, Leute mit besonderer Erfahrung im Umgang mit der UdSSR zu berufen. Hermann Flückiger war vor seinem Amtsantritt für die Rückführung der in der Schweiz internierten Rotarmisten verantwortlich.[113] Camille Gorgé[114] blickte auf eine lange Tätigkeit als Schweizer Vertreter beim Völkerbund zurück und war, aus heutiger Sicht fast unvorstellbar, zwischen 1924 und 1927 drei Jahre lang vom EPD beurlaubt worden, um im japanischen Aussenministerium den Posten eines juristischen Beraters einzunehmen.[115] Auch Edouard de Haller konnte bei seinem Amtsantritt Erfahrungen mit der UdSSR aus seiner Zeit beim Völkerbund vorweisen.[116] Alfred Zehnder sprach fliessend Russisch und galt über die Landesgrenzen hinaus als ausgezeichneter Kenner der UdSSR.[117] August R. Lindt verfügte aufgrund seiner Tätigkeit als Beobachter bei der UNO und als Hochkommissar für Flüchtlinge[118] und Max Troendle aus seiner Zeit als Delegierter für Handelsverträge[119] über besondere

---

108 Siehe dazu Anhang, Tab. 1.
109 Siehe dazu Anhang, Tab. 2.
110 Siehe dazu Kap. VII, 2.4 und VIII, 2.1; Gehrig-Straube, Beziehungslose Zeiten, 493–500.
111 Siehe dazu Kap. II, 1.2.
112 Siehe dazu Anhang, Tab. 2.
113 Gehrig-Straube, Beziehungslose Zeiten, 371–472.
114 Siehe dodis.ch/P64.
115 Marc Perrenoud: Gorgé, Camille, in: Historisches Lexikon der Schweiz, www.hls-dhs-dss.ch/textes/d/D14848.php, 29. April 2010.
116 Marc Perrenoud: Haller, Edouard de, in: Historisches Lexikon der Schweiz, www.hls-dhs-dss.ch/textes/d/D14852.php, 29. April 2010.
117 Siehe Brief Minister Bruggmann an Minister Zehnder, 28. Dezember 1952, BAR, E 2802 1967/78, E U. S. A. I.
118 Siehe dazu Kap. VII, 2.1.
119 Siehe dazu Kap. VIII, 1.

Erfahrungen mit dem Ostblock. Anton R. Ganz war bereits acht Jahre lang bei kommunistischen Regimes in Warschau und Belgrad akkreditiert, bevor er nach Moskau entsandt wurde.[120] Und Jean de Stoutz diente bereits in jüngeren Jahren an der Botschaft in Moskau.[121]

Zusammenfassend kann festgestellt werden, dass nach Moskau grundsätzlich erfahrene Botschafter gesandt wurden. Sie zeichneten sich aber vor allem durch besondere Erfahrungen im Umgang mit kommunistischen Regimes aus. Aufgrund der Arbeitsbedingungen in Moskau war die Amtsdauer jeweils relativ kurz.

2.5 New York

Die Beobachtermission bei der UNO stellt auch bei der Besetzung des Missionschefs eine Besonderheit dar. Dies sticht vor allem bezüglich der durchschnittlichen Botschaftererfahrung vor Amtsantritt ins Auge, die mit nur 1,4 Jahren deutlich geringer ist als bei allen anderen untersuchten Posten.[122] Wird die Abfolge der Botschafter etwas genauer betrachtet, so ist festzustellen, dass sich die Besetzungspolitik für den Posten in New York über die Jahre verändert hat. Von den ersten fünf Beobachtern bei der UNO hatte nur Felix Schnyder[123] Erfahrung als Botschafter, und dies auch nur von einer einjährigen Tätigkeit in Tel Aviv her. Für alle fünf Botschafter war New York vor allem ein Sprungbrett für die weitere Karriere. Jean F. Wagnière[124] wurde Botschafter in Belgrad und Oslo, zudem leitete er 1956 die Schweizer Delegation bei der neutralen Überwachungsmission in Korea (NNSC). August R. Lindt, Agostino Soldati, Felix Schnyder und Ernesto A. Thalmann konnten in ihrer weiteren Karriere wichtigste Botschafterposten übernehmen.[125] Lindt, Schnyder und Thalmann machten bei der UNO Karriere.[126] Thalmann wurde zudem später zum Generalsekretär des EPD ernannt.[127] Im Gegensatz zu den anderen untersuchten Vertretungen war New York bis Mitte der 1960er-Jahre also eher ein guter Einsteigerposten und weniger Karrierehöhepunkt. Dies veränderte

---

120 Dodis.ch/P140.
121 Dodis.ch/P2695.
122 Siehe dazu Anhang, Tab. 2.
123 Siehe dazu Kap. IX, 1.
124 Siehe dodis.ch/P146.
125 Lindt: 1961/62 Washington, 1966–1969 Moskau; Schnyder: 1966–1975 Washington; Soldati: 1961–1965 Paris; Thalmann: 1975–1979 London.
126 Lindt: 1957–1960 UNO-Hochkommissar für Flüchtlinge; Schnyder: 1961–1966 UNO-Hochkommissar für Flüchtlinge; Thalmann: 1967 persönlicher Gesandter des Generalsekretärs zu einer Beobachtermission nach Jerusalem.
127 Dodis.ch/P997.

sich anschliessend. Bernard Turrettini[128] und Sigismond Marcuard[129] waren bei ihrer Nomination bereits erfahrene Botschafter.[130] Beide blieben länger bei der UNO, und der New Yorker Posten war eher Abschluss als Start ihrer Chefbeamtenkarriere.

Zusammenfassend kann festgehalten werden, dass New York bis Mitte der 1960er-Jahre als Einsteigerposten und hervorragendes Sprungbrett für die weitere Chefbeamtenkarriere diente. Es kamen junge Beamte zum Einsatz, die nur kurze Zeit blieben, um anschliessend höchste Stellen im EPD oder der UNO zu besetzen. Später wurden erfahrene Botschafter für längere Zeit zur UNO entsandt. Eine Tendenz, die bis Ende der 1980er-Jahre anhielt und mit Francesca M. R. Pometta[131] die einzige Frau auf einem der sechs ausgewählten Botschafterposten im 20. Jahrhundert hervorbrachte.

2.6 Köln

Die Nomination des ersten Gesandten für den neuen Posten bei der Bonner Regierung, Albert Huber, wird im Teil V beschrieben, hier sei erwähnt, dass sie mehr auf Opportunität als auf gezielter Platzierung basierte.[132] Auf Huber folgte Alfred Escher,[133] ein weit gereister und erfahrener Botschafter. Sein Nachfolger, Max Troendle,[134] ebenfalls ein erfahrener Botschafter, brachte noch eine andere Qualität mit, die für die nachfolgenden Nominationen zur Konstanten wurde: eine vertiefte Wirtschaftskompetenz. Er diente dem Bundesrat während neun Jahren als Delegierter für Handelsverträge.[135] Hans Lacher[136] arbeitete zu Beginn seiner EPD-Karriere in der Finanzabteilung und nahm an den Verhandlungen zum Washingtoner Abkommen teil,[137] zudem führte er während fünf Jahren das Generalkonsulat in New York, welches engen Kontakt zu amerikanischen Wirtschaftskreisen erforderte.[138] Und Michael Gelzer[139] zeichnete sich vor seinem Amtsantritt in Köln vor allem durch seine neun Jahre als Wirtschaftsattaché in Washington aus, als Botschafter hatte er noch gar keine Erfahrung. Die durchschnittliche Botschaftererfahrung bei

---

128 Siehe dodis.ch/P2656.
129 Siehe dodis.ch/P688.
130 Turrettini fünf Jahre; Marcuard vier Jahre.
131 Siehe dodis.ch/P16364.
132 Siehe dazu Kap. V, 1.
133 Siehe dodis.ch/P413.
134 Siehe dazu Kap. VIII.
135 Siehe dazu Kap. VIII, 1.
136 Siehe dodis.ch/P637.
137 Délégation suisse à Washington, BAR, E 2801 1968/84, W.10 Korrespondenz.
138 Zu den Problemen Bruggmanns mit dem Generalkonsulat siehe Kap. III, 2.1.
139 Dodis.ch/P2735.

Amtsantritt war mit 3,6 Jahren relativ gering. Die durchschnittliche Amtsdauer fällt mit sechs Jahren hingegen ähnlich wie in den anderen Botschaften aus.[140] Zusammenfassend kann festgehalten werden, dass in Köln zuerst erfahrene Botschafter eingesetzt wurden, dann aber die Wirtschaftskompetenz immer mehr zum entscheidenden Faktor wurde. Eine Tatsache, die beim damals wichtigsten Handelspartner der Schweiz[141] nicht weiter überrascht.

Stand in diesem Kapitel zuerst das ganze diplomatische Corps dieser Zeit im Fokus und wurde die Gruppe der Schweizer Botschafter auf wichtigen Aussenposten genauer beschrieben, geht es in den folgenden Kapiteln darum, die ausgewählten Diplomaten detailliert zu untersuchen.

---

140 Ausnahme: Moskau. Siehe dazu Anhang, Tab. 2.
141 Siehe dazu Kap. V, 2.2.

III Karl Bruggmann – ein stiller Netzwerker für die Schweiz

1 Eine Karriere auf exponierten Posten

1.1 Vom Bauernhaus in zusammenbrechende Staaten

Karl Bruggmann wurde am 3. April 1889 im toggenburgischen Lichtensteig geboren.[1] Er wuchs als Sohn von Johannes Bruggmann-Brunner in grossbäuerlichem Milieu auf.[2] Er besuchte das Gymnasium in Winterthur und studierte Jurisprudenz in Strassburg, Heidelberg, Berlin und Bern, wo er 1912 bei Professor Eugen Huber die Doktorwürden erlangte.[3] In seiner Dissertation befasste er sich mit dem Durchleitungsrecht.[4] Nach seinem Studium arbeitete er zuerst als Rechtspraktikant in St. Gallen. 1915 legte er das Staatsexamen ab und wechselte in eine Anwaltskanzlei nach Genf.[5]

Am 1. November 1917, im Alter von 28 Jahren, trat er ins EPD ein[6] und wurde nach kurzer Einarbeitungszeit im April 1918 als Legationssekretär[7] nach Petrograd[8] entsandt. In der ehemaligen Hauptstadt des Zarenreiches erlebte er aus nächster Nähe, wie nach der Februarrevolution von 1917 der russische Bürgerkrieg tobte. Paul Jolles, ein späterer Mitarbeiter Bruggmanns,[9] umschrieb dessen Tätigkeit in einem Nachruf 1967 folgendermassen: «Minister Bruggmann hatte schon bei Beginn seiner diplomatischen Laufbahn […] die Feuerprobe auf exponiertestem Posten zu bestehen und bis zum Abbruch der diplomatischen Beziehungen für Gut und Leben einer grossen Auslandschweizerkolonie einzutreten.»[10] Diese Zeit prägt Bruggmann sehr. Er erzählte bis zu seinem

---

1   Personalblatt, BAR, E 2500 1968/87, A.22. Karl Bruggmann.
2   Andenken an einen Freund, in: Der Aufbau. Schweizerische Wochenzeitschrift für Recht, Freiheit und Frieden, 2. November 1967, AfZ, PA Biographische Sammlung, Bruggmann, Charles.
3   In Memoriam, in: Neue Zürcher Zeitung, 18. September 1967, AfZ, PA Biographische Sammlung, Bruggmann, Charles.
4   Karl Bruggmann: Das Durchleitungsrecht im schweizerischen Privatrecht, Diss. jur. Bern, Bern 1913.
5   Personalblatt, BAR, E 2500 1968/87, A.22. Karl Bruggmann.
6   In den eingesehenen Akten fanden sich keine Hinweise auf Förderer im Departement.
7   Personalblatt, BAR, E 2500 1968/87, A.22. Karl Bruggmann.
8   1914–1924 wurde das heutige St. Petersburg Petrograd genannt, 1924 bekam es den Namen Leningrad.
9   Jolles arbeitete unter Bruggmann auf dem Washingtoner Posten. Siehe Kap. III, 3.
10 Paul Jolles, Abschied von Minister Bruggmann, in: Neue Zürcher Zeitung, 21. September 1967, AfZ, PA Biographische Sammlung, Bruggmann, Charles.

Lebensende oft von den Jahren in Petrograd.[11] Und auch die damals geretteten Schweizer vergassen ihm seine Leistungen nicht, blieben ihm bis an sein Lebensende verbunden und erwiesen ihm mit einer Ansprache bei der Beerdigung 1967 die letzte Ehre.[12] Zum Abschluss seiner Tätigkeit in Petrograd gehörte er zu jenen Schweizer Diplomaten, die als eine Art Geiseln herzuhalten hatten. Die bolschewistische Regierung hielt ihre Pässe monatelang zurück, dies als Reaktion darauf, dass der Bundesrat die russische Gesandtschaft in Bern wegen angeblicher Mitwirkung am Landesstreik 1918 ausgewiesen hatte.[13]

Auf den abenteuerlichen Posten in Russland folgten ruhigere Jahre in Brüssel (1919/20), Washington (1920–1923) und Paris (1924–1926).[14] 1920 kam Bruggmann erstmals nach Washington, an die Legation, die er später jahrelang leiten sollte. 1922, während seines ersten Einsatzes in Washington, wurde er nicht nur zum Legationssekretär erster Klasse[15] befördert, sondern lernte auch seine zukünftige Frau, Mary O. Wallace, kennen. Sie sollte für seine berufliche Zukunft eine wichtige Rolle spielen. Als er sie 1924 während seiner Pariser Tätigkeit heiratete, wurde er nämlich sowohl Schwiegersohn des damaligen Landwirtschaftsministers der USA, Henry C. Wallace,[16] als auch Schwager des zukünftigen Vizepräsidenten Henry A. Wallace.[17]

Nach einem kurzen Abstecher in die Berner Zentrale trat er am 9. Juli 1927 den Posten eines Chargé d'Affaires in Prag an.[18] Da seit 1927 der Schweizer Gesandte in Warschau Hans-Albrecht de Segesser auch bei der tschechoslowakischen Regierung akkreditiert war,[19] aber sich wenig in Prag aufhielt, oblag Bruggmann die praktische Führung des Postens. Als 1935 infolge de Segessers Tod der Posten in Warschau neu besetzt wurde, wollte das EPD den neuen Gesandten in Polen, Maxime de Stoutz, erneut ebenfalls in Prag akkreditieren.[20] Der tschechoslowakische Präsident Benesch spürte in dieser

---

11 Fritz Real: Minister Charles Bruggmann, in: Echo. Zeitschrift der Schweizer im Ausland, Nr. 11, November 1967, AfZ, NL Nordmann.
12 Siehe Andenken an einen Freund, in: Der Aufbau. Schweizerische Wochenzeitschrift für Recht, Freiheit und Frieden, 2. November 1967, AfZ, PA Biographische Sammlung, Bruggmann, Charles; Le nouveau Ministre de Suisse aux Etats-Unis: in: La Tribune de Genève, 20. April 1939, BAR, E 2500 1968/87, A.22. Karl Bruggmann.
13 Ebd.
14 Personalblatt, BAR, E 2500 1968/87, A.22. Karl Bruggmann.
15 Ebd.
16 Dieser starb im gleichen Jahr.
17 Welche Auswirkungen diese Heirat auf seine Tätigkeit als Botschafter hatte, wird in Kap. III, 2.6 dargelegt.
18 Personalblatt, BAR, E 2500 1968/87, A.22. Karl Bruggmann.
19 Dodis.ch/R214.
20 Siehe Sitzung des Schweizerischen Bundesrates, Auszug aus dem Protokoll, 26. November 1935, BAR, E 2500 1968/87, A.22. Karl Bruggmann.

Karl Bruggmann (1889–1967)

Schweizer Minister in Washingotn 1939–1954 (undatiert, dodis.ch/P81)

Zeit aber bereits den Druck, der von Nazideutschland ausging, und strebte nach weiterer diplomatischer Anerkennung seines Staates. So forderte er von der Schweiz, dass sie in Prag eine eigene Legation eröffne, und machte dies auch in einer Ansprache vor dem Völkerbund öffentlich.[21] Bruggmann war an einer solchen Lösung verständlicherweise interessiert. Im EPD sah man in der Ernennung eines zusätzlichen Ministers das kleinere Problem als in der Tatsache, dass man diesem die entsprechend höhere Besoldung zusprechen musste. Einen Ausweg fand Bundesrat Motta, indem er Bruggmann nur zu einem «Ministre résident»[22] erhob und auf eine Anpassung der Besoldung verzichtete.[23] Dies wurde nach zwei Jahren, am 1. Januar 1937, korrigiert, als Karl Bruggmann im Alter von 48 Jahren und nach neunzehn Jahren Tätigkeit im EPD zum «Ministre plénipotentiaire» ernannt wurde und damit den «richtigen» Ministertitel erhielt.[24] An der Moldau wurde Bruggmann als Ratgeber geschätzt. Besonders als die Spannungen mit Deutschland zunahmen und man in der Tschechoslowakei eine föderalistische Lösung für die «Sudeten-

---

21 Siehe ebd.
22 Und nicht zu einem «Ministre plénipotentiaire», was eigentlich der entsprechende Rang gewesen wäre.
23 Brief GD [Initialen konnten nicht zugeordnet werden, F. K.] an Charles Bruggmann, 14. November 1935, BAR, E 2500 1968/87, A.22. Karl Bruggmann.
24 Personalblatt, BAR, E 2500 1968/87, A.22. Karl Bruggmann.

land-Frage» suchte, war der Rat des Schweizer Ministers sowohl bei Präsident Benesch als auch bei dem von Neville Chamberlain entsandten Lord Runciman gefragt.[25] Erneut erlebte Bruggmann den Zusammenbruch eines Staates aus nächster Nähe. Auch diesmal setzte er sich für die Schweizer Kolonie ein. Schenkt man den diversen Nachrufen Glauben, rettete er dem einen oder anderen nichtschweizerischen politisch oder rassisch Verfolgten das Leben.[26]

1.2 Der goldene Briefkasten

Am 27. Juni 1939 wurde Karl Bruggmann zum Nachfolger von Marc Peter ernannt, der die Schweiz in Washington über zwanzig Jahre vertreten hatte.[27] Die vierzehnjährige Tätigkeit Bruggmanns auf dem Washingtoner Posten, im Zentrum der Weltpolitik, lassen sich in zwei Phasen einteilen: in eine vor und während sowie eine nach dem Zweiten Weltkrieg. Für die Analyse der Tätigkeit Bruggmanns als Gesandter in Washington wurden Quellen aus der im Untersuchungszeitraum liegenden zweiten Phase verwendet. Die Geschehnisse der ersten Phase werden im folgenden Abschnitt nur generell behandelt.[28]

Als Karl Bruggmann im Oktober 1939 in Washington eintraf, war der Krieg in Europa bereits ausgebrochen. Der Druck der Kriegsparteien auf die neutrale Schweiz wuchs stark und Bern wollte sich der Unterstützung durch die noch nicht in die Kriegshandlungen verwickelten USA versichern.[29] Bei der Übergabe des Beglaubigungsschreibens an Franklin D. Roosevelt sprach

---

25 Paul Jolles, Abschied von Minister Bruggmann, in: Neue Zürcher Zeitung, 21. September 1967, AfZ, PA Biographische Sammlung, Bruggmann, Charles. Siehe auch Le nouveau Ministre de Suisse aux Etats-Unis, in: La Tribune de Genève, 20. April 1939, BAR, E 2500 1968/87, A.22. Karl Bruggmann.

26 Siehe Paul Jolles, Abschied von Minister Bruggmann, in: Neue Zürcher Zeitung, 21. September 1967, AfZ, PA Biographische Sammlung, Bruggmann, Charles; Andenken an einen Freund, in: Der Aufbau. Schweizerische Wochenzeitschrift für Recht, Freiheit und Frieden, 2. November 1967, AfZ, PA Biographische Sammlung, Bruggmann, Charles; Fritz Real: Minister Charles Bruggmann, in: Echo. Zeitschrift der Schweizer im Ausland, Nr. 11, November 1967, AfZ, NL Nordmann. Siehe auch Le Chef de la Division de Police du Département de Justice et Police, H. Rothmund, au Ministre de Suisse à Prague, K. Bruggmann, 15. März 1939, in: DDS-XIII, 98.

27 Hans Stalder: Historisches Verzeichnis der diplomatischen und konsularischen Vertretungen der Schweiz seit 1798. Die schweizerischen Vertretungen und Ihre Chefs seit 1798, Bern Ausdruck 31. August 2001, hinterlegt im BAR, 474.

28 Nicht hier, sondern im nächsten Kapitel wird die Nomination Bruggmanns für den Washingtoner Posten behandelt, weil diese symptomatisch die Probleme, mit denen er in den USA zu kämpfen hatte, veranschaulicht.

29 Bruggmann schreibt in seinem ersten Bericht an Bundesrat Motta, dass er mit allen bisher getroffenen Kabinettsmitgliedern über die Unterstützung der Schweiz gesprochen habe und dass diese sich besorgt zeigten über das Schicksal der europäischen neutralen Kleinstaaten. Brief Minister Bruggmann an Bundesrat Motta, 5. Oktober 1939, BAR, E 2500 1968/87, A.22. Karl Bruggmann.

Bruggmann die Lage der Schweiz an und fand damit beim Präsidenten ein offenes Ohr. Dieser versicherte umgehend, «für deren Situation und namentlich deren wirtschaftliche Schwierigkeiten volles Verständnis zu haben und ihr nach Möglichkeit Unterstützung angedeihen lassen zu wollen».[30] Er liess den Worten Taten folgen und wies noch am gleichen Tag das Kriegsministerium an, offene Fragen im Zusammenhang mit der Lieferung von Luftabwehrbatterien an die Schweiz zu klären.[31] Es kann angenommen werden, dass die familiären Bindungen – Schwager Henry A. Wallace war zu diesem Zeitpunkt Landwirtschaftsminister – Bruggmann diesen ersten Erfolg erleichterten.[32]
In den Kriegsjahren wuchs die Belegschaft der Schweizer Gesandtschaft in Washington stark an, vor allem deshalb, weil man gegenüber der US-Regierung die Interessen Deutschlands, Italiens, des besetzten Frankreich und Bulgariens vertrat.[33] Zu den vielseitigen Aufgaben in diesem Rahmen gehörte der Diplomaten- oder Kriegsgefangenenaustausch.[34] Den Höhepunkt in der Vertretung fremder Interessen erlebte die Gesandtschaft aber ganz am Ende des Krieges, nachdem sie von Spanien das Schutzmachtmandat für Japan übernommen hatte.[35] Am 10. August 1945 – Minister Bruggmann befand sich gerade in der Schweiz – wurde über die Verbindung Japan – japanische Gesandtschaft in Bern – EPD – schweizerische Gesandtschaft in Washington[36] der US-Regierung ein japanisches Kapitulationsangebot überreicht.[37] Da dieses aber keine bedingungslose Kapitulation vorsah und dem Kaiser seine Rolle belassen wollte, lehnte Roosevelt das Angebot ab und sendete auf dem gleichen Weg einen Gegenvorschlag. Mehrere Tage lang kam keine Antwort. Die Spannung im kriegsgebeutelten Land stieg und die Schweizer Legation wurde von der Presse regelrecht belagert.[38] Am 14. August 1945 um 18.04 Uhr konnte der Schweizer Chargé d'Affaires ad interim Max Grässli dem amerikanischen Secretary of State, James F. Byrnes, endlich die Nachricht überbringen, dass Japan den Gegenvorschlag annehme

---

30 Brief Minister Bruggmann an Bundesrat Motta, 14. Oktober 1939, ebd.
31 Ebd.
32 Ein Beleg für eine Einflussnahme von Wallace in dieser Frage konnte in den eingesehenen schweizerischen Quellen nicht gefunden werden. Die Annahme wird aber dadurch gestärkt, dass Wallace einige Jahre später im Rahmen der Verhandlungen zum Washingtoner Abkommen der Schweizer Delegation und seinem Schwager unterstützend zur Seite stand. Siehe dazu Kap. III, 2.2.
33 Fritz Real: Minister Charles Bruggmann, in: Echo. Zeitschrift der Schweizer im Ausland, Nr. 11, November 1967, AfZ, NL Nordmann.
34 Ebd.
35 Schneeberger, Wirtschaftskrieg und «anderes», 145.
36 Protokoll Gespräch mit Herrn René Nordmann, Zürich, 18. März 1986, AfZ, NL Nordmann.
37 Brief Max Grässli an Walter Stucki, 25. August 1945, AfZ, NL Nordmann.
38 Ebd.

und damit der Zweite Weltkrieg beendet sei.[39] Die Schweizer Gesandtschaft hatte ihre Funktion als «goldener Briefkasten»[40] erfüllt. Dass Bruggmann diesen publicityreichen Moment verpasste, ist reiner Zufall und doch irgendwie typisch für den zurückhaltenden Minister.[41]

Die Kriegsjahre waren für die Beziehungen der Schweiz zu den USA jedoch keineswegs eine konfliktfreie Zeit. Erfolgte die Blockierung schweizerischer Bankguthaben in den USA und andere Massnahmen gegen die Schweiz noch unter dem Vorwand, Transaktionen der Achsenmächte durch die neutrale Schweiz zu verhindern,[42] wuchs das Misstrauen gegenüber der Schweiz selbst und ihrer Neutralität im Sinne von «those who are not with us, are against us» im Verlauf des Krieges deutlich.[43] Diese Stimmung sollte den Start in die zweite Phase von Bruggmanns Vertretung in Washington bestimmen.

2 Minister in Washington 1945–1954

2.1 Atmosphärische Störungen zwischen Washington und New York

Die Nomination von Karl Bruggmann für den Washingtoner Posten 1939 war ein viel beachteter Entscheid des Bundesrates. Bei der Behandlung des Geschäftsberichts des Jahres 1938 kam es im Nationalrat nach der «Tribune de Genève» zu einer «discussion parfaitement pénible entre partisans de M. Bruggmann et partisans de M. Nef, consul général à New-York».[44] Victor Nef, der Gegenkandidat Bruggmanns, war bereits seit 1929 auf dem Konsularposten[45] im wirtschaftlichen Zentrum der USA.[46] Er wurde von der dort ansässigen Schweizer Kolonie, die sehr einflussreich war und vor allem im Handel zwischen der Schweiz und den USA tätig, sehr geschätzt.[47] Nef und seine Unterstützer im Nationalrat versuchten den Posten in Washington mit aller Macht zu ergattern. Auch in den Zeitungen wurde die Nachfolge von

---

39 Ebd.
40 Aussage von René Nordmann. Siehe Protokoll Gespräch mit Herrn René Nordmann, Zürich, 18. März 1986, AfZ, NL Nordmann.
41 Siehe dazu Kap. III, 2.5.
42 Fritz Real: Minister Charles Bruggmann, in: Echo. Zeitschrift der Schweizer im Ausland, Nr. 11, November 1967, AfZ, NL Nordmann.
43 Siehe René G. Nordmann: Schweizer Briefträger für den Frieden, in: Neue Zürcher Zeitung, 2./3. September 1995, AfZ, NL Nordmann.
44 Le nouveau Ministre de Suisse aux Etats-Unis, in: La Tribune de Genève, 20. April 1939, BAR, E 2500 1968/87, A.22. Karl Bruggmann.
45 Ab 1933 war es ein Generalkonsulat.
46 Siehe dodis.ch/P751.
47 Schneeberger, Wirtschaftskrieg und «anderes», 86 und 131. Siehe auch Brief Roland Gsell an Nationalrat Tell Perrin, 28. Dezember 1950, BAR, E 2800 1967/59, 44.018 Viktor Nef.

Minister Peter besprochen. Der «Tribune de Genève» ist wohl recht zu geben, wenn sie festhält, dass das Engagement seiner Unterstützer und ihr Vorpreschen im Nationalrat Nef bei dieser Wahl eher geschadet hatten.[48] Auf jeden Fall entschied sich der Bundesrat für den Mann aus der klassischen diplomatischen Karriere und wollte sich das Recht, seine Minister zu ernennen, nicht vom Parlament streitig machen lassen.[49] Nef wurde von Bundesrat Motta mit dem Argument vertröstet, dass er zuerst ein «stage» als Missionschef machen müsse, bis er den Posten in Washington ins Auge fassen könne.[50] Dies war der Ausgangspunkt für Spannungen zwischen der Schweizer Kolonie in New York und Bruggmann, die bis zum Ende seiner Amtszeit anhalten sollten. Einerseits glaubte Nef stets, er selbst wäre der bessere Vertreter der Schweiz in Washington und er sei nur durch die Regeln der «Carrière» zurückgesetzt worden.[51] Ein Glaube, der vom feinfühligen Bruggmann sehr wohl wahrgenommen wurde, was die Zusammenarbeit der beiden[52] sicher erschwerte.[53] Als Nef 1946 zum Minister in Kanada berufen wurde, war er zudem der Überzeugung, dass er sich in der Warteschlaufe für die Washingtoner Gesandtschaft befinde, und wartete nur darauf, dass Bruggmann den Posten räume.[54] So fragte er 1950 Bundesrat Petitpierre an, wann denn Minister Bruggmann abberufen werde und er nachrücken könne.[55] Petitpierre stellte in einem Antwortschreiben klar, dass Nef nicht automatisch nach Washington nachrücken werde und dass Bruggmann vorderhand im Amt bleibe.[56] Nach dieser negativen Antwort kam es zu einer regelrechten Intrige. Im Januar 1951 erhielt Petitpierre in kurzer Folge Briefe von Nationalrat Tell Perrin wie auch von seinem Amtsvorgänger Altbundesrat Pilet-Golaz, die beide aus einer Quelle wissen wollten, dass Bruggmanns Position bei der Regierung in Washington schlecht sei, und daher rieten, ihn

---

48 Le nouveau Ministre de Suisse aux Etats-Unis, in: La Tribune de Genève, 20. April 1939, BAR, E 2500 1968/87, A.22. Karl Bruggmann.
49 Siehe Aus den Verhandlungen des Bundesrates, 27. Juni 1939, BBl. 1939/2, 117.
50 Brief Schweizer Minister in Ottawa Viktor Nef an Bundesrat Petitpierre, 20. Februar 1951, BAR, E 2800 1967/59, 44.018 Viktor Nef.
51 Ebd.
52 Nef war bis 1945 als Generalkonsul von New York dem Minister in Washington unterstellt.
53 Siehe Schneeberger, Wirtschaftskrieg und «anderes», 86.
54 Dies nicht zu Unrecht. Petitpierre hatte ihm bei der Nomination für Ottawa scheinbar gesagt, dass er nur kurz auf diesem Posten sein werde. Zudem wurde 1946 vom EPD kommuniziert, dass er seine Möbel nicht von New York nach Ottawa zu transportieren habe, da sie nachher ja nach Washington gebracht werden sollten. Brief Schweizer Minister in Ottawa Viktor Nef an Bundesrat Petitpierre, 20. Februar 1951, BAR, E 2800 1967/59, 44.018 Viktor Nef.
55 Brief Bundesrat Petitpierre an Minister Viktor Nef, 10. Oktober 1950, BAR, E 2800 1967/59, 44.018 Karl Bruggmann.
56 Ebd.

durch Nef zu ersetzen.⁵⁷ Im Februar erhielt Petitpierre zudem einen Brief von Nef, in dem dieser auf das Schreiben Petitpierres reagierte und darlegte, dass ihn das Departement und namentlich der Bundesrat immer im Glauben gelassen hätten, bald nach Washington entsandt zu werden.⁵⁸ Der Departementsvorsteher durchschaute das Spiel schnell und schrieb an Pilet-Golaz, er wisse, dass es sich dabei um eine neue Intrige von Nef gegen Bruggmann handle.⁵⁹ Trotzdem überlegte sich auch Petitpierre, ob es nach der zwölfjährigen Tätigkeit Bruggmanns nicht Zeit für einen Wechsel wäre. Beim Besuch Bruggmanns in der Schweiz im Folgemonat sprach Petitpierre diese Frage an. Bruggmann konnte ihn aber davon überzeugen, dass er nach wie vor der richtige Mann in Washington sei.⁶⁰ In seinem klärenden Schreiben an Nef vom April 1951 nahm Petitpierre zur ganzen Frage Stellung.⁶¹ Er legte erstens dar, dass weder er noch Minister Stucki hinsichtlich des Washingtoner Postens Nef ein explizites Versprechen abgegeben hätten. Zweitens seien er und der Gesamtbundesrat die Angriffe gegen Bruggmann leid: «Je vous ne cache pas que cela ne m'a pas fait très bonne impression et que certains de mes collègues ont été aussi surpris de ces démarches.»⁶² Drittens, und dies dürfte Nef am meisten geschmerzt haben, übernahm Petitpierre die Argumentation Bruggmanns, wonach Nef zwar ein guter Wirtschaftsmann sei, aber dadurch für den Washingtoner Posten nicht unbedingt geeignet, da es dort vor allem politisches Fingerspitzengefühl brauche.⁶³ Nef war nach dieser Angelegenheit so frustriert, dass er nacheinander die Posten in Stockholm, Neu-Delhi, Moskau und Brüssel ablehnte und bis an sein Karriereende in Ottawa blieb.⁶⁴

Die Probleme mit der New Yorker Kolonie und dem Schweizer Gesandten blieben nach der Versetzung von Nef bestehen. Auch dessen Nachfolger Fred

---

57 Siehe Brief Nationalrat Tell Perrin an Bundesrat Max Petitpierre, 9. Januar 1951, BAR, E 2800 1967/59, 44.018 Karl Bruggmann; Brief Bundesrat Petitpierre an Altbundesrat Pilet-Golaz, 11. Januar 1951, BAR, E 2800 1967/59, 44.018 Karl Bruggmann.

58 Brief Schweizer Minister in Ottawa Viktor Nef an Bundesrat Petitpierre, 20. Februar 1951, BAR, E 2800 1967/59, 44.018 Viktor Nef.

59 Er wusste davon, weil Perrin angab dass er die Information von Roland Gsell, einem schweizerischen Uhrenhändler aus New York und Freund von Nef (siehe dazu Schneeberger, Wirtschaftskrieg und «anderes», 131) erhalten habe. Der Brief von Pilet-Golaz weist zudem den gleichen Inhalt wie der von Perrin auf. Brief Bundesrat Petitpierre an Altbundesrat Pilet-Golaz, 23. Januar 1951, BAR, E 2800 1967/59, 44.018 Karl Bruggmann.

60 Entretiens avec M. le Ministre Bruggmann, 1. März 1951, BAR, E 2800 1967/59, 44.018 Karl Bruggmann. Siehe dazu auch Kap. III, 2.6.

61 Brief Bundesrat Petitpierre an Minister Nef, 21. April 1951, BAR, E 2800 1967/59, 44.018 Karl Bruggmann.

62 Ebd.

63 Genau diese Argumentation hatte Bruggmann in seinem Gespräch mit Petitpierre gegen Nef ins Feld geführt.

64 Siehe BAR, E 2800 1967/59, 44.018 Viktor Nef.

Gygax bekam diese schnell zu spüren. Als Petitpierre Gygax zum Generalkonsul in New York ernannte, gab er ihm auch die Funktion eines «agent de liaison entre le Département politique et le Secrétariat général des Nations Unies».[65] In dieser Funktion liess er über Gygax dem Präsidenten der Generalversammlung Paul-Henri Spaak einen wichtigen Brief im Zusammenhang mit dem schweizerischen Nichtbeitritt zur UNO überbringen. Bruggmann, der von diesem Brief nichts wusste, musste, nachdem Spaak darauf brüskiert reagiert hatte,[66] herbeieilen und wurde von Spaak eindringlichst ermahnt, dieses Schreiben solle nicht publik gemacht werden. Bruggmann warf daraufhin dem neuen Generalkonsul Kompetenzüberschreitung vor.[67] Obwohl Petitpierre das Verhalten von Gygax gegenüber Bruggmann verteidigte,[68] blieb die Spannung bestehen. Gygax beschrieb die Situation am Ende der Tätigkeit Bruggmanns in Washington so, dass die Spannungen nach einer «dramatischen Aussprache […] langsam aber stetig abnahmen, aber unter der Oberfläche […] stets weiterbestanden haben».[69] Auch zur Kolonie in New York fand Bruggmann nie zu einem entspannten Verhältnis. Der feinfühlende, zurückhaltende Mensch, der er war, stiess sich am forschen, zum Teil prahlerischen Auftreten ihrer Vertreter.[70] Zudem bezeichnete er sie als «amerikanisierte» Opportunisten, die je nach Vorteil sich als Amerikaner oder als Schweizer fühlten.[71] Die Reserviertheit beruhte auf Gegenseitigkeit und selbst im Moment eines versöhnlichen Abschlusses, als die New Yorker Kolonie 1954 einen grossen Abschied gab, blieben die New Yorker Vertreter der Fédération horlogère absichtlich fern. Sie machten Bruggmann für das Scheitern im Uhrenkrieg 1954 verantwortlich.[72] Diese atmosphärischen Störungen wirkten sich sicher nicht positiv auf das Wirken des Gesandten aus, die grossen Themen während seiner langen Amtstätigkeit in Washington waren aber andere. Wie bereits erwähnt sank das

65 Brief Bundesrat Petitpierre an Generalkonsul Gygax, 29. Januar 1947, BAR, E 2800 1967/59, 44.018 M. F. Gygax.
66 Petitpierre legt im Schreiben dar, dass die Schweiz bereit wäre, der UNO beizutreten, wenn ihr ein Sonderstatus zugestanden würde. Die Diskussionen dazu hatten aber bereits im Vorfeld stattgefunden und Spaak hatte Petitpierre bereits bei einem Treffen in Paris klar gemacht, dass eine solche Sonderklausel keine Chance habe. Vgl. Möckli, Neutralität, Solidarität, Sonderfall, 195–198; Trachsler, Bundesrat Max Petitpierre, 94.
67 Brief Bundesrat Petitpierre an Minister Bruggmann, 29. Januar 1947, BAR, E 2800 1967/59, 44.018 Karl Bruggmann.
68 Ebd.
69 Brief Generalkonsul Gygax an Minister Zehnder, 30. November 1954, BAR, E 2802 1967/78, E U. S. A. I.
70 Siehe Schneeberger, Wirtschaftskrieg und «anderes», 131; Protokoll Gespräch mit Herrn René Nordmann, Zürich, 18. März 1986, AfZ, NL Nordmann.
71 Schneeberger, Wirtschaftskrieg und «anderes», 131.
72 Brief Generalkonsul Gygax an Minister Zehnder, 30. November 1954, BAR, E 2802 1967/78, E U. S. A. I. Siehe zum Thema Uhrenkrieg Kap. III, 2.4.

Ansehen der Schweizer Neutralität am Ende des Krieges bei den Alliierten auf einen Tiefpunkt.[73] Erst durch das Washingtoner Abkommen wurden die Restriktionen gegen die Schweizer Wirtschaft aufgehoben. Im nächsten Kapitel wird die Frage nach der Funktion des Gesandten in Washington bei diesen Verhandlungen und bei der Verbesserung des Ansehens der Neutralität als Ganzes untersucht.

Bis 1949 hatte die Schweiz keinen ständigen Beobachter zur UNO entsandt. In dieser Zeit übernahm Bruggmann die Vertretung der Schweiz an UNO-Konferenzen und vor allem bei deren Unterorganisationen.[74] Es stellte sich in dieser Zeit die Frage der schweizerischen Zusammenarbeit mit der Weltorganisation, überhaupt war die aussenpolitische Strategie gegenüber der neuen Weltorganisation zu definieren.[75]

Eine weitere wichtige Frage stellte sich 1948 mit dem Marshallplan. Die Idee des amerikanischen Secretary of State George C. Marshall, Westeuropa durch einen grossen gemeinsamen Plan wieder auf die Beine zu helfen, stellte die Schweiz und ihre Neutralitätspolitik vor eine entscheidende Frage. Der Einfluss Bruggmanns auf diese Politik wird ebenfalls in den folgenden Kapiteln untersucht.

Ein Thema, das Bruggmann während seiner ganzen Nachkriegstätigkeit in Washington beschäftigte, war die Frage nach Schutzzöllen und anderen Massnahmen gegen die Schweizer Uhrenindustrie. Albert Weitnauer spricht in seinen Memoiren treffend vom «Uhrenkrieg».[76] Seit den 1930er-Jahren war den amerikanischen Uhrenproduzenten die Konkurrenz aus der Schweiz ein Dorn im Auge. Sie versuchten Druck auf die Regierung in Washington auszuüben, um den Import von Schweizer Uhren einzuschränken. Andererseits ging rund ein Drittel der gesamten Schweizer Uhrenexporte in die Vereinigten Staaten.[77] Für die Schweiz stand also viel auf dem Spiel. 1936 wollte Secretary of State Cordell Hull von den hohen Zöllen im Handel wegkommen. In einem Vertrag mit der Schweiz vom 9. Januar 1936 wurden gegenseitig tiefe Zölle

73 Siehe dazu Kap. I, 1.2 und III, 1.2.
74 Die Schweiz überlegte sich im März 1946, folgenden Unterorganisationen beizutreten: FAO, Internationaler Gerichtshof, Internationaler Währungsfonds, UNESCO. Bruggmann wurde zu Konsultationen in die Schweiz beordert und seine Gesandtschaft musste Informationen zu den Gremien sammeln und die initialen Beitrittsverhandlungen führen. Siehe Télégramme 168, Bern, 19. März 1946, BAR, E 2800 1967/59, 44.018 Karl Bruggmann. Er vertrat die Schweiz an der FAO-Konferenz 1948. Brief Minister Bruggmann an EPD, Internationale Organisationen, BAR, E 2200.36 1000/1746, H.12-d Conférence spéciale de la FAO à Washington. Siehe auch Rapport de gestion de la Légation de Suisse à Washington 1947, BAR, E 2400 1000/717, Washington, Bd. 358.
75 Siehe Möckli, Neutralität, Solidarität, Sonderfall.
76 Weitnauer, Rechenschaft, 147.
77 Ebd.

festgelegt, was vor allem für die schweizerischen Uhrenhändler sehr positiv war.[78] In der Folge zielte die Strategie der amerikanischen Uhrenindustrie darauf ab, diesen Vertrag auszuhebeln. 1946 musste die Schweiz den USA erstmals eine Kontingentierung auf hohem Niveau zugestehen. Nach unzähligen Anstrengungen erreichten die amerikanischen Uhrenproduzenten 1950, dass die Schweiz in den Vertrag von 1936 eine «escape clause» aufnehmen musste.[79] Diese erlaubte es beiden Parteien, jederzeit von vertraglichen Zugeständnissen zurückzutreten. Nur logisch, dass die US-Uhrenindustrie anschliessend versuchte, diese «escape clause» auf den Uhrenhandel anzuwenden. Auf den folgenden Seiten werden die Angriffe und vor allem die Rolle des Gesandten bei den entsprechenden Abwehrversuchen von 1952 und 1954 behandelt. Weitere erwähnenswerte Punkte dieser Zeit sind der Fall Interhandel,[80] auf den diese Studie aber nicht weiter eingeht, oder der aus Sicht eines in der zweiten Hälfte des 20. Jahrhunderts sozialisierten Menschen fast unvorstellbare Fakt, dass Karl Bruggmann als Schweizer Minister in Washington im Dezember 1943 auch in Kuba akkreditiert war.[81]

Bruggmanns Zeit in Washington war also einerseits geprägt von der Definition der schweizerischen Neutralitätspolitik und ihrer Stellung in der Nachkriegsweltordnung, andererseits standen die USA und die Schweiz in heftigen Debatten um Wirtschaftsinteressen, wofür das Washingtoner Abkommen und der Uhrenkrieg die markantesten Beispiele sind. Die atmosphärischen Störungen zwischen der Schweizer Vertretung in New York und derjenigen in Washington sollten in dieser entscheidenden Phase der Beziehungen zwischen der Schweiz und den USA nicht ohne Folgen bleiben.

2.2 Das Washingtoner Abkommen

«Während des Krieges hatten sich die Anstrengungen der Alliierten gegenüber den Neutralen darauf konzentriert, unter dem Motto der wirtschaftlichen Kriegsführung mit Hilfe von Blockade, Exportkontrollen und Schwarzen Listen den Wirtschaftsverkehr mit der Achse zu unterbinden. Nach dem militärischen Erfolg wandte man sich der Identifizierung, der Festlegung und der Kontrolle feindlicher Guthaben im Ausland sowie deren Wiederverwendung für Reparationszwecke zu.»[82] Catherine Schiemann fasst in ihrer Untersuchung zu den Beziehungen Schweiz – USA zwischen 1941 und 1949 mit diesen Worten

---

78 Ebd., 148.
79 Ebd., 149.
80 Siehe König, Interhandel.
81 Brief Minister Bruggmann an EPD, Abteilung für Auswärtiges, 12. Januar 1944, BAR, E 2802 1967/78, E U. S. A. I.
82 Schiemann, Neutralität in Krieg und Frieden, 161.

von Secretary of State Edward Stettinius von 1945 die Ziele der amerikanischen Politik gegenüber den Neutralen treffend zusammen. Im Currie-Abkommen vom 8. März 1945 musste die Schweiz den Alliierten grosse Zugeständnisse machen, konnte sich aber eine gewisse Normalisierung des Handels mit den Alliierten erarbeiten. Vor allem aber konnte mit diesem Abkommen auf die dringend benötigten Waren in den Häfen Südfrankreichs zugegriffen werden.[83] Ungeklärt blieben hingegen die Frage der blockierten Schweizer Guthaben in den USA und die der schwarzen Listen.[84] Nach dem Kriegsende versuchten die Alliierten im Rahmen des Safehaven-Programms zu verhindern, dass von den Achsenmächten in neutrale Staaten transferierte Guthaben in «sicheren Häfen» deponiert blieben, so dem alliierten Zugriff entzogen wurden und, so wurde befürchtet, für den Wiederaufbau der faschistischen Bewegung gebraucht werden konnten.[85] Um dies zu verhindern, setzten sie schwarze Listen und die Blockierung von Guthaben als Mittel gegen die Neutralen ein. Die Schweiz versuchte sich dagegen zu wehren und pochte darauf, «dass auch bei deutschen Guthaben zwischen den rechtmässig und den illegal erworbenen unterschieden werden müsse».[86] Sie wollte den Alliierten nur Zugriff auf «illegal erworbene» deutsche Guthaben bei Schweizer Banken gewähren.

Am 30. Oktober 1945 beschloss der Alliierte Kontrollrat das Gesetz Nr. 5, das den Alliierten das Recht auf Kontrolle und Übernahme sämtlicher deutscher Vermögen im Ausland zusprach.[87] Am 16. November 1945 wurde der Schweiz mitgeteilt, dass die bereits angelaufene Zertifizierung[88] der Schweizer Guthaben gestoppt werde, um in der Frage des Safehaven-Problems eine Lösung zu finden. Auf Anweisung des Bundesrates wurde Bruggmann daraufhin bei Seymour Rubin, dem Leiter der Division of Economic Security Controls, die für das Safehaven-Programm zuständig war, vorstellig und protestierte gegen das amerikanische Vorgehen.[89] «Bruggmann berief sich seinerseits auf das internationale Recht, aufgrund dessen die Schweiz dem Alliierten Kontrollrat kein grösseres Recht einräumen könnte als einer deutschen Regierung. Rubin – selbst ein glänzender Jurist – widersprach ihm und setzte zu einer ausführlichen Rede an, in welcher er die nach amerikanischer Ansicht

---

83 Ebd., 152.
84 Ein Eintrag auf der schwarzen Liste (englisch black, statutory oder proclaimed list) bedeutete für Firmen oder Angehörige eines neutralen Staates, dass sie vom Handel mit den Alliierten ausgeschlossen waren. Siehe Schiemann, Neutralität in Krieg und Frieden, 87.
85 Siehe ebd., 99.
86 Ebd., 163.
87 Ebd., 180.
88 Durch die Zertifizierung wurden Guthaben deblockiert.
89 Schiemann, Neutralität in Krieg und Frieden, 161. Siehe auch Schneeberger, Wirtschaftskrieg und «anderes», 122.

durchaus vorhandene Kompatibilität von internationalem Recht und dem Kontrollratsgesetz Nr. 5 herausstrich. Bruggmann konnte daraus schliessen, dass es die Amerikaner mit der Durchsetzung ihrer Safehaven-Forderungen wahrhaft ernst meinten, und dass es nicht leicht sein würde, die Alliierten von der Position der Schweiz zu überzeugen.»[90] Zehn Tage später wurde Bruggmann erneut zu Rubin geschickt und erklärte diesem, dass die Schweiz bereit sei, Verhandlungen aufzunehmen, dass die Schweizer Behörden aber nicht verstehen könnten, «that the government of the United States would hold Swiss assets in the United States, belonging to an entirely different set of people, as a hostage for satisfactory solution of the German external assets problem».[91] Bis zum Beginn der Verhandlungen am 18. März 1946 versuchte Bruggmann gute Bedingungen für das Gelingen derselben zu schaffen. In erster Linie wollte er genauere Informationen zur Position der Alliierten sammeln. Er traf sich daher mit den Vertretern verschiedenster amerikanischer Amtsstellen[92] und konnte im Januar dem Schweizer Verhandlungsführer Walter Stucki in einem vierzehnseitigen Bericht die Verhandlungsposition der USA ausführlich darlegen: Zuerst ging er auf die Schroffheit, die ihm entgegenschlug, ein und stellte richtig fest, dass gerade Berichte der US-Gesandtschaft in Bern die Stimmung ständig anheizten.[93] Auch sonst lag er mit der Einschätzung der Verhältnisse in der alliierten Delegation richtig, wonach der Hauptgegenspieler der Schweiz das amerikanische Treasury Department sei. Hingegen sei es eher fraglich, «ob diese Ideen vom State Department und besonders auch von den Engländern ohne weiteres übernommen werden».[94] Auch die zu erwartenden Argumentationsleitfäden und sogar gewisse Kompromisslösungen konnte er vorwegnehmen.[95] Vor allem aber machte er Bern klar, «dass sich die Atmo-

---

90 Schiemann, Neutralität in Krieg und Frieden, 186 f.
91 Memorandum from Rubin about conversation with Bruggmann, 6. Dezember 1945, NARS, 800.515/12-645, zitiert nach ebd., 186.
92 Erneut Seymour Rubin, Walter Surrey (Division of Economic Security Controls), James Mann (Treasury Department), Orvis Smith (Treasury Department). Siehe Brief Minister Bruggmann an EPD, Politische Angelegenheiten, 8. Januar 1946, BAR, E 2801 1968/84, W.10 Korrespondenz; Schiemann, Neutralität in Krieg und Frieden, 212.
93 Der stellvertretende US-Militärattaché in Bern schrieb einen Bericht nach Washington, in dem er meinte: «Swiss violations of both the spirit and the letter of the Currie agreement have been multiple and frequent.» Zitiert nach Schiemann, Neutralität in Krieg und Frieden, 188.
94 Brief Minister Bruggmann an EPD, Politische Angelegenheiten, 8. Januar 1946, BAR, E 2801 1968/84, W.10 Korrespondenz; Schiemann, Neutralität in Krieg und Frieden, 212. Gerade die britische Haltung verhinderte eine noch schroffere Verhandlungsführung der Alliierten, welche vom Treasury Department angestrebt wurde, mehrmals. Siehe Schiemann, Neutralität in Krieg und Frieden, 184–207.
95 Er hielt klar fest, dass das Augenmerk der Amerikaner auf die deutschen Guthaben gerichtet sein werde. Er schlug daher vor, dass die Frage des Goldes mit der Frage der deut-

sphäre der Schweiz gegenüber nicht nur wiederum wesentlich verschlechtert, sondern dass sich dieselbe sogar in ein positives Misstrauen selbst unseren Behörden gegenüber verwandelt hat».[96] Bruggmann informierte aber auch die Gegenseite darüber, welche Verhandlungsposition die Schweiz einnehmen werde. So stellte er gegenüber Walter Surrey[97] klar, dass sich die Schweiz auf internationales Recht berufen und keinesfalls einfach das Kontrollratsgesetz Nr. 5 annehmen werde.[98]

Am 18. März 1946 begannen die Verhandlungen zwischen der alliierten und der Schweizer Delegation, deren Verlauf mehrfach untersucht wurde.[99] Diese Studie behandelt nur die Rolle Bruggmanns während der Verhandlungen. Weder Bruggmann noch Chargé d'Affaires Grässli waren offiziell Mitglied der Schweizer Verhandlungsdelegation.[100] Sie nahmen also nicht am Verhandlungstisch Platz, waren hingegen Teilnehmer an den ersten internen Sitzungen der Delegation.[101] In der Sitzung in Washington vor dem Verhandlungsbeginn sagte Stucki, er habe seine Eröffnungsrede aufgrund eines vorhergehenden Gesprächs mit Bruggmann etwas abgeschwächt. Er fügte einen versöhnlich klingenden Teil ein: Die Schweiz äussere den Wunsch, eine Lösung für die Safehaven-Problematik zu finden.[102] Dieses Beispiel zeigt Form und Inhalt der Aktionen Bruggmanns während der Verhandlungen. Er handelte ausserhalb der Delegation und fern vom Verhandlungstisch. Er besprach sich oft persönlich mit Stucki, der die Verhandlungen auf Schweizer Seite klar dominierte.[103] Andererseits suchte er immer wieder den Kontakt mit der amerikanischen Seite. Bruggmann betrieb in Absprache mit Stucki eine Divide-et-impera-Taktik, indem er den amerika-

---

schen Guthaben verbunden werden könne oder wenigstens einfach zu lösen sei, wenn diese geklärt sei. Auch mit seiner Einschätzung, dass sich die Amerikaner mit einem schweizerisch-alliierten Verteilschlüssel betreffend die deutschen Guthaben zufrieden geben würden, lag er richtig. Brief Minister Bruggmann an EPD, Politische Angelegenheiten, 8. Januar 1946, BAR, E 2801 1968/84, W.10 Korrespondenz.

96 Brief Minister Bruggmann an EPD, Politische Angelegenheiten, 8. Januar 1946, BAR, E 2801 1968/84, W.10 Korrespondenz.
97 Siehe dazu Anm. 92.
98 Schiemann, Neutralität in Krieg und Frieden, 213.
99 Durrer, Die schweizerisch-amerikanischen Finanzbeziehungen im Zweiten Weltkrieg, 262–285; Frei, Das Washingtoner Abkommen von 1946; Schiemann, Neutralität in Krieg und Frieden, 216–232.
100 Das geht aus der Aufstellung der Delegation in den Handakten Stucki hervor. Siehe Délégation suisse à Washington, BAR, E 2801 1968/84, W.10 Korrespondenz.
101 Protokolle der internen Sitzungen der Verhandlungsdelegation, BAR, E 2801 1968/84, W.10 Verhandlungen in Washington.
102 Protokoll der internen Sitzung der Verhandlungsdelegation, Nr. 3, 15. März 1946, BAR, E 2801 1968/84, W.10 Verhandlungen in Washington.
103 Das wurde Stucki verschiedentlich zum Vorwurf gemacht. Siehe Schneeberger, Wirtschaftskrieg und «anderes», 184 f.; Schiemann, Neutralität in Krieg und Frieden, 218 f.

nischen Delegationsleiter Paul zu umgehen und mit anderen US-Stellen und -Persönlichkeiten mögliche Lösungen zu besprechen versuchte.[104] Das ging so weit, dass Dean Acheson nach einer harten Auseinandersetzung mit dem Schweizer Gesandten meinte, «that Bruggmann will run screaming around the Department trying to see the Secretary [...] and anyone who will listen to him»,[105] und kurzerhand seinem gesamten Departement verbot, Kontakt mit Bruggmann zu haben. Dieser Vorfall war aber eine Ausnahme, Bruggmann vertrat sonst eher eine konsensorientierte Linie. Er war der festen Überzeugung, dass man den Alliierten Zugeständnisse machen musste.[106]

War Bruggmann während der Verhandlungen ein wichtiger Partner für die Schweizer Delegation, wurde er nach dem von Stucki provozierten Verhandlungsunterbruch vom 23. April[107] zu ihrer zentralen Person. Als es so aussah, als ob die für die Schweiz so eminenten Verhandlungen scheitern würden, klopfte er bei seinem Schwager Henry A. Wallace, inzwischen Minister für Handelsfragen, an und bat ihn um Hilfe. Dieser hatte ihn bereits während der Verhandlungen beraten, half der Schweizer Delegation nun auch, ein Communiqué für die amerikanische Presse zu verfassen, konnte aber gegen das eigentliche Problem, die schroffe Haltung der alliierten Verhandlungsdelegation, nichts tun.[108]

Es war Bruggmann selbst, der den Faden zu den Alliierten wieder aufnahm: Er führte während der Verhandlungspause eine Art Geheimverhandlung. Er

---

104 «Rubin beschwerte sich bei Assistant Secretary of State Clayton darüber, dass Stucki und der Gesandte Bruggmann während der Verhandlungen immer wieder versucht hätten, den amerikanischen Delegationschef Paul zu umgehen. So hätten sie sich beispielsweise einmal direkt an Secretary of the Treasury Vinson gewandt, anstatt die amerikanische Delegation anzusprechen.» Schiemann, Neutralität in Krieg und Frieden, 220.
105 James C. H. Bonbright, Division of Western European Affairs to Matthews, Office of European Affairs, 19. April 1946, NARS, 800.515/4-1946, RG 59 Diplomatic Branch, zitiert nach Schiemann, Neutralität in Krieg und Frieden, 223.
106 Siehe Brief Minister Bruggmann an EPD, Politische Angelegenheiten, 8. Januar 1946, BAR, E 2801 1968/84, W.10 Korrespondenz. In den internen Sitzungen der Schweizer Verhandlungsdelegation vertrat er immer die Meinung, dass man allein mit juristischen Argumenten gegen die USA nicht ankommen werde, sondern ihnen finanzielle Zugeständnisse machen müsse. Protokoll der internen Sitzung der Verhandlungsdelegation, Nr. 16, 31. März 1946, BAR, E 2801 1968/84, W.10 Verhandlungen in Washington.
107 «Am 23. April forderten die Alliierten wie es schien aus heiterem Himmel – plötzlich die fast sechsmal so hohe Summe wie das schweizerische Verhandlungsangebot, nämlich 560 Millionen Franken (130 Millionen Dollar) für die Lösung der Goldfrage sowie zwei Drittel des Erlöses aus den deutschen Vermögenswerten. Den schweizerischen Vorschlag von 100 Millionen Franken bezeichnete Chargueraud geradezu als Beleidigung. Stucki wurde darüber so wütend, dass er mit der Faust auf den Tisch schlug, die Tür des Konferenzzimmers hinter sich zuschlug und die Sitzung verliess.» Schiemann, Neutralität in Krieg und Frieden, 223.
108 Siehe Protokoll der internen Sitzung der Verhandlungsdelegation, Nr. 36, 24. April 1946, BAR, E 2801 1968/84, W.10 Verhandlungen in Washington.

traf sich zwischen dem 24. April und dem 1. Mai mehrmals mit allen entscheidenden Personen rund um die US-Delegation zu inoffiziellen Gesprächen. Darin wurde sowohl um die Menge Gold, die die Schweiz zu überweisen habe, als auch den Schlüssel für die Verteilung der deutschen Guthaben gefeilscht.[109] Dass seine Bemühungen nicht direkt zum Erfolg führten, hatte wohl auch damit zu tun, dass die amerikanische Seite ebenfalls versuchte, die Schweizer Delegation zu umgehen, und darin erfolgreich war:[110] Es wurde in der Vergangenheit viel darüber gerätselt, welche Quelle den Amerikanern Einblick in die Schweizer Verhandlungsposition gab. Während Maissen die Theorie vertrat, Robert Grimm oder Hans Oprecht hätten die USA mit Informationen versorgt,[111] sind Schiemann und Möckli der Ansicht, dass es Bundesrat Petitpierre selbst war, der den Amerikanern die letzten Zahlen lieferte. Er teilte dem amerikanischen Gesandten am 2. Mai in Bern mit, welche Anweisungen Stucki vom Bundesrat erhalten hatte und wie viel die Schweiz maximal zu zahlen bereit war, was weit mehr war, als Stucki bis dahin angeboten hatte.[112] Dass diese Information entscheidend gewesen sei, wird wiederum von Trachsler bestritten, der einwendet, dass die Zahl von 250 Millionen Schweizer Franken bereits vorher von der Verhandlungsdelegation genannt worden sei.[113] Jedenfalls hatte die Verhandlungsdelegation am Vortag feststellen müssen, dass die USA auf das Angebot von 200 Millionen nicht einging, und diskutierte darüber, ob man nun 215 oder direkt 250 Millionen anbieten solle.[114] Stucki versuchte am 2. Mai nochmals zu feilschen. Als dies keinen Erfolg zeitigte, nannte er 250 Millionen als letztes Angebot.[115] Ob die Amerikaner nicht auf Stuckis

---

109 Bruggmann sprach zwischen dem 24. April und dem 1. Mai mehrmals mit allen entscheidenden Personen rund um die US-Delegation. Siehe Protokolle der internen Sitzungen der Verhandlungsdelegation, Nr. 36–42, BAR, E 2801 1968/84, W.10 Verhandlungen in Washington.

110 Siehe dazu Kap. III, 3.

111 Thomas Maissen, Wer verriet den Amerikanern die Zahl von 250 Millionen Franken? Abhöraktion und Intrigen an der Washingtoner Konferenz von 1946, in: Neue Zürcher Zeitung, 1. April 1998; Thomas Maissen, Wer verriet 1946 die Schweizer Verhandlungsstrategie? Robert Grimm als US-Informant beim Washingtoner Abkommen, in: Neue Zürcher Zeitung, 18. Mai 1998; Thomas Maissen, Berichtigung: «Wer verriet 1946 die Schweizer Verhandlungsstrategie?», Nicht Grimm – Hans Oprecht als Informant der Amerikaner, in: Neue Zürcher Zeitung, 23. Mai 1998.

112 Das Angebot lautete 250 Millionen Schweizer Franken in der Goldfrage und ein Verteilschlüssel von 50:50 zwischen der Schweiz und den Alliierten, was die deutschen Vermögen anging. Das war mehr, als die Schweizer Delegation in Washington je geboten hatte. Siehe Schiemann, Neutralität in Krieg und Frieden, 225; Möckli, Neutralität, Solidarität, Sonderfall, 165.

113 Trachsler, Bundesrat Max Petitpierre, 64.

114 Protokoll der internen Sitzungen der Verhandlungsdelegation, Nr. 42, BAR, E 2801 1968/84, W.10 Verhandlungen in Washington.

115 Protokoll der internen Sitzungen der Verhandlungsdelegation, Nr. 43, ebd.

Angebot von 215 Millionen eingegangen sind, weil sie aus dem gleichentags geführten Gespräch Petitpierres mit dem amerikanischen Gesandten in Bern vom Maximalangebot wussten, ist aufgrund der eingesehenen Quellen nicht zu beantworten.[116] Interessant ist, dass die Amerikaner ihren Informationen nicht ganz trauten, so versuchte der Verhandlungsführer zwei Tage später bei Frau Bruggmann herauszufinden, ob es sich wirklich um das letzte Angebot handle.[117] Auf jeden Fall war nach dem 2. Mai das Eis aber gebrochen und am 25. Mai 1946 konnte das Abkommen unterzeichnet werden.

Nach seiner Rückkehr in die Schweiz meldete Stucki Bundesrat Petitpierre die aktive Beteiligung Bruggmanns an den Verhandlungen. Der Bundesrat dankte ihm für seine «collaboration active avec la délégation suisse et rôle efficace».[118] Zusammenfassend kann festgehalten werden, dass Bruggmann einen wichtigen Anteil am alles in allem betrachtet für die Schweiz positiven Resultat der Washingtoner Verhandlungen hatte.[119] Er hat die Schweizer Seite mit detaillierten Informationen über die Verhandlungsposition der Alliierten und vor allem über die Stimmung in den USA gegenüber der Schweiz versorgt. Er diente ihr als Mann neben dem Verhandlungstisch und liess seine Beziehungen[120] spielen. Schliesslich war er es, der während des Verhandlungsunterbruchs die Kontakte wieder aufnahm und dafür sorgte, dass man einer Lösung näher kam. Hingegen muss kritisch erwähnt werden, dass er nicht in Erfahrung brachte, dass eines der wichtigsten Druckmittel der USA, die schwarzen Listen, aufgrund der britischen Einstellung sowieso dahinfallen würde.[121] Zudem nutzte er die freundschaftliche Verbindung zwischen seinem Mitarbeiter Ernst Schneeberger und dem einflussreichen Seymour Rubin wohl zu wenig.[122]

116 Es ist anzunehmen, dass das Gespräch Petitpierres in Bern vor dem Treffen der Verhandlungsführer in Washington stattgefunden hat, liegen doch zwischen Bern und Washington sechs Stunden Zeitunterschied.
117 Siehe dazu Kap. III, 3.
118 Télégramme No. 367, Bern, 1. Juni 1946, BAR, E 2800 1967/59, 44.018 Karl Bruggmann.
119 Vor allem in der Schweiz hatte man das Gefühl, dass die Delegation zu grosse Zugeständnisse gemacht habe. Auch Stucki selbst war dieser Meinung. Siehe dazu Stucki, Das Abkommen von Washington und die deutschen Vermögenswerte in der Schweiz. Aus historischer Sicht war das Abkommen aber ein wichtiger Schritt aus der Krise der Schweizer Stellung in der Welt. Und betrachtet man die Forderungen, mit denen die amerikanische Seite in die Verhandlungen gestiegen waren, war das Abkommen auch aus finanzieller Sicht nicht schlecht. Siehe Altermatt, La politique étrangère de la Suisse, 13.
120 Siehe dazu Kap. III, 2.6.
121 Grossbritannien teilte den US-Vertretern mit, dass es seine Statutory List am 30. Juni auf jeden Fall abschaffen werde. Aufgrund der Kriegszerstörung war Grossbritannien an einer möglichst raschen Wiederaufnahme von freiem Handelsverkehr interessiert. Damit wäre es für die USA schwierig geworden, an ihren Listen festzuhalten. Schiemann, Neutralität in Krieg und Frieden, 221.
122 Schneeberger und Rubin waren seit 1945 viel zusammen und hatten auch Familien-

2.3 Der Marshallplan und die Schweiz

Am 16. April 1948 wurde in Paris das Abkommen zur OECE unterzeichnet und der Marshallplan in Gang gesetzt. Damit war dessen Umsetzung aber noch lange nicht festgelegt, denn vor dem amerikanischen Kongress hatte Präsident Truman versprochen, mit jedem Mitgliedsland ein bilaterales Abkommen zu unterzeichnen.[123] Während die Schweiz der OECE als Vollmitglied beitrat und sich am Marshallplan beteiligte,[124] hatte sie kein Interesse daran, ein solches bilaterales Abkommen abzuschliessen, da es den US- oder Marshallplanbehörden grossen Einfluss auf die schweizerische Exportpolitik erlaubt hätte. Dies war aus neutralitätspolitischer Sicht sowie im Interesse der soeben abgeschlossenen Handelsverträge mit den Oststaaten[125] nicht annehmbar. Wie bei Schiemann, die den Verhandlungsverlauf minutiös aufgearbeitet hat, nachzulesen ist, waren es vor allem Karl Bruggmann und sein Mitarbeiter Eric Kessler, die die Verhandlungen mit den USA führten.[126] Das State Department war zu Beginn fest entschlossen, ein bilaterales Abkommen mit der Schweiz zu erzwingen, und drohte offen damit, diese vom Zufluss wichtiger Rohstoffe abzuschneiden.[127] Durch unzählige Vorsprachen beim State Department erreichte Bruggmann sukzessive Zugeständnisse: Zuerst wurde der Schweiz eine Sonderrolle zugestanden,[128] anschliessend gab sich die USA mit einem Notenwechsel statt eines eigentlichen Abkommens zufrieden[129] und am 4. November 1948 gab sie ihre Position endgültig auf und verzichtete auf jegliche Form eines bilaterales Abkommens.[130] Sowohl Bundesrat Petitpierre als auch Minister Zehnder schickten

---

    wochenenden miteinander verbracht. Wie gross der effektive Einfluss von Schneeberger auf Rubin wirklich war, kann nicht beurteilt werden, doch fehlte aufseiten Bruggmanns jeder Versuch, diesen Kanal zu nutzen. Siehe Schneeberger, Wirtschaftskrieg und «anderes», 127–197.

123 Schiemann, Neutralität in Krieg und Frieden, 293.
124 Siehe dazu Kap. I, 1.2.
125 Siehe dazu Kap. VIII, 1.
126 Siehe Schiemann, Neutralität in Krieg und Frieden, 278–322. Bruggmann und Kessler sahen das Problem für die Schweiz früh und intervenierten bereits bei amerikanischen Stellen, als noch keine Instruktionen aus Bern vorlagen. Rapport de gestion de la Légation de Suisse à Washington 1948, BAR, E 2400 1000/717, Washington, Bd. 358.
127 Schiemann, Neutralität in Krieg und Frieden, 297.
128 Im Gegensatz zu den anderen europäischen Marshallplanteilnehmern war die Schweiz ein Geber- und kein Nehmerland. Bruggmann stellte sich auf den Standpunkt, dass die Schweiz deshalb als Sonderfall behandelt werden müsse. Ebd., 299.
129 Bruggmann führte ins Feld, dass ein Abkommen dem Parlament vorgelegt werden müsse und bei der negativen Stimmung in der Schweiz sicher abgelehnt würde, womit beiden Parteien nicht geholfen wäre. Ebd., 302.
130 Ebd., 319. Im Jahresbericht wurde zudem festgehalten, dass der durchschlagende Erfolg dem Gesandten zu verdanken war: «Auf Grund der Besprechung des Schweizerischen Gesandten im Oktober mit den führenden Stellen der Economic Cooperation Administration und dem Staatsdepartement erklärte sich die amerikanische Regierung dann im Spätherbst

darauf dem Schweizer Gesandten in Washington Dankschreiben, in denen sie Bruggmann für seine «manière particulièrement habile et efficace»[131] lobten und ihm zum «grossen Erfolg»[132] gratulieren. Tatsächlich hatte Bruggmann durch seine Standfestigkeit und seine Ausdauer erreicht, dass die US-Behörden zuerst von ihrer harten Position abwichen, sie es dann leid wurden, mit dem kleinen Land zu streiten, und schliesslich nachgaben.[133]

Einen ähnlichen Erfolg konnte Bruggmann 1952 verbuchen, als die Schweiz in den USA Kriegsmaterial einkaufen wollte. Die USA bestanden zuerst darauf, dass die Schweiz einen Vertrag unterzeichnen müsse, der den Verträgen der USA mit den NATO-Ländern glich. Aus neutralitätspolitischen Überlegungen war dies für die Schweiz inakzeptabel. Dank der intensiven Netzwerkarbeit Bruggmanns und der Unterstützung des State Department verzichtete die USA schliesslich auf einen Vertrag und alle weiteren politischen Forderungen. Der Handel konnte, nachdem die Schweiz einige Zusicherungen gemacht hatte, unter Ausschluss der Öffentlichkeit vollzogen werden.[134]

2.4 Der Uhrenkrieg

Die Hintergründe der als Uhrenkrieg bezeichneten bilateralen Auseinandersetzungen wurden bereits beschrieben.[135] 1952 kam es nun also zum ersten Versuch, durch die Anwendung der «escape clause» die Uhrenzölle stark zu erhöhen. Auf Antrag der Tariff Commission, die stark unter dem Druck der amerikanischen Uhrenindustrie stand, sollte der Präsident entscheiden, ob diese Klausel zum Zug kommen sollte. Der Präsident forderte als Entschei-

---

bereit, auf den Abschluss eines bilateralen Abkommens zu verzichten.» Rapport de gestion de la Légation de Suisse à Washington 1948, BAR, E 2400 1000/717, Washington, Bd. 358.
131 Brief Bundesrat Petitpierre an Minister Bruggmann, 12. November 1948, BAR, E 2500 1968/87, A.22. Karl Bruggmann.
132 Brief Minister Zehnder an Minister Bruggmann, 11. November 1948, BAR, E 2802 1967/78 E U.S.A. I.
133 Eine ebenfalls wichtige Rolle spielte die Schweizer Presse, die mit zum Teil heftigen Attacken gegen die USA auf dieselbe Weise wirkte wie Bruggmanns Vorsprachen. Schiemann, Neutralität in Krieg und Frieden, 319.
134 Die Schweiz verpflichtete sich gegenüber den USA, das Kriegsmaterial nur zur Verteidigung zu gebrauchen, nicht wieder zu exportieren und technische Details gegenüber dritten geheim zu halten. Diese Verpflichtungen wurden nicht veröffentlicht. Note pour le Chef du Département, 2. September 1952, BAR, E 2800 1967/59, Bde. 4, 5, dodis.ch/10173. Einen guten Überblick über den Ablauf der Verhandlungen gibt folgendes Dokument: Au Conseil fédéral, 13. März 1952, BAR, E 1001-/1, Bd. 93, DDS-XVIII, Nr. 139. Auch die Vergütung für die Kriegsschäden in Schaffhausen durch die amerikanische Luftwaffe passierten 1949 die amerikanischen Kammern vor allem dank der starken Netzwerkarbeit der Gesandtschaft. Rapport de gestion de la Légation de Suisse à Washington 1949, BAR, E 2400 1000/717, Washington, Bd. 358.
135 Siehe dazu Kap. III, 2.1.

dungsgrundlage einen ausführlichen Bericht. Gerüchte, wonach dieser bereits vorliege und an den Präsidenten weitergereicht wurde, machten in den New Yorker Auslandschweizerkreisen bereits im März die Runde. Der Handelsverantwortliche der Washingtoner Gesandtschaft konnte sie aber dank seinen Kontakten schnell widerlegen.[136] Erst drei Monate später wurde der Bericht tatsächlich übergeben. Obwohl dieser geheim gehalten werden sollte, konnte Bruggmann bereits eine Woche vorher Bern davon berichten[137] und kannte dessen Inhalt.[138] Dank vorhergegangenen Besprechungen[139] im State Department, das Bruggmann in der ganzen Frage unterstützte, übergab dieses am 18. Juni, nur einen Tag nach dem Präsidenten, Bruggmann eine Kopie des gesamten Berichts. Unter der Abmachung, dass die Schweizer Regierung dies sowohl gegenüber der eigenen Uhrenindustrie als auch gegenüber jeglichen amerikanischen Stellen geheim halte, war das State Department bereit, die Schweiz Stellung nehmen zu lassen und sie gegenüber dem Präsidenten zu vertreten.[140] In Bern war man sich der guten Position Bruggmanns im State Department bewusst und übertrug ihm persönlich die Aufgabe, die Schweizer Position zu vertreten.[141] Neben dem State Department traf sich Bruggmann mit allen wichtigen Departementen, Parteien und weiteren einflussreichen Personen, so auch mit John R. Steelman, dem persönlichen Berater des Präsidenten, der ihm ebenfalls Unterstützung zusagte und Informationen lieferte.[142] Steelman versprach Bruggmann sogar, bei negativem Verlauf der Besprechungen beim Präsidenten dafür zu sorgen, dass der Schweizer Gesandte persönlich vorsprechen könne.[143] Am 14. August lehnte Präsident Truman den Antrag der Tariff Commission in einem öffentlichen Statement ab. Dass Bruggmanns Stellungnahmen und sein Einfluss wichtige Faktoren für diesen Entscheid waren, zeigt sich daran, dass Truman viele Argumente Bruggmanns über-

136 Brief Legationsrat Real an EVD, Handelsabteilung, 26. März 1952 BAR, E 2200.36 1967/17, H.90 h Uhren-Escape Clause.
137 Telegramm an Handelsabteilung, Nr. 28, Washington, 11. Juni 1952, ebd.
138 Telegramm an Handelsabteilung, Nr. 31, Washington, 17. Juni 1952, ebd.
139 Brief Legationsrat Real an EVD, Handelsabteilung, 1. Mai 1952, ebd.
140 Telegramm an Handelsabteilung, Nr. 31, Washington, 17. Juni 1952, ebd.
141 «Wir würden es jedoch für sehr zweckmässig erachten, wenn in erster Linie Sie gegenüber dem Staatsdepartement die schweizerische Haltung etwa wie folgt umschreiben wollten [...].» Es ist beizufügen, dass damit nicht Fritz Real ausgeschlossen werden sollte, sondern der Weg via US-Botschaft in Bern als schlechter betrachtet wurde. Telegramm von Affaire Politique, Nr. 90, Bern, 25. Juni 1952, BAR, E 2200.36 1967/17, H.90 h Uhren-Escape Clause.
142 Siehe Telegramm, Nr. 121, Washington 7. August 1952, ebd.; Brief Minister Bruggmann an EVD, Handelsabteilung, 8. August 1952, ebd.; Brief Minister Bruggmann an Bundesrat Petitpierre, 15. August 1952, BAR, E 2001 1969/121, Bd. 346, dodis.ch/9206.
143 Telegramm, Nr. 121, Washington 7. August 1952, BAR, E 2200.36 1967/17, H.90 h Uhren-Escape Clause; Brief Minister Bruggmann an EVD, Handelsabteilung, 8. August 1952, ebd.

nahm.¹⁴⁴ Es ist also nicht unverdient, wenn Minister Schaffner schreibt: «Für heute liegt uns daran, Ihnen und Ihren Mitarbeitern – unter ihnen vor allem Herrn Legationsrat Dr. Real – die in den letzten Wochen in entscheidender Weise geholfen haben, das für den mutigen Entscheid des Präsidenten Truman notwendige ‹Klima› zu schaffen, unseren aufrichtigen Dank auszusprechen.»¹⁴⁵ Bundesrat Petitpierre hob die Aktivitäten Bruggmanns in dieser Frage im Kreis aller Minister als einen besonderen «succès» der Schweizer Diplomatie hervor.¹⁴⁶ Der Schweizer Gesandte wies in seinem Schreiben zum positiven Entscheid Trumans aber bereits darauf hin, dass vor allem im Kongress mit weiteren Versuchen der US-Uhrenindustrie zu rechnen sei. Er hielt fest, dass er von wichtigen Stellen in den USA sanft gewarnt wurde und diese sich wünschten, «dass es die schweizerische Uhrenindustrie nicht an einer weisen Zurückhaltung fehlen lassen werde, um nicht eine Situation zu schaffen, der die Verwaltung auch beim besten Willen nicht mehr gewachsen wäre».¹⁴⁷ Doch genau dies passierte in den folgenden Jahren: Der Export schweizerischer Uhren in die USA stieg nochmals markant an. Die amerikanische Uhrenlobby startete bei Gelegenheit des Regierungswechsels von 1954 – Präsident Truman wurde von Präsident Eisenhower abgelöst – einen erneuten Versuch.

Bereits 1952 traute die Schweizer Uhrenindustrie dem Schweizer Gesandten nicht und versuchte auf anderen Wegen Einfluss zu erreichen.¹⁴⁸ Auch dies ist im Zusammenhang mit dem Wirken der New Yorker Kreise, die stark im Uhrenhandel tätig waren, zu verstehen.¹⁴⁹ Während Bruggmann auf eine

---

144 Die Argumente kamen ursprünglich von Bern. Sie wurden aber, wie oben dargestellt, von Bruggmann platziert. Es ging dabei vor allem um zwei Aspekte: Erstens stellte sich die Schweiz auf den Standpunkt, dass die Nachfrage nach Uhren in den USA vor allem deshalb gestiegen sei, weil gute Importprodukte auf den Markt kamen, davon hätten auch die US-Uhrenhersteller profitiert. Zweitens sei die Schweiz ein Land, das aktiven Freihandel treibe. Sie könnte es nicht verstehen, wenn die USA, das Land des Freihandels schlechthin, ihr nun Zollbeschränkungen auferlegen würde. Siehe Telegramm von Affaire Politique, Nr. 90, Bern, 25. Juni 1952, BAR, E 2200.36 1967/17, H.90 h Uhren-Escape Clause; Brief Minister Bruggmann an EVD, Handelsabteilung, 15. August 1952, BAR, E 2200.36 1967/17, H.90 h Uhren-Escape Clause.
145 Brief Minister Schaffner an schweizerische Gesandtschaft, 25. August 1952, ebd.
146 Conférence des Ministres 1952, 5. September 1952, BAR, E 2800 1967/61, Bd. 65, dodis. ch/9592.
147 Brief Minister Bruggmann an EVD, Handelsabteilung, 15. August 1952, BAR, E 2200.36 1967/17, H.90 h Uhren-Escape Clause. Die schweizerische Uhrenindustrie hatte gegenüber amerikanischen Stellen eine entsprechende Absichtserklärung abgegeben. Protokoll der Sitzung der nationalrätlichen Zolltarifkommission, 15. März 1954, BAR, E 7111 (A) -/1, Bd. 46, dodis.ch/10933.
148 Man versuchte über einen Anwalt, der mit der Tochter von Truman befreundet war, beim Präsidenten vorgelassen zu werden. Siehe Telegramm, unnummeriert, Washington, 12. Juli 1952, BAR, E 2200.36 1967/17, H.90 h Uhren-Escape Clause.
149 Siehe dazu Kap. III, 2.1.

stille Diplomatie im Hintergrund setzte, glaubte man, ein markanteres und öffentliches Vorgehen wäre erfolgreicher.[150] 1954 kam es zum eigentlichen Bruch zwischen der Uhrenkammer und dem Gesandten in Washington, als die Uhrenkammer bei Bundesrat Petitpierre vorstellig wurde und ihn aufforderte, eine Spezialmission zu entsenden, da Bruggmann und Real in Washington zu «personae non gratae» geworden seien.[151] Bruggmann wehrte sich und überzeugte Petitpierre davon, dass er weiterhin «überall nach Wunsch Entrée habe».[152] Tatsächlich arbeiteten erneut das amerikanische Aussen- und auch das Justizdepartement mit der Schweizer Gesandtschaft zusammen und setzten sich für die Schweizer Position ein.[153] Anders als 1952 wurde der Druck auf den neuen Präsidenten Eisenhower aber zu gross und am 27. Juli 1954 wendete er die «escape clause» auf Uhrenimporte an.[154] Für diesen Misserfolg wurde in den Kreisen der Uhrenindustrie Minister Bruggmann verantwortlich gemacht.[155] Aus heutiger Perspektive ist diese Sichtweise nicht haltbar. Bruggmann war 1952 entscheidend für den positiven Entscheid des Präsidenten verantwortlich. Er warnte die Uhrenindustrie vor den Konsequenzen weiterer Exportsteigerungen und brachte auch 1954 gute Allianzen innerhalb der US-Administration zustande. Doch der Druck auf den Präsidenten war gerade durch die stark angestiegenen Importe Schweizer Uhren zu gross geworden.

Zusammenfassend kann festgestellt werden, dass Bruggmann in entscheidenden bilateralen Themen grossen Einfluss hatte.[156] Entweder verhandelte er selbst oder war ein wichtiger Partner für die Verhandlungsdelegation. Er zeigt sich dabei als hartnäckiger Verhandler und geschickter Schmied von Allianzen. Verschiedene Erfolge der Schweizer Diplomatie in den Verhandlungen mit den USA sind seinem Wirken zu verdanken. Kaum ein anderer der untersuchten Botschafter hatte einen so grossen Einfluss auf bilaterale Fragen.

---

150 Siehe Telegramm, unnummeriert, Washington 3. Februar 1954, BAR, E 2200.36 1967/17, N.21.11.2 Antitrustverfahren USA gegen USA Uhrenimporteure und schweizerische Uhrenorganisationen.
151 Telegramm, unnummeriert, Washington, 16. März 1954, ebd.
152 Ebd.
153 Das Justizdepartement gab Bruggmann ebenfalls interne Berichte weiter. Zudem verzichtete man beim Antitrustverfahren auf Strafanzeige, obwohl Beweise für eine solche Anklage vorhanden waren. Es gab nur eine Zivilklage. Siehe Aktennotiz Bruggmann, 17. September 1954, ebd.
154 Weitnauer, Rechenschaft, 149.
155 Brief Generalkonsul Gygax an Minister Zehnder, 30. November 1954, BAR, E 2802 1967/78, E U. S. A. I.
156 Auch in der Frage der Entschädigungszahlung der USA an die Schweiz wegen des Bombardements im Zweiten Weltkrieg, die 1949 zugunsten der Schweiz gelöst wurde, hatte Bruggmann grossen Einfluss. Siehe Rapport de gestion de la Légation de Suisse à Washington 1949, BAR, E 2400 1000/717, Washington, Bd. 358.

2.5 Engagement in verschiedenen Botschaftsaufgaben

Die Untersuchung der Quantität der Berichte der Washingtoner Gesandtschaft zwischen 1945 und 1954 wird dadurch erschwert, dass die Berichterstattung in unterschiedlicher Form – «politische Berichte», «politische Briefe» oder andere Berichtformen – vorliegt. Zudem wurden sie uneinheitlich und unvollständig abgelegt.[157] Trotzdem kann festgestellt werden, dass die Gesamtzahl der Berichte eher klein war. So schrieb die Gesandtschaft in Washington im Jahr 1952 nur gerade 35 Berichte nach Bern, während die Gesandtschaft in London im gleichen Jahr deren 157 verschickte.[158] Dass es nur wenige politische Berichte aus Washington gab, ist auf den Einfluss Bruggmanns zurückzuführen, nahm doch die Berichterstattung stark zu, wenn die Botschaft während seiner Abwesenheit vom Stellvertreter geleitet wurde.[159] Tatsächlich finden sich da und dort Klagen aus Bern, dass aus Washington zu wenig gut informiert werde.[160] Bei den von Bruggmann verfassten Berichten ging es meist nicht um ein spezielles Thema, sondern es sind eher Stimmungsberichte in Form einer Tour d'Horizon mit persönlichen Einschätzungen. Auffällig ist die starke Konzentration auf die Innenpolitik. In Wahljahren gewann diese sogar die Oberhand über alle anderen Themen zusammen.[161] Die Informationen für die Berichterstattung wurden je zur Hälfte aus gedruckten Quellen (Pressecommuniqués, Zeitungsberichte und anderes) und aus persönlichen Gesprächen bezogen.[162] Welche Personen zum Netzwerk Bruggmanns gehörten, wird in einem separaten Kapitel behandelt.[163] Vielfach baute der Gesandte Gespräche

---

157 1945–1954 gab es immer politische Berichte und meist auch politische Briefe, für 1948 sind keine politischen Briefe vorhanden. 1952 tritt ein weiterer Typ von politischen Berichten auf, diese wurden nicht nummeriert. Für 1952 sind nur bis Juli politische Berichte vorhanden, für 1954 keine politischen Briefe. BAR, E 2300 1000/716, Washington, Politische Berichte und Briefe, Militär- und Sozialberichte, Bde. 48–56.
158 Siehe BAR, E 2300 1000/716, London, Politische Berichte und Briefe, Militärberichte, Bd. 46.
159 1948 und 1950 entstand über Drittel aller Berichte während der zweimonatigen Abwesenheit Bruggmanns. BAR, E 2300 1000/716, Washington, Politische Berichte und Briefe, Militär- und Sozialberichte, Bde. 51, 54.
160 Siehe Brief Minister Zehnder an Minister de Torrenté, 11. Dezember 1950, BAR, E 2802 1967/78, E Grossbritannien.
161 1952 sind zehn von sechzehn vorhandenen politischen Berichten oder Briefen dem Thema Wahlen gewidmet. Siehe BAR, E 2300 1000/716, Washington, Politische Berichte und Briefe, Militär- und Sozialberichte, Bd. 54.
162 1948 60 Prozent persönliche Gespräche, 1950 38 Prozent, 1952 32 Prozent, 1954 59 Prozent. Siehe BAR, E 2300 1000/716, Washington, Politische Berichte und Briefe, Militär- und Sozialberichte, Bde. 50, 51, 54, 56.
163 Siehe dazu Kap. III, 2.6.

mit diversen Personen in seine Berichte ein, was ihm ermöglichte, ein Thema aus verschiedenen Perspektiven zu beleuchten.[164]
Daniel Möckli konnte nachweisen, dass sich Karl Bruggmann 1944 in seiner Einschätzung der Stellung der Schweizer Neutralität in den USA und der Entwicklung der UNO irrte.[165] Solche frappanten Fehleinschätzungen sind für die Zeit nach dem Zweiten Weltkrieg kaum mehr zu finden. Zwar glaubte er fälschlicherweise 1948 im Vorfeld der Wahlen nicht daran, dass Truman zum Präsidenten gewählt werden könnte,[166] befand sich damit aber im Einklang mit allen grossen Blättern und Kommentatoren der amerikanischen Politik. Ansonsten konnte er durch seine Kontakte wichtige Informationen zur amerikanischen Politik liefern. Wie dargestellt, schätzte er die Lage in der Uhrenfrage richtig ein.[167] Er schickte auch zutreffende Einschätzungen des Koreakriegs nach Bern und sah 1950 genau voraus, wie die USA den Krieg weiterführen wollten.[168] Er wies im Voraus darauf hin, dass die Schweiz durch den Marshallplan unter Druck geraten könnte.[169] Zudem brachte er in Erfahrung, dass sich die UdSSR im Zweiten Weltkrieg im Rat der Alliierten für eine Verletzung der schweizerischen Neutralität ausgesprochen hatte und Deutschland über Schweizer Boden angreifen wollte.[170] Er behielt trotz seiner engen Vernetzung in den USA eine eigene Meinung zur Weltpolitik. So teilte er den in den Vereinigten Staaten weitverbreiteten Optimismus, dass innert wenigen Jahren ein geeintes Westeuropa in einer politischen Union entstehen werde, ganz und gar nicht.[171]

164 Siehe BAR, E 2300 1000/716, Washington, Politische Berichte und Briefe, Militär- und Sozialberichte, Bde. 48–56.
165 Bruggmann meldete dem EPD, dass die USA trotz Wirtschaftsdifferenzen mit der Schweiz nach wie vor «grösstes Interesse» an der helvetischen Neutralität hätten. Brief Minister Bruggmann an Minister Bonna, 12. Dezember 1944, BAR, E 2300 1000/716, Washington, Politische Berichte und Briefe, Militär- und Sozialberichte, Bd. 47. Zur UNO: Bruggmann glaubte 1944, dass eine Umsetzung der Weltorganisation noch lange nicht Tatsache werde. Möckli, Neutralität, Solidarität, Sonderfall, 68 f.
166 Politischer Bericht, Nr. 15, 11. Juni 1948, BAR, E 2300 1000/716, Washington, Politische Berichte und Briefe, Militär- und Sozialberichte, Bd. 50.
167 Er sagt 1954 auch voraus, dass in dieser Frage auf den «Präsidenten kein Verlass» sei. Brief Minister Bruggmann an Minister Zehnder, 4. Juni 1954, BAR, E 2802 1967/78, E U. S. A. I.
168 Er rechnete damit, dass General McArthur bald des Amtes enthoben werde und die USA einen Ausgleich anstreben wollten. Politischer Bericht, Nr. 29, 17. November 1950, BAR, E 2300 1000/716, Washington, Politische Berichte und Briefe, Militär- und Sozialberichte, Bd. 51.
169 Politischer Bericht, Nr. 26, 19. Dezember 1947, BAR, E 2300 1000/716, Washington, Politische Berichte und Briefe, Militär- und Sozialberichte, Bd. 49, dodis.ch/6720.
170 Politischer Bericht, Nr. 9, 2. November 1946, BAR, E 2300 1000/716, Washington, Politische Berichte und Briefe, Militär- und Sozialberichte, Bd. 48.
171 So schreibt er über den «Paneuropa»-Anhänger Coudenhove-Kalergi: «Coudenhove beeindruckt mit solchen Feststellungen viele Politiker, aber auch Funktionäre des State

Wie bereits dargestellt, waren die zwischenstaatlichen Beziehungen mit den USA zwischen 1945 und 1954 stark von wirtschaftspolitischen Fragen beherrscht.[172] Bruggmann selbst war aber kein eigentlicher Wirtschaftspolitiker. Zwar hatte er in seiner Karriere kurz im EVD gearbeitet,[173] er war aber an «kommerziellen Angelegenheiten nur bedingt interessiert, wohl auch wenig geschult», wie sein ehemaliger Mitarbeiter Nordmann zu berichten wusste.[174] Während er sich in politischen Fragen der Wirtschaft, etwa im Uhrenkrieg, stark engagierte, betätigte er sich kaum als Promotor für die schweizerische Wirtschaft. Er war also nur an Fragen der Wirtschaftspolitik interessiert und betrieb keine eigentliche Handelsförderung, wie dies andere Gesandte zu dieser Zeit bereits taten.[175] Gerade diese Tatsache dürfte zu den Spannungen mit der wirtschaftsorientierten Schweizer Kolonie in New York geführt haben.[176]

«Jeder, der in Washington mit ihnen in Berührung kam, wußte, daß Minister Bruggmann und seine Gattin, mit ihrer Liebe für die bildende Kunst, die Musik und die Philosophie das Haus der schweizerischen Gesandtschaft zu einer Stätte geistiger Ausstrahlung erhoben hatten. In diesen Räumen lebte europäische Kultur.»[177] Obwohl er selbst also grosses Kulturinteresse hatte, betätigte er sich persönlich kaum in der Förderung der Schweizer Kunst in den USA. Er überliess diese Aufgabe seinem Kulturattaché Eric Kessler.[178] Diese Tatsache ist zwar auch dadurch zu erklären, dass die Schweizer Kulturförde-

---

Department – allerdings nicht die einsichtigen, welche wissen, dass übernacht kein Gras wächst.» Politischer Bericht, Nr. 4, 13. Februar 1948, BAR, E 2300 1000/716, Washington, Politische Berichte und Briefe, Militär- und Sozialberichte, Bd. 50.

172 Siehe dazu Kap. III, 2.1 und III, 2.3.
173 1926/27. Personalblatt, BAR, E 2500 1968/87, A.22. Karl Bruggmann.
174 Protokoll Gespräch mit Herrn René Nordmann, Zürich, 18. März 1986, AfZ, NL Nordmann.
175 Zum Beispiel Albert Huber. Siehe dazu Kap. V, 2.4. Siehe auch Rapport de gestion de la Légation de Suisse à Washington 1949, BAR, E 2400 1000/717, Washington, Bd. 358.
176 Siehe dazu Kap. III, 2.1.
177 Paul Jolles, Abschied von Minister Bruggmann, in: Neue Zürcher Zeitung, 21. September 1967, AfZ, PA Biographische Sammlung, Bruggmann, Charles. Ernst Schneeberger berichtet, dass Schweizer Besucher, die von Bruggmann im Haus herumgeführt wurden und die vielen Kunstwerke erklärt bekamen, gefragt hätten, ob es ihm als Kurator eines Museums nicht wohler gewesen wäre. Darin schwingt die negative Einstellung, die Schneeberger gegenüber Bruggmann hatte, mit. Schneeberger, Wirtschaftskrieg und «anderes», 108.
178 In den Akten zur Kulturförderung der Washingtoner Botschaft finden sich kaum Hinweise auf eine Beteiligung Bruggmanns. Nur wenige Briefe und Akten wurden von ihm unterzeichnet. Siehe BAR, E 2200.36 1000/1746, 270-18 Schweiz. Bücherausstellung in USA; BAR, E 2200.36 1967/16, K.22.C Contemporary Swiss Artists Exposition, K.23.E Exposition d'architecture, P.13 Schweizer Plakatausstellung, K.35.11 Contemporary Swiss Painting. Siehe auch Rapport de gestion de la Légation de Suisse à Washington 1949, BAR, E 2400 1000/717, Washington, Bd. 358.

rung damals noch auf schwachen Beinen stand,[179] das Engagement von Minister Nef in Ottawa[180] zeigt aber, dass in dieser Zeit eine intensivere Kulturförderung seitens der Gesandten durchaus möglich gewesen wäre.

Die schwierige Beziehung zu den Auslandschweizern in New York wurde bereits besprochen. Auch sonst waren Bruggmanns Aktivitäten für die Auslandschweizerkolonie doch eher gering. Bezeichnende Beispiele dafür waren die 1.-August-Feierlichkeiten. Während andere Gesandte diese Feiern zum Treffen mit der Schweizer Kolonie benutzten und vielfach selbst organisierten, weilte Minister Bruggmann in dieser Zeit mit seiner Familie jeweils in seiner Farm «upstate» im Bundesstaat New York und liess sich nicht blicken.[181]

Während seiner Zeit in Petrograd und in Prag zeigte Bruggmann grossen Einsatz für die Schweizer vor Ort, es kann also nicht davon ausgegangen werden, dass seine geringe Betätigung auf diesem Feld durch fehlendes Interesse zu begründen wäre. Viel wahrscheinlicher ist, dass dies sowohl mit seiner Abneigung gegen grosse Anlässe[182] als auch mit der besonderen Art der Schweizer in Amerika zu tun hatte. Diese waren stark assimiliert und ihre Heimat war für sie, wie Schneeberger erklärt, nur noch eine Art Fotoalbum, das man in passenden Momenten hervornahm, dann aber wieder für Jahre zuklappte.[183] Bruggmann selbst war ein überzeugter und stolzer Schweizer[184] und hatte daher wenig Verständnis für diese Haltung. Jedenfalls setzte sich der Gesandte intern für Schweizer Vereine ein,[185] delegierte aber viele Aufgaben weiter.[186]

Bruggmann war ein Vertreter der klassischen Anschauung «la diplomatie c'est la discrétion».[187] Er zog die leisen Töne vor und suchte selten die Öffentlichkeit. So kann es nicht überraschen, dass er ein sehr passives Verhalten den Medien

179 Pro Helvetia wurde erst 1949 institutionalisiert.
180 Siehe BAR, E 2200.36 1967/16, P.13 Schweizer Plakatausstellung.
181 Siehe Schneeberger, Wirtschaftskrieg und «anderes», 96; Rapport de gestion de la Légation de Suisse à Washington 1948, BAR, E 2400 1000/717, Washington, Bd. 358. Nur 1954 feierte er ein grosses Abschiedsfest mit der Kolonie am 1. August. Switzerland's Charles Bruggmann, in: The Sunday Star, Washington, 1. August 1954, BAR, E 2500 1968/87, A.22. Karl Bruggmann.
182 Siehe dazu Kap. III, 2.6.
183 Schneeberger, Wirtschaftskrieg und «anderes», 131.
184 Siehe dazu Kap. III, 3.
185 Brief Minister Bruggmann an Konsul in Philadelphia, 28. Mai 1945, BAR, E 2200.36 1000/1746, V.4 Schweizervereine «American Friends of Switzerland».
186 Berne im Bundesstaat Indiana bemühte sich sehr um eine Teilnahme Bruggmanns an ihrer Hundert-Jahr-Feier. Er schickte aber den Konsul. Siehe BAR, E 2200.36 1967/16, T.2.C Schweizer Kolonie des Konsularkreises Cincinnati. Bei einem Jubiläum von New Glarus liess er sich durch seinen Mitarbeiter Grässli vertreten. Schneeberger, Wirtschaftskrieg und «anderes», 203. Zur Inspektion der Konsulate schickte Bruggmann seinen Mitarbeiter Real. Ebd., 145.
187 Schneeberger, Wirtschaftskrieg und «anderes», 86.

gegenüber zeigte. Er tauschte sich zwar regelmässig mit Journalisten wie Walter Lippmann oder Walter Bossart von der «Neuen Zürcher Zeitung» aus, war dabei aber eher an ihrem politischen Urteil als an ihrer publizistischen Kraft interessiert.[188] Hingegen hielt er von den meisten amerikanischen Journalisten wenig[189] und versuchte sich möglichst aus den Schlagzeilen zu halten.[190] Seinem zurückhaltenden Naturell entsprechend, scheute Bruggmann vor repräsentativen Aufgaben zurück. Er gab möglichst keine grossen Cocktailpartys, war bei den 1.-August-Feiern abwesend, delegierte Reisen zu den Konsulaten an seine Mitarbeiter und blieb oft den Eröffnungen von Ausstellungen fern.[191] Verstärkend dürfte hier auch gewirkt haben, dass Bruggmann kein grosser Redner war.[192]

2.6 Mary A. Wallace als Schlüssel zur Washingtoner Society

Bei keinem anderen untersuchten Botschafter wurde so viel über dessen Beziehungen im Gastland gemutmasst wie bei Karl Bruggmann. Hauptspekulationsgrund war seine Ehe mit Mary A. Wallace. Diese Heirat war für Bruggmann ein grosses Plus, als es um die Wahl eines Gesandten in Washington ging. Der Bundesrat selbst hielt in seiner Entscheidung fest: «Sa connaissance des Etats-Unis et ses conditions de famille – Madame Bruggmann est la sœur du secrétaire d'Etat à l'agriculture – permettraient à M. Bruggmann de donner à nos relations avec l'Amérique une impulsion nouvelle.»[193] Tatsächlich dürfte diese familiäre Beziehung ein Schlüsselfaktor in Bruggmanns Netzwerk gewesen sein. Dies weniger wegen der Nähe zu Henry Wallace,[194] wie vielfach vermutet

---

188 Siehe Protokoll Gespräch mit Herrn René Nordmann, Zürich, 18. März 1986, AfZ, NL Nordmann.
189 Siehe Brief Minister Bruggmann an Minister Stucki, 8. Februar 1946, BAR, E 2801 1968/84, W.10 Korrespondenz; Brief Minister Bruggmann an Generalkonsul in New York, 3. April 1946, BAR, E 2200.36 1000/1746, H S 3 Schweizerische Finanzdelegation.
190 Er ging davon aus, dass kein relevanter Einfluss auf die Presse gewonnen werden könne und die amerikanische Leserschaft vor allem an negativen Schlagzeilen interessiert sei. Er leitete daraus ab, dass sich die Gesandtschaft am besten ruhig verhalte. Protokoll der Konferenz vom 14. August 1945 zur Besprechung der Fragen betreffend die kulturelle Annäherung der Schweiz zu den Vereinigten Staaten, BAR, E 2801 1967/77, Bd. 4, DDS-XVI, Nr. 26.
191 Siehe dazu Kap. III, 2.5.
192 Siehe Protokoll Gespräch mit Herrn René Nordmann, Zürich, 18. März 1986, AfZ, NL Nordmann.
193 Aus den Verhandlungen des Bundesrates, 27. Juni 1939, BBl, 1939/2, 117.
194 Siehe Graf/Maurer, Die Schweiz und der Kalte Krieg 1945–1950, 26. Die Nähe zu Wallace wurde in Bern auch kritisch betrachtet. So findet sich in einem Bericht Bruggmanns die handschriftliche Notiz «Schwägerliche Solidarität». Bruggmann übernahm aber durchaus nicht einfach die Position seines Schwagers. Politischer Bericht, Nr. 5, 18. April 1947, BAR, E 2300 1000/716, Washington, Politische Berichte und Briefe, Militär- und Sozialberichte, Bd. 49, dodis.ch/2333.

wurde, als vielmehr durch den Zugang zur Washingtoner Society, den Frau Bruggmann ihrem Gatten ermöglichte.[195] Bruggmann nutzte diese Chance, sein Netzwerk in Washington ging weit über das normale Mass hinaus. «Zu seinem auserlesenen Freundeskreis gehörten nicht nur ausländische Diplomaten und die Spitzen der Verwaltung, sondern besonders auch führende Politiker, Senatoren und Publizisten aus beiden politischen Lagern, Demokraten und Republikaner.»[196] Vor allem letzterer Punkt ist als Besonderheit hervorzuheben. Im Gegensatz zu anderen untersuchten Botschaftern bezog er seine Informationen nicht nur aus der Verwaltung des Gastlandes, sondern immer mehr auch aus Gesprächen mit Personen ausserhalb.[197] Seine Beziehungen zu Senatoren beider Parteien waren hervorragend.[198] Ein besonderes Verhältnis unterhielt Bruggmann mit dem Journalisten und einflussreichen politischen Kommentator Walter Lippmann, der unter anderem als Erfinder des Terms «cold war» bekannt wurde[199] und in Washington über ein hervorragendes Netzwerk verfügte.[200] Lippmann schätzte das unabhängige Urteil und das politische Wissen des Schweizer Gesandten, zudem sorgte Bruggmann dafür, dass Lippmann bei seinen Reisen in die Schweiz von Bundesrat Petitpierre und Minister Zehnder empfangen wurde.[201] Auch in der Regierung war Bruggmann ausserordentlich gut vernetzt. So hatte er direkten Zugang zu den Kabinettsministern.[202] Bis auf den Schwager Wallace verbanden ihn aber keine persönlichen Beziehungen mit ihnen. Hingegen hatte er über nahe Mittelsmänner oder

---

195 Über die Rolle, die eine Frau eines Botschafters in Washington spielen konnte, siehe Kap. IX, 3.

196 Fritz Real: Minister Charles Bruggmann, in: Echo. Zeitschrift der Schweizer im Ausland, Nr. 11, November 1967, AfZ, NL Nordmann.

197 1948 sind 26 Prozent der politischen Berichte aufgrund von Informationen von einer Person, die weder dem State Department noch dem Corps diplomatique angehört, verfasst worden, 1950 13 Prozent, 1952 78 Prozent (Wahlen), 1954 64 Prozent. BAR, E 2300 1000/716, Washington, Politische Berichte und Briefe, Militär- und Sozialberichte, Bde. 48–56.

198 Vor allem im Vorfeld von Wahlen dienten sie ihm als Stimmungsbarometer. Ebd.

199 Lippmann, The Cold War.

200 Felix Schnyder: Wegstationen eines Schweizer Diplomaten, 12. Dezember 1990, AfZ, TA Kolloquien FFAfZ/82.

201 Lippmann reiste 1953 zweimal nach Bern und wurde jeweils von Petitpierre empfangen. Siehe Brief Minister Bruggmann an Bundesrat Petitpierre, 4. November 1953, BAR, E 2800 1967/59, 44.018 Karl Bruggmann. 1955 wurde er wiederum auf die Initiative Bruggmanns von Zehnder empfangen, was beweist, dass Lippmann und Bruggmann auch nach dessen Zeit als Gesandten Kontakt hatten. Brief Minister Zehnder an Minister Bruggmann, 6. Oktober 1955, BAR, E 2802 1967/78, E U. S. A. I.

202 Siehe zum Beispiel das Antitrustverfahren gegen die Schweizer Uhrenindustrie: Bruggmann konnte in kurzer Zeit Besprechungen beim Justizminister organisieren. Telegramm, Nr. 10, Washington, 17. März 1954, BAR, E 2200.36 1967/17, N.21.11.2 Antitrustverfahren USA gegen USA Uhrenimporteure und schweizerische Uhrenorganisationen.

-frauen einen guten Einblick in die grossen Angelegenheiten und selbst ins Büro des Präsidenten.[203] Nachdem Henry C. Wallace seine Position verloren hatte, wurde in der Schweiz immer wieder das Gerücht herumgereicht, die familiäre Verbindung Bruggmanns sei für die Schweiz zum Nachteil geworden.[204] Als Petitpierre solchen Gerüchten über einen Mittelsmann nachging, erfuhr er: «[...] la situation de M. Bruggmann aux Etats-Unis serait excellent. Il serait écouté.»[205] Bruggmann schrieb seinerseits, dass er wöchentlich mit den hohen Beamten des State Department kegeln gehe.[206] Tatsächlich ist ein Einbruch in den Beziehungen nicht zu beobachten, was die gute Stellung des Ehepaars Bruggmann in der Washingtoner Society unterstreicht. So werden die beiden in einem Artikel des Washingtoner «Sunday Star» als «one of Washington's most attractive couples» beschrieben.[207] Und Albert Weitnauer beschrieb seine Ankunft in Washington 1954 folgendermassen: «Die ganze Washingtoner Gesellschaft stand zu dieser Zeit im Banne zahlloser Veranstaltungen, die zu Ehren des scheidenden Schweizer Gesandtenehepaars stattfanden.»[208]
Karl Bruggmann war kein Freund grosser Veranstaltungen und Cocktailpartys. Vielmehr wartete er bei solchen Veranstaltungen im eigenen Haus darauf, sich mit wenigen interessanten Leuten zu persönlichen Gesprächen zurückzuziehen. Hingegen lud er oft kleine Gruppen von Personen zu einem gediegenen Abendessen ein.[209] Er wurde als Gesprächspartner vor allem wegen seiner Intelligenz, seines reichen Wissens und seines unabhängigen Urteils geschätzt.[210]

203 Leider sind in den politischen Berichten die Personen nicht namentlich genannt. So war es nur beschränkt möglich, ein genaues Bild zu zeichnen. Am Beispiel des Uhrenkrieges 1952 kann aber beobachtet werden, wie Bruggmann den Berater des Präsidenten bearbeitet. Siehe dazu Kap. III, 2.4. Über seine Frau bestand ein Kontakt zu Frau Roosevelt. Siehe Brief Minister Bruggmann an Chief of Protocol Summerlin, 31. Dezember 1939, BAR, E 2200.36 1000/1746, A-1 B Minister Dr. Charles Bruggmann.
204 Diese Vorwürfe wurden vor allem im Lager der Uhrenindustrie und von Viktor Nef erhoben. 1950 liess ein Mitarbeiter der amerikanischen Botschaft über Nationalrat Oprecht Petitpierre wissen, Bruggmanns Ansehen habe gelitten. Es ist auffällig, dass dies zur gleichen Zeit passierte wie die Affäre Nef (siehe Kap. III, 2.1). Aktennotiz Petitpierre, 10. Oktober 1950, BAR, E 2800 1967/59, 44.018 Karl Bruggmann.
205 Aktennotiz Petitpiere, 11. Oktober 1950, ebd.
206 Entretiens avec M. le Ministre Bruggmann, 1. März 1951, ebd. Interessant ist eine Aussage Bruggmanns im Zusammenhang mit der Botschafterrangfrage. Er wies darauf hin, dass er nach dreizehn Jahren in den USA unabhängig von seinem Rang zu einer politischen Persönlichkeit geworden sei und Zugang zu den höchsten Stellen habe. Für seinen Nachfolger erachtete er den geringeren Ministerrang aber als möglichen Nachteil. Au Conseil fédéral, 4. April 1952, BAR, E 1004.1-/1, Bd. 540, dodis.ch/8466.
207 Switzerland's Charles Bruggmann, in: The Sunday Star, Washington, 1. August 1954, BAR, E 2500 1968/87, A.22. Karl Bruggmann.
208 Weitnauer, Rechenschaft, 136.
209 Schneeberger, Wirtschaftskrieg und «anderes», 108.
210 Fritz Real: Minister Charles Bruggmann, in: Echo. Zeitschrift der Schweizer im Ausland,

Sein Netzwerk in der Schweizer Zentrale war weniger ausgeprägt. Das dürfte darauf zurückzuführen sein, dass er während seiner Karriere nur kurz in Bern tätig war. Daniel Möckli stellte fest, dass in der Anfangsphase der Amtszeit von Bundesrat Petitpierre Bruggmann nicht zu seinem engen Beraterkreis zählte und er nur als Informant betrachtet wurde. Möckli führt dies auf die Fehleinschätzungen Bruggmanns hinsichtlich der Entwicklung der UNO zurück.[211] Dies veränderte sich mit der Zeit. Bereits im Rahmen der Marshallplanfrage zählte Petitpierre auf das Urteil des Washingtoner Gesandten.[212] In der Koreamission[213] und vor allem im Zusammenhang mit dem Uhrenkrieg vertraute der Departementsvorsteher Bruggmann.[214] Auch während der ganzen Intrigen und Anfeindungen aus den Kreisen Viktor Nefs und der Uhrenindustrie deckte Petitpierre seinem Gesandten stets den Rücken.[215] So darf den Worten Petitpierres anlässlich von Bruggmanns Verabschiedung durchaus Glaube geschenkt werden, wenn er sagt: «Pendant dix ans, j'ai toujours entretenu avec vous les relations les plus confiantes et même les plus amicales. Je garderai un bon souvenir de notre collaboration.»[216] Das Verhältnis zu Generalsekretär Alfred Zehnder war von gegenseitigem Respekt geprägt, ohne dass eine Freundschaft entstanden wäre, obwohl die beiden gemeinsam an vielen UNO-Tagungen teilnahmen.[217] Ein besonderes Vertrauensverhältnis bestand zu Minister Walter Stucki, mit dem er während der Washingtoner Verhandlungen eng zusammenarbeitete.[218] Für den Hinweis Schneebergers, dass die beiden Schulfreunde waren,[219] konnte in

  Nr. 11, November 1967, AfZ, NL Nordmann; Protokoll Gespräch mit Herrn René Nordmann, Zürich, 18. März 1986, ebd.
211 Bruggmann glaubte noch im April 1945, dass die UNO nicht zustande komme und die USA in Isolationismus zurückfallen würden. Möckli, Neutralität, Solidarität, Sonderfall, 91. Siehe dazu Kap. III, 2.5.
212 Möckli, Neutralität, Solidarität, Sonderfall, 255.
213 Petitpierre schickte Bruggmann den Entwurf des Aide-Mémoire, das eine Antwort auf die Anfrage der USA, ob die Schweiz an der NNSC teilnehme, enthielt, und überliess es diesem, das Aide-Mémoire vor der Übergabe nach Gutdünken anzupassen. Dies ist angesichts der Wichtigkeit dieser Stellungnahme ein aussergewöhnliches Verhalten. Brief Bundesrat Petitpierre an Minister Bruggmann, 11. Juli 1952, BAR, E 2800 1967/59 44.018 Karl Bruggmann.
214 Siehe dazu Kap. III, 2.4.
215 Siehe dazu Kap. III, 2.1 und III, 2.4.
216 Brief Bundesrat Petitpierre an Minister Bruggmann, 2. Dezember 1954, BAR, E 2800 1967/59 44.018 Karl Bruggmann.
217 Möckli, Neutralität, Solidarität, Sonderfall, 153–225.
218 Stucki vertraute Bruggmann auch früher stark. So wünschte er ausdrücklich, dass Bruggmann 1932 für Wirtschaftsverhandlungen mit der Tschechoslowakei nach Bern komme. Siehe Notice du Directeur de la Division du Commerce du Département de l'Economie publique, W. Stucki, 26. April 1932, in: DDS-X, Nr. 363.
219 Schneeberger, Wirtschaftskrieg und «anderes», 184.

den eingesehenen Quellen keine Evidenz gefunden werden. Stucki verfasste aber eine Würdigung zum Rücktritt Bruggmanns mit dem vielsagenden Titel: «Einer der besten geht.»[220]

3 Ansichten, Persönlichkeit und Familie

Karl Bruggmann war ein Anhänger einer strikten Schweizer Neutralität, oft setzte er sich für eine möglichst unabhängige Position der Schweiz ein.[221] Andererseits erfuhr er aus nächster Nähe, wie die Neutralität gegen Ende des Zweiten Weltkriegs stark in die Kritik geriet.[222] Dies stärkte seine Überzeugung, dass sich die Schweiz der Weltgemeinschaft gegenüber als solidarischer Partner zeigen müsse, um ihre neutrale Stellung beibehalten zu können. So beriet er die Schweizer Delegation bei den Washingtoner Verhandlungen folgendermassen: «Wir müssen als neutraler Staat über das Formalrechtliche hinausgehen, sonst stehen wir vor der Welt als Profiteure da. [...] Wir brauchen das Wohlwollen der Welt für die zu erwartenden Auseinandersetzungen auf dem Gebiete der internationalen Zusammenschlüsse.»[223] Aus den gleichen Überlegungen heraus befürwortete er die Schweizer Teilnahme am Marshallplan.[224] Bekannte von Bruggmann hoben immer dessen Schweizertum hervor.[225] Er

---

220 Andenken an einen Freund, in: Der Aufbau. Schweizerische Wochenzeitschrift für Recht, Freiheit und Frieden, 2. November 1967, AfZ, PA Biographische Sammlung, Bruggmann, Charles.

221 Siehe Brief Bundesrat Petitpierre an Minister Bruggmann, 18. März 1948, BAR, E 2800 1967/59, 44.018 Karl Bruggmann; Procès-verbal de la conférence des ministres des 9 et 10 septembre 1948, BAR, E 2800 1967/61, Conférence des ministres 1950. Vgl. auch Möckli, Neutralität, Solidarität, Sonderfall.

222 Secretary of State Cordell Hull sagte Bruggmann gegenüber 1944 Folgendes über die Schweizer Neutralität: «I said that when a nation was spending what the United States was and was losing lives right and left because of neutral aid to the enemy in order primarily to gratify some businessmen, it presented a most serious question to this country.» Zitiert in Schiemann, Neutralität in Krieg und Frieden, 114.

223 Was ihm die Kritik von William Rappard einbrachte: «Cela me paraît aller un peu loin. Nous vivons dans un monde de gangsters, pourquoi la Suisse doit-elle être un enfant de cœur?» Die Bemerkung bezieht sich auf die erste Aussage Bruggmanns. Protokoll der internen Sitzung der Verhandlungsdelegation, Nr. 16, 31. März 1946, BAR, E 2801 1968/84, W.10 Verhandlungen in Washington. Auch in der Koreafrage war Bruggmann der Meinung, dass die Schweiz der Friedensmission unbedingt zustimmen sollte, um Goodwill bei den Amerikanern zu erlangen. Der Bundesrat hatte starke neutralitätspolitische Vorbehalte angemeldet. Brief Minister Bruggmann an Bundesrat Petitpierre, 8. Dezember 1952, BAR, E 2001 (E) 1988/16, Bd. 662/5, dodis.ch/9643.

224 Trachsler, Bundesrat Max Petitpierre, 106.

225 Paul Jolles, Abschied von Minister Bruggmann, in: Neue Zürcher Zeitung, 21. September 1967, AfZ, PA Biographische Sammlung, Bruggmann, Charles. Siehe auch Fritz Real:

war der Meinung, dass die Schweiz ihre Stellung hartnäckig zu vertreten habe, und hat dies in verschiedenen Situationen selbst getan.[226] Dabei ist er trotz der langen Amtsdauer und seinen guten Beziehungen in Washington nicht dem Phänomen «going native»[227] verfallen und hat stets eine kritische Distanz zur amerikanischen Politik behalten.[228]

Grosse Probleme hatte er mit Vertretern der Privatwirtschaft. Die bereits besprochenen Anfeindungen seitens der New Yorker Gesellschaft sind nur ein Beispiel dafür. So regte er sich 1951 stark über den aus der Privatwirtschaft stammenden US-Gesandten Patterson in Bern auf. Dieser war scheinbar auf eigene Initiative beim EPD vorstellig geworden und verlangte, den Botschaftertitel tragen zu dürfen. Bruggmann bezichtigte in diesem Schreiben seinen «lieben pendant in Bern», «Sprünge» zu vollführen und mit «verhängten Zügeln einhergaloppiert» zu sein, «ein businessman» wie er nehme so etwas «auf sein Puntenöri».[229]

In einem Kolloquium beschrieb Altbotschafter Felix Schnyder seinen kurzzeitigen Chef Karl Bruggmann als «fast etwas introvertiert», worauf er vom Altgeneralsekretär Raymond Probst mit dem Ausspruch «Sehr introvertiert» unterbrochen wurde.[230] Die zurückhaltende Art des Schweizer Gesandten in Washington wird in allen Lebensberichten behandelt.[231] Weitnauer schreibt dazu: «Er war von Natur aus misstrauisch […] und pflegte von ziemlich jedermann zu sagen: ‹Mein Vertrauen muss er sich erst noch verdienen.›»[232] Zudem war er nachtragend; wenn man es einmal mit ihm verdorben hatte, war es schwierig, sein Vertrauen zurückzuerlangen. Dies führte zu Problemen mit verschiedenen Mitarbeitern.[233] Wie erwähnt war er weder ein grosser Rhe-

---

Minister Charles Bruggmann, in: Echo. Zeitschrift der Schweizer im Ausland, Nr. 11, November 1967, AfZ, NL Nordmann; Weitnauer, Rechenschaft, 120.

226 Siehe dazu Kap. III, 2.3 und III, 2.4.

227 Von Tscharner beschreibt das «going native» als Berufskrankheit des Diplomaten, die ihn dazu verleite, sich dem Gastland immer stärker anzunähern und dabei die kritische Distanz, die Voraussetzung für eine unvoreingenommene Bewertung, zu verlieren. Von Tscharner, CH-CD, 78.

228 Er kritisiert zum Beispiel die US-Politik in der UNO stark. Siehe Politischer Bericht, Nr. 27, 23. Oktober 1950, BAR, E 2300 1000/716, Washington, Politische Berichte und Briefe, Militär- und Sozialberichte, Bd. 51; Brief Minister Bruggmann an Bundesrat Petitpierre, 23. Dezember 1952, BAR, E 2300 9001/502, dodis.ch/9082.

229 Brief Minister Bruggmann an Minister Zehnder, 30. November 1951, BAR, E 2802 1967/78 E U. S. A. I.

230 Felix Schnyder: Wegstationen eines Schweizer Diplomaten, 12. November 1990, AfZ, TA Kolloquium FFAfZ/82.

231 Jolles, Real, Schneeberger, Weitnauer.

232 Weitnauer, Rechenschaft, 120.

233 Siehe dazu zum Beispiel seine Beziehungen zu Fred Gygax, Kap. III, 2.1. Auch Albert Weitnauer geriet bei seinem Chef in ein schlechtes Licht. Weitnauer, Rechenschaft, 121.

toriker noch ein Manager.²³⁴ Alle diese Merkmale dürften in den Berichten auch deshalb besonders hervorgehoben sein, weil sie so gar nicht mit dem bekannten Bild des offenen, kommunikativen Diplomaten zusammenpassen. Daher dürften sie auch etwas überzeichnet sein. Seine Gesprächspartner und Intimi schätzten Bruggmann wegen seiner Intelligenz, seines grossen Wissens, seines unabhängigen Urteils und seiner klaren Linie.²³⁵ Er setzte sich mit seiner ganzen Schaffenskraft für die Schweizer Sache ein und litt persönlich unter den Anfeindungen gegen sein Heimatland, die sich vor allem nach dem Krieg häuften.²³⁶ Auch den negativen Entscheid in der Uhrenfrage 1954 verwand er nie richtig.²³⁷ In den Verhandlungen zeigte er Hartnäckigkeit und den Mut, gegen den Strom zu schwimmen.²³⁸ Gewann man sein Vertrauen, konnte man sich seiner Unterstützung sicher sein.²³⁹ So waren die Vertrauten im Gegensatz zu den erwähnten Kritikern voll des Lobes für Karl Bruggmann. Paul Jolles schrieb 1967: «Wer einmal den Vorzug hatte, Mitarbeiter von Minister Bruggmann zu sein, wird sich stets im Gedenken an diese starke Persönlichkeit ermutigt fühlen.»²⁴⁰

Mary Bruggmann öffnete ihrem Mann nicht nur die Tür zur Washingtoner Society, sie übernahm noch weitere wichtige Rollen im diplomatischen Alltag ihres Mannes. So spielte sie für den etwas publikumsscheuen Gatten die Rolle der Gastgeberin und sorgte für Begrüssung und Gästebucheintrag.²⁴¹ Und als ihr Mann 1954 krank im Bett lag, schrieb Mary Bruggmann kurzerhand den fälligen Bericht an Minister Zehnder selbst.²⁴² Karl Bruggmann setzte in seiner Familie durch, dass am Tisch Schweizerdeutsch gesprochen wurde, so verblüffte die

---

Schneeberger fühlte sich von ihm schlecht behandelt. Schneeberger, Wirtschaftskrieg und «anderes». Und auch Friederich Walthard beklagte sich bei Minister Zehnder über einen Chef, der ihn offensichtlich für inkompetent halte. Brief Attaché Walthard an Minister Zehnder, 26. August 1952, BAR, E 2802 1967/78 E U. S. A. I.

234 Siehe dazu Kap. III, 2.5.
235 Siehe dazu ebd. und Weitnauer, Rechenschaft, 121.
236 Siehe Schneeberger, Wirtschaftskrieg und «anderes», 162.
237 Fritz Real: Minister Charles Bruggmann, in: Echo. Zeitschrift der Schweizer im Ausland, Nr. 11, November 1967, AfZ, NL Nordmann.
238 Siehe ebd. Siehe auch Kap. III, 2.2.
239 Dass Fritz Real 1955 zum Gesandten in Helsinki ernannt wurde, hat stark mit der Intervention Bruggmanns bei Petitpierre zu tun. Siehe Brief Minister Zehnder an Minister Bruggmann, 13. Mai 1954, BAR, E 2802 1967/78, E U. S. A. I.
240 Paul Jolles, Abschied von Minister Bruggmann, in: Neue Zürcher Zeitung, 21. September 1967, AfZ, PA Biographische Sammlung, Bruggmann, Charles.
241 Schneeberger, Wirtschaftskrieg und «anderes», 108.
242 Brief Mary Bruggmann an Minister Zehnder, 17. Juli 1954, BAR, E 2802 1967/78, E U. S. A. I.

amerikanische Gattin des Gesandten ihre Schweizer Gäste bereits beim Eingang mit einer schweizerdeutschen oder französischen Begrüssung.[243]

Mary Bruggmann war eine starke Frau und hielt stets zu ihrem Gatten und seinem Heimatland. Als der Verhandlungsführer der USA während der Washingtoner Verhandlungen an einer Cocktailparty auf die amerikanische Herkunft von Frau Bruggmann setzte und von ihr wissen wollte, ob das genannte Schweizer Angebot wirklich das letzte sei, antwortete sie, dass sie persönlich der Meinung sei, das Schweizer Angebot sei jetzt schon zu hoch.[244] Das Ehepaar Bruggmann hatte zwei Söhne, die beide in der Zeit von Bruggmanns Tätigkeit in Prag zur Welt kamen.[245] Während der jüngere, William, Anwalt und Maler wurde, trat der ältere, Charles-Henry, in die Fussstapfen seines Vaters. Auch er war im EPD tätig und amtete als Botschafter in Pretoria und Kopenhagen.[246]

Bruggmann verliess auf den 31. Dezember 1954 seinen Posten in Washington und trat in den Ruhestand. Er verbrachte einen eher geruhsamen Lebensabend in einem herrschaftlichen Haus in Vevey. Er übernahm fast keine weiteren politischen oder diplomatischen Mandate und starb am 15. September 1967.[247]

4 Wertung

Zusammenfassend kann festgehalten werden, dass Karl Bruggmann ein klassischer Vertreter der Präsenzspezialisten ist. Er ist durch eine Karriere im EPD aufgestiegen und war fast ausschliesslich im Ausland tätig. Dadurch gewann er eine grosse Erfahrung, auch deshalb, weil er auf den Posten Petrograd, Prag und Washington in sehr hektischen Zeiten seine Aufgabe erfüllte.

In der untersuchten Zeitspanne zwischen 1945 und 1954 war das Verhältnis zwischen der Schweiz und den USA durch grössere bilaterale Auseinandersetzungen geprägt. In diesen Auseinandersetzungen spielte Bruggmann eine sehr aktive Rolle, er war nicht nur Berater, sondern auch Verhandlungsführer und Akteur hinter den Kulissen. Einige bilaterale Erfolge sind zu grossen Teilen auf sein Handeln zurückzuführen. Dabei war ihm vor allem sein Netzwerk von grossem Nutzen. Er war Teil der Washingtoner Society und hatte sowohl zur

---

243 Siehe Weitnauer, Rechenschaft, 120.
244 Siehe Protokoll der internen Sitzung der Verhandlungsdelegation, Nr. 44, 4. Mai 1946, BAR, E 2801 1968/84, W.10 Verhandlungen in Washington.
245 Charles-Henry 1927 und William 1931. Personalblatt, BAR, E 2500 1968/87, A.22. Karl Bruggmann.
246 Dodis.ch/P19509.
247 Fritz Real: Minister Charles Bruggmann, in: Echo. Zeitschrift der Schweizer im Ausland, Nr. 11, November 1967, AfZ, NL Nordmann.

obersten Verwaltung wie auch zum Senat und zu wichtigen Publizisten beste
Beziehungen, und dies über die Parteigrenzen hinweg.[248] Das gute Beziehungsnetz ist weniger auf den Schwager Henry Wallace als auf die Türöffnerrolle,
die seine Frau Mary spielte, zurückzuführen. Bruggmanns Informationen
stammten aus vielen verschiedenen Quellen, was ihn aber nicht vor Fehleinschätzungen schützte. Ansonsten war sein Handeln durch sein eher scheues
und vorsichtiges Wesen gekennzeichnet. Er vermied alles, was Schlagzeilen
provozieren konnte. Dieser Wesenszug war mit ein Grund dafür, dass er mit
den Wirtschaftskreisen in New York und auch denjenigen in der Schweiz nie
richtig anfreunden konnte. Alfred Zehnder ist recht zu geben, wenn er 1954
schreibt: «Zugegeben, dass Herr Bruggmann keinen leichten Charakter hat
und die Leute nicht sofort zu seinen Gunsten einnimmt, aber sein persönlicher Einsatz in allen schweizerischen Sachen […] war vorbildlich.»[249] Selten
war ein Schweizer Botschafter so oft Anfeindungen aus den eigenen Reihen
ausgesetzt, und das Urteil über Bruggmanns Leistungen wurde lange Zeit von
diesen negativen Stimmen bestimmt.[250] Bruggmann setzte sich kaum für die
damals aufkommende aktive Förderung des schweizerischen Handels oder
der schweizerischen Kultur im Gastland ein. In Anbetracht dessen, dass mit
den USA in dieser Zeit hauptsächlich politische Themen zu regeln waren, darf
durchaus festgehalten werden, dass mit Karl Bruggmann der richtige Mann
auf dem Posten in Washington war und er die Schweiz sehr gut vertrat.

---

248 Felix Schnyder sieht darin den Haupterfolgsfaktor für Bruggmanns Handeln. Siehe Felix Schnyder: Wegstationen eines Schweizer Diplomaten, 12. November 1990, AfZ, TA Kolloquium FFAfZ/82.
249 Brief Minister Zehnder an Generalkonsul Gygax, 9. Dezember 1954, BAR, E 2802 1967/78 E U. S. A. I.
250 Auch die «Neue Zürcher Zeitung» urteilte, vermutlich auf Betreiben der Uhrenindustrie, bei dessen Rücktritt negativ über Bruggmann. Siehe ebd.

Henry de Torrenté (1893–1962)

Schweizer Minister und Botschafter in London 1948–1954
und Washington 1955–1960 (undatiert, dodis.ch/P82)

IV Henry de Torrenté – ein Walliser Wirbelwind und Reformer

1 Ein Aufstieg im Windschatten des «grossen Stucki»

Henry de Torrenté[1] wurde am 5. November 1893 in Sitten geboren. Er stammte aus einer Walliser Aristokratenfamilie. Sein Vater, der ebenfalls Henri de Torrenté hiess, war katholisch-konservativer Regierungs- und Ständerat[2] und präsidierte Letzteren in den Jahren 1884/85.[3] Auch seine Mutter, Ida de Rietmatten, stammte aus einer angesehenen Walliser Familie, die mehrmals den Bischof von Sitten stellte.[4] Nach der Sekundarschule verliess der junge Henry de Torrenté den Heimatkanton und besuchte das Gymnasium am Kloster Einsiedeln. Anschliessend studierte er in Bern, Basel und Genf, wo er das Lizenziat in Jurisprudenz, Handelswissenschaften und Sozialwissenschaften ablegte.[5] Diese Kombination hat de Torrenté in seiner Tätigkeit immer wieder begleitet und auch entscheidend geprägt. 1919 erhielt er das Rechtsanwalts- und das Notariatspatent. Er absolvierte Praktika in einer Rechtsanwaltskanzlei, einer Versicherungsgesellschaft und einer Bank.[6] 1922 trat er in den Bundesdienst, aber nicht ins EPD ein. Er wurde Mitarbeiter des Delegierten des Bundesrates für Sozialgesetzgebung, dann Sekretär im BIGA, von wo er zu einem Praktikum bei der britischen Verwaltung nach London geschickt wurde.[7] Anschliessend arbeitete er im Sekretariat von Bundesrat Schulthess, dem Vorsteher des EVD, und wechselte 1925 in die Handelsabteilung, in der er unter Ernst Wetter und Walter Stucki an verschiedenen Wirtschaftsverhandlungen in Rom und Paris teilnahm.[8] Gleichzeitig verfolgte er eine Militärkarriere, die ihn bis zum Rang

---

1 Die Schreibweise des Vornamens ist sowohl im Französischen als auch im Deutschen in verschiedenen Versionen zu finden. Es setzte sich aber vor allem im öffentlichen und amtlichen Gebrauch die Schreibweise «Henry» durch. Diese wird auch in der vorliegenden Arbeit, soweit nicht anders zitiert, verwendet.
2 Die Familie hat eine lange politische Tradition. Siehe de Torrenté, Nos représentations à l'étranger, 740.
3 Moser, Henri de Torrenté, 9.
4 Ebd.
5 Notice biographique, M. Henry de Torrenté, BAR, E 2500 1982/120, a.211 de Torrenté Henri.
6 Ebd.
7 De Torrenté, Nos représentations à l'étranger, 740.
8 Moser, Henri de Torrenté, 10.

eines Obersts im Generalstab führte. In den Generalstabskursen lernte er viele wichtigen Personen der Schweizer Politik kennen.[9]

Der Eintritt von Henry de Torrenté ins EPD erfolgte 1929[10] auf die Empfehlung seines damaligen Chefs Walter Stucki hin. Auf dessen Betreiben wurde de Torrenté als Wirtschaftsattaché an die Gesandtschaft in Paris entsandt.[11] Sein erster Missionschef in Paris, Alphonse Dunant, stand der emsigen Betriebsamkeit des jungen Wirtschaftsattachés eher kritisch gegenüber.[12] Doch 1938 übernahm de Torrentés Förderer Walter Stucki[13] den Ministerposten in Paris, was seine Position in der Gesandtschaft stärkte. In der Zeit zwischen den beiden Ministern übte der 1932 zum Legationsrat beförderte de Torrenté die Funktion des Chargé d'Affaires ad interim aus. Bereits unter Dunant baute er ein grosses Netzwerk auf und führte die Wirtschaftsabteilung der Gesandtschaft mit viel Geschick. Er kannte jedermann und war «l'homme le plus en vue de la Légation de Paris».[14] Stucki setzte sich gleich nach seiner Ankunft erneut für de Torrenté ein und schrieb nach Bern: «Da mir die Verhältnisse auf den meisten anderen Gesandtschaften ebenfalls bekannt sind, so glaube ich ohne Übertreibung feststellen zu dürfen, dass kein anderer Legationsrat auch nur annähernd so viel geleistet hat, wie Herr de Torrenté.»[15] In dieser Zeit lernte de Torrenté Heinrich Homberger, den damaligen Direktor des Vororts, des Schweizerischen Handels- und Industrievereins, kennen, mit dem ihn später ein freundschaftliches Verhältnis verband.[16] Nach dem Kriegsausbruch kam es zur hektischsten Phase seiner Zeit in Paris. Einerseits musste sich die Gesandtschaft um die Evakuierung der Schweizer Kolonie kümmern, anderseits veränderte sich mit der Niederlage Frankreichs die politische Situation dramatisch. Stucki zog mit dem grössten Teil der Gesandtschaft zur neuen Regierung von Marschall Pétain nach Vichy. De Torrenté hingegen blieb in Paris und vertrat gegenüber den deutschen Truppen vor Ort die Schweizer Interessen und betreute die verbliebene Kolonie.[17] Im Sommer 1941 setzte

---

9 De Torrenté, Nos représentations à l'étranger, 741.
10 Personalblatt, BAR, E 2500 1982/120, a.211 de Torrenté Henri.
11 De Torrenté, Nos représentations à l'étranger, 741.
12 «Je me mis à l'œuvre avec cette opiniâtreté valaisanne dont je parlais tout à l'heure, au point que mon chef, auquel les questions commerciales inspiraient la méfiance, en dépit de ses éminentes qualités, en conçut quelque inquiétude.» De Torrenté, Nos représentations à l'étranger, 741.
13 Obwohl Walter Stucki vor allem zu Beginn sehr positiven Einfluss auf seine Karriere nahm, freundete sich de Torrenté nicht mit ihm an. Weitnauer, Rechenschaft, 136.
14 Moser, Henri de Torrenté, 11.
15 Es geht dabei um Fragen der Besoldung. Brief Minister Stucki an Bundesrat Motta, 9. März 1938, BAR, E 2500 1982/120, a.211 de Torrenté Henri.
16 De Torrenté, Nos représentations à l'étranger, 741.
17 Ebd., 742.

Deutschland durch, dass die Interessen der Schweiz auf dem Gebiet des besetzten Frankreich nicht mehr in Paris, sondern bei der deutschen Zentralregierung in Berlin vertreten wurden. Aus dem Posten in Paris wurde ein Konsulat und de Torrenté kehrte in die Schweiz zurück.[18]

Nach seiner Rückkehr stellte de Torrenté unter Beweis, wie vielfältig einsetzbar er war, trat er doch umgehend als Oberst im Generalstab in den Militärdienst ein. Bald zeigte sich aber das hervorragende Ansehen, das er sowohl im EPD als auch in der Handelsabteilung genoss. Noch während seiner Zeit im Generalstab bemühte sich der Leiter der Handelsabteilung Jean Hotz intensiv um die Dienste des Wallisers. Über Bundesrat Stampfli liess er EPD-Vorsteher Pilet-Golaz wissen, dass de Torrenté «einer unserer fähigsten Köpfe im wirtschaftlichen Aussendienst» sei und dass er der Handelsabteilung als Delegierter für Handelsverträge sehr wertvoll wäre. Hotz versprach, de Torrenté mit einem Ministertitel auszustatten, und wünschte sich eine «vorübergehende Zuteilung», die «möglichst bald erfolgen» sollte.[19] Stampfli stellte sich hinter die Forderungen von Hotz und meinte: «M. le Conseiller de légation Henry de Torrenté est l'homme qu'il nous faut. […] Partout M. de Torrenté s'est montré à la hauteur de sa tâche et a rendu de grands services. […] a fait brillamment ses preuves, mérite ce titre […].»[20] Da Pilet-Golaz seinen wertvollen Mitarbeiter zuerst nicht hergeben wollte,[21] einigte man sich darauf, dass er zwar der Handelsabteilung zugeteilt werde, aber keinen Ministertitel erhalten sollte.[22] Es war nicht der erste Versuch der Handelsabteilung, sich die Dienste de Torrentés zu sichern: Bereits vier Jahre zuvor hatte sie Interesse daran bekundet, de Torrenté zurückzuholen. Diese Initiative scheiterte aber an Stucki, der ihn auf dem Pariser Posten nicht verlieren wollte.[23] Die Handelsabteilung hatte während des Krieges die wichtige Aufgabe, die Versorgung der Schweiz mit Rohmaterialien und Lebensmitteln aus dem Ausland sicherzustellen. De Torrenté übernahm die Verhandlungen mit den USA, Frankreich, Spanien und Portugal. Die Delegierten für Handelsverträge genossen grosse Verhandlungsfreiheit und reisten von der Hauptstadt eines Verhandlungspartners in die nächste. Dem umtriebigen de Torrenté gefiel diese vielseitige, abwechslungsreiche und herausfordernde Aufgabe sehr, und er erzählte später über

---

18 Brief Legationsrat Carl Stucki an Office fédéral du personnel, 16. Juli 1941, BAR, E 2500 1982/120, a.211 de Torrenté Henri.
19 Brief Bundesrat Stampfli an Bundesrat Pilet-Golaz, 18. September 1941, BAR, E 2500 1982/120, a.211 de Torrenté Henri.
20 Ebd.
21 Siehe Brief Bundesrat Pilet-Golaz an Bundesrat Stampfli, 22. September 1941, BAR, E 2500 1982/120, a.211 de Torrenté Henri.
22 Brief Minister Bonna an Legationsrat de Torrenté, 20. November 1941, ebd.
23 Siehe de Torrenté, Nos représentations à l'étranger, 742.

diese Zeit: «J'étais de nouveau dans mon élément [...].»[24] Bereits 1943 kam es erneut zu Diskussionen um die Zukunft des vielseitigen Mannes. Während das EPD plante, de Torrenté möglichst bald an die Wirtschaftsabteilung der Gesandtschaft in Washington zu senden,[25] meldete sich nun auch Max Huber, damaliger Präsident des IKRK, bei Pilet-Golaz und bat darum, de Torrenté die Leitung einer IKRK-Mission in Griechenland übertragen zu dürfen.[26] Pilet-Golaz und Stampfli zeigten sich aber auch nach wiederholter Anfrage Hubers nicht bereit, de Torrenté dem IKRK zur Verfügung zu stellen.[27] Da man den vielversprechenden Mitarbeiter auf keinen Fall verlieren wollte, sah sich Pilet-Golaz gezwungen, in der Titelfrage nachzugeben. De Torrenté erhielt als Delegierter für Handelsverträge 1943 den Ministertitel auf Zeit.[28]

1944 wurde die Rückberufung de Torrentés nach Frankreich zum Thema. Und erneut stand seine Karriere im Zusammenhang mit seinem Förderer Stucki. Dieser sollte nach der Vorstellung des EPD die Schweiz bei der neuen Regierung Frankreichs unter Charles de Gaulle vertreten. Da sich Stucki in Frankreich aber einen Namen als starke Person in Vichy mit guten Beziehungen zu Pétain gemacht hatte, wurde ihm das Agrément verwehrt.[29] Als nächsten Kandidaten brachte Pilet-Golaz den ehemaligen Leiter der Wirtschaftsabteilung ins Spiel. Doch auch de Torrenté wurde das Agrément verweigert. Die Gründe dafür sind nicht ganz klar. Die Wochenzeitung «Freies Volk» wusste aus Kreisen der Diplomatie zu berichten, dass die Ablehnung als Reaktion de Gaulles auf die Verweigerung des Agréments durch Pilet-Golaz für den als Kommunisten unerwünschten französischen Kandidaten für den Berner Posten, Paul Langevin, zu verstehen sei.[30] Antoinette Moser zeigt in ihrer Lizenziatsarbeit aber auf, dass es wohl eher einer gezielten Stimmungsmache eines Mitarbeiters der französischen Botschaft in Bern zuzuschreiben ist, dass de Torrenté abgelehnt wurde.[31] Schliesslich dürfte auch Pilet-Golaz eine Rolle gespielt haben. Er stand bei der neuen französischen Regierung im Ruf, zu sehr mit den Achsenmächten kollaboriert zu haben, und wurde

---

24 De Torrenté, Nos représentations à l'étranger, 742.
25 Siehe Abschrift aus Protokoll, 23. Februar 1943, BAR, E 2500 1982/120, a.211 de Torrenté Henri.
26 Brief Max Huber an Bundesrat Pilet-Golaz, 13. August 1943, ebd.
27 Siehe Brief Bundesrat Pilet-Golaz an Präsident Max Huber, 20. August 1943, BAR, E 2500 1982/120, a.211 de Torrenté Henri; Brief Bundesrat Stampfli an Bundesrat Pilet-Golaz, 29. September 1943, ebd.
28 Personalblatt, ebd.
29 Siehe Lévêque, La Suisse et la France gaulliste 1943–1945, 62–71.
30 Langevin und de Torrenté, in: Freies Volk, 12. Januar 1945, BAR, E 2500 1982/120, a.211 de Torrenté Henri.
31 Der Mitarbeiter hatte in den Verhandlungen während des Krieges mit de Torrenté zu tun, wobei es zu Eskalationen zwischen den beiden kam. Moser, Henri de Torrenté, 13–16.

somit abgestraft.[32] Alle diese Gründe dürften dazu beigetragen haben, dass de Torrenté, der für die Stelle geradezu prädestiniert war, als Gesandter in Paris nie antreten sollte. In der Schweiz war man bemüht klarzustellen, dass der französische Refus nicht mit der Person de Torrentés zu tun habe. Er erhielt kurz darauf den Ministertitel ad personam und wartete damit offensichtlich auf einen freien Posten.[33]

Es waren vor allem Wirtschaftskreise, die nach dem Krieg auf den Bundesrat Druck ausübten, die Beziehungen zu China zu verbessern. Bislang war die Schweiz lediglich mit einem Generalkonsul in Schanghai vertreten, im November 1945 erteilte die Regierung Nationalchinas aber ihr Einverständnis zur Errichtung einer diplomatischen Mission durch die Schweiz.[34] Die Wahl des Wirtschaftsfachmanns de Torrenté als erster Schweizer Gesandter in Nanking war aufgrund des Wunsches, vor allem die Wirtschaftsbeziehungen auszubauen, passend. De Torrenté war nach der Geschichte um die Nomination für Paris froh, dem europäischen Kontinent für ein paar Jahre den Rücken kehren zu können.

Kurz nach seiner Ankunft in China flammte der Bürgerkrieg zwischen den Truppen Nationalchinas unter Tschiang Kai-schek und denen Rotchinas von Mao Zedong mit aller Härte auf. So war de Torrenté erneut in einem Krieg führenden Land tätig. Die wirtschaftlichen Verhältnisse waren entsprechend chaotisch, und er konnte wenig zur erhofften Steigerung der Exporte nach China beitragen.[35] Trotzdem fühlte er sich im fernen Asien wohl, die Bewohner Chinas bewunderte er sehr. Wie Albert Weitnauer zu berichten wusste, sagte de Torrenté später gerne: «Je suis un vieux chinois!»[36] Chinesen standen auf seiner Werteskala der Völker zuoberst. Bei seiner Tätigkeit in Nanking lernte er das Leben auf einer kleinen Legation kennen und vor allem wurde er zu einem Spezialisten für asiatische Fragen, der in Bern später gerne zu Rate gezogen wurde.[37]

---

32 Siehe ebd., 17.
33 Personalblatt, BAR, E 2500 1982/120, a.211 de Torrenté Henri.
34 Moser, Henri de Torrenté, 19.
35 Siehe ebd., 116.
36 Weitnauer, Rechenschaft, 137.
37 Siehe Moser, Henri de Torrenté, 116.

2 Minister und Botschafter in London 1948–1954 und Washington 1955–1960

2.1 In London zu Beginn des Kalten Krieges

Schon nicht mehr überraschen kann, dass auch auf den nächsten Karriereschritt de Torrentés Walter Stucki Einfluss hatte. Dieser war nämlich im Gespräch als neuer Gesandter in London. Erst als klar wurde, dass Stucki in Bern bleiben würde, wurde de Torrenté der Posten angeboten.[38] Dieser hatte bereits 1945 zu Minister Carl Jacob Burckhardt gesagt, er sei «très désireux d'être appelé un jour au poste de Paris ou de Londres».[39] Drei Jahre später antwortete er sofort nach Bern, dass er sich auf den Posten sehr freue, aber auch darüber, dass der Bundesrat ihm diese Aufgabe zutraue.[40] In einem späteren Schreiben an Petitpierre zeigte sich ein gewisser Respekt vor der Aufgabe: «Certes je ne me dissimule pas les responsabilités d'une tâche pour laquelle, vous ne l'ignorez pas, je ne suis pas particulièrement préparé.»[41] Auf was sich de Torrenté mit dieser Aussage bezog, ist nicht mit Sicherheit festzustellen, immerhin hatte er über Jahre als erster Mitarbeiter an einer grossen Gesandtschaft gearbeitet und inzwischen auch eine kleinere Gesandtschaft geführt. Eine mögliche Erklärung sind seine Schwierigkeiten mit der englischen Sprache. Albert Weitnauer meinte dazu: «Vorauszuschicken ist, daß unser Chef mit der englischen Sprache auf dem Kriegsfuß stand. Trotz langen Jahren in England und Amerika und ungeachtet der Tatsache, daß er in seinem Beruf ohne Englisch gar nicht auskam, war die Natur stärker als alles Bemühen, und sie hatte ihm das Talent für fremde Sprachen versagt.»[42]

Aber auch die weltpolitische Lage war beim Amtsantritt de Torrentés sehr angespannt. Im Dezember 1947 war mit dem Scheitern der Aussenministerkonferenz das Ende der Politik der vier Siegermächte mit aller Deutlichkeit zum Ausdruck gekommen. Die westlichen Staaten zeigten mit dem Brüsseler Vertrag ihre Solidarität untereinander, und im Osten konsolidierte die UdSSR mit der kommunistischen Machtergreifung in der Tschechoslowakei ihre Vorherrschaft. Mit der Berlinblockade kam es zu einem ersten Kräftemessen der beiden Seiten.[43] Die Schweiz war bei diesen Geschehnissen meist nur Beob-

---

38 Siehe ebd., 106.
39 Brief Minister Burckhardt an Bundesrat Petitpierre, 30. Juli 1945, BAR, E 2800 1990/106, 16, zitiert nach Moser, Henri de Torrenté, 18.
40 Telegramm, Nr. 9, Nanking, 15. März 1948, BAR, E 2500 1982/120, a.211 de Torrenté Henri.
41 Brief Minister de Torrenté an Bundesrat Petitpierre, 6. April 1948, ebd.
42 Weitnauer, Rechenschaft, 146.
43 Siehe Rapport de gestion pour l'année 1948 de la Légation suisse à Londres, BAR, E 2400 1000/717, Bd. 172.

achterin. Hingegen führte die Verhärtung der Fronten hinsichtlich des Osthandels zu zunehmendem Druck seitens der USA. Diesem musste die Schweiz mit dem Hotz-Linder-Abkommen von 1951 nachgeben. In Grossbritannien fand de Torrenté viel Verständnis für die Schweizer Position, da sowohl das Mutterland als auch einige Kronkolonien im Handel mit dem Osten sehr aktiv waren.[44] Von grossem Interesse für die Schweiz war auch, wie sich das Vereinigte Königreich zu den neuen internationalen Organisationen stellte. Dieses verlangte in den Verhandlungen aufgrund seiner Rolle im Commonwealth eine Sonderstellung,[45] was im Zusammenhang mit ihrer Neutralität auch die Schweiz anstrebte. Trotz dieser Gemeinsamkeit stiess die schweizerische Ablehnung einer engeren Zusammenarbeit von OECE und NATO gerade in Grossbritannien zunehmend auf Unverständnis, und der Gesandte musste die Schweizer Haltung verschiedentlich verteidigen.[46] Eine aktive Rolle übernahm die Schweiz in der Abadan-Krise, einer Auseinandersetzung zwischen Grossbritannien, den USA und dem Iran 1952/53.[47]

Viel Arbeit hatte die Gesandtschaft im wirtschaftlichen Bereich. Der Handel zwischen den beiden Ländern war durch das Kontingentierungsregime immer noch stark eingeschränkt. De Torrenté und Wirtschaftsrat Victor Umbricht setzten sich beim Board of Trade und beim Treasury Department wiederholt für eine Lockerung ein.[48] Die wirtschaftliche Lage Grossbritanniens war zu dieser Zeit nicht erfreulich, Handels- wie Zahlungsbilanz wiesen grosse Minuswerte auf. 1949 wurde aus diesem Grund der Sterling abgewertet, was den Druck auf die Schweizer Exporteure erhöhte.[49] Zwar konnte 1950 mit dem Beitritt der Schweiz zur Europäischen Zahlungsunion eine Erleichterung erzielt werden,[50] aber bereits 1951 verschärfte die neue Regierung unter Winston Churchill die Einfuhrpolitik gegenüber den OECE-Ländern erneut.[51] Erst mit der Erholung der britischen Wirtschaft und dem Übergang zu einer liberalen

---

44 Siehe Rapport de gestion 1951, ebd.; de Torrenté, Nos représentations à l'étranger, 744.
45 Siehe Rapports de Gestion 1949–1953, BAR, E 2400 1000/717, Bd. 172.
46 Minister de Torrenté an Bundesrat Petitpierre, 30. Oktober 1951, BAR, E 2300 1000/716, London, Politische Berichte und Briefe, Militärberichte, Bd. 45, dodis.ch/7893. Siehe auch Kap. IV, 2.6.
47 Diese Rolle wird in Kap. IV, 2.2 genauer erläutert.
48 De Torrenté, Nos représentations à l'étranger, 744.
49 Rapport de gestion 1949, BAR, E 2400 1000/717, Bd. 172.
50 Grossbritannien hatte die Schweiz bis zu diesem Zeitpunkt von den Liberalisierungsschritten der Union ausgeschlossen. Im November 1950 wurden nun zum ersten Mal Kontingentslisten erstellt, die nicht wie bis anhin alle Waren aufführten, die überhaupt importiert werden durften, sondern nur noch diejenigen, die noch kontingentiert waren. Siehe Rapport de gestion 1950, ebd.
51 Rapport de gestion 1951, ebd.

Handelspolitik 1963 entspannte sich die Lage für die Schweizer Exporteure.[52] Einzig Schweizer Uhren litten auch später noch unter der britischen Kontingentierung.

Eine besondere Rolle übernahm die Gesandtschaft im Zusammenhang mit den Feierlichkeiten zum Thronwechsel von Georg VI. zu Elisabeth II. Sie wird an anderer Stelle besprochen.[53]

2.2 Gute Dienste in der Abadan-Krise

Abadan ist eine am Persischen Golf gelegene iranische Stadt mit der damals grössten Erdölraffinerie der Welt. Diese befand sich in den Händen einer britischen Ölfirma. Ab 1950 wuchs im Iran die Unzufriedenheit mit dem Anteil des Erlöses, den die Briten Iran zugestanden. Verhandlungen hierzu scheiterten. Am 20. März 1951 verstaatlichte der Iran die Ölförderung und wies die britischen Mitarbeiter aus dem Land aus. Grossbritannien verhängte als Gegenreaktion ein Embargo. Die treibende Kraft im Iran in dieser Frage war Mohammad Mossadegh, der im Jahr darauf[54] die Regierung des Landes übernahm. Nachdem Vermittlungsversuche der USA gescheitert waren, spitzte sich die Lage gegen Ende 1952 zu.[55]

Die Schweizer Gesandtschaft in London war bis zu diesem Zeitpunkt Beobachterin der Szene und berichtete über die britische Einschätzung der Lage.[56] Das änderte sich ab dem 3. Oktober 1952, als in Abwesenheit de Torrentés der erste Mitarbeiter, Erwin Bernath, nach Bern telegrafierte, er habe aus vertraulicher Quelle erfahren, dass die diplomatischen Beziehungen zwischen Grossbritannien und Iran kurz vor dem Abbruch seien und man im Foreign Office die Möglichkeit diskutiere, der Schweiz die Vertretung der britischen Interessen im Iran zu übertragen.[57] Die offizielle Anfrage an die Schweiz, die sogleich positiv beantwortet wurde, erfolgte über die britische Gesandtschaft in Bern.[58] Der effektive Unterbruch der Beziehungen liess aber vorerst noch auf sich warten. Am 16. Oktober berichtete die Agentur Reuters schliesslich, dass die diplomatischen Beziehungen unterbrochen worden seien. Interessanterweise konnte man im Foreign Office zu diesem Zeitpunkt eine entsprechende

---

52 Rapport de gestion 1953, ebd.
53 Siehe dazu Kap. IV, 2.6.
54 23. Juli 1952.
55 Siehe Reza Afkhami, The Life and Times of the Shah, 118–145.
56 Zum Beispiel nach einem privaten Gespräch in London mit dem britischen Chargé d'Affaires aus Teheran. Siehe Brief Minister de Torrenté an Bundesrat Petitpierre, 30. Juni 1952, BAR, E 2200.40 1967/128, L.71.1 Iran.
57 Paraphrase du télégramme No. 124, London, 3. Oktober 1952, ebd.
58 Brief Legationsrat Bernath an Bundesrat Petitpierre, 9. Oktober 1952, ebd.

Nachfrage Victor Umbrichts noch nicht bestätigen.[59] Kurz darauf kam es aber zum Abbruch der Beziehungen, und nachdem die iranische Regierung ihr Einverständnis gegeben hatte, übernahm die Schweiz ab dem 22. Oktober die Vertretung der britischen Interessen.[60] De Torrenté, der zu dieser Zeit immer noch in der Schweiz weilte, übernahm nach seiner Rückkehr die Kommunikation mit den hohen Beamten des Foreign Office in dieser Frage.[61]

Im Februar 1953 erzählte der immer mehr unter Druck geratene[62] Mossadegh dem Schweizer Minister in Teheran, Alfred Escher, dass er mit den von den USA betriebenen Streitschlichtungsanstrengungen nicht zufrieden sei. Escher schlug vor, dass die Schweiz diese Rolle übernehmen könnte.[63] Doch Sondierungen de Torrentés bei der britischen Regierung ergaben, dass diese nicht bereit war, auf einen anderen Verhandlungsweg einzutreten, solange die Vermittlungsversuche der USA noch liefen.[64] Auf weitere Anfragen erhielt Mossadegh über Escher die gleiche Antwort.[65]

In Teheran wurde die Lage für Mossadegh in der Folge immer kritischer, und im August 1953 überstürzten sich die Ereignisse. Es kam zum Bruch mit dem Schah, verfolgte Mossadegh doch nun die Strategie, die Monarchie abzuschaffen. Der Schah floh ins Exil. Darauf kam es in Teheran am 19. August 1953 zu grossen Pro-Schah-Kundgebungen, die schliesslich zum Sturz von Mossadegh führten. Wie inzwischen bekannt ist, wurde der Sturz Mossadeghs von der CIA in Absprache mit dem Schah unter dem Decknamen «Operation Ajax» organisiert.[66] In den Berichten aus der Schweizer Gesandtschaft in London wird zwar die britische Einschätzung weitergegeben, aber der Einfluss der USA auf den Staatsstreich war nicht bekannt.[67]

Mit Mossadeghs Sturz war der Weg frei für die Wiederaufnahme der diplomatischen Beziehungen zwischen Grossbritannien und dem Iran. Escher trat kurz nach der Rückkehr des Schahs nach Teheran mit ihm in Kontakt, und dieser fragte ihn, ob die Schweiz zwischen den beiden Staaten vermitteln könne.[68] Diesmal war die Reaktion des Foreign Office positiv und die

---

59 Notice, 16. Oktober 1952, ebd.
60 Telegramm, Nr. 49, Bern, 23. Oktober 1952, ebd.
61 Siehe Telegramm, Nr. 49, Bern, 23. Oktober 1952, ebd.
62 Iran besass keine Tanker. So konnte zwar Öl gefördert, aber nicht abtransportiert werden. Die wichtige Einnahmequelle fiel für die iranische Regierung also weg.
63 Brief Bundesrat Petitpierre an Minister de Torrenté, 27. Februar 1953, ebd.
64 Telegramm, Nr. 28, London, 4. März 1953, ebd.
65 Siehe Brief Minister de Torrenté an EPD, Politische Angelegenheiten, 20. April 1953, ebd.
66 Gasiorowski, The 1953 Coup d'Etat in Iran.
67 Brief Legationsrat Bernath an Bundesrat Petitpierre, 24. August 1953, BAR, E 2200.40 1967/128, L.71.1 Iran; Brief Legationsrat Bernath an Bundesrat Petitpierre, 14. September 1953, ebd.
68 Brief Bundesrat Petitpierre an Minister de Torrenté, 1. September 1953, ebd.

Schweiz übernahm die Rolle des Vermittlers.[69] Dabei stellte sich die Sache komplizierter dar, als man es erwartet hatte. London wollte zuerst wieder diplomatische Beziehungen aufbauen und dann die Ölfrage lösen. Teheran hingegen bestand auf der umgekehrten Reihenfolge, weil man sich vor der öffentlichen Meinung im eigenen Land fürchtete.[70] Nach langem Hin und Her konnte de Torrenté am 3. Dezember 1953 dem britischen Permanent Under-Secretary for Foreign Affairs, Sir Ivone Kirkpatrick, mitteilen, dass der iranische Aussenminister mit dem britischen Vorschlag einverstanden sei und die Beziehungen durch die gemeinsame Veröffentlichung einer Note wieder aufgenommen werden sollten.[71]

De Torrenté kam in der Vermittlung eine wichtige Rolle zu. Er hielt persönlich Kontakt mit den britischen Regierungsvertretern. Welch zentrale Rolle der Gesandte persönlich spielte, sieht man daran, dass, als er Anfang September im Wallis weilte, Petitpierre die neusten Informationen nicht nach London, sondern nach Sitten schickte[72] und die Vermittlungsaktionen mit hohen Stellen in London bis zur Rückkehr de Torrentés hinausgeschoben wurden.[73] Auch der Generalsekretär[74] des britischen Foreign Office, William Strang, wünschte, dass die Informationen an Escher nicht über die britische Botschaft in Bern, sondern über de Torrenté und Bern nach Teheran übermittelt würden.[75]

Dies bot dem Schweizer Gesandten in London die willkommene Möglichkeit, oft mit dem britischen Aussenminister Eden oder dessen erstem Mitarbeiter zusammenzutreffen.[76]

---

69 Es kam zu einer intensiven Berichterstattung zwischen Escher in Teheran, Zehnder in Bern und de Torrenté in London.

70 Siehe Brief Bundesrat Petitpierre an Minister de Torrenté, 16. Oktober 1953, BAR, E 2200.40 1967/128, L.71.1 Iran.

71 Telegramm, Nr. 81, London, 3. Dezember 1953, ebd.

72 Dies führte in London zu Verwirrungen, da der Chargé d'Affaires ad interim in seinen Gesprächen mit dem Foreign Office über weniger Informationen aus der Schweiz verfügte als sein Gesprächspartner. Brief Legationsrat Bernath an Minister Zehnder, 28. September 1953, BAR, E 2200.40 1967/128, L.71.1 Iran. Zu Information von Petitpierre ins Wallis siehe Brief Bundesrat Petitpierre an Minister de Torrenté, 1. September 1953, ebd.

73 Brief Chef Abteilung für Politische Angelegenheiten an Legationsrat Bernath, 29. September 1953, BAR, E 2200.40 1967/128, L.71.1 Iran.

74 Permanent Under-Secretary for Foreign Affairs. Er wurde kurz darauf von Sir Ivone Kirkpatrick abgelöst.

75 Entrevue avec Sir William Strang au Foreign Office, 23. Oktober 1953, BAR, E 2200.40 1967/128, L.71.1 Iran. Dies war sehr ungewöhnlich, da der klassische Weg über die britische Botschaft in Bern zum EPD geführt hätte. In einer späteren Phase der Vermittlungen gingen Escher und de Torrenté sogar dazu über, sich die Nachrichten direkt zu telegrafieren. BAR, E 2200.40 1967/128, L.71.1 Iran.

76 Siehe ebd.

Während die Rolle de Torrentés als Kontaktperson für die Briten klar hervortritt, ist die Frage nach der Funktion der gesamten Vermittlungsaktion der Schweiz unklar. Die Quellen weisen zwar darauf hin, dass das Foreign Office die Verbindung über die Schweizer Gesandtschaft in Teheran und die Rapporte von Escher schätzte,[77] aber sie zeigen auch, dass wichtige Verhandlungen zwischen dem amerikanischen Botschafter Loy W. Henderson in Teheran und der iranischen Regierung stattfanden.[78] Vor dem Hintergrund der oben erwähnten Funktion des CIA in dieser Angelegenheit kann angenommen werden, dass viel von den USA direkt geregelt und verhandelt wurde, während der Schweizer Kanal genutzt wurde, um den offiziellen Schein zu wahren.[79]

2.3 Reibungsflächen in den Beziehungen zu Washington

Im Juli 1954 reiste Bundesrat Petitpierre nach London.[80] Bei dieser Gelegenheit wurde die Möglichkeit einer Versetzung besprochen, war de Torrenté doch bereits seit über sechs Jahren in London. Im darauf folgenden Monat schlug Petitpierre dem Gesamtbundesrat die Versetzung de Torrentés nach Washington vor.[81] Er stand dabei in Konkurrenz zu Minister Viktor Nef,[82] dem ehemaligen Generalkonsul von New York, für den sich sowohl New Yorker Kreise als auch Schweizer Parlamentarier einsetzten. Sowohl Petitpierre als auch Generalsekretär Zehnder waren aber der Meinung, «dass Herr de Torrenté besser für diesen Posten qualifiziert sei».[83] So ersetzte 1955 der wirblige und umtriebige de Torrenté den eher introvertierten Bruggmann[84] als Schweizer Gesandter in Washington. 1957 wurde im Rahmen der An-

77 Eden liess Bundesrat Petitpierre eine Note zukommen, in der er «our sincere gratitude for the part played in securing this happy result by the Federal Government and their representative in Teheran» ausdrückte. Brief britischer Gesandter in Bern, Scrivener, an Bundesrat Petitpierre, 7. Dezember 1953, BAR, E 2200.40 1967/128, L.71.1 Iran. Auch gegenüber de Torrenté wird die Nützlichkeit der Berichte mehrmals betont. Siehe BAR, E 2200.40 1967/128, L.71.1 Iran.
78 Siehe zum Beispiel Brief Minister de Torrenté an Bundesrat Petitpierre, 20. November 1953, ebd.
79 Dies wird auch durch einen Bericht de Torrentés über ein Treffen mit Roger Allen, Under-Secretary of State for Foreign Affairs, gestützt. Darin teilt Allen dem Schweizer Gesandten mit, dass man Escher keine Informationen betreffend die Verhandlungen Hendersons mehr zukommen lassen könne und Escher halt abwarten müsse. Minister de Torrenté an Bundesrat Petitpierre, 3. Dezember 1953, BAR, E 2001 (E) 1961/121, Bd. 86, dodis.ch/10086.
80 Brief Bundesrat Petitpierre an Minister de Torrenté, 7. Juli 1954, BAR, E 2800 1967/59, 94.1 Henry de Torrenté.
81 Siehe Brief Bundesrat Petitpierre an Minister de Torrenté, 30. August 1954, ebd.
82 Siehe dazu Kap. III, 2.1.
83 Brief Minister Zehnder an Generalkonsul Gygax, 27. Oktober 1954, BAR, E 2802 1967/78, E U. S. A. I.
84 Siehe dazu Kap. III, 3.

passung der Schweizer Diplomatie an die internationalen Gepflogenheiten aus der Washingtoner Gesandtschaft eine Botschaft. Minister de Torrenté wurde der Rang eines Botschafters verliehen.[85] Dass seine Amtszeit bis 1960 dauern sollte, war lange Zeit nicht klar. 1957 teilte ihm Bundesrat Petitpierre mit, dass er sich auf Ende 1958 pensionieren lassen könne, falls er dies wolle.[86] Obwohl de Torrenté sich für die Pensionierung aussprach, kam man in Bern zum Schluss, dass er noch zwei Jahre im Amt bleiben solle.[87] Der Botschafter in Washington reagierte zuerst ablehnend. Dies vor allem deshalb, weil sich das Ehepaar de Torrenté in diesem Fall von ihrer Tochter trennen musste. Diese plante nämlich, ein Gymnasium in der Schweiz zu besuchen.[88] Dank gemeinsamem Einsatz von Generalsekretär Kohli und Bundesrat Petitpierre willigte de Torrenté schliesslich ein, bis Ende 1960 im Amt zu bleiben.[89]

«Nos relations avec les U. S. A. ne pourraient guère être meilleures sur le plan politique. L'attitude traditionnelle de la Suisse, qui à chaque conflit généralisé soulève quelque réserve, n'est plus discutée. La notion même de neutralité est mieux comprise (cf. le cas de l'Autriche) […].»[90] Dies schrieb de Torrenté in einem Rapport an seinen Nachfolger im Juni 1960 zu den schweizerisch-amerikanischen politischen Beziehungen.[91] Darin kommt klar zum Ausdruck, wie stark sich diese im Vergleich zur unmittelbaren Nachkriegszeit verändert hatten. Sie hatten sich ab der Mitte der 1950er-Jahre deutlich entspannt, was sich 1956 in der Aussage des amerikanischen Secretary of State John Foster Dulles widerspiegelt, die Schweiz sei ein «outstanding example of neutrality».[92] Gründe für diesen Stimmungswechsel sind der Ost-West-Konflikt, in dem sich die Schweiz zwar offiziell zur Neutralität bekannte, aus wirtschaftlicher und ideeller Sicht aber dem westlichen Block zuzurechnen war, und ihre Rolle als Anbieterin «guter Dienste».[93] Grössere Diskussionen gab es zwischen den

---

85 Die Nomination erfolgte am 12. April 1957. Siehe Personalblatt, BAR, E 2500 1982/120, a.211 de Torrenté Henri.
86 Brief Bundesrat Petitpierre an Minister de Torrenté, 6. Februar 1957, BAR, E 2800 1967/59, 94.1 Henry de Torrenté.
87 Brief Bundesrat Petitpierre an Minister de Torrenté, 19. Juni 1957, ebd.
88 Entretiens avec l'Ambassadeur de Torrenté, 15. Oktober 1958, ebd.
89 Aktennotiz, 19. Mai 1958, BAR, E 2808 1974/13, B. Halbamtliche Korrespondenz T; Entretiens avec l'Ambassadeur de Torrenté, 15. Oktober 1958, BAR, E 2800 1967/59, 94.1 Henry de Torrenté.
90 Rapport fin juin 1960, BAR, E 2500 1982/120, a.211 de Torrenté Henri.
91 Nach dem Rücktritt de Torrentés 1960 blieb der Posten des Schweizer Botschafters in Washington ein halbes Jahr lang unbesetzt. Siehe dazu Kap. VII, 2.3.
92 Zitiert nach Gabriel, The American Concept of Neutrality after 1941, 186.
93 Siehe Schaufelberg/König, Die Beziehungen zwischen der Schweiz und den Vereinigten Staaten im Kalten Krieg, 10. Es ist hier aber zu erwähnen, dass sich die positive Beurteilung der Schweizer Neutralität zuerst vor allem in der Verwaltung zeigte. Wie ein Bericht de Torrentés 1955 zeigte, war es um das Ansehen der Schweiz in der Öffentlichkeit wesent-

beiden Ländern in Bezug auf die europäische Wirtschaftsintegration. Die USA unterstützte die EWG und brachte für den Schweizer Weg in der EFTA wenig Verständnis auf. De Torrenté meinte dazu: «L'une des tâches essentielles de l'Ambassade a été d'expliquer à l'Administration américaine et à des personnalités influentes […] l'attitude suisse à l'égard du Marché commun et l'AELE […]. Je crains que les divergences qui nous séparent ne puissent être éliminées par des explications. Il ne s'agit pas de simple malentendus mais bien d'une manière différente de concevoir de part et d'autre l'intérêt général et les intérêts de chacun.»[94] Trotzdem war man weit weg von den Spannungen der Nachkriegszeit.[95]

Im zwischenstaatlichen Bereich gab es aber weiterhin Probleme. Die Uhrenfrage beschäftigte de Torrenté während seiner gesamten Washingtoner Amtszeit.[96] Auch der Fall Interhandel beschäftigte die Schweizer Vertretung weiterhin.[97] Eine neue Aufgabe übernahm sie im Zusammenhang mit den Schweizer Bestrebungen, atomaren Brennstoff zu erwerben.[98] Zudem sorgte in dieser Zeit die Frage der Dienstpflicht für viele Diskussionen: Eine Gesetzesauslegung führte dazu, dass junge Schweizer mit einem Immigrantenvisum in den USA dienstpflichtig wurden, gleichzeitig waren sie aber als Schweizer Bürger in der Heimat dienstpflichtig, und der Dienst in einer anderen Armee war ihnen streng verboten. Selbst Schweizer, die temporär in den USA tätig waren, sahen sich bald mit den Militärbehörden konfrontiert.[99] Die Gesandtschaft versuchte gegen diese Praxis vorzugehen, gleichzeitig informierte und betreute sie die Schweizer Kolonie in dieser Frage.[100] Aus heutiger Sicht sei noch erwähnt, dass der Vertreter zwischen 1956 und 1960 verschiedentlich das Schweizer Bankgeheimnis in Gesprächen und Vorsprachen zu verteidigen hatte.[101]

De Torrenté bewertete die Friktionen zwischen der Schweiz und den USA als nicht gravierend und schrieb sie einer unterschiedlichen Perspektive zu. «Pour illustrer ma pensée je dirais qu'on a parfois l'impression de cheminer côte à côte avec un pachyderme qui vous écraserait le pied sans même s'en apercevoir.»[102]

lich schlechter bestellt. Siehe Minister de Torrenté an Bundesrat Petitpierre, 17. März 1955, BAR, E 2300 9001, Bd. 505, dodis.ch/9200.
94 De Torrenté, Nos représentations à l'étranger, 745.
95 Siehe dazu Kap. III, 2.1.
96 Siehe dazu Kap. III, 2.4 und IV, 2.5.
97 Siehe König, Interhandel, 193.
98 Siehe dazu Kap. IV, 2.5.
99 Wenn sie länger als zwölf Monate in den USA tätig waren, wurden sie dienstpflichtig. Reisten sie dann ab, wurde ihnen zum Teil Desertation vorgeworfen. Siehe Minister de Torrenté an Minister Zehnder, 16. Januar 1956, BAR, E 2001 (E) 1970/217, Bd. 198, dodis.ch/11213.
100 Siehe Geschäftsbericht 1957, BAR, E 2400 1000/717, Washington, Bd. 360.
101 Rapport fin juin 1960, BAR, E 2500 1982/120, a.211 de Torrenté Henri.
102 De Torrenté, Nos représentations à l'étranger, 744.

Während mit der Abadan-Krise eine klassische politische Angelegenheit für de Torrentés Zeit in London herausgegriffen wurde, richtet sich der Fokus für seine Zeit in Washington auf zwei wirtschaftspolitische Fragen. Einerseits geht es um den seit den Nachkriegsjahren akuten Konflikt um Uhrenexporte zwischen den USA und der Schweiz, andererseits um den Versuch der Schweiz, sich Wissen und Material für die nukleare Energieproduktion zu sichern.

2.4 Der Uhrenkrieg

Felix Schnyder überliefert in einem Kolloquium zu seiner Karriere im EPD folgenden Ausspruch de Torrentés: «Unsere Front ist die amerikanische Seite. Wir können es uns nicht leisten, irgendwelche Schwierigkeiten zu haben mit den Leuten hinter der Front.»[103] In dieser Aussage drückt nicht nur der Oberst im Generalstab durch, sondern auch de Torrentés Einstellung in der Uhrenfrage. Von Anfang an suchte er ein einvernehmliches Verhältnis mit den Schweizer Uhrenproduzenten und ihren Vertretern in New York aufzubauen.[104] Dies nachdem die Beziehungen zwischen der Uhrenindustrie und der Schweizer Gesandtschaft in Washington unter seinem Vorgänger Bruggmann von Misstrauen und Geringschätzung geprägt waren.[105] Bereits im ersten Amtsjahr de Torrentés begab sich ein «Koordinationskomitee der Schweizer Uhrenindustrie» unter der Direktion von Paul Renggli[106] zu einer «fact finding mission» in die USA.[107] De Torrenté sorgte dafür, dass sich die Delegation in Gesprächen mit den amerikanischen Behörden ein Bild von der Lage vor Ort machen konnte, und versuchte auch die Anstrengungen der Gesandtschaft in ein besseres Licht zu rücken. Schnyder meint dazu, dass es de Torrenté sehr geschickt verstanden habe, die Uhrenindustrie glauben zu machen, dass er genau das tue, was sie von ihm erwartete.[108]

Während sich in der eigentlichen Zollfrage, der Anwendung der «escape clause»,[109] in der Amtszeit de Torrentés trotz alljährlichen Vorsprachen im State Department wenig tat,[110] wurde das Problem mit den Fragen des «adjustment»

---

103 Felix Schnyder: Wegstationen eines Schweizer Diplomaten, 12. November 1990, AfZ, TA Kolloquium FFAfZ/82.
104 Siehe Rapport fin juin 1960, BAR, E 2500 1982/120, a.211 de Torrenté Henri.
105 Siehe dazu Kap. III, 2.4.
106 Der ehemalige Direktor des BIGA war später für verschiedene Uhrenfirmen tätig. Siehe dodis.ch/P4395.
107 Geschäftsbericht 1955, BAR, E 2400 1000/717, Washington, Bd. 360.
108 Felix Schnyder: Wegstationen eines Schweizer Diplomaten, 12. November 1990, AfZ, TA Kolloquium FFAfZ/82.
109 Siehe dazu Kap. III, 2.4.
110 De Torrenté hält in seinem Abschlussbericht 1960 aber auch fest, dass der Effekt der Zölle wegen der Abwertung des Frankens und der anhaltenden Inflation nicht sehr hoch sei. Siehe Rapport fin juin 1960, BAR, E 2500 1982/120, a.211 de Torrenté Henri.

und des «upjewelling»,[111] vor allem aber durch die Antitrustanklage zusätzlich komplexer: Im Herbst 1954 hatte es Bruggmann verstanden, dafür zu sorgen, dass es im Antitrustfall nicht zu einer Strafanklage, sondern nur zu zwei Zivilklagen durch die USA kam.[112] Im Jahr darauf, also unter Minister de Torrenté, nahm der Prozess seinen Lauf. Nachdem der Versuch der Uhrenindustrie gescheitert war, das Gericht für nicht zuständig zu erklären, suchte sie einen aussergerichtlichen Vergleich mit einem «consent decree» zu erreichen. Das US-Justizdepartement hielt aber am Prozess fest. So ersuchte die Uhrenindustrie de Torrenté 1957, seinen Einfluss in dieser Sache geltend zu machen. De Torrenté traf sich danach mit dem damaligen Under-Secretary of State for Economic Affairs, Douglas Dillon, und hatte damit umgehend Erfolg. Die Einsprache führte zur Aufnahme der gewünschten Verhandlungen.[113] Nach einem Unterbruch im Folgejahr bereitete die Botschaft 1959 mit mehreren Noten ans State Departement eine Einigung vor.[114] Die Hauptverhandlungen, die von den Anwälten der Uhrenindustrie geführt wurden, begannen am 7. Oktober 1959 und endeten damit, dass die Schweizer Uhrenproduzenten ihre ursprüngliche Strategie verwarfen, den «consent decree» ablehnten und einen Prozess in Kauf nahmen.[115] De Torrenté, der auf Wunsch der Uhrenindustrie versucht hatte, einen Prozess möglichst zu vermeiden, war über diesen Entscheid sehr erbost: «La sagesse des nations dit qu'un mauvais compromis vaut mieux qu'un bon procès. Mais peut-être nos horlogers sont-ils plus sage que la sagesse des nations. [...] Je réitère à ce propos le désavantage qu'il y a à utiliser nos représentations diplomatiques pour résoudre des problèmes domestiques.»[116] Der zweite Teil der Aussage ist für den sonst in wirtschaftlichen Fragen offenen und keine Berührungsängste zeigenden de Torrenté bemerkenswert. Die Botschaft setzte sich in dieser Zeit auf den verschiedensten Stufen für die Uhrenfrage ein

---

111 Adjustment: Anpassungen der eingeführten Uhr. Upjewelling: Aufwertung einer eingeführten Uhr mit Edelsteinen. Bei beiden Themen ging es darum, je nach Interesse die Zölle entweder zu umgehen oder ebendies zu verhindern.
112 Notiz, 17. September 1954, BAR, E 2200.36 1967/17, N.21.11.2 Antitrustverfahren USA gegen USA Uhrenimporteure und schweizerische Uhrenorganisationen.
113 Rapport fin juin 1960, BAR, E 2500 1982/120, a.211 de Torrenté Henri.
114 Siehe Notiz für den Departementschef, Uhren Antitrust USA (Hinweise für die Besprechung mit Vorort und Uhrenindustrie vom 30. September 1959), 28. September 1959, BAR, E 2001 (E) 1972/33, Bd. C170, dodis.ch/14850.
115 Siehe Rapport fin juin 1960, BAR, E 2500 1982/120, a.211 de Torrenté Henri. Man hatte sich am Verhandlungstisch bereits auf eine Lösung geeinigt, aber schliesslich waren es die Vertreter der Uhrenindustrie in der Schweiz, gestützt vom Vorort, die diese Lösung nicht unterstützten. Notiz für den Departementschef, Uhren Antitrust USA (Hinweise für die Besprechung mit Vorort und Uhrenindustrie vom 30. September 1959), 28. September 1959, BAR, E 2001 (E) 1972/33, Bd. C170, dodis.ch/14850.
116 Rapport fin juin 1960, BAR, E 2500 1982/120, a.211 de Torrenté Henri.

und sprach mit «Professoren und Wirtschaftsführern, Politikern, Advokaten und Journalisten, die für unsere Sache zu fechten bereit waren».[117]

2.5 Der erste Atomreaktor für die Schweiz

Nachdem die USA ihre Strategie in der Atompolitik im Dezember 1953 geändert hatten und mit dem Programm «Atoms for Peace» den Nichtnuklearstaaten nun anboten, Know-how und Material für die friedliche Nutzung der Atomenergie zur Verfügung zu stellen, sah die Schweiz die Chance gekommen, ihren Rückstand in der Atomforschung aufzuholen.[118] Den Stein ins Rollen brachte Walter Boveri. Anders als die Bundesverwaltung, die dem Bundesrat vorschlug abzuwarten, bis andere Länder das Programm erfolgreich umgesetzt hätten, wollte Boveri eine frühe Kooperation mit den USA suchen. Er konnte den Bundesrat mit seiner Argumentation überzeugen, und das EPD beauftragte im Februar 1955 seinen Gesandten in Washington, die Eckwerte eines bilateralen Atomvertrags zu sondieren.[119] Einige Tage später erfuhr das EPD, dass die USA beabsichtigten, an einer Ausstellung in Genf einen als «Swimming Pool» bezeichneten Forschungsreaktor zu präsentieren. De Torrenté sollte die Möglichkeit eines Kaufs desselben und die Verpflichtungen, die mit einem entsprechenden Vertrag verknüpft wären, abklären.[120] De Torrenté konnte die gewünschten Informationen liefern und gab zudem eine Einschätzung dazu ab, inwiefern dieser Handel mit der schweizerischen Neutralität zu vereinbaren sei: Er schloss sich der Aussage Rudolf Bindschedlers an, wonach ein solcher Vertrag zwar rechtlich wohl nicht gegen die Neutralität verstosse, aber Bedenken bezüglich der Neutralitätspolitik angebracht seien. Die pragmatische Einschätzung lautete: «Es handelt sich hier aber um eine Frage des politischen Ermessens. Wenn die Vorteile des Abkommens für die Schweiz gross wären, so müsste ein gewisses Risiko in Kauf genommen werden.»[121] In der Folge führte de Torrenté die Ver-

---

117 Weitnauer, Rechenschaft, 150. Siehe dazu auch Felix Schnyder: Wegstationen eines Schweizer Diplomaten, 12. November 1990, AfZ, TA Kolloquium FFAfZ/82.
118 Die Zusammenhänge der Atomverträge und ihren Einfluss auf die schweizerische Neutralitätspolitik wurden kürzlich von Frédéric Joye-Cagnard und Bruno Strasser in einem interessanten Artikel beschrieben. Sie sehen diese Verträge als einen weiteren Schritt der schweizerischen Integration in den westlichen Verteidigungsblock und damit als kontinuierliche Fortsetzung der mit dem Hotz-Linder-Agreement von 1951 begonnenen Politik. Siehe Joye-Cagnard/Strasser, Energie atomique, guerre froide et neutralité.
119 Minister Micheli an Minister de Torrenté, BAR, E 2200.36 1970/72, Bd. 29, dodis.ch/9195.
120 Minister de Torrenté an Minister Micheli, 2. März 1955, BAR, E 2200.36 1970/72, Bd. 29, dodis.ch/9196.
121 Aussage Rudolf Bindschedler, zitiert nach Minister de Torrenté an Minister Micheli, 2. März 1955, ebd. De Torrenté war damit anderer Meinung als Lindt, dessen Meinung vom Bundesrat ebenfalls eingefordert wurde. Lindt riet von Verhandlungen mit den USA ab und wollte verhindern, dass die Schweiz in dieser Frage zum «Versuchskarnickel» werde.

handlungen in Washington, die zum Erwerb des kleinen Reaktors führten. Er nahm bei dieser Anschaffung also eine zentrale Rolle ein.

Die Frage der atomaren Kooperation beschäftigte die Schweizer Botschaft in Washington und das EPD weiter. De Torrenté klärte mit den USA die Möglichkeiten eines bilateralen Vertrages ab. Nachdem das EPD mit Walter Boveri den Bericht de Torrentés besprochen hatte, kam es zum Schluss, «que nous devions passer le plus rapidement possible un accord de porté général avec les Etats-Unis afin de ne pas nous trouver plus tard dans une situation moins favorable que les autres pays».[122] Wiederum wurde der Schweizer Botschafter in Washington beauftragt, Sondierungen aufzunehmen.[123] Die Hauptverhandlungen fanden später in Bern zwischen dem amerikanischen Captain Waters, dem EPD und den Schweizer Experten Rudolf Scherrer und Walter Boveri statt.[124] Die Schweizer Delegation hatte in diesen Verhandlungen wenig anzubieten und musste sich demnach an vielen Orten mit nachteiligen Vereinbarungen zufrieden geben.[125] Der Bundesrat war aber nicht gewillt, dem ausgehandelten Vertragsentwurf zuzustimmen. Vor allem war er nicht bereit, amerikanische Kontrollen von privaten Firmen in der Schweiz zuzulassen, wie dies der Vertragsentwurf forderte. Er schickte daher eine Delegation unter der Leitung von Otto Zipfel und den beiden eben ernannten Delegierten für Atomfragen, Paul R. Jolles und Walter Boveri, in die USA.[126] De Torrenté war während der Verhandlungen in Washington auf einer Amerikareise, was sich für die Schweiz nachteilig auswirken sollte. Die Delegation, getrieben vom Zeitdruck aus Bern, war der Meinung, dass man den Amerikanern maximal die Konzession abringen könne, dass die Kontrollen in der Schweiz durch gemischte Kommissionen wahrgenommen würden. Erst im Nachhinein konnte de Torrenté den Bundesrat darauf hinweisen, dass sich die Schweiz nicht in einer so schwachen Position befinde und anders hätte verhandeln müssen. Er hielt gegenüber Bern fest, dass zuerst mehr hätte gefordert werden müssen, dadurch wäre ein Einlenken der Amerikaner möglich gewesen, «parce qu'ils

---

Minister Lindt an Minister Micheli, 4. März 1955, BAR, E 2003 (A) 1970/115, Bd. 102, dodis.ch/9197.
122 Projet, 13. Oktober 1955, BAR, E 1004.1 1, 582, dodis.ch/10598.
123 Ebd.
124 Note au Conseil fédéral sur la conclusion d'un accord de coopération avec les Etats-Unis d'Amérique pour l'utilisation de l'énergie atomique à des fins pacifiques, 11. April 1956, BAR, E 2200.36 1970/72, Bd. 30, dodis.ch/11233.
125 So sicherte sich die USA zum Beispiel das Recht an allen schweizerischen Ergebnissen in der Nuklearforschung für den amerikanischen Markt. Vor allem aber musste die Schweiz garantieren, dass sie keine Erkenntnisse aus den USA für den Bau von Atomwaffen gebrauche, während der Vertrag eine solche Einschränkung in umgekehrter Richtung nicht kannte. Siehe Joye-Cagnard/Strasser, Energie atomique, guerre froide et neutralité, 44 f.
126 Ebd.

auraient voulu éviter de faire la démonstration qu'il ne leur était pas possible de s'entendre avec un pays neutre comme la Suisse».[127] So führte das Fehlen des Rates des Gesandten zu einer schlechteren Lösung für die Schweiz. Zusammenfassend kann festgestellt werden, dass de Torrenté zwar weder in London noch in Washington Verhandlungen mehrheitlich selber führte,[128] obwohl er als ehemaliger Delegierter für Handelsverträge als geschickter Verhandlungsführer galt.[129] Hingegen wirkte er stark vor und nach Verhandlungen,[130] indem er Verhandlungsdelegationen beriet und nötigenfalls sein Netzwerk nutzte, um günstige Bedingungen zu schaffen. Vor allem wurde er aber von hohen Vertretern des Gastlandes als bevorzugter Gesprächspartner gesehen.[131] Er konnte offensichtlich immer wieder ihr Vertrauen gewinnen.[132]

2.6 Engagement in verschiedenen Botschaftsaufgaben

Die Berichterstattung an die Zentrale in Bern nahm in den Augen de Torrentés unter den Aufgaben eines Missionschefs eine zentrale Rolle ein. Ein Mitarbeiter beschrieb de Torrentés Berichterstattung folgendermassen: «Er pflegte seine Schriftsätze schier unzählige Male umzuschreiben und zu verbessern, bis er wirklich das gesagt hatte, was er sagen wollte.»[133] Als Höhepunkt der Verfeinerung seiner Berichte pflegte er aus einem «Carnet de mots rares», das sich in seiner obersten Schublade befand, einige Worte einzufügen, «was ihnen [den Berichten, F. K.] einen eleganten-altmodischen Zauber verlieh».[134] Er investierte aber nicht nur in den Stil, sondern steigerte auch die Quantität. So stieg die jährliche Anzahl politischer Berichte und Briefe von 39 am Beginn

127 Entretiens avec M. le Ministre de Torrenté, 4. Oktober 1956, BAR, E 2800 1967/59, 94.1 Henry de Torrenté. Dass es auch nach den Verhandlungen nicht zu einer Umsetzung der Bedenken de Torrentés gekommen ist, hängt mit einem Missverständnis zwischen de Torrenté und Petitpierre zusammen. Ebd.
128 Die Verhandlungen zu den Handelsverträgen in London wurden von Schaffner geführt. De Torrenté fungierte als Berater. Siehe Notiz an Herrn Bundesrat Rubattel, 7. Februar 1949, BAR, E 2802 1967/78, E. Grossbritannien. Auch der erste Vertrag zur atomaren Zusammenarbeit in Washington und das Doppelbesteuerungsabkommen mit Grossbritannien wurden ohne den direkten Einfluss de Torrentés verhandelt. Siehe An den Bundesrat. Unterzeichnung des schweizerisch-britischen Abkommens zur Vermeidung der Doppelbesteuerung auf dem Gebiet der Steuern vom Einkommen, 6. August 1954, BAR, E 1004.1 (-) -/1, Bd. 568, dodis.ch/10591.
129 Lévêque, La Suisse et la France gaulliste 1943–1945, 146.
130 Weitnauer wies darauf hin, dass sich de Torrenté in der Uhrenfrage sehr stark engagierte. Weitnauer, Rechenschaft, 149.
131 Siehe dazu Kap. IV, 2.2 und IV, 2.7.
132 Siehe dazu Kap. IV, 2.7.
133 Weitnauer, Rechenschaft, 139.
134 Ebd. Beispiel «vaticinations», selten verwendeter Term für Voraussagen. Politischer Bericht, Nr. 2, 19. Januar 1950, BAR, E 2300 1000/716, London, Politische Berichte und Briefe, Militärberichte, Bd. 44.

seiner Londoner Amtszeit auf 157 im Jahr 1952.[135] In Washington, wo unter Bruggmann jährlich noch weniger als fünfzig Berichte verfasst wurden,[136] betrug die Zahl unter de Torrenté durchschnittlich 140 pro Jahr.

Seine Berichterstattung entwickelte sich über die Zeit: In den ersten Jahren seiner Tätigkeit in London stützt sich rund die Hälfte seiner Berichte auf gedruckte Quellen. In der anderen Hälfte verarbeitete er Informationen aus Gesprächen, die er selbst geführt hatte. Am Ende seiner Amtszeit in Grossbritannien hatten die Informationen aus persönlichen Gesprächen die Oberhand gewonnen und gedruckte Quellen kamen kaum mehr zum Einsatz. Zudem bildeten die Gespräche seiner Mitarbeiter eine ebenso wichtige Grundlage wie seine eigenen.[137] Diese Praxis nahm de Torrenté nach Washington mit und behielt sie bei.[138] Während in London die Berichte aus einem Mix von Quelleninformation und Kommentar bestanden, legte er in Washington immer mehr Gewicht auf die klare Trennung der beiden. Er versuchte dabei eine kritische Distanz zu den Quellen zu wahren.[139] Dazu passend wurden sie genauer bezeichnet.[140] Diese Methode der Berichterstattung wurde später von verschiedenen Posten und Botschaftern übernommen.

Über die Qualität der Berichte kann kein einheitliches Urteil gefällt werden. In den näher untersuchten Fällen der Koreamission 1953 und des Besuchs Chruschtschows in den USA 1959 zeigte sich de Torrenté als zuverlässiger und schneller Informant. So konnte er das EPD in der für die Schweiz heiklen Phase der Vorbereitungen der Überwachungskommission in Korea nicht nur über die britische Haltung informieren, sondern auch die vertrauliche Information zukommen lassen, wonach der Austausch zwischen den USA und Grossbritannien zu diesem Thema für die Briten nicht befriedigend sei.[141]

---

135 Siehe BAR, E 2300 1000/716, London, Politische Berichte und Briefe, Militärberichte, Bde. 42–48; BAR, E 2300 1000/716, Washington, Politische Berichte und Briefe, Militär- und Sozialberichte, Bde. 56–62.

136 Siehe dazu Kap. III, 2.5.

137 Siehe Stichjahre 1949, 1950, 1952, BAR, E 2300 1000/716, London, Politische Berichte und Briefe, Militärberichte, Bde. 42–48.

138 Siehe Stichjahre 1956, 1959, BAR, E 2300 1000/716, Washington, Politische Berichte und Briefe, Militär- und Sozialberichte, Bde. 56–62.

139 So war er zum Beispiel gegenüber der Zusicherung des neuen britischen Aussenministers, dass er die Schweiz nie auffordern werde, der westlichen Allianz beizutreten, sehr kritisch eingestellt und wollte dessen Handlungen abwarten. Minister de Torrenté an Bundesrat Petitpierre, 14. April 1951, BAR, E 2800 1967, Bd. 59, dodis.ch/7892.

140 Siehe Rapport fin juin 1960, BAR, E 2500 1982/120, a.211 de Torrenté Henri. Siehe auch Politischer Bericht, Nr. 3, 7. Februar 1949, BAR, E 2300 1000/716, London, Politische Berichte und Briefe, Militärberichte, Bd. 43.

141 Telegramm, Nr. 36, London, 28. April 1953, BAR, E 2200.40 1967/128, L.71.1. Corée; Telegramm, Nr. 37, London, 30. April 1953, ebd. Es ist hier darauf hinzuweisen, dass sich London zu dieser Zeit nicht im Zentrum des Interesses befand, sowohl New York als auch

Während des viel beachteten Besuchs Chruschtschows in den USA vom 15. bis 25. September 1959 erreichten Bern drei Berichte zu diesem Thema aus Washington, weitere vier folgten nach dem Besuch.[142] Die Washingtoner Botschaft konnte dank Quellen im State Department und[143] im diplomatischen Corps und dank politischen Berichterstattern sowohl über den Besuchsverlauf als auch über verschiedene Gesprächsinhalte Auskunft geben. Am wichtigsten dürfte der Bericht vom 1. Oktober 1953 einzustufen sein. Dieser basierte auf Informationen aus einem internen US-Bericht an den NATO-Rat zum Besuch. Er beschrieb die mit Spannung erwarteten Gespräche zwischen Eisenhower und Chruschtschow in Camp David. Erhalten hatte die Schweizer Botschaft diese Informationen von Robert McBride, Director of Western Europe Affairs.[144] Tatsächlich scheinen die Berichte de Torrentés in Bern besonders geschätzt worden zu sein, so ordnete Zehnder an, dass diese im Departement zu zirkulieren hätten.[145] Zudem hielt er gegenüber seinen Mitarbeitern fest: «Je trouve excellent le rapport politique récapitulatif de Londres du 22 décembre. Je le garderai durant un certain temps chez moi.»[146]

Es sind aber auch gegenteilige Beispiele zu finden, so sind vor allem im Austausch mit Petitpierre immer wieder Missverständnisse aufgetreten. Besonders heftig war dies bei einer Berichterstattung im Zusammenhang mit der OECE in Paris der Fall. De Torrenté schrieb 1952 als Gesandter in London nach Bern, dass britische Quellen der Meinung seien, die Schweiz sei nicht mehr ganz so strikt gegen eine Verbindung zwischen der OECE und der NATO. Zu dieser Einschätzung seien sie aufgrund von Aussagen Petitpierres an der vorangehenden OECE-Sitzung gelangt.[147] Petitpierre antwortete, dass dies gar nicht sein könne, da er in seinen Aussagen eine Verbindung zwischen OECE und NATO immer strikt abgelehnt habe. «J'ai constaté, en effet, à différentes reprises que les informations qui vous sont données sur ce qui se passe à Paris ne correspondent pas à celles que j'ai moi-même, et je ne serais pas surpris, [...] que, du côté britannique, on cherche à nous mettre en contradiction avec

---

Washington waren entscheidender. Dieses Faktum hat aber auf die Aussage über die Qualität der Informationen de Torrentés keinen Einfluss.

142 Politische Berichte, Nr. 99, 102, 104, 106 f., 109 f., BAR, E 2300 1000/716, Washington, Politische Berichte und Briefe, Militär- und Sozialberichte, Bd. 61.
143 Robert Murphy, Under-Secretary of State. Siehe Politischer Bericht, Nr. 99, 18. September 1959, BAR, E 2300 1000/716, Washington, Politische Berichte und Briefe, Militär- und Sozialberichte, Bd. 61.
144 Politischer Bericht, Nr. 106, 1. Oktober 1959, BAR, E 2300 1000/716, Washington, Politische Berichte und Briefe, Militär- und Sozialberichte, Bd. 61.
145 Notice pour Monsieur Thévenaz, 27. Juni 1952, BAR, E 2802 1967/78, E. Grossbritannien.
146 Notice, 15. Januar 1951, BAR, E 2802 1967/78, E. Grossbritannien.
147 Siehe Brief Bundesrat Petitpierre an Minister de Torrenté, 5. Juni 1952, BAR, E 2800 1967/59, 94.1 Henry de Torrenté.

nous-mêmes [...].»¹⁴⁸ Verschiedene solche Beispiele¹⁴⁹ lassen vermuten, dass ab und zu auch eine Fehleinschätzung de Torrentés nach Bern abging.
Wie bereits dargestellt, beschäftigte sich de Torrenté eingehend mit Wirtschaftsthemen und hatte sich auf diesem Gebiet stets wohl gefühlt.¹⁵⁰ Seine grosse Erfahrung darin hatte einen Einfluss auf seine Tätigkeit als Gesandter. Während seiner Zeit in London setzte er sich vor allem für die Lösung von Fragen der Kontingentierung und der Touristenvisa ein.¹⁵¹ Auch das Engagement für die Auslandschweizerkolonie ist vor dem Hintergrund der Wirtschaftsorientierung de Torrentés zu verstehen, meinte er doch dazu: «Ils sont incontestablement les meilleurs agents de notre expansion économique.»¹⁵²
So richtig aktiv im wirtschaftlichen Bereich wurde er aber auf dem Washingtoner Posten. So erkannte er früh, dass Wissenschaft und Forschung in Zukunft für die Schweizer Wirtschaft eine zentrale Rolle spielen würden. Im Zusammenhang mit den Atomverhandlungen¹⁵³ regte er an, in Washington einen Wissenschaftsattachéposten zu schaffen.¹⁵⁴ Petitpierre fand den Vorschlag seines Mitarbeiters prüfenswert und holte sowohl in der Bundesverwaltung als auch bei interessierten Stellen ausserhalb Meinungen dazu ein.¹⁵⁵ Die ersten Reaktionen waren aus verschiedenen Gründen eher negativ. Nach langen Debatten war es schliesslich das entschlossene Handeln de Torrentés, das zur Einführung des Attachépostens führte. Einerseits wies er darauf hin, dass er mit seinen Angestellten aus Ressourcengründen nicht mehr am Austausch zwischen diplomatischen Mitarbeitern zu Wissenschaftsfragen, der immer häufiger stattfinde, teilnehmen könne, und erhöhte damit den Druck auf Verwaltung und Wirtschaft, andererseits entkräftete er die Bedenken, man finde sowieso keine geeignete Person, indem er selbst eine solche rekrutierte und vorschlug.¹⁵⁶
Zuletzt sei noch erwähnt, dass Nationalrat Roger Bonvin mit einer Anfrage

---

148 Ebd.
149 Siehe zum Beispiel Minister Zehnder an Minister de Torrenté, 5. April 1952, BAR, E 2200.40 1967/128, Bd. 42, dodis.ch/7721.
150 Siehe Kap. IV, 1.
151 De Torrenté, Nos représentations à l'étranger, 744.
152 Ebd.
153 Siehe Kap. IV, 2.5.
154 Attachés scientifiques, 20. Oktober 1955, BAR, E 2200.36 1970/72, Bd. 29, dodis.ch/11215. Der Posten war zuerst aber noch umstritten. Erst der Einsatz des Vororts verhalf ihm zum definitiven Durchbruch. Der erste Wissenschaftsattaché der Schweiz, Urs Hochstrasser, trat am 1. Januar 1958 seinen Dienst an. Siehe de Torrenté, La recherche scientifique et ses conséquences économiques, 393.
155 Es wurden alle Departemente angefragt, aber auch die ETHZ, der Nationalfonds, der Vorort und Otto Zipfel. Fleury, Le débat en Suisse sur la création de la fonction d'attaché scientifique à Washington, 7.
156 Siehe ebd., 8 f.

an den Bundesrat, ob es nicht sinnvoll wäre, einen Wissenschaftsattaché in Washington zu nominieren, den Prozess beschleunigte.[157] Dass ausgerechnet ein Nationalrat aus dem Wallis die gleiche Forderung wie der Walliser de Torrenté vorbrachte, ist wohl nicht ganz zusammenhangslos.[158] Nach der Einführung des Wissenschaftsattachés übte de Torrenté starken Einfluss auf dessen Funktion aus. Sah man in ihm zuerst vor allem eine Art Beobachter und Ratgeber für Atomfragen, was ihm den Übernamen «Atom-Attaché»[159] eintrug, verlagerten sich seine Aufgaben auf de Torrentés Betreiben hin immer mehr auf das «rapatriement de spécialistes suisses de l'étranger».[160] Es sollte verhindert werden, dass Schweizer Fachkräfte nach einem Studienaufenthalt in den USA dort blieben und damit der Schweizer Wirtschaft verloren gingen. Zu diesem Zweck führte der Wissenschaftsattaché eine Kartei mit allen interessanten Schweizer Wissenschaftlern und Ingenieuren, die sich in den USA aufhielten.[161] Er versorgte die Fachkräfte regelmässig mit einem Bulletin, in dem neben Berichten zur Forschung in der Schweiz vor allem auch Stellenangebote von Schweizer Firmen enthalten waren.[162] Die Washingtoner Botschaft war durch den Einsatz de Torrentés in dieser Zeit Vorreiterin und Taktgeberin der schweizerischen Wissenschaftspolitik im Ausland.[163] In diesem Zusammenhang ist festzuhalten, dass de Torrenté die Wissenschaftsförderung immer als Grundlage für die Entwicklung der Schweizer Wirtschaft verstand.[164] Weniger aktiv zeigte sich de Torrenté bezüglich der Wirtschaftspromotion. Er sah die diplomatischen Posten höchstens in einer Unterstützungsrolle und meinte 1958 anlässlich einer Konferenz zu seinen Konsuln: «[...] reconnaissant

---

157 Ebd.
158 Es handelt sich hier um eine Vermutung des Autors. In den eingesehenen Dokumenten konnte kein Hinweis gefunden werden.
159 Felix Schnyder: Wegstationen eines Schweizer Diplomaten, 12. November 1990, AfZ, TA Kolloquium FFAfZ/82.
160 Rapport fin juin 1960, BAR, E 2500 1982/120, a.211 de Torrenté Henri. Siehe auch Henry de Torrenté, Ma mission à Washington, in: La Tribune de Genève, 22. Oktober 1960, BAR, E 2808 1974/13, B. Halbamtliche Korrespondenz.
161 Siehe Rapport fin juin 1960, BAR, E 2500 1982/120, a.211 de Torrenté Henri.
162 Felix Schnyder: Wegstationen eines Schweizer Diplomaten, 12. November 1990, AfZ, TA Kolloquium FFAfZ/82.
163 Zur Vorreiterrolle der Botschaft in Washington stellte de Torrenté in einem Vortrag richtig fest: «Le Conseiller scientifique n'a pas à la Centrale de correspondant qui puisse l'informer sur le plan technique.» De Torrenté, Nos représentations à l'étranger, 746. Siehe auch de Torrenté, La recherche scientifique et ses conséquences économiques, 393. Olivier Reverdin ist der Meinung, dass vor allem Max Petitpierre die Einführung des Wissenschaftsattachés vorangetrieben habe. Reverdin, La promotion de la recherche scientifique, 119. Dem widersprechen die eingesehenen Quellen.
164 Fleury, Le débat en Suisse sur la création de la fonction d'attaché scientifique à Washington, 5.

que si l'initiative dans un régime libéral, devait en règle générale être laissée à l'économie privée, les Consulats devrait toujours être disposés à lui prêter leur appui, à la conseiller [...].»[165] Trotzdem legte er grossen Wert darauf, sich bei seinen Reisen in die Konsularbezirke auch ein Bild von der wirtschaftlichen Entwicklung der Region zu machen.[166]

Die Kulturförderung gehörte für de Torrenté nicht zu den ersten Aufgaben eines Diplomaten. Dies sieht man deutlich in einem seiner Schreiben als Schweizer Botschafter in Washington an Bundesrat Petitpierre von 1960, in dem er vorschlägt, den Kulturattachéposten in Zukunft mit einer Person ausserhalb der diplomatischen Karriere zu besetzen. Den Grund für diese Massnahme sah er im negativen Effekt des Kulturattachépostens auf die Karriere von jungen Diplomaten: «[...] s'il [der junge Diplomat, F. K.] se cantonne dans les affaires culturelles, il risque de perdre contact avec l'activité diplomatique proprement dite et de se voir frustré de la formation professionnelle indispensable à un futur chef de poste.»[167] Die Auswirkungen dieser Einstellung sind an verschiedenen Orten zu beobachten. So liess es de Torrenté in London zu, dass sich sein Presse- und Kulturattaché, August R. Lindt, mehr mit politischen Themen und seiner Aufgabe als Schweizer Vertreter bei der UNICEF beschäftigte als mit der Förderung der Schweizer Kultur in Grossbritannien.[168]

Auch in de Torrentés Anstrengungen im kulturellen Bereich als Botschafter in Washington kommt mehr sein wirtschaftsorientiertes Denken zum Ausdruck als ein Interesse an der Förderung des schweizerischen Kulturschaffens. So schrieb er in seinem grossen Abschlussbericht an seinen Nachfolger zum Thema «affaires culturelles», dass für den Durchschnittsamerikaner die Schweiz «le pays de Guillaume Tell, des vaches et des inévitables ‹yodels›, des montagnes et du tourisme, parfois des montres» sei.[169] Er hielt es aber nicht für nötig, dieses verklärte Bild anzupassen, vielmehr gehe es darum, diese positive Haltung gegenüber der Schweiz für Wirtschaft und Tourismus zu nutzen. Zu diesem Zweck gründete er 1956 ein Komitee für die Koordination von Aktivitäten zur Förderung des Ansehens der Schweiz in den USA.[170]

165 Protokoll der Tagung der konsularischen Postenchefs in den USA, 22./23. April 1958, BAR, E 2200.36 1972/18, A.61.23 Tagung der Postenchefs der Konsulate, 1958.
166 Brief Minister de Torrenté an EPD, Verwaltungsabteilung, 12. Oktober 1954, BAR, E 2500 1982/120, a.211 de Torrenté Henri.
167 Brief Botschafter de Torrenté an Bundesrat Petitpierre, 19. Januar 1960, BAR, E 2800 1967/59, 94.1 Henry de Torrenté.
168 Es ist hier festzuhalten, dass Lindts Interessen klar im politischen Bereich lagen und ihm diese Arbeit mehr behagte. Trotzdem trug de Torrenté die Verantwortung, seinen Mitarbeiter dort einzusetzen, wo er es für sinnvoll hielt. Siehe zu Lindt Kap. VII, 1.
169 Rapport fin juin 1960, BAR, E 2500 1982/120, a.211 de Torrenté Henri.
170 Im Comité de coordination pour l'information sur la Suisse aux Etats-Unis waren Vertreter der Botschaft, des Generalkonsulats in New York, der restlichen Konsulate, der Schweize-

Zur Londoner Gesandtschaft gehörten auch Konsulate fernab von den britischen Inseln, mit diesen pflegte de Torrenté kaum Kontakt.[171] Anders sah es bei den Konsulaten auf der Insel und den Schweizer Kolonien in diesen Konsularkreisen aus. De Torrenté besuchte sie regelmässig und erachtete es als «Ehrenpflicht», an grösseren Veranstaltungen einer Kolonie teilzunehmen.[172] Auf sein Wirken hin wurde die Konferenz der Präsidenten der Schweizer Vereine in England ins Leben gerufen, auch die Schaffung der Anglo-Swiss Society und die Vorbereitungen für ein Swiss Hostel for Girls wurden von ihm unterstützt.[173] Dass sein Engagement sehr geschätzt wurde, zeigt sich darin, dass er anlässlich seiner Versetzung nach Washington zahlreiche Dankschreiben von Schweizer Vereinen und Einzelpersonen erhielt,[174] aber auch in der regen Teilnahme von Angehörigen der Schweizer Kolonie an einem Gedenkgottesdienst zu seinen Ehren nach seinem Tod in London.[175]

Ungeachtet der Grösse des Landes behielt de Torrenté in den USA sein Verhalten bei und reiste viel in die Konsularbezirke.[176] Diese Reisen dauerten oft mehrere Wochen und führten ihn von Stadt zu Stadt, wo er neben dem Schweizer Konsulat und der Schweizer Kolonie auch mit lokalen Behördenvertretern zusammentraf.[177] Er versuchte mit möglichst vielen Kontakten die Verbindung der Kolonie zur Schweiz zu stärken und machte auch vor Hollywood nicht halt, wo er die junge und damals noch unbekannte Ursula

       rischen Zentrale für Handelsförderung, der Pro Helvetia, der Schweizer Verkehrszentrale und der Swissair vertreten. Siehe Rapport fin juin 1960, BAR, E 2500 1982/120, a.211 de Torrenté Henri.

171 Als er nach Washington wechselte, fragte er in Bern an, ob er diese Konsulate über seinen Wechsel zu informieren habe. Notice, 20. Oktober 1954, BAR, E 2200.40 1968/66, A.69.0 Ministre de Suisse en Grande-Bretagne. Auch sonst findet sich kaum Korrespondenz mit diesen Konsulaten.

172 Brief Minister de Torrenté an EPD, Verwaltungsabteilung, 2. November 1950, BAR, E 2500 1982/120, a.211 de Torrenté Henri.

173 Notice, 23. November 1954, BAR, E 2200.40 1968/66, A.69.0 Ministre de Suisse en Grande-Bretagne. Das Swiss Hostel for Girls, das 1957 unter Armin Daeniker eröffnet wurde, bot den vielen Schweizerinnen, die sich als Touristinnen, Au-Pairs oder Arbeiterinnen in Grossbritannien aufhielten, einen Zufluchtsort. Es bot dreissig Plätze und war für Kurzaufenthalte konzipiert. Zudem sollte es ein Zentrum des schweizerischen Kulturlebens in London werden. Siehe Geschäftsbericht für das Jahr 1957, BAR, E 2400 1000/717, London, Bd. 173.

174 BAR, E 2200.40 1968/66, A.69.0 Ministre de Suisse en Grande-Bretagne.

175 Telegramm, Nr. 44, London, 30. März 1962, BAR, E 2500 1982/120, a.211 de Torrenté Henri.

176 Gleich in seinem ersten Jahr reiste er nach New Orleans und Houston, New York, Seattle und Portland. Siehe BAR, E 2500 1982/120, a.211 de Torrenté Henri. Bereits 1957 berichtete er nach Bern, dass er nach der geplanten Reise in den Konsularkreis St. Louis bis auf Boston alle grösseren Schweizer Kolonien besucht habe. Brief Botschafter de Torrenté an EPD, Verwaltungsabteilung, 29. Oktober 1957, ebd.

177 Weitnauer, Rechenschaft, 142.

Andress kennen lernte.¹⁷⁸ Nicht umsonst wurden die Reisen als «good will tours» bezeichnet, schufen sie doch allenthalben gute Stimmung und Freude über die Wertschätzung, die der Botschafter der Kolonie entgegenbrachte.¹⁷⁹ 1958 organisierte de Torrenté als Neuheit eine Konferenz der Postenchefs aller Schweizer Vertretungen in den USA.¹⁸⁰ Er wollte damit die Koordination der Konsularbezirke fördern. Neben den Postenchefs nahmen in Chicago, wo die Konferenz stattfand, auch diverse Botschaftsräte sowie Vertreter der Zentrale für Handelsförderung und der Swissair teil. Das Kolonieleben war eines der zentralen Themen.¹⁸¹ De Torrenté wollte auch in den Folgejahren eine solche Konferenz durchführen, was ihm aber von der Zentrale in Bern aus Kostengründen verweigert wurde.¹⁸²

Grundsätzlich stand Henry de Torrenté gerne in der Öffentlichkeit und begrüsste die repräsentativen Aufgaben eines Gesandten beziehungsweise Botschafters. Als er zum Beispiel sowohl bei der Beerdigung König Georgs VI. als auch bei der Krönung Elisabeths II. zum offiziellen Vertreter des Bundesrates ernannt wurde, zeigte er sich sehr aktiv. In einem Schreiben an Petitpierre dankte er für die Ehre und lobte den Bundesrat für die weise Entscheidung, ihn zu schicken.¹⁸³ Seine «good will tours» durch die USA waren gespickt mit Vorträgen an Universitäten und offiziellen Empfängen bei Kommunalregierungen.¹⁸⁴ Die Presse erkannte er als wichtiges Mittel der Verstärkung, so gab er regelmässig Pressekonferenzen, sei es auf den angesprochenen Reisen,¹⁸⁵ anlässlich der Postenchefkonferenz in Chicago¹⁸⁶ oder als Schweizer Parlamentarier im britischen Unterhaus zu Besuch waren.¹⁸⁷ Er unterhielt enge

178 Ein Gesandter guten Willens, in: Tages-Anzeiger, 15. Juni 1956, BAR, E 2500 1982/120, a.211 de Torrenté Henri.
179 Hier zu erwähnen ist auch das sehr gute Verhältnis de Torrentés zu Generalkonsul Gygax, das in scharfem Kontrast zum problematischen Verhältnis des Generalkonsuls zu Bruggmann stand. Brief Minister de Torrenté an Minister Clottu, 27. Juni 1955, ebd. Zum Verhältnis Bruggmann – Gygax siehe Kap. III, 2.1.
180 Pierre Micheli hatte in Paris als erster Schweizer Gesandter überhaupt eine solche organisiert. Siehe BAR, E 2200.36 1972/18, A.61.23 Tagung der Postenchefs der Konsulate.
181 Siehe Protokoll der Tagung der konsularischen Postenchefs in den USA, 22./23. April 1958, BAR, E 2200.36 1972/18, A.61.23 Tagung der Postenchefs der Konsulate, 1958.
182 Brief de Torrenté an EPD, Verwaltungsabteilung, 19. März 1959, BAR, E 2200.36 1972/18, A.61.23 Tagung der Postenchefs der Konsulate, 1959.
183 Wobei er sich nicht auf seine Person bezog, sondern auf die Entscheidung, dass der Gesandte anstelle eines Bundesrats die Schweizer Regierung vertrat. Brief Minister de Torrenté an Bundesrat Petitpierre, 25. Juni 1953, BAR, E 2200.40 1967/128, J.11.13.3 Queen Elisabeth II.
184 Weitnauer, Rechenschaft, 142.
185 Siehe ebd.
186 Siehe Chicago makes history, Pressecommuniqué, BAR, E 2200.36 1972/18, A.61.23 Tagung der Postenchefs der Konsulate.
187 Siehe Brief Legationsrat Lindt an EPD, Informations- und Pressedienst, 11. Mai 1949,

Kontakte zu Schweizer Korrespondenten.[188] Hingegen erachtete er «home stories» zu seiner Person als «inutiles et sans aucun intérêt pour notre profession».[189] Vielleicht gerade deshalb ist aus seiner Postencheftätigkeit nur ein einziger kleiner öffentlicher Fehltritt zu berichten: Im Jahr 1953 entsandte die USA Frau Frances Willis als neue Botschafterin in die Schweiz. Bereits diese Tatsache wurde von den Gegnern des Frauenstimmrechts in der Schweiz als Affront empfunden. Als de Torrenté in Washington in einer Ansprache zu Ehren Willis' meinte: «La présence de Miss Willis à Berne aura sans doute pour nous une valeur éducative»,[190] brachte er das Fass zum Überlaufen und es kam in der Schweiz zu einem kleinen Aufstand. Die katholisch-konservativen «Neuen Zürcher Nachrichten» bezeichneten de Torrenté ungeachtet seiner Parteizugehörigkeit als «unwissenden Minister»,[191] anderenorts wurde unter dem Titel «Der 160000fränkige Gesandte»[192] eine Verbindung zwischen dem als zu hoch empfundenen Gehalt, de Torrentés Aussage zu Willis und der französischen Verweigerung des Agréments hergestellt. Nachdem auch noch Bundesrichter Corrodi einen erbosten Brief an Bundespräsident Streuli geschrieben hatte, in dem er sich über den «taktlosen» Gesandten beklagte und mit den Worten «Passed si uuf!»[193] schloss, nahm Petitpierre de Torrenté zwar in Schutz, bat ihn aber, bei diesem Thema in Zukunft etwas vorsichtiger zu sein.[194]

2.7 Ein emsiger Netzwerker

Wie bereits angesprochen, erachtete de Torrenté die Berichterstattung als eine seiner zentralen Aufgaben. Zur Gewinnung von Informationen meinte er: «En principe, les conversations directes sont préférables à les échanges de

---

BAR, E 2200.40 1000/1666, XVII.E.16.49, Invitation à une délégation de Parlementaires suisses par la British Inter-Parlamentary Union. Es handelt sich um ein Standardverfahren de Torrentés bei Besuchen aus der Schweiz.

188 Wilhelm Schütz («Neue Zürcher Zeitung») und Gottfried Keller («Basler Nachrichten») in London und Werner Imhof («Neue Zürcher Zeitung») in Washington. Brief de Torrenté an Zehnder, 28. Juli 1950, BAR, E 2802 1967/78, E. Grossbritannien. Zur besonderen Rolle, die Imhof für die Schweizer Botschaft spielte, siehe Weitnauer, Rechenschaft, 154 f.

189 Brief Minister de Torrenté an Minister von Salis, 10. Februar 1954, BAR, E 2200.40 1968/66, A.69.0 Ministre de Suisse en Grande-Bretagne.

190 Discours prononcé par M. de Torrenté lors du dîner organisé par l'American Women's Association, 19. November 1955, BAR, E 2800 1967/59, 94.1 Henry de Torrenté.

191 Der unwissende Minister, in: Neue Zürcher Zeitung, 24. November 1955, BAR, E 2500 1982/120, a.211 de Torrenté Henri.

192 Der 160000fränkige Gesandte, in: Schwarz auf Weiss, 21. Dezember 1955, ebd.

193 Brief Bundespräsident Streuli an Bundesrat Petitpierre, 26. November 1955, BAR, E 2800 1967/59, 94.1 Henry de Torrenté.

194 Brief Bundesrat Petitpierre an Minister de Torrenté, 29. November 1955, ebd.

correspondance. [...] Les contacts personnels sont donc décisifs.»[195] Er überliess persönliche Kontakte daher nicht dem Zufall, sondern suchte sie gezielt. Schnyder berichtete, dass der Botschafter vor seinen Reisen immer genau geplant habe, wen er wo treffen wolle und welche Themen zu besprechen seien.[196] Seine Mitarbeiter wurden mit einbezogen. De Torrenté zog sie vor einer Cocktailparty zu einer Art Rapport zusammen und gab jedem einen klaren Auftrag, mit wem er zu sprechen habe und welche Informationen zu gewinnen seien.[197]

In den folgenden Zeilen soll aufgezeigt werden, welchen Effekt die Hochschätzung persönlicher Kontakte auf de Torrentés Netzwerk hatte. In London hatte er zu den höchsten Stellen wenig Zugang. Weder mit Ernest Bevin noch mit Herbert Morrison oder Anthony Eden, den britischen Aussenministern während seiner Amtszeit, traf er sich regelmässig. Die wichtigste Kontaktperson im Foreign Office war William Strang, 1949–1953 Permanent Under-Secretary of State for Foreign Affairs. Die beiden trafen sich regelmässig.[198] Nach Strangs Rücktritt trat Sir Frank Roberts an seine Stelle; er betreute im Foreign Office die Deutschlandfrage. Gespräche mit Roberts waren die Grundlage für nicht weniger als achtzehn Berichte im Jahr 1954.[199] Eine interessante Quelle, die aber der erste Mitarbeiter Bernath unterhielt, war Sir Evelyn Shuckburgh, der als Privatsekretär Edens viel über die Ansichten seines Chefs zu berichten wusste.[200] Besonders enge Bande hatte de Torrenté mit dem Generalsekretär der Labour Party Morgan Phillips und dem Autor und Labour-Politiker Richard Crossman geknüpft, mit Letzterem traf er sich wöchentlich.[201] Diese Kontakte, die während der Regierungszeit Labours aufgebaut wurden, unterhielt de Torrenté auch, als Labour nach 1951 in der Opposition war, weiter. Das

---

195 Rapport fin juin 1960, BAR, E 2500 1982/120, a.211 de Torrenté Henri.
196 Felix Schnyder: Wegstationen eines Schweizer Diplomaten, 12. November 1990, AfZ, TA Kolloquium FFAfZ/82.
197 Felix Schnyder: Wegstationen eines Schweizer Diplomaten, 12. November 1990, AfZ, TA Kolloquium FFAfZ/82. Die Aufteilung der Mitarbeiter nach Themata ist auch bei den politischen Berichten zu beobachten. Siehe BAR, E 2300 1000/716, Washington, Politische Berichte und Briefe, Militär- und Sozialberichte, Bde. 56–62.
198 Siehe BAR, E 2300 1000/716, London, Politische Berichte und Briefe, Militärberichte, Bde. 42–48.
199 Siehe BAR, E 2300 1000/716, London, Politische Berichte und Briefe, Militärberichte, Bd. 48.
200 Bernath und Shuckburgh hielten miteinander jeweils eine Tour d'Horizon ab. Beispiel: Politischer Bericht, Nr. 45, 19. April 1952, BAR, E 2300 1000/716, London, Politische Berichte und Briefe, Militärberichte, Bd. 46.
201 Weitnauer, Rechenschaft, 132. Siehe auch BAR, E 2300 1000/716, London, Politische Berichte und Briefe, Militärberichte, Bde. 42–48.

diplomatische Corps bildete in den ersten Jahren noch eine wichtige Informationsquelle, wurde aber später kaum mehr herangezogen.[202]
In einem Bericht von 1960 schreibt de Torrenté, dass er es schwierig gefunden habe, im State Department in Washington gute Informationsquellen zu finden. «Mes relations avec M. Robertson ont été cordiales, mais je dois à la vérité de dire qu'il n'était pas l'informateur objectif que réclame notre tâche.»[203] Besser schnitt in seinem Urteil Robert Murphy ab, der in dieser Zeit eine Karriere vom Deputy Under-Secretary zum Under-Secretary for Political Affairs machte.[204] Problematisch sei auch gewesen, dass Aussenminister Dulles viel für sich alleine arbeitete und nicht einmal hohe Beamte im State Department wussten, was er plante.[205] Es ist daher verständlich, dass de Torrenté versuchte, seine Informationen auf möglichst viele Stimmen abzustützen. Eine Hauptkontaktperson, wie es Strang in London war, hatte er in Washington nicht.[206] Er weitete seine Kontakte in der Hoffnung, bessere Informationen zu bekommen, auf Leute aus der Public-Relations-Abteilung aus.[207] Er konnte auf den guten Kontakt Bruggmanns zu Walter Lippmann bauen, er suchte Kontakt zur Opposition und wies seine Attachés an, Kontakte zu vermitteln. Gegenüber Bern hielt er fest, wie wichtig der Kontakt zu den Washingtoner «pressure groups» sei, der von der Botschaft unterhalten werde.[208] Speziell war, dass er als Oberst auch in militärischen Kreisen gut angesehen war.[209] Hingegen blieben ihm die Türen zur Washingtoner Society eher verschlossen, und auch die höchste Regierungsstufe war ihm nicht zugänglich.[210]
«Au cours de l'un de nos derniers entretiens, vous m'aviez dit plaisamment

202 Interessant ist, dass Viktor Umbricht Kontakte mit dem russischen Botschafter unterhielt, was eher eine Ausnahme war. Siehe BAR, E 2300 1000/716, London, Politische Berichte und Briefe, Militärberichte, Bde. 42–48.
203 Es handelte sich um Walter Robertson, Assistant Secretary of State for Far Eastern Affairs. Rapport fin juin 1960, BAR, E 2500 1982/120, a.211 de Torrenté Henri.
204 Siehe Rapport fin juin 1960, ebd.
205 «Il m'est arrivé à maintes reprises de recueillir auprès de haute fonctionnaires, des opinions contredites au moment même par les déclarations de M. Dulles.» Rapport fin juin 1960, ebd.
206 Siehe BAR, E 2300 1000/716, Washington, Politische Berichte und Briefe, Militär- und Sozialberichte, Bde. 56–62.
207 Andrew Breding und Edwin Kretzmann. Siehe BAR, E 2300 1000/716, Washington, Politische Berichte und Briefe, Militär- und Sozialberichte, Bd. 61.
208 Botschafter de Torrenté an Minister Kohli, 26. Januar 1960, BAR, E 2001 (E) 1972/33, Bd. C136, dodis.ch/15427.
209 Rapport fin juin 1960, BAR, E 2500 1982/120, a.211 de Torrenté Henri.
210 Er schrieb zwar, dass die Washingtoner Society ihm nichts Wertvolles gebracht habe, dies ist aber wohl eher darauf zurückzuführen, dass er zu den inneren Kreisen keinen Zugang hatte. Rapport fin juin 1960, BAR, E 2500 1982/120, a.211 de Torrenté Henri. Welche Vorteile gute Beziehungen zur Washingtoner Society haben konnten, sieht man bei Bruggmann (siehe Kap. III, 2.6) oder Schnyder (siehe Kap. IX, 2.7).

que rares étaient les Chefs de poste qui ne vous aient causé quelque ennui. [...] J'ai nettement l'impression, [...] que j'ai cessé de bénéficier dans votre esprit de ce préjugé favorable.»[211] Diese Antwort de Torrentés auf ein Schreiben Petitpierres zeigt exemplarisch die Beziehung zwischen den beiden. Grundsätzlich schätzten sie sich,[212] aber durch das Temperament de Torrentés und seine unablässigen Beschwerden über die Informationspolitik der Zentrale in Bern wurde dieses Verhältnis immer wieder harten Prüfungen unterzogen.[213] Ähnlich sah das Verhältnis zu Generalsekretär Zehnder aus. Auch mit ihm tauschte er viele Freundlichkeiten aus und nannte ihn oft «cher ami», es kam aber auch immer wieder zu Auseinandersetzungen.[214] In diesen Beziehungen spiegelt sich wider, dass de Torrenté ein vehementer Verfechter einer möglichst freien Auslandsvertretung und Gegner der Zentralisierung war.[215] Gut vernetzt war de Torrenté in der Handelsabteilung, aber auch mit seinem langjährigen Freund, dem Direktor des Vororts Heinrich Homberger.[216]

3 Ansichten, Persönlichkeit und Familie

«Tout d'abord, je ne crois pas qu'il soit judicieux d'entamer à tout propos des discussions sur notre neutralité. [...] En bref, je dirais que la neutralité suisse est une chose qui va de soi.»[217] Henry de Torrenté war ein überzeugter Verfechter der Neutralität als Konstante der Schweizer Aussenpolitik. Anders als unter seinem Vorgänger, Karl Bruggmann, war diese Einstellung in den USA

211 Brief Minister de Torrenté an Bundesrat Petitpierre, 19. April 1956, BAR, E 2800 1967/59, 94.1 Henry de Torrenté.
212 Petitpierre schickte seine Tochter sowohl nach London als auch nach Washington, wo sich de Torrenté jeweils hervorragend um die junge Dame kümmerte. Siehe Brief Minister de Torrenté an Bundesrat Petitpierre, 25. Juli 1951, ebd.; Brief Bundesrat Petitpierre an Minister de Torrenté, 15. November 1955, ebd. Zudem fragte Petitpierre de Torrenté zu Verschiedenstem um Rat. Siehe zum Beispiel Frage Botschafter-Titel, Clottu als neuer Chef der Verwaltungsabteilung, Verwendung August R. Lindt, BAR, E 2800 1967/59, 94.1 Henry de Torrenté.
213 De Torrenté war der Meinung, dass er oft zu spät informiert werde und die amerikanischen Stellen besser über die Schweizer Position Bescheid wüssten als er selber. Brief Minister de Torrenté an Minister Zehnder, 14. September 1955, BAR, E 2802 1967/78, E U. S. A. I. Ähnliche Beispiele sind für de Torrentés Zeit in London zu finden. Siehe dazu Minister de Torrenté an Bundesrat Petitpierre, 30. Oktober 1951, BAR, E 2300 1000/716, London, Politische Berichte und Briefe, Militärberichte, Bd. 45, dodis.ch/7893.
214 Siehe BAR, E 2802 1967/78, E U. S. A. I.
215 Siehe Procès-verbal de la conférence des ministres, 6. September 1951, BAR, E 2800 1967/61, Bd. 65 Conférence des ministres.
216 Siehe dazu Kap. IV, 1.
217 Henry de Torrenté, La Neutralité suisse, Beilage zum Procès-verbal Nr. II/3, undatiert, BAR, E 2200.36 1972/18, A.61.23 Tagung der Postenchefs der Konsulate.

aber nicht mehr dauernder Kritik ausgesetzt: «[...] j'ai toujours trouvé plus de compréhension pour la neutralité suisse que je n'en attendais.»[218] De Torrenté war gegen einen Beitritt der Schweiz zum Europarat sowie zur EWG und er glaubte: «[...] la Suisse peut rendre à la communauté des Nations des services infiniment plus précieux en restant hors de l'ONU qu'elle pourrait le faire en y adhérant.»[219] Ja selbst das von Petitpierre stark unterstützte Engagement der Schweiz in der OECE kritisierte de Torrenté gelegentlich.[220] Zudem trat er für die Unabhängigkeit ein: «Nous ne devons sous aucun prétexte nous laisser entraîner dans le sillage des grandes puissances et nous essouffler à les suivre à l'image de maintes petits pays européens.»[221] Er war aber, ganz typisch für die Schweizer Aussenpolitik dieser Zeit, ein Opportunist, wenn es um die Auslegung der Neutralität ging. So hielt er fest, dass die USA in der Schweiz ein De-facto-Mitglied der NATO sähen und dass sie wüssten, «que la Suisse est, sur le plan idéologique, l'adversaire le plus convaincu du communisme international».[222] Und fügt an: «Notre collaboration avec l'Occident résulte de la nature même des choses.»[223] Auch als die Schweiz sich in der Atomfrage in die Abhängigkeit der USA begab, war de Torrenté der getreue Umsetzer, und er hegte keine Zweifel an der Richtigkeit der Kooperation.[224] Bei seiner Ansicht zur europäischen Integration zeigte sich der Wirtschaftsmensch in ihm, als er kurz vor seinem Tod in London meinte: «What we aim at is a participation in Europe's economic integration. Most of the objectives of the Common Market have long been pursued by Switzerland. There is no difference in basic philosophy to overcome.»[225] Trotzdem sah er aus oben erwähnten Gründen den Beitritt nicht als Option.[226]

218 Ebd.
219 Conférence des Ministres 1957, gebundenes Dokument mit allen Reden, undatiert, BAR, E 2004 (B) 1970/2 a.133.4.1957 Conférence des Ministres 1957. Siehe hierzu auch die Ausführungen de Torrentés in der Arbeitsgruppe Historische Standortbestimmung, wo er sich für eine unabhängige Schweiz und gegen einen Beitritt zur EWG aussprach. Er glaubte, dass die Schweiz in Afrika, Asien und zum Teil auch in den USA grosses Ansehen genoss, weil sie eben unabhängig sei. Arbeitsgruppe «Historische Standortbestimmung» – Protokoll, 18. Dezember 1961, BAR, E 9500.225 1000/1190, Bd. 436, dodis.ch/30165.
220 Siehe Trachsler, Bundesrat Max Petitpierre, 150 f.
221 Conférence des Ministres 1957, gebundenes Dokument mit allen Reden, undatiert, BAR, E 2004 (B) 1970/2 a.133.4.1957 Conférence des Ministres 1957.
222 Ebd. Diese Ansicht wurde auch von Bundesrat Petitpierre vertreten. Vgl. Trachsler, Bundesrat Max Petitpierre, 102–109.
223 Conférence des Ministres 1957, gebundenes Dokument mit allen Reden, undatiert, BAR, E 2004 (B) 1970/2 a.133.4.1957 Conférence des Ministres 1957.
224 Siehe dazu Kap. IV, 2.5.
225 Speech to be made by M. de Torrenté in London, undatiert, BAR, E 2500 1982/120, a.211 de Torrenté Henri.
226 Ebd.

De Torrenté war ein vielseitiger Mensch. Er war ein überzeugter Vertreter der Schweiz und sah in ihrer Vielfalt und im demokratischen Umgang der Bürger untereinander die grosse Leistung des Landes.[227] Er verfiel keiner «Röstigrabenmentalität» und hatte trotz seiner aristokratischen Abstammung ein feines Gespür für soziale Gerechtigkeit.[228] Er interessierte sich für innenpolitische, wirtschaftliche sowie militärische Fragen und war dementsprechend ein Anhänger einer starken, wirtschaftlich flexiblen und bewaffneten Neutralität der Schweiz.

«Der Mann war ein Wirbelwind und ein Naturkind, von übersprudelndem Temperament, in ständiger Bewegung, mit immer denselben, für ihn typischen Gesten, viel und gut sprechend, auch viel und gut essend, klein gewachsen, kugelrund, intelligent und gutmütig, den weichen Kern in einer rauhen Schale tragend, ein Walliser Aristokrat und großer schweizerischer Patriot.»[229] Diese Schilderung von Albert Weitnauer über seinen Vorgesetzten in London und Washington beschreibt de Torrenté treffend. Sein Temperament hat auch in den Akten Spuren hinterlassen. So waren seine Stellungnahmen zuhanden Berns oft scharfzüngig und er sparte gegenüber der Zentrale nicht mit Kritik.[230] Angriffe auf seine Person oder seine Arbeit liess er kaum gelten und er ging gern zur Gegenoffensive über.[231] Weitnauer meint sogar, dass das «Sich-Entrüsten» ein Hauptbedürfnis de Torrentés war.[232] Eine weitere Konstante war aber auch seine fast väterliche Rolle, die er gegenüber seinen Mitarbeitern einnahm. Diese schätzten ihn sehr, in den Akten ist kein böses Wort zu finden.[233]

227 Er sah die Schweiz als Vorbild für europäische Diversität und die Weisheit, damit umgehen zu können. Siehe ebd.
228 Siehe Weitnauer, Rechenschaft, 140 f.
229 Ebd., 136. Zusatz: Die Schweizer Botschaft in London wurde 1949 immer noch mit Lebensmittel aus der Schweiz versorgt. De Torrenté liess bei diesen Gelegenheiten grosse Mengen Walliser Wein nach London verfrachten. Official Note, 24. Januar 1949, BAR, E 2200.40 1000/1666, II.E.2.49.
230 Er kritisierte die Zentrale, was den Ausbau der Botschaft angeht, und warf den Leuten dort Inkompetenz vor. Aktennotiz, 9. September 1957, BAR, E 2800 1967/59, 94.1 Henry de Torrenté. Aber auch bei Zehnder und Petitpierre beklagt er sich oft über ihre Informationspolitik. Siehe BAR, E 2800 1967/59, 94.1 Henry de Torrenté und BAR, E 2802 1967/78, E U. S. A. I.
231 Er ging im Willis-Fall in die Gegenoffensive und warf dem Bundesrichter Corrodi Unverständnis der französischen Sprache vor. Brief Minister de Torrenté an Bundesrat Petitpierre, 12. Dezember 1955, BAR, E 2800 1967/59, 94.1 Henry de Torrenté. Auch beim Missverständnis in der Atomfrage (siehe Kap. IV, 2.5) nahm er das Problem auch nach dessen Abschluss gegenüber Petitpierre mehrmals wieder auf, um sich zu rechtfertigen. Siehe BAR, E 2800 1967/59, 94.1 Henry de Torrenté; BAR, E 2802 1967/78, E U. S. A. I.
232 Weitnauer, Rechenschaft, 138.
233 Neben den bereits erwähnten Aussagen von Weitnauer, Probst und Schnyder siehe auch de Torrentés Beschreibung des ehemaligen Sozialattachés Emil Friedrich Rimensberger. Rimensberger, Mit Henry de Torrenté in Washington.

Zählt man seine Mitarbeiter auf, könnte man von einer De-Torrenté-Schule sprechen. Viele von ihnen machten grosse Karriere: Ernesto A. Thalmann, Albert Weitnauer und Raymond Probst wurden später EPD-Generalsekretär, Felix Schnyder und August R. Lindt UNO-Hochkommissar für Flüchtlinge, Claude Caillat nahm einen wichtigen Botschafterposten[234] ein und Victor Umbricht wurde Direktor der Eidgenössischen Finanzverwaltung und leitete viele UNO-Missionen.

De Torrenté lernte seine Frau, die geborene Anne-Marie de Courten, im Wallis während seiner Tätigkeit als Delegierter für Handelsverträge kennen. Sie heirateten 1944, als er 51 und sie 39 Jahre alt waren. Er wurde in relativ hohem Alter noch Vater zweier Kinder, wobei der Sohn, Henri, im Alter von eineinhalb Jahren in London an Schwindsucht starb.[235] Anne-Marie de Torrenté spielte im Arbeitsalltag ihres Mannes eine eher kleine Rolle. Sie war, so die Erzählung eines Mitarbeiters, eine liebenswerte, stille Dame mit viel gesundem Menschenverstand, die ihrem Mann zur Seite stand, seine langen Geschichten geduldig anhörte[236] und ihn auf seinen Reisen begleitete.

4   Wertung

Henry de Torrentés Karriere war stark von seinem Netzwerk in der Handelsabteilung getragen, mit Walter Stucki und Heinrich Homberger verfügte er über einflussreiche Förderer. Vor seinem Eintritt ins EPD war er bereits neun Jahre in der Bundesverwaltung tätig. Seine EPD-Dienstzeit vor der Ernennung zum Minister verbrachte er je hälftig in Bern und an der Schweizer Gesandtschaft in Paris. Herauszuheben ist seine Vielseitigkeit, die ihn später dazu brachte, mit den verschiedensten Leuten Kontakte zu knüpfen und zu pflegen. Nach dem Einsteigerposten in China führte er mit London und Washington zwei der wichtigsten Schweizer Gesandtschaften dieser Zeit. Während er sich grundsätzlich in vielen Tätigkeitsbereichen einer diplomatischen Vertretung persönlich engagierte, stand die Kontaktpflege klar im Zentrum. Er organisierte sein Netzwerk planmässig und band sein diplomatisches Personal stark in diese Kontaktpflege mit ein. Es gelang ihm sowohl in London als auch in Washington, ein breites Kontaktnetz zu knüpfen. Er wurde dabei von den jeweiligen Verwaltungen als Gesprächspartner geschätzt und ins Vertrauen gezogen. Als ehemaliger Mitarbeiter der Handelsabteilung und als Wirtschaftsrat in Paris

234 Thalmann (London), Probst (Washington), Weitnauer (London), Lindt (New York, Washington, Moskau), Schnyder (Washington), Caillat (Brüssel/EG, London).
235 Personalblatt, BAR, E 2500 1982/120, a.211 de Torrenté Henri.
236 Siehe Weitnauer, Rechenschaft, 139.

setzte er in der Wirtschaftspolitik einen weiteren Schwerpunkt. Er war der Überzeugung, dass die Gesandtschaft möglichst alle Handelshemmnisse aus dem Weg zu räumen, aber selbst keine Wirtschaftspromotion zu betreiben habe. Die Beziehung zu den Auslandschweizern förderte er und erwarb sich so bei ihnen Ansehen. Eine wichtige Rolle übernahm de Torrenté als Reformer im EPD. So war er sowohl Initiant als auch entscheidender Förderer der Einsetzung des ersten Washingtoner Wissenschaftsattachés. Er organisierte die erste Postenchefkonferenz in den USA und veränderte die Berichterstattung, indem er eine strikte Trennung von Quelleninformation und Kommentar einführte, aber auch indem er seine Berichte nicht nur nach Bern sandte, sondern jeweils anderen wichtigen Gesandtschaften eine Kopie zukommen liess. Schliesslich pflegte de Torrenté ein sehr gutes Verhältnis zu seinen Mitarbeitern, von denen sich alle positiv über ihren ehemaligen Chef äusserten. Da viele von ihnen Karriere machten und hohe Posten im EPD einnahmen, kann man von einer De-Torrenté-Schule sprechen. Seine ganze Tätigkeit war stark von seinem temperamentvollen Wesen beeinflusst. Sowohl bei Konflikten mit der Zentrale in Bern als auch bei der Kontaktpflege im Gastland stach dieses nimmermüde Wesen hervor. In seinen Ansichten war er ein typischer Vertreter der damaligen Schweizer Aussenpolitik: Während die Neutralität als theoretisches Konstrukt als unantastbar und nicht diskutierbar galt, war er bei konkreten politischen und vor allem wirtschaftlichen Themen ohne Weiteres zu Zugeständnissen an den westlichen Verteidigungsverbund bereit. Nicht immer wurde de Torrentés Gesandtschaft bei der Lösung bilateraler Probleme mit einbezogen, er selbst bedauerte diese Entwicklung sehr.[237] In der Nachbetrachtung muss tatsächlich infrage gestellt werden, ob es klug war, den gut informierten und vernetzten Schweizer Vertreter im Gastland zu übergehen.

---

237 De Torrenté beschrieb die Auslandsvertretungen als eine Art erste Verteidigungsposten der Schweiz. Er hielt fest, dass ihnen die Vertretung der Interessen der Schweiz im Gastland obliege und dass ein anderer Weg der Kontaktnahme meist einen irreversiblen Fehler bedeute. Siehe de Torrenté, Nos représentations à l'étranger, 742.

Albert Huber (1897–1959)

Schweizer Minister und Botschafter in Köln
1949–1959 (undatiert, dodis.ch/P189)

V Albert Huber – ein Promotor freundnachbarlicher Beziehungen zur BRD

1 Die deutsche Frage

Albert Huber kam am 28. Juli 1897 in Ungarn zur Welt. Sein Vater, ebenfalls Albert Huber, arbeitete zu dieser Zeit als Zahnarzt im Teilstaat der Donaumonarchie.[1] Seine Mutter Juliane war Ungarin.[2] Huber wuchs in einem weltoffenen Elternhaus auf, wo Deutsch, Französisch und Ungarisch gesprochen wurde.[3] Er besuchte die Primarschule und das Obergymnasium in Ungarn.[4] 1911 kehrte die in Däniken (SO) heimatberechtigte Familie in die Schweiz zurück und Albert Huber besuchte bis 1916 das Gymnasium in Bern.[5] Nach einem einjährigen Studienanfang der Jurisprudenz in Genf kehrte er nach Bern an die Universität zurück und schloss dort 1922 sein Studium mit dem bernischen Fürsprecherdiplom ab.[6] Nach einjähriger Tätigkeit als Gerichtsschreiber wechselte er 1924 in die von Altbundesrat Felix Calonder geleitete Gemischte Kommission für Oberschlesien, die im Auftrag des Völkerbunds tätig war. Während dreizehn Jahren, bis zum Ende des deutsch-polnischen Abkommens über Oberschlesien, das vom Völkerbund überwacht wurde, hatte er in dieser Kommission die Funktion des Generalsekretärs inne.[7] Die Kommission hatte den Auftrag, über die Einhaltung des Vertrags zu wachen und vor allem den Minderheitenschutz zu garantieren. So war sie für polnische, deutsche, aber auch jüdische Minderheiten verantwortlich.[8] Huber erarbeitete sich in dieser Zeit sowohl in Deutschland und Polen als auch beim Völkerbund ein gutes

---

1 Curriculum vitae, undatiert, BAR, E 2500 1968/87, A.22 Albert Huber. Dieser Lebenslauf wurde von Huber mit seiner Bewerbung beim EPD eingereicht, stammt also aus dem Jahr 1937.
2 Marc Perrenoud: Huber, Albert, in: Historisches Lexikon der Schweiz, www.hls-dhs-dss.ch/textes/d/D14854.php, 9. Februar 2011. Albert Huber erwähnte dies bei seiner Bewerbung im EPD nicht. Siehe Selbst ausgefülltes Personalblatt, BAR, E 2500 1968/87, A.22 Albert Huber.
3 Ansprache von Herrn Bundesrat Max Petitpierre an der Trauerfeier für Herrn Botschafter Albert Huber, 5. Januar 1959, BAR, E 2800 1967/59, 44.018 Albert Huber.
4 Curriculum vitae, undatiert, BAR, E 2500 1968/87, A.22 Albert Huber.
5 Ebd.
6 Personalblatt, BAR, E 2500 1968/87, A.22 Albert Huber.
7 Ebd.
8 Curriculum vitae, undatiert, BAR, E 2500 1968/87, A.22 Albert Huber.

Netzwerk, das ihm in seiner weiteren Karriere behilflich sein sollte.[9] Die Kommission war im heutigen Katowice beheimatet. Huber lernte in dieser Zeit zusätzlich zu den bis anhin gelernten Sprachen[10] Polnisch.

Nach seiner Rückkehr in die Schweiz bewarb sich Albert Huber beim EPD. Er konnte dabei auf die gewichtige Fürsprache seines früheren Vorgesetzten Calonder zählen. Trotzdem wurde Huber zuerst nur auf Probe eingestellt, «jusqu'au moment où nous aurons acquis la conviction que vous êtes vraiment, comme tout nous porte à le croire, la personne qualifiée».[11] Aufgrund seiner Kenntnisse wurde er zum ersten Mitarbeiter des Chefs der Sektion Völkerbund im EPD ernannt. Er erhielt direkt den Rang eines Juristen erster Klasse.[12] Schnell wurde im EPD klar, dass Huber die gewünschte «personne qualifiée» war, und bereits nach einem Jahr konnte er von einer Vakanz profitieren:[13] Deutschland besetzte im März 1939 die «Resttschechei» und gründete das «Reichsprotektorat Böhmen und Mähren». Damit wurde die Schweizer Gesandtschaft in Prag hinfällig.[14] Der Schweizer Gesandte in Berlin, Hans Frölicher, drängte darauf, möglichst rasch nach der Schliessung der Gesandtschaft ein Konsulat in Prag zu eröffnen. Sein Wunschkandidat für diesen Posten, Hans Zurlinden, war aber schwer erkrankt, sodass Bundesrat Motta Huber als provisorische Lösung vorschlug.[15] Huber erfüllte seine Aufgabe sehr zur Zufriedenheit seines Chefs in Berlin, sodass Frölicher bereits nach einigen Monaten nach Bern schrieb, dass sich Huber «à la hauteur de la tâche» präsentiert habe und man ihn doch zum Generalkonsul befördern solle.[16] Die Zentrale wollte in diese weitere Beförderung Hubers aus Anciennitätsgründen nicht einwilligen.[17] Bereits ein Jahr später wurde die Beförderung dennoch

9 Siehe dazu Kap. V, 2.5.
10 Neben den bereits erwähnten Sprachen Deutsch, Französisch und Ungarisch sprach er zudem Englisch und Italienisch.
11 Brief Chef de la Division des Affaires étrangères an Albert Huber, 21. Dezember 1937, BAR, E 2500 1968/87, A.22 Albert Huber.
12 Ebd.
13 Brief Bundesrat Motta an Minister Frölicher, 5. Mai 1939, BAR, E 2500 1968/87, A.22 Albert Huber.
14 Durch die deutsche Besetzung wurde die Tschechoslowakei Teil des Deutschen Reiches. Es gab also keine Regierung mehr in Prag, bei der sich ein Schweizer Gesandter hätte akkreditieren lassen können. Siehe dazu Kap. III, 1.2.
15 Siehe Brief Bundesrat Motta an Minister Frölicher, 5. Mai 1939, BAR, E 2500 1968/87, A.22 Albert Huber. Dies wurde bereits im Bundesrat so besprochen. Ursprünglich hatte man die Idee, Alfred Escher zu nominieren. Conseil Fédéral, Procès-verbal de la séance du 18 avril 1939, in: DDS-XIII, Nr. 71.
16 Brief Chef de la Division des Affaires étrangères an Minister Frölicher, 30. Oktober 1939, BAR, E 2500 1968/87, A.22 Albert Huber.
17 Siehe Brief Chef de la Division des Affaires étrangères an Minister Frölicher, 30. Oktober 1939, ebd.

ausgesprochen. Auf dem Prager Posten trat Huber damit in die Fussstapfen von Karl Bruggmann,[18] der als letzter Schweizer Gesandter vor der Besatzung in Prag tätig war, und übernahm sogar dessen Wohnung.[19] Huber führte das Konsulat in Prag bis zum Kriegsende. Er pflegte in der Zeit bis zu dessen Beurlaubung guten Kontakt zum deutschen Statthalter Baron von Neurath. Zum ersten Mal zeigte sich hier Hubers Netzwerk aus der Völkerbundsmission, denn die beiden kannten sich aus gemeinsamen Zeiten bei der Oberschlesienkommission.[20]

Nach dem Krieg kehrte Huber in die Schweiz zurück und wurde als Legationsrat Stellvertreter des Chefs der Abteilung für Politische Angelegenheiten. In dieser Funktion arbeitete er bis 1946 für Walter Stucki, anschliessend für Alfred Zehnder. Vor allem aber leitete Huber die Sektion West.[21] Bereits 1948 verliess er Bern wieder und ging als Generalkonsul nach Frankfurt. Er führte dort die «konsularische Hauptvertretung» der Schweiz für die britische und die amerikanische Besatzungszone.[22] Nur ein Jahr später stand der nächste Karriereschritt an: Huber wurde zum Schweizer Vertreter bei der Alliierten Hohen Kommission (AHK), wie sich die Besatzungsregierung der drei westlichen Alliierten für die neu gegründete Bundesrepublik Deutschland nannte, befördert. Dies war eine herbe Enttäuschung für Generalkonsul Franz-Rudolf von Weiss, der fast dreissig Jahre für die Schweiz in Köln tätig gewesen war.[23] Von Weiss hatte sich in Köln einen Namen gemacht, indem dank seiner Vermittlung die Gemeinden Bad Godesberg und Königswinter durch eine friedliche Übergabe an die amerikanischen Truppen von Zerstörung verschont blieben.[24] Wie Schmitz und Hauenfelder darlegen, hat von Weiss neben vielen anderen Not leidenden Familien in Köln auch der Familie Adenauer im Krieg beigestanden.[25] Zudem gibt es Hinweise dafür, dass er jüdischen Familien ausländische Pässe besorgt habe.[26] Von Weiss rechnete fest damit, für den Posten bei der AHK nominiert zu werden. Seine Stellung, seine lange Dienstzeit in Köln und die seit den 1930er-Jahren gepflegte freundschaftliche Beziehung

---

18 Siehe dazu Kap. III, 1.2.
19 Brief Verweser des Generalkonsulats Huber an EPD, Abteilung für Auswärtiges, 17. Juli 1939, BAR, E 2500 1968/87, A.22 Albert Huber.
20 Siehe ebd.
21 Mitteilung des Informations- und Pressedienstes, 2. Dezember 1949, BAR, E 2500 1968/87, A.22 Albert Huber.
22 Brief Abteilung für Verwaltungsangelegenheiten an Legationsrat Huber, 9. April 1948, ebd.
23 Siehe Schmitz/Haunfelder, Humanität und Diplomatie, 107–138.
24 Ebd., 112.
25 Adenauer war als Mitglied der Zentrumspartei und amtierender Oberbürgermeister von Köln ein politischer Gegner der NSDAP bei deren Aufstieg. Dementsprechend heikel war seine Lage während des Krieges.
26 Siehe Schmitz/Haunfelder, Humanität und Diplomatie, 135.

mit Konrad Adenauer qualifizierten ihn seiner Meinung nach ideal für diesen Posten. Er reagierte bitter enttäuscht, als er erfuhr, dass er stattdessen abberufen und in den vorzeitigen Ruhestand entlassen werden sollte.[27] Von Weiss versuchte gegen diesen Entscheid vorzugehen. Zuletzt setzte sich sogar Konrad Adenauer beim Bundesrat für von Weiss ein.[28] Im EPD war aber die Gewissheit gewachsen, dass von Weiss «nicht nur die Interessen der Schweiz am Rhein vertrat, sondern daneben auch etwas zu direkt die politischen Ideen seines Freundes Adenauer protegierte».[29] So überreichte Albert Huber als Leiter der schweizerischen Mission am 15. Dezember 1949 bei der AHK sein Beglaubigungsschreiben.[30] Damit wurde Huber auch der Ministertitel verliehen. Bereits nach elf Jahren im Departement hatte er also den höchsten Rang erreicht. Dies ist vor allem seinem späten Eintritt ins EPD zuzuschreiben, war er doch mit 53 Jahren kein junger Minister.

Da Hubers Zeit als Leiter der diplomatischen Mission bei der AHK hauptsächlich durch die Vorbereitungen für die Aufnahme diplomatischer Beziehungen gekennzeichnet war, wird sie im folgenden Kapitel behandelt.[31]

2 Minister und Botschafter in Köln 1949–1959

2.1 Aufnahme diplomatischer Beziehungen zur BRD

Die Zeit nach dem Zweiten Weltkrieg bis zum Ende des Besatzungsstatus am 5. Mai 1955 war in Deutschland sehr bewegt. Die Neuordnung des besetzten Verlierers war lange Zeit unklar und ein wichtiger Streitpunkt im Ost-West-Konflikt. Ab dem 23. Mai 1949 bestand die BRD im Westen und ab dem 7. Oktober des gleichen Jahres die DDR im Osten. In der BRD gab es bis zu ihrer Souveränität 1955 zwei Regierungen, die Bundesregierung und die Alliierte Hohe Kommission. Die Kompetenzen zwischen den beiden Institutionen verschoben sich laufend, sodass sich der Schweizer Posten in seinem Jahres-

---

27 Ebd., 130.
28 Schmitz, Westdeutschland und die Schweiz nach dem Krieg, 421.
29 Schmitz/Haunfelder, Humanität und Diplomatie, 131.
30 Brief Minister Huber an Bundesrat Petitpierre, 20. Dezember 1949, BAR, E 2300 1000/716, Frankfurt am Main, Konsularberichte und Berichte der «Schweiz. Hauptvertretung für die britische Zone» beziehungsweise der «Schweiz. Diplomatischen Mission in der Bizone», Bd. 3.
31 Aus der Sicht des Autors macht es Sinn, die Zeit Hubers als Vertreter bei der AHK in die Betrachtung seiner Zeit als Schweizer Gesandter bei der deutschen Bundesregierung mit einzubeziehen, weil die Phase der Anerkennung der BRD und der Aufnahme diplomatischer Beziehungen entscheidend für die spätere Tätigkeit Hubers in Köln war.

bericht 1950 über die Arbeitslast durch «die grosse Zahl der sozusagen täglich erscheinenden neuen Verordnungen und Einzelbestimmungen» beklagte.[32] Auch für die Schweiz stand diese Zeit im Zeichen der Neuordnung der Beziehungen. Dabei waren die Frage der Anerkennung der BRD und der DDR sowie die Aufnahme von diplomatischen Beziehungen zu den beiden Regierungen zentral. In den ersten Jahren Albert Hubers in Köln standen diese Fragen im Zentrum seines Wirkens. Daher wird in den folgenden Abschnitten näher auf diesen Prozess eingegangen. Die schweizerische Haltung und das schrittweise Vorgehen der Schweizer Diplomatie in diesen Fragen ist ein sehr gut untersuchtes Thema, vor allem die Arbeit von Markus Schmitz gibt ausführlich Auskunft über die langsame, aber kontinuierliche Annäherung der Schweiz an die BRD.[33]

Die Aufnahme diplomatischer Beziehungen vollzog sich in drei Schritten: Zuerst wurde 1949, wie bereits erwähnt, eine schweizerische Mission bei der AHK akkreditiert. In einem zweiten Schritt erlaubte die Schweiz der BRD im Juli 1950, in Bern ein Generalkonsulat zu errichten.[34] Und im finalen Schritt überreichte Huber als Schweizer Gesandter am 14. April 1951 dem Bundespräsidenten Theodor Heuss sein Beglaubigungsschreiben.[35] Der Prozess verlief aber lange nicht so harmonisch, wie diese Zeilen den Anschein machen könnten. Der Bundesrat hatte im Mai 1945 die diplomatischen Beziehungen zum Deutschen Reich abgebrochen und vertrat anschliessend die These der Kontinuität der Reichseinheit und des prinzipiellen Fortbestands bilateraler Verträge. Damit verweigerte die Schweiz die Anerkennung der Rechtsnachfolge des Deutschen Reichs durch die alliierten Gremien.[36] In der Folge wurde auch festgehalten, dass weder die Regierung in Bonn noch diejenige in Ostberlin Gesamtdeutschland vertrete und daher in Fragen der Rechtsnachfolge beide nicht als Verhandlungspartner akzeptiert werden könnten. Bei der Akkreditierung einer Mission bei der Alliierten Hohen Kommission stellte sich die Frage der Anerkennung der BRD nicht.[37] Die Schweiz konnte also bei ihrer These bleiben. Das änderte sich im Oktober 1950, als Konrad Adenauer den Anspruch erhob, die Bundesrepublik Deutschland vertrete Gesamtdeutsch-

---

32   Geschäftsbericht der Schweizerischen Diplomatischen Mission in Köln für 1950, BAR, E 2400 1000/717, Köln, Bd. 419.
33   Schmitz, Westdeutschland und die Schweiz nach dem Krieg. Weitere Arbeiten zu dieser Fragestellung: Pautsch, Altschulden und Neubeginn; Flury-Dasen, Vom Ausnahmezustand zur guten Nachbarschaft; Küsters, Die Schweiz und die Deutsche Frage 1945–1961; Steffen Gerber, Das Kreuz mit Hammer, Sichel, Ährenkranz.
34   Schmitz, Westdeutschland und die Schweiz nach dem Krieg, 442.
35   Pautsch, Altschulden und Neubeginn, 26.
36   Schmitz, Westdeutschland und die Schweiz nach dem Krieg, 519.
37   Flury-Dasen, Vom Ausnahmezustand zur guten Nachbarschaft, 35.

land und übernehme damit die Rechtsnachfolge des Deutschen Reiches.[38] Die Schweiz musste nun Stellung beziehen, wodurch sich der Interessenkonflikt verschärfte, in welchem sich der Bundesrat befand. Es standen sich in dieser Diskussion zwei Lager gegenüber: Die eine Seite wollte aus neutralitätspolitischen Überlegungen eine Politik der «Äquidistanz» verfolgen, in der sowohl zur Regierung der BRD als auch zu derjenigen der DDR gleiche Beziehungen unterhalten werden sollten. Da die BRD aber in Anspruch nahm, ganz Deutschland zu vertreten, konnte diese Politik zu Problemen mit der westdeutschen Regierung führen. Die andere Seite stellte die wirtschaftlichen Interessen der Schweiz in der BRD über neutralitätspolitische Überlegungen und befürwortete eine möglichst rasche und enge Bindung an Westdeutschland.[39] Eine mitentscheidende Rolle spielte aus Schweizer Sicht die Frage der grossen Auslandsschulden des Deutschen Reiches in der Schweiz, wollte man doch verhindern, dass diese verfallen. Als Adenauer in einem Gespräch mit Huber zusicherte, die BRD wolle sowohl Vor- und Nachkriegs- als auch die Clearingschulden des Deutschen Reichs übernehmen, war ein entscheidendes Hindernis für die Aufnahme diplomatischer Beziehungen mit der BRD aus dem Weg geräumt.[40] Mit der Anerkennung der BRD und der Aufnahme diplomatischer Beziehungen 1951 schwenkte die Schweiz auf die Alleinvertretungsthese Adenauers ein, während sie bis 1972 keine diplomatischen Beziehungen zur DDR aufnehmen sollte.[41] In einem späteren Kapitel wird auf die Rolle von Albert Huber in diesem Prozess näher eingegangen.[42]

Die Zeit zwischen 1949 und 1951 war für Huber durch ein grosses Mass an Arbeit gekennzeichnet, nahm er doch gleichzeitig drei Funktionen wahr: Chef der Schweizerischen Diplomatischen Mission bei der AHK, Generalkonsul in Frankfurt am Main und Konsul in Köln. Mit der Übersiedlung der Regierungsinstanzen von Frankfurt nach Bonn musste Huber das Konsulat in Köln zu einer Gesandtschaft ausbauen, was sich angesichts der durch die neue Konzentration von Regierungsstellen in der Region entstandenen Wohnungs- und Platznot als schwierige Aufgabe herausstellte.[43]

Bevor es zwischen der Schweiz und Deutschland zu einem regulären diplomatischen Austausch kommen konnte, mussten die beiden Gesandtschaften eingerichtet und Gesandte nominiert werden. Dass Huber der erste Schweizer

---

38 Schmitz, Westdeutschland und die Schweiz nach dem Krieg, 506.
39 Küsters, Die Schweiz und die Deutsche Frage 1945–1961, 108.
40 Schmitz, Westdeutschland und die Schweiz nach dem Krieg, 456.
41 Siehe dazu Kap. I, 1.2.
42 Siehe dazu Kap. V, 2.1.
43 Siehe Geschäftsbericht der Schweizerischen Diplomatischen Mission in Köln für 1950, BAR, E 2400 1000/717, Köln, Bd. 419.

Gesandte bei der Bundesrepublik Deutschland wurde, war zuerst gar nicht klar. «Max Petitpierre hatte sich bei der Besetzung des Gesandtenpostens zunächst nicht für den bewährten Missionschef, sondern für Walter Stucki ausgesprochen.»[44] Erneut stand Stucki aber seine Vergangenheit als Schweizer Gesandter in Vichy im Weg, war doch Deutschland um einen Ausgleich mit Frankreich bemüht.[45] Zudem hatte es Huber verstanden, in kurzer Zeit in deutschen Regierungskreisen ein hervorragendes Netzwerk aufzubauen,[46] und hatte auch unter der bereits angesprochenen Dreifachbelastung gute Arbeit geliefert. Es gab also weder einen diplomatischen Grund, Huber nicht zum Gesandten zu ernennen, noch schien die Alternativbesetzung wirklich Erfolg versprechend. Schliesslich entschied sich Petitpierre auch deshalb für Huber, weil andere Staaten ebenfalls ihre bisherigen Missionschefs bei der AHK als Gesandte bei der BRD akkreditieren liessen.[47]

Doch damit waren die diplomatischen Beziehungen immer noch nicht auf dem normalen Stand, denn noch fehlte der deutsche Gesandte in Bern. Seit Februar 1951 sah die Bundesregierung Friedrich-Wilhelm Holzapfel für diesen Posten vor.[48] Verschiedene interne Querelen führten dazu, dass dieser sein Amt mit einer Verspätung von einem Jahr antrat.[49] Zwischen interner Nomination und offiziellem Amtsantritt kam es dreimal zu Indiskretionen im Auswärtigen Amt, welche jeweils von der Presse aufgenommen wurden. Dieser diplomatische Fauxpas führte auf Schweizer Seite zu Verstimmungen, und Huber intervenierte mehrmals beim Auswärtigen Amt.[50] Einen gesellschaftlichen Anlass im Dezember 1951 nutzte Huber, um einen Vertreter des Auswärtigen Amts «in einer bei seiner sonstigen zurückhaltenden Art ganz ungewöhnlich scharfen und massiven Form darauf aufmerksam zu machen, dass die Verzögerungen der Ernennung eines deutschen Gesandten für Bern allmählich wirklich eine gespannte Atmosphäre zwischen der Bundesrepublik und der Schweiz zu schaffen drohe».[51] Erst diese klaren Worte führten dazu,

---

44 Schmitz, Westdeutschland und die Schweiz nach dem Krieg, 467.
45 Stucki wurde nach dem Krieg bereits der Posten des Schweizer Gesandten in Paris verwehrt, weil er zuvor als Schweizer Botschafter bei der Regierung Pétain akkreditiert war und zu diesem gute Beziehungen unterhielt. Siehe dazu Kap. IV, 1.
46 Siehe dazu Kap. V, 2.5.
47 Brief Huber an EPD, 21. März 1951, BAR, E 2001 (E) 1967/113, Bd. 152. Siehe auch Schmitz, Westdeutschland und die Schweiz nach dem Krieg, 467.
48 Schmitz, Westdeutschland und die Schweiz nach dem Krieg, 468.
49 Am 22. Februar 1952. Siehe dazu ebd., 488.
50 Das erste Mal intervenierte Huber Anfang April 1951, wurde aber mit ausweichenden Antworten abgespeist. Brief Minister Huber an das EPD, 3. April 1951, BAR, E 2001 (E) 1969/121, Bd. 66. Im November 1951 liess Huber eine Demarche folgen. Siehe Schmitz, Westdeutschland und die Schweiz nach dem Krieg, 485.
51 Dittmann an Hallstein, 5. Dezember 1951, PA/AA Berlin, Personalakte Holzapfel, Bd. I,

dass sich das Auswärtige Amt in der Besetzungsfrage beeilte. Als es zu einer weiteren Indiskretion kam, wurde Huber erneut vorstellig und meinte, dass der Bundesrat diese mit Befremden zur Kenntnis genommen habe und ein solcher Fauxpas normalerweise ein Agrément für den betreffenden Kandidaten verunmögliche.[52] Als er kurz darauf trotzdem vom Auswärtigen Amt um das Agrément für Holzapfel ersucht wurde, mimte er gegenüber seinem deutschen Gesprächspartner Unverständnis, schrieb aber nach Bern: «En effet, M. Holzapfel ne s'est rendu coupable en rien – ni actes ni paroles – à l'égard de la Suisse. Son passé, tant du point de vue politique que moral, est irréprochable. Enfin, le candidat n'est pas le premier venu.»[53] Er stimmte damit mit der Meinung Petitpierres und des Gesamtbundesrates überein.[54]

Wie bereits erwähnt, waren die Meinungen in der Schweiz geteilt, was die Wiederaufnahme der Beziehungen zu Deutschland betraf. Albert Huber war ein einflussreicher und überzeugter Vertreter der Gruppe, die eine möglichst rasche Normalisierung der diplomatischen Beziehungen befürwortete. Dies zeigte sich ein erstes Mal, als es um die Frage der Errichtung einer Mission bei der AHK ging. Huber berichtete, «dass die Deutschen sie begrüssen würden, weil eine solche Vertretung trotz ihrer Unvollkommenheit für die Deutschen die Sprengung ihrer aussenpolitischen Isolierung bedeutet. Es würde kaum verstanden werden, wenn gerade die Schweiz diese Brücke nicht beschritte.»[55] Dass somit die Schweiz dazu gezwungen wäre, auch mit der DDR[56] irgendwelche Beziehungen aufzunehmen, nahm Huber als nötiges Übel hin. Dazu wollte er einen diplomatischen Trick anwenden. Er schlug vor, die Heimschaffungsdelegation Berlin noch vor der Gründung der DDR zu einem Generalkonsulat auszubauen, von wo aus die Schweizer Kolonie in Ostdeutschland betreut werden könnte, ohne dass man den neuen Staat im Osten anzuerkennen hätte.[57] Diesen Trick wollte man in Bern aber nicht anwenden. Immer wieder machte Huber Druck, möglichst rasch eine Vertretung bei der AHK einzurichten, und tauschte sich zur Situation oft mit deutschen Politikern aus.[58]

Auch bei der Frage der Zulassung deutscher Konsulate in der Schweiz zeigte

zitiert nach Schmitz, Westdeutschland und die Schweiz nach dem Krieg, 485 f.
52 Schmitz, Westdeutschland und die Schweiz nach dem Krieg, 486.
53 Brief Minister Huber an Bundesrat Petitpierre, 30. Januar 1952, BAR, E 2800 1967/59, 44.018 Albert Huber.
54 Siehe Schmitz, Westdeutschland und die Schweiz nach dem Krieg, 488.
55 Brief Generalkonsul Huber an das EPD, 18. August 1949, BAR, E 2001 (E) 1967/113, Bd. 526, zitiert nach Schmitz, Westdeutschland und die Schweiz nach dem Krieg, 407.
56 Die DDR war damals noch nicht gegründet. Aber Huber ging davon aus, dass dies bald der Fall sein werde.
57 Brief Generalkonsul Huber an das EPD, 26. August 1949, BAR, E 2001 (E) 1967/113, Bd. 526. Siehe auch Schmitz, Westdeutschland und die Schweiz nach dem Krieg, 407 f.
58 Siehe Schmitz, Westdeutschland und die Schweiz nach dem Krieg, 408–410.

sich Huber als Befürworter einer möglichst raschen Annäherung. Wie Schmitz nachweist, hielt man in Bern im Juni 1950 immer noch an der Einheitsthese von 1945 fest.[59] Huber hingegen wies darauf hin, dass diese These eher einer «Fiktion» entspreche. Vielmehr gewinne die BRD laufend an Souveränität, sodass die «Zulassung von westdeutschen konsularischen Vertretungen früher oder später unvermeidlich»[60] sein werde, «namentlich für ein Nachbarland mit so intensiver Verflechtung der Interessen».[61] Auch war er der Meinung, es sei besser, freiwillige Zugeständnisse zu machen, als später «durch die Umstände» erpresst zu werden.[62] Huber konnte damit Zehnder überzeugen und auch Petitpierre war einer Errichtung deutscher Konsulate in der Schweiz nach der Fürsprache Hubers nicht mehr abgeneigt.[63] Etwas unbefriedigend für Huber dürfte gewesen sein, dass er bei seinem nächsten Treffen mit deutschen Gesprächspartnern nicht selber das Schweizer Einlenken kommunizieren konnte. Er wurde angewiesen, vorerst auf die Möglichkeit, eine Handelsdelegationen zu errichten, zu verweisen. Das Gespräch Hubers mit Wilhelm Haas vermittelte diesem aber das Gefühl, dass «ein Insistieren der Bundesregierung auf eine konsularische Vertretung vielleicht noch zu einem Nachgeben der Schweiz führen könnte».[64] Die deutsche Regierung wusste nun, was zu tun war. Das gewünschte Zugeständnis machte dann Bundesrat Petitpierre bei einem Treffen am Neuenburgersee mit Bundespräsident Heuss.[65]

Beim dritten Schritt, der Aufnahme diplomatischer Beziehungen, übernahm Huber erneut die Rolle des Promotors einer raschen Normalisierung. So wollte er entgegen der offiziellen Meinung des EPD die Anerkennung der BRD nicht von der Zusage bezüglich der Übernahme der Schulden des Deutschen Reichs abhängig machen.[66] Loyal zu seinen Vorgesetzten, überbrachte er aber seinem Gesprächspartner Haas die Nachricht, dass eine Anerkennung der BRD nur

59 Ebd., 434 f. Siehe zur Einheitsthese Kap. V, 2.2.
60 Brief Minister Huber an das EPD, 14. Juni 1950, BAR, E 2001 (E) 1969/121, Bd. 66, zitiert nach Schmitz, Westdeutschland und die Schweiz nach dem Krieg, 436 f.
61 Ebd.
62 Ebd.
63 Schmitz, Westdeutschland und die Schweiz nach dem Krieg, 437 f. Siehe dazu auch die handschriftlichen Kommentare des entsprechenden Berichts von Huber an Zehnder. Brief Minister Huber an Minister Zehnder, 14. Juni 1950, BAR, E 2001 (E) 1969/121, Bd. 66, dodis.ch/8097.
64 Haas, Aufzeichnung, 29. Juni 1950, in: Schwarz, AAPD 1949/50, 216, zitiert nach Schmitz, Westdeutschland und die Schweiz nach dem Krieg, 439.
65 Siehe Schmitz, Westdeutschland und die Schweiz nach dem Krieg, 441.
66 Er äusserte diese Meinung in einem Brief an Hans Frölicher. Der ehemalige Schweizer Gesandte in Berlin spielte eine etwas undurchsichtige Rolle in dieser Frage. Schmitz weist nach, dass Frölicher wiederholt die offizielle Schweizer Linie durchkreuzt hat und deutsche Gesprächspartner über die Verhandlungstaktik der Schweiz informierte. Siehe Schmitz, Westdeutschland und die Schweiz nach dem Krieg, 454–460.

dann infrage käme, wenn die «alten Staatsverträge[,] die private und öffentliche Verschuldung eine feste, neue rechtliche Verwurzelung bekämen».[67] Kurz darauf machte Adenauer bekannt, dass die BRD für alle Schulden des Deutschen Reichs aufkommen werde.[68] Für Huber gab es damit keinen Grund mehr, die Beziehungen nicht rasch möglichst aufzunehmen. Er wollte dabei vor allem den «psychologischen Moment» nicht verpassen: Die Anerkennung sollte auf deutscher Seite «als spontanes und freiwilliges Zugeständnis» empfunden werden.[69] Kein Problem mehr sah er im Ungleichgewicht der Beziehungen zu den beiden deutschen Staaten. Huber wehrte sich daher gegen eine «schematische Gleichgewichtspolitik, nach beiden Seiten das Gleiche zu tun».[70] Er schrieb weiter: «Auch als dauernd neutraler Staat sind wir frei und berechtigt, nach unseren schweizerischen Interessen zu handeln.»[71] Vor allem müsse sich die Schweiz aber davor hüten, «gute Interessen schlechten und aussichtslosen aufzuopfern».[72]

Zusammenfassend kann festgehalten werden, dass Albert Huber in dieser Phase des Beziehungsaufbaus eine sehr aktive Rolle gespielt hat. Er hat sich gegenüber Bern immer für eine möglichst rasche Annäherung an die BRD ausgesprochen und dabei neutralitätsrechtliche Fragen in den Hintergrund gestellt.[73]

2.2 Vom Nahverhältnis unter befreundeten Nachbarn

Weit weniger Probleme als die diplomatischen machten die wirtschaftlichen

---

67 Brief Minister Huber an das EPD, 14. Oktober 1950, BAR, E 2001 (E) 1967/113, Bd. 152, zitiert nach Schmitz, Westdeutschland und die Schweiz nach dem Krieg, 450.
68 Huber erfuhr von Adenauer bereits vor dessen offizieller Ankündigung, dass sich die Bundesregierung in Absprache mit den Alliierten zu diesem Schritt entschieden habe. Besonders wichtig für die Schweiz war, dass Adenauer Huber versprach, sich persönlich dafür einzusetzen, dass man nicht nur für die Vor- und Nachkriegsschulden, sondern auch für die Clearingschulden aus der Kriegszeit aufkomme. Siehe Brief Minister Huber an Minister Zehnder, 12. Dezember 1950, BAR, E 2001 (E) 1967/113, Bd. 152, dodis.ch/8062.
69 Brief Minister Huber an das EPD, 6. März 1951, BAR, E 2001 (E) 1967/113, Bd. 152, zitiert nach Schmitz, Westdeutschland und die Schweiz nach dem Krieg, 461.
70 Brief Minister Huber an Bundesrat Petitpierre, 29. Mai 1951, BAR, E 2800 1967/59, 44.018 Albert Huber.
71 Ebd.
72 Brief Minister Huber an Minister Zehnder, 31. März 1951, in: DDS-XVIII, Nr. 88.
73 Sein Gegenspieler in Bern war Erwin Bernath, der immer wieder auf ein vorsichtigeres Vorgehen gegenüber der BRD und vor allem auf eine Politik der Äquidistanz drängte. Auch in späteren Jahren sprach sich Huber konsequent gegen eine rasche Annäherung an die DDR an, so zum Beispiel 1954: Als er erfuhr, dass Legationsrat Schnyder, der damals die Delegation in Berlin leitete, Gespräche über eine Handelsvertretung der DDR in Zürich führte (Huber sprach von einer «sowjetzonalen Handelsvertretung»), riet er Bern umgehend von einem solchen Schritt ab. Er bezeichnete ihn als «inopportun». Man solle in dieser Angelegenheit «wenn überhaupt – nur pari passu» handeln. Brief Minister Huber an Minister Zehnder, 7. April 1954, BAR, E 2001 (E) 1969/121, Bd. 66, dodis.ch/9053.

Beziehungen zwischen den beiden Nachbarländern. Deutschland war vor dem Krieg der wichtigste Handelspartner der Schweiz gewesen. Nach dessen Zusammenbruch 1945 nahmen die USA diesen Platz in der Schweizer Aussenwirtschaft ein.[74] Während sich in den Nachkriegsjahren unter alliierter Kontrolle kein wirklich erfolgreicher schweizerisch-deutscher Handelsverkehr entwickelte, blühten die wirtschaftlichen Beziehungen der beiden Nachbarstaaten ab dem Moment, als die deutschen Vertreter ihre Handelspolitik wieder selbst in die Hand nehmen durften, regelrecht auf.[75] Nicht nur zwischen den beiden Staaten, sondern auch zwischen ihren massgebenden Wirtschaftspolitikern entwickelten sich hervorragende Beziehungen, die von der gemeinsamen Bestrebung, möglichst schnell eine Liberalisierung des Handelsverkehrs in Europa zu erreichen, getragen wurde.[76] In diesem Zusammenhang ist vor allem der deutsche Wirtschaftsminister Ludwig Erhard zu nennen, der dem kleinen Nachbarstaat im Süden sehr offen gegenüberstand und die Möglichkeiten eines guten Handelsverkehrs mit ihm erkannte. Bei verschiedenen Gelegenheiten reiste er in die Schweiz und besprach sich dabei mit den wichtigsten Schweizer Wirtschaftspolitikern.[77] Bereits 1949 hatte Westdeutschland sowohl beim Import in die als auch beim Export aus der Schweiz wieder die drittwichtigste Position inne. 1953 übernahm die BRD die Rolle als wichtigster Importpartner und als zweitwichtigster Exportpartner, und ab 1954 hatte sie in beiden Bereichen die grösste Bedeutung für die Schweiz zurückerlangt.[78]

Ein weiteres Geschäft, das die immer besser werdenden Beziehungen zwischen der Schweiz und der BRD veranschaulicht, war die definitive Lösung der Fragen im Zusammenhang mit dem Washingtoner Abkommen. Die Schweiz hatte sich in diesem Abkommen 1946 verpflichtet, die deutschen Vermögenswerte auf Schweizer Banken zu liquidieren und den Alliierten fünfzig Prozent davon zur Verfügung zu stellen.[79] Im Abkommen nicht vereinbart wurde der Umrechnungskurs, der dabei Verwendung finden sollte. Dies entwickelte sich zum Nachteil für die Alliierten, konnten sie sich doch erst 1951 mit der Schweiz auf einen Kurs einigen.[80] Doch in der Zwischenzeit hatte sich die Ausgangslage verändert. Die soeben gegründete BRD trat als Rechtsnachfolgerin des Deutschen Reichs auf und musste daher ihr Einverständnis zur Vereinbarung zwischen der Schweiz und den Alliierten geben, welches sie

---

74 Siehe dazu Kap. III, 2.1.
75 Flury-Dasen, Vom Ausnahmezustand zur guten Nachbarschaft, 40.
76 Ebd., 40 f.
77 Siehe ebd., 41.
78 Siehe Geschäftsbericht der Schweizerischen Gesandtschaft bei der Bundesrepublik Deutschland in Köln für das Jahr 1954, BAR, E 2400 1000/717, Köln, Bd. 419.
79 Siehe dazu Kap. III, 2.2.
80 Schiemann, Neutralität in Krieg und Frieden, 261.

prompt verweigerte. Daraufhin traten Westdeutschland und die Eidgenossenschaft in direkte Verhandlungen ein. Die Schweiz wurde für ihr Verhalten in dieser Frage von der BRD sehr geschätzt und in einer internen Analyse des deutschen Auslandsvermögens mit lobenden Worten erwähnt, hatte diese doch durch ihre unnachgiebige Position gegenüber den Alliierten über Jahre die Liquidierung des deutschen Vermögens verhindert.[81] Nach relativ kurzer Verhandlungsphase kamen die beiden Staaten zu einer Pauschallösung, die beiden von hohem Nutzen war. Während die Schweiz eine erhebliche Tilgungszahlung für die als unsicher geltenden Clearingmilliarden erhielt, konnte Deutschland gegen einen relativ hohen Preis die deutschen Guthaben in der Schweiz vor der Liquidation retten. Da es sich bei diesen Guthaben auch um Beteiligungen an Unternehmen, Liegenschaften und Patenten handelte und diese in der Folge des Wirtschaftsbooms eine starke Wertsteigerung erfuhren, rechnete sich die Lösung auch für die BRD.[82] Damit konnte ein Problem, das jahrelang das Schweizer Verhältnis zu den Alliierten belastet hatte, in Zusammenarbeit mit Westdeutschland zugunsten beider gelöst werden. Dass gerade die Schweiz und die BRD am Schluss als «Gewinner» der ganzen Verhandlungen um die deutschen Vermögenswerte in der Schweiz erscheinen, kann auf den ersten Blick überraschen. Es ist aber festzuhalten, dass man nicht von «Gewinnern» sprechen kann, da es für beide einfach weniger schlimm kam, als sie 1946 befürchten mussten.

«Die bestehenden freundnachbarschaftlichen Beziehungen wurden – durch nichts gestört – weiter vertieft.»[83] Zu diesem Schluss gelang Huber in seinem Jahresbericht 1953, und Ende 1955 meinte er sogar, «dass die schweizerischen Interessen [in den Beziehungen zu Deutschland, F. K.] auf allen Gebieten eine befriedigende Entwicklung fanden».[84] Tatsächlich kam es nach der Lösung der Frage des Washingtoner Abkommens zu keinen grösseren bilateralen Problemen,[85] und die Beziehungen können als harmonisch und erfolgreich bezeichnet werden.

Ein wichtiges Zeichen dieses Nahverhältnisses waren die besonderen Bezie-

---

81 Siehe Das Deutsche Auslandsvermögen, Übersicht über den Stand Oktober 1949 und Anregungen für die weitere Behandlung. Erstellt durch Deutsches Büro für Friedensfragen, Stuttgart, 20. November 1949, BAR, E 2200.161 1000/251, J.14.05 Bundesministerium für Angelegenheiten des Marshallplans.
82 Halbeisen, Die Finanzbeziehungen zwischen der Schweiz und der Bundesrepublik Deutschland in der Nachkriegszeit, 178.
83 Geschäftsbericht der Schweizerischen Gesandtschaft bei der Bundesrepublik Deutschland in Köln für das Jahr 1953, BAR, E 2400 1000/717, Köln, Bd. 419.
84 Ebd.
85 Einzig die Visumfrage belastete den bilateralen Kontakt noch etwas. Das EJPD erhielt aus Angst vor nationalsozialistischen Einwanderern bis 1954 ein restriktives Visumwesen aufrecht. Flury-Dasen, Vom Ausnahmezustand zur guten Nachbarschaft, 45.

hungen, die deutsche Regierungspersönlichkeiten zur Schweiz und deren politischen Vertretern unterhielten. Bereits kurz nach dem Krieg reisten deutsche Politiker in die Schweiz und suchten das bilaterale Gespräch.[86] Aber erst nach der Gründung der Bundesrepublik hatten diese einen Ministerrang und konnten bei Schweizer Bundesräten als Amtskollegen empfangen werden. 1950 reisten nacheinander Arbeitsminister Anton Storch, Wirtschaftsminister Ludwig Erhard und der Minister für Marshallplanfragen Franz Blücher ins südliche Nachbarland und wurden dort vom Bundesrat empfangen.[87] Huber hatte bei diesen Besuchen die Funktion eines Vermittlers[88] und konnte danach von zufriedenen Bundesministern berichten: «Il [Minister Erhard, F. K.] a souligné l'atmosphère de confiance ainsi que le ton amical qu'il a rencontrés partout dans ses prises de contact en Suisse.»[89]

Ein besonderes Verhältnis hatte aber vor allem Bundeskanzler Adenauer zur Schweiz. «Nirgendwo sonst im Ausland kannte sich Adenauer besser aus als in der Schweiz, nahezu jeder Winkel und selbst die entlegensten Ortschaften waren ihm seit der Jugendzeit vertraut.»[90] Adenauer reiste bereits als Jugendlicher ins südliche Alpenland, verbrachte dort seine Hochzeitsreise und fuhr nach dem Krieg nach Chandolin im Wallis in die Ferien. Carl Hilty hatte ihn stark geprägt, die «Neue Zürcher Zeitung» gehörte zu seiner bevorzugten Lektüre, von Weiss war sein Freund und die Schweiz war für ihn ein Beispiel, dass die Probleme der europäischen Integration überwunden werden können.[91] 1950 reiste neben den angesprochenen Ministern auch Adenauer in die Schweiz und verbrachte vier Wochen auf dem Bürgenstock. Gemäss Hubers Ausführungen stand er selbst am Ursprung dieser Reise, habe er doch dem Bundeskanzler wiederholt empfohlen, zu seiner Genesung in die Schweiz zu reisen.[92] Dieser bedankte sich bei Huber vom Bürgenstock aus

---

86 Siehe Schmitz, Westdeutschland und die Schweiz nach dem Krieg, 495.
87 Siehe ebd., 426 f.
88 Storch wurde noch von Frölicher eingeladen. Schmitz, Westdeutschland und die Schweiz nach dem Krieg, 426 f. Zu Erhard siehe Brief Minister Zehnder an Minister Huber, 19. Januar 1950, BAR, E 2500 1968/87, A.22 Albert Huber. Zu Blücher siehe Brief Minister Huber an Bundesrat Petitpierre, 7. März 1950, BAR, E 2800 1967/59, 44.018 Albert Huber.
89 Brief Minister Huber an Bundesrat Petitpierre, 3. Februar 1950, BAR, E 2800 1967/59, 44.018 Albert Huber.
90 Mensing, Adenauer und die Schweiz, 90. Siehe zum Verhältnis Adenauers zur Schweiz auch Hauenfelder, Aus Adenauers Nähe.
91 Siehe ebd., 92–97.
92 Diese Aussage machte Huber in einem Brief an den Hoteldirektor des Bürgenstocks. Im selben Brief bat er diesen, dem Kanzler eine Flasche Wein auf seine Kosten zu servieren. Es kann daher nicht ganz ausgeschlossen werden, dass Huber seine Rolle nur deshalb so hervorhob, um den Wein nicht selbst bezahlen zu müssen. Siehe Brief Minister Huber an Herrn Frey-Fürst, Bürgenstock Hotels, 13. Juli 1950, BAR, E 2200.161 1968/134, J.13.9 Bundeskabinettsmitglieder.

für seine «ausgezeichnete Vorarbeit».[93] Adenauer wiederholte seine Ferien am Vierwaldstättersee in den Jahren 1951 und 1952. Während bei der ersten Bürgenstockreise kein Zusammentreffen mit Bundesrat Petitpierre stattgefunden hatte,[94] war es 1951 Albert Huber, der den Aussenminister aufforderte, den Bundeskanzler zu einem Treffen zu laden,[95] woraufhin Petitpierre Adenauer auf dem Lohn bei Bern empfing. 1955 zeigte sich Huber erneut als Promotor der Schweizreisen Adenauers. Zuerst schlug er im Bundeskanzleramt Mürren als Ferienort vor, als man sich nach einem Ort für Genesungsferien des Kanzlers auf über 1550 Meter über Meer umschaute.[96] Dann schrieb er der Vermieterin des für Adenauer gemieteten Ferienhauses in Mürren und dem Berner Regierungsrat, um den Besuch vorzubereiten[97] Vor allem aber setzte er in Bern durch, dass Adenauer erneut vom Bundesrat empfangen wurde.[98] In den Jahren 1956 und 1957 verbrachte Adenauer seine Ferien in Ascona und Lugano.[99] Die Ferien des Kanzlers in der Schweiz wurden von Mensing als «regelrechte Inszenierungen» und «Medienereignisse [...] mit Frühstücksdiplomatie beim jeweiligen Bundespräsidenten, Defilee der Minister und Verbandsfunktionäre aus Bonn, Ständchen von Kinderchören, Film- und Fototerminen in der Wochenschau und bunten Blätter [sic]» beschrieben.[100] Gerade dies hinterliess in der Schweizer Öffentlichkeit keinen durchwegs positiven Eindruck. Es wurde unter dem Titel «Bundeskanzleramt Bürgenstock» in den Schweizer Medien beklagt, dass der deutsche Kanzler aktive Politik von einem neutralen Gastland aus treibe.[101] Die folgende Anekdote sei hier erwähnt, da sie aufzeigt, welch kleine Vorfälle zu Störungen auf dem fragilen politischen Parkett führen konnten.

93 Brief Bundeskanzler Adenauer an Minister Huber, 17. Juli 1950, ebd.
94 Schmitz nennt dafür verschiedene Gründe. Unter anderem vermutet er, dass taktische Gründe in der Frage nach Anerkennung von Generalkonsulaten eine Rolle spielten. Diese These kann hier weder belegt noch widerlegt werden. Doch ist dem entgegenzuhalten, dass die Treffen in den Folgejahren immer auf die Initiative Hubers zurückgingen, welche er 1950 nicht ergriffen hatte. Schmitz, Westdeutschland und die Schweiz nach dem Krieg, 441.
95 Siehe Brief Minister Huber an Bundesrat Petitpierre, 5. Juni 1951, BAR, E 2200.161 1968/134, J.13.9 Bundeskabinettsmitglieder.
96 Brief Legationsrat Rebsamen an Ministerialrat Klib, 12. Mai 1955, ebd.
97 Siehe Brief Minister Huber an Frau Dr. Scabell, 22. Juni 1955, ebd.; Brief Minister Huber an Dr. Max Graf, 27. Juni 1955, ebd.
98 Alfred Zehnder und Max Petitpierre sprachen sich zuerst gegen eine Einladung aus, da man auf die Gesundheit Adenauers Rücksicht nehmen wollte. Huber wies im Hinblick auf die guten Beziehungen darauf hin, dass Adenauer bei einer Nichteinladung sehr enttäuscht wäre. Telegramm, Nr. 12, Köln 8. Juli 1955, BAR, E 2200.161 1968/134, J.13.9 Bundeskabinettsmitglieder.
99 Mensing, Adenauer und die Schweiz, 91.
100 Ebd.
101 Schmitz, Westdeutschland und die Schweiz nach dem Krieg, 516.

Am 1. August 1951 fanden sich zur Nationalfeier auf dem Vorplatz des Park-Hotels Bürgenstock viele Gäste ein und freuten sich auf die üblichen volkstümlichen Darbietungen[102] und Reden. Die 1.-August-Ansprache hielt Dr. Kopp jun., der Sohn des «Vaterland»-Redaktors Eugen Kopp. Jener, wahrscheinlich angetan von der Chance, vor dem deutschen Bundeskanzler sprechen zu können, lobte in seiner Rede Deutschland und die Verdienste Adenauers so oft, dass es dem Publikum missfiel. Die Zuhörerschaft reagierte mit Unbehagen und zunehmend verärgert. Es wurden Ausrufe wie «Hoch Deutschland!», andererseits «Nieder mit Deutschland!» getätigt, was dann zu einem Pfeifkonzert führte. Das Ganze drohte im Tumult zu enden. Es gelang dem Hoteldirektor, die Situation zu retten, indem er kurzerhand das Feuerwerk verfrüht starten liess, sodass Kopp in seiner Rede nicht weiterfahren konnte.[103] In der Folge wurde der Vorfall gar von der Bundesanwaltschaft untersucht. Adenauer verurteilte die Rede intern, da es einer patriotischen Rede nicht gut anstehe, einen ausländischen Gast so hervorzuheben. Er gab seinem Ministerialrat den Auftrag, mit sämtlichen Presseagenturen Kontakt aufzunehmen und diese zu bitten, möglichst auf die Veröffentlichung der Geschichte zu verzichten, hatte er doch die Befürchtung, seine politischen Gegner könnten ihm aus seiner Vorliebe für die Schweiz einen Strick drehen.[104] Solche Vorfälle waren mit ein Grund dafür, dass Adenauer ab 1958 seine Ferien am Gardasee verbrachte.[105]

Auch Bundespräsident Heuss besuchte verschiedene Male die Schweiz. Besonders zu erwähnen ist sein Besuch 1950 in Neuenburg bei Bundesrat Petitpierre, als er diesem das Einverständnis zur Eröffnung von deutschen Konsulaten in der Schweiz abrang.[106] Besondere Beziehungen verband Theodor Heuss mit Carl Jacob Burckhardt, den er verschiedentlich besuchte.[107] 1957 kam es im

---

102 Es traten die Buochser Turner-, Trachten- und Jodlervereine auf.
103 Auszug aus dem Polizeibericht über die 1.-August-Feier auf dem Bürgenstock, 1. August 1951, BAR, E 2200.161 1968/134, J.13.9 Bundeskabinettsmitglieder.
104 Siehe Beilage zu Brief EPD, Politische Angelegenheiten an Minister Huber, 11. September 1951, ebd.
105 Wie bereits erwähnt, waren es wohl vor allem die kritischen Schweizer Presseberichte. Adenauer teilte Huber 1958 mit, dass er seine Ferien in Italien verbringen werde, da er einige politische Gäste erwarte. Aus seiner Erfahrung wisse er, dass dies für die neutrale Schweiz ein Problem darstellen könne. Brief Botschafter Huber an Bundesrat Petitpierre, 11. Juli 1958, BAR, E 2800 1967/59, 44.018 Albert Huber.
106 Schmitz, Westdeutschland und die Schweiz nach dem Krieg, 441.
107 Theodor Heuss verbrachte jeweils die Weihnachtszeit bei seinem Sohn in Lörrach und nutzte dabei die Nähe zur Schweiz. Er besuchte neben anderen Schweizer Persönlichkeiten auch Carl Jacob Burckhardt in Basel. Siehe BAR, E 2200.161 1968/134, J.13.9 Bundeskabinettsmitglieder.

Anschluss an Ferien des deutschen Bundespräsidenten in Sils Maria zu einem halboffiziellen Staatsempfang in Bern.[108]

2.3 Das Luftverkehrsabkommen

Wie bereits erwähnt, zeichnete sich das Verhältnis zwischen der Schweiz und der BRD nach der Aufnahme der diplomatischen Beziehungen und der Lösung der Fragen im Zusammenhang mit dem Washingtoner Abkommen durch besondere Nähe und wenig Reibungsflächen aus.[109] Viele Probleme wurden nun im direkten bilateralen Verkehr erledigt, ohne dass die Gesandtschaft eine entscheidende Rolle gespielt hätte.[110] Ein Beispiel für die Rolle, die die Gesandtschaft in solchen Kontakten zu spielen hatte, sind die Verhandlungen zum Luftverkehrsabkommen von 1956. Es wird an diesem Beispiel ersichtlich, welche Vorteile ein intensiver Einbezug der Gesandtschaft bringen konnte.

Im Dezember 1953 entschloss sich das Eidgenössische Luftamt, auf die Fühlungnahme deutscher Stellen zu reagieren und Verhandlungen zu einem Luftverkehrsabkommen aufzunehmen.[111] Nachdem Huber wie gewünscht die deutsche Bereitschaft sondiert hatte, trat das Eidgenössische Luftamt in direkten Kontakt mit der Abteilung für Luftfahrt im Bundesverkehrsministerium. Bei den Verhandlungen im August 1954 in Bonn wurde die Schweizer Delegation durch Vertreter der Gesandtschaft verstärkt.[112] Vom Bundesverkehrsministerium erfuhr die Schweiz eher beiläufig, dass kein Vertreter des Auswärtigen Amts dabei sein werde. Dies sei aus Rücksicht auf die noch fehlende Souveränität der BRD beschlossen worden.[113] Es stellte sich jedoch später heraus, dass das Bundesverkehrsministerium eher aufgrund von Kompetenzstreitigkeiten kein Interesse daran hatte, das Auswärtige Amt mit einzubeziehen. Als man die zweite Verhandlungsrunde in Bern vorbereitete, erfuhr Huber vom Luftamt, dass das Bundesverkehrsministerium das Auswärtige Amt möglichst umgehen wolle. Er war mit diesem Vorgehen gar nicht einverstanden und intervenierte in Bern. Er wies darauf hin, dass das Auswärtige Amt eine viel

---

108 Siehe dazu Günther, Heuss auf Reisen, 75.
109 Ebd.
110 Zum Beispiel in der Kooperation bei der Rheinnutzung (Kraftwerke, Schiffsverkehr). In den entsprechenden Dossiers finden sich keine Belege für einen grösseren Einfluss der Gesandtschaft. Sie nahm mehr eine Beobachterrolle ein. Siehe BAR, E 2200.161 1968/134, M.12.11.2 Rheinzentralkommission.
111 Brief EPD, Abteilung Internationale Organisationen an Minister Huber, 1. Dezember 1953, BAR, E 2200.161 1968/134, M.13.22 Luftverkehrsabkommen.
112 Handelsattaché Auguste Rebsamen begleitete auf Wunsch des Luftamtes die schweizerische Delegation. Siehe Brief Legationsrat Rebsamen an EPD, Abteilung für Internationale Organisationen, 9. August 1954, ebd.
113 Brief Eidgenössisches Luftamt an EPD, Abteilung für Internationale Organisationen, 30. Juli 1954, ebd.

liberalere Position vertrete als das Verkehrsministerium, was den Schweizer Anliegen entgegenkäme. Um das Bundesverkehrsministerium zu zwingen, das Auswärtige Amt zu informieren, schlug er eine diplomatische Raffinesse vor: Er meinte, das Eidgenössische Luftamt solle das Verkehrsministerium über diplomatische Kanäle nach Bern einladen, womit das Auswärtige Amt automatisch Kenntnis von den Besprechungen bekäme.[114] In Bern beim Luftamt war man aber der Meinung, dass man sich in diese innerdeutsche Angelegenheit nicht einmischen wolle,[115] und so kam es zu direkten Gesprächen zwischen den beiden Verkehrsministerien. Dazu waren auch Vertreter von Lufthansa und Swissair eingeladen worden.[116] Die Gespräche verliefen zuungunsten der Schweizer Delegation, die sich mit einer schroffen Haltung konfrontiert sah. Erst jetzt besann man sich in Bern des Rates des Gesandten in Köln und bat ihn, sich für die Schweizer Position einzusetzen.[117] In der Folge zeigte sich, welchen Stellenwert eine gut vernetzte Gesandtschaft in bilateralen Verhandlungen einnehmen kann. Huber deckte schnell auf, dass es zwischen den deutschen Amtsstellen grundsätzlich verschiedene Ansichten gab. Er erhielt vom Auswärtigen Amt Unterstützung zugesprochen und wurde sogar mit Ratschlägen versorgt, wie sich die Schweiz auf die kommenden Verhandlungen vorbereiten solle.[118] Er organisierte für Vertreter der Swissair ein Treffen mit Bundespräsident Heuss[119] und trug Informationen zu Verhandlungen zwischen der BRD und anderen Ländern zusammen.[120] Schliesslich organisierte er in der Gesandtschaft ein Treffen zwischen den entscheidenden Vertretern der Swissair, der Lufthansa und des Bundesverkehrsministeriums. Die Interventionen, die sich über mehrere Monate hinzogen, hatten ihre Wirkung nicht verfehlt und Huber konnte nach Bern berichten: «Auf beiden Seiten herrschte am Schluss der Diskussion der Eindruck, es werde nicht allzu schwer fallen,

---

114 Brief Minister Huber an EPD, Abteilung für Internationale Organisationen, 6. Januar 1955, ebd.
115 Brief Eidgenössisches Luftamt an EPD, Abteilung für Internationale Organisationen, 23. Mai 1955, ebd.
116 Aktennotiz, 27. September 1955, ebd.
117 Huber wurde von der Abteilung für Internationale Organisationen beauftragt, aktiv für die Schweizer Position zu werben. Siehe Brief Minister Huber an EPD, Abteilung für Internationale Organisationen, 22. Oktober 1955, BAR, E 2200.161 1968/134, M.13.22 Luftverkehrsabkommen.
118 Ebd. Der zuständige Mitarbeiter des Auswärtigen Amtes riet der Schweiz, sich mit Luftverkehrsbehörden anderer Länder, die auch in Verhandlungen mit der BRD stecken, abzusprechen.
119 Telephonnotiz, 28. Oktober 1955, BAR, E 2200.161 1968/134, M.13.22 Luftverkehrsabkommen.
120 Brief Minister Huber an EPD, Abteilung für Internationale Organisationen, 12. Dezember 1955, ebd.

im Januar 1956 rasch zu einem befriedigenden Resultat zu gelangen.»[121] Diese Einschätzung stellte sich als richtig heraus und im Mai 1956 konnte das Abkommen unterzeichnet werden.[122]

2.4 Engagement in verschiedenen Botschaftsaufgaben

«Seine Berichte waren klar, sein Stil gepflegt. Immer wahrte er den Blick für die Zusammenhänge. Seine Schilderungen vermittelten ein lebensnahes Bild vom Geschehen an seinem Wirkungsort.»[123] Diesem Urteil von Bundesrat Petitpierre, das er anlässlich der Beerdigung Hubers über dessen Berichterstattung fällte, ist aus der historischen Distanz zuzustimmen. Bereits Schmitz hielt fest, dass Huber «auf ein dichtes Netz politischer und journalistischer Gewährsmänner zurückgreifen konnte, aber unabhängige Analysen schätzte».[124] Diese Aussage ist besonders erwähnenswert, da Schmitz sie 1949 machte, als Huber erst ein paar Monate im Amt war. Tatsächlich war Huber gerade in dieser heiklen Phase ein ausserordentlich guter Beobachter der Lage. Verschiedentlich schätzte er die Lage anders ein als zum Beispiel Alfred Zehnder in Bern, und trug mit seinen Berichten wesentlich dazu bei, dass die Deutschlandpolitik der Schweiz den Gegebenheiten vor Ort angepasst wurde.[125] Er konnte Bern zudem mit interessanten Informationen versorgen. So erfuhr er über inoffizielle Kanäle im Voraus, dass Bundeskanzler Adenauer bereit sei, sämtliche Schulden des Deutschen Reichs zu übernehmen,[126] oder dass Friedrich Holzapfel zum ersten deutschen Gesandten in der Schweiz werden sollte.[127] Auch nach der Aufnahme diplomatischer Beziehungen blieb Huber ein gut vernetzter Informant, der in seinem Urteil oft richtig lag. So sah er 1953 den Wahlerfolg der CDU voraus.[128] Auch dass Adenauer das Auswärtige Amt vorerst unter

---

121 Ebd.
122 Siehe Abkommen vom 2. Mai 1956 zwischen der Schweizerischen Eidgenossenschaft und der Bundesrepublik Deutschland über den Luftverkehr (mit Notenaustausch), 2. Mai 1956, SR. 0.748.127.191.36. www.admin.ch/ch/d/sr/sr.html, 22. Juni 2011.
123 Ansprache von Herrn Bundesrat Max Petitpierre an der Trauerfeier für Herrn Botschafter Albert Huber, 5. Januar 1959, BAR, E 2800 1967/59, 44.018 Albert Huber.
124 Schmitz, Westdeutschland und die Schweiz nach dem Krieg, 406.
125 Huber teilte Bern im Voraus mit, dass die Alliierten bald eine Einladung an die Schweiz richten würden, eine Mission bei der AHK zu errichten. Schmitz, Westdeutschland und die Schweiz nach dem Krieg, 409. Zehnder glaubte 1950, dass es noch lange dauern werde, bis sich am Besatzungsstatus etwas ändern werde, Huber war gegenteiliger Meinung und behielt damit recht. Nur drei Tage später wurde der Besatzungsstatus angepasst. Ebd., 436.
126 Siehe dazu Kap. V, 2.1.
127 Diese Information erhielt er gut ein Jahr vor der offiziellen Anfrage. Siehe Schmitz, Westdeutschland und die Schweiz nach dem Krieg, 459.
128 Er hatte sich zu diesem Thema mit verschiedenen politischen Beobachtern ausgetauscht. Anders als die Zeitungen wagte er nach diesen Gesprächen eine Voraussage und lag damit richtig, auch wenn er das Ausmass des Wahlerfolgs der CDU unterschätzte. Siehe Politi-

seiner Führung behalten werde, später aber Brentano Aussenminister werden sollte, wusste Huber bereits 1953 nach Bern zu berichten, deutlich bevor diese Entwicklungen eintrafen.[129] 1955, als die Deutschlandfrage nach der Ratifizierung der Pariser Verträge an der Genfer Viermächtekonferenz, beim Besuch Adenauers in Moskau oder der darauf folgenden Aussenministerkonferenz in Genf im Zentrum des internationalen Interesses stand, konnte der Gesandte in Köln über die Ansichten der deutschen Politiker und den Verhandlungsverlauf genau Auskunft geben.[130] Er wusste sogar, dass die deutsche Delegation in Moskau von übermässigem Wodkakonsum verschont wurde.[131]

Die deutsche Innenpolitik und die eng damit verknüpfte Deutschlandfrage bildeten über die gesamte Amtszeit Hubers die Hauptthemen seiner Berichte.[132] Er bezog seine Informationen jeweils zur Hälfte aus gedruckten und persönlichen Quellen. Als Gesprächspartner dienten ihm vor allem Vertreter der deutschen Regierung, wobei er regelmässigen Kontakt zum Kabinett und zu Adenauer selbst hatte. Gut ein Drittel seiner Informanten stammt von ausserhalb der Regierung, wobei das diplomatische Corps nur eine kleine Rolle spielte. Anders als andere Gesandte dieser Zeit bezog Huber seine Konsulate aktiv in die Informationsbeschaffung ein. Er wies sie an, ihm Berichte zur Stimmungslage in ihren Konsularbezirken zu schicken, damit er ein besseres Gesamtbild der politischen Strömungen in der BRD nach Bern liefern konnte.[133] Zusammenfassend kann festgestellt werden, dass Huber in seiner Berichterstattung zwar keine hohe Quantität,[134] aber eine ausserordentliche Qualität anstrebte und diese auch erreichte. Die Tatsache, dass seine Berichte später in Buchform veröffentlicht wurden, ist als eine Besonderheit und als weiteres Qualitätsmerkmal zu sehen.[135]

      scher Bericht, Nr. 20, 29. August 1953, BAR, E 2300 1000/716, Köln, Politische Berichte und Briefe, Militärberichte, Bd. 17.
129 Siehe Politischer Bericht, Nr. 22, 8. September 1953, BAR, E 2300 1000/716, Köln, Politische Berichte und Briefe, Militärberichte, Bd. 17.
130 Siehe BAR, E 2300 1000/716, Köln, Politische Berichte und Briefe, Militärberichte, Bd. 21.
131 Es kann hier sehr wohl von «verschont» gesprochen werden, da russische Verhandlungsdelegationen gerne die Trinkfestigkeit ihrer Gäste prüften. Politischer Bericht, Nr. 44, 3. November 1955, BAR, E 2300 1000/716, Köln, Politische Berichte und Briefe, Militärberichte, Bd. 21.
132 Diese und die folgenden Informationen stammen aus der Analyse der politischen Berichte und Briefe der Stichjahre 1951, 1953, 1955 und 1957, BAR, E 2300 1000/716, Köln, Politische Berichte und Briefe, Militärberichte, Bde. 15–21.
133 Protokoll für die Konferenz der Postenchefs der Schweizerischen Konsulate in der Bundesrepublik Deutschland, 7./8. Dezember 1951, BAR, E 2200.161 1968/134, A.10.6.1 Postenchefkonferenz.
134 Die Zahl der jährlichen Berichte und Briefe bewegt sich zwischen 38 und 64. Zur viel umfangreicheren Berichterstattung de Torrentés siehe Kap. IV, 2.6.
135 Siehe Todt, Anfangsjahre der Bundesrepublik Deutschland.

«Was die mir vom hohen Bundesrat anvertraute Mission anbetrifft, so lässt sich ihr Ziel mit folgender Formel summarisch umschreiben: Normalisierung und Wiederherstellung der traditionellen Beziehungen auf dem Gebiet des Handels, des Verkehrs und der Finanzen.»[136] Diese Erläuterung Hubers an der Postenchefkonferenz 1951 zeigt auf, dass seinem Handeln und Denken vor allem die Wiedererrichtung der Wirtschaftsbeziehungen zum Nachbarland zugrunde lag. Er nahm es in Kauf, eine neutralitätspolitisch heikle Deutschlandpolitik mit der Anerkennung der BRD und der Ausgrenzung der DDR zu verfolgen, um die wirtschaftlichen Beziehungen zwischen der BRD und der Schweiz auszubauen.[137] Während in den ersten Jahren sowohl die allgemeinen Regelungen als auch «unzählige Einzelinterventionen» bei den verschiedenen deutschen und alliierten Regierungsstellen für die Gesandtschaft viel Arbeit bedeuteten,[138] verlagerte sich deren Tätigkeit später mehr auf den Bereich der Wirtschaftspromotion.[139] Unter Berücksichtigung der erwähnten Haltung Hubers kann es nicht überraschen, dass er sich auch darin stark engagierte. Er war der Überzeugung, dass «Ansehen und Ruf» der Schweiz in Deutschland entscheidend seien für die Entwicklung der Wirtschaftsbeziehungen.[140] Als Mittel für diese Promotion setzte Huber hauptsächlich auf Wirtschaftsmessen. Einerseits übernahm die Gesandtschaft eine aktive Rolle in der Werbung für die Basler Mustermesse (MUBA) und setzte sich für einfache Lösungen bei Visumfragen in diesem Zusammenhang ein.[141] 1952 lud Huber Bundesminister Erhard zu einem Besuch der MUBA ein und reiste mit ihm nach Basel.[142] Andererseits war der Gesandte an den Messen in Deutschland aktiv, vor allem an der Frankfurter Herbstmesse, wo er jeweils das Patronat des Schweizer Pavillons übernahm und als Gastgeber für deutsche Persönlichkeiten, unter anderen Ludwig Erhard, fungierte.[143] Des Weiteren war die

---

136 Protokoll für die Konferenz der Postenchefs der Schweizerischen Konsulate in der Bundesrepublik Deutschland, 7./8. Dezember 1951, BAR, E 2200.161 1968/134, A.10.6.1 Postenchefkonferenz.
137 Siehe dazu Kap. V, 2.1.
138 Siehe Geschäftsberichte der Schweizerischen Gesandtschaft bei der Bundesrepublik Deutschland in Köln für das Jahr 1950–1954, BAR, E 2400 1000/717, Köln, Bd. 419.
139 Siehe ebd.
140 Ansprache anlässlich der Präsidentenkonferenz der Schweizervereine Westdeutschlands, 7./8. Mai 1949, BAR, E 2800 1967/59, 44.018 Albert Huber. Er war auch der Meinung, dass Exportförderung und Propaganda erheblich für den Erfolg der Exportindustrie in Deutschland verantwortlich seien. Geschäftsbericht der Schweizerischen Gesandtschaft bei der Bundesrepublik Deutschland in Köln für das Jahr 1952, BAR, E 2400 1000/717, Köln, Bd. 419.
141 Siehe Geschäftsberichte der Schweizerischen Gesandtschaft bei der Bundesrepublik Deutschland in Köln für das Jahr 1951–1958, ebd.
142 Geschäftsbericht der Schweizerischen Gesandtschaft bei der Bundesrepublik Deutschland in Köln für das Jahr 1952, ebd.
143 Geschäftsbericht der Schweizerischen Gesandtschaft bei der Bundesrepublik Deutschland

Gesandtschaft bestrebt, die schweizerische Exportindustrie durch Verbreitung von Werbeschriften und Platzierung von Artikeln in Wirtschaftszeitungen zu unterstützen.[144] Abschliessend sei erwähnt, dass Huber ausgezeichnete Kontakte mit wichtigen Personen der deutschen Wirtschaft unterhielt, so bezeichnete der deutsche Industrieverband anlässlich Hubers Beerdigung die Beziehungen zum Schweizer Gesandten als «eng und freundschaftlich».[145]

Albert Huber erachtete die Förderung des «rayonnement culturel» der Schweiz in Deutschland als wichtig. So forderte er vom EPD nach mehr Geld zur Unterstützung von Deutschlandreisen schweizerischer Künstler und Wissenschaftler.[146] Er begrüsste die Schaffung von Pro Helvetia in diesem Zusammenhang[147] und übernahm «überall wo schweizerische Teilnahme es rechtfertige» das Patronat von Veranstaltungen.[148] Verglichen mit der Förderung der Schweizer Wirtschaft oder dem Engagement für die Auslandschweizer in Deutschland waren seine persönlichen Bemühungen im Kulturbereich aber deutlich geringer.[149] Trotzdem entwickelten sich die kulturellen Beziehungen zwischen der Schweiz und Deutschland erfreulich.

Albert Huber engagierte sich sehr für die Auslandschweizer in Deutschland und so ist Max Petitpierre recht zu geben, wenn er sagt: «Die durch den Krieg in Mitleidenschaft gezogene Kolonie in Deutschland hatte in ihm einen unermüdlichen Berater und Freund.»[150] Huber war der Ansicht, dass Auslandschweizer entscheidende Vermittler zwischen den Interessen der Schweiz und den Interessen des Gastlandes seien und einen grossen Teil zum Bild von der Schweiz im Gastland beitrugen.[151] Als grosse Gefahr für die Schweizer Kolonie sah er daher deren starke Abnahme durch Rückwan-

 in Köln für das Jahr 1955, ebd. Allgemein: Geschäftsberichte der Schweizerischen Gesandtschaft bei der Bundesrepublik Deutschland in Köln für das Jahr 1951–1958, ebd.
144 Geschäftsbericht der Schweizerischen Gesandtschaft bei der Bundesrepublik Deutschland in Köln für das Jahr 1955, ebd.
145 Telegramm, unterzeichnet: Fritz Berger, Dr. Beutler, Rechtsanwalt Stein, 3. Januar 1959, BAR, E 2500 1968/87, A.22 Albert Huber. Siehe dazu auch Kap. V, 2.5.
146 Geschäftsbericht der Schweizerischen Gesandtschaft bei der Bundesrepublik Deutschland in Köln für das Jahr 1951, BAR, E 2400 1000/717, Köln, Bd. 419. Er wies auch darauf hin, dass andere Länder sich viel stärker in der Förderung ihrer Kultur und Wissenschaft in Deutschland betätigten.
147 Siehe Geschäftsbericht der Schweizerischen Gesandtschaft bei der Bundesrepublik Deutschland in Köln für das Jahr 1952, BAR, E 2400 1000/717, Köln, Bd. 419.
148 Geschäftsbericht der Schweizerischen Gesandtschaft bei der Bundesrepublik Deutschland in Köln für das Jahr 1953, ebd.
149 Siehe dazu Kap. V, 2.4.
150 Ansprache von Herrn Bundesrat Max Petitpierre an der Trauerfeier für Herrn Botschafter Albert Huber, 5. Januar 1959, BAR, E 2800 1967/59, 44.018 Albert Huber.
151 Siehe Ansprache anlässlich der Präsidentenkonferenz der Schweizervereine Westdeutschlands, 7./8. Mai 1949, ebd.

derung, die Überalterung und vor allem die Assimilation. Huber meinte zu seinen Konsuln 1951: «Unsere Kolonien erwecken oft den Eindruck, als wäre ihr Aufgehen im Gastland unaufhaltsam. [...] Das ist bedauerlich. [...] Ebenso wichtig oder noch viel wichtiger ist, dass sich in allen Kolonien viele Elemente finden, die Schweizer bleiben wollen und darauf stolz sind. Diesen Kräften gilt es unermüdlich Impulse zu geben.»[152] Huber führte den Kampf gegen den Verlust von «Schweizer Art und Geist»[153] bei den Auslandschweizern mit viel Herzblut. Als wichtigstes Element sah er dabei die Schweizer Vereine: «Die Gesandtschaft unterstütze mit allen ihr zur Verfügung stehenden Mitteln die für die Pflege schweizerischer Art und Haltung unentbehrlichen Vereine.»[154]

Ein weiteres Anliegen Hubers in diesem Zusammenhang waren die Schweizferien für Kinder und Jugendliche. Da ein von ihm vertretenes offizielles Programm zur Unterstützung von Ferien in der Schweiz für Kolonieangehörige nicht zustande kam,[155] machte er Eltern in der Schweizer Kolonie «bei jeder Gelegenheit» darauf aufmerksam, dass ihre Kinder von der «Assimilierungsgefahr bedroht» und «der beste Schutz dagegen» «Ferien in der Heimat» seien.[156] Des Weiteren initiierte er in Zusammenarbeit mit Schweizer Vereinen der Kolonie 1956 neue Vereinsgruppen, wie einen Fussballklub, eine Pistolenschützengruppe, eine Frauen- und eine Jugendgruppe, und regte an, Kegler-, Schützen-, Jass-, Sänger- und Sportsektionen in den bestehenden Vereinen zu gründen.[157] Um den Kontakt zwischen den Vereinen zu verbessern, stiftete Huber Preise für verschiedene Wettkämpfe.[158] Er suchte den Kontakt zur Kolonie, indem er oft in ganz Deutschland herumreiste. So nahm er 1953 an nicht weniger als vier 1.-August-Feiern teil.[159]

Als ein weiteres wichtiges Instrument in seinen Anstrengungen betrachtete er den

152 Protokoll für die Konferenz der Postenchefs der Schweizerischen Konsulate in der Bundesrepublik Deutschland, 7./8. Dezember 1951, BAR, E 2200.161 1968/134, A.10.6.1 Postenchefkonferenz.
153 Geschäftsbericht der Schweizerischen Gesandtschaft bei der Bundesrepublik Deutschland in Köln für das Jahr 1953, BAR, E 2400 1000/717, Köln, Bd. 419.
154 Geschäftsbericht der Schweizerischen Gesandtschaft bei der Bundesrepublik Deutschland in Köln für das Jahr 1955, ebd.
155 Protokoll für die Konferenz der Postenchefs der Schweizerischen Konsulate in der Bundesrepublik Deutschland, 7./8. Dezember 1951, BAR, E 2200.161 1968/134, A.10.6.1 Postenchefkonferenz.
156 Geschäftsbericht der Schweizerischen Gesandtschaft bei der Bundesrepublik Deutschland in Köln für das Jahr 1955, BAR, E 2400 1000/717, Köln, Bd. 419.
157 Geschäftsbericht der Schweizerischen Gesandtschaft bei der Bundesrepublik Deutschland in Köln für das Jahr 1956, ebd.
158 Ebd.
159 Geschäftsbericht der Schweizerischen Gesandtschaft bei der Bundesrepublik Deutschland in Köln für das Jahr 1953, BAR, E 2400 1000/717, Köln, Bd. 419.

Einbezug seiner Konsulate. 1951 ergriff er daher die Initiative zur Organisation einer Postenchefkonferenz.[160] Die Verwaltungsabteilung gab ihr Einverständnis, wies aber auch darauf hin: «Nous formons d'ores et déjà toute réserve au sujet d'une demande similaire que vous pourriez formuler les années prochaines.»[161] Nach der erfolgreichen ersten Konferenz liess sich Huber nicht davon abbringen, auch im Folgejahr eine solche zu organisieren, was zu harschen Briefen aus der Verwaltungsabteilung führte.[162] Huber war der Meinung, dass ein solches Treffen jährlich stattfinden sollte, musste aber in den Jahren 1953 und 1954 darauf verzichten. Die Konferenz von 1955 stand dann ganz im Zeichen der «Erhaltung unserer Schweizer Kolonie in Deutschland».[163]

Viele Auslandschweizer befanden sich nach dem Krieg in finanziell schwierigen Verhältnissen. Auch hier wurde Huber aktiv. Er besuchte die Sozialfälle persönlich und intervenierte bei der Zentralstelle für Auslandschweizerfragen in ihrem Interesse. Er forderte seine Konsuln auf, alle Hilfsbedürftigen zu besuchen.[164] Und als er erfuhr, dass die eingesetzten Beamten zu viel Zurückhaltung gegenüber den Hilfsbedürftigen an den Tag legen würden, verlangte er von seinen Konsuln, dass sie «sich persönlich davon überzeugen», dass in ihren Bezirken «kein einziger Fall nicht in diesem Sinne und Geiste» behandelt werde.[165] Auch gegenüber Bern war Huber für die Kolonie aktiv, indem er 1955 bei Bundesrat Petitpierre intervenierte und verlangte, dass mehr für die Auslandschweizer gemacht werde.[166] Das Engagement Hubers war in allen Belangen der Auslandschweizer sehr gross und im Vergleich zu seinen Kollegen ausserordentlich. Sein Kampf gegen die Assimilation der Schweizer in Deutschland ist vor allem auf dem Hintergrund der heutigen Debatte um das Verhalten der Zuwanderer in der Schweiz bemerkenswert.

Albert Huber trat verschiedentlich in der Öffentlichkeit auf. Vor allem bei Anlässen im Zusammenhang mit der Schweizer Kolonie oder bei Schweizer Kulturveranstaltungen betätigte er sich oft als Redner.[167] Seine Besuche bei

---

160 Siehe Brief Minister Huber an EPD, Verwaltungsabteilung, 18. Oktober 1951, BAR, E 2200.161 1968/134, A.10.6.1 Postenchefkonferenz.
161 Brief EPD, Verwaltungsabteilung an Minister Huber, 29. Oktober 1951, ebd.
162 Siehe Brief Legationsrat Hegg an Minister Huber, 30. Oktober 1952, ebd.
163 Notiz, 28. Dezember 1954, ebd.
164 Diese Aufforderung erging 1953 an die Konsulate.
165 Protokoll Entwurf, 31. Mai 1955, BAR, E 2200.161 1968/134, A.10.6.1 Postenchefkonferenz.
166 Erneut regte er an, Ferien für Kinder zu unterstützen. Auch solle man den Rekrutenschulbesuch für Auslandschweizer erleichtern. Es sollten der Schulbesuch in der Schweiz ermöglicht oder mindestens Schweizer Schulbücher zur Verfügung gestellt werden. Petitpierre fand die Ideen prüfenswert und wollte sie in den Bundesrat bringen. Aktennotiz, 8. September 1955, BAR, E 2800 1967/59, 44.018 Albert Huber.
167 Siehe Geschäftsberichte der Schweizerischen Gesandtschaft bei der Bundesrepublik

den Länderregierungen, die er zur Kontaktpflege als sehr wichtig empfand, hatten aber einen wenig offiziellen Charakter und wurden nicht als «kleine Staatsempfänge» abgehalten.[168] Zwar erwähnte die Schweizer Gesandtschaft in den Geschäftsberichten jeweils die guten Beziehungen, die man zur deutschen Presse, dem Presseamt und den Schweizer Korrespondenten unterhalte,[169] es kann aber nicht von einer aktiven Pressearbeit Hubers gesprochen werden. Einzig bezüglich der Kulturförderung wurden verschiedentlich Artikel in deutschen Zeitungen platziert.[170] Vereinzelt nahm Huber auch im Radio Stellung zu Fragen, die die Schweiz betrafen. Er setzte die Medien aber nicht gezielt ein, um ein besseres Bild der Schweiz in Deutschland zu verbreiten.[171] Vielmehr beschäftigten ihn die Schweizer Presse und ihr Bild von Deutschland, das er zu verbessern suchte.[172] Vor allem bereiteten ihm deutschlandkritische Artikel, die aus seiner Sicht die guten Beziehungen zwischen der Schweiz und Deutschland zu verschlechtern drohten, vermehrt Kopfzerbrechen. Wie Roger Sidler darlegt, beklagte sich Huber verschiedentlich in Bern über den Korrespondenten der «National-Zeitung», Arnold Künzli, und bat, dass man bei diesem Blatt auf inoffiziellen Wegen interveniere.[173] Hingegen ist Sidlers Bild von Huber, ein höriger Diener der deutschen Regierung, der bei jeder Bemerkung gleich nach Bern berichtete und von dort über die Pressefreiheit «aufgeklärt»[174] werden musste, nicht zutreffend. Huber setzte sich bei früheren Gelegenheiten sehr wohl für die Freiheit der Schweizer Medien ein[175] und auch im Fall Künzli war man in Bonn mit den Forderungen zurückhaltend.[176]

Deutschland in Köln für das Jahr 1951–1958, BAR, E 2400 1000/717, Köln, Bd. 419.
168 Dies im Vergleich zu de Torrenté (Kap. IV, 2.6) oder Dupont (Kap. X, 2.5). Siehe Brief Minister Huber an Legationsrat Hegg, 9. November 1953, BAR, E 2500 1968/87, A.22 Albert Huber.
169 Siehe Geschäftsberichte der Schweizerischen Gesandtschaft bei der Bundesrepublik Deutschland in Köln für das Jahr 1951–1958, BAR, E 2400 1000/717, Köln, Bd. 419.
170 Siehe dazu Kap. V, 2.4.
171 Siehe dazu Dossier zur Pressearbeit, BAR, E 2200.161 1968/134, K.21.0 bis K.22.2.
172 Siehe Geschäftsbericht der Schweizerischen Gesandtschaft bei der Bundesrepublik Deutschland in Köln für das Jahr 1951, BAR, E 2400 1000/717, Köln, Bd. 419.
173 Sidler, Arnold Künzli, 189–193.
174 Ebd., 190.
175 Siehe Geschäftsbericht der Schweizerischen Gesandtschaft bei der Bundesrepublik Deutschland in Köln für das Jahr 1951, BAR, E 2400 1000/717, Köln, Bd. 419; Brief Minister Huber an Minister Zehnder, 9. Oktober 1952, BAR, E 2200.161 1968/134, J.21 Politische Beziehungen zu Drittstaaten.
176 So wurde gegenüber den deutschen Stellen hervorgehoben, dass «die Pressefreiheit in der Schweiz zu den Fundamenten des staatlichen Lebens gehöre», man sehe daher keine Möglichkeit, einen offiziellen Schritt zu unternehmen. Zudem fügte Huber seiner Forderung an Bern, bei der Zeitung zu intervenieren, bei, dass dies auf keinen Fall amtlich passieren und nur im «freundschaftlichen» Rahmen erwähnt werden dürfe. Brief Minister Huber an Minister Zehnder, 9. Februar 1954, BAR, E 2001 (E) 1969/121, Bd. 29, dodis.ch/10308.

2.5 Beste Beziehungen zur Führung der BRD

«Ein Kleinstaat wie die Schweiz, hinter dessen Vertretern keine Machtmittel stehen, hat es sich besonders angelegen zu sein lassen, seinen jungen Diplomaten die Anbahnung nützlicher Beziehungen zu ermöglichen.»[177] Es ist wichtig, «dass Sie die Leute, bei denen anzuklopfen ist, bereits kennen und nicht erst bei Vornahme des Schrittes kennenlernen müssen. Pflegen Sie Ihre amtlichen Beziehungen und verstärken Sie sie nach Möglichkeit durch persönliche Kontakte [...].»[178] Diese zwei Zitate, das erste aus einem Schreiben an die Verwaltungsabteilung, das zweite aus einer Ansprache an seine Konsuln, zeigen auf, welche zentrale Rolle Huber der persönlichen Kontaktpflege zumass. Eric Flury-Dasen hält fest, dass er einer von wenigen Schweizer Gesandten dieser Zeit war, der über persönliche Beziehungen bis in höchste Regierungskreise verfügte.[179]

Dass er dieses Netzwerk aufbauen konnte, wurde durch verschiedene Faktoren begünstigt. Erstens wurde 1949, zu Beginn seiner Tätigkeit in Deutschland, mit Hans Lukaschek ein alter Bekannter Hubers zum Bundesminister für Angelegenheiten der Vertriebenen berufen. Die beiden kannten sich seit 25 Jahren und hatten gemeinsam in der Oberschlesienkommission gearbeitet.[180] Zweitens war die BRD im Streben nach breiter völkerrechtlicher Anerkennung an guten Beziehungen zur neutralen Schweiz interessiert. Und drittens erleichterten die guten Beziehungen Adenauers zu Hubers Vorgänger von Weiss auch dem neuen Schweizer Vertreter die Aufnahme von persönlichen Beziehungen zum Bundeskanzler.[181] So konnte Huber bereits nach der ersten Arbeitsbegegnung mit Adenauer nach Bern berichten, dass sich der Kanzler von der «liebenswürdigsten» Seite gezeigt habe. Die beiden tauschten sich in einer kurzen Tour d'Horizon zu den schweizerisch-deutschen Fragen aus und

---

177 Brief Minister Huber an EPD, Verwaltungsabteilung, 25. September 1951, BAR, E 2802 1967/78, E. Deutschland II, Allgemeines.
178 Protokoll für die Konferenz der Postenchefs der Schweizerischen Konsulate in der Bundesrepublik Deutschland, 7./8. Dezember 1951, BAR, E 2200.161 1968/134, A.10.6.1 Postenchefkonferenz.
179 Flury-Dasen, «Zum Konzentrationslager gewordene Stadt», 279. Als weitere Beispiele nennt er Carl Jacob Burckhardt, Karl Bruggmann und Paul Ruegger.
180 Siehe Brief Minister Huber an Bundesrat von Steiger, 4. Dezember 1950, BAR, E 2200.161 1968/134, J.14.07 Bundesministerium für Angelegenheiten der Vertriebenen. Als sehr nützlich erwies sich dieser Kanal, als zur Zeit der AHK der Kontakt zur Bundesregierung aus protokollarischen Gründen nicht möglich war. Huber konnte über Lukaschek die nötigen Demarchen an die Bundesregierung übermitteln. Brief Minister Huber an Minister Zehnder, 4. Januar 1950, BAR, E 2001 (E) 1967/113, Bd. 152, dodis.ch/8061. Siehe zur Oberschlesienkommission Kap. V, 1.
181 Siehe dazu Kap. V, 1.

erkannten, dass sie in allen Punkten gleiche Meinungen vertraten.[182] Huber war spätestens seit dieser Begegnung ein Anhänger der Politik Adenauers. 1951 schrieb er in einem wahren Loblied auf Adenauer nach Bern: «Westdeutschland hat keinen ihm ebenbürtigen Staatsmann aufzuweisen.»[183] Die Beziehung der beiden blieb über die Jahre eng. Immer wieder wurde Huber von Adenauer empfangen, dieser kümmerte sich um die Reisen des Kanzlers in die Schweiz[184] und vertrat gegenüber der Zentrale in Bern immer wieder Adenauers Positionen.[185] Es entwickelte sich zwar nicht das innige freundschaftliche Verhältnis, das zwischen dem Kanzler und von Weiss[186] bestanden hatte, dass aber auch Huber sich der persönlichen Gunst Adenauers erfreuen konnte, zeigt zum Beispiel, dass er zur Verlobungsfeier von Adenauers Tochter eingeladen wurde.[187] Noch das bessere Verhältnis unterhielt Huber zum Bundespräsidenten Heuss. Heuss bezeichnete seine Beziehung zum Schweizer Gesandten als von den zwei Kräften «sachliche Wertschätzung und menschliche Zuneigung» bestimmt.[188] Huber beschrieb den Bundespräsidenten 1949 als «Intellektuellen», der «Demokratie und Liberalismus» verbunden sei und seinen «Geist auf Versöhnung, Verständigung und Ausgleich» gerichtet habe. Er kam zum Schluss, dass die deutsche Bundesversammlung «in Theodor Heuss den richtigen Mann gefunden» habe.[189] Dass die Beziehung weit über die diplomatische Förmlichkeit hinausging, zeigt auch die grosse Anteilnahme des Bundespräsidenten in den Leidensmonaten Hubers vor seinem Tod[190] sowie die persönliche Teilnahme von Heuss am Trauergottesdienst für den Schweizer Botschafter.[191] Des Weiteren unterhielt Huber sehr gute Beziehungen mit Bundeswirtschaftsminister Erhard. Den während der Amtszeit Hubers neu eingesetzten Bundesaussenmi-

---

182 Siehe Politischer Bericht, Nr. 1, 23. Januar 1950, BAR, E 2300 1000/716, Frankfurt am Main, Konsularberichte und Berichte der «Schweiz. Hauptvertretung für die britische Zone» beziehungsweise der «Schweiz. Diplomatischen Mission in der Bizone», Bd. 3.
183 Brief Minister Huber an Bundesrat von Steiger, 3. Juli 1951, BAR, E 2200.161 1968/134, J.14.07 Bundesministerium für Auswärtige Angelegenheiten.
184 Siehe dazu Kap. V, 2.2.
185 Siehe dazu Kap. V, 3.
186 Siehe dazu Kap. V, 1.
187 Politischer Bericht, Nr. 38, 29. Dezember 1953, BAR, E 2300 1000/716, Köln, Politische Berichte und Briefe, Militärberichte, Bd. 17.
188 Zitiert nach Bulletin des Presse- und Informationsamtes der Bundesregierung, 13. Januar 1959, BAR, E 2500 1968/87, A.22 Albert Huber.
189 Bericht Minister Huber an das EPD, 16. September 1949, BAR, E 2300 1000/716, Frankfurt am Main, Konsularberichte und Berichte der «Schweiz. Hauptvertretung für die britische Zone» beziehungsweise der «Schweiz. Diplomatischen Mission in der Bizone», Bd. 3.
190 Brief Legationsrat Frey an Bundesrat Petitpierre, 27. Oktober 1958, BAR, E 2500 1968/87, A.22 Albert Huber.
191 Huber wurde am 20. Juli 1957 zum Botschafter ernannt. Kabel, 22. Januar 1959, ebd.

nister Brentano kannte er bereits vor dessen Ernennung persönlich.[192] Weitere wichtige Informationsquellen aus dem engsten Beraterkreis Adenauers waren die Staatssekretäre Hans Globke und Herbert Blankenhorn.

In diesem Zusammenhang zeigt sich eine negative Konsequenz, die bei sehr engen Beziehungen mit dem Gastland und seinen Politikern auftreten kann: In dieser Zeit wurde die Rolle von Mitarbeitern des Auswärtigen Amtes während der Zeit des Nationalsozialismus heftig diskutiert. Im Zuge dieser Diskussionen standen Blankenhorn und Globke unter Verdacht und man überlegte sich in Bern, wie man mit ihnen umgehen solle. Huber schrieb nach Bern, dass er die Anschuldigungen für «gänzlich unwahrscheinlich»[193] halte. Er wollte nicht, dass das gute Einvernehmen mit dem Auswärtigen Amt durch diese Frage gestört werde, und forderte, dass die von ihm gelieferte Erklärung die Erledigung der Angelegenheit einleite, «und zwar möglichst bald».[194] Diese relativ undistanzierte Einschätzung Hubers ist unter Berücksichtigung der neusten Untersuchungsergebnisse, die beiden eine aktive Rolle als Beamte der NS-Regierung nachweisen, infrage zu stellen.[195]

192 Brief Minister Huber an Bundesminister des Auswärtigen Brentano, 10. Juni 1955, BAR, E 2200.161 1968/134, J.14.07 Bundesministerium für Auswärtige Angelegenheiten. Auch bei anderen Ministern stand die Tür für den Schweizer Gesandten relativ weit offen. Siehe dazu zum Beispiel Brief Minister Huber an Minister Zehnder, 11. Februar 1956, BAR, E 2200.161 1976/194, H.32.12. Wiedergutmachung nationalsozialistischen Unrechts.
193 Brief Minister Huber an Bundesanwaltschaft, 14. Januar 1954, BAR, E 2200.161 1968/134, J.13.9 Bundeskabinettsmitglieder.
194 Brief Minister Huber an Minister Zehnder, 30. Juni 1952, BAR, E 2802 1967/78, E. Deutschland II, Allgemeines.
195 Hans Globke war früher Mitarbeiter des Reichsinnenministeriums und Mitverfasser des amtlichen Kommentars zum «Blutschutzgesetz». Conze/Frei/Hayes/Zimmermann, Das Amt und die Vergangenheit, 456. Globke stand in der Öffentlichkeit und bei anderen Parteien immer wieder in der Kritik. Es ist ihm aber zugutezuhalten, dass er sich im Auswärtigen Amt dafür einsetzte, keine Diplomaten mit starker nationalsozialistischer Vergangenheit einzusetzen. Ebd., 505. Interessant ist in diesem Zusammenhang, dass die Schweiz später ihre Einschätzung Globkes änderte. Als dieser nach der Pensionierung seinen Lebensabend in der Schweiz verbringen wollte, wurde er zum «unerwünschten Ausländer» erklärt und durfte nicht einreisen. Siehe Erik Lommatzsch, Hans Globke (1898–1973). Beamter im Dritten Reich und Staatssekretär Adenauers, Frankfurt 2009. Herbert Blankenhorn war der NSDAP 1938 beigetreten. Er war zu dieser Zeit beim Auswärtigen Amt in der Wilhelmstrasse tätig. Er war Legationsrat erster Klasse an der deutschen Botschaft in Washington. Der spätere Secretary of State Edward Stettinius erinnerte sich, Blankenhorn sei ein aktiver Nazi und aggressiver Propagandist gewesen. Hingegen gelang es Blankenhorn 1945, sich bei Befragungen durch die Alliierten mit einer Widerstandsbewegung in Verbindung zu bringen, und bekam den «Persilschein». Conze/Frei/Hayes/Zimmermann, Das Amt und die Vergangenheit, 337–347. Conze et al. bezweifeln die Darstellung Blankenhorns auch deshalb, weil sich in einem viel später erschienenen Tagebuch von ihm kein Hinweis auf eine Verbindung zu einer Widerstandsbewegung fand. Ebd., 756. Blankenhorn war später einer der Hauptakteure, die dafür sorgten, dass Diplomaten der NS-Zeit im Aussenministerium der BRD Unterschlupf fanden. Ebd., 450 f. Siehe auch Schmutzige

Huber unterhielt aber nicht nur mit Bundespolitikern, sondern auch mit den Länderregierungen und vor allem auch mit Vertretern der Wirtschaft gute Kontakte. So erhielt das EPD zu Hubers Beerdigung von Vertretern verschiedenster Bereiche der deutschen Gesellschaft Beileidsschreiben.[196] Ein gewichtiger Abstrich ist in diesem Zusammenhang zu machen. Unterhielt Huber zu Beginn seiner Tätigkeit in Köln mit Kurt Schumacher auch Kontakte zur SPD, vernachlässigte er die Opposition später deutlich.[197]
Das Netzwerk Hubers in der Schweiz war weniger stark ausgeprägt. Sein Verhältnis zu Petitpierre war von gegenseitiger Wertschätzung geprägt. Huber suchte die Nähe des Departementsvorstehers,[198] dieser wiederum schätzte seinen Gesandten in Köln als guten Ratgeber.[199] Auch Generalsekretär Alfred Zehnder vertraute dem Schweizer Gesandten in Köln. Er überliess ihm wichtige Missionen[200] und weihte ihn in heikle Themen ein.[201] Huber schrieb Zehnders Fürsprache zu, dass er den Ministerposten in Deutschland erhielt.[202] Die beiden trafen sich oft, und Zehnder schätzte den Rat Hubers sehr.[203] Eine persönliche Freundschaft verband Huber mit Hans Schaffner, die Hintergründe dieser Beziehung konnten aber anhand der eingesehenen Akten nicht erschlossen werden.[204]

Diplomaten. Der Bericht einer Historikerkommission beleuchtet das schändliche Spiel des deutschen Auswärtigen Amtes vor und nach 1945, in: Neue Zürcher Zeitung, 27. Oktober 2010.
196 Siehe die entsprechende Mappe, BAR, E 2500 1968/87, A.22 Albert Huber.
197 Es sind in den Akten wenig Anzeichen für Kontakte mit der SPD zu finden.
198 In verschiedenen Berichten an Petitpierre erläuterte er, wie hoch dessen Ansehen in Deutschland sei, und gratulierte ihm zu seinen Reden. So lobte Huber den Bundesrat in einem Brief von 1950 und meinte, Petitpierres Name habe bereits den Klang eines Motta oder Schulthess. Brief Minister Huber an Bundesrat Petitpierre, 7. März 1950, BAR, E 2800 1967/59, 44.018 Albert Huber. Auch kümmerte sich Huber überaus umsichtig um Petitpierres Sohn, als dieser in Deutschland weilte. Siehe Brief Bundesrat Petitpierre an Minister Huber, 12. Mai 1952, ebd.
199 Ansprache von Herrn Bundesrat Max Petitpierre an der Trauerfeier für Herrn Botschafter Albert Huber, 5. Januar 1959, BAR, E 2800 1967/59, 44.018 Albert Huber.
200 Siehe dazu Kap. V, 2.1.
201 Zehnder teilte Huber zum Beispiel mit, dass Dr. E. Zellweger aus dem EPD entlassen werden musste, weil er sich an der Gesandtschaftskasse vergriffen habe. Brief Minister Zehnder an Minister Huber, 7. Juli 1953, BAR, E 2802 1967/78, E. Deutschland II, Allgemeines.
202 Brief Minister Huber an Minister Zehnder, 28. März 1951, ebd.
203 Siehe dazu Kap. V, 2.1.
204 Huber schrieb Schaffner mit «Lieber Hans» an. Brief Minister Huber an Minister Schaffner, 30. Oktober 1952, BAR, E 2200.161 1968/134, J.14.01 Bundeswirtschaftsministerium.

3 Ansichten, Persönlichkeit und Familie

In den vorhergehenden Kapiteln wurde aufgezeigt, dass Albert Huber eine möglichst rasche Annäherung der Schweiz an die BRD nicht nur befürwortete, sondern aktiv förderte. Es ging ihm darum, nicht «gute Interessen schlechten und aussichtslosen aufzuopfern».[205] Er war der Überzeugung, dass die Interessen der Schweiz in der DDR «kaum zu retten» seien. Und betreffend Neutralitätspolitik meinte er: «Auch als dauernd neutraler Staat sind wir frei und berechtigt, nach unseren schweizerischen Interessen zu handeln.»[206] Huber unterstützte damit eine «pragmatische Neutralitätspolitik».[207] Wunderbar fasste er die Pfeiler dieser Politik, die die Neutralität als eine Art Schutzschild, aber nicht als Hindernis bei der Umsetzung eigener Interessen sah, 1951 in seinem Vortrag vor seinen Ministerkollegen zusammen: «Die Neutralität ist somit das tauglichste Mittel, um die Unabhängigkeit des Landes zu wahren. Ihre Handhabung braucht nicht strikter zu werden; eine Erweiterung der Neutralitätspflichten und eine Gleichgewichtspolitik würden nur unsere Selbsterhaltung bedrohen. Unsere gegenwärtige Formel ‹Neutralität und Solidarität› ist ausgezeichnet. Sie verunmöglicht, gegen unser Land den Vorwurf des Egoismus zu erheben und kommt zudem dem Bedürfnis der Schweiz entgegen.»[208] Hubers Interesse galt möglichst ruhigen und florierenden Wirtschaftsbeziehungen zwischen der Schweiz und der BRD. Er war daher bestrebt, ein möglichst gutes Einvernehmen mit der deutschen Regierung zu erlangen, und versuchte alles, was dieses Einvernehmen bedrohte, abzuwehren.[209]
Seine gesamte Karriere verbrachte Albert Huber im Einflusskreis Deutschlands.[210] Dies führte zu einem grossen Wissen und zu profunden Kenntnissen in Deutschland betreffenden Fragen,[211] aber auch zu einer immer stärkeren Identifikation mit der deutschen Stimmungslage. Seine persönlichen Bezie-

---

205 Brief Minister Huber an Bundesrat Petitpierre, 29. Mai 1951, BAR, E 2800 1967/59, 44.018 Albert Huber.
206 Ebd.
207 Küsters, Die Schweiz und die Deutsche Frage 1945–1961, 108.
208 Procès-verbal de la conférence des ministres, 6. September 1951, BAR, E 2800 1967/61, 22. Conférences des Ministres 6/8 sept.
209 Siehe Anerkennung der DDR. Aber auch bei der Frage der definitiven Lösung des Washingtoner Abkommens will er vor allem die deutsche Seite nicht verärgern. Geschäftsbericht der Schweizerischen Gesandtschaft bei der Bundesrepublik Deutschland in Köln für das Jahr 1956, BAR, E 2400 1000/717, Köln, Bd. 419.
210 Oberschlesienkommission, Generalkonsul in Prag unter nationalsozialistischer Besetzung, Generalkonsul in Frankfurt, Missionschef bei der AHK, Gesandter bei der BRD.
211 Wie dargelegt, war die Qualität seiner Berichterstattung ausserordentlich. Die Departementsspitze schätzte Huber als kompetenten Ratgeber. Siehe dazu Kap. V, 2.4 und V, 2.5.

hungen zur Bundesregierung und seine Bewunderung für Adenauer[212] liessen ihn zudem verstärkt dessen Position vertreten. So vertrat er Adenauers Meinung, dass unbedingt eine Wiedervereinigung anzustreben sei, dass nur die BRD als rechtmässige Nachfolgerin für Deutschland infrage komme[213] und dass die Frage der Oder-Neisse-Linie einer friedlichen Einigung in Europa im Weg stehe.[214] Auch in der deutschen Innenpolitik unterstützte er klar die adenauersche Linie und begegnete der sozialdemokratischen Opposition mit viel Skepsis.[215] Von der UdSSR erwartete er wenig Gutes. Er sah sie als Aggressorin, die bereits beim Nichtangriffspakt mit Hitler ein falsches Spiel gespielt habe und nun einfach ihre «Kriegserrungenschaften» zu sichern suche und sicher keine freien Wahlen wolle. Es sei zwar nicht alles «Lug und Trug», aber doch vieles Taktik und Täuschung, was die Russen dem Westen in der Deutschlandfrage anböten.[216] Er war begeistert vom deutschen Wiederaufbau und der zunehmenden wirtschaftlichen Prosperität.[217] Alles, was diese Stabilität zu bedrohen vermochte, beurteilte er als schlecht.[218] Zum Schluss sei erwähnt, dass er dem Projekt des gemeinsamen Marktes skeptisch gegenüberstand. Er sah darin negative Folgen für den Schweizer Handel. Er befürwortete daher das Projekt einer grossen oder kleinen Freihandelszone.[219]

Friedrich T. Gubler beschrieb Albert Huber in einem Nachruf als schwere, breitschultrige Berner Figur.[220] Seinem Vorgesetzten Max Petitpierre blieben seine grosse Zielorientierung und sein bedingungsloser Einsatz als Diplomat in Erinnerung.[221] Er sei dabei immer sehr planmässig vorgegangen und habe versucht, nichts dem Zufall zu überlassen. Auch sei er sich nie zu schade

---

212 Siehe dazu Kap. V, 2.5.
213 Die DDR stand in seinen Augen unter dem Diktat der UdSSR, war daher unfrei und konnte als Nachfolgerin nicht infrage kommen.
214 Procès-verbal de la conférence des ministres, undatiert, BAR, E 2800 1967/61, 22. Conférence des ministres 1955.
215 Siehe zum Beispiel Geschäftsberichte der Schweizerischen Gesandtschaft bei der Bundesrepublik Deutschland in Köln für das Jahr 1956/57, BAR, E 2400 1000/717, Köln, Bd. 419.
216 Procès-verbal de la conférence des ministres, undatiert, BAR, E 2800 1967/61, 22. Conférences des Ministres 6/8 sept.
217 Siehe Brief Minister Huber an Bundesrat Petitpierre, 12. Dezember 1951, BAR, E 2800 1967/59, 44.018 Albert Huber.
218 Er begegnete zum Beispiel dem DGB mit grosser Zurückhaltung und beurteilte Streiks negativ. Siehe Brief Minister Huber an EPD, Abteilung für Politische Angelegenheiten, 26. Oktober 1954, BAR, E 2200.161 1968/134, J.13.3 DGB.
219 Siehe Geschäftsbericht der Schweizerischen Gesandtschaft bei der Bundesrepublik Deutschland in Köln für das Jahr 1957, BAR, E 2400 1000/717, Köln, Bd. 419.
220 Friedrich T. Gubler, Erinnerungen an einen schweizerischen Diplomaten, in: Neue Zürcher Zeitung, 5. Oktober 1959, BAR, E 2500 1968/87, A.22 Albert Huber.
221 Ansprache von Herrn Bundesrat Max Petitpierre an der Trauerfeier für Herrn Botschafter Albert Huber, 5. Januar 1959, BAR, E 2800 1967/59, 44.018 Albert Huber.

für eine Aufgabe gewesen und habe vieles, was er eigentlich hätte delegieren können, selber erledigt.²²² Er wurde als sehr guter Zuhörer beschrieben, der die Gesprächspartner zum Erzählen anregte, selbst aber nicht zu viel sprach.²²³ Von seinen Mitarbeitern verlangte er viel, behandelte sie aber mit grosser Güte, womit er ihre Zuneigung gewann.²²⁴ Die «Deutsche Zeitung» sah Huber in jedem Zug als Repräsentanten der urbanen, weltoffenen Bürgeraristokratie seines Landes.²²⁵ Huber sprach sechs Sprachen, darunter Polnisch und Ungarisch, interessierte sich für Geschichte, Kunstgeschichte²²⁶ und für Bücher im Allgemeinen. In seinem Bücherzimmer fühlte er sich wohl, genoss es, zu lesen und das Gelesene zu reflektieren.²²⁷

Am 27. Januar 1942, während seiner Zeit als Generalkonsul in Prag, heiratete Albert Huber die Österreicherin Renée Rottleuthner. Am 25. April 1945 bekamen die beiden, er 48, sie 43 Jahre alt, den Sohn Marc.²²⁸ Seine Frau spielte in der diplomatischen Arbeit Hubers keine aussergewöhnliche Rolle. Doch sie wurde als eine «der liebenswürdigsten Erscheinungen der internationalen Gesellschaft» in Köln beschrieben.²²⁹ Sie unterstützte ihren Mann als Gastgeberin und zeigte sich vor allem in der Kolonie aktiv, wo sie Filmvorträge hielt und Frauenvereine präsidierte.²³⁰

Albert Huber starb in der Neujahrsnacht 1959 nach mehrmonatiger Krankheit im Alter von 62 Jahren. Er war zu dieser Zeit noch aktiver Botschafter der Schweiz in der BRD. Diese Tatsache und die besonders guten Beziehungen, die er sich in der ganzen deutschen Gesellschaft aufbauen konnte, waren Gründe für die überaus grosse Anteilnahme deutscher Personen und Institutionen an Hubers Hinschied.²³¹

---

222 Ebd.
223 Gubler, Erinnerungen an einen schweizerischen Diplomaten, in: Neue Zürcher Zeitung, 5. Oktober 1959, BAR, E 2500 1968/87, A.22 Albert Huber.
224 Siehe Geschäftsbericht der Schweizerischen Gesandtschaft bei der Bundesrepublik Deutschland in Köln für das Jahr 1958, BAR, E 2400 1000/717, Köln, Bd. 419.
225 Huber, Label, Lichtplastik, in: Deutsche Zeitung, 9. September 1953, BAR, E 2500 1968/87, A.22 Albert Huber.
226 Ebd.
227 Gubler, Erinnerungen an einen schweizerischen Diplomaten, in: Neue Zürcher Zeitung, 5. Oktober 1959, ebd.
228 Personalblatt, ebd.
229 Huber, Label, Lichtplastik, in: Deutsche Zeitung, 9. September 1953, ebd.
230 Geschäftsberichte der Schweizerischen Gesandtschaft bei der Bundesrepublik Deutschland in Köln für das Jahr 1954 und 1956, BAR, E 2400 1000/717, Köln, Bd. 419.
231 Siehe dazu das Dossier Hinschied Botschafter Huber am 1. Januar 1959, BAR, E 2500 1968/87, A.22 Albert Huber.

4 Wertung

Der deutsche Bundespräsident Theodor Heuss liess seinen Mitarbeiter bei der Beerdigung von Albert Huber sagen: «Es kann, so ließ er [Heuss, F. K.] mich wissen, nicht der Sinn dieser Abschiedsworte sein, aus deutscher Sicht die diplomatisch-politischen Verdienste des Verstorbenen zu würdigen – dies sei ein echter Auftrag der Geschichte. Aber – das möge ich ruhig aussprechen – in der dem deutschen Bundespräsidenten so überaus wichtigen und ihm wohltuenden seelischen und sachlichen Regelung der schweizerisch-deutschen Beziehung kommt Albert Huber ein großes, großes Verdienst zu.»[232] Danach kam Bundesrat Max Petitpierre in seiner Ansprache zum gleichen Schluss.[233] Wie in den vorherigen Kapiteln dargestellt, kann Huber als einer der schweizerischen Hauptpromotoren der Beziehungen zur BRD angesehen werden. Er hatte entscheidenden Einfluss auf die schweizerische Deutschlandpolitik und war mitverantwortlich dafür, dass die Schweiz die BRD rasch anerkannte und dafür auf eine Annäherung an die DDR verzichtete. Huber war ein Vertreter einer «pragmatischen» Neutralitätspolitik und wollte die Wirtschaft nicht durch strikte neutralitätspolitische Überlegungen behindern.

Er unterhielt zur Regierung in seinem Gastland so enge Beziehungen wie kein anderer in dieser Studie untersuchter Botschafter.[234] Das gute Netzwerk Hubers half ihm, in seiner Berichterstattung eine ausserordentlich hohe Qualität an den Tag zu legen. Er konnte die Führung in Bern in vielen Fragen vorwarnen und wusste über die Bonner Geschehnisse hinter den Kulissen Bescheid. Während seine enge Bindung zur Regierung in der Frage der Clearingschulden oder des Washingtoner Abkommens für die Schweiz ausserordentlich positiv zu bewerten sind,[235] ist deren Auswirkung auf die Urteilskraft Hubers in anderen Situationen infrage zu stellen. Huber übernahm viele Ansichten der Bundes-

---

232 Die etwas holprige Formulierung wurde so abgedruckt. Bulletin des Presse- und Informationsamtes der Bundesregierung, 13. Januar 1959, BAR, E 2500 1968/87, A.22 Albert Huber.
233 Ansprache von Herrn Bundesrat Max Petitpierre an der Trauerfeier für Herrn Botschafter Albert Huber, 5. Januar 1959, BAR, E 2800 1967/59, 44.018 Albert Huber.
234 Einzig Lindts Freundschaft zu Dag Hammarskjöld gehört in eine ähnliche Kategorie. Siehe dazu Kap. VII, 2.7.
235 Auch bei diesem Problem gehörte Huber zu den Promotoren einer möglichst schnellen und unkomplizierten Lösung. In einem Gespräch mit Stucki, der einer Lösung, wie sie später zustande kam, sehr kritisch gegenüberstand, wies Huber auf die Vorteile derselben hin. Er verwies auch hier auf die negativen Konsequenzen, die es in der deutschen Öffentlichkeit hätte, wenn die Schweiz nicht zu einer Lösung bereit wäre. Er verteidigte dabei eher die deutsche Sicht der Dinge. Aufzeichnung über die Unterredung mit Herrn Minister Stucki vom 11. September 1950, 11. September 1950, BAR, E 2801 1968/84, Bd. 90, dodis. ch/8670.

regierung und vertrat in einigen Punkten deutsche Interessen. Auch bezüglich der nationalsozialistischen Vergangenheit einiger Vertreter des Auswärtigen Amts liess er die nötige kritische Distanz vermissen. Er war damit wenigstens teilweise dem «going-native»-Syndrom der Diplomaten verfallen.[236]
Sein ganzes Wirken war auf die Verbesserung des Verhältnisses zum nördlichen Nachbarn ausgerichtet. Dabei stand vor allem die wirtschaftliche Austauschbeziehung im Vordergrund. Er betätigte sich sowohl auf dem Feld der Wirtschaftspolitik als auch als aktiver Promotor der Schweizer Industrie. Grossen Einsatz zeigte Huber im Umgang mit der Schweizer Kolonie. Er sah sich selbst als Teil dieser Kolonie und versuchte auf verschiedenste Arten den Zusammenhalt der Auslandschweizer und ihre Bindung zur Schweiz zu fördern. Dort, wo er es für nötig hielt, legte er selbst Hand an und forderte auch die Konsuln auf, persönlich grösseres Engagement für die Kolonie an den Tag zu legen. Die langsame Assimilation der Auslandschweizer sah er als Gefahr. Als Huber 1959 im Amt verstarb, zeigte sich das Ansehen, das er in der deutschen Gesellschaft und unter den Auslandschweizern genoss, in der breiten Anteilnahme an seinem Schicksal.
Zusammenfassend kann ein positives Fazit zur Zeit Hubers als Vertreter der Schweiz in der BRD gezogen werden. Die Normalisierung der Beziehungen zum nördlichen Nachbarn war vor allem aus wirtschaftlicher Sicht für die Schweiz entscheidend. Es konnten mit der BRD einige Fragen, die die Schweiz seit Jahren beschäftigte, gelöst werden. Es ist zudem fragwürdig, ob eine andere Politik, die mehr Gewicht auf ausgeglichene Beziehungen zu den beiden deutschen Teilstaaten gelegt hätte, für die Schweiz überhaupt möglich gewesen wäre.

236 Siehe dazu Kap. II, 1.2.

Armin Daeniker (1898–1983)

Schweizer Minister und Botschafter in London
1955–1963 (undatiert, dodis.ch/P150)

VI Armin Daeniker – ein scharfer Beobachter auf dem falschen Posten

1 Der Asien- und Indienspezialist

Armin Daeniker[1] wurde am 24. Februar 1898 in Zürich geboren.[2] Sein Elternhaus ist der Oberschicht zuzuordnen, einerseits ist Daeniker ein altes Zürcher Ratsgeschlecht, andererseits war sein Vater Heinrich Direktor der Nordbahn.[3] Armin Daeniker besuchte sowohl die Grundschule als auch das Gymnasium in Zürich.[4] Anschliessend studierte er Jurisprudenz an den Universitäten Genf, Bern und Zürich, wo er 1921 den Doktortitel erlangte.[5] Als Student war er Mitglied der Studentenverbindung Zofingia und präsidierte die Studentenschaft der Universität Zürich.[6] 1920 gehörte er zu den Mitgründern des Verbandes der Schweizer Studentenschaften.[7] Nach seinem Doktorat wollte er ins Ausland gehen und besuchte in Berlin, Rom und London ergänzende Studienfächer, wie zum Beispiel Betriebswirtschaft.[8] Als er 1923 in die Schweiz zurückkehrte, bemühte er sich erstmals um Aufnahme ins Eidgenössische Politische Departement. Er erhielt dabei Unterstützung von seinem Bruder. Dieser hatte sich mit dem New Yorker Generalkonsul Henri Escher getroffen und erfahren, dass Escher einen jungen Juristen suchte. Er schlug darauf dem EPD schriftlich seinen jüngeren Bruder Armin vor, um diesen Posten zu besetzen.[9] Da diesem Vorschlag aus finanziellen Gründen eine Absage erteilt wurde,[10] bewarb sich Armin Daeniker persönlich.[11] Obwohl

---

1 Die Schreibweise des Nachnamens ist sowohl in der Form «Däniker» als auch «Daeniker» zu finden. Die zweite Schreibweise wird deutlich öfter verwendet, und zwar auch dann, wenn Schreibmaschine oder Druck Umlaute hätten darstellen können.
2 Personalblatt, BAR, E 2500 1982/120, a.21 Daeniker Armin.
3 Marc Perrenoud: Däniker, Armin, in: Historisches Lexikon der Schweiz (HLS), www.hls-dhs-dss.ch/textes/d/D14838.php, 25. November 2010.
4 Notes biographiques, undatiert, BAR, E 2200.40 1968/66, A.11 Armin Daeniker.
5 Ebd.
6 Ebd.
7 Während Daeniker in seinem Lebenslauf festhielt, dass die Gründung 1921 stattgefunden habe (vgl. ebd.), legt der Verband der Schweizer Studierendenschaften die Gründung auf den 19. Juni 1920 fest. Verband Schweizer Studierendenschaften, www.vss-unes.ch/typo3/index.php?id=26, 14. September 2010.
8 Notes biographiques, undatiert, BAR, E 2200.40 1968/66, A.11 Armin Daeniker.
9 Brief Dr. H. Däniker an Chef des Konsulardienstes Benziger, 6. August 1923, ebd.
10 Brief Chef des Konsulardienstes Benziger an Dr. H. Däniker, 10. August 1923, ebd.
11 Brief A. Däniker an Chef des Konsulardienstes Benziger, 5. September 1923, ebd.

zuerst erneut eine negative Antwort folgte, plante nun der Chef des Konsulardienstes, Daeniker tatsächlich nach New York zu schicken.[12] Ein Mitarbeiter der Legation in London, der als Referenz Daenikers auftrat, bescheinigte ihm «ausgezeichnete Fähigkeiten und Charakter».[13] Aus nicht ersichtlichen Gründen zerschlug sich dieser Plan aber und es sollte noch zwei Jahre dauern, bis Daeniker ins EPD aufgenommen wurde.[14] In dieser Zeit arbeitete er als Praktikant bei der Genfer Anwaltskanzlei Pictet und Picot und bei der Winterthur Versicherung.[15]

Daeniker liess in der Sache EPD nicht locker und fragte immer wieder nach, ob nun eine Stelle für ihn frei sei.[16] Am 7. April 1925 erfüllte sich sein Wunsch, als er erfuhr, dass er als «provisorischer Mitarbeiter» bei der Abteilung für Auswärtiges angestellt werde.[17] Nach etwas mehr als einem halben Jahr wurde aus Daenikers provisorischer Anstellung eine definitive und er wurde zum Departementssekretär zweiter Klasse ernannt. 1927 reiste er auf seinen ersten Auslandsposten. Für einige Monate war er Verweser des Konsulats in Riga.[18] Nach zwei weiteren Jahren in der Berner Zentrale als juristischer Berater begann für Daeniker eine spannende und abwechslungsreiche Zeit, die für seine weitere Karriere entscheidend werden sollte. Zuerst war er für einige Wochen in Berlin tätig.[19] 1930 brach er nach Asien auf und wurde zum stellvertretenden Konsul in Schanghai ernannt, wo er bis Ende 1932 blieb. Mit dem anschliessenden Sprung über das Gelbe Meer, vom Konsulat in Schanghai zur Gesandtschaft in Tokio, wechselte Daeniker vom konsularischen in den diplomatischen Dienst.[20] Als Gesandtschaftssekretär zweiter und später erster Klasse war er drei Jahre lang im kaiserlichen Japan tätig. Aufgrund der Abwesenheit eines Ministers führte er die Gesandtschaft über anderthalb Jahre.[21] Als er für kurze Zeit nach Bern zurückkehrte, schien es für ihn vorerst keinen freien Posten zu geben, den er als Chef hätte übernehmen können. So sprach er bei Hans Frölicher[22] vor, der sich bei Stucki für ihn stark machen wollte, um seine Aufnahme in die Handelsabteilung zu ermöglichen. Aus dem Schriftverkehr zwischen Daeniker und Frölicher wird jedoch klar, dass

12 Brief Chef des Konsulardienstes Benziger an Bosinger, 10. August 1923, ebd.
13 Brief Bosinger an Chef des Konsulardienstes Benziger, 29. Oktober 1923, ebd.
14 Siehe BAR, E 2200.40 1968/66, A.11 Armin Daeniker.
15 Notes biographiques, undatiert, ebd.
16 Siehe BAR, E 2200.40 1968/66, A.11 Armin Daeniker.
17 Brief Chef des Konsulardienstes Benziger an Armin Däniker, 7. April 1925, ebd.
18 Personalblatt, BAR, E 2500 1982/120, a.21 Daeniker Armin.
19 8. Dezember 1929–15. April 1930. Ebd.
20 Siehe dazu Kap. I, 2.3.
21 Notes biographiques, undatiert, BAR, E 2200.40 1968/66, A.11 Armin Daeniker.
22 Hans Frölicher war zu dieser Zeit stellvertretender Leiter der Politischen Abteilung. Siehe dodis.ch/P449.

dies aus Sicht Daenikers nur die zweitbeste Option war.[23] Obwohl Stuckis Zusage bereits vorlag,[24] griff Daeniker dann auch zu, als ihm der Posten in Teheran angeboten wurde. Das Konsulat in der iranischen Hauptstadt wurde wenige Monate nach seiner Ankunft zu einer Gesandtschaft ausgebaut.[25] Daeniker führte den Posten des Chargé d'Affaires fast zehn Jahre bis zum Ende des Zweiten Weltkriegs. 1939 wurde er zum Legationsrat befördert.[26] Schon damals war seine Fürsorge für die Schweizer Kolonie sichtbar. Die Auslandschweizer in Teheran waren begeistert vom Schweizer Vertreter.[27] In dieser Zeit heiratete er die ihm seit dem gemeinsamen Studium bekannte Bernerin Martha Schlumpf.[28] Das Leben auf fernen Vertretungen gefiel ihm, und so hoffte er, als er 1945 nach Bern zurückkehrte, bald mit einem neuen Posten betraut zu werden.[29] Doch in Bern hatte man andere Pläne. Daeniker wurde 1946 zum Chef der Abteilung für Verwaltungsangelegenheiten ernannt. Diese Aufgabe dürfte sich nicht allzu grosser Beliebtheit erfreut haben, musste man sich doch mit vielen administrativen Fragen herumschlagen. Zudem musste im EPD nach dem Zweiten Weltkrieg gespart und gekürzt werden. Es oblag hauptsächlich der Abteilung für Verwaltungsangelegenheiten, dieses Ziel umzusetzen, womit eine Art Schwarz-Peter-Funktion verbunden gewesen sein dürfte. Daeniker erarbeitete sich in dieser Zeit ein Netzwerk an der Berner Zentrale. Seine Mitarbeiter Pierre Micheli und Paul Clottu wurden zu Freunden, und zu Generalsekretär Zehnder sowie zu Bundesrat Petitpierre konnte er eine enge Beziehung aufbauen.[30]

1948 durfte Daeniker erneut ins Ausland aufbrechen. Er freute sich über die Nomination zum ersten Schweizer Minister im soeben unabhängig gewordenen Indien.[31] Daeniker wurde also im Alter von fünfzig Jahren und nach 23 Jahren Tätigkeit im EPD zum Minister ernannt. Seine Arbeit in Neu-Delhi stand ganz im Zeichen des hohen Ansehens, dessen sich die unabhängige und neutrale Schweiz in Indien erfreute. Bereits im ersten Jahr seiner Amtszeit konnte er einen Freundschafts- und Niederlassungsvertrag zwischen den bei-

---

23 Siehe Brief Gesandtschaftssekretär Däniker an Legationsrat Frölicher, 20. April 1935, BAR, E 2500 1982/120, a.21 Daeniker Armin.
24 Brief Legationsrat Frölicher an Gesandtschaftssekretär Däniker, 24. April 1935, ebd.
25 Dodis.ch/R409.
26 Personalblatt, BAR, E 2500 1982/120, a.21 Daeniker Armin.
27 Siehe Minister Däniker verlässt Indien, in: Der Bund, 13. März 1952, ebd.
28 Ein modernes Gesandtenpaar, in: Schweizerische allgemeine Volkszeitung, 30. Oktober 1954, ebd.
29 Siehe Brief Legationsrat Daeniker an Minister Stucki, 23. Januar 1945, ebd.
30 Siehe dazu Kap. VI, 2.5.
31 Brief Legationsrat Daeniker an Bundesrat Max Petitpierre, 9. Februar 1948, BAR, E 2800 1967/59, 44.029 Armin Daeniker.

den Ländern bereinigen und unterzeichnen.³² Dass die Schweiz das erste Land war, mit dem Indien einen solchen Vertrag abschloss, durfte als Zeichen der besonderen Wertschätzung verstanden werden. Einen weiteren Schritt in den engen Beziehungen zwischen den beiden Staaten war die Reise des indischen Ministerpräsidenten Pandit Nehru³³ in die Schweiz. Nehru und Petitpierre waren voneinander begeistert.³⁴ So schrieb Petitpierre über Nehru in einem Brief an Daeniker: «Ce fut pour moi une très grande satisfaction d'apprendre à connaître un homme aussi éminent et dont l'activité politique est aussi remarquable que la sienne.»³⁵ Daeniker konnte davon insofern profitieren, als er nun einfacheren Zugang zum Ministerpräsidenten hatte, von einer echten persönlichen Beziehung kann aber nicht gesprochen werden.³⁶ Trotzdem erlangte Daeniker in Neu-Delhi hohes Ansehen. Dies teilte der indische Staatssekretär Menon dem Schweizer Minister Huber auf einer Europareise mit.³⁷ Ein anderer Regierungsvertreter liess verlauten: «Wenn uns Minister Daeniker etwas empfiehlt, dann wissen wir, dass er es nicht nur irgend einem schweizerischen Interesse zuliebe tut, sondern dass er von der Güte der betreffenden Sache für uns überzeugt ist.»³⁸ Sein hohes Ansehen soll schweizerischen Unternehmern in Indien sehr geholfen haben.³⁹ Zu einem unschönen Eklat kam es am Schluss der Amtszeit Daenikers: Das bilaterale Handelsabkommen zwischen der Schweiz und Indien geriet ans Ende seiner Laufzeit. Während die Schweiz an der Verlängerung des Vertrags interessiert war, wollte Indien eine offenere Vereinbarung zugunsten seiner Textilindustrie erreichen. Daeniker wies in verschiedenen Berichten darauf hin, dass eine spezielle Verhandlungsdelegation aus der Schweiz entsandt werden sollte, aber die Handelsabteilung

---

32 Minister Däniker verlässt Indien, in: Der Bund, 13. März 1952, BAR, E 2500 1982/120, a.21 Daeniker Armin.
33 Sein richtiger Name war Jawaharlal Nehru, er war aber bekannt unter dem Namen Pandit und wurde in schweizerischen Dokumenten nur so genannt. Siehe BAR, E 2800 1967/59, 44.029 Armin Daeniker.
34 Nehru berichtete Daeniker von seiner Schweizer Reise und von der Begegnung mit Petitpierre. Siehe Brief Minister Daeniker an Bundesrat Petitpierre, 12. Mai 1949, BAR, E 2800 1967/59, 44.029 Armin Daeniker.
35 Brief Bundesrat Petitpierre an Minister Daeniker, 16. Mai 1949, ebd.
36 Er wurde von Nehru zu einem persönlichen Lunch eingeladen, da dieser von seiner Schweizreise berichten wollte. Brief Minister Daeniker an Bundesrat Petitpierre, 12. Mai 1949, BAR, E 2800 1967/59, 44.029 Armin Daeniker. In der Folge musste Daeniker auch bei wichtigeren Problemen mit Mitarbeitern Nehrus vorliebnehmen. Siehe Brief Bundesrat Petitpierre an Minister Daeniker, 5. Juni 1951, ebd.
37 Brief Minister Huber an Bundesrat Petitpierre, 19. Juni 1951, BAR, E 2800 1967/59, 44.018 Albert Huber.
38 Zitiert nach Minister Däniker verlässt Indien, in: Der Bund, 13. März 1952, BAR, E 2500 1982/120, a.21 Daeniker Armin.
39 Siehe ebd.

reagierte nicht darauf.[40] Nach sechs Monaten ohne Reaktion schlug Daeniker der Handelsabteilung vor, selbst bei der Regierung vorzusprechen, was diese nun annahm.[41] Die indische Seite reagierte verstimmt auf die Tatsache, dass die Schweiz sich nur durch ihren Gesandten vertreten lassen wollte und keine Handelsdelegation entsandte. Indien liess es danach zum Abbruch der Verhandlungen kommen. Die Handelsabteilung berichtete dem Bundesrat vom Vorfall und schob Daeniker die Hauptschuld zu, indem sie die früheren Berichte Daenikers ausklammerte und einfach darauf hinwies, dass dieser vorgeschlagen habe, selbst vorzusprechen.[42] Daeniker erhielt auf Umwegen von diesem Bericht Kenntnis, reagierte dann mit einem geharnischten Brief an Hotz[43] und legte auch Petitpierre seine Sicht dar.[44] Tatsächlich dürfte die Hauptschuld eher bei der Handelsabteilung zu suchen sein, doch muss man Daeniker ankreiden, dass er die Situation unterschätzt hatte. Alles in allem war Daeniker in Indien aber glücklich und erfolgreich. Auch daher nahm er von Asien nur ungern Abschied.[45]

Bundesrat Petitpierre schickte im Oktober 1951 ein persönliches Telegramm an seinen Gesandten in Indien, worin er ihm den Posten in Stockholm anbot.[46] So wechselte Daeniker im März 1952 vom neutralistischen Indien ins neutrale Schweden. Daenikers Zeit als Minister in Schweden stand ganz im Zeichen der Neutralen Überwachungsmission in Korea (NNSC). Bei seiner Ankunft in Stockholm befanden sich die Verhandlungen zu dieser Mission in einer kritischen Phase. Sowohl Schweden als auch die Schweiz waren als Mitglieder der NNSC vorgesehen. Die Schweiz war grundsätzlich zur Teilnahme bereit, wollte aber sicherstellen, dass sie nicht als Vertreterin des Westens, sondern als unabhängiger Schiedsrichter an dieser Mission teilnahm.[47] Daeniker hatte nun die Aufgabe, zwischen dem EPD und dem schwedischen Aussenministerium zu koordinieren.[48] Als die Mission zustande kam, wurde er zum Chef der

---

40 Brief Minister Daeniker an Direktor der Handelsabteilung Hotz, 18. August 1952, BAR, E 2800 1967/59, 44.029 Armin Daeniker.
41 Ebd.
42 Ebd.
43 Ebd.
44 Brief Minister Daeniker an Bundesrat Petitpierre, 19. August 1952, ebd. Auch andere Initiativen Daenikers wurden in der Handelsabteilung nicht unterstützt. Siehe dazu Brief Direktor der Handelsabteilung Hotz an Minister Zehnder, 8. März 1950, BAR, E 2200.64 1971/68, Bd. 9, dodis.ch/8440.
45 Siehe Brief Minister Daeniker an Bundesrat Petitpierre, 31. Dezember 1951, BAR, E 2800 1967/59, 44.029 Armin Daeniker.
46 Telegramm, Nr. 32, Bern, 3. Oktober 1951, BAR, E 2500 1982/120, a.21 Daeniker Armin.
47 Siehe Schwarb, Die Mission der Schweiz in Korea.
48 Brief Bundesrat Petitpierre an Minister Daeniker, 16. Dezember 1952, BAR, E 2800 1967/59, 44.029 Armin Daeniker.

Schweizer Delegation in der Neutralen Heimschaffungskommission in Korea (NNRC) ernannt.[49] Er war ein hervorragender Kandidat für diese Aufgabe: Er hatte sowohl in Schweden als auch in Indien seine Erfahrungen gemacht, beides ebenfalls Mitglieder der Kommission. Zudem war Daeniker während seiner Karriere sowohl in China als auch in Japan tätig gewesen, beide hatten ebenfalls ihren Einfluss auf die Mission. Kurzum, Daeniker war einer der ausgewiesenen Asienkenner des EPD. Während er weiterhin als Schweizer Gesandter in Stockholm akkreditiert blieb, weilte er vom August 1953 bis März 1954 im koreanischen Panmunjeom. Die schwierige Aufgabe der Kommission, der neben der Schweiz, Schweden und Indien auch die Tschechoslowakei und Polen angehörten, war es, die Heimkehr der Kriegsgefangenen beider koreanischen Staaten zu überwachen. Zu diesem Zweck wurde deren Verwaltung der Kommission übertragen. In der Waffenstillstandsvereinbarung wurde festgelegt, dass es der freien Wahl der Gefangenen überlassen werde, ob sie in ihr Heimatland zurückkehren wollten. Daher mussten die Gefangenen zuerst befragt werden. Schnell stellte sich heraus, dass ein Grossteil der nordkoreanischen Kämpfer in südkoreanischer Gefangenschaft gar nicht heimkehren wollte. Nordkorea versuchte sie durch Informationsgespräche zur freiwilligen Rückkehr zu bewegen. Viele Gefangene wollten aber nicht einmal an den Gesprächen mit kommunistischen Vertretern teilnehmen. Während die polnischen und tschechoslowakischen Vertreter in der NNRC glaubten, dass diese Haltung der Gefangenen auf südkoreanische Agenten unter den Gefangenen zurückzuführen sei, sprachen sich die Schweiz, Schweden und Indien gegen die von dieser Seite vorgebrachte Forderung aus, Häftlinge unter Gewaltanwendung zu den Gesprächen zu bringen.[50] Die Kommission, namentlich Daeniker, war folglich heftigen Angriffen von kommunistischer Seite ausgesetzt. Bundesrat Petitpierre stärkte Daeniker nach diesen Attacken den Rücken und sicherte ihm die Unterstützung des Bundesrates zu, bat ihn aber auch, möglichst die Konfrontation zu vermeiden.[51] Als die vorgesehene Zeitdauer für die Mission abgelaufen war, entschied der indische Leiter der NNRC, ohne seine Kollegen zu befragen, sämtliche Kriegsgefangenen an die Haftstaaten zu übergeben, wo sie dann freigelassen wurden.[52] Nur ein kleiner

49 Personalblatt, BAR, E 2500 1982/120, a.21 Daeniker Armin.
50 Siehe Lecture given by the Swiss Minister, Monsieur A. Daeniker, in: The Swiss Observer, 28. Oktober 1955, BAR, E 2802 1967/78, E. Grossbritannien.
51 Es zeichnete sich schnell ab, dass die vorgesehene Zeit für die Heimschaffung nicht ausreichen würde. Daeniker solle sich nicht in die Diskussion um eine allfällige Verlängerung einmischen. Dies sei Sache der Konfliktparteien. Brief Bundesrat Petitpierre an Minister Daeniker, 2. Dezember 1953, BAR, E 2800 1967/59, 44.029 Armin Daeniker.
52 Siehe Lecture given by the Swiss Minister, Monsieur A. Daeniker, in: The Swiss Observer, 28. Oktober 1955, BAR, E 2802 1967/78, E. Grossbritannien.

Teil der Gefangenen ging nach Nordkorea zurück. Der schwedische Aussenminister und Petitpierre waren froh, einigermassen heil aus der Geschichte herausgekommen zu sein.[53] Petitpierre dankte Daeniker für seine Dienste und meinte, dass die Mission erfolgreicher gewesen sei, als er erwartet habe.[54] Daeniker selbst kam zu einem ähnlichen Schluss, er hielt einerseits fest, dass die Mission gescheitert sei,[55] andererseits war er der Meinung, dass sie bereits mit der Tatsache, dass sie zwischen den Kriegsparteien eine Streitfrage vorübergehend lösen konnte, einen wichtigen Beitrag zur Friedensschliessung geleistet habe.[56]

2 Minister und Botschafter in London 1955–1963

2.1 Aufgaben, Probleme, Besonderheiten

Auf der Rückreise von Korea nach Schweden verbrachte Daeniker einige Tage in der Schweiz. Bei einer Besprechung mit Max Petitpierre fragte dieser, ob Daeniker Schweizer Gesandter in London werden wolle.[57] Der Posten an der Themse wurde frei, da Henry de Torrenté in Washington den in den Ruhestand entlassenen Karl Bruggmann ersetzen sollte.[58] Armin Daeniker und seine Frau waren begeistert von diesem Angebot und willigten ein, was aber auf Wunsch von Petitpierre vorerst noch geheim gehalten werden musste.[59] Als Henry de Torrenté von der Wahl seines Nachfolgers erfuhr, bezeichnete er sie als ausgezeichnet und glaubte, dass Daeniker die Botschaft in seinem Sinne weiterführen werde.[60]

Als Daeniker am 20. Januar 1955 den Posten in London übernahm, wurde Grossbritannien noch von Winston Churchill regiert. Wenige Monate später

53 Brief Minister Daeniker an Bundesrat Petitpierre, 8. April 1954, BAR, E 2800 1967/59, 44.029 Armin Daeniker.
54 Brief Minister Daeniker an Bundesrat Petitpierre, 16. Januar 1954, BAR, E 2500 1982/120, a.21 Daeniker Armin.
55 Lecture given by the Swiss Minister, Monsieur A. Daeniker, in: The Swiss Observer, 28. Oktober 1955, BAR, E 2802 1967/78, E. Grossbritannien.
56 Referat von Herrn Minister Armin Daeniker an der Ministerkonferenz in Bern vom 10. September 1954, Erfahrungen der schweizerischen Korea-Missionen im Lichte der schweizerischen Neutralitätspolitik, 10. September 1954, BAR, E 2004 (B) 1968/217, Bde. 2–5, dodis.ch/9594.
57 Brief Minister Daeniker an Bundesrat Petitpierre, 8. April 1954, BAR, E 2800 1967/59, 44.029 Armin Daeniker.
58 Siehe dazu Kap. IV, 2.3.
59 Brief Bundesrat Petitpierre an Minister Daeniker, 14. April 1954, BAR, E 2800 1967/59, 44.029 Armin Daeniker.
60 Notice aux membres de la Légation, 22. Oktober 1954, BAR, E 2200.40 1968/66, A.11 Armin Daeniker.

übernahm jedoch Sir Anthony Eden. Nach nur etwas mehr als einem Jahr erlebte die neue Regierung ihr Waterloo in der Suezkrise.[61] Eden verlor dabei sein Ansehen als Staatsmann und erlitt einen gesundheitlichen Zusammenbruch. Die Schweiz übernahm zwischen 1956 und 1959 die Vertretung Grossbritanniens in Ägypten und Syrien, wobei aber nur im ersten Jahr grössere Aufgaben übernommen werden mussten.[62] Auf Eden folgte Harold Macmillan, der dem Vereinigten Königreich bis kurz vor Daenikers Rücktritt 1963 vorstand. Als vierter und letzter Premierminister an der Downing Street Nr. 10 erlebte Daeniker während seiner Amtszeit an der Themse Alec Douglas-Home.[63] Ansonsten war die Zeit durch eine weitere Welle der Entkolonialisierung verschiedener Staaten aus der britischen Herrschaft gekennzeichnet. Vor allem in Afrika wurden nun viele Länder in die Unabhängigkeit entlassen. Aus ehemaligen britischen Kolonien entstanden Ghana, Malaya, Nigeria und Kenia. Dies hatte auf Daenikers Tätigkeit einen Einfluss, wurden doch aus den ehemaligen Konsulaten in den Kolonien eigenständige Gesandtschaften. Damit schieden sie aus dem Einflusskreis der Gesandtschaft in London aus.[64] Daeniker nutzte die Unabhängigkeitsfeiern wiederholt, um die entlegenen Konsulate zu besuchen.[65]

In den ersten Jahren Daenikers in London gab es zwischen Grossbritannien und der Schweiz wenig bilaterale Spannungen. Einzig der relativ hohe Uhrenzoll, den London erhob, sorgte für Diskussionen. Er war Hauptstreitpunkt in den alljährlichen Aushandlungen eines Handelsvertrags zwischen den beiden Staaten.[66] Dass dieser Zoll wirklich eine hemmende Wirkung hatte, zeigte sich, als er im Rahmen der EFTA abgeschafft wurde und in der Folge die Schweizer Uhrenproduzenten mit Liefern gar nicht nachkamen.[67]

Ein Thema, das sowohl die Schweiz als auch Grossbritannien in dieser Zeit besonders beschäftigte, war die Frage nach der europäischen Integration. Beide Länder verfolgten ähnliche Strategien. In den 1950er-Jahren begannen die sechs Staaten der EGKS (später oft «die sechs» genannt) ihre Zusammenarbeit auf verschiedene neue Bereiche auszuweiten.[68] Vor allem die Schaffung

---

61 Siehe dazu Kap. VI, 2.3.
62 Siehe Geschäftsberichte für die Jahre 1956–1959, BAR, E 2400 1000/717, London, Bd. 173.
63 Geschichtliche Zusammenstellung aus diversen Quellen. Hauptsächlich: Politische Berichte, BAR, E 2300 1000/716, London, Politische Berichte und Briefe, Militärberichte, Bde. 48–57.
64 Siehe Geschäftsberichte für die Jahre 1956–1960, BAR, E 2400 1000/717, London, Bd. 173.
65 Siehe dazu Kap. VI, 2.4.
66 Siehe Geschäftsberichte für die Jahre 1956–1960, BAR, E 2400 1000/717, London, Bd. 173.
67 Brief Legationsrat Tribolet an Handelsabteilung, 12. September 1960, BAR, E 2200.40 1975/93, M.31.10 Handelsabkommen Verhandlungen.
68 Römer Verträge 1957: Frankreich, Deutschland, Belgien, Luxemburg, die Niederlande und Italien schliessen sich zur EURATOM und zur EWG zusammen.

eines gemeinsamen Marktes dieser Staaten bedrohte die Handelsinteressen der Nichtmitgliedstaaten.[69] Die Schweiz wollte aus souveränitäts- und neutralitätsrechtlichen Gründen diesem Markt nicht beitreten. Auch Grossbritannien sah in dieser Zeit von einem Beitritt ab, vor allem weil man um die Verpflichtungen und Rechte gegenüber den Commonwealth-Staaten fürchtete.[70] Beide Länder wollten der allfälligen Diskriminierung im europäischen Handel mit einer liberalen «grossen Freihandelszone» aller westeuropäischen Staaten begegnen, ohne dass es dabei zu einer Harmonisierung des Rechts kommen sollte.[71] Diese Bemühungen scheiterten am grossen Integrationswillen der «sechs». Als Reaktion auf die Schaffung des gemeinsamen Marktes schlossen sich 1960 die Schweiz und Grossbritannien mit fünf weiteren Staaten[72] zur «kleinen Freihandelszone», der EFTA, zusammen.[73] Bei der Gründung der EFTA spielte die Schweiz, insbesondere der Chef der Handelsabteilung Hans Schaffner, eine wichtige Rolle.[74] Inhaltlich verfolgte die kleine die gleichen Ziele wie die grosse Freihandelszone. Eines der Hauptziele blieb die Suche nach einer Lösung im Verhältnis mit den «sechs». Schon bald zeigte sich aber, dass die verschiedenen EFTA-Mitglieder unterschiedliche Ansichten hatten, wie dieses Problem zu lösen sei. In Grossbritannien zeichnete sich in der ersten Jahreshälfte 1961 immer klarer der Wille ab, der EWG beizutreten.[75] Die Schweiz beschloss im Dezember 1961 zusammen mit den anderen neutralen Staaten, Österreich und Schweden, ein Verhandlungsgesuch für ein Assoziationsverhältnis an Brüssel zu richten.[76] Beide Bestrebungen scheiterten 1963 vorerst aber am Veto von de Gaulle.

Während der Amtszeit von Armin Daeniker wurde die Gesandtschaft in London zur Botschaft erhoben. Damit erhielt er am 12. April 1957 den Botschaftertitel.[77] Bereits im Januar 1960 hatte der Bundesrat beschlossen, Daeniker bis zum Ende seiner Dienstzeit im Dezember 1963 auf dem Londoner Posten

69 Altermatt, La politique étrangère de la Suisse, 61–63.
70 Der Commonwealth of Nations garantierte den Mitgliedländern verschiedene Handelserleichterungen und Präferenzvereinbarungen untereinander.
71 Siehe Ziegler, Die Schweiz und die Europäische Wirtschaftsintegration, 12.
72 Dänemark, Norwegen, Schweden, Österreich und Portugal.
73 Altermatt, La politique étrangère de la Suisse, 64.
74 Ebd. Die Rolle der Botschaft in dieser Annäherung wird im Teil zu den zwischenstaatlichen Problemen genauer beschrieben. Siehe dazu Kap. VI, 2.2.
75 Zu diesem für die Schweiz kritischen Vorgang siehe Kap. VI, 2.3.
76 Riklin/Zeller, Verhältnis der Schweiz zu den Europäischen Gemeinschaften, 467.
77 Personalblatt, BAR, E 2500 1982/120, a.21 Daeniker Armin.

zu belassen.⁷⁸ Dies war eine Entscheidung, die im Vergleich zu anderen untersuchten Botschaftern bereits früh in der Amtszeit gefällt wurde.⁷⁹

2.2 Handelspolitik – ein Spielfeld für den Wirtschaftsrat

Wie bereits erwähnt, wurde zwischen 1955 und 1960 jährlich ein Handelsabkommen zwischen der Schweiz und Grossbritannien ausgehandelt. Darin wurden insbesondere Zölle und Einfuhrquoten festgelegt. Die Schweiz hatte in diesen Verhandlungen stets die schwächere Position inne, denn für Grossbritannien waren von den wenigen Schweizer Einfuhrbeschränkungen lediglich diejenigen gegenüber Traktoren und schweren Lastwagen von einem gewissen Interesse. Alle anderen wichtigen britischen Exportprodukte konnten unbeschränkt in die Schweiz eingeführt werden. Dies waren zu schwache Waffen, um gegen die rigide Einfuhrpolitik der Briten gegenüber Uhren vorzugehen. So konnten in den Verhandlungen zwischen 1955 und 1959 keine wesentlichen Verbesserungen in diesem Bereich erzielt werden.⁸⁰
Die Botschaft in London übernahm in diesen Verhandlungen ab 1956 eine aktive Rolle. Ihr Wirtschaftsrat, René Fässler, nahm jeweils an den Verhandlungen teil, unterhielt die Verbindungen zum Board of Trade⁸¹ und belieferte während der Verhandlungsvorbereitungen die Handelsabteilung mit den neusten Zahlen.⁸² Die Verhandlungsdelegationen wurden jeweils von der Handelsabteilung geleitet. Auch zu dieser konnte Fässler eine gute Beziehung aufbauen, sogar sehr freundschaftlich war diejenige zu Hans Schaffner.⁸³ Dass die Handelsabteilung in Fässler einen kompetenten Partner sah, zeigt sich auch darin, dass sie ihn zu den Verhandlungen von 1957, die in Bern stattfanden, einluden.⁸⁴ Nachdem nun dargestellt worden ist, dass der Wirtschaftsrat der Botschaft eine aktive Rolle übernahm, muss festgehalten werden, dass Armin Daeniker während der ganzen Verhandlungen fast gar nicht in Erscheinung trat: Sämtliche Kontakte wurden von Fässler aufrechterhalten, Berichte von

---

78 Brief Botschafter Daeniker an Minister Clottu, 10. Januar 1960, BAR, E 2200.40 1968/66, A.11 Armin Daeniker.
79 Etwa Karl Bruggmann (Kap. III, 2.1) oder Henry de Torrenté (Kap. IV, 2.3).
80 Siehe Geschäftsberichte für die Jahre 1956–1959, BAR, E 2400 1000/717, London, Bd. 173.
81 Brief Minister Daeniker an Minister Schaffner, 19. Dezember 1955, BAR, E 2200.40 1971/165, M.31.10 Handelsvertrag.
82 Brief Minister Daeniker an Minister Schaffner, 16. Januar 1956, ebd.
83 Die beiden schickten sich gegenseitig Privatfotos vom Londonaufenthalt Schaffners zu und trafen sich verschiedentlich persönlich. Siehe Brief Minister Schaffner an Legationsrat Fässler, 16. Februar 1956, ebd.
84 Brief Minister Daeniker an EPD, Abteilung für Verwaltungsangelegenheiten, 7. Januar 1957, ebd. Während Vertreter einer Botschaft noch ab und zu bei Verhandlungen im Gastland Teil der Verhandlungsdelegation waren, ist dies bei Verhandlungen in Bern eine Ausnahme.

ihm geschrieben und höchstens von Daeniker unterzeichnet.[85] Auffallend in diesem Zusammenhang ist, dass auch in Dankschreiben der Handelsabteilung Daeniker gar nicht erwähnt wird.[86] Er hat sich also in diesem Bereich nicht aktiv gezeigt, was sich auch nicht änderte, als René Fässler durch Marcel Heimo ersetzt wurde.[87]

Nach der gemeinsamen Gründung der EFTA arbeiteten Grossbritannien und die Schweiz in wirtschaftlichen Fragen enger zusammen. Dabei stand die Frage der Klärung des Verhältnisses zu den «sechs» immer wieder im Zentrum des Interesses. Im nächsten Abschnitt soll dargestellt werden, inwiefern die Botschaft in London und mit ihr Botschafter Daeniker in diese Zusammenarbeit involviert war.

Grundsätzlich wurden die Entscheidungen in der EFTA an den Ministerratstreffen getroffen.[88] Diese fanden zweimal jährlich in unterschiedlichen Städten statt. 1961 war für eines der Treffen London an der Reihe. Bei diesem Treffen waren Wirtschaftsrat Marcel Heimo und sein Stellvertreter Teil der Schweizer Delegation, die von Bundesrat Schaffner und Bundesrat Wahlen angeführt wurde.[89] Daeniker hingegen war weder Mitglied der Delegation, noch nahm er anderweitig Einfluss auf das Ministertreffen.[90] Das dicht gedrängte Programm liess ihm nicht einmal Zeit, den beiden Bundesräten einen repräsentativen Empfang zu bereiten.[91]

Überhaupt war es fast ausschliesslich der Wirtschaftsrat der Botschaft, der sich mit den EFTA-Fragen befasste. So war es der Initiative von René Fässler zu verdanken, dass sich ab 1960 die Wirtschaftsräte der Botschaften der EFTA-Länder regelmässig zum Austausch trafen.[92] Dieses Gremium der Wirtschaftsräte wurde anschliessend auch von den britischen Behörden einberufen, wenn den anderen EFTA-Staaten etwas mitgeteilt werden sollte.[93] Auch die

---

85 Siehe BAR, E 2200.40 1971/165, M.31.10 Handelsvertrag.
86 Brief Minister Schaffner an Legationsrat Fässler, 16. Februar 1956, ebd.
87 Siehe BAR, E 2200.40 1975/93, M.31.10 Handelsabkommen Verhandlungen. Es zeigt sich also, dass man Daenikers wenig aktive Rolle in diesem Dossier nicht nur mit der grossen Kompetenz Fässlers erklären kann. Daeniker scheint eher der Meinung gewesen zu sein, dass dieses Dossier sein persönliches Engagement nicht benötige.
88 Ziegler, Die Schweiz und die Europäische Wirtschaftsintegration, 13.
89 Brief Minister Long an britische Botschaft in Bern, 21. Juni 1961, BAR, E 2200.40 1975/93, P.71.25.5 Meetings of EFTA Members.
90 Siehe BAR, E 2200.40 1975/93, P.71.25.5 Meetings of EFTA Members.
91 Siehe Brief Minister Long an Bundesrat Wahlen, ebd.
92 Brief Botschaftsrat Fässler an Wirtschaftsräte der EFTA-Länder-Botschaften, 3. Mai 1960, ebd.
93 Zum Beispiel als es darum ging, die Hintergründe einer britischen Einladung an die Minister der anderen EFTA-Staaten genauer zu erläutern. Siehe Telex pour Politique et Commerce, Nr. 91, London, 22. Juli 1961, BAR, E 2200.40 1975/93, P.71.25.8 EFTA Rat.

Abstimmung der britischen und schweizerischen Haltung zum finnischen Gesuch um Beitritt zur EFTA fand zwischen dem Board of Trade und René Fässler, der im Auftrag der Handelsabteilung vorsprach, statt.[94]
Zusammenfassend kann festgehalten werden, dass die Botschaft auch in der EFTA-Koordination eine Rolle spielte,[95] diese aber nicht von Daeniker, sondern von seinen Wirtschaftsräten übernommen wurde. Dass die Aufgabenteilung zwischen Botschafter und Wirtschaftsrat durchaus anders hätte aussehen können, zeigen die Aufzeichnungen zum Nachfolger Daenikers, Botschafter von Fischer. Dieser nahm an Gesprächen, die Wahlen in London führte, teil und mischte sich in EFTA-politische Fragen ein.[96] Der Bericht zu diesem Treffen ist lesenswert, denn der britische Vertreter hatte nach von Fischers Urteil «vor uns mehrere Besprechungen geführt [...], an denen Whisky serviert wurde», was ihn zu einem wenig diplomatischen Angriff auf Bundesrat Wahlen verleitet habe.[97]
In einem Aufsatz zur Rolle der Verwaltung in der Aussenpolitik hielt Daeniker fest, dass die Funktion des Missionschefs, als Verhandler gegenüber dem Gastland aufzutreten, im Verlauf des 20. Jahrhunderts stark an Bedeutung verloren habe.[98] Dazu beigetragen habe, dass viele Verhandlungen direkt von Fachministern geführt würden und dass allgemein eine Tendenz zu multilateralen Abkommen zu beobachten sei. Hingegen sei es die Aufgabe der Botschaft, Verhandlungen wieder in Gang zu bringen, sollten diese zum Stillstand gekommen oder gar abgebrochen worden sein.[99] Diese Haltung ist in seiner Tätigkeit in London zu beobachten. Er nahm als Botschafter auf die bilateralen Wirtschaftsfragen, die zu dieser Zeit zwischen der Schweiz und Grossbritannien klar im Vordergrund standen, kaum Einfluss.

---

94 Siehe BAR, E 2200.40 1975/93, P.71.25.9 Eventueller Beitritt anderer Länder zur EFTA.
95 Der Botschaft in London wurde verschiedentlich ein Verhandlungsmandat erteilt und ihr Einfluss in diesen Fragen war gross. Siehe dazu den Kauf von Centurion-Panzern: Telegramm, Nr. 9, Bern, 21. Februar 1957, BAR, E 2001 (E) 1972/33, Bd. 4, dodis.ch/12774. Oder auch die Verhandlungen zu einem Vergleichs- und Schiedsvertrag: Brief Botschafter Micheli an Botschafter Daeniker, 7. Februar 1962, BAR, E 2001 (E) 1972/33, Bd. 4, dodis.ch/18852.
96 Siehe Brief Botschafter von Fischer an Bundesrat Wahlen, 1. Februar 1965, BAR, E 2200.40 1984/34, P.71.25.1 EFTA Allgemein.
97 In diesem Gespräch beschuldigte der First Secretary Brown die Schweiz, anders zu handeln als öffentlich kundgetan. Die Briten hatten in dieser Zeit mit dem starken Pfund zu kämpfen und wollten wieder vermehrt Zölle einführen, um die eigene Industrie zu schützen, wogegen sich die Schweiz wehrte. Ebd.
98 Daeniker, Die Rolle der Verwaltung in der schweizerischen Aussenpolitik, 73.
99 Ebd.

2.3 Analysen zur Suezkrise und zum EWG-Beitrittsgesuch

Armin Daeniker betrachtete die fortlaufende Information des Bundesrates über die weltpolitische Lage als eine der wichtigsten Aufgaben des EPD.[100] Die Berichterstattung der diplomatischen Vertretungen im Ausland sollte aus seiner Sicht eine Ergänzung zu den Informationen darstellen, die von Zeitungen verbreitet werden. Die von den Diplomaten bei «autoritativen Stellen und [...] den für die Meinungsbildung massgeblichen Kreisen eingeholten Informationen»[101] sollten es nach Daeniker ermöglichen, einen besseren Überblick, verborgene Zusammenhänge oder neue Fakten darzulegen.[102] Wie diese Aussage aufzeigt, legte er Wert auf die Verwendung von persönlichen Quellen. Tatsächlich basierten seine Berichte aus London denn auch zum überwiegenden Teil auf Informationen aus persönlichen Gesprächen.[103] Gegenüber seinem Vorgänger Henry de Torrenté, der vor allem gegen Ende seiner Zeit in London eine sehr intensive Berichterstattung betrieb,[104] hielt er die Zahl der politischen Berichte und Briefe zuerst auf einem ähnlichen Niveau von etwa 150, reduzierte sie aber später auf etwa hundert pro Jahr.[105] Bei der Informationsbeschaffung bezog er seine Mitarbeiter stark mit ein. Sie lieferten für bis zu zwei Drittel der Berichte aus persönlichen Gesprächen die entsprechenden Informationen.[106]

Die Qualität der Berichterstattung wurde anhand zweier Themen genauer untersucht: einerseits der Informationen des Londoner Postens zur Suezkrise 1956, einem weltpolitischen Geschehen, dessen Betrachtung aus der Londoner Perspektive besonders interessant war. Andererseits wurde die Berichterstattung zum Meinungsumschwung der britischen Politik bezüglich der EWG-Beitrittsfrage 1961, ein für die Schweiz sehr wichtiges Thema, ausgewählt.

In der Suezkrise 1956 standen sich Grossbritannien und Frankreich auf der einen Seite und Ägypten auf der anderen Seite gegenüber. Der ägyptische Präsident Nasser hatte den Suezkanal nationalisiert. Grossbritannien befürchtete, dass eine lebenswichtige wirtschaftliche Ader gekappt würde, und Frankreich glaubte, Nasser habe einen negativen Einfluss auf die französische Politik in

---

100 Daeniker, Die Rolle der Verwaltung in der schweizerischen Aussenpolitik, 69.
101 Ebd.
102 Ebd., 74.
103 Stichjahre: 1956 66 Prozent; 1959 74 Prozent; 1962 72 Prozent. Siehe Politische Berichte, BAR, E 2300 1000/716, London, Politische Berichte und Briefe, Militärberichte, Bde. 48–57.
104 Siehe dazu Kap. IV, 2.6.
105 Siehe BAR, E 2300 1000/716, London, Politische Berichte und Briefe, Militärberichte, Bde. 48–57.
106 Stichjahre: 1956 62 Prozent; 1959 45 Prozent; 1962 64 Prozent. Siehe BAR, E 2300 1000/716, London, Politische Berichte und Briefe, Militärberichte, Bde. 48–57.

Nordafrika. Es folgten zwei internationale Konferenzen in London. Deren Verhandlungsangebot wurde aber von Ägypten beide Male zurückgewiesen. Grossbritannien und Frankreich befürworteten einen militärischen Schlag gegen Nasser, was von den USA, die sich um ihr Ansehen in den Entwicklungsländern sorgten, abgelehnt wurde. Am Ursprung der Krise standen ausserdem die zunehmenden Spannungen zwischen Israel und Ägypten, das den Suezkanal für israelische Schiffe gesperrt hatte. In Sèvre, einem kleinen Ort in Frankreich, kam es zu einem geheimen Treffen zwischen britischen, französischen und israelischen Vertretern, die ein gemeinsames Vorgehen beschlossen. Am 29. Oktober 1956 begann Israel eine Offensive gegen Ägypten und überrannte regelrecht dessen Truppen auf der Sinaihalbinsel. Grossbritannien und Frankreich sprachen unter dem Vorwand, den Kanal schützen zu wollen, ein Ultimatum an beide Parteien aus, sich bis zu dessen Ablauf zehn Meilen hinter den Kanal zurückzuziehen. Als Ägypten dieses Ultimatum erwarteterweise ablehnte, schlugen britisch-französische Truppen gegen Ägypten los und brachten den Kanal unter ihre Kontrolle. Das offensichtlich koordinierte Vorgehen von Frankreich, England und Israel wurde sowohl von der UdSSR als auch von den USA, was entscheidend war, verurteilt. Der politische Druck auf die beiden westeuropäischen Staaten wurde so gross, dass sie in einen Rückzug einwilligen und die Kontrolle an eine UN-Truppe übergeben mussten.[107]

Die Berichterstattung der Gesandtschaft in London zur Suezkrise war intensiv. In der heissen Phase erreichten Bern über zwanzig meist lange Berichte zu diesem Thema.[108] Bereits in einem Bericht vom 4. August konnte Daeniker nach einem Gespräch mit dem französischen Botschafter Chauvel und dem stellvertretenden Unterstaatssekretär Caccia darauf hinweisen, dass die amerikanische «Regierung aus offensichtlichen politischen Gründen einer Durchsetzung des westlichen Standpunktes mit militärischen Gewaltmitteln sich nicht anschliessen werde, und ebenso eine militärische Aktion seitens Grossbritanniens und Frankreichs vor Abschluss der [ersten, F. K.] Konferenz nicht begrüssen könne».[109] Während der folgenden Monate wiesen Daeniker und seine Mitarbeiter immer wieder auf die relativ hohe Wahrscheinlichkeit einer militärischen Aktion gegen Ägypten hin.[110] Damit vertraten sie eine

---

107 Siehe dazu Kap. VII, 2.1.
108 Siehe BAR, E 2300 1000/716, London, Politische Berichte und Briefe, Militärberichte, Bd. 50.
109 Politischer Bericht, Nr. 72, 4. August 1956, BAR, E 2300 1000/716, London, Politische Berichte und Briefe, Militärberichte, Bd. 50.
110 Am 30. August 1956 wurde darauf hingewiesen, dass Grossbritannien, sollte Nasser nicht auf die Verhandlungen eintreten, gar keine andere Wahl habe, als militärisch zu intervenieren. Politischer Bericht, Nr. 79, 30. August 1956, BAR, E 2300 1000/716, Lon-

andere Meinung, als es zum Beispiel der holländische oder der deutsche Botschafter tat.[111] Am stärksten zum Ausdruck brachte Daeniker die Kriegsgefahr, nachdem er mit dem ersten Lord der Admiralität gesprochen hatte. Nach dessen Aussage vertraten militärische Berater des Premiers den Standpunkt, «dass früher oder später Nasser doch noch einen Anlass schaffe, der eine militärische Intervention erforderlich mache».[112] Diese Information stand im klaren Kontrast zu den öffentlichen Äusserungen der britischen Regierung. Nur zwei Tage später starteten die israelischen Truppen ihre Offensive. Das abgekartete Spiel zwischen Frankreich, Grossbritannien und Israel durchschaute Daeniker hingegen nicht direkt und glaubte zuerst noch daran, dass die britisch-französischen Truppen die israelischen Einheiten «zurückzutreiben» hätten.[113] Zwei Tage später und nach der Verurteilung der Aktion durch die UNO-Generalversammlung vermutete er aber, dass die drei Staaten von den Plänen der andern mindestens gewusst hätten. Eine gemeinsame Vorbereitung hielt er aber für wenig wahrscheinlich.[114] Aus Schweizer Perspektive ist zu erwähnen, dass auch Daeniker darauf hingewiesen hatte, dass sich der UNO-Generalsekretär Hammarskjöld aktiv als allgemein willkommener Vermittler betätige und eine neue Suezkonferenz in New York stattfinden werde.[115] Er blies damit ins selbe Horn wie der Schweizer Beobachter bei der UNO, August Lindt, und hat damit ebenfalls Informationen nach Bern geliefert, die bei Beachtung den im Kapitel zu Lindt beschriebenen Fauxpas der Schweiz gegenüber Hammarskjöld hätte verhindern können.[116]

Kurz nach der Gründung der EFTA 1960 war diese schon wieder vom Zerfall bedroht. Grossbritannien und Dänemark suchten ab 1961 den Beitritt zur EWG und die neutralen Staaten wollten danach durch eine Assoziation eine engere Bindung mit dieser erreichen. Beide Bestrebungen scheiterten 1963 am Veto des französischen Präsidenten de Gaulle.

Die Berichte aus London waren für die Schweizer Politik von grosser Bedeutung, denn für die EFTA war das Verhalten ihres grössten Mitgliedes, des Vereinigten Königreichs, entscheidend. Bereits in den ersten Monaten der EFTA hatte die Schweizer Botschaft in London berichtet, dass es in der britischen Administra-

    don, Politische Berichte und Briefe, Militärberichte, Bd. 50. Auch als die Sache vor den UNO-Sicherheitsrat gebracht wurde, wies Daeniker auf die Kriegsgefahr hin. Politischer Bericht, Nr. 82, 27. September 1956, ebd.
111 Politischer Bericht, Nr. 83, 28. September 1956, ebd.
112 Politischer Bericht, Nr. 91, 25. Oktober 1956, ebd.
113 Politischer Bericht, Nr. 94, 1. November 1956, ebd.
114 Politischer Bericht, Nr. 96, 3. Oktober 1956, ebd.
115 Politischer Bericht, Nr. 92, 27. Oktober 1956, ebd.
116 Der Bundesrat lancierte im Rahmen der Krise auf eigene Faust eine Vermittlungsaktion und stiess damit international auf viel Unverständnis. Siehe dazu Kap. VII, 2.1.

tion Strömungen gebe, die einen Beitritt zur EWG befürworteten.[117] Und wenige Tage später wurde über eine steigende Befürwortung dieses Schritts in der Presse und der Öffentlichkeit berichtet.[118] Die Diskussionen in Grossbritannien über die gegenüber der EWG zu verfolgende Strategie zogen sich dann aber über ein Jahr hin, bis im Sommer 1961 das Gesuch um Beitrittsverhandlungen eingereicht wurde. In dieser Zeit versuchte die Schweizer Botschaft in London ein möglichst gutes Bild der Stimmungslage der Regierung sowie anderer politischer Akteure nach Bern zu übermitteln. Vor allem an die Handelsabteilung ging eine Vielzahl von Berichten.[119] Wie bereits bei der Behandlung der bilateralen Kontakte zur EFTA-Frage war es erneut vor allem der Wirtschaftsrat der Botschaft, der über seine Kontakte Informationen zu diesem Thema einholte. Während Daeniker zwar viele dieser Berichte an die Handelsabteilung unterzeichnete, selbst aber wenig zur Informationsbeschaffung beitrug, schrieb er die politischen Berichte ans EPD zu diesem Thema mehrheitlich selbst. Es ist festzustellen, dass er sich hauptsächlich auf Regierungserklärungen und andere Veröffentlichungen stützte und nur selten zusätzliche Informationen aus persönlichen Gesprächen hinzufügte.[120]

Die britische Regierung wurde zwar nicht müde zu betonen, dass sie sich bemühe, mit den anderen EFTA-Staaten ein koordiniertes Vorgehen zu finden,[121] doch musste Daeniker im März 1961 festhalten: «Einmal mehr haben die massgeblichen britischen Instanzen es unterlassen, zum voraus die Vertreter der EFTA in London über den neuen Versuch einer Annäherung an die Europäische Wirtschaftsgemeinschaft zu informieren.»[122] Der Informationsfluss war also nicht optimal. Es ist aus diesem Grund nicht ganz überraschend, dass Daeniker in seinem Urteil zur Haltung der britischen Regierung in dieser Frage nicht immer richtig lag. Lange Zeit unterschätzte er den Willen der britischen

---

117 Brief Botschafter Daeniker an Handelsabteilung, 12. Mai 1960, BAR, E 2200.40 1975/93, P.71.37 Europäische Wirtschaftsgemeinschaft.
118 Brief Botschafter Daeniker an Handelsabteilung, 30. Mai 1960, ebd.
119 Siehe BAR, E 2200.40 1975/93, P.71.37 Europäische Wirtschaftsgemeinschaft.
120 Siehe BAR, E 2300 1000/716, London, Politische Berichte und Briefe, Militärberichte, Bd. 54.
121 Siehe Brief Botschaftsrat Tribolet an Handelsabteilung, 5. November 1960, BAR, E 2200.40 1975/93, P.71.37 Europäische Wirtschaftsgemeinschaft; Politischer Bericht, Nr. 28, 1. Mai 1961, BAR, E 2300 1000/716, London, Politische Berichte und Briefe, Militärberichte, Bd. 54.
122 Politischer Bericht, Nr. 14, 1. März 1961, BAR, E 2300 1000/716, London, Politische Berichte und Briefe, Militärberichte, Bd. 54. Tatsächlich liess die britische Regierung ihre EFTA-Partner bezüglich der Informationspolitik oft aussen vor. Von Richtungsänderungen in der Politik erfuhren diese oft erst aus öffentlichen Stellungnahmen. Siehe dazu Brief Botschafter Daeniker an Bundespräsident Petitpierre, 23. Juli 1960, BAR, E 2001 (E) 1972/33, Bd. C137, dodis.ch/15962.

Regierung, zu einem wichtigen Teil der europäischen politischen Integration zu werden, und hielt es noch im Juni 1961 für möglich, dass Grossbritannien auf Beitrittsbemühungen ganz verzichten werde.[123] Dies, obwohl Lord Privy Seal[124] Edward Heath in einer Rede vor dem Unterhaus im Mai 1961 darauf hinwies, dass die britische Regierung nichts unversucht lassen wolle, die politische Integration in Europa voranzutreiben. Es sei der ursprüngliche Zweck der EFTA, «dass jeder Partner ein für ihn passendes Arrangement im Rahmen eines weiteren Europa finde».[125]

Als die Verhandlungen über einen britischen Beitritt und diejenigen über eine EWG-Assoziation der Schweiz aufgenommen wurden, fand eine viel engere Zusammenarbeit zwischen der Botschaft und britischen Stellen statt. Vor allem Wirtschaftsrat Marcel Heimo entwickelte eine grosse Berichterstattungstätigkeit und schickte 1962 nicht weniger als 107 Berichte zu diesen Verhandlungen an die Abteilung für Internationale Organisationen.[126]

Zusammenfassend kann festgehalten werden, dass Daeniker in Fragen der klassischen Aussenpolitik über diverse Verbindungen verfügte und insgesamt ein sehr gutes Urteil abgab. Er beurteilte die Lage in der Suezkrise entgegen anderen Meinungen in der Öffentlichkeit richtig. Anderseits unterschätzte er die britische Haltung in der EWG-Frage, was vor allem auf den fehlenden Kontakt zum Wirtschaftsfragen behandelnden Teil der engeren Regierungskreise zurückzuführen sein dürfte.[127]

2.4 Engagement in verschiedenen Botschaftsaufgaben

Wie bereits bei den Betrachtungen zur Rolle Daenikers in zwischenstaatlichen Fragen dargelegt, hatte er einen geringen Einfluss auf die wirtschaftspolitischen Fragen. Vielmehr zeichnete er sich dadurch aus, dass er seinem Handelsrat jeweils grosse Freiheiten liess. Diese Beobachtung wird durch andere Beispiele bestätigt: Vorträge eines Botschaftsvertreters zu wirtschaftlichen Themen, die vor allem mit der britisch-schweizerischen Zusammenarbeit im Rahmen der EFTA stark zunahmen, wurden vorwiegend vom Handelsrat gehalten.[128] Auch

---

123 Politischer Bericht, Nr. 42, 16. Juni 1961, BAR, E 2300 1000/716, London, Politische Berichte und Briefe, Militärberichte, Bd. 54.
124 Lord Privy Seal (Lordsiegelbewahrer) ist die Bezeichnung einer hohen Funktion im britischen Regierungskabinett. Ihr Inhaber kann als Minister ohne Geschäftsbereich gesehen werden. Heath übernahm in den Verhandlungen mit der EWG innerhalb der Regierung eine zentrale Rolle.
125 Politischer Bericht, Nr. 31, 20. Mai 1961, BAR, E 2300 1000/716, London, Politische Berichte und Briefe, Militärberichte, Bd. 54.
126 Siehe BAR, E 2200.40 1984/34, P.71.25.12 The Six and the Seven.
127 Siehe dazu Kap. VI, 2.5.
128 Siehe Geschäftsberichte für die Jahre 1956–1960, BAR, E 2400 1000/717, London, Bd. 173.

als 1960 verschiedene britische Firmen beim Board of Trade gegen Schweizer Chemielieferanten Dumpingvorwürfe erhoben, war es nicht der Botschafter, sondern der Handelsrat, der die Schweizer Delegation bei einem entsprechenden Hearing anführte.[129] Während der Handelsrat alljährlich auf verschiedenen Industriemessen angetroffen werden konnte, war Daeniker an solchen Anlässen nur selten zugegen.[130] Selbst bei der «Neuen Zürcher Zeitung» war es scheinbar bekannt, dass der Handelsrat für wirtschaftliche Fragen der richtige Ansprechpartner war, auf jeden Fall wurden Anfragen in diesem Zusammenhang nicht an den Botschafter, sondern direkt an René Fässler gerichtet.[131] Spricht man vom allgemein geringen Engagement Daenikers in wirtschaftspolitischen Fragen, ist als einzige Ausnahme die Swiss Fortnight von 1959 zu erwähnen. Diese Grossveranstaltung sollte sowohl «für das kulturelle wie auch das industrielle Schaffen unseres Landes Propaganda machen».[132] In einer mehr als zwei Wochen dauernden Serie von Veranstaltungen, Ausstellungen, Konzerten, Bällen, sportlichen Wettkämpfen, TV- und Radiosendungen wurde versucht, das Ansehen der Schweiz in Grossbritannien zu steigern.[133] Hier betätigte sich Daeniker aktiv, vor allem als es darum ging, in der Schweiz die nötigen Gelder zugesprochen zu erhalten.[134]

Das geringe Engagement Daenikers im Wirtschaftssektor kann nicht eindeutig einer Ursache zugewiesen werden. Es dürfte aber damit zusammenhängen, dass ihm mit René Fässler ein sehr starker Handelsrat zur Verfügung stand, der als Vorsteher der Vereinigung aller akkreditierten Handelsräte in London im internationalen diplomatischen Corps über grosses Ansehen verfügte.[135] Auch Daenikers negative Erfahrungen mit der Handelsabteilung während seiner Zeit in Neu-Delhi könnten einen Einfluss gehabt haben.[136]

Für die Förderung der Schweizer Kultur wurde in Grossbritannien nach Meinung Daenikers lange Zeit zu wenig getan.[137] Als 1957 Minister Maurice Jaccard nach England reiste, um sich vom Zustand der Auslandschweizerkolonie ein

---

129 Siehe Geschäftsbericht für das Jahr 1960, ebd.
130 1959 besuchte er eine einzige Messe. Siehe Geschäftsbericht für das Jahr 1959, ebd.
131 Der Journalist der «Neuen Zürcher Zeitung», Willy Linder, war zuvor in London akkreditiert, wodurch ihm die Rollenverteilung an der Botschaft wohl bekannt war. Brief Linder an Botschaftsrat Fässler, 25. April 1960, BAR, E 2200.40 1975/93, P.71.25.1 Korrespondenz mit der «Neuen Zürcher Zeitung».
132 Brief Botschafter Daeniker an den Direktor der Eidgenössischen Finanzverwaltung, 4. Dezember 1958, BAR, E 2200.40 1975/93, S.0.1 Swiss Fortnight.
133 Switzerland in Show, Programme, Swiss Fortnight October 1959, ebd.
134 Siehe dazu Kap. VI, 2.4.
135 Siehe Geschäftsbericht für das Jahr 1959, BAR, E 2400 1000/717, London, Bd. 173.
136 Siehe dazu Kap. VI, 1.
137 Er zog einen Vergleich mit anderen Ländern, wo man sich «Schweizer Häuser» als Zentren des schweizerischen Kulturschaffens leiste. Brief Botschafter Daeniker an den Direktor

Bild zu machen, wurde er von Daeniker und Vertretern der Kolonie ebenfalls von dieser Ansicht überzeugt. In seinem Bericht kam Jaccard zum Schluss, dass die Botschaft aus ihren Mitteln das Maximum heraushole, «wenn man aber vergleicht, was andere Länder tun, dann wird das Wort vom ‹Holzboden Schweiz› einmal mehr wahr».[138] Er forderte, dass in der Verwaltung eine andere Einstellung zur kulturellen Propaganda gefunden werde und die «allzu passive Haltung» überwunden werde.[139]

Da 1953 in Zürich eine britische Woche stattfand, spielten Vertreter der schweizerischen Industrie in England mit der Idee, auch eine Schweizer Woche in London zu veranstalten. Der Swiss Economic Council[140] und die Zentrale für Handelsförderung (OSEC) in Zürich fanden die Idee verfolgenswert. Daeniker unterstützte sie ebenfalls und sah in ihr die Chance, der darbenden Schweizer Kulturförderung in Grossbritannien einen Schub zu verleihen.[141] Daraus entstand die bereits angesprochene Swiss Fortnight. Unter der Direktion der OSEC entwickelte die Botschaft eine ausgeprägte Aktivität in diesem Bereich und konnte sich die Unterstützung von Pro Helvetia sichern. Während seine Mitarbeiter sich vor allem bei der Organisation vor Ort stark engagierten, bearbeitete Daeniker vorwiegend Schweizer Stellen. Er holte sich die Unterstützung von Bundesrat Petitpierre.[142] Er sicherte der Veranstaltung das Patronat von Bundesrat Hollenstein,[143] klärte mit der OSEC Aufgabenteilungs- und Budgetfragen,[144] und als die Eidgenössische Finanzverwaltung trotz Fürsprache der Bundesräte Hollenstein und Etter ein zusätzliches Budget für die Swiss Fortnight ablehnte, schrieb Daeniker dem Direktor persönlich, um den Sachverhalt nochmals darzulegen.[145] Die Veranstaltung selbst war dann nach dem Urteil der Botschaft ein Erfolg und brachte sowohl für die

---

      der Eidgenössischen Finanzverwaltung, 4. Dezember 1958, BAR, E 2200.40 1975/93, S.0.1 Swiss Fortnight.

138 Besuch bei der Schweizerkolonie in Grossbritannien, Bericht Jaccard, 10. Dezember 1957, BAR, E 2200.40 1971/164, C.11.9 Conférence de M. Maurice Jaccard à la Nouvelle Société Helvétique.

139 Ebd.

140 In dieser Vereinigung sind alle Schweizer Firmen vertreten, die ein Interesse am britischen Markt haben.

141 Brief Botschafter Daeniker an Bundesrat Petitpierre, 27. Oktober 1958, BAR, E 2001 (E) 1972/33, C.41.144.0.1 Swiss Fortnight.

142 Ebd.

143 Siehe ebd.; Brief Botschafter Daeniker an Bundesrat Hollenstein, 21. Mai 1959, BAR, E 2200.40 1975/93, S.0.1 Swiss Fortnight.

144 Siehe Brief Botschafter Daeniker an Schweizerische Zentrale für Handelsförderung, 29. Dezember 1958, BAR, E 2200.40 1975/93, S.0.1 Swiss Fortnight; Brief Botschafter Daeniker an Schweizerische Zentrale für Handelsförderung, 26. Januar 1959, ebd.

145 Brief Botschafter Daeniker an Direktor der Eidgenössischen Finanzverwaltung, 4. Dezember 1958, ebd.

schweizerische Wirtschaft als auch für das Kulturschaffen positive Effekte bis in die 1960er-Jahre hinein.[146] Die Vorbereitungsarbeiten hielten die Botschaft während fast zweier Jahre in Atem und führten vorübergehend zu einer Personalaufstockung um zwei Mitarbeiter.[147] Es war aber auch der einzige Höhepunkt in der Kulturförderung unter Daeniker.

Armin Daeniker betrachtete die Betreuung der Auslandschweizerkolonie und den Schutz ihrer Interessen als ein «äusserst wichtiges Pensum» eines Botschafters: «Hier eröffnet sich dem Missionschef die dankbare Pflicht, den Landsleuten einen Hort zu bieten, wo sie Rat und Beistand finden, bemüht er sich, unter den Mitgliedern der Kolonie eine gute Harmonie walten zu lassen und ihnen die Verbindung mit der Heimat lebendig zu erhalten, wird er im besten Landesinteresse handeln.»[148] Daeniker liess sich in seinem Handeln von diesen Gedanken leiten. Seine Bindung zur Schweizer Kolonie war äusserst stark. Er versuchte ihre «verschiedenen Anlässe oder Zusammenkünfte wenn immer möglich zu besuchen».[149] Er und seine Frau übernahmen zahlreiche Patronatsmandate für verschiedenste Institutionen, vom Swiss Hostel for Girls bis zum Kirchenbasar.[150] Den Swiss City Club unterstützte Daeniker jeweils in der Suche nach Referenten, und als dessen Hundert-Jahre-Jubiläum anstand, versuchte er zuerst Bundesrat Petitpierre, dann verschiedene andere Bundesräte und schliesslich General Guisan als Ehrengast nach London einzuladen.[151] Eine Zusage erhielt er dann von Nationalratspräsident Burgdorfer.[152] Er war auch der Initiant der bereits angesprochenen Reise Minister Jaccards nach London, schlug er doch vor, dass sich dieser direkt vor Ort ein Bild von der britischen Auslandschweizerkolonie machen solle.[153] Während dieser Reise wurde Jaccard von Vertretern der Kolonie stark bearbeitet, sodass er in seinem Abschlussbericht deren Interessen unterstützte.[154] Als es in der Anglo-Swiss Society über längere Zeit keine richtigen Aktivitäten mehr gab, schritt Daeniker persönlich ein, um den Verein zu retten. Auf seine Initiative hin wurden neue

---

146 Geschäftsbericht für das Jahr 1960, BAR, E 2400 1000/717, London, Bd. 173.
147 Geschäftsberichte für die Jahre 1958–1960, ebd.
148 Daeniker, Die Rolle der Verwaltung in der schweizerischen Aussenpolitik, 74.
149 Geschäftsbericht für das Jahr 1956, BAR, E 2400 1000/717, London, Bd. 173.
150 Siehe Geschäftsberichte für die Jahre 1956–1960, ebd.
151 Siehe BAR, E 2200.40 1971/164, C.11.2 City Swiss Club.
152 Brief Nationalratspräsident Burgdorfer an Botschafter Daeniker, 13. Oktober 1956, BAR, E 2200.40 1971/164, C.11.2 City Swiss Club.
153 Brief Botschafter Daeniker an EPD, Abteilung für Politische Angelegenheiten, 29. Juli 1957, BAR, E 2200.40 1971/164, C.11.9 Conférence de M. Maurice Jaccard à la Nouvelle Société Helvétique.
154 Zum Beispiel Erhöhung der Subvention an die Swiss Benevolent Society, Anpassungen in Militärpflichtersatz-Regelung: Besuch bei der Schweizerkolonie in Grossbritannien, Bericht Jaccard, 10. Dezember 1957, ebd. Siehe auch Kap. VI, 2.4.

Statuten ausgearbeitet und ein neuer Präsident gesucht. Man ging sogar so weit, dass die Botschaft das Sekretariat des Vereins übernahm.[155] Des Weiteren unternahm Daeniker oft Reisen in die verschiedenen Konsularbezirke. Er bereiste zuerst hauptsächlich die britischen Inseln, ab 1960 fuhr er aber auch nach Afrika.[156] Auch auf diesen Reisen war es für ihn besonders wichtig, dass er die Möglichkeit hatte, mit den Auslandschweizern zu sprechen. Dies war ihm wichtiger, als bei den lokalen Regierungen empfangen zu werden. Die Auslandschweizerkolonie mochte ihn dementsprechend,[157] und auch das EPD würdigte seinen speziellen Einsatz für die Mitbürger im Ausland.[158]
Daeniker erachtete die Repräsentation als wichtigen Teil der Aufgabe eines Botschafters. Er legte Wert darauf, dass der Botschafter eine ausserordentliche Rolle in der Bundesverwaltung einnehme und nicht mit anderen Mitarbeitern des EPD zu vergleichen sei.[159] Der Botschafter amte als Vertreter der Gesamtregierung und werde von dieser ernannt. In diesem Zusammenhang ist zu verstehen, welchen grossen Wert er der Erhebung der Gesandtschaft in London zu einer Botschaft beimass. Er bezeichnete diese Rangänderung als «historisches Ereignis in der Geschichte unserer Vertretung» und liess den Anlass von einem Fotografen zur Erstellung einer Fotostory festhalten.[160] Staatsbesuchen mass er eine wichtige Bedeutung bei. Als sich der britische Premierminister 1958 auf Reisen in die Commonwealth-Staaten begab, berichtete er begeistert vom positiven und belebenden Effekt, den diese Reisen auf die Beziehungen zwischen Grossbritannien und dem jeweiligen Staat hatten.[161] Auch gegenüber dem Lord Mayor[162] von London betont Daeniker, dass dessen Besuch in Basel für die Beziehungen der Schweiz zu Grossbritannien sehr positiv sei, «because they bring, what otherwise might remain a mere idea down to the level of concrete

---

155 Geschäftsbericht für das Jahr 1959, BAR, E 2400 1000/717, London, Bd. 173.
156 Siehe Geschäftsberichte für die Jahre 1956–1960, ebd.
157 Siehe Zum Tod von Armin Daeniker, in: Neue Zürcher Zeitung, 19. Januar 1983, AfZ, PA Biographische Sammlung, Armin Daeniker.
158 Siehe Brief Bundesrat Wahlen an Botschafter Daeniker, 28. Dezember 1963, BAR, E 2804 1971/2, 023.11 Armin Daeniker.
159 1951 sollten die Gesandten der Beamtenordnung III unterstellt werden. In einer Diskussion an der Ministertagung wehrte sich Daeniker gegen diese Unterstellung. Siehe Zusammenstellung der Bemerkungen der Minister zum zweiten Entwurf einer Beamtenordnung III vom Juli 1951, BAR, E 2004 (B) 1978/136, a.284.122 Orientierung Ministerkonferenz.
160 Siehe Brief Botschafter Daeniker an Wiget, Ringier Swiss Illustrated, 7. Mai 1957, BAR, E 2200.40 1968/66, A.11 Armin Daeniker.
161 Geschäftsberichte für das Jahr 1958, BAR, E 2400 1000/717, London, Bd. 173.
162 Der Lord Mayor of London ist der Bürgermeister der City of London und damit nicht zu verwechseln mit dem demokratisch gewählten Bürgermeister von London, dem Mayor of London. Die City of London ist das historische Zentrum der Stadt. Heute wird der Begriff vor allem im Zusammenhang mit dem Finanzzentrum Londons verwendet.

realities».[163] Er selbst nahm seine Repräsentationsrolle vor allem gegenüber der Schweizer Kolonie wahr.[164] Eine besondere Repräsentationsaufgabe kam Daeniker bemerkenswerterweise nicht als Vertreter der Schweizer Interessen, sondern derjenigen von Liechtenstein zu.[165] Er vermittelte Besuche zwischen dem liechtensteinischen Fürstenpaar und der königlichen Familie und trat bei solchen Treffen als Gastgeber in seiner Residenz auf.[166]

Daenikers Verhältnis zur Presse ist schwierig einzuordnen. Einerseits sind bei ihm Anzeichen für eine aktive Pressearbeit zu beobachten. So informierte er stets die englische Presse, wenn er sich im Land auf Reisen begab.[167] Und bei der Swiss Fortnight kam es zu einer engen Zusammenarbeit zwischen der BBC und der Schweizer Botschaft in London.[168] Auch bot er dem Integrationsbüro an, Journalisten zu suchen, die in die Schweiz eingeladen werden könnten, um anschliessend über die Position der Schweiz in der Europafrage zu berichten.[169] Zudem erachtete er die Arbeit des Presse- und Informationsdienstes in Bern als Public-Relations-Abteilung des EPD als wichtig.[170] Anderseits unterhielt er persönlich kaum Beziehungen zu Journalisten, weder zu Vertretern der englischen Zeitungen noch zu Schweizer Korrespondenten. Als einzige Ausnahme ist hier der Vertreter von Ringier zu nennen, dem Daeniker Zugang sowohl zur Royal Garden Party als auch zu Lady Astor verschaffte.[171] Zudem fand er, als der Rapperswiler Zoo dem damals neunjährigen Prinzen Charles einen Damhirsch schenken wollte, die Aktion «wegen der damit verbundenen Publizität und Auswertung durch Pressereportagen nicht sehr sympathisch».[172]

---

163 Brief Minister Daeniker an Lord Mayor, 15. Juni 1955, BAR, E 2200.40 1968/66, K.13.2 Lord Mayor in Basel.
164 Siehe dazu Kap. VI, 2.4.
165 Diese werden in fast allen Ländern durch die Schweizer Botschafter vertreten.
166 Siehe Brief Botschafter Daeniker an Sir James Orr, Private Secretary to Her Royal Highness, 15. Oktober 1963, BAR, E 2200.40 1968/66, A.11 Armin Daeniker.
167 Siehe Verschiedene Pressemitteilungen, ebd.
168 Siehe Switzerland in Show, Programme, Swiss Fortnight October 1959, BAR, E 2200.40 1975/93, S.o.1 Swiss Fortnight.
169 Brief Botschafter Daeniker an Minister Jolles, 26. November 1962, BAR, E 2001 (E) 1976/17, Bd. 211, dodis.ch/30302.
170 Daeniker, Die Rolle der Verwaltung in der schweizerischen Aussenpolitik, 69.
171 Brief Botschafter Daeniker an Lady Astor, 12. November 1957, BAR, E 2200.40 1971/164, K.21.11.3 Ringier Verlag. Die Royal Garden Party wird jeweils von der Königin für das gesamte diplomatische Corps mit Gästen gehalten. Brief Minister Daeniker an EPD, Presse- und Informationsdienst, 24. März 1955, BAR, E 2200.40 1968/66, J.11.10 Maison Royal britannique. Nancy Astor war die erste britische Parlamentarierin im House of Commons.
172 Brief Botschafter Daeniker an EPD, Protokoll, 18. Juli 1957 BAR, E 2200.40 1971/164, J.11.10 Prince Charles.

2.5 Die Freundschaft mit Bundesrat Max Petitpierre

Als Armin Daeniker als neuer Schweizer Vertreter in London eintraf, war er in der britischen Verwaltung und vor allem beim Foreign Office aufgrund seiner Tätigkeit bei der NNRC bereits bekannt.[173] Es gelang ihm dann auch, ein tragfähiges Netzwerk innerhalb des Foreign Office aufzubauen. Seine Berichte basierten zu mehr als 75 Prozent auf Informationen aus dem Aussenministerium. Er traf sich vor allem mit der zweithöchsten Führungsstufe, den Assistant und Deputy Under-Secretaries.[174] Mit der Führung des Ministeriums hatte er hingegen eher wenig Kontakt, einzig mit Sir Harold Caccia, der 1962 Permanent Under-Secretary[175] wurde, traf er sich öfters.[176] Fast komplett fehlte der Kontakt zu den Regierungskreisen. Bereits bei seinem ersten Besuch beim damaligen Aussenminister, Harold Macmillan, musste Daeniker feststellen, dass dieser nicht bereit war, über einen höflichen Smalltalk hinauszugehen und politische Themen zu berühren,[177] eine Erfahrung, die sich später wiederholen sollte:[178] Auch zu Macmillans Nachfolgern Selwyn Lloyd[179] und dem Earl of Home, Sir Alec Douglas-Home,[180] konnte Daeniker keine persönlichen Beziehungen knüpfen.

Während er also keinen persönlichen Einblick in die Regierungsgeschäfte hatte, unterhielt er Freundschaften mit Vertretern des Parlaments. Lord Sempill und Patrick Hannon, beide Vertreter der konservativen Partei, einer im Ober-, der andere im Unterhaus, kannte er aus einer Vereinigung, die sich «the Knights of

---

173 Dies teilte Sir Harold Caccia vom Foreign Office dem schweizerischen Legationsrat Bernath mit, als dieser um das Agrément für Daeniker bat. Notiz, 29. September 1954, BAR, E 2200.40 1968/66, A.69.1 Ministre de Suisse, Affaires officielles.
174 Siehe Politische Berichte, BAR, E 2300 1000/716, London, Politische Berichte und Briefe, Militärberichte, Bde. 48–57.
175 Dies entsprach im EPD dem damaligen Generalsekretär oder heutigen Staatssekretär.
176 Siehe Politische Berichte, BAR, E 2300 1000/716, London, Politische Berichte und Briefe, Militärberichte, Bde. 55–57.
177 Brief Minister Daeniker an Bundesrat Petitpierre, 23. April 1955, BAR, E 2200.40 1968/66, A.11 Armin Daeniker.
178 Brief Minister Daeniker an Minister Zehnder, 3. Dezember 1955, BAR, E 2802 1967/78, E. Grossbritannien.
179 Als Selwyn Lloyd Secretary of State for Foreign Affairs wurde, musste sich Daeniker auf Zeitungsberichte stützen, um Bern ein Bild der Person zu vermitteln. Siehe Brief Minister Daeniker an Bundesrat Petitpierre, 20. Januar 1956, BAR, E 2200.40 1971/164, J.11.3.1 Foreign Office. Auch aus der Amtszeit Lloyds sind in den eingesehenen Akten kaum Zeugnisse von Kontakten zwischen den beiden zu finden.
180 Der Briefwechsel zwischen Daeniker und Douglas-Home zum Ende von dessen Amtszeit als Aussenminister zeigen, dass sich die beiden nicht näher kannten. Siehe Brief Prime Minister Lord Home an Botschafter Daeniker, 19. Oktober 1963, BAR, E 2200.40 1984/33, J.10.6 Prime Minister; Brief Botschafter Daeniker an Prime Minister Lord Home, 22. Oktober 1963, ebd.

the Round Table» nannte und in der Daeniker als Vizepräsident amtete.[181] Eine wichtige Bezugsperson war Lord Nathan. Er war ehemaliger Labour-Abgeordneter und genoss in parlamentarischen Kreisen grosses Ansehen. Als Seniorpartner der Vertrauensanwälte der Botschaft hat er Daeniker in verschiedenen Geschäften unterstützt.[182] Abschliessend sei noch Lord Ogmore erwähnt, ebenfalls ehemaliger Labour-Minister, der aber später zu den Liberalen wechselte und zur Zeit Daenikers Parteivorsitzender wurde. Auch zu ihm unterhielt die Botschaft eine gute Beziehung.[183] In welcher Form Daeniker diese Kontakte zur Erfüllung seiner Aufgabe nutzte, ist aus den Quellen nicht ersichtlich. Es ist festzuhalten, dass diese Personen als Quellen in seinen Berichten kaum auftraten.[184] Es kann daher vermutet werden, dass er die Gespräche mit diesen Insidern eher zur Schärfung seines politischen Urteils verwendete.

Zusammenfassend muss festgestellt werden, dass er zwar im Foreign Office gute Kontakte unterhielt, ansonsten sein Netzwerk in Grossbritannien aber nicht sehr breit abgestützt war. Vor allem hatte er trotz seiner langen Amtszeit an der Themse keinen Anschluss an Regierungskreise gefunden.

Ganz anders sah es mit seinen Verbindungen im EPD aus. Entscheidend für seine guten Beziehungen scheinen die zwei Jahre Daenikers als Chef der Verwaltungsabteilung gewesen zu sein. Seine Abteilung nahm in den ersten Jahren der Amtszeit Petitpierres eine zentrale Rolle ein. Dieser organisierte sein Departement neu und musste vor allem die Ausgaben einer strengen Kontrolle unterstellen.[185] In dieser Zeit entwickelte sich zwischen Daeniker und seinem Vorgesetzten eine Freundschaft. Als Zeichen dieser Freundschaft kann der Briefkontakt zwischen den beiden nach Daenikers Versetzung 1948 nach Neu-Delhi herangezogen werden. Daeniker schrieb Petitpierre, als er sich auf dem neuen Posten eingerichtet hatte, einen Brief, in dem er den Departementsvorsteher als «cher ami» bezeichnete und ihn in der Du-Form ansprach.[186] Auch Petitpierre verwendete in seinen Briefen

---

181 Siehe Brief Botschafter Daeniker an Lord Sempill, 14. Mai 1957, BAR, E 2200.40 1968/66, A.11 Armin Daeniker.
182 Brief Botschafter Daeniker an Bundesrat Wahlen, 5. Juli 1963, BAR, E 2804 1971/2, 023.11 Armin Daeniker.
183 Brief Botschafter Daeniker an Bundesrat Wahlen, 29. April 1963 BAR, E 2200.40 1984/33, L.32.5. Liberal Party.
184 Siehe Politische Berichte, BAR, E 2300 1000/716, London, Politische Berichte und Briefe, Militärberichte, Bde. 48–57.
185 Siehe dazu Kap. VI, 1.
186 Siehe zum Beispiel Brief Minister Daeniker an Bundesrat Petitpierre, 26. Juli 1948, BAR, E 2800 1967/59, 44.029 Armin Daeniker. Vor allem die Verwendung der Du-Form erachtete Botschafter Claude Altermatt in einem Interview, das vom Autor am 1. September 2010 durchgeführt wurde, als Besonderheit.

den Vornamen Daenikers.[187] Während die beiden Anfang 1950 in der geschäftlichen Korrespondenz zur Sie-Form zurückkehrten, blieben die gegenseitigen Freundschaftsbeweise und der in Du-Form gehaltene persönliche Briefkontakt bestehen. In einem Brief aus dem Frühjahr 1959 bedankte sich Petitpierre bei Daeniker: «Depuis que je dirige le Département, je me suis toujours félicité de notre amicale collaboration et je suis reconnaissant des services que tu nous a rendus dans les différents postes et activités [...].»[188] Daeniker nutzte verschiedentlich seine gute Beziehung zum Departementschef. So wandte er sich an ihn, als er gegen Ende seiner Zeit in Neu-Delhi eine Auseinandersetzung mit der Handelsabteilung hatte,[189] aber auch wenn er sich für einen seiner Mitarbeiter einsetzte. Dass sein Wort bei Petitpierre Gewicht hatte, zeigt eine Vorsprache aus dem Jahr 1960, als Daeniker für seine Mitarbeiter de Tribolet und Fässler Botschafterposten forderte.[190] Beide wurden im Folgejahr auf Botschafterposten in den von Daeniker vorgeschlagenen Regionen berufen.[191] Fast noch etwas besser war seine Freundschaft mit Alfred Zehnder. Auch in ihrer Korrespondenz wurde die Du-Form verwendet. Zehnder schrieb Daeniker mit «Lieber Armin»[192] und Daeniker Zehnder mit «Mein lieber Zehnder»[193] an. Die beiden verband ein Vertrauensverhältnis. Zehnder war gegenüber Daeniker so offen, dass er ihm mitteilte, wenn er nicht der Meinung seines Vorgesetzten Petitpierre war. Und dies auch in heiklen Fragen wie derjenigen, ob ein Beitritt zur UNO neutralitätswidrig sei oder nicht.[194] Daeniker wiederum gab Ratschläge, welcher Mitarbeiter des EPD sich seiner Ansicht nach besonders für welchen Posten in Asien eignen würde.[195] Auch zum letzten Generalsekretär während seiner Amtszeit in London, Pierre Micheli, unterhielt Daeniker freundschaftliche Beziehungen. Micheli hatte nach dem Ende des Krieges unter seiner Führung in der Verwaltungsabteilung gearbeitet. Eine Zusammenarbeit, deren sich Micheli später gern erinnerte.[196] Eine weitere wichtige Bezugsperson im

187 Siehe zum Beispiel Brief Bundesrat Petitpierre an Minister Daeniker, 14. September 1949, BAR, E 2800 1967/59, 44.029 Armin Daeniker.
188 Brief Bundesrat Petitpierre an Minister Daeniker, 5. März 1959, BAR, E 2800 1967/59, 44.029 Armin Daeniker.
189 Siehe dazu Kap. VI, 1.
190 Notiz, 18. Januar 1960, BAR, E 2800 1967/59, 44.029 Armin Daeniker.
191 René Fässler wurde zum Botschafter in Lima berufen. Siehe dodis.ch/P1142. Jean-Jacques de Tribolet wurde Botschafter in Dakar. Siehe dodis.ch/P2657.
192 Brief Generalsekretär Zehnder an Minister Daeniker, 25. Februar 1955, BAR, E 2802 1967/78 E. Grossbritannien.
193 Brief Minister Daeniker an Generalsekretär Zehnder, 3. Dezember 1955, ebd.
194 Brief Generalsekretär Zehnder an Minister Daeniker, 5. März 1956, ebd.
195 Brief Minister Daeniker an Generalsekretär Zehnder, 25. Februar 1956, ebd.
196 Siehe Brief Generalsekretär Micheli an Botschafter Daeniker, 2. Dezember 1961, BAR, E

EPD war Paul Clottu.[197] Hingegen standen die Beziehungen Daenikers zu den wirtschaftspolitischen Kreisen unter keinem guten Stern. Sowohl mit Jean Hotz als auch mit Werner Homberger hatte er Auseinandersetzungen.[198] Immer wenn Hans Schaffner nach London reiste, wurde er «nur» von Fässler betreut.[199] Dementsprechend überrascht es wenig, dass keine persönlichen Beziehungen zu diesen entscheidenden Personen der Schweizer Wirtschaftspolitik nachzuweisen sind.

3 Ansichten, Persönlichkeit und Familie

Die folgenden zwei Zitate aus einer Rede Daenikers zur Koreamission der Schweiz geben ein klares Bild von seinen Vorstellungen, was die schweizerische Neutralität könne und solle: «[...] the Swiss neutrality is a factor for the preservation of peace not only for our own sage but for the general benefit. Neutrality is not a passive principle of abstention, it has its positive aspects insofar as it allows us to fulfill certain tasks in the interest of peace and humanity which only a neutral state can properly carry out.»[200] «I believe that true neutrality may exercise a useful function in easing tension and facilitating settlements when power and prestige politics have failed. [...] Switzerland, who on the basis of its perpetual neutrality is not only willing but bound to keep good relations with all Nations will be able to strengthen the esteem and confidence of other Nations by the faithful fulfilment of such tasks. By giving an honest example of practical neutrality, she will help also towards a better understanding of her own position in the world. I am glad to say that this new political concept, cautiously initiated but determinedly pursued by President Petitpierre, has found the unanimous support not only of the Parliament but also of almost the whole of our population.»[201]
Daeniker befand sich somit ganz auf der Linie von Petitpierres Konzept Neu-

2806 1971/57, 17-36 Grande Bretagne.
197 Er war ein Nachfolger Daenikers als Chef der Verwaltungsabteilung. Siehe Brief Botschafter Daeniker an Minister Clottu, 27. Mai 1961, BAR, E 2200.40 1968/66, A.11 Armin Daeniker.
198 Zu Hotz siehe Kap. VI, 1. Daeniker und Homberger hatten eine Auseinandersetzung, als es um eine «European Industrial Conference» ging. Homberger wollte eine solche unbedingt verhindern und warf Daeniker vor, dass er in Gesprächen mit britischen Vertretern diese Absicht torpediere. Brief Delegierter des Vorortes Homberger an Botschafter Daeniker, 18. Januar 1960, BAR, 2804 1971/2, 023.11 Armin Daeniker.
199 Siehe dazu Kap. VI, 2.2.
200 Lecture given by the Swiss Minister, Monsieur A. Daeniker, in: The Swiss Observer, 28. Oktober 1955, BAR, E 2802 1967/78, E. Grossbritannien.
201 Ebd.

tralität, Solidarität und Universalität, wobei er das Schwergewicht vor allem auf die ersten beiden Punkte legte. Die Neutralität schien für ihn nicht zur Diskussion zu stehen. Auf jeden Fall ist in den eingesehenen Akten kein Zeichen dafür zu finden, dass er diese je angezweifelt hätte. Wie in den oben aufgeführten Zitaten erwähnt, sah er die Solidarität sowohl als Unterstützung des Weltfriedens als auch als Sinnstiftung für die Schweizer Neutralität. Ihre Solidarität sollte die Schweiz gemäss Daeniker auch in der Entwicklungshilfe zeigen, wo es darum gehe, den Entwicklungsländern über die durch den Abzug der Kolonialmächte entstandenen Entwicklungslücken hinwegzuhelfen.[202] Die Hilfe für diese Länder lag ihm wegen seiner langjährigen Tätigkeit in Asien besonders am Herzen. Er wollte nach seiner Pensionierung weitere Mandate des EPD in der Entwicklungshilfe übernehmen[203] und wurde dann Zentralpräsident der Helvetas. Was die schweizerische Haltung zur UNO betrifft, stellte er diese nie infrage. Auch in der Europapolitik unterstützte er die Linie der offiziellen Aussenpolitik der Schweiz. Er setzte sich für den Austausch zwischen den westeuropäischen Staaten ein, lehnte aber jede engere Bindung der Schweiz auf militärischer oder politischer Ebene ab.[204]

In seiner Beurteilung der britischen Politik fällt auf, dass ihm Stabilität sehr wichtig war. So beurteilte er jegliche Arbeitskampfmassnahmen negativ[205] und begrüsste es, wenn sich in Wahlgängen die Regierungspartei durchsetzte.[206]

Da relativ wenige Fremdbeschreibungen zu Armin Daeniker vorhanden sind, ist es schwierig, ein fundiertes Bild seiner Persönlichkeit zu erhalten. Fest-

202 Daeniker, Die Rolle der Verwaltung in der schweizerischen Aussenpolitik, 68.
203 Notiz, Unterredung mit Herrn Botschafter A. Daeniker, 6. September 1963, BAR, E 2804 1971/2, 023.11 Armin Daeniker.
204 In seinem Kommentar zum Wilton Park, einer vom Foreign Office betriebenen Institution zum europäischen Austausch, meint er, dass sich die Schweiz daran beteiligen solle, da der Einfluss weder der EWG noch der NATO gross sei. Brief Botschafter Daeniker an EPD, Abteilung für Internationale Organisationen, 26. Juni 1958, BAR, E 2200.40 1971/164, J.11.3.1.1 Wilton Park. Auch schrieb er Bundesrat Wahlen, dass aus seiner Sicht eine Beteiligung der Schweiz an einem erweiterten NATO-Rat unter keinen Umständen infrage komme. Brief Bundesrat Wahlen an Botschafter Daeniker, 14. Mai 1963, BAR, E 2804 1971/2, 023.11 Armin Daeniker. Siehe dazu Die Stellung der schweizerischen Wirtschaftspolitik gegenüber der europäischen Integration und deren Problemen, unter dem britischen Gesichtspunkt, 9. September 1960, BAR, E 2004 (B) 1971/13, Bde. 3–4, dodis. ch/30878.
205 Geschäftsbericht für das Jahr 1958, BAR, E 2400 1000/717, London, Bd. 173.
206 Während seiner Amtszeit in London war nur die Conservative Party an der Macht. Er beurteilte es jeweils positiv, wenn diese die Wahlen gewann. Dies aber nicht, weil er deren politische Einstellung besonders befürwortete, hatte er doch gute Bekannte in der Labour Party und beurteilte die Handlungen der Regierung bisweilen sehr kritisch. Geschäftsbericht für das Jahr 1957, BAR, E 2400 1000/717, London, Bd. 173. Zur Bewertung der Tory-Regierung Politischer Bericht, Nr. 77, 26. Oktober 1963, BAR, E 2300 1000/716, London, Politische Berichte und Briefe, Militärberichte, Bd. 57.

zuhalten ist, dass er vielerorts beliebt war. Er galt als eher ruhige Person und wurde als der «grosse Schweiger»[207] beschrieben. Er sei ein interessierter Zuhörer und ein scharfer Beobachter.[208] Vielen Leuten fiel seine hohe Intelligenz auf, die sich auch in seiner vornehmen und taktvollen Persönlichkeit zeige.[209] Seinen Freunden blieb er stets treu und stand ihnen mit seiner Hilfe zur Seite.[210] Er erfüllte seine Aufgabe mit Stolz, betrachtete er sich doch als den von der Regierung bestimmten «bestgeeigneten Mann», um sie in einem fremden Land zu vertreten.[211]

Daeniker lernte seine spätere Frau Marta, geborene Schlumpf, während des Studiums kennen.[212] Sie heirateten 1938, während er den Posten in Teheran innehatte.[213] Gleich wie ihr Mann erlangte Marta Daeniker die Doktorwürde in Jurisprudenz.[214] Sie war als erste Frau überhaupt im Besitz des bernischen Notariatspatents.[215] Sie gab ihre juristische Karriere aber auf, um ihrem Mann ins Ausland zu folgen. Trotzdem veröffentlichte sie, während ihr Mann Gesandter in Indien war, juristische Schriften.[216] Vor allem aber unterstützte sie ihren Gemahl in seiner beruflichen Tätigkeit. Sie wurde als hoch intelligente und herzliche Gastgeberin sehr geschätzt.[217] Sie übernahm verschiedene Patronate, so für das Swiss Hostel for Girls in London.[218] Sie hielt aber auch Vorträge, vor allem vor der Auslandschweizerkolonie.[219] Das Paar hatte keine Kinder.[220]

---

207 Ein modernes Gesandtenpaar, in: Schweizerische allgemeine Volkszeitung, 30. Oktober 1954, BAR, E 2500 1982/120, a.21 Daeniker Armin.
208 Ebd.
209 Ebd.; Minister Däniker verlässt Indien, in: Der Bund, 13. März 1952, BAR, E 2500 1982/120, a.21 Daeniker Armin.
210 Schweizer im Ausland, Kolonieabschied von Botschafter Daeniker, in: Neue Zürcher Zeitung, 23. November 1963, ebd.; Minister Däniker verlässt Indien, in: Der Bund, 13. März 1952, ebd.
211 Siehe Daeniker, Die Rolle der Verwaltung in der schweizerischen Aussenpolitik, 71 f.
212 Ein modernes Gesandtenpaar, in: Schweizerische allgemeine Volkszeitung, 30. Oktober 1954, BAR, E 2500 1982/120, a.21 Daeniker Armin.
213 Personalblatt, ebd.
214 New Faces in Diplomacy, in: Manchester Guardian, 22. Januar 1955, BAR, E 2200.40 1968/66, A.11 Armin Daeniker.
215 Ein modernes Gesandtenpaar, in: Schweizerische allgemeine Volkszeitung, 30. Oktober 1954, BAR, E 2500 1982/120, a.21 Daeniker Armin.
216 Sie befasste sich vor allem mit der Praxis in der Schuldbetreibung und dem Konkurs. Ihr zusammen mit Carl Jaeger 1940 erstmals herausgegebenes Standardwerk in diesem Bereich erschien 2007 in siebzehnter Auflage. Walder-Bohner/Jaeger/Daeniker, SchKG.
217 Siehe Ein modernes Gesandtenpaar, in: Schweizerische allgemeine Volkszeitung, 30. Oktober 1954, BAR, E 2500 1982/120, a.21 Daeniker Armin.
218 Die Vertretungen der Schweiz im Ausland, in: Neue Zürcher Zeitung, 6. Mai 1961, BAR, E 2200.40 1975/92, K.21.42 Invitations de journalistes suisses.
219 Geschäftsbericht für das Jahr 1956, BAR, E 2400 1000/717, London, Bd. 173.
220 Personalblatt, BAR, E 2500 1982/120, a.21 Daeniker Armin.

4 Wertung

Armin Daeniker verbrachte einen grossen Teil seiner Karriere auf dem asiatischen Kontinent. Er entwickelte sich zu einem Asienspezialisten, und im EPD wurde Wert auf sein Urteil in entsprechenden Fragen gelegt. Er selbst hatte grosses Interesse an Asien und Afrika. Zum Ende seiner Tätigkeit in London unternahm er verschiedene Reisen nach Afrika.[221]
Als er nach dem Krieg nach Bern zurückkehrte, baute er sich dort ein starkes Netzwerk sowie freundschaftliche Beziehungen zu Bundesrat Petitpierre und Generalsekretär Zehnder auf. Diese dürften mit ein Grund dafür gewesen sein, dass er auf den Londoner Posten berufen wurde. Die Nomination Daenikers machte auch deswegen Sinn, weil London vor allem als Posten für die Beobachtung des Weltgeschehens betrachtet wurde und Daeniker für seine gute Beobachtungsgabe bekannt war. Doch ab Mitte der 1950er-Jahre begannen sich die Bande zwischen der Schweiz und Grossbritannien vor allem auf wirtschaftspolitischer Ebene zu verstärken. Gemeinsam waren die beiden Staaten führend in der neu gegründeten EFTA, und das Verhalten Grossbritanniens gegenüber der EWG war für die Schweiz entscheidend. In diesem Zusammenhang trat eine Schwäche Daenikers zutage. Er interessierte sich wenig für wirtschaftspolitische Fragen und überliess dieses Feld seinen Mitarbeitern. Sein Netzwerk erstreckte sich vor allem auf das Foreign Office, andere in diesem Zusammenhang wichtige Gesprächspartner wie das Board of Trade bearbeitete er nicht aktiv. Er hatte damit wenig Einfluss auf die wichtigsten zwischenstaatlichen Themen dieser Zeit. Dass er zudem keine Beziehungen in den engeren Kreis der Regierung aufbauen konnte, erschwerte die Berichterstattung. Es war ihm kaum möglich, in diesen Fragen Tendenzen und Entscheidungen vorauszusehen. Während Daeniker als guter Beobachter zu Beginn seiner Amtszeit in London für diesen Posten sicher geeignet war, ist die Frage zu stellen, ob dem Wechsel der Prioritäten auf dem Londoner Posten nicht hätte Rechnung getragen werden müssen.[222] Zugutezuhalten ist Daeniker in diesem Zusammenhang, dass er seinem fähigen Wirtschaftsrat

---

221 Siehe Brief Botschafter Daeniker an Minister Clottu, 17. Juni 1959, BAR, E 2500 1982/120, a.21 Daeniker Armin. Zu erwähnen ist hier, dass sein Amtsvorgänger, Henry de Torrenté, nicht in diese Konsularbezirke reiste. Auch das EPD hat nicht nach solchen Reisen verlangt.
222 In der Folge wurde der Wirtschaftskompetenz des Schweizer Botschafters in London scheinbar mehr Gewicht beigemessen, jedenfalls waren die Nachfolger Daenikers auf diesem Posten fast alle besser in der Wirtschaftspolitik verankert: Olivier Long, René Keller und Albert Weitnauer. Siehe dazu Kap. II, 2.3.

Fässler den Freiraum liess, die Wirtschaftspolitik zwischen der Schweiz und Grossbritannien voranzutreiben.[223]

Daeniker legte das Schwergewicht in London einerseits auf eine ausführliche Berichterstattung zu weltpolitischen Fragen, andererseits auf die Betreuung der Schweizer Kolonie. Er genoss bei den Schweizern in Grossbritannien deshalb grosses Ansehen. Zudem ist das Projekt der Swiss Fortnight zu erwähnen, welches einen in dieser Art einzigartigen Kraftakt in der schweizerischen Kultur- und Wirtschaftsförderung im Vereinigten Königreich darstellte. Dabei setzte sich die Botschaft vor allem für die Erweiterung der Aktivitäten von der reinen Wirtschaftsförderung zur Kombination mit Kulturförderung ein. Sie ist damit ein gutes Beispiel für die Entwicklung der Botschaften im 20. Jahrhundert. Aus dem Sitz des politischen Vertreters wurde eine umfassende Repräsentation einer Gesellschaft in all ihren Aspekten.

---

223 René Fässler wurde anschliessend zum Botschafter in Lima ernannt und besetzte während seiner weiteren Karriere die Botschafterposten in Colombo, Neu-Delhi, Stockholm und Moskau. Siehe dodis.ch/P1142.

VII August R. Lindt – Lichtgestalt der Schweizer Entwicklungsdiplomatie

1 Vom Journalisten zum Putschisten

August Rudolf Lindt wurde am 5. August 1905 als Sohn eines Schokoladenfabrikanten[1] in Bern geboren. Seine Familie war Teil der Berner Aristokratie. Er hatte eine unbeschwerte Kindheit, lebte im Sommer auf einem Landgut und im Winter im Stadthaus. Am Familientisch wurde viel über Politik diskutiert,[2] wobei sein konservativer Vater oft Vorbehalte gegen Sozialisten oder Juden äusserte.[3] Lindt ging zuerst in Bern auf eine Gesamtschule mit nur zwölf Kindern[4] und besuchte anschliessend ein freies Gymnasium.[5] 1924 trat er in Genf ein Studium der Jurisprudenz an, das er 1928 in Bern mit dem Doktortitel abschloss.[6] Im Alter von 23 Jahren hatte er genug vom «être formé» und wollte die Welt sehen.[7] Zuerst betätigte er sich als Volontär bei verschiedenen Bankhäusern in Paris, Berlin und London. In London lernte er seine erste Frau kennen. Ab 1932 arbeitete er als freier Journalist oder «envoyé spécial»,[8] wie er es nannte, und reiste in die verschiedensten Regionen der Welt. Die Vorschläge, worüber er berichten könnte, kamen von ihm. Dabei trat sein Interesse am Weltgeschehen und sein Wille, im Zentrum desselben zu stehen, klar zutage. So berichtete er aus der Mandschurei, als diese von Japan eingenommen wurde, aus Liberia, den Golfstaaten und von der Front in Finnland, als dort der Krieg mit der UdSSR tobte. Seine Artikel wurden im «Journal de Genève», den «Basler Nachrichten», dem «Berner Tagblatt», der «Deutschen Allgemeinen Zeitung» Berlins oder dem Londoner «Spectator»

---

1 Vater August Lindt war verwandt mit Rudolf Lindt, dem Gründer der Lindt Schokoladenfabrik in Bern, die 1899 von Sprüngli aus Zürich übernommen wurde. August war bis 1905 bei Lindt und Sprüngli tätig und gründete anschliessend mit seinen Verwandten Rudolf und Walter die A. und W. Lindt Schokoladenfabrik. Siehe www.lindt.com/ch/swf/ger/das-unternehmen/geschichte, 5. September 2011.
2 Siehe Lindt, Kindheit und Gedächtnis.
3 Richardot, Mot de passe «Nidwalden», 84.
4 Lindt, Kindheit und Gedächtnis, 12.
5 Es handelte sich dabei um die Leberer-Schule. Ebd., 36.
6 Personalblatt, BAR, E 2500 1990/6, a.21 August Lindt.
7 Richardot, Mot de passe «Nidwalden», 82.
8 Ebd.

abgedruckt.⁹ Über seine Erfahrungen in der Mandschurei veröffentlichte er 1934 sein erstes Buch.¹⁰

1940 brach für ihn eine Zeit an, die er 1992 als «die wichtigste Zeit meines Lebens»¹¹ bezeichnete. Als Paris gefallen war und Bundespräsident Pilet-Golaz in einer Rede an die Nation «anpasserische» Töne gegenüber Deutschland vernehmen liess, kam Lindt mit seinem alten Schulfreund Alfred Ernst überein, dass etwas passieren müsse und die Schweiz nicht dem Nationalsozialismus ausgeliefert werden dürfe.¹² Alfred Ernst war im Schweizer Nachrichtendienst tätig und kümmerte sich um Deutschland. Lindt und Ernst, zusammen mit einer Handvoll anderer Offiziere, waren der Überzeugung, dass die Schweiz nur noch durch einen Putsch gegen den Bundesrat zu retten sei.¹³ In der sogenannten Offiziersverschwörung planten sie, mit einem Bataillon Rekruten der Dufourkaserne in Bern, deren Ausbildner Lindt aus der Schulzeit kannte, das Bundeshaus zu besetzen. Eine provisorische zivile Regierung sollte die Schweiz zum Widerstand aufrufen.¹⁴ Die Gruppe war sich sicher, dass sich General Guisan in diesem Fall auf ihre Seite stellen würde. Bevor es dazu kam, flog die Verschwörung auf. Der General, der den ihm sympathischen Verteidigungswillen der Gruppe schwerer gewichtete als die geplante kriminelle Handlung, bestrafte die Offiziere in einem wohlwollenden Urteil mit fünf bis fünfzehn Tagen Arrest. Da Lindt der einzige Unteroffizier der Gruppe war, wurde er vom Urteil verschont, eine Tatsache, die ihn bis ins hohe Alter beschäftigte, da er grundsätzlich stolz auf den Widerstandswillen war, den er und seine Freunde an den Tag gelegt hatten.¹⁵ Die ehemaligen Verschwörer schlossen sich nach ihrer Strafe zum Offiziersbund zusammen, welcher später zur Aktion Nationaler Widerstand wurde. Auch diese Organisationen waren geheim und hatten hauptsächlich zum Ziel, den Widerstand der Bevölkerung gegen Nazideutschland zu wecken und zu erhalten.¹⁶ Der Aktion schlossen sich etwa 500 Personen mit breitem Wirkungskreis an. Sie stammten aus unterschiedlichen Gesellschaftskreisen und vertraten unterschiedliche politische Couleurs. Lindt lernte in dieser Zeit Leute wie Walter Oprecht, den Parteivorsteher der SP, Karl Barth, den grossen reformierten Theologen, Albert Oeri von den «Basler Nachrichten» und Markus Feldmann, den späteren Bundes-

---

9 Siehe ebd., 82 f.
10 Lindt, Im Sattel durch Mandschukuo.
11 Zitiert nach Clement, Korporal Lindt, 92.
12 Siehe Lindt, Die Schweiz, das Stachelschwein, 39–41.
13 Clement, Korporal Lindt, 92.
14 Richardot, Mot de passe «Nidwalden», 79.
15 Clement, Korporal Lindt, 92.
16 Ebd., 93.

August R. Lindt (1905–2000)

Schweizer Missionschef in New York 1953–1956 sowie Schweizer Botschafter in Washington 1960–1963 und Moskau 1966–1969
(Foto 18. April 1961, Mayor John F. Collins records, Collection #0244.001, City of Boston Archives, Boston)

rat, persönlich kennen.[17] In dieser Zeit zeigte sich, dass sein konservatives Elternhaus für Lindt kein Hindernis war, sich gerade mit linken Politikern gut zu verstehen. 1941 machte sich General Guisan den Widerstandswillen Lindts zunutze und berief ihn an die Spitze des Aufklärungsdiensts in der Sektion Haus und Heer. Die Organisation hatte zum Ziel, die Bereitschaft zur Abwehr nationalsozialistischer Lockrufe in der Bevölkerung hochzuhalten. Zu diesem Zweck organisierte sie neben patriotischen Kino-, Theater- und Musikveranstaltungen vor allem Vorträge zur Wehrbereitschaft der Schweiz.[18] Die Vorträge hatten grossen Erfolg und trugen ihren Teil zum Mythos der sich tapfer verteidigenden, unnachgiebigen Schweiz inmitten von Nazideutschland bei. Während Lindt beruflich erfolgreich war, scheiterte 1944 seine erste Ehe, seine englische Frau verliess ihn[19] und nahm die drei gemeinsamen Kinder mit nach England.[20]
Gegen Ende des Krieges zeichnete sich ab, dass sich die Schweiz immer mehr mit der Kritik der Siegermächte an ihrer Neutralitätspolitik auseinandersetzen musste.[21] Lindt, damals Generaladjutant der Sektion Haus und Heer,

17 Siehe Richardot, Mot de passe «Nidwalden», 84–87.
18 Lindt, Die Schweiz, das Stachelschwein, 95–145.
19 Clement, Korporal Lindt, 94.
20 Lindt, Sardinenöl gegen Wodka, 53.
21 Siehe dazu Kap. I, 1.3.

schlug Walter Stucki, dem faktischen Generalsekretär des EPD vor, ihn auf eine Propagandamission nach London zu senden.[22] Die Mission kam im Sommer 1945 zustande. Lindt nutzte seine Kontakte zu englischen Journalisten und konnte so einen Artikel in der «Sunday Times» mit dem Titel «The Battle of Switzerland» anregen, worin die schwierige Position der Schweiz und ihr Verteidigungskampf dargestellt wurden.[23] Nicht nur durch die erfolgreiche Propagandamission in London, sondern auch durch den guten Ruf, den sich Lindt vielerorts erarbeitet hatte, wurde Stucki auf den jungen, weltgewandten Berner aufmerksam. Stucki bot Lindt den Posten des Presseattachés in Washington an.[24] Lindt fand aber eine andere Aufgabe, die ihm ebenfalls angeboten wurde, «wichtiger und nützlicher»:[25] Der IKRK-Präsident Max Huber hatte ihn als Delegierten des IKRK für Deutschland vorgesehen. Die Aufgabe Lindts war es, mit den Verwaltungen aller vier Besatzungszonen Verträge abzuschliessen, die es dem IKRK erlaubten, in der jeweiligen Zone Hilfe zu leisten. Diese Aufgabe war schwieriger, als man es aus heutiger Sicht vermuten würde. Während die Amerikaner der Meinung waren, dass die Deutschen für ihre Gräueltaten zu leiden hätten und Hilfsleistungen daher gar nicht für angebracht hielten, warf die UdSSR dem Roten Kreuz gar Kollaboration mit den Nazis vor.[26] Getrieben von den Bildern hungernder Kinder, deren Diskriminierung er für «unhaltbar» und «albern» hielt, wurde Lindt zu einem furchtlosen und unnachgiebigen Kämpfer für die Hilfeleistungen.[27] Es gelang ihm schliesslich mit dem Argument, die Hilfeleistungen des IKRK hätten nichts mit den Taten des Deutschen Roten Kreuzes während des Kriegs zu tun und Kinder seien nicht für die Taten ihrer Väter zu bestrafen, die Erlaubnis aller vier Verwaltungen zu erhalten.[28]

Stucki, der von Lindt eine hohe Meinung hatte,[29] meldete sich nach der IKRK-Mission erneut und bot ihm nun den Posten des Kultur- und Presseattachés in London an. Dieser reizte Lindt einerseits, weil er England kannte und das

---

22 Brief Generaladjutant Lindt an Minister Stucki, 3. Februar 1945, BAR, E 2801 1967/77, 02 Personendossier Lindt, August Dr.
23 Es sei hier nicht eingegangen, inwiefern dieser Kampf so stattgefunden hat und wie entscheidend er für die Verschonung der Schweiz von einem Angriff war. Wichtig ist, dass Lindt versuchte, der Kritik an der Schweiz entgegenzutreten. Siehe Brief Generaladjutant Lindt an Minister Stucki, 26. Juni 1945, BAR, E 2801 1967/77, 02 Personendossier Lindt, August Dr.
24 Lindt, Sardinenöl gegen Wodka, 53.
25 Ebd.
26 Siehe ebd., 26–35.
27 Siehe ebd., 20–22.
28 Siehe ebd., 20–46.
29 Siehe Brief Minister Ruegger an Legationsrat Daeniker, 20. Mai 1946, BAR, E 2800 1967/59, 91/7 Ministre Paul Rüegger.

Land als ersten Verteidiger der freien Welt schätzte, anderseits, weil er ihm ermöglichte, seine Kinder wieder öfters zu sehen.[30] Im EPD selbst gab es zuerst noch Opposition gegen den Quereinsteiger, vor allem vom Postenchef in London, Paul Ruegger, der andere Kandidaten vorgesehen hatte.[31] Bundesrat Petitpierre lehnte solche Diskussionen aber ab, da man Lindt den Posten bereits angeboten habe und dieser zudem eine fähige Person sei.[32] Am 1. November 1946 trat August Lindt seinen Posten an und wurde damit Mitarbeiter des EPD.[33] Zu seinem ersten Vorgesetzten, Minister Paul Ruegger, entwickelte er schnell ein gutes Verhältnis. Lindt schrieb später, Ruegger sei für ihn ein «wahrhaft beispielhafter Lehrmeister» gewesen und er versuche bei Behandlung schwieriger Fragen sich durch sein Vorbild inspirieren zu lassen.[34] Die beiden verband später eine Freundschaft, und Lindt konnte auf die gewichtige Unterstützung Rueggers beim IKRK zählen.[35] 1948 löste Henry de Torrenté in London Ruegger als Gesandten ab.[36] Zwischen de Torrenté und Lindt entwickelte sich eine gute Zusammenarbeit. De Torrenté setzte sich dafür ein, dass Lindt bei ihm blieb, als man ihn zuerst hinter den Eisernen Vorhang[37] und später nach Bern versetzen wollte.[38] Es entstand aber keine freundschaftliche Beziehung zwischen den beiden.[39] Seine Aufgabe in London als Kultur- und Presseattaché füllte Lindt nicht aus. So schrieb er später: «Ich hatte oft das Gefühl, mein Gehalt nicht ganz zu verdienen.»[40] Dies hatte damit zu tun, dass er das ständige Rapportieren über Zeitungsberichte und die Kulturpromotion nicht als spannende Herausforderung betrachtete. Seine Pressearbeit wurde denn von Bern auch verschiedentlich kritisiert.[41] Vielmehr widmete Lindt sich

---

30 Lindt, Sardinenöl gegen Wodka, 53.
31 Siehe Brief Minister Ruegger an Legationsrat Daeniker, 20. Mai 1946, BAR, E 2800 1967/59, 91/7 Ministre Paul Rüegger.
32 Brief Bundesrat Petitpierre an Minister Ruegger, 4. Juni 1946, ebd.
33 Personalblatt, BAR, E 2500 1990/6, a.21 August Lindt.
34 Brief Legationsrat Lindt an Minister Ruegger, Präsident des IKRK, 22. Dezember 1955, AfZ, NL Ruegger, 52.73.
35 Zum Beispiel als sich das IKRK 1983 gegen die Veröffentlichung von Lindts Buch zum Biafra-Konflikt stellte. Ruegger als ehemaliger Präsident versuchte in einem langen Schreiben, die damalige Führung des IKRK für eine Veröffentlichung zu gewinnen. Siehe Lindt, Sardinenöl gegen Wodka, 55.
36 Siehe zu de Torrenté in London Kap. IV, 2.1.
37 Handnotiz, Gespräch Petitpierre mit de Torrenté, 2. Oktober 1951, BAR, E 2800 1967/59, 94.1 Henry de Torrenté.
38 Notice pour le Chef du département, undatiert, BAR, E 2500 1990/6, a.21 August Lindt.
39 Lindt, Sardinenöl gegen Wodka, 56.
40 Ebd., 57.
41 Siehe Diverse Schreiben des Informations- und Pressedienstes BAR, E 2200.40 1000/1667, K.22.52 Invitations de journalistes et correspondants anglais par la Suisse.

verstärkt der Netzwerkarbeit, was von de Torrenté wohl begünstigt wurde.[42] Er entwickelte sich zum wichtigsten Informationssammler neben de Torrenté, und seine Gespräche bildeten die Grundlage für viele Berichte der Londoner Gesandtschaft.[43] Neben den Kontakten zu britischen und schweizerischen Presseleuten unterhielt er gute Beziehungen zu jungen Labour-Vertretern wie Dick Crossman, Edward Shackleton und Denis Healy, die mit dem Wahlsieg Labours 1945 schnell Karriere machten und wichtige Positionen antraten.[44] Für seine weitere Karriere entscheidend war Lindts Nomination zum Schweizer Vertreter im Exekutivrat der UNICEF 1948. Er wurde aufgrund seiner Erfahrungen als Delegierter beim IKRK mit diesem Posten betraut.[45] Der Exekutivrat der UNICEF tagte damals in Paris und man ging davon aus, dass die UNICEF bald aufgelöst werde.[46] Stattdessen etablierte sie sich und wurde zu einer ständigen Unterorganisation der UNO. Nach anfänglicher Zurückhaltung wurde Lindt zu einem aktiven Mitglied des Exekutivrats und kämpfte gegen den Einfluss des Kalten Krieges auf die Hilfeleistungen der Organisation. Als Washington aus politischen Gründen versuchte, die Hilfeleistungen der UNICEF an das kommunistische Bulgarien zu stoppen, schaffte es Lindt in einem Bündnis mit dem australischen Vertreter, das Prinzip «Kinder sind nicht verantwortlich für die Haltung ihrer Regierung» durchzusetzen.[47] Lindt gefiel die Arbeit bei der UNICEF, «car il s'agît là d'une organisation internationale qui réalise des succès concrets».[48] Auch der Exekutivrat schien Lindts Arbeit zu schätzen und wählte ihn auf Vorschlag verschiedener Delegierter Ende 1952 einstimmig zu seinem neuen Präsidenten.[49]

---

42 Siehe dazu Kap. IV, 2.6.
43 Siehe BAR, E 2300 1000/716, London, Politische Berichte und Briefe, Militärberichte, Bde. 42–46.
44 Lindt, Sardinenöl gegen Wodka, 56. Healey wurde später Verteidigungs- und dann Finanzminister; Crossman wurde Gesundheitsminister; Shackleton wurde ins Oberhaus berufen.
45 Siehe dazu Kap. VII, 1; Brief Lindt an EPD, Internationale Organisationen, 24. Januar 1950, BAR, E 2001-04 (-) -/6, Bd. 20, dodis.ch/8810.
46 Die UNICEF wurde als Hilfsfonds für die Kinder im kriegszerstörten Europa gegründet. 1949 glaubte man, dass diese Hilfe nun nicht mehr nötig sei und der Fonds daher bald aufgelöst werden könne.
47 Lindt, Sardinenöl gegen Wodka, 65.
48 Brief Legationsrat Lindt an Bundesrat Petitpierre, 19. Dezember 1954, BAR, E 2800 1967/59, 44.079 M. le Ministre August Lindt.
49 Lindt, Sardinenöl gegen Wodka, 66.

2 Missionschef in New York 1953–1956, Botschafter in Washington 1960–1963 und Moskau 1966–1969

2.1 Eine aktive Rolle als Schweizer Beobachter in der UNO

August R. Lindt äusserte in seinem autobiografischen Buch «Sardinenöl gegen Wodka» die Vermutung, dass das EPD ihn «aus Sparsamkeitsgründen zum Beobachter der Schweiz bei den Vereinten Nationen» ernannte.[50] Mit diesem Urteil lag er richtig. Da die UNICEF inzwischen nach New York umgesiedelt war, befürchtete Bern hohe Kosten wegen einer verstärkten Reisetätigkeit Lindts zwischen London und New York. Petitpierre erklärte Lindts Vorgänger auf dem New Yorker Posten, dass Lindt seine Funktion als Präsident des Exekutivrates der UNICEF mit der Funktion des UNO-Beobachters verbinden könne und daher für den New Yorker Posten geeignet sei.[51]

Die UNO war zu dieser Zeit stark von den USA geprägt. Man stand noch vor der Entkolonialisierung und die westlichen Staaten waren in der Überzahl. Sowohl in der Generalversammlung als auch im Sicherheitsrat konnten sich die Vereinigten Staaten einer Mehrheit sicher sein. Die Schweiz war nicht Mitglied der UNO, unterhielt aber eine Beobachtermission. Sie war zu diesem Zeitpunkt mit ihrer Politik noch kein Exot, wie dies gegen Ende des 20. Jahrhunderts der Fall war,[52] gab es doch viele andere Länder, die ebenfalls nur durch Beobachter oder gar nicht vertreten waren.[53] Lindt, der seinen Posten am 28. Februar 1953 antrat, konnte bald von der «Kumulation» seiner Funktionen profitieren, dies aber nicht nur aus finanzieller Warte, sondern zugunsten seines persönlichen politischen Gewichts. Er wurde nämlich nicht nur als Schweizer Beobachter, sondern vor allem auch als Präsident des Exekutivrats der UNICEF wahrgenommen.[54] Rasch baute er sich ein Netzwerk auf.[55] Dabei ist vor allem die enge und freundschaftliche Beziehung zum kurz nach Lindts Amtsantritt neu gewählten UNO-Generalsekretär Dag Hammarskjöld zu erwähnen. Bereits bei ihrem ersten Treffen machte der Schwede keinen Hehl aus der Rolle, die

50 Ebd., 67.
51 Brief Bundesrat Petitpierre an Missionschef Wagnière, 7. November 1952, BAR, E 2800 1967/59, 44.079 M. le Ministre August Lindt.
52 Als neben der Schweiz nur noch der Vatikan nicht Mitglied der UNO war.
53 Deutschland und Österreich wurden noch nicht zugelassen. Finnland, Bulgarien, Italien, Spanien, Portugal, Ungarn und weitere traten erst 1955 bei.
54 Siehe Lindt, Sardinenöl gegen Wodka, 75. Offenbar war man innerhalb der UNICEF mit der Arbeit des Präsidenten zufrieden, jedenfalls wurde Lindt 1953 wiedergewählt. Rapport de gestion 1953, Bureau de l'Observateur Suisse auprès de l'Organisation des Nations Unies, BAR, E 2400 1000/717, New York (UNO), Bd. 234. Auch in anderen Kommissionen wurde Lindt mit speziellen Aufgaben betraut. So präsidierte er 1953 die Konferenz der Vereinten Nationen zum Thema Opium. Ebd.
55 Siehe dazu Kap. VII, 2.7.

Lindt aus seiner Sicht einnahm: «Sie sind hier einer der wenigen Menschen, mit denen ich vollständig offen sprechen kann.»[56] Tatsächlich konnte Lindt immer wieder ausführlich über die Analysen, Gedanken und Pläne des Generalsekretärs in die Schweiz berichten.[57] Lindt beschrieb die Gespräche mit Hammarskjöld als Monologe, nie sei es so weit gekommen, dass der Generalsekretär den Rat von Lindt erbeten hätte.[58] Unter Lindt begann die Schweiz in New York eine aktivere Rolle zu spielen. Im folgenden Kapitel wird auf die Aktivitäten der Schweiz bei der Gründung der Internationalen Atomenergieorganisation (IAEA) und auf die Flüge der Swissair für die UNO im Rahmen der Suezkrise eingegangen. In UNO-Kreisen wurde Lindt für sein Engagement in der Weltorganisation geschätzt[59] und auch auf Schweizer Seite war man mit dem Beobachter zufrieden. So berichtete der sonst eher zurückhaltende Schweizer Gesandte in Washington, Karl Bruggmann, nach Bern, dass Lindt seine Aufgabe «extrêmement bien» mache.[60]

1956 wurde Lindt als Leiter der schweizerischen Delegation für die Konferenz zur Gründung der IAEA in New York nominiert.[61] Die Idee hinter der Organisation war, dass allen Mitgliedsländern freier Zugang zu atomarer Technologie zur friedlichen Nutzung verschafft werden sollte, wenn diese sich im Gegenzug verpflichteten, keine Atomwaffen zu beschaffen oder herzustellen. Bei den Verhandlungen zur Gründung der Organisation trat der seltene Fall ein, dass die beiden Grossmächte USA und UdSSR eine gemeinsame Strategie gegen die Länder der dritten Welt verfolgten. Ihr Statutenentwurf sah vor, dass die IAEA entscheiden solle, was mit dem Plutonium,[62] das in den diversen Atomkraftwerken entstand, passieren sollte. Dies wurde vom indischen Vertreter, Homi J. Bhabha, im Namen der Entwicklungsländer als starke Einmischung der Grossmächte in die staatliche Souveränität vehement zurückgewiesen. Nach drei Wochen fruchtloser Verhandlungen zwischen der indischen und der amerikanischen Delegation drohte die Konferenz zu scheitern.[63] In diesem Moment schaltete sich Lindt aktiv in die Verhandlungen ein. In Absprache

---

56 Zitiert nach Lindt, Sardinenöl gegen Wodka, 79.
57 Siehe dazu Kap. VII, 2.5.
58 Lindt, Sardinenöl gegen Wodka, 79.
59 Homann-Herimberg, High Commissioner Lindt's Term of Office, 116.
60 Brief Minister Bruggmann an EPD, Abteilung für Verwaltungsangelegenheiten, 20. Oktober 1953, BAR, E 2802 1967/78, E U. S. A. I.
61 Siehe Conférence diplomatique chargée de constituer l'agence atomique internationale, 3. Juli 1956, BAR, E 1004.1 (-) -/1, Bd. 591, dodis.ch/11036.
62 Plutonium ist einerseits ein Abfallprodukt aus der Atomstromproduktion, andererseits Grundstoff für die Produktion von Atomwaffen.
63 Politischer Bericht, unnummeriert, 23. Oktober 1956, BAR, E 2300 1000/716, New York (UNO), Berichte des ständigen schweizerischen Beobachters bei der Organisation der Vereinten Nationen (UNO), Bd. 3.

mit seinem französischen Kollegen kündigte er der Versammlung an, dass die Schweiz und Frankreich einen neuen Resolutionsvorschlag vorlegen würden.[64] Vorbehalte in der Schweizer Delegation gegen dieses aktive Vorgehen sowie den Hinweis, man müsse zuerst das Einverständnis Berns einholen, wischte er nach eigener Aussage mit dem Argument weg: «Dies scheint mir überflüssig, jede Vermittlung gehört zu den wesentlichen Aufgaben unserer Neutralitätspolitik.»[65] Der innerhalb weniger Stunden erarbeitete Vorschlag wurde der Konferenz vorgelegt. Lindt und der französische Vertreter Goldschmidt unterhielten während des zweitägigen Verhandlungsunterbruchs engen Kontakt zu den verschiedenen Delegationen.[66] Bei der Wiederaufnahme wurde der schweizerisch-französische Vorschlag von allen wichtigen Delegationen angenommen[67] und die Konferenz endete am 23. Oktober 1956 mit einem Vertrag, dem in den folgenden Monaten 81 Staaten beitraten.[68]

Thomas Fischer nennt in seiner Beschreibung der guten Dienste der Schweiz im Kapitel «International mandates» neben der Koreamission und der Hilfe für die UN-Truppen im Kongo auch den Transport der Blauhelme zu ihrem ersten Einsatz überhaupt durch die Swissair.[69] In der Suezkrise von 1956 reagierten Frankreich und Grossbritannien auf die Nationalisierung des Suezkanals durch den ägyptischen Präsidenten Nasser. In Absprache mit den beiden Nationen begann Israel einen Krieg gegen Ägypten und rückte schnell bis zum Kanal vor. Grossbritannien und Frankreich stellen den beiden Staaten ein fiktives Ultimatum, um kurz darauf den Kanal zu besetzen unter dem Vorwand, ihn vor den kriegerischen Auseinandersetzungen schützen zu wollen. Mit diesem Manöver versuchten die beiden europäischen Mächte, die Herrschaft über den Kanal zurückzugewinnen. Die USA stellten sich aber gegen diese Intervention. In der UNO nahm der Druck auf Frankreich und Grossbritannien stark zu, sodass hinter den Kulissen deren Abzug und ein Ersatz durch UN-Truppen beschlossen wurde. Präsident Nasser verweigerte aber die Landung der Flugzeuge, die für den Truppentransport vorgesehen waren.[70] Lindt erzählte später, dass sich in diesem Moment Hammarskjöld an ihn, seinen guten Bekannten, wandte. Der Generalsekretär habe ihn mitten in der Nacht angerufen und habe um Schweizer Hilfe gebeten. Lindt nahm umgehend Kontakt mit Petit-

---

64 Lindt, Sardinenöl gegen Wodka, 113.
65 Zitiert nach Lindt, Sardinenöl gegen Wodka, 113.
66 Siehe Politischer Bericht, unnummeriert, 23. Oktober 1956, BAR, E 2300 1000/716, New York (UNO), Berichte des ständigen schweizerischen Beobachters bei der Organisation der Vereinten Nationen (UNO), Bd. 3.
67 Ebd.
68 Fischer, History of the International Atomic Energy Agency, 49.
69 Fischer, From Good Offices to an Active Policy of Peace, 90 f.
70 Siehe Heinemann, Das internationale Krisenjahr 1956.

pierre auf. Beide waren sich der Chance für die Schweiz, ihre guten Dienste präsentieren zu können, bewusst und wollten diese nutzen.[71] So kam es, dass die Swissair, die Fluggesellschaft eines Nichtmitglieds der UNO, die ersten Blauhelme zu deren Einsatz transportierte.

2.2 UNO-Hochkommissar für Flüchtlinge

Ohne dessen Wissen schlug Hammarskjöld Lindt 1956 als neuen UNO-Hochkommissar für Flüchtlinge vor. Am 10. Dezember wurde Lindt von der Generalversammlung in dieses Amt gewählt. Seine Tätigkeit in dieser für die Schweiz prestigeträchtigen Funktion wurde in mehreren Arbeiten beschrieben.[72] Sie ist nicht Inhalt der vorliegenden Arbeit und wird daher nur in wenigen Sätzen behandelt. Seine Zeit als Hochkommissar wurde von drei Hauptthemen beherrscht: der Versorgung der Flüchtlinge nach dem Ungarnaufstand von 1956, der Versorgung der Flüchtlinge aus dem Algerienkrieg 1957 sowie der Organisation des Weltflüchtlingsjahres von 1959. Wie bereits in der UNICEF setzte sich Lindt dafür ein, dass überall geholfen wurde, ungeachtet dessen, ob die Flüchtlinge oder ein Land zum West- oder zum Ostblock gehörte.[73] Zudem vergrösserte er den geografischen Raum der Arbeit des UNHCR über seinen ursprünglichen Einsatzraum Europa hinaus. Die Hilfe für Notleidende stand ganz im Zentrum seines Handelns.[74] Er bewegte sich in dieser Zeit auf höchster internationaler Ebene und wurde in vielen Ländern, die er um Unterstützung bittend bereiste, vom Präsidenten empfangen. So lernte er Eisenhower, Nixon, Adenauer, Macmillan, de Gaulle sowie die Päpste Pius XII. und Johannes XXIII. persönlich kennen, scheute sich im Sinne der Sache aber auch vor Leuten wie Marschall Tito oder dem Diktator Trujillo nicht.[75] Er hatte das Prestige des UNHCR gestärkt und seine Nachfolger stark geprägt.[76] 1960 dankte ihm die UNO-Generalversammlung mit einem grossem Lob für seine «brilliant and important work».[77]

---

71 Siehe Lindt, Sardinenöl gegen Wodka, 126.
72 Autobiografisch in Lindt, Sardinenöl gegen Wodka, 129–214. Von Zeitgenossen: Homann-Herimberg, High Commissioner Lindt's Term of Office; Jackson, The High Commissioner in Action; Jaeger, Samedi matin avec le Haut Commissaire.
73 Gegen den Rat seiner Mitarbeiter setzte sich Lindt in der Ungarnfrage auch mit Marschall Tito in Verbindung und fand mit ihm eine Lösung für die nach Jugoslawien geflüchteten Ungarn. Siehe Lindt, Sardinenöl gegen Wodka, 145.
74 Homann-Herimberg, High Commissioner Lindt's Term of Office, 120.
75 Eine grössere Zusammenstellung der Kontakte zu Persönlichkeiten aus dem öffentlichen Leben findet sich in Lindt, Sardinenöl gegen Wodka, 129–214.
76 Homann-Herimberg, High Commissioner Lindt's Term of Office, 121.
77 Zitiert nach ebd., 121.

2.3 Botschafter in Washington – Kennedy und Kuba

Auch in der Schweiz hatte die erfolgreiche Tätigkeit ihres Diplomaten Spuren hinterlassen. Bundesrat Petitpierre schrieb an Lindt 1960: «Au nom du Conseil Fédéral je voudrais, à mon tour, vous remercier de vos efforts et vous dire combien le pays tout entier a pu apprécier l'honneur qui lui a valu le succès de votre mission.»[78] Dies war der definitive Durchbruch Lindts im EPD, da man ihn nun als fähig betrachtete, die höchsten Aufgaben zu übernehmen. So wollte Petitpierre Lindt als neuen Schweizer Botschafter in Washington einsetzen.[79] Dem Vorgänger auf diesem Posten, Henry de Torrenté, schrieb er: «M. August Lindt me paraît le plus qualifié de nos collaborateurs pour nous représenter à Washington.»[80] Da Lindt den Posten des Hochkommissars aber nicht bereits Anfang 1960 ablegen konnte, nahm Petitpierre, entgegen dem Rat de Torrentés,[81] sogar in Kauf, dass die Schweiz während vier Monaten keinen Botschafter in Washington hatte.[82]

Als Lindt in Washington eintraf, waren die USA ganz im Bann der Präsidentschaftsausmarchung zwischen Richard Nixon und John F. Kennedy. Lindt kannte Nixon persönlich aus gemeinsamen Arbeiten im Rahmen der Hilfe für die Ungarnflüchtlinge. Lindt favorisiert die Kandidatur seines Bekannten, wusste er doch, dass er damit einen direkten Draht ins Weisse Haus hätte.[83] Der Wahlsieg John F. Kennedys hatte für Lindt aber nicht nur wegen des Wegfalls dieser Chance, sondern auch sonst negative Folgen. Es sollte ihm nie gelingen, zu Kennedy und seinen engsten Anhängern ein Vertrauensverhältnis aufzubauen. Dies vor allem weil die Schweiz das Agrément für den Kandidaten Kennedys auf den Botschafterposten in Bern verweigerte.[84]

Die bilateralen Beziehungen zwischen der Schweiz und den USA waren zweischneidig. Einerseits gab es Probleme, für die seit Jahren keine Lösungen gefunden werden konnten, wie den Fall Interhandel,[85] die Probleme von Auslandschweizern mit der amerikanischen Dienstpflicht und vor allem den Uhrenstreit.[86] Auf der anderen Seite übernahm die Schweiz im Januar 1961 die Vertretung der

---

78 Brief Bundesrat Petitpierre an Botschafter Lindt, 16. November 1960, BAR, E 2003 (A) 1974/52, o.743.61 Nominations, promotions (MM. Lindt et Schnyder).
79 Siehe Notiz Petitpierre, 30. Dezember 1959, BAR, E 2800 1967/59, 44.079 M. le Ministre August Lindt.
80 Brief Bundesrat Petitpierre an Botschafter de Torrenté, 12. Februar 1960, ebd.
81 Brief Bundesrat Petitpierre an Botschafter de Torrenté, 4. März 1960, ebd.
82 De Torrenté trat am 30. Juni 1960 ab und Lindt konnte seine Arbeit erst am 3. November 1960 aufnehmen.
83 Lindt als Hochkommissar für Flüchtlinge, Nixon als Vertreter von Präsident Eisenhower. Siehe Brunner, Le trop court séjour d'un ambassadeur de Suisse à Washington, 122.
84 Siehe dazu Kap. VII, 2.3.
85 Siehe König, Interhandel.
86 Siehe dazu Kap. III, 2.4 und IV, 2.5.

amerikanischen Interessen in Kuba.[87] Dies war ein deutliches Zeichen dafür, dass die USA der Schweizer Neutralität viel positiver gegenüberstanden, als dies nach dem Zweiten Weltkrieg der Fall war.[88] Die Interessenvertretung führte zu engeren Kontakten zwischen der amerikanischen Administration und der Schweizer Botschaft in Washington, die in der Kubakrise grosse Bedeutung erlangten.[89] Ein neues Problem tauchte auf, als die USA im Kampf gegen «tax-havens» auch die Schweiz ins Visier nahmen.[90]

Wie eben erwähnt, hatte die US-Administration der Schweiz die Vertretung ihrer Interessen in Kuba übertragen. Die Anfrage für diese Aufgabe wurde im Oktober 1960 dem damaligen Postenchef ad interim, Ernesto A. Thalmann, zugestellt.[91] Das Dossier wurde wohl deshalb auch nach dem Amtsantritt Lindts weiterhin von Thalmann betreut. Erst als dieser Mitte 1961 als UNO-Beobachter auf den New Yorker Posten berufen wurde, übernahm Lindt die Führung des Dossiers persönlich.[92] Dies sei nur am Rande erwähnt, für den nächsten Abschnitt festzuhalten ist, dass die Schweiz die US-Interessen in Kuba vertrat.

In den Vereinigten Staaten war es üblich, dass ein neuer Präsident verschiedene Personen aus seinem Umkreis für ihre Hilfe bei den Wahlen mit einem Botschafterposten im Ausland «belohnte».[93] Dies selbst dann, wenn sie über keinerlei Auslanderfahrung verfügten. So hatte auch Kennedy einen persönlichen Kandidaten für den Botschafterposten in Bern vorgesehen. Im Gegensatz zu anderen US-Botschaftern verfügte Earl T. Smith aber sehr wohl über Auslanderfahrung. Er war zuvor bereits Botschafter in Kuba gewesen, als der später von Castro gestürzte Diktator Batista noch die Insel regierte.[94] Genau diese Tatsache bereitete dem EPD Kopfzerbrechen, rechnete man doch damit, dass dies dazu führen könnte, dass Castro der Schweiz das Agrément für die

---

87 Telegramm, Nr. 6, Bern, 7. Januar 1961, BAR, E 2200.36 1976/154, B.72.0.1. Übernahme und Ausübung des Schutzmachtmandates.
88 Siehe dazu Kap. I, 1.3.
89 Siehe dazu Kap. VII, 2.3.
90 President Kennedy Appeals to the Congress for a Tax Cut, 20. April 1961, in: The National Center for Public Policy Research, www.nationalcenter.org/JFKTaxes1961.html, 3. Februar 2010.
91 Telegramm, Nr. 141, Washington 25. Oktober 1960, BAR, E 2200.36 1976/154, B.72.0.1. Übernahme und Ausübung des Schutzmachtmandates. Die Anfrage fiel also genau in die Zeit zwischen de Torrentés Abtritt und Lindts Antritt als Botschafter in Washington. Siehe dazu Kap. VII, 2.3.
92 Siehe BAR, E 2200.36 1976/154, B.72.0.1. Übernahme und Ausübung des Schutzmachtmandates.
93 Briggs, This Is a Professional Game, 146. Inwiefern dies heute noch der Fall ist, kann an dieser Stelle nicht beantwortet werden.
94 Brunner, Le trop court séjour d'un ambassadeur de Suisse à Washington, 123.

Interessenvertretung entziehen könnte, wenn sie zulassen würde, dass ein ehemaliger Vertrauter Batistas in Bern als US-Botschafter tätig wird.[95] Dass die USA die Nomination von Smith für den Berner Posten zudem vor der Erteilung des Agréments durch die Schweiz veröffentlichte, verschlimmerte die Angelegenheit zusätzlich, erst recht, als die amerikanische Presse auf den diplomatischen Fauxpas aufmerksam wurde und eine Diskussion lostrat.[96] Feinde Kennedys nutzten die Chance, ihm vorzuwerfen, er setze amerikanische Interessen für persönliche Anliegen aufs Spiel.[97] Die Schweiz musste nun entscheiden, ob man dem unerwünschten Smith das Agrément verweigern und somit dem jungen Präsidenten einen öffentlichen Rüffel erteilen wollte oder ob man sich dem Wunsch Kennedys beugen und damit die möglichen Konsequenzen in Kuba in Kauf nehmen sollte. Lindt war von seiner eben abgeschlossenen Zeit als Hochkommissar her mutiges und kompromissloses Handeln gewohnt. In einem langen Telegramm, in dem er die Situation und mögliche Vor- und Nachteile der Verweigerung des Agréments darlegte, riet er von einem Einlenken ab, «denn in Amerika schafft das Nachgeben unter Druck einen Präzedenzfall, der im Allgemeinen zur Auswertung reizt».[98] Präsident Kennedy hielt er für einen Mann, der Courage schätze, und meinte: «Er könnte sich zwar im Augenblick erzürnen, würde uns die Sache aber nicht nachtragen.»[99] Die einzige Gefahr sah er im «irischen Clan» der Kennedys, wo der Vater noch das Sagen habe. Er kam zum Schluss, dass die Nachteile weniger schwer wogen als die Vorteile einer Ablehnung und schloss seine Betrachtungen mit der Feststellung: «Der Entschluss ist uns durch die Art des amerikanischen Vorgehens, für das die amerikanische Regierung allein die Verantwortung trägt, aufgezwungen worden.»[100] Petitpierre war zu diesem Zeitpunkt ebenfalls eher für eine Ablehnung, zeigte sich aber weit weniger entschlossen.[101] Der Bundesrat liess sich von der klaren Haltung seines Botschafters überzeugen. Zum öffentlichen diplomatischen Rüffel kam es nur deshalb nicht, weil ihm Kennedy zuvorkam. Er sagte dem Schweizer Botschafter persönlich, dass er mit dem Gedanken gespielt habe, der Schweiz das

---

95 Siehe Brief Bundesrat Petitpierre an Botschafter Lindt, 17. Februar 1961, BAR, E 2800 1967/59, 44.079 M. le Ministre August Lindt.
96 Siehe ebd.
97 Laut Gerüchten war die Frau von Smith eine ehemalige Geliebte Kennedys. Brunner, Le trop court séjour d'un ambassadeur de Suisse à Washington, 123.
98 (Schreibweise vom Autor angepasst), Telegramm, Nr. 82, für bundesrat petitpierre von lindt, 18. Februar 1961, BAR, E 2800 1967/59, Bd. 23, dodis.ch/15007.
99 (Schreibweise vom Autor angepasst), ebd.
100 (Schreibweise vom Autor angepasst), ebd.
101 Den Brief den Petitpierre am 17. Februar schrieb, hatte Lindt noch nicht erhalten, als er das Telegramm vom 18. Februar verfasste. Brief Bundesrat Petitpierre an Botschafter Lindt, 17. Februar 1961, BAR, E 2800 1967/59, 44.079 M. le Ministre August Lindt.

Mandat in Kuba zu entziehen, damit diese Smith als Botschafter akzeptieren könne. Doch inzwischen habe Smith einen Brief an den Präsidenten gerichtet, worin er mitteile, dass er auf den Posten in Bern verzichte.[102] Er fügte hinzu, dass er das Verhalten der Schweiz gegen einen seiner persönlichen Kandidaten als «un geste peu amical» erachte.[103] Als Dean Rusk[104] im Mai des gleichen Jahres Petitpierre traf, betonte er nochmals, wie erbost der Präsident über das Schweizer Verhalten gewesen sei.[105] Lindt hatte mit seiner Einschätzung nur zum Teil recht behalten: Der Präsident war tatsächlich erbost, beruhigte sich aber nicht so schnell, wie Lindt vermutet hatte, denn bis zum Ende seiner Zeit in Washington fand er den direkten Draht zu Kennedy nicht.[106]

Hatte Lindt also fast zum frühen Ende der Schweizer Mission in Kuba beigetragen, war er auch mitverantwortlich dafür, dass sie in der heiklen Phase der Kubakrise ihre Aufgabe erfüllte. Zu Beginn der Mission bestand das EPD darauf, dass die Kommunikation nach Havanna über die amerikanische Botschaft in Bern und die EPD-Zentrale zu laufen habe.[107] Lindt schien dieser Weg viel zu umständlich und er setzte mit der Zeit durch, dass auch der direkte Weg zwischen seiner Botschaft in Washington und der Schweizer Botschaft in Havanna zugelassen wurde.[108] Dies sollte sich vor allem bei der Raketenkrise im Oktober 1962 als nützlich erweisen. Kennedy bediente sich dieses Kanals, als es darum ging, mit Castro zu kommunizieren, um eine Eskalation der Situation zu vermeiden. So liess der Präsident, kurz bevor er sich in seiner berühmten Rede an die amerikanische Öffentlichkeit wandte, Lindt zu sich kommen. Er informierte den Schweizer Botschafter darüber, dass die UdSSR auf Kuba Raketen stationiere und die USA dies nicht tolerieren wolle. Kennedy bat Lindt, nach Havanna zu übermitteln, dass man in der Nacht nach der Veröffentlichung des amerikanischen Ultimatums über Kuba Aufklärungsflüge machen werde, um die russische Reaktion zu beobachten. Dabei

---

102 Siehe Brunner, Le trop court séjour d'un ambassadeur de Suisse à Washington, 123.
103 Telegramm, Nr. 91, pour conseiller federal petitpierre de lindt, 22. Februar 1961, BAR, E 2800 1967/59, Bd. 23, dodis.ch/15008.
104 Dean Rusk war damals Secretary of State.
105 Siehe Procès-verbal Unterredung des Staatssekretärs der Vereinigten Staaten Dean Rusk mit dem Bundespräsidenten, 3. Mai 1961, BAR, E 2200.36 1974/154, J.13.11 Präsident der USA.
106 Brunner, Le trop court séjour d'un ambassadeur de Suisse à Washington, 125.
107 Telegramm, Nr. 251, Bern, 11. August 1961, BAR, E 2200.36 1976/154, B.72.0.1. Übernahme und Ausübung des Schutzmachtmandates.
108 Siehe BAR, E 2200.36 1976/154, B.72.0.2. Unterrichtung der Abteilung für Internationale Organisationen über direkten Verkehr mit Havanna. Dies wohl auch deshalb, weil die direkte Verbindung von Havanna in die Schweiz immer wieder unterbrochen wurde. Fischer, Die guten Dienste des IKRK und der Schweiz in der Kuba-Krise 1962, 13.

müsse der Himmel erleuchtet werden.[109] Der direkte Draht nach Havanna erlaubte es Lindt, über den dortigen Schweizer Vertreter, Emil Stadelhofer,[110] Castro mitzuteilen, dass es sich um Aufklärungsflüge handle und nicht um den Beginn eines Bombardements. Lindt konnte noch gleichentags den USA mitteilen, dass Castro versprochen habe, die amerikanischen Flugzeuge nicht anzugreifen. Somit konnte eine Eskalation der Lage vorerst vermieden werden. Edouard Brunner, der damals unter Lindt an der Washingtoner Botschaft tätig war, meinte dazu: «[…] je crois que à sa façon, M. Lindt a contribué grâce à ce message rapide et à son entremise à une solution pacifique de cette crise.»[111] Dem ist zwar zuzustimmen, doch sollte die persönliche Rolle Lindts in dieser Situation nicht überschätzt werden.[112]

Die Amtsdauer Lindts als Schweizer Botschafter in den USA war mit zwei Jahren und zwei Monaten ungewöhnlich kurz.[113] Seine frühzeitige Abberufung wurde durch das zufällige Zusammenspiel verschiedener Faktoren ausgelöst: Lindt heiratete in Washington im Juni 1962 seine zweite Frau, die bereits ein Kind von ihm erwartete.[114] Sie war eine gebürtige Rumänin, die in erster Ehe mit einem amerikanischen Uhrenfabrikanten namens Bulova verheiratet war, der in Konkurrenz zur schweizerischen Uhrenindustrie stand.[115] In Anbetracht

---

109 Brunner, Le trop court séjour d'un ambassadeur de Suisse à Washington, 124.
110 Emil Stadelhofer unterhielt gute Beziehungen zu Fidel Castro. Eine genauere Untersuchung Stadelhofers und dieser Beziehungen liegt bisher nicht vor. Siehe dazu Kap. IX, 2.4.
111 Brunner, Le trop court séjour d'un ambassadeur de Suisse à Washington, 125.
112 Fischer hält in seinem Beitrag zur Rolle der Schweiz in der Kubakrise fest, dass sie in diesem spannungsgeladenen Moment nicht zur Verfügung gestanden habe. Dabei bezieht er sich auf eine mögliche Rolle in der Streitschlichtung, die der Bundesrat nicht habe übernehmen wollen. Wahlen vertrat den Standpunkt, dass eine Streitschlichtung mit der Funktion der Interessenvertretung nicht vereinbar sei. Fischers abschliessendem Kommentar, wonach sich die Schweiz in der Krise «abweisend passiv» verhalten habe, ist nach der vorliegenden Untersuchung in Bezug auf die Streitschlichtung zuzustimmen. Hingegen versuchte der Botschafter in Washington die Rolle als Kommunikationskanal, ein klassischer Teil der Interessenvertretung, möglichst aufrechtzuerhalten, und war im Moment, als diese Verbindung benötigt wurde, zur Stelle. Siehe Fischer, Die guten Dienste des IKRK und der Schweiz in der Kuba-Krise 1962, 12 f. und 32.
113 3. November 1960–24. Januar 1963, Personalblatt, BAR, E 2500 1990/6, a.21 August Lindt.
114 Ebd.
115 Es handelte sich dabei um die ehemalige Frau von Joseph Bulova. Die Bulova Watch & Co. war ein in der Schweiz vorbelastetes Unternehmen, welches in New York angesiedelt war und sich auf den Import von Schweizer Uhren spezialisiert hatte. Zu Beginn der 1940er-Jahre unterhielt es einen grösseren Ableger in Biel und versuchte Schweizer Fachleute zur Übersiedlung in die USA zu bewegen, um dort selbst zu produzieren. Durch das so gewonnene Know-how und aufgrund der Krise der amerikanischen Uhrenindustrie nach dem Zweiten Weltkrieg stieg die Bulova Watch & Co. bis in die 1960er-Jahre zur viertgrössten Uhrenproduzentin der Welt auf und war zum Beispiel offizielle Lieferantin der NASA. Sie spielte eine wichtige Rolle in der amerikanischen Rüstungsindustrie und war involviert, als die Schweiz während des Vietnamkriegs die USA mit Teilen für Bom-

des immer noch herrschenden «Uhrenkriegs»[116] entschied sich Lindt, dem neuen Vorsteher des EPD, Friedrich T. Wahlen, seinen Rücktritt anzubieten.[117] Wahlen teilte Lindt mit, dass er es ihm überlasse zu entscheiden, ob er weiterhin im Amt bleiben wolle. Als sich Lindt nach dem Erfolg in der Kubakrise[118] aber für einen Verbleib entschieden hatte, erhielt er von Wahlen telefonischen Bescheid, dass er auf einen neuen Posten in Bern berufen werde.[119] Er sollte den noch jungen Dienst für technische Zusammenarbeit[120] übernehmen und damit die schweizerische Entwicklungshilfe aufbauen. Lindt war mit seinen Erfahrungen für die Aufgabe prädestiniert. Wahlen suchte nach einer starken Führungspersönlichkeit für den Dienst, dem sechzig Millionen Franken zugesprochen wurden. In dieser Situation ist ihm Lindts Rücktrittsangebot wohl gerade gelegen gekommen.

Lindt führte als Delegierter für technische Zusammenarbeit die schweizerische Entwicklungshilfe vom Januar 1963 bis zum Dezember 1966. Er wollte mit der Schweizer Hilfe etwas bewegen und konzentrierte die Mittel auf wenige Projekte.[121] Dabei sind vor allem die Hilfstätigkeit für tibetanische Flüchtlinge in Nepal, algerische Flüchtlinge in Tunesien und das Aufbauprojekt in Ruanda zu nennen. Lindt stand am Anfang der grossen Schweizer Hilfe an das kleine Ruanda, das hierzulande gerne als die «Schweiz Afrikas» bezeichnet wurde.[122] Schnell zeigte sich Lindts Naturell in dieser Aufgabe: Der Delegierte arbeitete nicht vom Berner Schreibtisch aus, sondern in Kathmandu oder Kigali vor Ort. Er wollte helfen und stellte seine ganze Schaffenskraft in den Dienst dieser Aufgabe.[123] Erneut litt unter dieser Hingabe sein Privatleben: Auch seine zweite Ehe scheiterte bereits nach wenigen Jahren.[124]

2.4 UdSSR-Botschafter – in Biafra statt in Moskau

Nach fast vier Jahren in der Entwicklungshilfe wechselte Lindt 1966 wieder in den klassischen diplomatischen Aussendienst. Am 5. Dezember trat er seinen

---

benzünder ausrüstete. Siehe Gaffino, Autorités et entreprises suisses face à la guerre de Viêt Nam, 82–89.
116 Siehe dazu Kap. III, 2.4 und IV, 2.5.
117 Brunner, Le trop court séjour d'un ambassadeur de Suisse à Washington, 124.
118 Siehe Kap. VII, 2.3.
119 Siehe Brunner, Le trop court séjour d'un ambassadeur de Suisse à Washington, 124–126. Lindt verliess den Washingtoner Posten am 15. Januar 1963. Personalblatt, BAR, E 2500 1990/6, a.21 August Lindt.
120 In dieser Form nahm die heutige DEZA ihren Anfang.
121 Wilhelm, Aus der Anfangszeit der schweizerischen Entwicklungshilfe, 127 f.
122 Ebd., 132.
123 Siehe ebd., 127–138.
124 Scheidung 1965. Personalblatt, BAR, E 2500 1990/6, a.21 August Lindt.

neuen Posten als Schweizer Botschafter in Moskau an.[125] Lindt kam in einer Zeit nach Moskau, als sich die starken antikommunistischen Strömungen in der Schweiz[126] abgeschwächt hatten. Die Schweiz wollte zu dieser Zeit ihre Handelsbeziehungen zur UdSSR ausbauen. Ein grosser Erfolg in dieser Richtung war der Abschluss eines Luftverkehrsabkommens im Juni 1967.[127] Im darauf folgenden Erstflug der Swissair von Zürich nach Moskau reiste Bundesrat Gnägi, Vorsteher des EVED, als erster Vertreter des Bundesrates zu einem Staatsbesuch in die UdSSR.[128] Das Tauwetter zwischen der UdSSR und der Schweiz fand mit dem Einmarsch der Warschauer-Pakt-Truppen in die CSSR 1968 ein jähes Ende. Zu diesem Zeitpunkt befand sich August Lindt aber bereits nicht mehr in Moskau, sondern als IKRK-Beauftragter in Biafra.

Das IKRK stand 1968 in der Kritik. Man hatte den Krieg zwischen Nigeria und der separatistischen Region Biafra lange unterschätzt und blieb daher zu passiv.[129] In der nordamerikanischen und westeuropäischen Öffentlichkeit wurde dem Komitee Zaudern, Unentschlossenheit und Unfähigkeit vorgeworfen. Das IKRK bat daraufhin den Vorsteher des EPD, Bundesrat Spühler, Lindt als ehemaligen Hochkommissar für Flüchtlinge und ehemaligen Leiter der Schweizer Entwicklungshilfe für die Leitung dieser Mission zur Verfügung zu stellen.[130] Während Lindt Bedenken anmeldete, den Posten in Moskau ohne Botschafter zu lassen,[131] war Spühler überzeugt von der Wichtigkeit der Mission. Er war sich sicher, mit Lindt den richtigen Mann dafür zu haben. Zudem glaubte er, dass Lindt in zwei bis drei Monaten wieder auf seinen Posten zurückkehren würde.[132] Spühler hatte sich damit kräftig verschätzt. Lindt kam erst 1969, nach elf Monaten, wieder nach Moskau zurück. In der Zwischenzeit leitete er die grösste Hilfsaktion des IKRK seit dem Zweiten Weltkrieg. Mit einer Luftbrücke wurde täglich Nahrung für rund zwei Millionen Menschen ins sonst von der Aussenwelt abgeschnittene Biafra transportiert. Lindt stand dabei im täglichen Kampf mit Generälen auf beiden Seiten der Front, die für die Hilfsaktion nur so lange Interesse hatten, wie sie der jeweils anderen Seite keinerlei Vorteile brachte. Mit unermüdlichem Engagement setzte sich

---

125 Ebd. Es handelte sich bei diesem Wechsel um eine Rochade: Lindt vom Dienst für technische Zusammenarbeit nach Moskau, Sigismond Marcuard von Algerien zum Dienst für technische Zusammenarbeit, Antonio Ganz von Moskau nach Algerien.
126 Siehe dazu bei Max Troendle Kap. VIII, 1 und VIII, 2.1.
127 Geschäftsbericht der schweizerischen Botschaft Moskau, 1967, BAR, E 2400 1991/232, Formular 202 Geschäftsberichte der Auslandvertretungen: H-N 1967.
128 Ebd.
129 Jaggi, Fünf Tage in Biafra. Siehe dazu auch Matter, SOS Biafra, 31–33.
130 Lindt, Generale hungern nie, 23.
131 Telegramm, Nr. 229, Moskau, 17. Juli 1968, BAR, E 2500 1990/6, a.21 August Lindt.
132 Telegramm, Nr. 189, Bern, 17. Juli 1968, ebd.

Lindt mit seiner gesamten persönlichen Autorität für die Hilfslieferungen ein. Seine Erfahrungen publizierte er im packenden Buch «Generale hungern nie».[133] Die Mission endete, als er von Nigeria mit dem haltlosen Vorwurf des Waffenhandels und der Spionage verhaftet und anschliessend zur «persona non grata» erklärt wurde.[134] Mit Lindts Demission als Delegationschef fiel die Luftbrücke in sich zusammen.[135]

Die lange Abwesenheit Lindts vom Moskauer Posten führte zu vielen Diskussionen. Im September 1968, im Sog des Einmarschs der Truppen des Warschauer Pakts in Prag, wurde das Thema sowohl in den Zeitungen als auch im Parlament behandelt. Spühler wies in seiner Antwort darauf hin, dass mit Botschaftsrat Exchaquet ein hervorragender Chargé d'Affaires ad interim den Posten in Moskau leite und Lindt eben «wie kein anderer» befähigt sei, die Mission in Biafra zu führen.[136] Im Februar 1969 wurde das Thema erneut von verschiedenen Zeitungen aufgegriffen. Der «Tages-Anzeiger» titelte etwa: «Wie lange noch?»[137] Auch der Bundesrat wollte nun, dass Lindt auf seinen Posten zurückkehrte. Spühler forderte ihn in einem Schreiben auf, für seine Mission in Nigeria möglichst bald einen Nachfolger vorzuschlagen.[138] Lindt sah jedoch seine Mission noch nicht erfüllt, und diese zu verlassen betrachtete er als «Fahnenflucht». Daher verlangte er die Beurlaubung vom diplomatischen Dienst.[139] Das EPD zog darauf die Konsequenzen und wollte de Stoutz als neuen Botschafter in Moskau einsetzen.[140] Dass der Bundesrat in seiner darauf folgenden Kommunikation gegenüber der Öffentlichkeit den

---

133 Siehe Lindt, Generale hungern nie. Die Publikation des Buches war umstritten. Sowohl das IKRK als auch das EPD hatten Bedenken, schrieb Lindt doch in diesem Buch unverblümt, wo Fehler gemacht wurden und mit welcher Gleichgültigkeit die Kriegsherren bereit waren, Menschen verhungern zu lassen.
134 Siehe Antwort auf die dringliche kleine Anfrage von Nationalrat Hubacher betreffend Beschuldigung gegen Botschafter Dr. Lindt, NR, 19. Juni 1969, BAR, E 2807 1974/12, 23.1-02 Lindt, August.
135 Jaggi, Fünf Tage in Biafra, 166. Einerseits war dies ein Zeichen dafür, wie stark die Mission von der Person Lindt abhing. Anderseits hatte der Abschuss eines IKRK-Flugzeugs durch die nigerianische Armee die Bereitschaft der Hilfsorganisation, weiter zu wirken, stark geschwächt. Später wurde bekannt, dass das IKRK-Flugzeug mit einer Flab-Einheit aus dem Hause Bührle abgeschossen wurde. Die Firma hat trotz Kriegszustand die nigerianische Armee beliefert. Der Vorfall wurde als «Bührle-Skandal» bekannt. Siehe Hug, Rüstung und Kriegswirtschaft.
136 Procès-verbal Ständerätliche Kommission für auswärtige Angelegenheiten, 5. September 1968, BAR, E 2200.157 1985/132, 330.0 Aussenpolitik Schweiz, Allgemeines.
137 Div. Zeitungsausschnitte BAR, E 2500 1990/6, a.21 August Lindt. Wie lange noch?, in: Tages-Anzeiger, 21. Februar 1969, ebd.
138 Brief Bundesrat Spühler an Generalkommissär Lindt, 14. Februar 1969, BAR, E 2807 1974/12, 23.1-02 Lindt, August.
139 Lindt, Generale hungern nie, 194.
140 An den Bundesrat, Ernennung von Herrn Jean de Stoutz, Botschafter in Israel und Zypern,

Term «Enthebung der Funktionen» gebrauchte, führte zu einer geharnischten Reaktion Lindts, der zudem davon ausging, dass die Sache ohne grosse Hast angegangen werde.[141] Tatsächlich zog sich der Prozess bis zum Ende seiner Mission in Afrika hin. Er kehrte aber nur kurz nach Moskau zurück, um seine Abschiedsbesuche zu machen.[142] Lindt verbrachte also erneut nur sehr kurze Zeit auf diesem wichtigen Botschafterposten. Von den gut zweieinhalb Jahren, in denen er als Schweizer Botschafter in Moskau akkreditiert war, befand er sich nur gerade zwanzig Monate auf dem Posten.[143]

Im Oktober 1969 trat er seinen letzten Posten im Dienste des EPD an, als Schweizer Botschafter in Neu-Delhi. «Il s'est jeté dans cette tâche comme s'il avait 45 ans, et comme s'il devait rester quatre ans.»[144] Diese Aussage von Jean-François Giovannini, damals zuständig für die Entwicklungshilfe in Indien, zeigt erstens erneut die enorme Schaffenskraft, die Lindt auch im fortgeschrittenen Alter an den Tag legte, und zweitens, dass sein Aufenthalt auf diesem Posten aus Altersgründen bereits im Voraus auf gut eineinhalb Jahre beschränkt war. Lindt entwickelte sich schnell zum Spiritus Rector der Projekte der schweizerischen Entwicklungshilfe in Indien und Nepal.[145] Jeder Projektleiter musste bei seiner Durchreise genau rapportieren, wie es um seine Projekte stand. Am 31. Dezember 1970 trat Lindt aus dem diplomatischen Dienst aus.[146]

Es ist nicht weiter verwunderlich, dass Lindt auch nach der Pensionierung ein sehr aktiver Mensch blieb. 1972 folgte er dem Ruf des ruandischen Präsidenten Kayibanda und arbeitete bis 1975 als dessen Berater in Ruanda.[147] Später unterstützte er kirchliche Hilfswerke mit seinem Rat.[148] In seinem Haus in Bern empfing er bis ins hohe Alter von 94 Jahren viele Gäste und verblüffte diese immer wieder mit seinem scharfen Verstand und enormen Wissen. Er starb im Jahr 2000.[149]

zum Botschafter in der UdSSR und in der Mongolei, 28. März 1969, BAR, E 2500 1990/6, a.21 August Lindt.
141 Siehe Telegramm, Nr. 73, Lagos, 27. März 1969, ebd.
142 Lindt, Generale hungern nie, 242.
143 Personalblatt, BAR, E 2500 1990/6, a.21 August Lindt.
144 Giovannini, Souvenirs, 179.
145 Menzi, Entwicklungszusammenarbeit ist Chefsache, 181.
146 Personalblatt, BAR, E 2500 1990/6, a.21 August Lindt.
147 Er beriet sowohl Kayibanda als auch dessen durch Putsch an die Macht gekommenen Nachfolger Habyarimana. Siehe Wilhelm, Aus der Anfangszeit der schweizerischen Entwicklungshilfe, 134 f.
148 Siehe Michel, In kirchlicher Mission.
149 Siehe Wilhelm et al., August R. Lindt.

2.5 Ein kritischer und genauer Beobachter

Die Hauptaufgaben des Schweizer Beobachters bei der UNO sind, wie der Name deutlich macht, die Verfolgung der Entwicklung der Weltorganisation und die entsprechende Berichterstattung nach Bern. August Lindt packte diese Aufgabe 1953 voller Elan an und steigerte die Anzahl Berichte stetig, bis sie mit 177 im Jahr 1955 einen quantitativen Höhepunkt erreichte.[150] Dass diese Steigerung auf seine Initiative zurückzuführen ist, kann daran erkannt werden, dass während seiner Abwesenheit die Zahl der Berichte auf weniger als die Hälfte zusammenschrumpfte.[151] Seine Informationen stammten meist aus persönlichen Gesprächen,[152] gedruckte Quellen waren höchstens Ergänzung. Die enge Beziehung zu Hammarskjöld erlaubte es ihm, detaillierte Berichte zu dessen Einschätzungen des Weltgeschehens nach Bern zu schicken.[153] Das Netzwerk Lindts ermöglichte es ihm, viele Entwicklungen vorauszuberichten, und wenn der Bundesrat seinen Berichten mehr Beachtung geschenkt hätte, wäre einer der grössten Schweizer diplomatischen Fauxpas dieser Zeit zu verhindern gewesen: Als im Herbst 1956 die Suezkrise tobte, sah die Schweiz eine Chance, ihre traditionellen guten Dienste anzubieten. Am 6. November 1956 lancierte der Bundesrat einen dringlichen Aufruf an die USA, die UdSSR, Frankreich, Grossbritannien und Indien, die Situation nicht eskalieren zu lassen, und lud sie zu einem Gipfeltreffen betreffend die Suezkrise ein. Zu dieser Zeit aber spielten hinter den Kulissen bereits Dag Hammarskjöld und die UNO mit der mächtigen Unterstützung der USA eine aktive Vermittlerrolle.[154] Die Schweizer Initiative kam zu spät[155] und verärgerte sowohl die UNO als

---

150 Von den untersuchten Botschaftern waren nur Troendle und Schnyder noch fleissigere Berichterstatter. Siehe zu Troendle Kap. VIII, 2.4 und zu Schnyder Kap. IX, 2.5. Siehe BAR, E 2300 1000/716, New York (UNO), Berichte des ständigen schweizerischen Beobachters bei der Organisation der Vereinten Nationen (UNO), Bde. 1–3. Zudem wurden weitere Berichte ausserhalb der klassischen Nummerierung nach Bern geschickt, sodass die Gesamtzahl der Berichte 1955 256 betrug. Rapport de gestion 1955, Bureau de l'Observateur Suisse auprès de l'Organisation des Nations Unies, BAR, E 2400 1000/717, New York (UNO), Bd. 234.

151 Siehe zum Beispiel 1956: durchschnittliche Anzahl Berichte im Monat, während Lindt auf Posten war: 10,2, während Lindt abwesend war: 3,5. Ein gewisser Teil dieses Unterschieds ist auf die verringerte Tätigkeit der UNO während der Sommermonate, in denen Lindt abwesend war, zurückzuführen. Siehe ebd.

152 1954: 73 Prozent, 1956: 87 Prozent. Siehe ebd., Bd. 1.

153 Politischer Bericht, unnummeriert, 23. April 1954, ebd. Er besprach sich mit dem Generalsekretär im Jahr 1955 zu folgenden Themen: die Schweiz und die NNSC, Genf als Sitz für die IAEA, Kriegsgefangenenaustausch zwischen China und den USA, die Wahl von Altbundesrat Emil von Steiger zum Präsidenten einer Konferenz zur Gefangenenbehandlung in Genf. Siehe Rapport de gestion 1955, Bureau de l'Observateur Suisse auprès de l'Organisation des Nations Unies, BAR, E 2400 1000/717, New York (UNO), Bd. 234.

154 Lindt, Sardinenöl gegen Wodka, 124.

155 Noch bevor sie die britische Regierung erreichte, hatte diese bereits beschlossen, die

auch die USA.[156] Ausser der UdSSR und Indien lehnten alle angefragten Staaten die Einladung ab, was einer diplomatischen Ohrfeige gleichkam. Lindt hatte bereits im Vorfeld in seinen Berichten zu Gesprächen mit Hammarskjöld vom 18. September und 27. Oktober auf dessen Willen hingewiesen, die Suezfrage unbedingt im Rahmen der UNO zu lösen.[157] Der Bundesrat entschied sich aber explizit dafür, auf eine Absprache mit dem Generalsekretär zu verzichten,[158] und musste dafür die erwähnten Kritiken einstecken.[159]
Auch in Washington blieb die Berichterstattung ein wichtiger Teil der Arbeitstätigkeit Lindts. Die Zahl der Berichte war zwar im Vergleich zu seinem Vorgänger de Torrenté leicht rückläufig, doch mit über hundert im Jahr immer noch stattlich.[160] Erneut basierten die Berichte fast ausschliesslich auf Informationen aus persönlichen Gesprächen.[161] Während die Informationen für die New Yorker Berichte fast ausschliesslich aus den Gesprächen Lindts kamen, übernahmen seine Mitarbeiter in Washington eine weit aktivere Rolle. Rund die Hälfte der Berichte basierte auf von ihnen gesammelten Informationen. Lindt selbst konzentrierte sich auf Gespräche mit hohen Beamten des State Department und Botschafterkollegen, während seine Mitarbeiter vor allem die unteren Chargen im Aussenministerium und in den Botschaften bearbeiteten.[162] Sein scharfes politisches Urteilsvermögen stellte Lindt mit einer Einschätzung der ersten achtzehn Monate der Regierung Kennedy unter Beweis. «Même

---

Kampfhandlungen zu beenden. Fischer, From Good Offices to an Active Policy of Peace, 84.

156 Ebd.
157 Politischer Bericht, unnummeriert, 18. September 1956, BAR, E 2300 1000/716, New York (UNO), Berichte des ständigen schweizerischen Beobachters bei der Organisation der Vereinten Nationen (UNO), Bd. 3. Politischer Bericht, unnummeriert, 27. Oktober 1956, ebd.
158 Trachsler hielt fest, dass der Bundesrat bei seinem Entscheid nichts von den Gesprächen innerhalb der UNO gewusst habe. Trachsler, Bundesrat Max Petitpierre, 283. Inwiefern dem Bundesrat der Inhalt der Berichte von Lindt zum Zeitpunkt der Entscheidung bekannt war, kann nicht festgestellt werden. Auf jeden Fall hätte er aus den Berichten Lindts wissen können, dass hinter den Kulissen der UNO bereits verhandelt wurde. Er sprach sich aber explizit gegen einen Vorschlag Petitpierres aus, über Lindt mit dem Generalsekretär Kontakt aufzunehmen, um dessen Reaktion auf die Schweizer Initiative zu prüfen. Note sur les raisons qui ont engagé le Conseil fédéral à lancer son appel du 6 novembre 1956, 16. November 1956, in: DDS-XX, Nr. 91. Siehe auch Verhandlungsprotokoll der 75. Sitzung des Bundesrats vom 6. November 1956, 6. November 1956, BAR, E 1003 (-) 1970/334, 4.31 Protokolle der 1.–89. Sitzung, mit Register A–O.
159 Les réactions officielles et officieuses à l'appel du Conseil fédéral, 19. November 1956, in: DDS-XX, Nr. 92.
160 1961: 114, 1962: 108; de Torrenté 1959: 149. Siehe dazu Kap. IV, 2.6.
161 1961: 93 Prozent. Siehe BAR, E 2300 1000/716, Washington, Politische Berichte und Briefe, Militär- und Sozialberichte, Bd. 63.
162 Siehe ebd., Bde. 63–64. Diese hierarchische Aufteilung war nicht selbstverständlich, gab es doch andere Schweizer Botschafter, die viel häufiger den Kontakt zu den Dossierverantwortlichen im Aussenministerium suchten. Siehe dazu Kap. VIII, 2.4 und III, 2.5.

au moment des plus fortes tensions berlinoises ou laotiennes, on a senti ce désir de la Maison Blanche de maintenir le contact tout en ne cédant rien sur le plan militaire ou politique.»[163] Mit dieser Beobachtung nahm er das Verhalten Kennedys in der Kubakrise sozusagen vorweg. Er liess sich durch die Spannungen mit Kennedy in seinem Urteil bezüglich dessen Regierungsführung nicht beeinflussen und attestierte ihm eine couragierte und mehrheitlich erfolgreiche Politik.[164]

Als Lindt 1967 für den Moskauer Posten nominiert wurde, passierte dies in der Hoffnung, dass er mit seinen Kontakten und seiner Analysefähigkeit qualitativ hochstehende Informationen über die russische Politik nach Bern senden könne.[165] Tatsächlich vereinfachten sich die Kontakte zur russischen Administration vorerst und Lindt traf sich mit verschiedenen höheren Persönlichkeiten.[166] Doch für seine politischen Berichte musste er sich trotzdem mehrheitlich auf Informationen aus dem diplomatischen Corps stützen.[167] In einem Bericht vom November 1967 meinte Lindt denn auch, dass der Mangel an zuverlässigen Informationen in Moskau ein «Dauerzustand» sei und sich viele Diplomaten und ausländische Journalisten mit «Hingabe dem Glasperlenspiel» irgendwelcher Prophezeiungen hingäben.[168] Lindt war ein wenig erfolgreicher «Glasperlenspieler» und sagte zum Beispiel den Rücktritt Kossygins aus allen Ämtern falsch voraus.[169] Dieser trat nicht wie von Lindt erwartet 1968, sondern erst 1980 zurück. 1986 meinte er dazu: «De prendre le pouls, en Etats-Unis à Washington c'était relativement facile, mais extrêmement difficile à prendre le pouls a Moscou. [...] À Moscou il y a le danger [...] de vivre dans la clause de la société des diplomates. [...] J'appelle ça un peu l'inceste diplomatique.»[170] Es scheint aber, dass sich Lindt viel weniger in

163 Politischer Bericht, Nr. 71, 17. Juli 1962, ebd., Bd. 64.
164 Siehe ebd.
165 Brief Bundesrat Spühler an Botschafter Lindt, 14. Februar 1969, BAR, E 2807 1974/12, 23.1-02 Lindt, August.
166 Aussenminister Gromyko, Vizeministerratspräsident und Präsident des Gosplan Babikov, Vizeministerratspräsident Kirilline, Aussenwirtschaftsminister Patolitchev, Präsident der Sowjets Spiridonov. Siehe Geschäftsbericht der schweizerischen Botschaft Moskau, 1967, BAR, E 2400 1991/232, Formular 202 Geschäftsberichte der Auslandvertretungen: H-N 1967.
167 79 Prozent der Informationen aus persönlichen Quellen von 1967 stammen von Mitgliedern des diplomatischen Corps. Siehe BAR, E 2300-01 1973/156, Moskau. Politische Berichte, Bd. 136.
168 Lindt bezog sich im Speziellen auf die Voraussagen in der Innenpolitik. Politischer Bericht, Nr. 30, 22. November 1967, BAR, E 2300-01 1973/156, Moskau. Politische Berichte, Bd. 136.
169 Kabel, Nr. 70, Moskau, 22. Februar 1968, BAR, E 2807 1974/12, Länderdossier UdSSR.
170 August Lindt: Mémoires du siècle, 12. Dezember 1986, RTSarchives, www.rts.ch/archives/radio/information/journal-de-13h/6398705-auguste-lindt.htm, 20. November 2016.

diesem schwierigen «Glasperlenspiel» betätigen wollte als seine Vorgänger,[171] auf jeden Fall nahm die Zahl der Berichte deutlich ab.[172] Alles in allem ist Marco Dolfinis Einschätzung, dass Lindt ein «kritischer und genauer Beobachter der jeweiligen politischen Lage» war,[173] recht zu geben. Sein weitläufiges Netzwerk mit führenden Persönlichkeiten der Weltpolitik[174] erlaubte es ihm, seine Beobachtungen immer wieder zu überprüfen. Im EPD wusste man das politische Urteil Lindts meist zu schätzen, so dankte ihm Petitpierre für seine «excellents rapports» als UNO-Beobachter[175] und Spühler hielt fest, dass man Lindt aufgrund seiner guten Analysefähigkeit für den Posten in Moskau wolle.[176]

2.6 Engagement in verschiedenen Botschaftsaufgaben

Der Einfluss von Botschafter Lindt auf wirtschaftspolitische Fragen war gering. Während seiner Zeit in Washington konnten in handelspolitischen Problemen keine Fortschritte erzielt werden.[177] Als Lindt hingegen als Schweizer Botschafter in Moskau amtete, entwickelten sich die bilateralen Wirtschaftsbeziehungen positiv. Vor allem der Export von Schweizer Waren in die Sowjetunion nahm kontinuierlich zu.[178] Als Höhepunkt dieser Entwicklung wurde ein Besuch von Vertretern des Vororts in Moskau geplant. Man wollte sowohl einen Vertrag betreffend die Kooperation in wissenschaftlichen Fragen als auch einen Handelsrahmenvertrag abschliessen. Die Reise wurde nach den Vorfällen in Prag 1968 abgesagt.[179] Es ist aber festzuhalten, dass Lindt selbst wenig zu dieser positiven Entwicklung beigetragen zu haben scheint. Zwar war die Verbesserung der Wirtschaftsbeziehungen in Lindts Augen seine Hauptaufgabe in Moskau,[180] die er auch mit viel Elan anpackte,[181] allerdings musste er kurz vor seiner Abreise nach Biafra zugeben, dass sich der Erfolg der Bemühungen

171 Siehe dazu Max Troendle Kap. VIII, 2.4.
172 Siehe BAR, E 2300-01 1973/156, Moskau. Politische Berichte, Bde. 136, 230.
173 Dolfini, Erinnerungen, 204.
174 Siehe dazu Kap. VII, 2.7.
175 Brief Bundesrat Petitpierre an Botschafter Lindt, 15. Februar 1956, BAR, E 2800 1967/59, 44.079 M. le Ministre August Lindt.
176 Brief Bundesrat Spühler an Botschafter Lindt, 14. Februar 1969, BAR, E 2807 1974/12, 23.1-02 Lindt, August.
177 Hier ist vor allem die anhaltende zollpolitische Benachteiligung von Schweizer Uhren zu erwähnen. Siehe dazu Kap. III, 2.4 und IV, 2.5.
178 Geschäftsbericht der schweizerischen Botschaft Moskau, 1967 und 1968, BAR, E 2400 1991/232, Formular 202 Geschäftsberichte der Auslandvertretungen: H-N 1967 und 1968.
179 Geschäftsbericht der schweizerischen Botschaft Moskau, 1968, ebd.
180 Lindt, Generale hungern nie, 23.
181 Er machte verschiedene Vorschläge zur Verbesserung der Handelsbeziehungen. Siehe Brief Delegierter für Handelsverträge Weitnauer an Botschafter Lindt, 10. Juni 1967, BAR, E 2200.157 1985/132, 511.31 West-Ost Handel.

erst zögerlich einstellte.[182] Lindts geringer Einfluss kann also nicht mit einem grundsätzlichen Desinteresse, sondern eher aufgrund der kurzen Amtszeiten in Moskau und Washington erklärt werden.

Weder in Washington noch in Moskau war die Förderung der schweizerischen Kulturpräsenz ein Schwerpunkt in Lindts Wirken. Er war zwar vor allem in Moskau an Kontakten mit den Künstlern des Gastlandes interessiert und viele von ihnen waren regelmässige Besucher und sogar Freunde des Schweizer Botschafters,[183] doch setzte er sich persönlich wenig für die Promotion schweizerischen Kulturschaffens ein.[184] Trotzdem bewegte sich der kulturelle Austausch zwischen der Schweiz und der UdSSR in dieser Zeit auf viel höherem Niveau als zu Troendles Zeit in Moskau.[185]

Auch in der Auslandschweizerpolitik hat Lindt wenig Spuren hinterlassen. Während dies für die Moskauer Zeit schon dadurch zu erklären ist, dass die Schweizer Kolonie in der UdSSR klein und zerstreut war,[186] war es in den USA, neben Lindts kurzer Amtszeit, gerade die Grösse der Schweizer Kolonie, die zu einer Verzettelung seiner Kräfte führte. Lindt war nämlich bestrebt, eine Beziehung zu den Auslandschweizern in den USA aufzubauen. Er bereiste die USA ab Dezember 1961 ausgiebig und besuchte immer auch die Schweizer Kolonie.[187] Aber diese einmaligen Besuche reichten nicht aus, um persönliche Beziehungen aufzubauen. Die Vermutung, dass der an weltpolitischen Fragen interessierte Lindt sich nicht für die «kleinen» Probleme einzelner Personen interessierte, ist nach verschiedenen Beschreibungen seiner Persönlichkeit aber nicht haltbar.[188]

August Lindt zeichnete sich als ehemaliger Journalist durch einen gekonnten Umgang mit der Presse aus. Dies stellte er zum Beispiel als Leiter der IKRK-Mission in Biafra unter Beweis. Wie bereits erwähnt, stand das IKRK unter grossem öffentlichem Druck. Der Organisation wurde vorgeworfen,

---

182 Lindt, Generale hungern nie, 23.
183 Siehe ebd., 24.
184 Siehe BAR, E 2200.157 1985/132, 641.0 bis 644.0; BAR, E 2200.36 1976/154, K.32 inklusive Unterkapiteln.
185 Siehe dazu Kap. VIII, 2.5.
186 Geschäftsbericht der schweizerischen Botschaft Moskau, 1967 und 1968, BAR, E 2400 1991/232, Formular 202 Geschäftsberichte der Auslandvertretungen: H-N 1967 und 1968.
187 Dezember 1961: Seattle, Portland, San Francisco, Salt Lake City und Denver. Siehe Bericht über die Reise des Schweizerischen Botschafters, 17. Januar 1962, BAR, E 2500 1990/6, a.21 August Lindt. März 1962: Los Angeles, Dallas, Houston und New Orleans. Siehe Brief Legationsrat Frey an Sektionschef Deuber, 1. August 1962, ebd., Dezember 1962: Dayton und Atlanta. Siehe Bericht über die Reise des schweizerischen Botschafters nach Dayton (Ohio) und Atlanta (Georgia), 15. Januar 1963, ebd.
188 Siehe zum Beispiel Wilhelm, Gemeinsame Arbeit schuf Freude, 206; Menzi, Entwicklungszusammenarbeit ist Chefsache, 181.

nicht fähig zu sein, die Hilfsmission aufzubauen. Mit nur einer Pressekonferenz in seiner neuen Funktion gelang es Lindt, die negative Stimmung zu vertreiben und der IKRK-Mission klare Konturen zu geben.[189] Auch in seiner Tätigkeit als Botschafter setzte er die Presse gezielt ein. Während seiner Reisen in den USA[190] gab er Radio- und TV-Interviews und Pressekonferenzen, um die schweizerische Neutralität zu erklären oder das Bankgeheimnis zu verteidigen.[191] Anders sah dies in Moskau aus, wo eine Pressearbeit in diesem Sinn nicht stattfinden konnte.[192] Die Repräsentationsfunktion erachtete er nicht als besonders wichtig. Grosse Empfänge schätzte er eher als Netzwerkplattform als aufgrund ihres Effekts in der Öffentlichkeit. Über das Protokoll setzte er sich bei Bedarf hinweg.[193]

2.7 Ein guter Freund des UNO-Generalsekretärs

August R. Lindt war ein aktiver Netzwerker erster Güte. Jean O. Quinche berichtete von Lindts typischer Art, schnell Kontakte zu knüpfen: «Je me rappelle d'avoir été très impressionné parce que tout de suite, à peine la conférence avait-elle commencé, il connaissait déjà tout le monde et fraternisait avec les chefs de plusieurs délégations. Son attitude cordiale, son grand naturel et sa façon d'être si franche et ouverte avait d'emblée charmé tout le monde.» Er suchte aktiv den Kontakt zu wichtigen Persönlichkeiten und liess sich, wenn überhaupt nötig, über Freunde oder Bekannte mit diesen Personen bekanntmachen. So nahm er während seiner Zeit in New York absichtlich den gleichen Zug wie der russische Aussenminister Molotow und liess sich von seinem russischen Bekannten Wischinsky bei ihm einführen.[194] Persönliche Kontakte lagen ihm sehr am Herzen. Er lud viele Personen einzeln in sein Haus ein, um mit ihnen in langen Gesprächen am Kamin über das Weltgeschehen zu diskutieren. Sein Repräsentationsbudget überzog er regelmässig.[195] Die Treffen wurden genauestens vorbereitet, oft liess er das Lieblingsessen seines Gastes

189 Egger, Erinnerungssplitter, 201.
190 Siehe dazu Kap. VII, 2.6.
191 Siehe Bericht über die Reise des schweizerischen Botschafters nach Dayton (Ohio) und Atlanta (Georgia), 15. Januar 1963, BAR, E 2500 1990/6, a.21 August Lindt. Beispiele von Zeitungsartikeln: Neutrality Clarified By Swiss Diplomat, in: Dallas Morning News, 22. März 1962, ebd. Swiss Ambassador Stresses Positive Effects Of Refugees In Talk Here, in: The Tulane Hullabaloo, 6. April 1962, ebd.
192 Siehe Geschäftsbericht der schweizerischen Botschaft Moskau, 1967, BAR, E 2400 1991/232, Formular 202 Geschäftsberichte der Auslandvertretungen: H–N 1967.
193 Zum Beispiel setzte er sich in Algerien als Hochkommissar für Flüchtlinge über die Weisung hinweg, nach einer Audienz bei Achmed V. rückwärts den Raum zu verlassen. Dies blieb ohne Konsequenzen. Lindt, Sardinenöl gegen Wodka, 169 f.
194 Ebd., 100.
195 Menzi, Entwicklungszusammenarbeit ist Chefsache, 182.

ausspionieren.[196] So wurden aus vielen Bekanntschaften echte Freundschaften, die ihm in seiner Karriere immer wieder von grossem Nutzen waren.

In seiner Zeit als Schweizer UNO-Beobachter unterhielt er zu verschiedenen diplomatischen Vertretern engen Kontakt. Zu nennen sind der Deutsche Felix von Eckhart, der Franzose Henri Hoppenot und vor allem der Brite Pierson Dixon.[197] Den engen Freund Koto Matsudaira, den japanischen UNO-Beobachter, hat er nach eigener Erzählung sogar vom Gedanken abgebracht, Harakiri zu begehen.[198] Auch vor dem russischen Vertreter, Andrej Wischinsky, zeigte er keine Berührungsängste und zählte ihn nach einem Essen in seinem Haus zu seinem Bekanntenkreis.[199] Zum US-Vertreter Henry Cabot Lodge konnte er hingegen keine persönliche Beziehung aufbauen, was er aber mit einer Freundschaft mit dessen Stellvertreter wettmachte.[200] Über allem stand in dieser Zeit die bereits erwähnte enge Freundschaft zwischen Lindt und UNO-Generalsekretär Dag Hammarskjöld. Zwar beschrieb Lindt seine Beziehung zu Hammarskjöld so, dass sie nicht «frère et cochon» gewesen seien. Doch schrieb er weiter: «Mit voller Offenheit sprach er zu mir von seinen politischen Problemen, von seinen politischen Absichten und über seine Einschätzung politischer Persönlichkeiten. Von unserer ersten Begegnung an bestand zwischen uns ein enges Vertrauensverhältnis. [...] Allerdings beschränkte sich unsere Freundschaft auf politische Probleme. Weder der eine noch der andere hätte je daran gedacht, von persönlichen Schwierigkeiten zu sprechen.»[201] Ihre Gespräche seien eigentliche Monologe des Generalsekretärs gewesen. Der Aussage Lindts, wonach Hammarskjöld ihn nie um einen Rat gebeten habe, kann aus der Analyse der Berichterstattung hingegen nicht ganz zugestimmt werden.[202] Die beiden verstanden sich auch deshalb so gut,

---

196 Lindt, Sardinenöl gegen Wodka, 156.
197 Siehe ebd., 77–104. Die Erzählungen Lindts decken sich mit der Analyse seiner damaligen Berichterstattung. Siehe BAR, E 2300 1000/716, New York (UNO), Berichte des ständigen schweizerischen Beobachters bei der Organisation der Vereinten Nationen (UNO), Bde. 1–3.
198 In dieser Zeit gab es bei den Vereinten Nationen Auseinandersetzungen rund um die Aufnahme der kommunistischen Mongolei in die UNO. Formosa, das heutige Taiwan, setzte sich schliesslich durch und die Mongolei konnte der UNO nicht beitreten. Darauf reagierte Moskau, indem es Japan den Beitritt zur UNO verwehrte. Matsudaira glaubte gegenüber seinem Land versagt zu haben und wollte die traditionelle japanische Konsequenz daraus ziehen und Selbsttötung begehen. Lindt konnte ihn bei einem Mittagessen davon überzeugen, dass er weiterhin grossen Wert für sein Land habe. Lindt, Sardinenöl gegen Wodka, 105.
199 Wischinsky war vor allem wegen seiner unrühmlichen Rolle als Chefankläger in Stalins «Scheinprozessen» gegen politische Gegner bekannt. Ebd., 83.
200 Ebd., 79 f.
201 Ebd., 79.
202 Siehe Politischer Bericht, unnummeriert, 23. April 1954, BAR, E 2300 1000/716, New York

weil sie in vielen Fragen die gleichen Ansichten hatten.[203] Lindt sagte später über Hammarskjöld: «C'était un homme absolument supérieur. [...] Il était d'une fertilité intellectuelle qui est très rare. Aussi d'un pouvoir analitique d'une situation politique comme je crois que je n'ai plus jamais vue.»[204] Die Freundschaft hielt nach Lindts Tätigkeit bei der UNO an, und so konnte Lindt auch als Botschafter in Washington nach Bern über Vorkommnisse in der UNO berichten, welche dem neuen schweizerischen Beobachter in New York, Ernesto A. Thalmann, nicht bekannt waren.[205] Während seiner Zeit als Hochkommissar für Flüchtlinge standen Lindt die Türen zu den Büros der Staatspräsidenten offen. Vielerorts brachte ihm sein mutiges und engagiertes Vorgehen hohes Ansehen, persönliche Freundschaften entwickelte er aber zu keinem der Staatschefs.[206]

Lindt kam also mit einem breiten Netzwerk nach Washington, wo er sich erneut schnell viele Bekanntschaften erarbeitete. Wie bereits erwähnt, fand er zu Kennedy keinen direkten Draht. Hingegen, so berichtete Edouard Brunner, habe sich Lindt ein Netz von Kontakten zur höchsten Administration, zu Vertretern des Kongresses und wichtigen Journalisten geschaffen.[207] Er traf sich öfters mit Aussenminister Dean Rusk, vor allem aber unterhielt er zum ersten Staatssekretär Chester Bowles eine sehr gute Beziehung.[208] Er hatte aber auch diverse Drähte ins Weisse Haus. Er traf sich regelmässig mit einflussreichen

(UNO), Berichte des ständigen schweizerischen Beobachters bei der Organisation der Vereinten Nationen (UNO), Bd. 1.

203 Beide hielten die amerikanische Politik in der UNO für falsch, opferten die USA doch die Glaubwürdigkeit der UNO machtpolitischen Interessen. Lindt, Sardinenöl gegen Wodka, 92. Beide hielten die Politik des Westens, auf jeden Vorschlag der UdSSR negativ zu reagieren, für verhängnisvoll. Politischer Bericht, unnummeriert, 23. April 1954, BAR, E 2300 1000/716, New York (UNO), Berichte des ständigen schweizerischen Beobachters bei der Organisation der Vereinten Nationen (UNO), Bd. 1. Als die Schweiz in der Vorbereitung und auch zu Beginn der Koreamission auf Informationen aus der UNO angewiesen war, konnte Lindt dank seiner Freundschaft zum Generalsekretär über dessen Ansicht schnell und präzise Auskunft geben. Schwab, Die Mission der Schweiz in Korea, 121.

204 August Lindt: Mémoires du siècle, 12. Dezember 1986, RTSarchives, www.rts.ch/archives/radio/information/journal-de-13h/6398705-auguste-lindt.htm, 20. November 2016.

205 Siehe zum Beispiel Politischer Bericht, unnummeriert, 16. Juni 1961, BAR, E 2300 1000/716, Washington, Politische Berichte und Briefe, Militär- und Sozialberichte, Bd. 63. Es sei hier erwähnt, dass Hammarskjöld zur Schweiz allgemein ein gutes Verhältnis unterhielt. Vor allem der Austausch mit Bundesrat Petitpierre war vertraut und freundschaftlich. Das Nahverhältnis zu Lindt stach aber klar heraus, wobei Lindt davon profitierte, der Schweizer Vertreter zu sein. Siehe betreffend Verhältnis zu Petitpierre Trachsler, Bundesrat Max Petitpierre, 228.

206 Siehe Lindt, Sardinenöl gegen Wodka, 128–214.

207 Brunner, Le trop court séjour d'un ambassadeur de Suisse à Washington, 126.

208 Siehe BAR, E 2300 1000/716, Washington, Politische Berichte und Briefe, Militär- und Sozialberichte, Bde. 63–64.

Beratern Kennedys wie McGregor Bundy, Special Assistant to the President,[209] oder Walt Rostow, Chairman of the Policy Planning Council.[210] Wie seine Vorgänger[211] unterhielt er freundschaftliche Kontakte zum einflussreichen Kolumnisten und politischen Beobachter Walter Lippmann.[212]

Die Nomination Lindts zum Botschafter in Moskau wurde von der Hoffnung begleitet, dass sich der gute Netzwerker auch hinter dem Eisernen Vorhang Zugang zu wichtigen Personen schaffen könne.[213] Er traf sich im ersten Jahr mit vielen hohen Vertretern aus dem Aussenministerium und der kommunistischen Partei. Doch blieb es bei diesen ersten Treffen, ohne dass es zu regelmässigen Kontakten gekommen wäre.[214] «Il a transformé l'ambassade en cour italienne de la Renaissance.»[215] Diese Aussage eines Mitarbeiters zu Lindts Verhalten als Botschafter in Indien gilt auch für seine Zeit in Moskau. Er suchte den Kontakt zu Intellektuellen und Künstlern. Er zählte seine Gespräche mit ihnen am Kaminfeuer, die bis in die frühen Morgenstunden dauern konnten, zu den «geistig spannendsten», die er je geführt habe.[216] Trotzdem muss festgehalten werden, dass es ihm nicht gelang, hinter die Kulissen der russischen Machtapparatur zu blicken.

Das Verhältnis zwischen Lindt und Max Petitpierre war von gegenseitigem Respekt geprägt. Der Departementsvorsteher wusste, was er an seinem Diplomaten hatte, und legte Wert auf dessen Urteil.[217] Das hohe Ansehen Lindts bei Petitpierre kommt in einem Gratulationsschreiben zur Verleihung eines Ehrendoktortitels deutlich zum Vorschein: «Vous avez mérité la haute distinction que vous venez de recevoir par les services que vous avez rendus à notre pays et aux institutions internationales [...]. Vous avez constamment mis à l'accomplissement des tâches qui vous étaient confiées [grâce à, F. K.] votre intelligence, votre énergie et votre dévouement.»[218] Die beiden unterhielten auch nach Petitpierres Rücktritt 1961 einen freundschaftlichen Briefkontakt.

---

209 Siehe Politischer Bericht, Nr. 27, 15. Mai 1962, BAR, E 2300 1000/716, Washington, Politische Berichte und Briefe, Militär- und Sozialberichte, Bd. 64.
210 Siehe BAR, E 2300 1000/716, Washington, Politische Berichte und Briefe, Militär- und Sozialberichte, Bde. 63–64.
211 Siehe dazu Kap. III, 2.6 und IV, 2.7.
212 Siehe BAR, E 2300 1000/716, Washington, Politische Berichte und Briefe, Militär- und Sozialberichte, Bde. 63–64.
213 Siehe dazu Kap. VII, 2.5.
214 Siehe ebd.; BAR, E 2300-01 1973/156, Moskau. Politische Berichte, Bde. 136, 230.
215 Giovannini, Souvenirs, 179.
216 Lindt, Generale hungern nie, 24.
217 Trachsler bezeichnet Lindt als zum Kreis der engsten Mitarbeiter Petitpierres gehörend. Trachsler, Bundesrat Max Petitpierre, 266.
218 Brief Bundesrat Petitpierre an Botschafter Lindt, 12. Dezember 1960, BAR, E 2800 1967/59, 44.079 M. le Ministre August Lindt.

Eine sehr freundschaftliche Beziehung unterhielt Lindt zum Nachfolger Petitpierres. Bundesrat Friedrich T. Wahlen sprach Lindt mit «Lieber Freund» an, und die beiden nannten sich beim Vornamen.[219] Im Kontakt zwischen Lindt und seinem letzten Vorgesetzten, Bundesrat Willy Spühler, bemerkt man den grossen Respekt des Bundesrats vor seinem Spitzendiplomaten.[220] Enge Kontakte im EPD unterhielt Lindt zu Generalsekretär Pierre Micheli,[221] Paul Jolles, Albert Weitnauer[222] und den beiden Freunden aus der gemeinsamen Zeit in London, Claude Caillat[223] und Sigismond Marcuard.[224] Weitere Freunde hatte Lindt in der Politik. Den führenden Sozialdemokraten Walter Bringolf und Hans Oprecht, die er im Rahmen seiner Tätigkeit während des Zweiten Weltkriegs kennen gelernt hatte, blieb er freundschaftlich verbunden.[225]

3 Ansichten, Persönlichkeit und Familie

August Lindt war einer der international meistgeachteten Schweizer seiner Zeit. Er war ein Mann von Welt, aber auch ein Patriot.[226] Er teilte die Meinung von Carl Spitteler, dessen berühmte Rede «Unser Schweizer Standpunkt» von 1914 er als Junge mitgehört hatte, wonach die Schweiz nur als unabhängige Einheit unter Deutschschweizern, Romands und Tessinern überleben könne.[227] Im Zweiten Weltkrieg setzte er sich vehement für die Unabhängigkeit der Schweiz ein.[228] Die «anpasserische» Rede von Marcel Pilet-Golaz bezeichnete er noch im hohen Alter von 94 Jahren als «schauderhaft».[229] Die Neutralität der Schweiz stand für ihn nie zur Diskussion. Dabei sah er ihren Wert hauptsächlich in ihrer ausgleichenden und vermittelnden Funktion. Er war der Meinung, dass sich die Schweiz der UdSSR gegenüber offen zeigen sollte, sich gleichzeitig

---

219 Siehe Brief Bundesrat Wahlen an Botschafter Lindt, 23. Juli 1962, AfZ, NL Lindt, 2.3 Persönliche Unterlagen, Korrespondenz A–Z.
220 Siehe BAR, E 2807 1974/12, 23.1-02 Lindt, August.
221 Micheli sprach Lindt oft mit «Cher ami» an und holte seinen Rat zu Entwicklungshilfeprojekten ein, als Lindt noch Botschafter in Washington war. Brief Botschafter Micheli an Botschafter Lindt, 21. August 1962, BAR, E 2806 1971/57, 17/101 USA.
222 Siehe Brief Direktor der Handelsabteilung Jolles an Botschafter Lindt, 16. Februar 1967, BAR, E 2200.157 1985/132, 511.31 West-Ost Handel.
223 Siehe Brief Minister Lindt an Minister Ruegger, 22. Dezember 1955, AfZ NL Ruegger, 52.73.
224 Siehe Wilhelm, Aus der Anfangszeit der schweizerischen Entwicklungshilfe, 137.
225 Ebd.
226 Siehe auch Wilhelm/Gygi/Vogelsanger/Iseli, August R. Lindt.
227 Siehe Lindt, Kindheit und Gedächtnis, 40.
228 Siehe Kap. VII, 1.
229 Gimes/Köppel, Für eine weltoffene und neutrale Schweiz, 62.

aber gegen kommunistische Einflüsse zu wehren hätte.[230] Er wehrte sich aber auch gegen Übergriffe der USA auf die schweizerische Neutralität. So war er vehement dagegen, amerikanischen Stellen Einblick in die schweizerische Rüstung zu gewähren, die diese für die Lieferung von Sidewinder-Raketen verlangten.[231] Auch als die Amerikaner die Schweiz immer mehr als ihren parteiischen Vertreter in der neutralen Kommission für Korea (NNSC) betrachteten und ihr diktieren wollten, welche Standpunkte sie zu vertreten habe, forderte er eine «deutliche eidgenössische Reaktion», die diesen «immer gefährlicher werdenden amerikanischen Anstrengungen [...] einen Riegel» schiebe.[232] Bei Vermittlungen war ihm immer die beidseitige Akzeptanz besonders wichtig, dies zeigte er, als er eine prestigeträchtige Nahostmission ablehnte, da sie von der arabischen Welt nicht mitgetragen wurde.[233] Obwohl Lindt lange bei der UNO tätig war, als Hochkommissar für Flüchtlinge selbst eine wichtige Person der UNO darstellte und ein Freund des Generalsekretärs Hammarskjöld war, lehnte er den Beitritt der Schweiz zur UNO ab.[234] 1956 bat ihn Petitpierre, einen allfälligen Beitritt der Schweiz aus seiner Sicht zu beurteilen. In Lindts ausführlicher Antwort drückte sein Eintreten für eine möglichst unabhängige Schweiz durch. So sah er als Hauptargument gegen den Beitritt die Gefahr, dass man sich zu gewissen politischen Fragen äussern müsste, was die neutrale Stellung gefährden würde. Während er also den politischen Beitritt ablehnte, befürwortete er die Zusammenarbeit in allen «technischen» Bereichen mit der UNO.[235] Er lag damit also ganz auf dem Kurs des Bundesrats. Ähnlich hielt es Lindt mit der Europapolitik. Weder den Beitritt zur EWG noch zum Europarat erachtete er als mit der Neutralitätspolitik der Schweiz vereinbar.[236] Den Beitritt der Schweiz zur EU lehnte er auch noch kurz vor seinem Tod ab, störte sich aber an der fundamentalistischen Diskussionsweise beider Sei-

230 Ebd., 65.
231 Brief Botschafter Lindt an Generalsekretär Kohli, 20. Januar 1961, BAR, E 2001 (E) 1998/199, Bd. 1, dodis.ch/15516.
232 Brief Minister Lindt an Minister Micheli, 4. März 1955, BAR, E 2001 (E) 1988/16, Bd. 662/6, dodis.ch/9635.
233 Siehe Brief von Botschafter Lindt an Bundesrat Petitpierre, 23. Juni 1961, BAR, E 2800 1967/59, 44.079 M. le Ministre August Lindt.
234 Siehe zum Beispiel Politischer Bericht, unnummeriert, 3. Februar 1956, BAR, E 2300 1000/716, New York (UNO), Berichte des ständigen schweizerischen Beobachters bei der Organisation der Vereinten Nationen (UNO), Bd. 3. Auch 1953 glaubte Lindt, dass die Schweiz nur dank ihrer Nichtmitgliedschaft hohes Ansehen geniesse. Brief Minister Lindt an Minister Micheli, 24. April 1953, BAR, E 2003-04 1970/346, F.01.5.2.12 Conseil de Tutelle.
235 Ebd.
236 Politischer Bericht, unnummeriert, 17. Februar 1956, BAR, E 2300 1000/716, New York (UNO), Berichte des ständigen schweizerischen Beobachters bei der Organisation der Vereinten Nationen (UNO), Bd. 3.

ten.²³⁷ Er selbst wollte unabhängig bleiben und war stolz darauf, lebenslang nie Mitglied einer Partei gewesen zu sein.²³⁸ Er unterhielt mit Leuten aus allen Lagern gute Beziehungen.

Eine der wichtigsten Triebfedern seines Handelns war sein Wille, Menschen zu helfen. Vor allem die Bilder von hungernden Kindern trieben ihn immer wieder zu energischen und unermüdlichen Anstrengungen an.²³⁹ Anders als andere Schweizer Diplomaten dieser Zeit verstand er Solidarität nicht einfach als eine Kompensation oder eine Ergänzung der Neutralität, sondern als Selbstzweck. Er glaubte, dass sich das Schweizer Volk mit den Idealen von Henry Dunant identifiziere und eine humanitäre Haltung schon immer ihr Anliegen gewesen sei.²⁴⁰ Die Pflicht, zu helfen, war für ihn das oberste Gesetz. In seinen humanitären Aktionen liess er sich weder durch den Eisernen Vorhang noch von Diktatoren²⁴¹ oder kleinkarierter Bürokratie abschrecken.²⁴²

Das Buch von Rolf Wilhelm über August R. Lindt stellt eine wertvolle Quelle dar, die es erlaubt, der Person dieses Schweizer Diplomaten nahezukommen. Wilhelm stellte eine Sammlung von Beschreibungen Lindts durch Mitmenschen aus verschiedenen Etappen seines Lebens zusammen.²⁴³

Wenige Menschen liess die Begegnung mit Lindt unberührt.²⁴⁴ Vielen machte bereits sein treuer Begleiter, eine riesige dänische Dogge, gehörig Eindruck. Aber auch die körperliche Erscheinung Lindts war bemerkenswert, und François Pictet meinte, er habe nie ein Gesicht gesehen, das ähnlich viel Wille ausstrahle.²⁴⁵ Überhaupt blieb sein Wille und seine Entschlossenheit vielen in Erinnerung. Er war ein Mann der Tat, angetrieben von einer klaren Idee und einer Portion Ehrgeiz.²⁴⁶ Er schreckte vor nichts zurück und setzte dabei, vor

---

237 Gimes/Köppel, Für eine weltoffene und neutrale Schweiz, 68.
238 Richardot, Mot de passe «Nidwalden», 84.
239 So zum Beispiel als IKRK-Vertreter im zerstörten Deutschland. Lindt, Sardinenöl gegen Wodka, 18. In Biafra machte ihn der Anblick von verhungernden Säuglingen wütend. Diese Bilder waren ein Hauptgrund für seinen unermüdlichen Kampf in den darauffolgenden Monaten. Siehe Lindt, Generale hungern nie, 54 f.
240 Siehe Gimes/Köppel, Für eine weltoffene und neutrale Schweiz, 58 f.
241 Siehe dazu seine Tätigkeit als UNO-Hochkommissar für Flüchtlinge Kap. VII, 2.1.
242 Von Fellenberg, «Wüsst dr no, wie früecher d'Are gschmöckt het?», 199.
243 Der gesamte Abschnitt basiert auf den Erzählungen aus Wilhelm/Gygi/Vogelsanger/Iseli, August R. Lindt. Wo andere Quellen verwendet wurden, werden diese speziell ausgewiesen.
244 Eine dieser Personen war der russische Aussenminister Molotow, der bei ihrem ersten Aufeinandertreffen den Schweizer UNO-Beobachter nicht weiter beachtete. Siehe Lindt, Sardinenöl gegen Wodka, 101.
245 Pictet war Mitarbeiter Lindts in der Zeit der Biafra-Mission. Pictet, Lindt en Afrique occidentale, 161.
246 Als während der Biafra-Mission die kirchlichen Hilfswerke zwischenzeitlich mehr Hilfsgüter ins eingeschlossene Land fliegen konnten als Lindts IKRK-Mission, störte er sich

allem während der Biafra-Mission, verschiedentlich sein Leben aufs Spiel.[247] Er ging mit seinen Ressourcen nicht haushälterisch um, und sein Freund Sigismond Marcuard meinte, dass Lindt alles immer ganz und gar gemacht habe.[248] Dass Lindt dabei stark von humanitären Überlegungen angetrieben wurde, veranlasste Rolf Wilhelm dazu, ihn als einen «Abenteurer der guten Tat» zu bezeichnen.[249] Doch es waren nicht nur sein Wille und seine Tatkraft, die bei Mitmenschen einen bleibenden Eindruck hinterliessen, sondern auch seine weit überdurchschnittlichen intellektuellen Fähigkeiten. Einerseits hatte er eine gute Auffassungsgabe. Er wollte eine Sache immer ganz verstehen und konnte sich viele Details merken. Andererseits war er dafür bekannt, keine Hemmungen davor zu haben, «allgemeingültige» Aussagen kritisch zu hinterfragen. Er liebte das politische Streitgespräch und suchte Mitarbeiter, die unabhängig genug waren, ihm zu widersprechen. Ihn von einer anderen Meinung zu überzeugen, erforderte hingegen allerbeste Argumente. Seine Enkelin Karin Lindt Gollin meinte am Trauergottesdienst: «I don't think I ever won an argument, as he was stubborn and would never admit defeat. [...] But his challenges to me to think and to defend my opinions without a doubt helped shape my own intellectual growth.»[250] Vielen Mitarbeitern Lindts erging es ähnlich. Zudem verstand er es, bei ihnen ein Gefühl von Sinnhaftigkeit ihres Tuns zu wecken. Da er einen bedingungslosen Einsatz für eine Sache vorlebte, störte es seine Untergebenen nicht, dass er auch an sie hohe Ansprüche stellte. Für viele Mitarbeiter im EPD wurde Lindt zum Vorbild.[251] Sein britischer Humor rundete seinen Charakter ab. Er konnte über sich selbst lachen und nahm sich nicht allzu ernst. Peter Wilhelm erzählt vom runden Tisch in Lindts Arbeitszimmer, an dem diskutiert wurde. Lindt konnte es sich leisten, an einem Tisch ohne Unten und Oben zu diskutieren. «Er war nicht der Boss, er war der Mitspieler im Team, wie er sich manchmal bezeichnete. Aber jeder wusste, wer der Chef war.»[252]

Lange Zeit stand der erfolgreichen und bedeutenden beruflichen Karriere ein nicht immer glückliches Familienleben gegenüber. Lindts erste Ehe, die er im Alter von 27 einging, scheiterte nach zwölf Jahren.[253] Aus ihr entstanden drei Kinder. Nachdem er einige Jahre von seinen Kindern getrennt war, übernahm

an dieser Tatsache mehr, als dass er sich über die gesteigerten Hilfeleistungen freute. Siehe Lindt, Generale hungern nie, 151.
247 Siehe Lindt, Generale hungern nie.
248 Marcuard, Souvenirs, 139.
249 Wilhelm, Aus der Anfangszeit der schweizerischen Entwicklungshilfe, 136.
250 Lindt Gollin, Ansprache beim Trauergottesdienst, 222.
251 Arbenz, Begegnungen, 152.
252 Wilhelm, Aus der Anfangszeit der schweizerischen Entwicklungshilfe, 136.
253 Personalblatt, BAR, E 2500 1990/6, a.21 August Lindt.

er den Londoner Posten des Presseattachés auch deshalb, um wieder öfters mit ihnen zusammen sein zu können.[254] Als er nach New York weiterzog, kamen zwei seiner Kinder mit ihm. Bei Empfängen übernahm seine älteste Tochter noch vor ihrem zwanzigsten Lebensjahr die Rolle der Gastgeberin.[255] Seine zweite Heirat mit Marie Bulova war dem «Blick» eine Titelseite wert,[256] stand aber auch am Ursprung seiner Abberufung aus Washington.[257] Die Ehe dauerte nur drei Jahre, ihr entsprang das vierte Kind Lindts. In Bern kursierte bereits das Bonmot vom «Lindt mit vielen Sprüngli». Das Glück schlug aber doch noch zu: Laut einem damaligen Mitarbeiter war Lindt während der Zeit auf seinem letzten diplomatischen Posten in Neu-Delhi eines Tages auf dem Rückweg von einer seiner vielen Safaris spät dran. Verschwitzt, staubig und mit offenem Hemd habe er eine junge Inderin nach dem Weg gefragt und sich als Schweizer Botschafter vorgestellt. Die junge Frau sei nicht um eine Antwort verlegen gewesen und habe erwidert, wenn er der Schweizer Botschafter sei, dann sei sie die Königin von Saba.[258] Dies war der Anfang einer unkonventionellen Liebe zwischen der 25-jährigen Manju und dem 65-jährigen August R. Lindt. Seine Enkelin beschrieb diese Beziehung folgendermassen: «Their love and their jousting became an important model for me of what a true, full-bodied love relationship could be.»[259] Das ungewöhnliche Paar lebte dreissig Jahre glücklich zusammen, bis er 2000 im Alter von 94 Jahren starb.

4 Wertung

Seine dritte Frau Manju Lindt nannte ihren Mann bei einem seltenen Kosenamen: «Monster». Dieser Kosename erscheint dem heutigen Betrachter ausserordentlich passend. Die Karriere Lindts, die ihn mit den wichtigsten Personen der damaligen Weltpolitik in Kontakt brachte, seine Erfolge als IKRK-Vertreter im Nachkriegsdeutschland, als UNO-Hochkommissar für Flüchtlinge und als Leiter der IKRK-Mission in Biafra, vor allem aber sein integrer Charakter und sein Wille, zu helfen, machten aus ihm eine Art Lichtgestalt der Schweizer Diplomatie, fast ein übermenschliches «Monster». Unter seinen Mitmenschen

---

254 Lindt, Sardinenöl gegen Wodka, 53.
255 Jaeger, Samedi matin avec le Haut Commissaire, 112.
256 Schweizer Botschafter Lindt heiratet Maria Bulova, Blick, 5. Juli 1962, BAR, E 2500 1990/6, a.21 August Lindt.
257 Siehe dazu Kap. VII, 2.3.
258 Egger, Erinnerungssplitter, 202.
259 Lindt-Gollin, Ansprache bei Trauergottesdienst, 221.

hatte er unglaubliches Ansehen. So schrieb Arbenz dazu: «Wer ihm begegnet ist, kann und will ihn nicht vergessen.»[260]

Die Bewertung seiner Tätigkeit als Botschafter hingegen fällt zwiespältiger aus. In einem seiner Bücher schrieb Lindt, dass sich in seinem Leben stets geruhsame Phasen mit solchen von grosser Aktivität und mit wenig Platz fürs Privatleben abwechselten.[261] Die Zeit als Botschafter oder UNO-Beobachter waren in seinen Augen also eher geruhsame Phasen. Er berichtete auch davon, dass sie ihn nicht immer ausgefüllt hätten.[262]

Seiner Tätigkeit als Botschafter kamen seine Netzwerkfähigkeiten sehr zugute. Sowohl bei der UNO als auch in Washington verfügte er über ein hervorragendes Netzwerk. Dieses half ihm, für die Schweiz wichtige Fragen in positive Bahnen zu lenken.[263] Die Kombination seines Netzwerks mit seinen Analysefähigkeiten ermöglichte es ihm, präzise und wichtige Berichte in die Schweiz zu senden. Es muss aber festgehalten werden, dass es auch ihm in Moskau nicht gelang, einen Blick hinter die Kulissen der kommunistischen Regierung zu erhaschen. Während ihn also seine Fähigkeiten und seine ausserordentliche Persönlichkeit in diesen Bereichen seiner Tätigkeit als Botschafter besonders erfolgreich machten, hinterliess er in anderen Bereichen kaum Spuren. Die Ursache dafür ist grösstenteils in seiner kurzen Amtszeit in Washington und Moskau zu finden. In diesem Sinne ist Edouard Brunner, der seinen Bericht zu Lindt mit «Le trop court séjour d'un ambassadeur de Suisse à Washington»[264] betitelte, recht zu geben. Seine Amtszeiten waren zu kurz, um die Effekte, die seine Netzwerkerqualitäten hätten bringen können, richtig auszunützen. Trotzdem stellte Brunner fest, dass Lindt als Person der Schweizer Botschaft in dieser kurzen Zeit ein grösseres Ansehen verlieh, als sie es von sich aus hatte.[265] Auch diesem Urteil ist zuzustimmen.

August Lindt trat immer für eine neutrale Schweiz ein, die zwischen den Parteien steht und vermittelt. Er lehnte eine Anlehnung an den Westen ab. Er wollte aber auch eine solidarische Schweiz. 1968 war Lindt Chef der Schweizer Delegation an der UNO-Menschenrechtskonferenz in Teheran zum Thema Apartheid. An dieser Konferenz verurteilte die Schweiz zum ersten Mal das Apartheidregime in Südafrika und bezog somit zum ersten Mal seit dem Zweiten Weltkrieg in einer heiklen weltpolitischen Frage öffentlich Stellung. Lindts

---

260 Arbenz, Begegnungen, 152.
261 Lindt, Generale hungern nie, 29.
262 Ebd., 23.
263 Siehe zur Suezkrise mit den Swissair-Flügen Kap. VII, 2.1, zur Kubakrise Kap. VII, 2.3.
264 Siehe Brunner, Le trop court séjour d'un Ambassadeur de Suisse à Washington.
265 Ebd., 126.

Vorgehen war mit Bern abgesprochen.²⁶⁶ Er läutete damit eine neue Phase der schweizerischen Aussenpolitik ein, in der sich der Bundesrat zu verschiedenen internationalen Themen öffentlich zu äussern begann. Zwar hiess Lindt diese Entwicklung in ihrer Ganzheit aufgrund seines Neutralitätsverständnisses nicht gut. Er wurde damit aber trotzdem zum Vorreiter dieser neuen Politik. Es ist daher bezeichnend, dass Edouard Brunner, der grosse Schweizer Diplomat der nächsten Generation, in August R. Lindt ein grosses Vorbild sah.²⁶⁷

266 Pictet, La conférence de Téhéran sur les droits de l'homme, 183.
267 Brunner, Un grand serviteur de l'état, 229.

Max Troendle (1905–2004)

Schweizer Botschafter in Moskau 1961–1964 und Köln 1964–1969 (undatiert, dodis.ch/P80)

VIII Max Troendle – ein Freund des Ostens in schweren Zeiten

1 Unbeliebter Kämpfer für den Schweizer Osthandel

Max Troendle kam am 15. Januar 1905 in Basel zur Welt. Bereits im Alter von sieben Jahren verlor er seinen Vater.[1] Seine Mutter, eine geborene Petitpierre,[2] blieb mit ihm in der Stadt am Rheinknie. Troendle durchlief somit seine Schulkarriere in Basel, wo er 1919/20 die Kantonale Handelsschule besuchte. 1920/21 verbrachte er ein Jahr an der Ecole supérieure de commerce in Neuenburg. Anschliessend studierte er in Basel sowie während eines Gastsemesters in Paris Rechtswissenschaften. Das Studium schloss er 1929 mit einer Dissertation zum Pfandrecht im Bauwesen ab.[3] Zwischen 1929 und 1931 absolvierte er verschiedene Volontariate bei der Staatsanwaltschaft und am Gericht in Basel.[4] Er avisierte das Anwaltspatent. Das EPD erschien ihm nach eigenen Aussagen lange nicht als möglicher Arbeitgeber. Erstens sei in Basel das Gerücht herumgereicht worden, wonach «nur Helvetier und Freimaurer» eine Chance in Bern hätten. Zweitens sei der Attachéposten gar nicht besoldet gewesen, was sich Troendle mit seinem familiären Hintergrund nicht leisten konnte.[5] In der Folge der Wirtschaftskrise der 1930er-Jahre war das EPD aber auf der Suche nach jungen Juristen, die auch anständig bezahlt wurden. Troendle wurde nach eigenen Aussagen für die Stelle, für die er sich beworben hatte, nicht ausgewählt, erhielt aber kurz danach ein Angebot des EPD für eine andere Stelle.[6] So trat er am 1. Februar 1932 im Alter von 27 Jahren ins EPD ein.[7]

Max Troendle arbeitete zuerst als «provisorischer Sekretär» im konsularischen Dienst und wurde nach einem Monat in Bern ans Konsulat in München versetzt.[8] Nach etwas mehr als einem Jahr in der bayrischen Metropole begann

---

1 Personalblatt, BAR, E 2500 1982/120, a.211 Max Troendle.
2 Es finden sich in den eingesehenen Akten keine Anzeichen einer möglichen Verwandtschaft mit dem späteren Bundesrat.
3 Troendle, Das Pfandrecht der Bauhandwerker und Unternehmer.
4 Personalblatt, BAR, E 2500 1982/120, a.211 Max Troendle.
5 Botschafter Dr. Max Troendle: Die Wirtschaftsbeziehungen mit Osteuropa und China nach dem Zweiten Weltkrieg (1945–1954), 29. Juni 1988, AfZ, TA Kolloquien FFAfZ/71.
6 Ebd.
7 Personalblatt, BAR, E 2500 1982/120, a.211 Max Troendle.
8 Botschafter Dr. Max Troendle: Die Wirtschaftsbeziehungen mit Osteuropa und China

für Troendle eine Zeit, die für seine weitere Zukunft entscheidend sein sollte: Am 1. Juni 1932 trat er seine neue Stelle am Konsulat in Zagreb an,⁹ wo er fünf Jahre lang blieb. Er lernte während dieser Zeit Serbokroatisch und machte Bekanntschaft mit seiner zukünftigen Frau, Mira Rukavina.¹⁰ Die beiden heirateten im Frühjahr 1938. Bereits ein Jahr zuvor stand für Max Troendle ein wichtiger Karriereschritt an. Mit seiner Versetzung vom Konsulat in Zagreb an die Gesandtschaft in Warschau wechselte er vom konsularischen zum diplomatischen Dienst, ein Wechsel, der in dieser Zeit nicht häufig war.¹¹ In der polnischen Hauptstadt übernahm er den Handelsdienst der Gesandtschaft.¹² Die hektischste Zeit in Warschau brach für Troendle aber mit dem Kriegsbeginn im September 1939 an. Minister Henri Martin befand sich zu dieser Zeit nicht vor Ort und so war es Troendle auferlegt, die Gesandtschaft zu führen, als diese unversehens mitten ins Kriegsgeschehen geriet.¹³ Kurze Zeit nach dem Start der Offensive hatten die deutschen Truppen Warschau eingekesselt. Rund achtzig Schweizer Bürger flüchteten sich in die Schweizer Gesandtschaft, die durch deutschen Artilleriebeschuss beschädigt wurde.¹⁴ Die Verbindung nach Bern scheint unterbrochen gewesen zu sein, auf jeden Fall liess Troendle am 20. September über den Schweizer Minister in Paris, Walter Stucki, nach Bern ausrichten, dass eine Evakuation noch nicht möglich sei.¹⁵ In den Abendstunden des 21. September gelang es dem diplomatischen Corps in Warschau, mit den deutschen Truppen eine Evakuierung zu vereinbaren. Über Königsberg (heute Kaliningrad) wurde dem Corps und den Bürgern neutraler Staaten die Flucht aus Polen zugestanden. Troendle zeigte sich in dieser Situation als entschlossener Krisenmanager. Er organisierte mit seinem Team kurzerhand die Verpflegung von rund achtzig Schweizer Flüchtlingen in der Gesandtschaft. Später forderte er die Kolonie mit deutlichen Worten dazu auf, die Stadt umgehend zu verlassen.¹⁶ Erleichtert konnte er nach Bern

nach dem Zweiten Weltkrieg (1945–1954), 29. Juni 1988, AfZ, TA Kolloquien FFAfZ/71; Personalblatt, BAR, E 2500 1982/120, a.211 Max Troendle.

9 Personalblatt, ebd.
10 Sie hiess Marija, nannte sich aber immer Mira. Personalblatt der Gattin von H. Troendle Max, ebd.
11 Diese Aussage basiert auf einer Einschätzung von Botschafter Claude Altermatt in einem Interview, das vom Autor am 1. September 2010 durchgeführt wurde.
12 Au Conseil Fédéral, 22. Februar 1940, BAR, E 2500 1982/120, a.211 Max Troendle.
13 Siehe Brief Legationssekretär Troendle an EPD, Abteilung für Auswärtiges, Berlin, 27. September 1939, ebd.
14 Brief Legationssekretär Troendle an EPD, Abteilung für Auswärtiges, Berlin, 27. September 1939, ebd.
15 Brief Minister Stucki an EPD, Abteilung für Auswärtiges, 20. September 1939, ebd.
16 Siehe Brief Legationssekretär Troendle an EPD, Abteilung für Auswärtiges, Berlin, 27. September 1939, BAR, E 2500 1982/120, a.211 Max Troendle.

berichten: «In der Tat muss es als Wunder bezeichnet werden, dass bis zum Zeitpunkt der Evakuation niemand der Schweizerkolonie persönlichen Schaden nahm.»[17] Auch das EPD war mit dem Geleisteten sehr zufrieden und schlug dem Bundesrat vor, Max Troendle, der die «Evakuation der Gesandtschaft und der Schweizerkolonie musterhaft durchgeführt»[18] habe, als Schweizer Vertreter in die baltischen Staaten zu entsenden. Immer noch als Legationssekretär zweiter Klasse wurde er im November 1939 als Chargé d'Affaires ad interim in Riga akkreditiert.[19] Doch seine Zeit in Riga war nur sehr kurz, denn als 1940 der Handelsrat der Botschaft in Rom starb, wurde Troendle als «l'agent le plus facilement disponible et ayant les capacités requises» betrachtet.[20] Er wurde auch nach Rom berufen, weil man mit seiner Arbeit als Handelsrat in Warschau sehr zufrieden war: «M. Troendle a toujours traité avec beaucoup d'intelligence et d'habileté les questions économiques.»[21] So kam er im Frühjahr 1940 ins faschistische Italien. In einem Vortrag zu seiner persönlichen Geschichte kommentierte Troendle diese Zeit mit den knappen Worten: «Italien war ein Fall für sich.»[22] Er kam in Rom unter die Führung von Minister Paul Ruegger, zu dem er eine Freundschaft aufbaute, die weit über die diplomatische Karriere hinaus bestehen bleiben sollte.[23] Troendle war als Handelsrat im südlichen Nachbarland damit beschäftigt, die Versorgung der eingeschlossenen Schweiz sicherzustellen. Vor allem der Hafen in Genua war für die Schweiz sehr wichtig. Diese Aufgabe erfüllte er zur grossen Zufriedenheit der Handelsabteilung. Ihr Direktor, Jean Hotz, setzte sich bereits 1941 dafür ein, dass das EPD Troendle zum Legationsrat befördere, und schrieb:[24] «Irgendwelche Hemmungen hierarchischer oder finanzieller Natur dürfen den verlangten Beförderungen nicht im Wege stehen.»[25] Der Chef der Abteilung für Auswärtiges im EPD,[26] Pierre Bonna, war aber lediglich bereit, Troendle

17 Ebd.
18 An den Bundesrat, 23. Oktober 1939, BAR, E 2500 1982/120, a.211 Max Troendle.
19 Brief Minister Egger an EPD, Abteilung für Auswärtiges, 9. November 1939, ebd.
20 Au Conseil Fédéral, 22. Februar 1940, ebd.
21 Ebd.
22 Botschafter Dr. Max Troendle: Die Wirtschaftsbeziehungen mit Osteuropa und China nach dem Zweiten Weltkrieg (1945–1954), 29. Juni 1988, AfZ, TA Kolloquien FFAfZ/71; Personalblatt, BAR, E 2500 1982/120, a.211 Max Troendle.
23 Siehe dazu Kap. VIII, 2.6.
24 Hotz stellte fest, dass Italien für die Schweiz aus wirtschaftlicher Sicht immer bedeutender werde, der Handelsrat in Rom aber einen immer tieferen Rang habe. Es waren also nicht nur die Leistungen Troendles, die Hotz zu dieser Anfrage veranlassten. Siehe Brief Direktor der Handelsabteilung Hotz an Minister Bonna, 6. Februar 1941, BAR, E 2500 1982/120, a.211 Max Troendle.
25 Ebd.
26 Er war damit der höchste Beamte im EPD, später auch Generalsekretär genannt. Siehe dazu Kap. I, 2.2.

zum Legationssekretär erster Klasse zu befördern.[27] Zwei Jahre später war es erneut Jean Hotz, der dem EPD die Beförderung Troendles zum Legationsrat «warm» empfahl.[28] Diesmal widersetzte sich Bonna trotz den «capacités de travail» Troendles und seinem «esprit d'initiative» ganz den Forderungen der Handelsabteilung.[29] Daraufhin verwendete sich auch Bundesrat Walther Stampfli, Vorsteher des EVD, für die Beförderung Troendles und schrieb in einem Brief an seinen Bundesratskollegen Pilet-Golaz: «In allen Stellungen, die der Genannte bis jetzt innegehabt hat und in denen er sich mit der Vertretung wirtschaftlicher Angelegenheiten zu befassen hatte, konnten wir feststellen, dass er sich dieser Belange mit grösstem Eifer und Geschick und mit unleugbarem Erfolg annahm.»[30] Doch auch diese Bemühung fruchtete vorerst nicht. Für die weiteren Betrachtungen ist aber wichtig festzuhalten, dass sich Troendle in dieser Zeit Vertrauen und Ansehen der Handelsabteilung erarbeitet hatte, was für seine weitere Karriere entscheidend werden sollte. Jean Hotz betonte seine «Befriedigung über die vorzüglichen Dienste» Troendles «in einem Land, das zu den wichtigsten Wirtschaftsgebieten gehört, mit denen die Schweiz im Warenverkehr steht».[31] Wie schwierig die Situation der Schweizer Vertretung bei der faschistischen Regierung zeitweise war, lässt sich im Buch von Stefan Glur zu Paul Ruegger nachlesen.[32]

Während einer Dienstreise Troendles in die Schweiz wurde Mussolini gestürzt. Daraufhin behielt man den Handelsrat in Bern zurück. Als die neofaschistische Regierung Oberitaliens sämtliche schweizerischen Guthaben sperrte und begann, Firmen zu verstaatlichen, sah man sich in Bern gezwungen, einen Schweizer Handelsvertreter nach Mailand zu entsenden.[33] Die Wahl für diese «mission délicate et difficile» fiel auf Max Troendle.[34] Seine Mission dauerte rund ein Jahr. Just an dem Tag, als Mussolini beim Fluchtversuch in die Schweiz gefasst wurde, schrieb Troendle nach Bern, dass er seine Funktion infolge des Zusammenbruchs der neofaschistischen Regierung nicht mehr ausüben könne.[35] Im Rahmen dieser Mission wurde er am 18. März 1944 zum Legationsrat befördert.[36]

27 Brief Minister Bonna an Direktor der Handelsabteilung Hotz, 10. Februar 1941, BAR, E 2500 1982/120, a.211 Max Troendle.
28 Brief Direktor der Handelsabteilung Hotz an Minister Bonna, 8. Dezember 1943, ebd.
29 Brief Minister Bonna an Direktor der Handelsabteilung Hotz, 27. Dezember 1943, ebd.
30 Brief Bundesrat Stampfli an Bundesrat Pilet-Golaz, 27. Dezember 1943, ebd.
31 Brief Direktor der Handelsabteilung Hotz an Minister Bonna, 8. Dezember 1943, ebd.
32 Siehe Glur, Vom besten Pferd im Stall zur «persona non grata».
33 Siehe An den Bundesrat, 17. Februar 1944, BAR, E 2500 1982/120, a.211 Max Troendle.
34 Brief EPD an Legationsrat von Salis, 28. Februar 1944, BAR, E 2500 1982/120, a.211 Max Troendle.
35 Brief Legationsrat Troendle an EPD, Abteilung für Auswärtiges, 27. April 1945, ebd.
36 Personalblatt, ebd.

Als klar wurde, dass Troendle bald in die Schweiz zurückkehren würde, packte die Handelsabteilung die Chance und sicherte sich die Dienste des vielgelobten Wirtschaftsrats.[37] Für die nächsten neun Jahre, von 1945 bis 1954, arbeitete Troendle als Delegierter für Handelsverträge in der Handelsabteilung. Aufgrund seiner Erfahrungen in Ländern des sich bildenden Ostblocks wurden ihm die Verhandlungen mit den Ländern unter sowjetischem Einfluss übertragen.[38]

Im Zuge der kommunistischen Machtergreifung wurde auch viel Besitz von Schweizer Firmen und Privatpersonen in diesen Ländern verstaatlicht. Die Versuche von Privatpersonen und Firmen, von den Oststaaten Entschädigungen zu erhalten, blieben erfolglos. So entschloss sich die Eidgenossenschaft, für diese Interessen einzustehen.[39] Die Verhandlungsdelegationen unter der Führung von Max Troendle forderten von den Oststaaten Globalentschädigungen. Diese Forderung verband er mit dem Warenhandel. Nur Staaten, die bereit waren, eine solche Entschädigung zu entrichten, sollten mit Schweizer Exportprodukten beliefert werden. Diese Verknüpfung erwies sich als effektiv: Die vom Krieg schwer gezeichneten Länder brauchten für den Wiederaufbau dringend Waren und Maschinen. In Europa konnten aber nur die vom Krieg verschonten Länder welche liefern: Schweden und die Schweiz. Im Gegensatz zu den westeuropäischen Staaten konnten die Länder jenseits des Eisernen Vorhangs nicht von Lieferungen der USA profitieren.[40] Sie waren daher bereit, solche Abkommen abzuschliessen. Aber auch der Schweiz war viel am Handel mit Osteuropa gelegen, man wollte dort «den durch den Ausfall Deutschlands leer gewordenen Platz auf dem osteuropäischen Markt» einnehmen.[41] Zudem fiel mit Deutschland für die Schweiz der wichtigste Handelspartner aus und man wollte sich nicht in vollständige Abhängigkeit vom angloamerikanischen Raum begeben.[42] Troendle führte die Verhandlungen geschickt,

---

37 Noch am selben Tag, an dem Troendle aus Mailand berichtete, dass er sich an die Liquidation seiner Amtsstelle mache, reichte das EVD beim Gesamtbundesrat einen Antrag ein, Troendle zum Delegierten für Handelsverträge zu ernennen. Das EPD stimmte diesem Antrag zu. Siehe An den Bundesrat, 27. April 1945, BAR, E 2500 1982/120, a.211 Max Troendle.
38 Zu dieser Zeit waren auch Paul Keller und Henry de Torrenté Delegierte für Handelsverträge, beide hatten keine Erfahrung mit dem Osten. Troendle hatte aber bereits in Warschau, Riga und Zagreb gearbeitet. Zudem sprach er Serbokroatisch.
39 Siehe Altermatt, La politique étrangère de la Suisse, 17.
40 Botschafter Dr. Max Troendle: Die Wirtschaftsbeziehungen mit Osteuropa und China nach dem Zweiten Weltkrieg (1945–1954), 29. Juni 1988, AfZ, TA Kolloquien FFAfZ/71; Personalblatt, BAR, E 2500 1982/120, a.211 Max Troendle.
41 Wirtschaftliche Beziehungen mit Osteuropa, 1. Juni 1948, BAR, E 1004.1 (-) -/1/, Bd. 494, dodis.ch/4461.
42 Siehe Altermatt, La politique étrangère de la Suisse, 17.

und schon schnell konnte nicht nur eine Erholung des Warenverkehrs auf Vorkriegsniveau, sondern eine starke Zunahme festgestellt werden.[43] Verträge im oben aufgeführten Sinn konnten 1948 mit Jugoslawien, 1949 mit Polen und der Tschechoslowakei, 1950 mit Ungarn, 1951 mit Rumänien und 1954 mit Bulgarien abgeschlossen werden.[44] Auch mit der UdSSR konnte ein Handelsabkommen unterzeichnet werden, jedoch weigerte sie sich, eine Entschädigung für die Nationalisierungen zu entrichten. Nichtsdestotrotz waren die Ostverträge ein grosser Erfolg, konnte auf diese Weise doch eine Gesamtsumme von 274 Millionen Franken eingefordert werden.[45]

Was 1988 in der Nachbetrachtung von Botschafter Albert Grübel als «historisch gesehen [...] sicher die grösste Leistung»[46] und von Claude Altermatt 2003 als ein «appréciable succès» bezeichnet wurde,[47] sollte hingegen das Bild von Max Troendle in der Öffentlichkeit nachhaltig stören. In dieser Zeit war der Antikommunismus in der Schweiz sehr ausgeprägt. Troendle umschrieb die öffentliche Reaktion auf die Verträge folgendermassen: «Wir seien doch blöd. Wir können uns doch nicht einbilden, dass wir von dieser Bande jemals einen Franken sehen. Es sei unsinnig diesen Leuten noch Güter zu liefern.»[48] Doch nicht nur die Verträge wurden negativ beurteilt, sondern auch Troendle selbst geriet immer mehr ins Kreuzfeuer der öffentlichen Kritik. Als er bei einem Vortrag auf eine kritische Frage antwortete, «das sind Menschen wie wir und auf lange Frist sind wir auch auf diese Länder angewiesen»,[49] wurde diese Aussage in der Presse heiss debattiert. Daraufhin forderte zum Beispiel der Schwyzer Kantonalverband der Christlichsozialen Organisation in einem Brief an Petitpierre, «eine Untersuchung des Falls Tröndle anzuordnen und die Öffentlichkeit hierüber zu orientieren». Und fügte an: «Bei solchen Fällen muss unbedingt durchgegriffen werden, damit es gewissen Elementen

---

43 1947 exportierte die Schweiz Waren im Wert von 317 Millionen Franken nach Osteuropa (wobei Finnland und Österreich diesem Block zugerechnet wurden). Das waren rund zehn Prozent des Gesamtexports und eine Verdoppelung der Ausfuhr von 1938. Wirtschaftliche Beziehungen mit Osteuropa, 1. Juni 1948, BAR, E 1004.1 (-) -/1/, Bd. 494, dodis.ch/4461.
44 Altermatt, La politique étrangère de la Suisse, 17.
45 Ebd. Gemäss Troendles Aussagen waren diese Schulden der Oststaaten bis 1988 ganz an die Schweiz überwiesen worden. Botschafter Dr. Max Troendle: Die Wirtschaftsbeziehungen mit Osteuropa und China nach dem Zweiten Weltkrieg (1945–1954), 29. Juni 1988, AfZ, TA Kolloquien FFAfZ/71; Personalblatt, BAR, E 2500 1982/120, a.211 Max Troendle.
46 Botschafter Dr. Max Troendle: Die Wirtschaftsbeziehungen mit Osteuropa und China nach dem Zweiten Weltkrieg (1945–1954), 29. Juni 1988, AfZ, TA Kolloquien FFAfZ/71; Personalblatt, BAR, E 2500 1982/120, a.211 Max Troendle.
47 Altermatt, La politique étrangère de la Suisse, 17.
48 Botschafter Dr. Max Troendle: Die Wirtschaftsbeziehungen mit Osteuropa und China nach dem Zweiten Weltkrieg (1945–1954), 29. Juni 1988, AfZ, TA Kolloquien FFAfZ/71.
49 Zitiert nach den Ausführungen von Max Troendle 1988. Ebd.

vergeht, die Freiheit mit Frechheit zu verwechseln.»⁵⁰ Der Osten galt als schlecht, und der Handel mit ihm ebenfalls, auch wenn dieser von den Schweizer Wirtschaftskreisen gewünscht wurde und einer gelebten Neutralitätspolitik entsprach. Die Spitze erreicht diese Episode aber nicht in der Öffentlichkeit. Obwohl der Vorsteher des EVD, Bundesrat Rubattel, in einem Schreiben an den Schwyzer Kantonalverband seinen Mitarbeiter verteidigte,⁵¹ begann die Bundesanwaltschaft, die Presseartikel und Troendle selbst zu beobachten. Dies ging zum Schluss so weit, dass darüber Protokoll geführt wurde, dass Troendle zum Empfang der tschechoslowakischen Botschaft geladen war.⁵² Man hielt dann aber zur Entlastung Troendles fest, dass er sehr «objektiv» über die Oststaaten gesprochen habe.⁵³

Ein weiterer Punkt, der in Zusammenhang mit diesen Verträgen stand, ist die Frage der nachrichtenlosen Vermögen von NS-Opfern. Dieses Thema wurde zuerst von der polnischen Verhandlungsdelegation aufgegriffen. In den Verträgen mit Polen, Ungarn und Rumänien sicherte die Schweiz zu, Vermögenswerte von Angehörigen dieser Staaten, die sich seit dem Krieg nicht mehr gemeldet hatten, den jeweiligen Regierungen zu überschreiben.⁵⁴ Da dieses Thema im Rahmen der jüngeren Forschung zur Rolle der Schweiz und ihrer Banken im Zweiten Weltkrieg genau untersucht wurde, wird es hier nicht weiter besprochen.⁵⁵ Festzuhalten bleibt, dass Troendle als Verhandlungsleiter ganz im Sinne der Handelsabteilung wirkte und diese Pauschalregelung in den Verträgen hinnahm, auch wenn aus der Rechtsabteilung des EPD Bedenken wegen deren Rechtmässigkeit geäussert wurden.⁵⁶ Die handelspolitischen Interessen und die Entschädigungen für die Nationalisierungen wurden als wichtiger eingestuft.⁵⁷

1949 musste das EPD den Ministerposten in Moskau neu besetzen. Dabei

---

50 Brief Schwyzer Kantonalverband der Christlichsozialen Organisationen an Bundesrat Petitpierre, 15. März 1949, BAR, E 2500 1982/120, a.211 Max Troendle.
51 Es wurde darauf hingewiesen, dass Troendle Mitarbeiter des EVD sei und daher der Brief an Petitpierre an die falsche Person adressiert sei. Brief Bundesrat Rubattel an Schwyzer Kantonalverband der Christlichsozialen Organisationen, 1. April 1949, BAR, E 2500 1982/120, a.211 Max Troendle.
52 Siehe BAR, E 4320B 1990/226_310, C.16.6703 Max Troendle.
53 Ebd.
54 Bonhage/Lussy/Perrenoud, Nachrichtenlose Vermögen bei Schweizer Banken, 268.
55 Siehe ebd., 244–270; Hug/Perrenoud, In der Schweiz liegende Vermögenswerte von Nazi-Opfern und Entschädigungsabkommen mit Oststaaten, 94–104.
56 Vor allem Felix Schnyder (siehe Kap. IX, 1) wies auf diese Probleme hin. Siehe auch Hug/Perrenoud, In der Schweiz liegende Vermögenswerte von Nazi-Opfern und Entschädigungsabkommen mit Oststaaten, 94–104.
57 Siehe ebd.

dachte man auch an Max Troendle.⁵⁸ Doch die Handelsabteilung wollte ihren Verhandlungsführer in der heissen Phase der Verhandlungen mit den Oststaaten nicht ziehen lassen. «Vom Standpunkt unserer wichtigen wirtschaftlichen, aber auch finanziellen Beziehungen aus betrachtet, wäre es sehr bedauerlich, wenn Herr Dr. Troendle diese Aufgabe nicht noch ca. 1,5–2 Jahre weiterführen könnte.»⁵⁹ Dies schrieb Bundesrat Rubattel an seinen Kollegen Petitpierre als Antwort auf die Anfrage des EPD. Gleichzeitig bat er ihn zu prüfen, ob Troendle in seiner derzeitigen Funktion zum Minister befördert werden könnte. Das EPD lehnte diese Forderung zuerst ab, gab aber später dem Wunsch des EVD nach. Troendle wurde am 10. Mai 1950 vom Bundesrat zum Minister ernannt, ohne dass er einen Gesandtschaftsposten übernommen hätte.⁶⁰ Diese ungewöhnliche Ernennung führte erneut zu Pressereaktionen, die Troendle in ein schlechtes Licht rückten. Vor allem dass der für die Verträge mit dem Westen verantwortliche Amtskollege Troendles, Hans Schaffner, nicht ebenfalls den Ministertitel erhielt, erregte Aufsehen. Das Luzerner «Vaterland» sprach von einem «Bückling vor dem Osten».⁶¹ «Die Tat» berichtete, dass diese Ernennung in Wirtschaftskreisen «Kopfschütteln» erregt habe und dass Schaffner «unvergleichlich verdienter» sei, da die Verträge Troendles mit dem Osten viel mehr Diskriminierung der Schweizer Wirtschaft beinhalten würden als Schaffners Verträge mit dem Westen.⁶² Die «Schaffhauser Nachrichten» stellten diskriminierte «verantwortliche Persönlichkeiten» wie Schaffner «nicht ganz unumstrittenen Namen», die «systemgetreu» bevorzugt würden, wie Troendle gegenüber.⁶³ Troendle wurde damit im Alter von 45 Jahren und nach neunzehn Jahren Dienst im EPD Minister.

1954 wurde die Frage der Rückversetzung Troendles ins EPD erneut diskutiert. Troendle interessierte sich für die Ministerposten in Rom, Wien oder Madrid. Doch Petitpierre schlug ihm die Bitte ab mit der Begründung, dass ein Minister zuerst einen Posten «outre-mer» übernehmen müsse, bevor er für Europa in Betracht komme.⁶⁴ Der erfahrene Minister, der sich vor allem im

---

58 Siehe Brief Legationsrat Troendle an Bundesrat Petitpierre, 6. Februar 1950, BAR, E 2800 1967/59, 44.123 Max Troendle.
59 Brief Bundesrat Rubattel an Bundesrat Petitpierre, 28. März 1950, BAR, E 2500 1982/120, a.211 Max Troendle.
60 Au Conseil fédéral, 10. Mai 1950, ebd.
61 Bückling vor dem Osten?, in: Vaterland, 23. Mai 1950, ebd. Zu erwähnen ist, dass sich das «Vaterland» wieder beruhigte, als es erfuhr, dass Schaffner nur mangels Amtsjahren noch nicht zum Minister befördert worden war. Siehe Des Rätsels Lösung, in: Vaterland, 25. Mai 1950, ebd.
62 Was geht in der Wirtschaft vor?, in: Die Tat, 18. Mai 1950, ebd.
63 Licht und Schatten am Diplomatenhimmel, in: Schaffhauser Nachrichten, 2. Juni 1950, ebd.
64 Brief Bundesrat Petitpierre an Minister Troendle, 12. Mai 1954, BAR, E 2800 1967/59,

EVD eines guten Ansehens erfreute, war damit nicht einverstanden und schrieb einen langen Brief an Petitpierre, in dem er allerlei Argumente aufführte, die gegen dessen Projekt, ihn nach Tokio zu schicken, sprachen.[65] Auch wies er darauf hin, dass er bereits vor fünf Jahren für Moskau vorgesehen gewesen sei. Erneut setzte sich die Handelsabteilung für Troendle beim EPD ein,[66] doch diesmal fand die Bitte von Jean Hotz kein Gehör. Im Juni 1954 entschied der Bundesrat, Max Troendle als Gesandten nach Japan zu schicken.[67]
Die Nomination des erfahrenen Aussenwirtschaftspolitikers Troendle machte deshalb Sinn, weil Japan für die Schweiz vor allem als Handelspartner von Bedeutung war. Troendle hatte sich in diesem Zusammenhang hauptsächlich mit Japans Export billiger Textilprodukte in die Schweiz auseinanderzusetzen. Die unter Druck geratene Schweizer Textilindustrie beauftragte nämlich 1955 den Gesandten in Tokio abzuklären, ob durch irgendwelche Massnahmen die Textilexporte Japans künstlich vergünstigt würden, also Dumping vorliege.[68] Troendle beauftragte den Vertreter der OSEC in Japan mit der Untersuchung der Angelegenheit und schloss sich dessen Bericht an: Zwar seien die Preise tatsächlich auf einem historischen Tiefststand und die Regierung habe auch eine Politik betrieben, die tiefe Preise ermöglicht habe, aber die Preise seien vor allem der japanischen Textilindustrie zuzuschreiben, die «äusserst leistungsfähig, modern und zweckmässig aufgebaut, organisiert und geleitet» sei.[69] Zudem sei die Regierung Japans bestrebt, diesen Tendenzen entgegenzuwirken. Troendle behielt über die Jahre diese Einstellung und setzte sich für den Freihandel ein. Er verurteilte Schweizer Bestrebungen, mit Schutzzöllen gegen die japanische Textilindustrie vorzugehen.[70]
Es ist nicht mit Sicherheit festzustellen, ob es die projapanische Haltung Troendles, die personellen Veränderungen in der Handelsabteilung[71] oder die langen Kommunikationswege zwischen Bern und Tokio waren, die dazu führten, dass der ehemals hochgelobte Verhandlungsführer bei der Eskalation der Textilfrage zwischen der Schweiz und Japan nicht mit einbezogen wurde. Im Rahmen

44.123 Max Troendle.
65 Brief Minister Troendle an Bundesrat Petitpierre, 21. Mai 1954, ebd.
66 Jean Hotz sprach mit Alfred Zehnder über dieses Thema. Siehe Notice pour le Chef du Département, 28. Mai 1954, BAR, E 2800 1967/59, 44.123 Max Troendle.
67 Notice, 30. Juni 1954, ebd.
68 Siehe Brief Handelskammer St. Gallen an Minister Troendle, 4. Februar 1955, BAR, E 2200.136 1973/35, M.30.41.6 Textiles.
69 Bericht Stünzi «japanisches Dumping?», datiert auf Ende April 1955, ebd.
70 Siehe zum Beispiel Brief Botschafter Troendle an EVD, Handelsabteilung, 13. November 1958, ebd.; Brief Botschafter Troendle an EVD, Handelsabteilung, 27. November 1958, ebd.
71 Nicht mehr Jean Hotz, sondern Hans Schaffner leitete die Handelsabteilung, zudem waren viele der ehemaligen Mitarbeiter ausgewechselt worden. Siehe dodis.ch/R88.

der GATT-Beitrittsverhandlungen 1959 wehrte sich das GATT-Mitglied Japan lange Zeit gegen einen Beitritt der Schweiz. Man befürchtete in Japan, dass die Schweiz als Mitglied innerhalb der Organisation gegen die japanische Textilindustrie vorgehen könnte. Nur die Vermittlung des Generalsekretärs machte eine Einigung möglich.[72] Während der ganzen Zeit wurde der Schweizer Gesandte in Tokio aussen vor gelassen. Troendle beschwerte sich in Bern und hielt der Handelsabteilung einen Vortrag über die «ganz andere» Mentalität der Asiaten, die es eben zu berücksichtigen gelte.[73]

Troendle fühlte sich trotz seinen vormaligen Bedenken schnell wohl in Tokio und berichtete, dass er dort «sehr glücklich» sei[74] und sich «ausgesprochen wohl» fühle.[75] Er war von der modernen Wirtschaft Japans beeindruckt[76] und fand Gefallen an Geschichte und Traditionen des Landes. Die Bindung an Japan blieb über sein Berufsleben hinweg bestehen, weshalb er als Pensionär verschiedentlich dorthin zurückkehrte.[77] Er stellte gegenüber Zehnder aber auch fest, dass die «hiesige berufliche Tätigkeit im Vergleich zu der bisherigen ganz bedeutend geruhsamer ist».[78]

2 Botschafter in Moskau 1961–1964 und Köln 1964–1969

2.1 Antikommunistisches Sperrfeuer

Ab dem Frühjahr 1959 begannen im EPD die Diskussionen bezüglich einer Versetzung Troendles. In einem Gespräch mit Petitpierre drückte er seinen Wunsch aus, einen Posten in Europa zu übernehmen.[79] Als ihm Petitpierre im Sommer den Posten in Ottawa anbot, lehnte er ab. Der Departementsvorsteher notierte sich aber: «M. Troendle me laisse entendre si la question de

---

72 Siehe Brief Handelsabteilung an Botschafter Troendle, 31. Dezember 1958, BAR, E 2200.136 1973/35, M.31.10 Accord de commerce avec le Japon.
73 Brief Botschafter Troendle an EVD, Handelsabteilung, 27. Februar 1959, ebd.
74 Brief Minister Troendle an Minister Zehnder, 6. September 1955, BAR, E 2802 1967/78, Bd. 8, dodis.ch/11575.
75 Brief Minister Troendle an Minister Hohl, 4. Februar 1957, BAR, E 2200.136 1973/35, J.13.0 Zusammensetzung der japanischen Regierung.
76 Siehe Dossiers BAR, E 2200.136 1973/35, N.20 Politique économique du Japon, und N.20. Politique commerciale du Japon, im Speziellen Brief von Minister Troendle an EVD, Handelsabteilung, 1. Februar 1957, ebd.
77 AfZ, NL Ruegger, 52.137 Korrespondenz mit Troendle, Max Dr. iur., Botschafter, Münsingen; 1959–1988.
78 Brief Minister Troendle an Minister Zehnder, 6. September 1955, BAR, E 2802 1967/78, Bd. 8, dodis.ch/11575.
79 Entretien avec M. Troendle, Ambassadeur de Suisse à Tokio, 28. April 1959, BAR, E 2800 1967/59, 44.123 Max Troendle.

Moscou se posait pour lui, il accepterait. Il ne souhaite pas ce poste, mais le trouverait intéressant.»[80] Von diesem Moment an stand Moskau im Zentrum der Diskussionen. Doch dort war der langjährige enge Mitarbeiter Petitpierres Alfred Zehnder Botschafter, und der Bundesrat sah wohl keinen Grund, diesen wegen Troendle abzuberufen. Troendle lehnte im Folgejahr auch Warschau ab,[81] wohl in der Hoffnung auf eine baldige bessere Option. Und tatsächlich wurde er ein Jahr später zum Schweizer Botschafter in Moskau ernannt, nachdem Alfred Zehnder nach Ottawa gegangen war.[82]

Das Verhältnis zwischen der Schweiz und der UdSSR war zu Beginn der Amtszeit Troendles eher angespannt. In der Schweizer Öffentlichkeit war der Antikommunismus weiterhin stark ausgeprägt. Die UdSSR ihrerseits trug zur Zunahme dieser Spannungen bei. So wurden im Frühling 1960, kurz vor Troendles Amtsantritt, zwei Mitarbeiter der sowjetischen Botschaft in Bern von einem getarnten Beamten der Bundesanwaltschaft der Spionage überführt, als sie geheime Daten kaufen wollten.[83] Diese Peinlichkeit wollte man sich in Moskau nicht gefallen lassen und so wurde der Schweizer Botschafter aufs sowjetische Aussenministerium zitiert und ihm mitgeteilt, dass sein Mitarbeiter Pictet als «persona non grata» das Land verlassen müsse.[84] Beides führte zu heftigen Diskussionen in der Schweiz. Kurz danach übernahm Troendle den Moskauer Botschafterposten und musste gleich beim Amtsantritt erfahren, in welch heikler Mission er sich befand. In einem Interview mit der sowjetischen Tageszeitung «Sowjetskaja Rossija» sagte Troendle: «Je suis très content d'avoir l'occasion de connaître le peuple soviétique.»[85] Nachdem diese Aussage von der Zeitung zuerst ins Russische, dann von einer amerikanischen Presseagentur ins Englische und von dort ins Deutsche übersetzt worden war, hiess es nun, dass Troendle «überglücklich» sei, in Moskau zu sein.[86] Die Aussage wurde dadurch nicht mehr als Höflichkeitsfloskel, sondern fast als Kniefall vor den kommunistischen Machthabern gesehen,[87] ein Verhalten, das die Schweizer Öffentlichkeit nicht akzeptieren wollte und entsprechend in den Medien heftig kritisiert wurde.

80 Entretien avec l'Ambassadeur Troendle, 24. Juli 1959, ebd.
81 Brief Botschafter Troendle an Bundesrat Petitpierre, 24. Juni 1960, BAR, E 2500 1982/120, a.211 Max Troendle.
82 Siehe dodis.ch/P79.
83 Siehe Telegramm, Nr. 639, Bern, 11. Mai 1960, BAR, E 2200.157 1978/129, G.15.10 Spionage und Spitzel auf Schweizer Gebiet.
84 Als Grund wurde angegeben, dass dieser zu viele Reisen in der UdSSR unternommen habe. Es handelte sich aber offensichtlich um eine Reaktion auf die Vorkommnisse in Bern. Siehe Kabel, unnummeriert, Moskau, 3. Oktober 1960, ebd.
85 Zitiert nach Telegramm, Nr. 52, Moskau, 13. April 1961, BAR, E 2800 1967/59, 44.123 Max Troendle.
86 Telegramm, Nr. 52, Moskau, 13. April 1961, ebd.
87 Siehe Herr Troendle ist «überglücklich», in: Schweizerische Republikanische Blätter,

Die ersten Tage in Moskau sollten symptomatisch für die gesamte Amtszeit Troendles in der UdSSR werden. Immer wieder führten antikommunistische Handlungen und Äusserungen diverser Schweizer Kreise dazu, dass er vom sowjetischen Aussenministerium harsche Töne vernehmen oder sonstige Repressalien erfahren musste.

Bei seiner Akkreditierung im Kreml sagte Troendle: «Die Schweiz sucht mit allen Ländern gute Beziehungen aufrecht zu erhalten. Damit meine ich nicht nur diplomatische, sondern auch wirtschaftliche und kulturelle Beziehungen.»[88] Zusammen mit der fehlerhaften Übersetzung von «content»[89] führte dies zu den erwähnten Reaktionen in der Schweizer Presse. So bezeichnete die Agentur spk den kulturellen Austausch mit der Sowjetunion als «koexistenzielle Schlangenfängerei» und als «einseitige Kulturpropaganda mit politischem Hintergrund».[90] Der Antikommunismus trug in der Schweiz besondere Früchte. So wurden im Jahr von Troendles Amtsantritt die Konzerte des sowjetischen Stargeigers David Oistrach in Zürich von der Polizei mit der Begründung verboten, dass dieser einfache Menschen zugunsten des Kommunismus beeinflussen könnte.[91] Dies nachdem er bereits in fünf anderen Schweizer Städten aufgetreten war.

Den Tiefpunkt in diesem Zusammenhang erlebte Troendle Ende 1961. Zu dieser Zeit wurden in der UdSSR unter dem Dach des Verbands der Sowjetgesellschaften für Freundschaft und kulturelle Beziehungen viele zwischenstaatliche Freundschaftsgesellschaften gegründet. Die Gesellschaft Sowjetunion-Schweiz war die 37. dieser Art.[92] Troendle erhielt rund sechs Tage vor deren Gründungsversammlung von dieser Vereinigung Kenntnis. Da er bereits Erfahrungen mit der antikommunistischen Haltung der Schweizer Öffentlichkeit gemacht hatte, nahm er die Einladung zur Gründungsversammlung nicht an, sondern schickte als Beobachter seinen dritten Botschaftssekretär.[93] Damit zeigte er sich weit

---

15. April 1961, BAR, E 2500 1982/120, a.211 Max Troendle. Es wurde Troendle vorgeworfen, dass er sich scheinbar nur dort wohl fühle, wo aggressive Weltpolitik mit Vertragsbrüchen, Unterdrückung halber Kontinente, Massenmorde, Konzentrationslager und Gräuel gegen sämtliche Menschenrechte und Gebote Gottes betrieben werde.

88 Zitiert nach Neue Zürcher Zeitung, Nr. 1209, 4. April 1961.
89 Siehe dazu Kap. VIII, 2.1.
90 Eidgenössischer Wochenspiegel, in: spk, 6. April 1961, BAR, E 2500 1982/120, a.211 Max Troendle.
91 Siehe Brief Botschafter Troendle an EPD, Abteilung für Internationale Organisationen, 29. Juni 1961, BAR, E 2200.157 1978/129, K.22.01. Presse der UdSSR, Pressartikel über die Schweiz.
92 Telegramm, Nr. 141, Moskau, 27. November 1961, BAR, E 2200.157 1978/129, F.31.10.1. Gesellschaft UdSSR-Schweiz.
93 Telegramm, Nr. 141, Moskau, 27. November 1961, BAR, E 2200.157 1978/129, F.31.10.1. Gesellschaft UdSSR-Schweiz.

zurückhaltender als seine westlichen Botschafterkollegen, die jeweils bei der Gründung der Gesellschaft für ihr Land zugegen waren.[94] Die Gründung führte zu grosser Empörung in der schweizerischen Presse. Die «Appenzeller Zeitung» berichtete von einem «kommunistischen Grossangriff auf die Schweiz», der «Blick» titelte «Von den Propaganda-Einbahnstrassen mit Kultur-Belag?» und die «Ostschweiz» sah in der Anwesenheit von Botschaftsmitarbeitern, dass «es um unsere Demokratie bald schlecht bestellt» sei.[95]

Erneut geriet Botschafter Troendle ins Kreuzfeuer der Kritik. Während die eine Seite kritisierte, dass er nur den dritten Sekretär entsandt habe, der aufgrund seiner bescheidenen Erfahrung den eigentlichen Zweck der Vereinigung, die eine Meldesammelstelle für Spionage sein könnte, nicht erkennen könne,[96] warfen ihm andere vor, überhaupt einen diplomatischen Mitarbeiter entsandt zu haben.[97] Das EPD gestand Troendle zwar zu, richtig gehandelt zu haben, warf ihm aber auch vor, dass er Bern zu spät informiert habe. Man hätte den Pressesturm abfangen können.[98] Die Empörung fand auch Widerhall im Parlament. Nationalrat Olivier Reverdin reichte eine Interpellation ein, die den Bundesrat aufforderte, zu den kulturellen und wirtschaftlichen Beziehungen mit den Oststaaten Stellung zu nehmen.[99] Daraufhin organisierte das EPD im folgenden Monat eine Besprechung zu den kulturellen Beziehungen zu Moskau und der öffentlichen Reaktion darauf, zu der auch Troendle eingeladen wurde.[100] Es wurde sowohl die Reaktion auf die Interpellation Reverdin vorbereitet als auch Troendles ausführlicher Bericht zu diesem Thema vom November 1961 besprochen. In diesem Bericht kam Troendles Meinung klar zum Ausdruck: Er hielt fest, dass sich der «Absolutismus in der Bekämpfung vermeintlich kommunistischen Gedankengutes» sehr schlecht mit der «freiheitlichen» Grundeinstellung der Schweiz vertrage. Dies schwäche die Schweizer Position.[101] Troendle stellte einen Massnahmenkatalog zusammen, der darlegte, wie dieser Tendenz zu begegnen sei. Er schlug darin eine Vielzahl von Massnahmen vor,

---

94 Siehe ebd.
95 Alle Artikel zitiert nach Extraits des réactions de presse suisses au sujet de la fondation de l'Association URSS-Suisse, undatiert, BAR, E 2200.157 1978/129, F.31.10.1. Gesellschaft UdSSR-Schweiz.
96 Der Republikaner, 30. November 1961, zitiert nach Extraits des réactions de presse suisses au sujet de la fondation de l'Association URSS-Suisse, undatiert, ebd.
97 Luzerner Tagblatt, 27. November 1961, zitiert nach Extraits des réactions de presse suisses au sujet de la fondation de l'Association URSS-Suisse, undatiert, ebd.
98 Brief Botschafter Micheli an Botschafter Troendle, 20. Dezember 1961, ebd.
99 Siehe ebd.
100 Siehe Notiz für den Departementschef, 23. Januar 1962, BAR, E 2200.157 1978/129, F.31.10.1. Gesellschaft UdSSR-Schweiz.
101 Brief Botschafter Troendle an Bundesrat Wahlen, 6. November 1961, BAR, E 2200.157 1978/129, K.31.10.1 Kulturabkommen, kult. Beziehungen Schweiz-UdSSR.

die von inspirierten Zeitungsartikeln über Aufklärung an den Universitäten, Debatten im Parlament bis zur Lenkung der Praxis der Fremdenpolizei gingen. Während das EPD Troendles Massnahmenkatalog nicht unterstützte, machte sich Bundesrat Wahlen in seiner Antwort auf die Interpellation Reverdin die Argumentation des Botschafters zu eigen, als er ausführte: «Wir sollten von der Überlegenheit unserer freiheitlichen Überzeugungen so tief durchdrungen sein, wie sie es verdient, und der überwiegenden Mehrheit unseres Volkes jene geistige Gesundheit zutrauen, die es schon oft bewiesen hat.»[102] Damit war der Höhepunkt der antikommunistischen Auseinandersetzung in der Schweiz überschritten, trotzdem musste Troendle bis ans Ende seiner Zeit in Moskau gegenüber den sowjetischen Behörden immer wieder besänftigend auftreten. Selbst bei seinem Abschiedsbesuch war dies ein Thema, nachdem Zürich eine Konzerttour des Chors der Roten Armee abgelehnt hatte.[103]

Anders sah dies bei den offiziellen Beziehungen aus. Hier konnte Troendle am Ende seiner Amtszeit feststellen: «Ohne meinen Gefühlen Zwang antun zu müssen, konnte ich bei dieser Besprechung einleitend meiner Befriedigung und meiner Genugtuung darüber Ausdruck verleihen, dass sich während meines dreijährigen Aufenthaltes in der Sowjetunion die zwischenstaatlichen Beziehungen in korrekter Weise und ohne ernsthafte Störungen entwickelt hatten.»[104] Diesem Urteil ist grundsätzlich beizupflichten. Es muss aber angefügt werden, dass es verschiedentlich zu Diskussionen bezüglich der Neutralitätspolitik gekommen ist[105] und dass sich die Beziehungen auf sehr niedrigem Niveau bewegten.

Ein Punkt, der verschiedentlich zur Sprache kam, war wie angesprochen die schweizerische Neutralitätspolitik. In der UdSSR wurden einige politische Entscheide der Schweiz als im Widerspruch zu ihrer Neutralitätsposition stehend betrachtet. Zu erwähnen sind hier die Bestrebungen einer EWG-Assoziation,[106] der Beitritt zum Europarat[107] sowie die Volksabstimmung zur atomaren Bewaffnung der Schweiz.[108] Vor allem der Entscheid, eine atomare Bewaffnung der Schweizer Armee nicht grundsätzlich auszuschliessen, stiess auf Kritik.

---

102 Antwort des Bundesrats auf die Interpellation Reverdin, 22. März 1962, BAR, E 2200.157 1978/129, F.50.10 Politische Beziehungen.
103 Brief Botschafter Troendle an Bundesrat Wahlen, 13. Februar 1964, ebd.
104 Ebd.
105 Siehe dazu Kap. VIII, 2.1.
106 Siehe Brief Botschaftsrat Natural an EPD, Integrationsbüro, 10. Oktober 1962, BAR, E 2200.157 1978/129, F.50.10 Politische Beziehungen.
107 Siehe Telegramm, Nr. 91, Moskau, 10. Juni 1963, BAR, E 2200.157 1978/129, K.22.01. Presse der UdSSR, Pressartikel über die Schweiz.
108 Siehe Telegramm, Nr. 109, Bern, 12. Juli 1963, ebd.

So schrieb die russische Presse in ihrer englischen Ausgabe:[109] «The Swiss government's intention to acquire atomic weapons, far from strengthening that country's position as a neutral state, on the contrary, worsens it, leads to the abandonment of the principle of neutrality.»[110] Diese Kritik wurde, wie Troendle 1964 festhielt, auf offizieller Ebene nie ernsthaft angebracht.[111] Vielmehr tauchte sie in der Presse auf. Wie aber Botschaftsrat Natural richtig bemerkte, war bei der gelenkten Presse in der UdSSR hinter jedem Artikel immer auch die Meinung der Regierung zu sehen.[112] Es ist aber festzuhalten, dass die Kritik in der sonst oft plakativen Sowjetpresse meist eher «milde» ausfiel.[113]

Der einzige Punkt, der in offiziellen Besprechungen immer wieder angesprochen wurde, war der starke Antikommunismus in der Schweizer Presse und Öffentlichkeit.[114] Dieser manifestierte sich am deutlichsten bei verschiedenen Vorkommnissen im Bereich des kulturellen Austauschs.[115] Im sowjetischen Aussenministerium war man mit den kulturellen Beziehungen zur Schweiz «gar nicht zufrieden».[116] 1961 wollte es diese daher mit einem bilateralen Abkommen verstärken. Troendle, der es als seine «höchste Pflicht» erachtete, «alles zu tun und alles zu unterlassen, um unnötige Reibungen und Schwierigkeiten mit dem Partner zu vermeiden»,[117] setzte sich dementsprechend für den kulturellen Austausch ein. Auch seine offene Haltung gegenüber der Sowjetunion bewog ihn dazu. Alles in allem gab es aber kaum Themen im zwischenstaatlichen Verkehr zwischen der Schweiz und der UdSSR, die Troendle in Moskau gross in Anspruch genommen hätten.

Dass Troendle eine aktive Person geblieben ist, auch nach langjähriger «geruh-

---

109 Die Übersetzung war nötig, da der Grossteil des diplomatischen Botschaftspersonals nicht Russisch sprach. Auch Max Troendle beherrschte diese Sprache nicht.
110 Telegramm, Nr. 109, Bern, 12. Juli 1963, BAR, E 2200.157 1978/129, K.22.01. Presse der UdSSR, Pressartikel über die Schweiz.
111 Brief Botschafter Troendle an Bundesrat Wahlen, 13. Februar 1964, BAR, E 2200.157 1978/129, F.50.10 Politische Beziehungen.
112 Brief Botschaftsrat Natural an EPD, Informations- und Pressedienst, 22. März 1962, BAR, E 2200.157 1978/129, K.22.01. Presse der UdSSR, Pressartikel über die Schweiz.
113 Siehe Brief Botschaftsrat Natural an EPD, Informations- und Pressedienst, 22. März 1962, ebd.
114 Siehe zum Beispiel Brief Botschafter Troendle an Bundesrat Wahlen, 13. Februar 1964, BAR, E 2200.157 1978/129, F.50.10 Politische Beziehungen; Brief Botschafter Zehnder an EPD, Abteilung für Internationale Organisationen, 7. März 1961, BAR, E 2200.157 1978/129, K.31.10.1 Kulturabkommen, kult. Beziehungen Schweiz-UdSSR.
115 Siehe dazu Kap. VIII, 2.5.
116 Brief Botschafter Zehnder an EPD, Abteilung für Internationale Organisationen, 7. März 1961, BAR, E 2200.157 1978/129, K.31.10.1 Kulturabkommen, kult. Beziehungen Schweiz-UdSSR.
117 Brief Botschafter Troendle an Bundesrat Wahlen, 6. November 1961, ebd.

samer» Tätigkeit in Tokio,[118] zeigte er, als es um die Renovation des Botschaftsgebäudes in Moskau ging: Die Residenz war zu klein und ungünstig gelegen. In fast zweijähriger Kleinstarbeit konnte er bei den sowjetischen Stellen eine Ausbaubewilligung für die alte Residenz erreichen.[119] Als nach diesem lang ersehnten Durchbruch die Verwaltungsabteilung des EPD Anstalten machte, das Projekt weiter zu verschieben, forderte er in einem Telegramm den für Bauprojekte verantwortlichen Vertreter auf, umgehend nach Moskau zu fahren, damit die Verträge abgeschlossen werden konnten.[120] Mit dem forschen Auftreten hatte er Erfolg und die Residenz konnte umgebaut werden. Diese Episode ist ein Beispiel dafür, dass Troendle die Rolle des forschen Verhandlers weiterhin gefiel. Sie deutet aber auch an, dass er mit seiner Aufgabe als Botschafter in Moskau aufgrund des eingeschränkten Bewegungsraums nicht vollumfänglich glücklich war: Im August gelangte er an Bundesrat Wahlen mit der Bitte, ihn zum zeitweiligen Mitglied der schweizerischen Delegation für die UNO-Welthandelskonferenz zu machen. Er fügte an, «dass er sich gelegentlich nach seiner früheren Tätigkeit als Verhandlungsleiter zurücksehne».[121] Er konnte sich sogar vorstellen, ganz auf den Botschafterposten zu verzichten und in Zukunft nur noch als Verhandlungsführer in der Handelsabteilung zu arbeiten.[122] Doch deren Direktor, Edwin Stopper, wollte dies nicht.[123]

2.2 Als Botschafter in der BRD – ein Missverständnis

Bei Bundesrat Wahlen wirkte diese Anfrage Troendles aber nach. Kurz darauf liess er ihn wissen, dass man ihn gerne als neuen Botschafter in Köln hätte.[124] Die Nomination Troendles gerade auf diesen Posten ist vor allem aus folgender Vorgeschichte heraus bemerkenswert: Bereits 1959, vor seiner Versetzung nach Moskau, war Troendle im Gespräch als schweizerischer Vertreter bei der BRD gewesen.[125] Doch als Petitpierre diesen Vorschlag machte, stiess er auf Widerstand in der Deutschschweiz. Einerseits wurde gegen Troendle vorgebracht, dass er als schweizerischer Vertreter bei der neofaschistischen Regierung Norditaliens gearbeitet hatte, andererseits wurden die Verhandlungen

---

118 Siehe dazu Kap. VIII, 1.
119 Siehe BAR, E 2200.157 1978/129, A.31.1 Band I, neues Botschaftsgebäude.
120 Telegramm, Nr. 10, Moskau, 10. Januar 1963, BAR, E 2200.157 1978/129, A.31.1 Band I, neues Botschaftsgebäude.
121 Zitiert nach Aktennotiz Wahlen, 19. August 1963, BAR, E 2804 1971/2, 023.11 Abteilungschefs und Postenchefs, Max Troendle.
122 Ebd.
123 Ebd.
124 Brief Bundesrat Wahlen an Botschafter Troendle, 11. November 1963, BAR, E 2500 1982/120, a.211 Max Troendle.
125 Entretien avec M. Troendle, Ambassadeur de Suisse à Tokio, 28. April 1959, BAR, E 2800 1967/59, 44.123 Max Troendle.

mit den Oststaaten als Hindernis gesehen.[126] Obwohl sich Troendle gegen diese Vorwürfe wehrte, sagte er damals zu Petitpierre, dass er glücklich darüber sei, nicht für Köln nominiert zu werden. Petitpierre hielt Folgendes zu den Aussagen Troendles fest: «Il a toujours été profondément anti-allemand et préfère nous représenter dans un autre pays que l'Allemagne.»[127] Woher diese Ablehnung gegenüber Deutschland kam, ist nicht sicher festzustellen. Neben den bekannten Deutschschweizer Vorbehalten gegen den nördlichen Nachbarn dürften auch die Erfahrungen im Krieg, als er unter deutschem Beschuss in Warschau eingeschlossen war oder als er in Italien den deutschen Einmarsch miterlebte,[128] Spuren hinterlassen haben. Diese Vorgeschichte und die Vorbehalte Troendles waren Petitpierres Nachfolger Wahlen wohl nicht bekannt. Noch bevor Troendle auf das erwähnte Schreiben antworten konnte, veranlasste Wahlen, in Bonn wegen des Agréments für Troendle anzufragen.[129] Troendle wurde damit vor vollendete Tatsachen gestellt. In seiner Antwort dankte er zuerst für das in ihn gesetzte Vertrauen, war Köln doch ein sehr wichtiger Posten für die Schweiz. Er schrieb aber auch: «Ich bin es meinem Gewissen schuldig, Ihnen freimütig zu gestehen, dass ich veranlassungsgemäss keine Aussicht habe ‹am deutschen Wesen zu genesen›.»[130] Welch diplomatische Formulierung.
Die Nomination Troendles auf den Kölner Posten machte, abgesehen von seiner Abneigung, durchaus Sinn, als stark wirtschaftsorientierter Diplomat war er beim wichtigsten Handelspartner der Schweiz sicher am richtigen Platz.
Troendle wurde im Dezember 1963 zum Schweizer Botschafter in Deutschland ernannt[131] und trat sein Amt im April 1964 an.[132] Damit kam er kurz nach dem Amtsantritt des neuen Bundeskanzlers Ludwig Erhard nach Köln.

126 Weiter meinte Troendle dazu, er sei ab und zu als Vertreter des Bankvereins betrachtet worden. Das führte zu Abwehrreaktionen gegen ihn vonseiten der Kreditanstalt. Brief Botschafter Troendle an Paul Ruegger, 17. Dezember 1968, AfZ, NL Ruegger, 52.137 Korrespondenz mit Troendle, Max Dr. iur., Botschafter, Münsingen; 1959–1988. Zudem sei der Vorort mit seiner Gestaltung der Wirtschaftsbeziehungen mit Jugoslawien nicht einverstanden gewesen. Entretien avec M. Troendle, Ambassadeur de Suisse à Tokio, 28. April 1959, BAR, E 2800 1967/59, 44.123 Max Troendle.
127 Entretien avec M. Troendle, Ambassadeur de Suisse à Tokio, 28. April 1959, BAR, E 2800 1967/59, 44.123 Max Troendle.
128 Siehe dazu Kap. VIII, 1.
129 Wahlen teilte Troendle seine Pläne am 11. November per Brief mit, und noch bevor dieser in Moskau eintraf, wurde bereits die Einholung des Agréments am 15. November veranlasst. Brief Botschafter Troendle an Bundesrat Wahlen, 26. November 1963, BAR, E 2500 1982/120, a.211 Max Troendle.
130 Brief Botschafter Troendle an Bundesrat Wahlen, 26. November 1963, ebd.
131 Siehe Brief Bundesrat Wahlen an Botschafter Troendle, 23. Dezember 1963, ebd.
132 L'ambassadeur de Suisse a présenté ses lettres de créance, in: Journal de Genève, 10. April 1964, ebd.

In den Jahren seiner Tätigkeit in Köln erlebte Troendle zwei Phasen in der Entwicklung der BRD: die Krise unter Erhard und den Aufbruch unter Kiesinger und Brandt. Die Kanzlerschaft Erhards stand unter keinem guten Stern. Einerseits geriet Deutschland nach dem «Wirtschaftswunder» der 1950er-Jahre in eine wirtschaftliche Rezession mit drastisch ansteigenden Arbeitslosenzahlen. Andererseits zeigte sich, dass die Deutschlandpolitik der BRD, die unter Erhards Vorgänger Adenauer konzipiert wurde, immer stärker an ihre Grenzen stiess.[133] Zudem geriet die europäische Integration ins Stocken, da sich Erhard weniger an der Partnerschaft mit de Gaulles Frankreich orientierte, sondern eine enge Bindung an die USA suchte, was in scharfem Widerspruch zur Politik de Gaulles stand.[134] Vieles änderte sich mit dem Zusammenbruch der Koalition von CDU/CSU und FDP 1966.[135] Die neue, grosse Koalition unter Kanzler Kurt Georg Kiesinger der CDU/CSU und der SPD erzielte trotz den sehr unterschiedlichen Weltanschauungen ihrer Mitglieder erstaunliche politische Erfolge.[136] Der neue Aussenminister und spätere Bundeskanzler Willy Brandt arbeitete in Absprache mit Kiesinger an einer langsamen Öffnung gegenüber dem Osten und damit an der Aufgabe der Deutschlandpolitik Adenauers.[137] Diese Politik mündete dann unter Bundeskanzler Brandt in die «neue Ostpolitik».

Das Verhältnis zwischen der Schweiz und Deutschland hatte sich im Vergleich zu den Zeiten Minister Albert Hubers stark verändert.[138] Vor allem die unterschiedlichen Ausrichtungen in der Frage der europäischen Integration setzten dem engen Zusammengehen der Nachbarländer klare Grenzen.[139] Die Frage der Zusammenarbeit zwischen der EFTA und der EWG oder einer allfälligen EWG-Assoziation der Schweiz standen daher immer wieder im Mittelpunkt zwischenstaatlicher Diskussionen.[140]

Wie unten dargelegt wird, konnte Troendle seine Abneigung gegen Deutschland nie recht überwinden.[141] Es kann daher wenig überraschen, dass er sich

---

133 Siehe Das Schicksal der Hallensteintheorie. Die Bundesrepublik Deutschland zwischen den Vereinigten Staaten und Frankreich (Vortrag an der Botschafterkonferenz September 1965), AfZ, NL Troendle.
134 Siehe dazu auch Kap. X, 2.1.
135 Siehe dazu Kap. VIII, 2.4.
136 Einführung der Notstandsgesetze, Neuerungen im Sozialstaat und Sanierung des Staatshaushaltes, wobei man auch von der sich erholenden Konjunktur profitierte.
137 Diese war vor allem durch den Alleinvertretungsansatz und die Hallstein-Doktrin gekennzeichnet. Siehe dazu Kap. V, 2.2.
138 Siehe ebd.
139 Der Schweiz als Mitglied der EFTA und der BRD als Mitglied der EWG.
140 Siehe dazu Kap. VIII, 2.3.
141 Siehe dazu Kap. VIII, 3.

bereits nach zwei Jahren um eine Ablösung bemühte.[142] Als Begründung fügte er an, dass seine «an und für sich robuste Konstitution» den «stets zunehmenden repräsentativen Verpflichtungen aller Art» nicht mehr gewachsen sei.[143] Dass er keine Lust mehr hatte, als Schweizer Botschafter auf einem Posten im Ausland zu arbeiten, zeigte er, indem er darauf hinwies, dass ein «anderer, kleinerer oder weniger anspruchsvoller diplomatischer Posten [...] für uns beide [Troendle und seine Frau, F. K.] keine Lösung» biete.[144] Er hatte für seine zukünftige Tätigkeit im Bundesdienst denn auch gleich einen Vorschlag: Einerseits wurde er 1967 zum Vorsitzenden der Kommission für die Zulassung zum diplomatischen und konsularischen Dienst ernannt, eine Tätigkeit, in die er gerne mehr Zeit investiert hätte, anderseits konnte er sich vorstellen, als Verwalter des «Florentiner Vermächtnisses», einer wirtschaftsorientierten Tätigkeit in Italien, zu amten, und es reizte ihn, als Vertreter des Bundes im Verwaltungsrat der Swissair Einsitz zu nehmen.[145] Aus eigener Erfahrung wisse er nämlich, «dass unsere luftverkehrspolitischen Interessen besonderer diplomatischer Pflege bedürfen».[146] Doch Troendle musste sich mit der gewünschten Neuorientierung noch gedulden und in Köln ausharren. Erst gut zwei Jahre nach seiner ersten Kontaktaufnahme mit Spühler wurde er zum Schweizer Generalkommissär für die internationale Weltausstellung in Osaka ernannt.[147] Kurz darauf, Ende April 1969, wurde er vom Kölner Posten abberufen und aus gesundheitlichen Gründen frühzeitig in den Ruhestand entlassen, was aber auf seine Funktion für die Weltausstellung keinen Einfluss hatte.[148]

2.3 Schweizerisch-deutsches Doppelbesteuerungsabkommen

Das grosse bilaterale Thema zwischen der Schweiz und der BRD während der Amtszeit Troendles in Köln waren die Verhandlungen zur Revision des Doppelbesteuerungsabkommens von 1959. Das Auswärtige Amt liess 1965 den Schweizer Bundesrat wissen, dass die Bundesregierung das Abkommen erneut revidieren wolle. Der Schweizer Botschaft in Köln kam es dann zu, der Bundesregierung eine Note zu überbringen, in der sich der Bundesrat zur

---

142 In einem Brief an Spühler vom Mai 1967 erwähnt Troendle, dass er diesen Wunsch bereits «im vergangenen Herbst» gegenüber dem Bundesrat geäussert habe. Siehe Brief Botschafter Troendle an Bundesrat Spühler, 17. Mai 1967, BAR, E 2500 1982/120, a.211 Max Troendle.
143 Ebd.
144 Ebd.
145 Siehe ebd.
146 Ebd.
147 Sitzung des Bundesrates, Auszug aus dem Protokoll, 4. September 1968, BAR, E 2500 1982/120, a.211 Max Troendle.
148 Ebd.

Aufnahme von Verhandlungen bereit erklärte.[149] Die Verhandlungen wurden aufseiten der Schweiz von der Eidgenössischen Steuerverwaltung geführt. Die Botschaft in Köln wurde in die Verhandlungen mit einbezogen und entsandte jeweils den Handelsrat, Karl Fritschi, an die verschiedenen Verhandlungsrunden.[150] Troendle war erfreut darüber, dass die Botschaft mit einbezogen wurde, und war gerne bereit, seinen Mitarbeiter zu Besprechungen nach Bern zu entsenden. Er hielt auch an dieser Praxis fest, als dies wegen verschiedener Ferienabwesenheiten zu personellen Engpässen an der Botschaft führte.[151] Nach einem guten Start gerieten die Verhandlungen im Herbst 1966 ins Stocken. Dies weil die deutsche Seite festgestellt hatte, dass die Schweiz in einem Abkommen mit Frankreich grössere Konzessionen eingegangen war, als sie der deutschen Seite bislang angeboten hatte.[152] Theodor Schmidlin, der erste Mitarbeiter der Botschaft, führte im Spätherbst 1966 ein Gespräch mit einem Vertreter der deutschen Verhandlungsdelegation, wobei er die deutsche Taktik für die Fortführung der Verhandlungen in Erfahrung bringen konnte.[153] Er schrieb nach Bern, dass die deutsche Seite die Sache so lange verzögern wolle, bis das schweizerisch-französische Doppelbesteuerungsabkommen ratifiziert sei.[154] Diese Einschätzung sollte sich bewahrheiten. Als im Januar 1967 die Botschaft mit einem Schreiben ans Auswärtige Amt versuchte, die Verhandlungen wieder in Schwung zu bringen, musste sie über sechs Monate auf eine Antwort warten.[155] Auch in der Folge blieben die Verhandlungen blockiert, das neue Abkommen wurde erst 1971 unterzeichnet.

Troendle selbst war an den Verhandlungen nie beteiligt. Er betrieb auch keine nennenswerte Lobbyingarbeit, konnte aber nach Bern von divergierenden Meinungen in Regierungskreisen berichten.[156] Grundsätzlich war er froh, dass die Botschaft mit einbezogen wurde, überliess die Arbeit aber seinen Mitarbeitern.[157]

149 Aufzeichnung, undatiert, BAR, E 2200.161 1982/60, 461.20 Doppelbesteuerungsabkommen.
150 Brief Sektionschef Diez an Botschafter Troendle, 10. Juni 1966, BAR, E 2200.161 1982/60, 461.20 Doppelbesteuerungsabkommen.
151 Siehe Brief Botschafter Troendle an Sektionschef Diez, 15. Juni 1966, ebd.
152 Aufzeichnung, undatiert, ebd.
153 Siehe Brief Botschaftsrat Schmidlin an EPD, Rechtsdienst, 5. Dezember 1966, ebd.
154 Dieses Abkommen wurde im Ständerat zuerst zurückgewiesen. Auf deutscher Seite war man davon überzeugt, dass dies ein taktischer Schachzug der Schweiz gewesen sein, um zuerst die Verhandlungen mit Deutschland abzuschliessen. Brief Botschaftsrat Schmidlin an EPD, Rechtsdienst, 5. Dezember 1966, BAR, E 2200.161 1982/60, 461.20 Doppelbesteuerungsabkommen.
155 Das als «Aufzeichnung» bezeichnete Schreiben wurde am 27. Januar 1967 übergeben. Die Antwort erfolgte erst im August 1967. Aufzeichnung, undatiert, ebd.; Brief Botschafter Troendle an EPD, Rechtsdienst, 17. August 1967, ebd.
156 Notiz, 22. Oktober 1968, ebd.
157 Siehe BAR, E 2200.161 1982/60, 461.20 Doppelbesteuerungsabkommen.

Dies ist vor allem auf Troendles Verständnis seiner Rolle als Botschafter sowie auf eine Rangfrage zurückzuführen und kann nicht mangelndem Interesse zugeordnet werden. Dies zeigt zum Beispiel sein persönliches Engagement im Zusammenhang mit dem Projekt «Regio basilensis». Hier vermittelte er zwischen der Basler Arbeitsgruppe, dem Freiburger Oberbürgermeister, dem Präsidenten der Handelskammer und dem Regierungspräsidenten Südbadens.[158] Trotzdem ist festzuhalten, dass Troendle wenig Einfluss auf die bilateralen Beziehungen zwischen der Schweiz und Deutschland hatte.

2.4 Ein Goldfisch mit gutem Auge

«Ein fremder Botschafter in Moskau gleicht dem Goldfisch in einem Glasgefäß, der durch ein verzerrendes Glas auf die Welt blickt, mit welcher eine echte Berührung ihm unmöglich ist.»[159] Dieser Ausspruch stammt vom britischen Botschafter Sir William Hayter, der nach seiner Zeit in Moskau einen Aufsatz publizierte, welcher unter anderem im «St. Galler Tagblatt» veröffentlicht wurde. Auch Max Troendle gelang es nicht oft, Informationen aus erster Hand zu erhalten.[160] Seine direkten Kontakte zur russischen Führung oder ins Aussenministerium waren äusserst spärlich.[161] Daher musste er sich mit Sekundärquellen befassen. Dabei sind vor allem das diplomatische Corps und die sowjetische Presse zu erwähnen. Da Troendle aber «die laufende politische und wirtschaftliche Berichterstattung» als «das Wichtigste» seiner Tätigkeit betrachtete,[162] nahm er sich dieser Aufgabe auch unter den schwierigen Bedingungen in Moskau mit viel Hingabe an. Er und seine Mitarbeiter versuchten anhand von vielen kleinen Hinweisen die Politik der Regierung zu ergründen. So wurde analysiert, welche und wie viele Vertreter der sowjetischen Administration zu einem Nationalfeiertagsempfang auf der Botschaft erschienen. Dies wurde als «Test» für die politischen Beziehungen zwischen den Staaten verstanden.[163] Oder man deutete ein in der sowjetischen Presse erschienenes

---

158 Siehe Brief Botschafter Troendle an EPD, Abteilung für Internationale Organisationen, 31. März 1966, BAR, E 2500 1982/120, a.211 Max Troendle.
159 Goldfisch in Moskau, in: St. Galler Tagblatt, 13. November 1960, BAR, E 2200.157 1978/129, F.50.10 Politische Beziehungen.
160 Im Stichjahr 1962 stammten nur gerade zwei von 224 politischen Briefen oder Berichten aus direkten Quellen der sowjetischen Verwaltung. Siehe BAR, E 2300 1000/716, Moskau, Politische Berichte und Briefe, Militärberichte, Bd. 23.
161 Siehe Politische Berichte und Politische Briefe, BAR, E 2300 1000/716, Moskau, Politische Berichte und Briefe, Militärberichte, Bde. 22–25.
162 Diese Aussage machte er in Bezug auf seinen Kölner Posten in einem Brief an Paul Ruegger. Brief Botschafter Troendle an Paul Ruegger, 17. Dezember 1966, AfZ, NL Ruegger, 52.137 Korrespondenz mit Troendle, Max Dr. iur., Botschafter, Münsingen; 1959–1988.
163 Siehe Brief Botschafter Troendle an Bundesrat Wahlen, 2. August 1961, BAR, E 2001 (E) 1979/28, Bd. 8, dodis.ch/30085.

Gedicht eines regimenahen Literaten als Ankündigung der Entlassung aus der Partei von Molotow, Malenkow und Kaganovitch.[164] Dies führte zu einer ausgiebigen Berichterstattung. 1962 wurden 55 politische Berichte und 169 politische Briefe nach Bern gesandt. Im Folgejahr stiegen diese Zahlen sogar auf 102 beziehungsweise 231 an.[165] Als Vergleich sei erwähnt, dass August Lindt gut vier Jahre später aus Moskau nur 31 politische Berichte und zwölf politische Briefe nach Bern schickte.[166]

Im Urteil über die sowjetische Politik zeigte sich Troendle treffsicher. Bereits in einer grossen Analyse 1961 hielt er fest, dass die Sowjetunion zwar eine aggressive Sicherheitspolitik betreibe, dabei aber das Hauptinteresse sei, den eigenen Besitzstand zu wahren,[167] eine Haltung, die vor allem mit den Bemühungen der UdSSR um eine Sicherheitskonferenz, aus der später die KSZE wurde, Ende der 1960er-Jahre klar zum Vorschein kam. Troendle erlebte in Moskau einen der Höhepunkte des Kalten Krieges, als die Welt 1962 in der Kubakrise auf einen atomaren Weltkrieg zusteuerte. Auch in dieser Situation erwies sich sein Urteil als treffend. Er unterschätzte zwar zuerst den militärischen Wert, den Kuba für die UdSSR hatte,[168] hielt aber schon früh fest, dass die Sowjetregierung die Nähe zu Castro vor allem deshalb suche, um damit ein Gegenpfand gegenüber Konzessionen des Westens zu schaffen, zum Beispiel in Bezug auf die Atomraketen in der Türkei.[169] Die Krise spitzte sich acht Monate später zu und Kennedy informierte am 24. Oktober die Weltöffentlichkeit über die Atomraketen auf Kuba und stellte der UdSSR ein Ultimatum. Bereits zwei Tage zuvor meldete die Schweizer Botschaft in Moskau nach Bern, über einen österreichischen Diplomaten erfahren zu haben, dass Chruschtschow Folgendes gesagt habe: «Il n'y aura pas de guerre pour cuba parce que je ne le veux pas, telle est du moins mon opinion.»[170] Am Tag nach dem Ultimatum Kennedys berichtete Troendle: «Dies lässt die Annahme zu, dass die Sowjet-

---

164 Politischer Brief, Nr. 130, 24. Oktober 1962, BAR, E 2300 1000/716, Moskau, Politische Berichte und Briefe, Militärberichte, Bd. 23.
165 Siehe BAR, E 2300 1000/716, Moskau, Politische Berichte und Briefe, Militärberichte, Bd. 24.
166 Siehe dazu Kap. VII, 2.5.
167 Brief Botschafter Troendle an Bundesrat Wahlen, 6. November 1961, BAR, E 2200.157 1978/129, K.31.10.1 Kulturabkommen, kult. Beziehungen Schweiz-UdSSR.
168 Er unterschätzte den Wert, den auf der Insel stationierte Atomraketen in Erstschlagreichweite der USA hätten. Siehe Politischer Bericht, Nr. 6, 22. Februar 1962, BAR, E 2300 1000/716, Moskau, Politische Berichte und Briefe, Militärberichte, Bd. 23.
169 Dass es dabei um Atomraketen gehen könnte, die sowohl aus Kuba als auch aus der Türkei abgezogen werden könnten, sah er nicht voraus. Ebd.
170 Politischer Bericht, Nr. 41, 22. Oktober 1962, BAR, E 2300 1000/716, Moskau, Politische Berichte und Briefe, Militärberichte, Bd. 23. Da es sich bei dieser Meldung um ein Telegramm handelt, kann nicht sicher festgestellt werden, wer die Information eingeholt hat.

regierung nicht die Absicht hat zu ‹marschieren›.»[171] Troendle war überzeugt, dass Chruschtschow einlenken werde, und dies tat er dann auch.
Der markanteste Unterschied zwischen der Berichterstattung Troendles aus Köln und derjenigen aus Moskau ist die Anzahl Berichte. Während in Moskau 1963 333 politische Berichte und Briefe verfasst wurden, nahm deren Zahl in Köln 1966 auf 109 und 1968 gar auf 89 ab.[172] Dies dürfte damit zu erklären sein, dass er in Köln die Berichterstattung hauptsächlich seinen Mitarbeitern anvertraute.[173] Es fällt auf, dass auch in Köln nur relativ wenig persönliche Quellen verwendet wurden und man eher auf Zeitungsartikel und andere Dokumente zurückgriff.[174] Dies stellt im Vergleich mit anderen Botschaftern einen besonderen Fakt dar.[175] Konnte man die spezielle Quellenwahl in Moskau noch mit der schwierigen Kontaktaufnahme erklären, zielt diese Erklärung für die Berichterstattung aus Bonn ins Leere, umso mehr als Troendle in einem Brief an Paul Ruegger schrieb: «[…] die laufende politische und wirtschaftliche Berichterstattung, bereitet von allem am wenigsten Schwierigkeiten, weil hierzulande ja alles offen darliegt und das Mitteilungsbedürfnis der Deutschen sozusagen keine Grenzen kennt.»[176] Die Gründe können anhand der analysierten Quellen nicht mit Sicherheit festgestellt werden, es ist aber anzunehmen, dass sie wenigstens teilweise mit dem relativ schwachen Beziehungsnetz Troendles in der deutschen Administration in Beziehung stehen.[177]
Die emotionale Distanz, die Troendle gegenüber den Deutschen empfand,[178] hatte auf die Qualität seiner Analyse der deutschen Politik kaum negativen Einfluss. Er betrachtete zwar alles aus einer wohl etwas überkritischen Haltung, doch gerade in einer Zeit, als die deutsche Aussenpolitik in einer Krise steckte, war dies kein Nachteil, im Gegenteil. Troendle wies an der Botschafterkonferenz in Bern 1965 darauf hin, dass die Aussenpolitik der BRD auf

---

171 Politischer Brief, Nr. 133, 25. Oktober 1962, ebd.
172 Diese Zahlen sind im Vergleich mit anderen Botschaftern in dieser Arbeit zwar tief, aber keine Besonderheit. Vielmehr ist die Zahl der Berichte aus Moskau eine absolute Ausnahme. Stichjahre 1966 und 1968. Siehe BAR, E 2300-01 1973/156, A.21.31 Köln (Berichte, Briefe), Bde. 35 und 217.
173 Da die verschiedentlich eingesetzten Telegramme keine Verfasserinitialen aufwiesen, sind sie nicht mit Gewissheit einem Verfasser zuzuordnen. Die Analyse der restlichen Berichte zeigt, dass auf einen von Troendle verfassten Bericht rund fünf von seinen Mitarbeitern verfasste kommen. Stichjahre 1966 und 1968. Siehe ebd.
174 1966: 34 Prozent Gespräche, 66 Prozent gedruckte Quellen. Siehe ebd.
175 Siehe dazu zum Beispiel Henry de Torrenté (Kap. IV, 2.6) oder Felix Schnyder (Kap. IX, 2.5).
176 Brief Botschafter Troendle an Paul Ruegger, 17. Dezember 1966, AfZ, NL Ruegger, 52.137 Korrespondenz mit Troendle, Max Dr. iur., Botschafter, Münsingen; 1959–1988.
177 Siehe dazu Kap. VIII, 2.6.
178 Siehe dazu Kap. VIII, 3.

falschen Annahmen hinsichtlich der Politik der UdSSR und der DDR beruhe und sich in einer Sackgasse befinde.[179] Er war der Meinung, dass sich sowohl der Alleinvertretungsanspruch als auch die Hallsteindoktrin überlebt hätten und die BRD erst wieder zu einer erfolgreicheren Aussenpolitik finden könne, wenn sie die Existenz der DDR anerkenne und mit Moskau den Kontakt suche.[180] Er nahm damit die von Willy Brandt erfolgreich praktizierte «neue Ostpolitik» vorweg. Auch lag er mit seiner Einschätzung richtig, dass sich die alte Deutschlandpolitik der BRD nicht mehr lange halten könne.[181] Auch in Fragen der deutschen Innenpolitik zeigte sich Troendle als gut informierter Analytiker. Als er am 4. November 1966 über den Rückzug des amtierenden Kanzlers Erhard berichtete, konnte er Bern auch schon darüber informieren, dass dessen Nachfolger wohl Kiesinger sein dürfte. Dieser sei vorher kaum als Kandidat im Gespräch gewesen, sei nun aber in einem geheimen Aktionsplan vorgesehen.[182] Falsch lag er hingegen lange mit seiner Annahme, dass sowohl für die CDU/CSU als auch für die SPD eine grosse Koalition wohl kaum infrage komme.[183] Feines Gespür legte Troendle an den Tag, als er Helmut Wehner entgegen den Zeitungsberichten eine wichtige Rolle im neuen Kabinett voraussagte.[184] Und auch seine Einschätzung, dass Helmut Schmidt nicht in die Koalitionsregierung wolle, um «sein Pulver trocken» zu halten,[185] sollte sich mit dessen Nomination zum Kanzler 1974 als zutreffend erweisen.

Alles in allem zeichnete sich Troendles Berichterstattung sowohl in Moskau als auch in Bonn durch zutreffende Einschätzungen aus. Dabei zeigte er sich vor allem als genauer Beobachter und trefflicher Analytiker und weniger als grosser Netzwerker mit vielen Quellen.

---

179 Siehe Das Schicksal der Hallensteintheorie. Die Bundesrepublik Deutschland zwischen den Vereinigten Staaten und Frankreich (Vortrag an der Botschafterkonferenz September 1965), AfZ, NL Troendle.
180 Siehe Die Deutschlandfrage, Referat von Botschafter M. Troendle vor der Arbeitsgruppe für historische Standortbestimmung, 21. März 1966, AfZ, NL Troendle; Politischer Bericht, Nr. 17, 9. Mai 1966, BAR, E 2300-01 1973/156, A.21.31 Köln (Berichte, Briefe), Bd. 35.
181 Politischer Bericht, Nr. 17, 9. Mai 1966, BAR, E 2300-01 1973/156, A.21.31 Köln (Berichte, Briefe), Bd. 35.
182 Politischer Bericht, Nr. 57, 4. November 1966, ebd.
183 Politischer Bericht, Nr. 61, 11. November 1966, ebd.; Politischer Bericht, Nr. 66, 24. November 1966, ebd. Nur gerade ein Tag nach letzterem Bericht kam die grosse Koalition zwischen CDU und SPD unter Kiesinger zustande.
184 Politischer Bericht, Nr. 68, 6. Dezember 1966, BAR, E 2300-01 1973/156, A.21.31 Köln (Berichte, Briefe), Bd. 35.
185 Ebd.

2.5 Engagement in verschiedenen Botschaftsaufgaben

In einem Vortrag im Archiv für Zeitgeschichte meinte Troendle in der Nachbetrachtung der Entwicklung des EPD in der Wirtschaftskrise der 1920er-Jahre: «Die Wirtschaftskrise verlangte es, dass sich das politische Departement endlich auch einmal nicht nur für die hochgelegten diplomatischen Beziehungen interessierte, sondern hernieder stieg vom Potestal in die Gefilde der gewöhnlichen Wirtschaft.»[186] Über die Aufgaben einer Aussenvertretung in der zweiten Hälfte des 20. Jahrhunderts erklärte er gegenüber Studenten, die sich für die diplomatische Karriere interessierten: «Heute steht die Wirtschaftspolitik im Mittelpunkt des Aufgabenkreises einer Auslandsvertretung.»[187] Er war also von der zentralen Rolle der Wirtschaftspolitik in den Aussenbeziehungen der Schweiz überzeugt. Diese Ansicht ist für einen ehemaligen Delegierten für Handelsverträge nicht überraschend.

Ebenso kann nicht verwundern, dass er sich sowohl in Moskau als auch in Köln der wirtschaftlichen Belange stark annahm. Die Berichterstattung zu wirtschaftlichen Themen, die von anderen Botschaftern oft ganz dem Handelsrat überlassen wurden, gestaltete Troendle aktiv mit.[188] Dies scheint auch auf die Qualität Einfluss gehabt zu haben, so wurden die Kölner Berichte während seiner Amtszeit von der Handelsabteilung, der Nationalbank wie auch der Zentrale für Handelsförderung verschiedentlich gelobt.[189] In diesem Zusammenhang ist aber auch zu erwähnen, dass es Handelsrat Nussbaumer war, der entscheidende Quellen im Bundesministerium für Wirtschaft hatte, die zur besonderen Qualität der Berichterstattung beitrugen.[190] Über diese Quellen erlangte die Botschaft in Köln einige Hintergrundinformationen zur Erweiterungspolitik der EWG, die für die Schweiz von grösstem Interesse waren.[191] Grosse wirtschaftspolitische Erfolge konnte Troendle in seiner Zeit in Moskau und Köln hingegen nicht verbuchen. Stand diesen in Moskau der starke Antikommunismus in der schweizerischen Öffentlichkeit im Weg, war

---

186 Botschafter Dr. Max Troendle: Die Wirtschaftsbeziehungen mit Osteuropa und China nach dem Zweiten Weltkrieg (1945–1954), 29. Juni 1988, AfZ, TA Kolloquien FFAfZ/71.
187 Troendle, Der Beruf eines schweizerischen Diplomaten, 6.
188 In Moskau nahm die Berichterstattung unter seiner Führung stark zu. Siehe zum Beispiel BAR, E 2200.157 1978/129, B.12.4 Wirtschaftsberichte, Bd. II.
189 Siehe Brief von Botschafter Troendle an konsularische Vertretungen, 15. Februar 1965, BAR, E 2200.161 1977/76, N.1.0 Allgemeine Handelspolitische Berichte; Brief EVD, Handelsabteilung an Botschafter Troendle, 19. März 1965, ebd.; Brief Zentrale für Handelsförderung an Botschafter Troendle, 13. Dezember 1965, ebd.; Brief Schweizerische Nationalbank an EVD, Handelsabteilung, 3. Juni 1964, ebd.
190 Siehe Brief Botschaftsrat Nussbaumer an EVD, Handelsabteilung, 12. März 1964, BAR, E 2200.161 1977/76, N.1.0 Allgemeine Handelspolitische Berichte.
191 BAR, E 2200.161 1977/76, R.40 Erweiterung der EWG; BAR, E 2200.161 1982/60, 531.12 (17) Erweiterung der EWG, Allgemeines.

es während der Kölner Zeit das Veto des französischen Präsidenten de Gaulle, das eine EWG-Assoziation der Schweiz und damit die Intensivierung der Wirtschaftsbeziehungen zum nördlichen Nachbarn verhinderte.

Wie bereits erwähnt, zeigte sich der Antikommunismus der Schweizer Öffentlichkeit gerade im kulturellen Austausch zwischen der UdSSR und der Schweiz exemplarisch. Es war dem Botschafter in Moskau nahezu unmöglich, irgendwelche Anstrengungen zum kulturellen Austausch zu etablieren, ohne dabei einen Pressesturm im Heimatland auszulösen. In Köln überliess Troendle die kulturellen Belange grossmehrheitlich seinem Kulturattaché.[192] Selten trat er persönlich in Erscheinung. Dabei leistete er vor allem Einladungen zu klassischen Konzerten mit Schweizer Beteiligung Folge.[193] In der Kulturförderung hatte er vor allem ein Anliegen, das er anlässlich eines Vortrags in Hannover treffend zusammenfasste: «Die Schweiz ist in keiner Weise Bestandteil oder gar Anhängsel des deutschen Kulturkreises, auch nicht von ihren Ursprüngen her gesehen [...].»[194] Er wies immer wieder darauf hin, dass sich die Schweiz durch ihre Mehrsprachigkeit und ihren Reichtum an Traditionen auszeichne und sich damit vom deutschen Kulturkreis unterscheide. Diese Ansicht vertrat er gegenüber deutschen Gesprächspartnern und immer wieder gegenüber Schweizer Stellen.[195]

In der UdSSR waren weder weitere Konsulate noch eine namhafte Schweizer Kolonie zu betreuen. Dem Kölner Posten hingegen waren einerseits verschiedene Konsulate zugeordnet, andererseits wurde dort eine grosse Kolonie betreut. Troendle engagierte sich in Köln für seine Konsuln und trat ihnen gegenüber als Führungspersönlichkeit auf. Er setzte sich zudem für eine alljährliche Konferenz mit ihnen ein.[196] Auch wollte er sich der Schweizer Kolonie in der BRD annehmen, doch resignierte er in seinen Bestrebungen schnell. So führte er 1966 gegenüber seinen Konsuln aus: «Der Zusammenhalt der Auslandschweizer ist umgekehrt proportional zu ihrer Entfernung von

---

192 Siehe BAR, E 2200.161 1977/76, K.20 Schweizerische Kulturfragen.
193 Siehe BAR, E 2200.161 1977/76, D.7 Protokoll/Einladungen für den Postenchef.
194 Die Rolle der Schweiz in der europäischen Kultur und die schweizerisch-deutschen kulturellen Beziehungen, Vortrag von Dr. M. Troendle, Schweizerischer Botschafter in der BRD. Gehalten am 28. Oktober 1965 vor der Steuben-Schurz Gesellschaft in Hannover, AfZ, NL Troendle.
195 Gegenüber seinen Konsuln: Protokoll über die Konferenz der Postenchefs der schweizerischen konsularischen Vertretungen in der Bundesrepublik Deutschland am 13./14. Mai 1966 in Köln, BAR, E 2200.161 1982/60, 003.2 Postenchefkonferenz. Gegenüber Pro Helvetia: Brief von Botschafter Troendle an Dr. Michael Stettler, Präsident der Stiftung Pro Helvetia, 13. Dezember 1965, BAR, E 2200.161 1977/76, K.20 Schweizerische Kulturfragen.
196 Im Gegensatz zu anderen Themen verfasste er hier fast die gesamte Korrespondenz persönlich. BAR, E 2200.161 1982/60, 003.2 Postenchefkonferenz.

der Heimat. [...] Wir haben somit davon auszugehen, dass es mit dem althergebrachten, altväterlichen Zusammenhalt der Schweizer in Nachbarländern vorbei ist. Deshalb sah die Botschaft die einzige Möglichkeit darin, zugunsten der Kinder und Jugendlichen etwas zu unternehmen. Sie hat eine Aktion für Bildungs- und Schulungskurse gestartet; das Resultat ist kläglich.»[197]
«Seine [des Diplomaten, F. K.] Tätigkeit ist nicht spektakulär, bewegt nicht die Volksmassen; sie geht im Stillen, möglichst unauffällig vor sich.»[198] Wie Troendle in diesem Zitat aus einem seiner Vorträge schreibt, handelte er als Botschafter auch. Er trat wenig in der Öffentlichkeit auf und unterhielt zur Presse ein eher gespaltenes Verhältnis, was nach all den Angriffen auf seine Person wenig verwundert.[199] Das Ziel eines Journalisten stehe im Gegensatz zur Tätigkeit des Diplomaten, der im Stillen und eben ohne Öffentlichkeit arbeiten solle: «Der Journalist ist hinter der sensationellen und aktuellen Nachricht her, im Bestreben, seinen Berufskollegen zuvorzukommen und seine Zeitung sofort mit verwendbarem Stoff zu bedienen.»[200] Trotz den dauernden Angriffen auf seine Person ist festzuhalten, dass sich Troendle auch gegenüber kritischen Bemerkungen der sowjetischen Diplomaten nie von der in der Presse abgedruckten öffentlichen Meinung der Schweiz distanzierte oder diese sogar kritisierte.[201] Während er in der UdSSR gerne etwas mehr in Erscheinung getreten wäre, dies aber mit Rücksicht auf die öffentliche Meinung in der Schweiz unterliess, nahm er an den vielen Veranstaltungen in Bonn nur ungern teil.[202] Er war der Meinung, dass die Empfänge und Diners eine unnütz grosse Dimension angenommen hätten.[203]

2.6 Kein grosser Netzwerker

Der bereits erwähnte englische Diplomat erzählte über seine Zeit in Moskau, dass «die wirklichen Machthaber in Moskau [...] für fremde Diplomaten ungewöhnlich leicht erreichbar» seien. Sie erschienen oft auf Empfängen einer Botschaft zu Nationalfeiertagen. Leider habe man dann jeweils feststellen müssen, dass diese «privat nicht mehr zu sagen hatten als vor der Öffentlichkeit».[204] Bereits dem

197 Protokoll über die Konferenz der Postenchefs der schweizerischen konsularischen Vertretungen in der Bundesrepublik Deutschland am 13./14. Mai 1966 in Köln, ebd.
198 Troendle, Der Beruf eines schweizerischen Diplomaten, 1.
199 Siehe dazu Kap. VIII, 1, VIII, 2.1 und VIII, 2.5.
200 Troendle, Der Beruf eines schweizerischen Diplomaten, 7.
201 Siehe zum Beispiel Brief Botschafter Troendle an Bundesrat Wahlen, 13. Februar 1964, BAR, E 2200.157 1978/129, F.50.10 Politische Beziehungen.
202 Siehe BAR, E 2200.157 1978/129, F.31.10.1. Gesellschaft UdSSR-Schweiz. Siehe auch Kap. VIII, 2.2.
203 Troendle, Der Beruf eines schweizerischen Diplomaten, 8.
204 Goldfisch in Moskau, in: St. Galler Tagblatt, 13. November 1960, BAR, E 2200.157 1978/129, F.50.10 Politische Beziehungen.

ersten Teil dieser Aussage kann in Bezug auf Troendle nicht zugestimmt werden. Er hatte mit den Machthabern kaum persönlichen Kontakt. Sein höchstrangiger Ansprechpartner war Vizeaussenminister Kuznetsov, mit dem er einen freundlichen diplomatischen Austausch pflegte, ohne dabei eine echte persönliche Beziehung aufzubauen.[205] Weitere Kontaktpersonen waren Bazarow, Grubyakow und Zorin, die nacheinander die für die Schweiz zuständige Abteilung des Aussenministeriums leiteten.[206] Der Kontakt zu anderen Repräsentanten des sowjetischen Systems war schwierig. Einzig auf vom Aussenministerium organisierten und überwachten Diplomatenreisen konnte Troendle mit Lokalbehörden in Kontakt treten.[207] Ein guter und enger Austausch fand hingegen mit dem diplomatischen Corps statt.[208] So kamen die Botschafter der drei neutralen Staaten Schweden, Schweiz und Österreich regelmässig zusammen.[209] Vor allem aber traf sich Troendle mit seinem französischen Kollegen Dejean immer wieder, um die politische Lage zu besprechen.[210]

Auch in Köln hatte Troendle kaum Kontakt zu Vertretern der Regierung. Seine Beziehungen zu diesen Kreisen standen in keinem Vergleich zu den persönlichen Kontakten, die Albert Huber mit den Regierungsvertretern der BRD unterhielt.[211] Und dies, obwohl mit Ludwig Erhard zuerst ein ausgesprochen schweizfreundlicher Bundeskanzler regierte.[212] Überhaupt waren Troendles Kontakte zur Verwaltung der BRD gering. Er überliess ihre Pflege seinen Mitarbeitern.[213] Einzig mit dem Staatssekretär des Auswärtigen Amts Karl Carstens, dem späteren Bundespräsidenten, traf er ab und zu zusammen.

205 Kuznetsov lobte Troendle am Ende seiner Amtszeit für seine Tätigkeit in Moskau. Siehe Brief Botschafter Troendle an Bundesrat Wahlen, 13. Februar 1964, ebd.
206 Siehe Brief Botschafter Troendle an EPD, Abteilung für politische Angelegenheiten, 4. Mai 1962, BAR, E 2200.157 1978/129, J.13.10.1 Mutation der Regierung; Brief von Botschafter Troendle an Bundesrat Wahlen, 8. November 1962, BAR, E 2200.157 1978/129, F.50.10 Politische Beziehungen; Telegramm, Nr. 21, Moskau, 28. Januar 1963, ebd.
207 Brief Botschafter Troendle an EPD, Abteilung für politische Angelegenheiten, 21. Dezember 1961, BAR, E 2200.157 1978/129, A.19.6 Ausflüge.
208 Troendle organisierte deutlich mehr Empfänge als sein Vorgänger. Im Zentrum standen Anlässe für das diplomatische Corps. Siehe Brief Botschafter Troendle an Botschafter Grässli, 2. April 1963, BAR, E 2500 1982/120, a.211 Max Troendle.
209 Siehe BAR, E 2300 1000/716, Moskau, Politische Berichte und Briefe, Militärberichte, Bd. 23. Siehe auch Telegramm, Nr. 21, Moskau, 28. Januar 1963, BAR, E 2200.157 1978/129, F.50.10 Politische Beziehungen. Troendle war auch über die Gespräche des österreichischen Aussenministers in Moskau bestens informiert. Siehe Politische Berichte, Nr. 27–28, 5. und 9. Juli 1962, BAR, E 2300 1000/716, Moskau, Politische Berichte und Briefe, Militärberichte, Bd. 23.
210 Siehe BAR, E 2300 1000/716, Moskau, Politische Berichte und Briefe, Militärberichte, Bd. 23.
211 Siehe dazu Kap. V, 2.5.
212 Ebd.
213 Schmidlin hatte gute Kontakte ins Auswärtige Amt, Nussbaumer ins Bundeswirtschafts-

Aber auch hier ging die Konversation nicht über freundliche diplomatische Gespräche hinaus, wobei Carstens den Schweizer Anliegen jeweils mit Wohlwollen begegnete.[214] Im Kontrast dazu bemühte sich Troendle um Kontakte zu anderen Kreisen, zum Beispiel zu Vertretern der Länderregierungen und von wirtschaftlichen Institutionen.[215] Anzeichen für echte Freundschaften konnten in den eingesehenen Akten nicht gefunden werden.

In Bern waren lange Zeit die Handelsabteilung und deren Direktor Jean Hotz die wichtigsten Förderer Troendles.[216] Das änderte sich unter den Nachfolgern von Hotz, den Direktoren Schaffner und Stopper.[217] Was genau zu diesem Bruch geführt hat, müsste noch untersucht werden. Möglich ist, dass die Auseinandersetzungen über den GATT-Beitritt, als Troendle gegenüber seinen ehemaligen Kollegen aus der Handelsabteilung sehr belehrend auftrat, das Klima nachhaltig vergiftete.[218] Das Verhältnis Troendles zu Bundesrat Petitpierre war freundschaftlich. Troendle lud das Ehepaar Petitpierre zu verschiedenen privaten Empfängen und Essen ein, zu denen der Bundesrat auch erschien.[219] Petitpierre stand Troendle bei verschiedenen Angriffen gegen seine Person zur Seite.[220] Zur Beziehung zu Bundesrat Wahlen lässt sich wenig sagen. Es ist aber davon auszugehen, dass Wahlen von Troendle viel gehalten hat, betraute er ihn doch mit dem wichtigen Posten in Köln.[221] Eine wichtige Schweizer Bezugsperson Troendles war sein ehemaliger Vorgesetzter

ministerium. Siehe zu Schmidlin Kap. VIII, 2.2 und zu Nussbaumer Kap. VIII, 2.5. Siehe auch BAR, E 2300-01 1973/156, A.21.31 Köln (Berichte, Briefe), Bd. 35.

214 Dies zeigt sich im Vergleich der Abschiedsschreiben an Carstens und seinen Nachfolger Klaus Schütz. Ersteres hebt diesen Punkt viel expliziter hervor. Siehe Brief Botschafter Troendle an Staatssekretär Carstens, 15. Dezember 1966, BAR, E 2200.161 1982/60, 341.2 Behörden in der BRD; Brief von Botschafter Troendle an Staatssekretär Schütz, 19. Oktober 1967, ebd.

215 Vor allem auf den Reisen in die verschiedenen Konsularbezirke war ihm sehr daran gelegen, dass er mit Personen aus Politik, Kultur und Wirtschaft zusammentraf. Siehe BAR, E 2200.161 1977/76, D.5.7 Offizielle Besuche des Postenchefs bei den Länderregierungen; Brief Botschafter Troendle an EPD, Abteilung für politische Angelegenheiten, 11. Mai 1967, BAR, E 2200.161 1982/60, 063.71 (3) Besuch des Regierungsrates des Kt Zürichs in Baden-Württenberg.

216 Siehe dazu Kap. VIII, 1.
217 Siehe dazu ebd. und Kap. VIII, 2.2.
218 Siehe dazu Kap. VIII, 1.
219 Siehe Einladung, 10. November 1954, BAR, E 2800 1967/59, 44.123 Max Troendle; Einladung, 28. Juni 1959, ebd.; Brief von Bundesrat Petitpierre an Botschafter Troendle, 28. Juli 1959, ebd.
220 Er schrieb einem Vertreter des «réarmement moral», der Troendle wegen eines Vortrags in St. Gallen angriff: «[...] je connais bien le chef de notre mission diplomatique au Japon. L'accuser de collaboration avec le communisme est, comme vous l'écrivez, une diffamation.» Brief Bundesrat Petitpierre an Etienne Dubois, 11. November 1960, BAR, E 2800 1967/59, 44.123 Max Troendle.
221 Siehe dazu Kap. VIII, 2.2.

in Rom, Paul Ruegger. Die beiden unterhielten eine enge Freundschaft bis ins hohe Alter. Dabei beriet Ruegger seinen ehemaligen Mitarbeiter in wichtigen Fragen wie der Postenwahl.[222] Troendle bezeichnete Ruegger im Gegenzug als seinen «Lehrmeister».[223] Zu ihrem Freundeskreis zählten beide Pierre Micheli.[224] Sicher ist, dass Troendle mit seinem starken und manchmal aufbrausenden Wesen im EPD nicht nur Freunde hatte.

3 Ansichten, Persönlichkeit und Familie

Verschiedene Aspekte der politischen Ansichten Troendles sind in den vorhergehenden Kapiteln klar zutage getreten. In den Bestrebungen des Schweizer Botschafters in Moskau, den kulturellen und wirtschaftlichen Austausch zwischen der Eidgenossenschaft und der UdSSR anzukurbeln, kann man seine Vorstellung der Universalität von Beziehungen erkennen.[225] Er war darum bemüht, das Bild der UdSSR in der Schweiz zu verbessern, und führte auch departementsintern aus, dass man «objektive Massstäbe anlegen» solle und sich «vor jedem McCarthyismus zu hüten» habe. Das Prinzip der Universalität dürfe nicht verletzt werden.[226] Sein Einsatz für die sowjetische Seite hatte aber noch andere Gründe. So notierte Petitpierre: «M. et Mme Troendle sont peu attirés par les pays anglo-saxons. Ils se sentent mieux à l'aise dans les pays slaves.»[227] Tatsächlich drückte bei Troendle immer wieder eine antiamerikanische Haltung durch. So unterstützte er die Anstrengungen von de Gaulle, ein Europa ohne den Einfluss der USA zu gründen.[228] Er warf den USA ein industrielles und wirtschaftliches Machtstreben vor, das imperiale Züge aufweise.[229] Troendle aber als

222 Siehe Brief Botschafter Troendle an Paul Ruegger, 3. Juli 1959, AfZ, NL Ruegger, 52.137 Korrespondenz mit Troendle, Max Dr. iur., Botschafter, Münsingen; 1959–1988.
223 Er schickte ihm einen seiner Vorträge mit der Widmung «Paul Ruegger, seinem Lehrmeister, in Dankbarkeit gewidmet. Max Troendle». Brief Botschafter Troendle an Paul Ruegger, 24. Juni 1976, ebd.
224 Brief Botschafter Troendle an Paul Ruegger, 24. Juni 1976, ebd. Siehe auch Brief Botschafter Micheli an Botschafter Troendle, 6. Juli 1962, BAR, E 2806 1971/57, 17/99 Union des Républiques Socialistes Soviétiques.
225 Siehe dazu Kap. VIII, 2.5.
226 Notiz für den Departementschef, 23. Januar 1962, BAR, E 2200.157 1978/129, F.31.10.1. Gesellschaft UdSSR-Schweiz.
227 Entretien avec Mme Troendle, 7. April 1960, BAR, E 2800 1967/59, 44.123 Max Troendle. Zu erwähnen ist, dass Petitpierre diese Notiz nach einem Gespräch mit Frau Troendle gemacht hat. Es ist aber nicht anzunehmen, dass diese damit nur eine persönliche Meinung äusserte.
228 Siehe Procès-verbal Arbeitsgruppe Historische Standortbestimmung, 6. Juli 1968, BAR, E 2200.157 1985/132, 331.0 Aussenpolitik der Schweiz.
229 Ebd.

unkritisch der UdSSR gegenüber oder sogar als Kommunisten zu bezeichnen, wie dies einige Schweizer Zeitungen taten, ist falsch. Er übte Kritik sowohl an der kommunistischen Lehre als auch an der «rücksichtslosen Aussenpolitik der Sowjetunion».[230] Vielmehr setzte er sich für eine klare Stellung zwischen den Blöcken und eine strikte Neutralitätspolitik ein.[231] Im Gegensatz zu anderen Schweizer Aussenpolitikern wollte er diese aber echt leben und nicht nur als eine Art Visitenkarte und Schutzschild verwenden.[232]
Einen grossen Teil seiner Karriere verbrachte Troendle im Handelsdienst auf Posten im Ausland und in der Handelsabteilung.[233] Es verwundert daher wenig, dass wirtschaftliche Fragen für ihn immer von grosser Wichtigkeit waren. Sein Einsatz für die Universalität der Beziehungen hängt mit seiner Unterstützung des Freihandels zusammen. In einem Vortrag in der BRD zur Position der Eidgenossenschaft in Europa hob er hervor, dass das weltwirtschaftliche Zusammenwachsen für die Schweiz eine «Existenzvoraussetzung» sei.[234] Auch betrachtete er die Zweiteilung Westeuropas in EWG- und EFTA-Länder als eine Entwicklung, die «nichts mehr Gutes verspreche».[235] Er unterstützte daher eine wirtschaftliche Einigung Westeuropas, wollte diese aber unbedingt von der politischen trennen: «Denen aber, die immer noch glauben, weil wir gesinnungsmässig zur abendländischen Welt gehören, sollten wir uns unter Aufgabe einiger Grundsätze unserer Neutralität, [...] der EWG oder gar der atlantischen Gemeinschaft zuwenden, wäre zu empfehlen, die drei Bände der Geschichte der schweizerischen Neutralität von Prof. Bonjour zu studieren. [...] immer hat es sich als richtig erwiesen, an der Neutralität nicht zu rütteln.»[236] Troendle war ein Patriot. Er war überzeugt vom Schweizer System und seinen Institutionen und glaubte, dass die Schweiz mit der Integration

---

230 Siehe zum Beispiel den sehr aufschlussreichen Bericht zum kulturellen Austausch: Brief Botschafter Troendle an Bundesrat Wahlen, 6. November 1961, BAR, E 2200.157 1978/129, K.31.10.1 Kulturabkommen, kult. Beziehungen Schweiz-UdSSR.
231 Siehe Botschafter Dr. Max Troendle: Die Wirtschaftsbeziehungen mit Osteuropa und China nach dem Zweiten Weltkrieg (1945–1954), 29. Juni 1988, AfZ, TA Kolloquien FFAfZ/71; Procès-verbal Arbeitsgruppe Historische Standortbestimmung, 6. Juli 1968, BAR, E 2200.157 1985/132, 331.0 Aussenpolitik der Schweiz.
232 Siehe dazu Kap. I, 1.2.
233 Siehe dazu Kap. VIII, 1.
234 Die Schweiz in Europa, Ansprache des Schweizerischen Botschafters, Herr Dr. jur. Max Troendle, am Presse-Empfang vom 25. April 1964 anlässlich der Hannover-Messe, BAR, E 2200.161 1977/76, R.41 Beitritt der Schweiz.
235 Ebd.
236 Procès-verbal Arbeitsgruppe Historische Standortbestimmung, 6. Juli 1968, BAR, E 2200.157 1985/132, 331.0 Aussenpolitik der Schweiz.

der verschiedenen Sprachen und Kulturen ein Modell für die europäische Integration sein könne.[237]

Zuletzt sei nochmals seine Ablehnung gegenüber Deutschland erwähnt.[238] Diese Ablehnung drückt bei Troendle vielerorts durch. So warf er dem «Normaldeutschen» vor, «machtgläubig» zu sein, die eigene Macht zu überschätzen und den Weltfrieden durch das Streben nach politischer Macht in Gefahr zu bringen.[239] Gegenüber der Generation, die den Zweiten Weltkrieg bestritten hatte, liess er keine Ausreden gelten und meinte: «Diese Leute lassen sich nicht mehr ändern; man tröstet sich damit, dass sie in absehbarer Zeit sterben.»[240] Auch in seiner Bestrebung, die Schweizer Kultur deutlich von derjenigen Deutschlands abzugrenzen, kann man Troendles Abneigung gegen den nördlichen Nachbarn entdecken. Er bezichtigte die Deutschen, die Schweiz vielfach mit dem «herablassenden Wohlwollen des Grösseren dem Kleineren gegenüber» zu behandeln.[241]

Max Troendle war ein Mann der Tat. Er fühlte sich wohl auf heiklen Missionen, wie bei der Evakuation der Schweizer aus Warschau oder den schwierigen Verhandlungen mit den Oststaaten.[242] Wie aufgezeigt, wollte er später in seiner Karriere weg von Botschafterposten in eine wirtschaftspolitische Handelsdelegation zurückkehren.[243] Dies überrascht wenig, da er bei diesen Missionen besonders erfolgreich war. Obwohl er ein ausgeprägtes Temperament hatte, zeigte er sich in den Verhandlungen mit dem Osten sehr ausdauernd und wich kaum von seiner Position ab.[244] Er konnte aber auch aufbrausend sein. Dies bekam ein Beamter der Passkontrolle am Flughafen in Zürich zu spüren, als er ihn fälschlicherweise zum Ausfüllen des Einreiseformulars aufforderte. Troendle brüllte ihn an: «[…] es geht die Zürcher Polizei überhaupt

237 Die Rolle der Schweiz in der europäischen Kultur und die schweizerisch-deutschen kulturellen Beziehungen, Vortrag von Dr. M. Troendle, Schweizerischer Botschafter in der BRD. Gehalten am 28. Oktober 1965 vor der Steuben-Schurz Gesellschaft in Hannover, AfZ, NL Troendle.
238 Siehe dazu Kap. VIII, 2.2.
239 Siehe Die Deutschlandfrage, Referat von Botschafter M. Troendle vor der Arbeitsgruppe für historische Standortbestimmung, 21. März 1966, AfZ, NL Troendle; Das Schicksal der Hallensteintheorie. Die Bundesrepublik Deutschland zwischen den Vereinigten Staaten und Frankreich (Vortrag an der Botschafterkonferenz September 1965), AfZ, NL Troendle.
240 Die Deutschlandfrage, Referat von Botschafter M. Troendle vor der Arbeitsgruppe für historische Standortbestimmung, 21. März 1966, AfZ, NL Troendle.
241 Ebd.
242 Siehe dazu Kap. VIII, 1.
243 Was nicht bedeutet, dass der Posten des Botschafters keine Tatkraft verlangt. Siehe Kap. VIII, 2.1 und VIII, 2.2.
244 Siehe Botschafter Dr. Max Troendle: Die Wirtschaftsbeziehungen mit Osteuropa und China nach dem Zweiten Weltkrieg (1945–1954), 29. Juni 1988, AfZ, TA Kolloquien FFAfZ/71.

einen Dreck an, was in meinem Pass steht!»²⁴⁵ Troendle hatte allgemein für einen Diplomaten einen relativ bodenständigen Sprachgebrauch. Ein schönes Zeugnis seiner Sprache ist das Tondokument von einem Vortrag, den er 1988 im Archiv für Zeitgeschichte gehalten hatte.²⁴⁶ An der diplomatischen Tätigkeit gefiel ihm einerseits ihre Breite, andererseits war er am Kontakt mit anderen Kulturen und Menschen interessiert: «Der Beruf eines Beamten des Politischen Departements bietet wie wenig andere die Gelegenheit zur Erweiterung des Horizonte [sic].»²⁴⁷ Zusammenfassend kann gesagt werden, dass Troendle sicher nicht der einfachste Mitarbeiter des EPD war. Er hatte eine eigene Meinung und scheute nicht davor zurück, diese intern auch gegen Widerstände zu verteidigen.

Dass Troendles Frau Mira eine jugoslawische Staatsbürgerin war, darf als Faktor in seiner Karriere nicht vernachlässigt werden. Einerseits führte dies wohl dazu, dass Troendle Serbokroatisch lernte, andererseits sich allgemein dem slawischen Raum zugewandt fühlte.²⁴⁸ Es muss angenommen werden, dass deswegen da und dort Vorbehalte gegen Troendle entstanden sein dürften, besonders als er mit Jugoslawien Wirtschaftsverträge auszuhandeln hatte. Festzuhalten ist aber auch, dass in den zahlreichen öffentlichen Angriffen auf Troendle die Staatsangehörigkeit seiner Frau nie eine Rolle spielte.²⁴⁹ Mira beteiligte sich aktiv am Berufsleben ihres Mannes, war als gute Gastgeberin bekannt²⁵⁰ und scheute sich nicht davor, mit Petitpierre über die zukünftige Versetzung ihres Mannes zu diskutieren.²⁵¹ Das Ehepaar Troendle hatte zwei Kinder: Petar kam 1942 und Katarina 1944 zur Welt. Die ersten Jahre musste Mira Troendle ihre Kinder alleine aufziehen, da ihr Mann in den Kriegswirren in Rom und Mailand tätig war.²⁵² Auch als Delegierter für Handelsverträge war Troendle rund die Hälfte des Jahres getrennt von Frau und Kindern.²⁵³ Während der Zeit an der Botschaft in Tokio war das Ehepaar Troendle ge-

---

245 Zitiert nach Brief Posten Zürich-Flughafen an Polizeikommando Zürich, 7. Juli 1951, BAR, E 4320B 1990/226_310, C.16.6703 Max Troendle.
246 Botschafter Dr. Max Troendle: Die Wirtschaftsbeziehungen mit Osteuropa und China nach dem Zweiten Weltkrieg (1945–1954), 29. Juni 1988, AfZ, TA Kolloquien FFAfZ/71.
247 Troendle, Der Beruf eines schweizerischen Diplomaten, 11.
248 Siehe Entretien avec Mme Troendle, 7. April 1960, BAR, E 2800 1967/59, 44.123 Max Troendle.
249 Siehe Kap. VIII, 1, VIII, 2.1 und VIII, 2.5.
250 M. Troendle, nommé commissaire général du pavillon helvétique à l'exposition mondiale d'Osaka, in: Journal de Genève, 1. März 1969, BAR, E 2500 1982/120, a.211 Max Troendle.
251 Siehe Entretien avec Mme Troendle, 7. April 1960, BAR, E 2800 1967/59, 44.123 Max Troendle.
252 Brief Minister Troendle an Bundesrat Petitpierre, 21. Mai 1954, BAR, E 2800 1967/59, 44.123 Max Troendle.
253 Ebd.

zwungen, sich von seinen Kindern zu trennen, die in der Schweiz zur Schule gingen.[254] Erst in Moskau war die Familie wieder vereint, wo sich Troendle dafür einsetzte, dass seine Kinder Russisch studieren konnten.[255] Später trat Petar in den diplomatischen Dienst ein und sein Vater musste als Präsident der Zulassungskommission in den Ausstand treten.[256]
Traurig dürfte für Max Troendle gewesen sein, dass er 2002 den eigenen Sohn zu Grabe tragen musste,[257] zwei Jahre bevor er selbst im hohen Alter von 99 Jahren starb.[258] Zuvor amtete er noch als Präsident des Bureau International Exposition in Paris und als Verwaltungsrat bei der Schweizer Rückversicherung.[259]

4   Wertung

Max Troendles Karrierestart im EPD war steil. Er stieg schnell zu einer einflussreichen Persönlichkeit auf und wurde für seine Kompetenz im wirtschaftlichen Bereich sehr gelobt. Interessanterweise ging mit seinem grössten Erfolg, den Handelsverträgen mit den Oststaaten, auch der Bruch in seiner Karriere einher. In der Öffentlichkeit geriet Troendle völlig ungerechtfertigterweise in ein schiefes Licht.
Seine Tätigkeit als Botschafter in Moskau und Köln stand unter einem unglücklichen Stern. Während es in Moskau der starke Antikommunismus der Schweizer Öffentlichkeit war, stand in Köln die unterschiedliche Ausrichtung im europäischen Integrationsprozess der BRD und der Schweiz grösseren diplomatischen Erfolgen im Weg. Festzuhalten ist, dass Troendle weder in der BRD noch in der UdSSR enge Kontakte zu Regierungskreisen aufbauen konnte. Auch in den Aussenministerien beschränkte er sich auf den diplomatischen Verkehr und hatte keine engeren Freundschaften. Dies hinderte ihn nicht daran, hervorragende Berichte nach Bern zu schicken. Er zeichnete sich dabei als feiner Beobachter mit fast weise anmutender Voraussicht aus. Wenig überraschen kann, dass er sich intensiv um die wirtschaftlichen Belange der Beziehungen kümmerte. Die Betreuung der Auslandschweizer nahm für ihn einen nicht besonders grossen Stellenwert ein.

254   Entretien avec M. Troendle, Ambassadeur de Suisse à Tokio, 28. April 1959, BAR, E 2800 1967/59, 44.123 Max Troendle.
255   Telegramm, Nr. 151, Bern, 28. September 1962, BAR, E 2500 1982/120, a.211 Max Troendle.
256   Siehe Notiz für Herrn Minister Bieri, 1. Februar 1968, BAR, E 2807 1974/12_7, 023.1-02 Troendle Max.
257   Siehe dodis.ch/P16769.
258   Siehe für Daten zur Geschichte Troendle Max, AfZ, NL Troendle.
259   Ebd.

Troendle war ein Vertreter der petitpierreschen Maximen der Aussenpolitik: Neutralität, Solidarität und Universalität. Anders als andere Schweizer Aussenpolitiker wollte er die Universalität aber nicht nur predigen, sondern auch wirklich umsetzen. Er schwamm damit gegen die allgemeine Strömung der Schweizer Aussenpolitik, die zwar eine Position zwischen den Blöcken für sich in Anspruch nahm, sich gleichzeitig aber verstärkt in den westlichen Block integrierte.[260] Auch er wollte zwar eine wirtschaftliche Einigung Europas, sah sie aber als Verteidigungsposition sowohl gegenüber der UdSSR als auch gegenüber den USA. Eine politische Integration der Schweiz in ein multilaterales Europa lehnte er ganz ab.

Schliesslich ist infrage zu stellen, ob Troendle auf den Botschafterposten richtig eingesetzt war. Strebte er zuerst über lange Zeit einen solchen Posten an,[261] stellte er als Botschafter in Moskau fest, dass ihn diese Tätigkeit nicht ausfüllte. Seine Bitte um Rückversetzung in die Handelsabteilung oder an die Spitze einer internationalen Mission wurde übergangen. Stattdessen machte man ihn zum Botschafter auf dem wichtigen Posten in Köln. Nicht überraschend zeigte sich schnell, dass er auch da nicht glücklich war. Seiner Bitte um Abberufung wurde erst zwei Jahre später entsprochen. In der Annahme, dass man in einer Tätigkeit, die man nicht gerne macht, nicht seine besten Leistungen erbringt, ist dieses Übergehen der Bitten Troendles fragwürdig, umso mehr als er sich zuvor als hervorragender Verhandlungsführer und Wirtschaftsmann bewiesen hatte.

---

260 Siehe dazu Kap. I, 1.2.
261 Während seiner Zeit als Delegierter für Handelsverträge fragte er verschiedentlich im EPD an, wann er einen Gesandtenposten übernehmen könne. Siehe dazu Kap. VIII, 1.

Felix Schnyder (1910–1992)

Schweizer Missionschef in New York 1958–1961, Schweizer Botschafter in Washington 1966–1975 (undatiert, dodis.ch/P84)

IX Felix Schnyder – ein Botschafter in seinem Element

1 Militärfreundschaft als Türöffner für Ostberlin

Am 5. März 1910 gebar Louise Schnyder in Burgdorf Zwillinge. Sie und ihr Mann Maximilian gaben den beiden Söhnen die Namen Franz und Felix.[1] Beide sollten bekannte Schweizer werden. Während Felix zu einem hoch angesehenen Diplomaten wurde, machte sich Franz als Regisseur berühmter Filme wie «Gilberte de Courgenay», der beiden Jeremias-Gotthelf-Verfilmungen «Ueli der Knecht» und «Ueli der Pächter» mit Hannes Schmidhauser und Liselotte Pulver und einer Heidi-Verfilmung einen Namen.[2] Die beiden Brüder wuchsen in Burgdorf als Söhne eines Ingenieurs auf. Felix Schnyder machte dort 1928 die Matura und stieg nach einem sechsmonatigen Sprachaufenthalt in England[3] ins Erwerbsleben ein. Er arbeitete je ein Jahr bei der Seidenstoffweberei in Bern, einer Bank in Burgdorf sowie bei Olivetti in Bern.[4] 1932 begann er an der Universität Bern ein Rechtsstudium. Auf den erfolgreichen Abschluss folgten zwei Jahre Praxiserfahrung bei Berner Anwälten, 1938 erlangte er das Berner Fürsprecherpatent.[5] Nach einem weiteren, dreimonatigen Praktikum in einer Genfer Anwaltskanzlei übernahm er bei der Schweizerischen Tresorgesellschaft in Zürich eine Position als leitender Angestellter in der Prokura. Im September 1939 wurde er als Leutnant in den Aktivdienst eingezogen. Die Begegnung mit den anderen Offizieren der Füsilierkompanie I/25 veränderte sein Leben nachhaltig.[6]

---

1 Personalblatt, BAR, E 2500 1990/6, a.21 Schnyder Felix.
2 Siehe Neue Zürcher Zeitung, Nr. 51, 2. März 1990, AfZ, PA Biographische Sammlung, Schnyder, Felix.
3 Anstellungskarte für Bund, BAR, E 4260D 1987/2, 2630 Schnyder Felix.
4 Personalblatt, BAR, E 2500 1990/6, a.21 Schnyder Felix.
5 Ebd.
6 In einem Vortrag zu seiner Lebensgeschichte erzählt Schnyder von diesen Begegnungen und spricht vom Dienst, den er in der Füsilierkompanie I/24 geleistet habe. Hier hat ihn seine Erinnerung getäuscht: Er hat zwar einen Gast-WK in der Kompanie I/24 geleistet, die relevanten Bekanntschaften mit Heinz Vischer und Raymond Probst machte er aber in der Kompanie I/25. Siehe Tagebuch Aktivdienst Füs Kp I/25, BAR, E 5790 1000/948, 03.04.025 Tagebücher der Stäbe und Einheiten, Füs Kp I/25; Personalblatt, BAR, E 2500 1990/6, a.21 Schnyder Felix. Vgl. auch Personalblatt, BAR, E 2500 1990/6, a.21 Heinz Vischer. Erwähnter Vortrag: Felix Schnyder: Wegstationen eines Schweizer Diplomaten, 12. Dezember 1990, AfZ, TA Kolloquien FFAfZ/82.

Als Frankreich im Sommer 1940 unter dem deutschen Angriff zusammenbrach und kapitulierte, war die Schweiz vom Zugang zu den Atlantikhäfen abgeschnitten. In diesen blieben Güter liegen, die das Überleben des Landes sicherstellen sollten. Das EPD brauchte Juristen, um sie wieder frei zu kriegen. Da erinnerte sich Heinz Vischer, der damals im EPD tätig war, an einen seiner ehemaligen Offizierskollegen aus der Füsilierkompanie I/25 und holte Felix Schnyder ins EPD,[7] in das dieser am 28. August 1940 als «juriste-stagiaire» eintrat.[8] Die blockierten Güter konnten auch dank dem Effort des jungen Juristen losgeeist werden.[9] Als etwas später das EPD erneut Juristen suchte, war es Felix Schnyder, der mit Raymond Probst einen weiteren Offizier aus der Füsilierkompanie I/25 ins EPD holte.[10] Schnyder und Probst sollten zu zwei prägenden Figuren des EPD werden. Die drei Offiziere aus der Füsilierkompanie I/25 sind ein gutes Beispiel dafür, wie entscheidend ein gutes militärisches Netzwerk zu dieser Zeit sein konnte.

Felix Schnyder blieb bis 1947 in Bern. Er arbeitete zuerst in der Rechtsabteilung und wechselte dann in die Politische Abteilung, wo er zwei Jahre lang die Sektion Ost leitete.[11] Er konnte sich schnell das Vertrauen der Vorgesetzten sichern: Bereits 1941 wusste Walter Stucki über die «excellents services» Schnyders zu berichten.[12] Der gute Eindruck, den er sich in dieser Zeit in der Zentrale erarbeitete,[13] sollte ihm in seiner weiteren Karriere zugutekommen. Er stieg 1943 zum Legationsattaché, 1945 zum Legationssekretär zweiter und 1946 zum Legationssekretär erster Klasse auf.[14] Er befasste sich in dieser Zeit mit vielen politisch heiklen Fragen, wie der Anerkennung von Staaten in Mittelosteuropa.[15] Während seiner Zeit in Bern heiratete er Sigrid Bucher,

---

7 Schnyder musste sich noch bei Robert Kohli, dem damaligen Leiter des Rechtsbüros, bewerben. Explizit weist Schnyder in seinem Schreiben auf seine Erfahrungen mit «See-usw-Versicherungen und Speditionsverträge» sowie damit zusammenhängende Rechtsfragen hin. Brief Felix Schnyder an Robert Kohli, Chef des Rechtsbüros, 1. August 1940, BAR, E 2500 1990/6, a.21 Schnyder Felix. Siehe zudem Felix Schnyder: Wegstationen eines Schweizer Diplomaten, 12. Dezember 1990, AfZ, TA Kolloquien FFAfZ/82.
8 Personalblatt, BAR, E 2500 1990/6, a.21 Schnyder Felix.
9 Siehe Felix Schnyder: Wegstationen eines Schweizer Diplomaten, 12. Dezember 1990, AfZ, TA Kolloquien FFAfZ/82.
10 Ebd.
11 Brief EPD, Abteilung für Verwaltungsangelegenheiten, an Minister Flückiger, 6. Juni 1947, BAR, E 2500 1990/6, a.21 Schnyder Felix.
12 Brief Minister Stucki an Eidgenössisches Personalamt, 15. Mai 1941, ebd.
13 Siehe dazu Brief EPD, Abteilung für Verwaltungsangelegenheiten, an Minister Flückiger, 6. Juni 1947, ebd.
14 Personalblatt, ebd.
15 Siehe Anerkennung der Ungarischen Regierung, 20. Dezember 1945, BAR, E 1001 (-) -/1, Bd. EPD Dez. 1945, dodis.ch/4; Brief Legationssekretär Schnyder an Minister Peter, 5. September 1946, BAR, E 2500 1968/87, Bd. 21, dodis.ch/5500.

die er von Burgdorf her kannte. 1943 kam die gemeinsame Tochter Anna Barbara zur Welt.[16]

1947 wollte Felix Schnyder endlich ins Ausland gehen, er interessierte sich besonders für den Posten des ersten Mitarbeiters von Minister Flückiger an der soeben wiedereröffneten Gesandtschaft in Moskau. Um allfällige Probleme aus dem Weg zu räumen, war er bereit, sich für diese Zeit von seiner Familie zu trennen.[17] Nach Moskau entsandt, verstand er sich mit Flückiger gut und schon bald setzte sich dieser für seine Beförderung zum Legationsrat ein.[18] Schnyder beschreibt seine Zeit in Moskau im Rückblick als angenehm, auch wenn der Bewegungsradius der fremden Diplomaten von Stalin immer weiter eingeschränkt worden sei.[19] Er baute in dieser Zeit freundschaftliche Kontakte zum US-Botschafter in Moskau, Walter Bedell Smith, wie auch zu dessen Mitarbeiter Walter Stoessel auf.[20] Letzterer Kontakt war für Schnyder später nützlich, da Stoessel zu einer wichtigen Person im State Department aufstieg. Schnyders Zeit in Moskau endete hingegen mit einem Eklat. 1948 wurde Flückiger durch Minister Hans Zurlinden ersetzt. In der Zeit zwischen den beiden Ministern führte Schnyder den Posten als Geschäftsträger ad interim. Zurlinden war bei seiner Ankunft von der Tätigkeit Schnyders als Geschäftsträger angetan und lobte in einem Schreiben nach Bern dessen «grosses Verständnis», «anerkennungswerte Geschicklichkeit» und «zuvorkommende» Vorbereitungen.[21] Aber bereits im folgenden Jahr kam es zum Bruch zwischen den beiden. Als Zurlinden 1949 an einer Lungenentzündung erkrankte und ins Spital eingeliefert werden musste, sagte er Schnyder, dass er nun erneut den Posten zu führen habe. Da sich der Minister aber nicht ausser Landes, sondern im Spital befand, war sich Schnyder nicht sicher, ob er nun als Geschäftsträger ad interim gemeldet werden solle.[22] Schnyder entschied

---

16 Personalblatt, BAR, E 2500 1990/6, a.21 Schnyder Felix.
17 Brief EPD, Abteilung für Verwaltungsangelegenheiten, an Minister Flückiger, 6. Juni 1947, ebd. Bis Dezember 1948 lebte er alleine in Moskau. Siehe Notiz, 14. Dezember 1948, ebd.
18 Dies auch, weil Flückiger wollte, dass Schnyder als sein Stellvertreter gegenüber den sowjetischen Behörden mit einem höheren Rang auftreten konnte. Abschrift, Brief an Hermann Flückiger, 12. Januar 1948, BAR, E 2500 1990/6, a.21 Schnyder Felix.
19 Felix Schnyder: Wegstationen eines Schweizer Diplomaten, 12. Dezember 1990, AfZ, TA Kolloquien FFAfZ/82. Ein anderes Bild vermittelt ein Schreiben an die Verwaltungsabteilung. Schnyder weist auf die schwierigen Lebensbedingungen in Moskau hin. Da Schnyder mit diesem Schreiben für die eigene Beförderung warb, ist anzunehmen, dass er die Situation eher schlimmer beschrieben hat, als sie wirklich war. Siehe Notiz, 14. Dezember 1948, BAR, E 2500 1990/6, a.21 Schnyder Felix.
20 Felix Schnyder: Wegstationen eines Schweizer Diplomaten, 12. Dezember 1990, AfZ, TA Kolloquien FFAfZ/82.
21 Politischer Bericht, Nr. 8, 1. November 1948, BAR, E 2300 1000/716, Moskau, Politische Berichte und Briefe, Militärberichte, Bd. 113, dodis.ch/4215.
22 Siehe Brief Legationsrat Schnyder an Legationsrat Rossat, 28. Februar 1949, BAR, E 2500 1990/6, a.21 Schnyder Felix.

sich, eine Anfrage nach Bern zu schicken.[23] Als Zurlinden von dieser Anfrage erfuhr, war er sehr aufgebracht. Er empfand dies als «Desavouierung» und warf seinem ersten Mitarbeiter «Geltungstrieb» vor.[24] Als Zurlinden wieder auf den Beinen war, konfrontierte er Schnyder mit diesen Vorwürfen und schickte ihn in die vorgesehenen Ferien in die Schweiz.[25] In Bern wurde dann entschieden, dass der Bruch zwischen den beiden zu gross sei und Schnyder nicht mehr nach Moskau zurückkehren solle.[26] Aufgrund der eingesehenen Akten erscheint die ganze Geschichte als reichlich wirre Intrige, in der ein überängstlicher Minister ein Vorwurfskonstrukt gegen seinen jüngeren und dynamischen Mitarbeiter aufbaut. Wenig verwunderlich ist deshalb, dass Schnyders Freund Probst, der als sein Nachfolger in Moskau eingeplant war, nach diesem Vorfall nach Bern melden liess, dass er dankend verzichte.[27]

So wurde Schnyder wieder für einige Monate der Rechtsabteilung zugeteilt. Er setzte sich in dieser Zeit mit den rechtlichen Fragen des Handelsvertrags mit Polen auseinander. Dabei ergriff er gegen das Abkommen Position und kritisierte die Vereinbarung betreffend nachrichtenlose Vermögen aus dem Zweiten Weltkrieg.[28] Er befand sich damit in Opposition zu Max Troendle, dem damaligen Delegierten für Handelsverträge. Doch Schnyders Einwände wurden nicht berücksichtigt und erst in jüngeren Forschungen angemessen gewürdigt.[29]

Im Sommer 1949 verstarb mit François de Diesbach der Chef der Schweizerischen Heimschaffungsdelegation in Berlin. Man hielt in Bern Schnyder für den geeigneten Nachfolger für diese Mission, die sich um die Anliegen der Schweizer Bürger in der sowjetischen Zone des geteilten Deutschlands kümmerte. Da es sich aber um eine militärische Mission handelte und Schnyder nur den Grad eines Hauptmanns hatte, fragte das EPD beim Generalstab nach, ob man ihn

---

23 Telegramm, Nr. 17, Moskau, 1. Februar 1949, ebd.
24 Brief Legationsrat Schnyder an Legationsrat Rossat, 28. Februar 1949, ebd. Die ganze Geschichte ist noch einiges komplizierter und die Vorwürfe an Schnyder vielschichtiger. Auf die detaillierte Darstellung der Vorkommnisse wurde aber aufgrund ihrer geringen Relevanz für die vorliegende Untersuchung verzichtet.
25 Brief Legationsrat Schnyder an Legationsrat Hegg, 11. März 1949, BAR, E 2500 1990/6, a.21 Schnyder Felix.
26 Brief EPD, Abteilung für Verwaltungsangelegenheiten, an Minister Zurlinden, 25. März 1949, ebd.
27 Brief EPD, Abteilung für Verwaltungsangelegenheiten, an Minister Carl Stucki, 18. Februar 1949, ebd.
28 Notiz zum beiliegenden Bericht vom 8. 6. 49 von Dr. Troendle über den gegenwärtigen Stand der Wirtschaftsverhandlungen mit Polen, 14. Juni 1949, BAR, E 2001 (E) 1967/113, Bd. 374, dodis.ch/4760.
29 Siehe Hug/Perrenoud, In der Schweiz liegende Vermögenswerte von Nazi-Opfern und Entschädigungsabkommen mit Oststaaten, 39–47 und 94–104.

nicht zum Major machen könnte. Das EMD zeigte sich unnachgiebig.[30] Man entschied sich daraufhin im EPD in Absprache mit den sowjetischen Stellen für eine pragmatische Lösung, nominierte Schnyder trotzdem und machte aus der militärischen Heimschaffungsdelegation die zivile «Schweizer Delegation in Berlin».[31] Schnyders erster Posten als Missionschef war eine heikle Angelegenheit. Die Deutschlandfrage lief auf ihre heisse Phase zu und die Schweiz entschied sich für eine ungleiche Politik gegenüber den beiden neuen deutschen Staaten. Man anerkannte nicht nur die BRD an sich, sondern unterstützte aus finanziellen Gründen auch deren Alleinvertretungsanspruch.[32] Schnyder zeigte sich in dieser Zeit als Gegenspieler des Schweizer Gesandten in Köln Albert Huber,[33] indem er gegenüber der DDR mehr Entgegenkommen zeigen und die BRD bei ihrer Nichtbeachtung des deutschen Staates im Osten nicht unterstützen wollte.[34] Doch in Bern war man gegenüber dieser Haltung nicht aufgeschlossen. Schnyder wurde angewiesen, alles zu unterlassen, was eine diplomatische Anerkennung der DDR präjudizieren könnte.[35] Er konnte sich dementsprechend gar nicht offiziell akkreditieren lassen.[36] Für Schnyder ergab sich daraus die schwierige Aufgabe, die Interessen der in der DDR verbliebenen Schweizer wahrzunehmen und mit den ostdeutschen Stellen zu verkehren, ohne etwas zu unternehmen, was deren Anerkennung impliziert hätte. In der Rückschau meinte Schnyder, dass dadurch alles auf persönlicher und diskreter Ebene abgelaufen sei, was am Anfang sehr gut funktioniert habe.[37] Dass es Schnyder hervorragend verstand, diese Kontakte aufzubauen und zu pflegen, ist aus einem Bericht an den Bundesrat des Schweizer Gesandten Albert Huber zu lesen: «Der Chef der Schweizerischen Delegation ging mir bei diesem Aufenthalt sehr an die Hand. Er tat es in wirksamster Weise dank den ausgezeichneten Beziehungen, die er zu den Deutschen wie den Alliierten unterhält. Ich konnte mich bei je-

---

30 Siehe Generalstabschef Montmollin an Minister Zehnder, 22. August 1949, BAR, E 2500 1990/6, a.21 Schnyder Felix.
31 Siehe Botschafter Dr. Hans Lacher, Botschafter Felix Schnyder: Die Schweizerische Delegation in Berlin 1945–1961, 29. Mai 1985, AfZ, TA Kolloquien FFAfZ/55.
32 Die BRD nahm in dieser Zeit das Recht in Anspruch, für Gesamtdeutschland zu sprechen, und ignorierte dabei absichtlich, dass im Osten mit der DDR ein zweiter deutscher Staat entstand. Siehe dazu Kap. V, 2.2.
33 Siehe dazu Kap. V, 2.1.
34 Siehe Schmitz, Westdeutschland und die Schweiz nach dem Krieg, 420; Politische Mitteilung, Nr. 5, 29. März 1951, BAR, E 2001 (E) 1967/113, Bd. 152, dodis.ch/7997.
35 Notiz betr. unsere Beziehungen zu West- und Ostdeutschland, 28. Oktober 1949, BAR, E 2001 (E) 1967/113, Bd. 152, dodis.ch/7360.
36 Schmitz, Westdeutschland und die Schweiz nach dem Krieg, 418. Siehe auch Steffen Gerber, Das Kreuz mit Hammer, Sichel, Ährenkranz.
37 Botschafter Dr. Hans Lacher, Botschafter Felix Schnyder: Die Schweizerische Delegation in Berlin 1945–1961, 29. Mai 1985, AfZ, TA Kolloquien FFAfZ/55.

dem Anlass davon überzeugen.»[38] Nachdem 1952 erste Vorgespräche zu einer möglichen zwischenstaatlichen Handelsvereinbarung scheiterten, schränkte die DDR die Bewegungsfreiheit der Delegation immer stärker ein.[39] Die Erfüllung der schwierigen Mission in Berlin, ohne dass es dabei zu einem Eklat gekommen wäre, brachte Schnyder in Bern weiteres Ansehen. Bundesrat Petitpierre schrieb über Schnyder: «[...] ce collaborateur du Département, que je considère comme un des plus capables.»[40]

Nachdem er von Berlin zurückbeordert worden war, wurde Schnyder 1954 zum ersten Mitarbeiter der Gesandtschaft in Washington ernannt. Während seiner Tätigkeit in der amerikanischen Hauptstadt arbeitete er zuerst noch für kurze Zeit unter Minister Karl Bruggmann,[41] anschliessend unter Minister Henry de Torrenté.[42] Auch mit seinem alten Freund Raymond Probst, der ebenfalls in Washington tätig war, traf er wieder zusammen. In einem gemeinsam bestrittenen Vortrag über ihre Erfahrungen kamen Schnyder und Probst 1990 zum Schluss: «Man kann sagen, dass die beiden Botschafter Bruggmann und de Torrenté, jeder auf seine Weise, ausgezeichnete Vertreter der Schweiz waren.»[43] Mit Blick auf Schnyders weitere Karriere darf man auch sagen, dass beide als Lehrmeister und Vorbilder für seine spätere Tätigkeit als Botschafter in Washington sehr wichtig waren.

Erneut konnte Schnyder seinen Vorgesetzten von seinen Qualitäten überzeugen. So setzte sich de Torrenté bei Petitpierre für Schnyders weitere Karriere ein und schlug ihn mit seinem Einverständnis für den Beobachterposten bei der UNO in New York vor.[44] Für diesen Posten hatte man in Bern aber

38 Politischer Brief, Nr. 19, 1. Juli 1953, BAR, E 2300 1000/716, Köln, Politische Berichte und Briefe, Militärberichte, Bd. 17.
39 Siehe Schweizerische Delegation Berlin, Jahresbericht 1952, BAR, J 1.239 1994/47, 4. Schweizer Delegation in Berlin. Im Januar 1953 wurde die Schweizer Delegation von der DDR angewiesen, ihre Büros in Ostberlin aufzugeben. Note pour le Chef du Département. Ordre des autorités municipales de Berlin-est de faire évacuer les locaux occupés par la Délégation dans le secteur de Berlin-est, 15. Januar 1953, BAR, E 2001 (E) 1969/121, Bd. 240, dodis.ch/9040. Siehe auch Brief Legationsrat Schnyder an Minister Zehnder, 3. Februar 1953, BAR, E 2001 (E) 1969/121, Bd. 174, dodis.ch/9054. Eine Übersicht über die veränderte Situation nach den gescheiterten Verhandlungen gibt folgendes Dokument: Schutz der Schweizer Interessen in Ostdeutschland; Aufnahme gewisser de facto Beziehungen mit der DDR. Ergänzung zum Antrag vom 3. April 1954, 7. April 1954, BAR, E 2001 (E) 1970/217, Bd. 73, dodis.ch/9062.
40 Brief Bundesrat Petitpierre an Minister Bruggmann, 4. Februar 1954, BAR, E 2800 1967/59, 92/5 M. Felix Schnyder.
41 Siehe dazu Kap. III.
42 Siehe dazu Kap. IV.
43 Felix Schnyder: Wegstationen eines Schweizer Diplomaten, 12. Dezember 1990, AfZ, TA Kolloquien FFAfZ/82.
44 Siehe Brief Bundesrat Petitpierre an Minister de Torrenté, 14. Januar 1957, BAR, E 2800 1967/59, 92/5 M. Felix Schnyder.

schon lange Agostino Soldati vorgesehen. Petitpierre plante, Schnyder eine Gesandtschaft anzuvertrauen, bei der die politische Arbeit im Vordergrund stand. Er wollte ihn in Tel Aviv einsetzen, da er von dort «des rapports sûrs et bien documentés» brauche.⁴⁵ So trat Schnyder im Mai 1957 den Posten des Schweizer Ministers in Israel an. Inzwischen war er 47 Jahre alt und seit siebzehn Jahren im EPD tätig.

2 Missionschef in New York 1958–1961 und Botschafter in Washington 1966–1975

2.1 Der UNO-Beobachter und sein Einfluss auf die UNO-Mission im Kongo

Als im Sommer 1957 klar wurde, dass der Posten des Schweizer Vertreters bei der OECE in Paris unerwarteterweise frei würde,⁴⁶ beschloss man, Agostino Soldati für diesen Posten zu nominieren.⁴⁷ Der freie Posten in New York wurde nun doch Schnyder angeboten.⁴⁸ So kam es, dass Schnyder nach nur wenigen Monaten Tel Aviv wieder verliess und am 27. Februar 1958 den Posten des Schweizer Beobachters bei der UNO antrat.⁴⁹ Der Schweizer Botschafter in Washington de Torrenté bezeichnete diese Wahl wenig überraschend als «sehr glücklich».⁵⁰

Wie es der Name schon sagt, besteht die Hauptaufgabe des Postens in New York darin, die Vorkommnisse in der UNO zu beobachten und sie nach Bern zu berichten. Für diese Aufgabe hielt man Schnyder für besonders geeignet. Als Verbindungsstelle zwischen der Bundesverwaltung und den Vereinten Nationen musste er zudem pro Tag bis zu hundert Papiere aus den UNO-Organisationen an die entsprechenden eidgenössischen Stellen weiterleiten.⁵¹ Schnyder musste aber auch in verschiedenen Unterorganisationen, denen die Schweiz beigetreten war, Einsitz nehmen. Als Beispiele können hier Sonderkommissionen des UNHCR oder des UNRWA, die Komitees für technische

---

45 Ebd.
46 Der bisherige Missionschef Gérard Bauer wurde auf den 1. Januar 1958 zum Präsidenten des Verbands der schweizerischen Uhrenindustrie ernannt. Lettre de démission, 5. Juli 1957, BAR, E 2500 1968/87, Bd. 9, dodis.ch/P1129.
47 A Monsieur le Ministre Clottu, 11. Oktober 1957, BAR, E 2800 1967/59, 92/5 M. Felix Schnyder.
48 Siehe Brief Bundesrat Petitpierre an Minister Schnyder, 29. November 1957, ebd. Im Gespräch war ausserdem Albert Weitnauer. De Torrenté liess Kohli aber wissen, dass er seinen Mitarbeiter nicht als geeignet für den Posten in New York betrachte. Notiz 13. September 1957, BAR, E 2808 1974/13, B. Halbamtliche Korrespondenz.
49 Personalblatt, BAR, E 2500 1990/6, a.21 Schnyder Felix.
50 Brief Botschafter de Torrenté an Minister Clottu, 9. Dezember 1957, ebd.
51 Siehe Geschäftsbericht für 1960, BAR, E 2400 1000/717, New York (UNO), Bd. 234.

Hilfe und vor allem die UNICEF genannt werden.⁵² 1959 wurde Schnyder sogar zum Präsidenten des Verwaltungsrates der UNICEF gewählt.⁵³ Seine Präsidentschaft darf als erfolgreich bezeichnet werden. Einerseits konnte mit einer Studie über die Bedürfnisse von Kindern in Entwicklungsländern und einer daraus folgenden Resolution die Abstützung innerhalb der Generalversammlung verstärkt werden, andererseits verbesserte sich das öffentliche Ansehen der UNICEF.⁵⁴

Die Schweiz spielte zu dieser Zeit eine besondere Rolle in der UNO. Dies verdankte sie vor allem dem Generalsekretär Dag Hammarskjöld, der ihr eine solche zudachte.⁵⁵ Er liess Schnyder kurz nach dessen Amtsantritt wissen, dass er mit ihm dieselben guten Beziehungen wie mit seinen Vorgängern Soldati und vor allem Lindt pflegen wolle.⁵⁶ Doch sollte das Versprechen nie richtig eingelöst werden, Schnyder konnte zum Generalsekretär kein vergleichbares Nahverhältnis aufbauen.⁵⁷ Hammarskjöld nominierte aber weiterhin viele Schweizer für UNO-Missionen im Bereich der technischen Hilfe.⁵⁸ So spielte die Schweiz eine wichtige Rolle sowohl in der Kongo-⁵⁹ als auch in der Algerienkrise.⁶⁰

Die Schweiz beteiligte sich am Kongo-Blauhelmeinsatz, indem sie Swissair-Flüge für Truppen- und Lebensmitteltransporte, Milchpulver, eine zivile Ärztemission⁶¹ sowie verschiedene Experten für humanitäre und beratende Aufgaben zur Verfügung stellte.⁶² Die Organisation dieser Hilfsprojekte brachte für das Büro des schweizerischen Beobachters in New York «eine sehr rege Zusammenarbeit mit dem UN-Sekretariat» mit sich.⁶³ Die Initiative für die Beteiligung der Schweiz an dieser Blauhelmmission wurde von Generalsekretär Hammarskjöld lanciert.⁶⁴ Er konnte sich dabei auf den Präzedenzfall der

52 Siehe Geschäftsbericht für 1958, ebd.
53 Geschäftsbericht für 1959, ebd.
54 Geschäftsbericht für 1960, ebd.
55 Siehe zur Beziehung Lindt – Hammarskjöld Kap. VII, 2.7.
56 Brief Bundesrat Petitpierre an Minister Schnyder, 11. März 1958, BAR, E 2800 1967/59, 92/5 M. Felix Schnyder.
57 Siehe dazu Kap. IX, 2.7.
58 Siehe Geschäftsbericht für 1960, BAR, E 2400 1000/717, New York (UNO), Bd. 234.
59 Siehe dazu Kap. IX, 2.1.
60 Siehe Felix Schnyder: Wegstationen eines Schweizer Diplomaten, 12. Dezember 1990, AfZ, TA Kolloquien FFAfZ/82.
61 Wildhaber, Beteiligung an friedenserhaltenden Aktionen, 589.
62 Politischer Bericht, Nr. 94, 9. September 1960, BAR, E 2300 1000/716, New York (UNO), Berichte des ständigen schweizerischen Beobachters bei der Organisation der Vereinigten Nationen (UNO), Bd. 7.
63 Geschäftsbericht für 1960, BAR, E 2400 1000/717, New York (UNO), Bd. 234.
64 Siehe Unterstützung der Hilfsaktion der UNO für den Kongo, BRB vom 16. September 1960, BAR, E 1004.1 (-) -/1, Bd. 641, dodis.ch/15345.

Schweizer Beteiligung an der UNO-Mission in der Suezkrise berufen. Bei dieser Aktion, die von Hammarskjöld und Lindt gemeinsam entworfen worden war, stellte die Schweiz ebenfalls Swissair-Flüge zum Transport von UNO-Truppen zur Verfügung.[65] Auf der Basis dieser Mission stellte Hammarskjöld sein Begehren an die Schweiz. Im EPD war man erfreut über diese Anfrage und bemerkte gegenüber dem Gesamtbundesrat: «In der Tat müssen wir dem Generalsekretär dankbar sein, dass er infolge seiner grossen Kenntnisse unseres Landes die Schweiz um eine Art der Hilfeleistung ersucht hat, die uns nicht vor schwerwiegende Probleme neutralitätspolitischer Art stellt.»[66] Im Antrag an den Bundesrat zeigt sich, welche Rolle das Beobachterbüro in New York bei dieser Angelegenheit übernommen hatte: Am Ursprung des Einsatzes stand eine direkte telegrafische Anfrage des Generalsekretärs an Bundesrat Petitpierre. Der klassische diplomatische Weg über den Schweizer Beobachter Schnyder wurde somit umgangen. Dies ist insofern nicht verwunderlich, als sich Petitpierre und Hammarskjöld persönlich kannten und schätzten.[67] Nach der grundsätzlichen Zusage Petitpierres lief dann die weitere Koordination über Schnyder. So wurde das Ersuchen des Generalsekretärs, Flugzeuge auch für die Verteilung von Lebensmitteln im Landesinneren zur Verfügung zu stellen, von Schnyder telefonisch ans EPD übermittelt.[68] Er stand also nicht am Ursprung der Schweizer Mission im Kongo, vielmehr kam hier erneut die besondere Rolle, die Hammarskjöld der Eidgenossenschaft zuschrieb, zum Tragen. Schnyder übernahm aber nach der grundsätzlichen ministeriellen Einigung über den Einsatz eine zentrale Koordinationsrolle.

Im Verlauf des Jahres 1960 wurde klar, dass Lindt auf Ende Jahr sein Amt als UNO-Hochkommissar für Flüchtlinge ablegen würde. Im Juni erfuhr Schnyder von seinem österreichischen Amtskollegen, dass Österreich eine Kandidatur mit dem früheren Aussenminister Gruber lancieren wolle.[69] Im Juli entschloss man sich im EPD, keine offizielle Kandidatur zu lancieren.[70] Als im August aber in New York verschiedene Botschafter anderer Länder an die Schweizer Delegation herantraten und nach einer Schweizer Kandidatur

---

65 Siehe dazu Kap. VII, 2.1.
66 Unterstützung der Hilfsaktion der UNO für den Kongo, BRB vom 16. September 1960, BAR, E 1004.1 (-) -/1, Bd. 641, dodis.ch/15345.
67 So bezeichnete Petitpierre den Generalsekretär mit «Mon cher Hammarskjöld». Brief Bundesrat Petitpierre an Generalsekretär Hammarskjöld, 25. August 1960, BAR, E 2800 1967/59, 44.079 M. le Ministre August Lindt. Siehe dazu Trachsler, Bundesrat Max Petitpierre, 228.
68 Siehe Unterstützung der Hilfsaktion der UNO für den Kongo, BRB vom 16. September 1960, BAR, E 1004.1 (-) -/1, Bd. 641, dodis.ch/15345.
69 Brief Minister Schnyder an Sektionschef de Rham, 8. Juni 1960, BAR, E 2003 (A) 1974/52, 0.743.61 Nominations, promotions (MM. Lindt et Schnyder).
70 Telegramm, Nr. 18, Bern, 4. Juli 1960, ebd.

fragten,[71] entschied Petitpierre, die Wahlchancen eines Schweizers zu testen. In einem persönlichen Brief fragte er den Generalsekretär an, ob eine Schweizer Kandidatur überhaupt infrage komme. Zudem schlug er für einen solchen Fall Jean de Rham vor.[72] Hammarskjöld hatte aber andere Pläne und lehnte sowohl die offizielle österreichische als auch die inoffizielle schweizerische Kandidatur ab. Er teilte Kohli mit, dass man de Rham in der UNO zu wenig kenne und er daher nicht infrage komme.[73] Kurz darauf weigerte sich die kanadische Regierung, den vom Generalsekretär vorgesehenen Kandidaten freizugeben, was Hammarskjöld in die Klemme brachte. Er besprach sich mit seinem Freund August Lindt und dieser brachte Felix Schnyder als möglichen Nachfolger ins Spiel.[74] Im Einverständnis mit Bern schlug Hammarskjöld der UNO-Generalversammlung am 1. Dezember 1960 Felix Schnyder zur Wahl vor.[75] Vier Tage später wurde er gewählt.[76]

2.2 UNO-Hochkommissar für Flüchtlinge

Die grossen Verdienste des Hochkommissariats für Flüchtlinge unter Schnyder waren einerseits die definitive Auflösung der Flüchtlingslager in Europa, andererseits die Heimkehraktion für die Flüchtlinge in der Algerienkrise und die Bekämpfung der Flüchtlingsströme aus dem Kongo.[77] Die Aufgabe des Hochkommissars zeichnete sich durch grosse Vielfalt und Komplexität aus. Schnyder umschrieb sie später als «Vermittler guten Willens».[78] Auch in dieser Funktion setzte er die Arbeit Lindts fort. Wie sein Vorgänger versuchte er immer die neutrale und apolitische Rolle des Amts hervorzuheben. Es sei nicht Aufgabe des Hochkommissariats, sich mit Ursachen von Flüchtlingssituationen zu befassen, «sondern, vorwärts blickend, die bestmögliche humanitäre Lösungsmöglichkeit zu suchen, mit dem Ziel, Flüchtlingen zu helfen, schliesslich nicht mehr Flüchtlinge zu sein».[79] Dabei steckte das UNHCR in einer unsicheren Situation. Sein Mandat stammte aus dem Jahr 1951 und seine Aufgabe war sowohl in der Dauer als auch in der geografischen Ausdehnung

71 Die französische Delegation machte auch klar, dass sie eine Schweizer Kandidatur unterstützen würde. Brief Legationssekretär Langenbacher an EPD, Abteilung für Internationale Organisationen, 18. August 1960, ebd.
72 Brief Bundesrat Petitpierre an Generalsekretär Hammarskjöld, 25. August 1960, BAR, E 2800 1967/59, 44.079 M. le Ministre August Lindt.
73 Telegramm, Nr. 78, New York 8. September 1960, ebd.
74 Siehe Notiz, 23. November 1960, ebd.
75 Nations Unies, Assemblée générale, Note du Secrétaire général, 1. Dezember 1960, BAR, E 2003 (A) 1974/52, 0.743.61 Nominations, promotions (MM. Lindt et Schnyder).
76 Telegramm, unnummeriert, New York, 5. Dezember 1960, ebd.
77 Siehe Schnyder, Erfahrungen als UN-Hochkommissar für das Flüchtlingswesen, 361 f.
78 Ebd., 369.
79 Ebd., 367.

beschränkt.[80] Die Institution drohte ein Spielball des Kalten Krieges zu werden und dadurch unterzugehen, nachdem das Flüchtlingsproblem im Nachkriegseuropa mehr oder weniger gelöst war. Lindt brachte es zustande, die Aufgaben des UNHCR ohne grosses Aufsehen auf die Flüchtlinge des Ungarnaufstandes und auf diejenigen der aussereuropäischen Krise in Algerien auszuweiten.[81] Schnyders grosses Verdienst war es dann, mit einer Konferenz im Jahr 1964 und unzähligen Besprechungen mit den Vertretern diverser Staaten den Prozess in Schwung zu bringen, der 1966 zu einer Neufassung der Konvention führte, die sowohl die zeitliche als auch die räumliche Beschränkung des Mandats des UNHCR aufhob.[82] Aus der zeitlich begrenzten Mission zur Lösung des europäischen Flüchtlingsproblems nach dem Zweiten Weltkrieg wurde so eine ständige UNO-Organisation.

In der Nachbetrachtung schaute Schnyder mit «grosser Genugtuung» auf diese Zeit zurück.[83] Gegenüber der «Schweizer Illustrierten» verriet er später sogar, etwas Heimweh nach diesen Aufgaben zu bekommen, da man beim UNHCR «handgreifliche» Resultate liefern konnte.[84] Nicht ganz so rosig sah Schnyder seine Tätigkeit während seiner aktiven Zeit im Amt. Bereits im April 1963, nach zweijähriger Amtszeit, schrieb er an Wahlen, «dass ich, nachdem ich das Hochkommissariat während einer wesentlichen Phase seiner Geschichte geleitet habe, grossen Wert darauf lege, von dieser sehr fruchtbaren, aber auch belastenden Aufgabe gelöst zu werden, um in den Aussendienst der Eidgenossenschaft zurückzukehren».[85] Wahlen konnte ihn aber überzeugen, für zwei weitere Jahre zu kandidieren.[86] Ziemlich genau zwei Jahre später eröffnete Wahlen Schnyder, dass er ihn für den Posten in Washington oder London vorgesehen habe.[87] Schnyder war begeistert von diesen Optionen. Als der neue UNO-Generalsekretär U Thant versuchte ihn für zwei weitere Amtsjahre zu gewinnen, sprach er sich entschieden dagegen aus.[88] Sowohl der Generalsekretär als auch die USA übten anschliessend Druck auf den Vorsteher des EPD aus, seinen Mitarbeiter für eine weitere zweijährige Amtszeit zur

---

80 Das UNHCR wurde mit Blick auf die Flüchtlinge des Zweiten Weltkriegs in Europa gegründet. Ebd., 366.
81 Siehe dazu Kap. VII, 2.1.
82 Siehe Schnyder, Erfahrungen als UN-Hochkommissar für das Flüchtlingswesen, 366.
83 Felix Schnyder: Wegstationen eines Schweizer Diplomaten, 12. Dezember 1990, AfZ, TA Kolloquien FFAfZ/82.
84 Felix Schnyder, der Botschafter mit dem Nansen-Ring, in: Schweizer Illustrierte, 23. Oktober 1967, AfZ, PA Biographische Sammlung, Schnyder, Felix.
85 Brief Hochkommissar Schnyder an Bundesrat Wahlen, 30. April 1963, BAR, E 2804 1971/2, 023.11 Felix Schnyder.
86 Siehe Telegramm, Nr. 93, Bern, 26. September 1963, ebd.
87 Brief Hochkommissar Schnyder an Bundesrat Wahlen, 7. Mai 1965, ebd.
88 Aktennotiz, 11. Juni 1965, ebd.

Verfügung zu stellen.[89] Als Wahlen mit der Entscheidung zögerte, traf im EPD eine Meldung eines mit Schnyder befreundeten Altnationalrats ein, der davon sprach, dass sich Schnyder in einer «Resignation» befinde und der Verbleib im Amt als Hochkommissar ein «Ausharren» wäre.[90] Ob es nun diese Meldung war, die Wahlen schliesslich überzeugte, kann aufgrund der eingesehenen Akten nicht erschlossen werden. Jedenfalls schlug er am 8. November 1965 dem Bundesrat Schnyder als neuen Botschafter in Washington vor.[91]

2.3 Vertreter in Washington

Felix Schnyder freute sich auf seine neue Aufgabe. Er schrieb an Bundesrat Wahlen: «Es gibt sicher keine Aufgabe, die mir grössere berufliche Befriedigung geben könnte, als diejenige des Postenchefs in Washington [...].»[92] Da kurz nach der Pensionierung von Schnyders Amtsvorgänger Alfred Zehnder auch drei Botschaftsräte Washington verliessen, kam es mit dem Wechsel zu Schnyder zu einem regelrechten Neuanfang auf der Schweizer Botschaft.[93]

Schnyder erlebte während seiner Zeit in den USA drei Präsidenten. Bis 1969 regierte Lyndon Baines Johnson im Weissen Haus. Diese Zeit war innenpolitisch durch die rechtliche Gleichstellung der Afroamerikaner sowie durch andere soziale Reformen geprägt. Aussenpolitisch stand vor allem der Vietnamkrieg im Fokus, welcher sich für Johnson zum Stolperstein entwickeln sollte. Von 1969 bis 1974, also bis kurz vor dem Ende der Amtszeit Schnyders, präsidierte Richard Nixon die Vereinigten Staaten. Nixon beendete den amerikanischen Einsatz in Vietnam. Im Ost-West-Konflikt setzte er auf eine Entspannungspolitik, die in Reisen nach Peking und Moskau sowie in den mit Breschnew unterzeichneten SALT-I-Vertrag mündete. Innenpolitisch hatten die USA mit einer starken Inflation zu kämpfen. Nach der Watergate-Affäre trat Nixon zurück, und der bisherige Vizepräsident Gerald Ford übernahm die Präsidentschaft. Als wichtige Person in der amerikanischen Aussenpolitik dieser Zeit ist Henry Kissinger zu nennen. War er unter Präsident Nixon als National Security Advisor eine Art «Schattenaussenminister», übernahm er 1973 den Aussenministerposten offiziell. Er prägte die amerikanische Aussenpolitik unter Nixon und Ford.[94]

89 Siehe BAR, E 2804 1971/2, 023.11 Felix Schnyder.
90 Zitiert nach Notiz für M. Micheli, 23. September 1965, BAR, E 2500 1990/6, a.21 Schnyder Felix.
91 Au Conseil fédéral, 8. November 1965, BAR, E 2500 1990/6, a.21 Schnyder Felix.
92 Brief Hochkommissär Schnyder an Bundesrat Wahlen, 7. Mai 1965, BAR, E 2804 1971/2, 023.11 Felix Schnyder.
93 Siehe Formular 202 Geschäftsbericht, Washington, 1966, BAR, E 2400 1991/232, Formular 202 Geschäftsbericht der Auslandvertretungen: O-Z 1966.
94 Siehe zum Beispiel Schäfer, Die Präsidenten der USA im 20. Jahrhundert.

Im bilateralen Verhältnis zwischen der Schweiz und den Vereinigten Staaten konnte Schnyder gleich zu Beginn seiner Amtszeit einen grossen Erfolg vermelden: Während der Kennedy-Runde im Rahmen des GATT arbeiteten die beiden Staaten eng zusammen und setzten sich für eine lineare Reduktion der Zölle ein.[95] Eine der Folgen dieser Bemühungen war, dass 1967 der Uhrenkrieg definitiv beendet wurde.[96] Die Uhrenzölle wurden auf das Niveau von 1936 gesenkt und die Schweizer Uhrenindustrie von der Anklage wegen unlauterer Wettbewerbsmethoden freigesprochen. Auch im Uhrenmaschinen-Antitrustprozess wurde die Anklage zurückgezogen.[97] Da die USA aber in den Folgejahren stark mit ihrer negativen Zahlungsbilanz zu kämpfen hatten, musste immer wieder befürchtet werden, dass sich die protektionistischen Kreise erneut durchsetzen könnten.[98] In diesem Zusammenhang ist die heikle Rolle zu erwähnen, die die Lieferungen der Schweizer Uhrenindustrie während des Vietnamkriegs spielten. Wie Gaffino in seiner Studie zu den Exporten der Schweiz an die im Krieg stehenden USA darstellt, lieferte die Schweizer Uhrenindustrie in dieser Zeit Zahnräder und Uhrengetriebe, die mehrheitlich für Zündmechanismen in Bomben der amerikanischen Rüstungsindustrie für den Vietnamkrieg verwendet wurden.[99]

Belastend für das Verhältnis zwischen den beiden Staaten wirkte das Schweizer Bankgeheimnis. Der Druck auf die Schweiz, etwas gegen die Steuerflucht aus den USA zu unternehmen, wurde immer stärker.[100] Man musste sich in der Schweiz eingestehen, dass das Bankgeheimnis «zu einem ernsthaften Problem in den Beziehungen zwischen der Schweiz und den USA geworden» sei,[101] und

---

95 Siehe Official Letter, US-Botschaft in Bern an Bundespräsident Bonvin, 31. Dezember 1967, BAR, E 2807 1974/12, Länderdossier USA.
96 Siehe dazu Kap. III, 2.4 und IV, 2.4.
97 Siehe Formular 202 Geschäftsbericht, Washington, 1966, BAR, E 2400 1991/232, Formular 202 Geschäftsbericht der Auslandvertretungen: O-Z 1966.
98 Siehe Formular 202 Geschäftsbericht, Washington, 1967 und 1968, BAR, E 2400 1991/232, Formular 202 Geschäftsbericht der Auslandvertretungen: O-Z 1967 und 1968.
99 Gaffino, Vietnamkrieg, 26–28. Die Kritik an der Schweizer Aussenpolitik in der Frage der Waffenausfuhr wird von Gaffino zu Recht ins Feld geführt. Die jahrelangen schweizerischen Bemühungen, die Zollhürden in den USA für Uhren zu überwinden, sind demnach auch im Zusammenhang mit Kriegsmateriallieferungen zu verstehen. Es ist vorstellbar, dass man die Lieferung von Uhrenbestandteilen in die USA nicht einfach wieder aufgeben wollte, nachdem endlich der Durchbruch in der Zollfrage gelungen war. Dies aus der Angst heraus, dass man erneut massive Einbussen in allen Uhrenexportsektoren in Kauf nehmen müsste.
100 Siehe Formular 202 Geschäftsbericht, Washington, 1966, BAR, E 2400 1991/232, Formular 202 Geschäftsbericht der Auslandvertretungen: O-Z 1966.
101 Formular 202 Geschäftsbericht, Washington, 1968, BAR, E 2400 1991/232, Formular 202 Geschäftsbericht der Auslandvertretungen: O-Z 1968.

man versuchte, diesem mit einem allgemeinen Rechtshilfeabkommen entgegenzuwirken.[102]

Eine weitere Frage, die der Botschaft vor allem viel administrative Arbeit bereitete, war die Regelung der Militärdienstpflicht von Schweizer Bürgern in den USA.[103] Die Probleme zwischen den beiden Staaten konnten während der Amtszeit Schnyders gelöst werden.[104] Zusammenfassend konnte Schnyder 1975 feststellen: «Unser Image in den USA könnte nicht besser sein.»[105] Dieses Ansehen hatte die Schweiz auch ihren erfolgreichen Vermittlungsaktionen im Fall Kuba, wo sie seit 1961 die amerikanischen Interessen vertrat,[106] zu verdanken. Im Dezember 1975 übergab Schnyder nach neunjähriger Amtszeit den Botschafterposten in Washington an seinen alten Militärkameraden Raymond Probst. Er selbst ging zwar in Pension, trat aber noch lange nicht von der internationalen Bühne ab.[107]

2.4 Vermittlung zwischen Washington und Havanna

Im Fokus der Beziehungen zwischen den USA und Kuba standen in dieser Zeit zwei Themen: erstens die Ausreisetransporte von Regimegegnern mit den als «Freedom Flights» bekannten Flügen zwischen Havanna und Miami, zweitens die bereitwillige Aufnahme von Flugzeugentführern durch Kuba. 1965 forderte Präsident Johnson mit seinem Angebot in einer öffentlichen Ansprache, alle ausreisewilligen kubanischen Flüchtlinge aufzunehmen, Fidel Castro heraus. Dieser wiederum versprach öffentlich, dass alle, die gehen wollten, auch gehen dürften.[108] Doch mit den relativ spontanen Statements der beiden Staatsoberhäupter war noch nicht sicher, dass es tatsächlich zur Ausreise kommen konnte. Laut einem späteren Bericht Schnyders war es vor allem dem Schweizer Botschafter in Kuba, Emil Stadelhofer, und dessen guten Beziehungen zu Fidel

---

102 Siehe dazu Kap. IX, 2.3.
103 Noch immer mussten Schweizer, die sich für längere Zeit in den USA aufhielten, entweder Militärdienst in den USA leisten, womit sie gegen Schweizer Recht verstiessen, oder aber auf das Recht verzichten, irgendwann US-Bürger zu werden. Siehe Formular 202 Geschäftsbericht, Washington, 1968, BAR, E 2400 1991/232, Formular 202 Geschäftsbericht der Auslandvertretungen: O-Z 1968. Ein Problem, das Schnyder bereits aus seiner Zeit als Chargé d'Affaires ad interim in Washington kannte. Siehe Note an den Acting Secretary of State, 19. September 1956, BAR, E 2001 (E) 1970/217, Bd. 198, dodis.ch/11260.
104 Siehe Abschied Botschafter Schnyders von den Vereinigten Staaten, in: Neue Zürcher Zeitung, 12. Dezember 1975, AfZ, PA Biographische Sammlung, Schnyder, Felix.
105 Zitiert nach Unser Image in den USA könnte nicht besser sein, in: Tages-Anzeiger, 13. Dezember 1975, BAR, E 2500 1990/6, a.21 Schnyder Felix.
106 Siehe dazu auch Kap. VII, 2.3.
107 Siehe dazu Kap. IX, 3.
108 Siehe Felix Schnyder: Wegstationen eines Schweizer Diplomaten, 12. Dezember 1990, AfZ, TA Kolloquien FFAfZ/82.

Castro zu verdanken, dass sich dieser an sein Versprechen hielt.[109] Aber auch Schnyder musste in den USA Überzeugungsarbeit leisten, bis das Angebot in die Tat umgesetzt wurde.[110] Hier dürfte die Arbeit weniger schwierig gewesen sein. Der definitive Vermittlungserfolg gelang der mexikanischen Regierung, die sich ebenfalls in die Vermittlungen einschaltete.[111] Trotzdem hatte Schnyder einen wichtigen Einfluss auf die «Freedom Flights», die bis 1971 fast 250 000 Kubanern die Einreise in die USA ermöglichten.[112]

Das andere Problem zwischen Kuba und den USA war eine Welle von Flugzeugentführungen aus den USA gegen Ende der 1960er-Jahre. Kuba bot den Entführern jeweils Asyl an, was eine Entführung attraktiv machte, da ein sicherer Zielflughafen bestand. Allein 1969 wurden vierzig Maschinen nach Kuba «umgeleitet», 32 davon waren in den USA gestartet.[113] Dank der Vermittlung der Schweizer Botschaft konnten alle Maschinen nach kurzem Aufenthalt auf kubanischem Boden und einer Überweisung von Lösegeld unversehrt weiterfliegen. Zum Teil wurde die Vermittlung so rasch abgewickelt, dass die Entführer die Maschine bereits in der Luft wieder der Crew übergaben, ohne dass auf Kuba gelandet werden musste.[114]

Die Vermittlung im Zusammenhang mit beiden Problemen verlangte nach einer raschen und unkomplizierten Kommunikation. Es wurde daher nicht der offizielle Weg über die US-Botschaft und die EPD-Zentrale in Bern eingehalten, sondern meist der direktere Weg vom State Department zur Schweizer Botschaft in Washington gewählt, die eine direkte Verbindung zur Schweizer Botschaft in Havanna hatte. Zwar verlangten die Weisungen aus Bern grundsätzlich, dass nur «les questions de nature technique ou spécialement urgentes»[115] auf diesem direkten Weg verhandelt werden durften. Da die oben beschriebenen Themen aber eine rasche Behandlung verlangten, kam es zu diesen direkten Kontakten, auch wenn sie mehr als rein technische Fragen

---

109 Ansprache des Schweizerischen Botschafters in den USA Herrn Felix Schnyder, in: Gesellschaft Schweizerfreunde der USA, 50 Jahre SFUSA 1920–1970, 9. Siehe auch Felix Schnyder: Wegstationen eines Schweizer Diplomaten, 12. Dezember 1990, AfZ, TA Kolloquien FFAfZ/82.
110 Felix Schnyder: Wegstationen eines Schweizer Diplomaten, 12. Dezember 1990, AfZ, TA Kolloquien FFAfZ/82.
111 Formular 202 Geschäftsbericht, Washington, 1966, BAR, E 2400 1991/232, Formular 202 Geschäftsbericht der Auslandvertretungen: O-Z 1966.
112 CUBA: End of Freedom Flights, in: Time Magazine, 13. September 1971, www.time.com/time/magazine/article/0,9171,903113,00.html, 23. September 2010.
113 Formular 202 Geschäftsbericht, Washington, 1969, BAR, E 2400 1991/232, Formular 202 Geschäftsbericht der Auslandvertretungen: O-Z 1969.
114 Ebd. Wie den Entführern in diesen Fällen ein garantiertes freies Geleit verschafft wurde, ist aus den eingesehenen Akten nicht ersichtlich.
115 Ebd.

betrafen. Die Botschaft in Washington war also stark in den Vermittlungsprozess mit einbezogen und stand dabei laut Schnyder oft «Tag und Nacht» in Kontakt mit Havanna.[116] Schnyder selbst engagierte sich stark. Er hielt den Kontakt zum State Department in den strategischen Fragen.[117] Zudem fanden regelmässig Treffen zwischen Schnyder, dem Schweizer Botschafter in Havanna[118] und Vertretern des State Department in den USA statt, an welchen über das weitere Vorgehen beraten wurde.[119] Schnyder hatte also durchaus Einfluss auf die Vermittlungen, wenn auch nicht in gleichem Masse, wie der Schweizer Botschafter in Havanna.

2.5 Berichterstattung dank Quellenarbeit

Wie bereits erwähnt, war die Berichterstattung die Hauptaufgabe des UNO-Beobachters in New York. Auch den Posten Washington sah Schnyder als zentralen Ort der Informationsbeschaffung für die Schweizer Aussenpolitik.[120]

Schnyder hatte Mitte der 1950er-Jahre als Erster Mitarbeiter unter Henry de Torrenté in Washington gearbeitet.[121] In dieser Funktion wurde er vom Gesandten stark in die Berichterstattung mit einbezogen.[122] Es ist daher nicht überraschend, dass Schnyders Berichterstattung als UNO-Beobachter und als Botschafter in Washington derjenigen de Torrentés gleicht.[123] Als erstes Merkmal in diesem Zusammenhang ist die grosse Quantität der Berichte und Briefe zu erwähnen. In New York steigerte Schnyder die Anzahl politischer Berichte und Briefe von 149 im Jahr 1958 auf 328 1960.[124] Er baute also die bereits unter seinem Vorvorgänger Lindt intensive Berichterstattung aus New York

---

116 Siehe Felix Schnyder: Wegstationen eines Schweizer Diplomaten, 12. Dezember 1990, AfZ, TA Kolloquien FFAfZ/82.
117 Auch als die US-Seite gewisse Kritik an der Schweizer Vertretung in Havanna anbringen wollte, wählte das State Department nicht den klassischen Weg über den US-Botschafter in Bern, sondern lud Schnyder zu einer Besprechung ein. Siehe Notiz für Bundesrat Spühler, 26. Juni 1966, BAR, E 2001 (E) 1978/84, Bd. 434, dodis.ch/30985.
118 1961–1966 Emil Stadelhofer, 1967–1971 Alfred Fischli, 1971–1974 Silvio Masnata. Dodis. ch/R200.
119 Siehe Formular 202 Geschäftsbericht, Washington, 1966–1969, BAR, E 2400 1991/232, Formular 202 Geschäftsbericht der Auslandvertretungen: O-Z 1966–1969.
120 Felix Schnyder: Wegstationen eines Schweizer Diplomaten, 12. Dezember 1990, AfZ, TA Kolloquien FFAfZ/82.
121 Siehe dazu Kap. IX, 1.
122 Siehe BAR, E 2300 1000/716, Washington, Politische Berichte und Briefe, Militär- und Sozialberichte, Bde. 56–62. Siehe auch Kap. IV, 2.6.
123 Siehe dazu Kap. IV, 2.6.
124 1958: 149 Berichte und Briefe; 1959: 196 Berichte und Briefe; 1960: 328 Berichte und Briefe. Siehe Geschäftsberichte für 1958–1960, BAR, E 2400 1000/717, New York (UNO), Bd. 234; BAR, E 2300 1000/716, p.A.21.31. New York (UNO), Berichte des ständigen schweizerischen Beobachters bei der Organisation der Vereinigten Nationen (UNO), Bde. 5–7.

nochmals stark aus.¹²⁵ Weniger exzessiv war seine Rapportierung aus Washington, von wo pro Jahr durchschnittlich noch rund hundert politische Berichte und Briefe nach Bern geschickt wurden.¹²⁶ Noch stärker sind die Parallelen in der Wahl der Quellen. Sowohl de Torrenté als auch Schnyder vertrauten vor allem auf persönliche Gespräche. Zwar ist in diesem Zusammenhang eine wichtige Ausnahme aufzuführen: In New York berichtete Schnyder von den Sitzungen der Generalversammlungen ausschliesslich aufgrund der offiziellen Protokolle. Ansonsten jedoch gründeten über siebzig Prozent seiner Berichte aus New York auf persönlichen Kontakten und Gesprächen.¹²⁷ In Washington stammten die Informationen für über neunzig Prozent aller Berichte aus persönlichen Quellen.¹²⁸ Während Schnyder die Kontakte in New York zum allergrössten Teil selber unterhielt,¹²⁹ stammen in Washington ein Drittel bis gut die Hälfte der Informationen aus Gesprächen anderer Botschaftsmitarbeiter. Dabei scheint es eine der Rangordnung entsprechende Arbeitsaufteilung gegeben zu haben. So wurden höhere Chargen des State Department hauptsächlich von Schnyder bearbeitet, während die Kontakte zu den unteren Chargen von den Mitarbeitern sichergestellt wurden.¹³⁰

Die hohe Qualität der Berichte Schnyders basierte auf intensiver Quellenarbeit. Er räumte den Aussagen seiner Kontakte entsprechend viel Platz ein. Anders als zum Beispiel Max Troendle, der in seinen Berichten die gesammelten Informationen eingehend kommentierte und seine Einschätzung dazu abgab,¹³¹ gab Schnyder hauptsächlich die Meinung seiner Quellen wieder, ohne diese gross zu beurteilen.¹³² Die Kontaktpflege war für Schnyder vor allem auf dem

125 Siehe dazu Kap. VII, 2.5.
126 1966: etwa 95 Berichte und Briefe (Anzahl Briefe unklar); 1967: 83 Berichte und Briefe; 1968: 113 Berichte und Briefe, 1969: 105 Berichte und Briefe, 1972: 91 Berichte und Briefe. Siehe Formular 202 Geschäftsbericht, Washington, 1966–1969, BAR, E 2400 1991/232, Formular 202 Geschäftsbericht der Auslandvertretungen: O-Z 1966–1969; BAR, E 2300-01 1973/156, Washington (Berichte, Briefe), 1966–1968; BAR, E 2300-01 1977/28, Washington, 1969–1975.
127 Stichjahr 1959: Abzug der Berichterstattung von den GV-Sitzungen: 74 Prozent persönliche Quellen. Siehe BAR, E 2300 1000/716, New York (UNO), Berichte des ständigen schweizerischen Beobachters bei der Organisation der Vereinigten Nationen (UNO), Bd. 5.
128 Stichjahre: 1967: 96 Prozent persönliche Quellen, 1969: 97 Prozent, 1972: 97 Prozent. Siehe BAR, E 2300-01 1973/156, Washington (Berichte, Briefe), 1967; BAR, E 2300-01 1977/28, Washington, 1969; BAR, E 2300-01 1977/28, Washington, 1972.
129 Stichjahr 1959: 83 Prozent Schnyder, 17 Prozent Mitarbeiter. Siehe BAR, E 2300 1000/716, New York (UNO), Berichte des ständigen schweizerischen Beobachters bei der Organisation der Vereinigten Nationen (UNO), Bd. 5.
130 Siehe BAR, E 2300-01 1973/156, Washington (Berichte, Briefe), 1967; BAR, E 2300-01 1977/28, Washington, 1969; BAR, E 2300-01 1977/28, Washington, 1972.
131 Siehe dazu Kap. VIII, 2.4.
132 Zum Beispiel Politischer Bericht, Nr. 135, 29. Dezember 1959, BAR, E 2300 1000/716,

Washingtoner Posten «eine sehr wichtige Voraussetzung für eine wirksame Erfüllung der Arbeit als Vertreter der Schweiz».[133] Er verfügte über ein effektives und breit abgestütztes Netzwerk in Washington.[134] Dementsprechend konnte er die Zentrale in Bern immer wieder mit interessanten Informationen und Details beliefern. So kannte er nicht nur den Inhalt der Besprechungen zwischen Präsident Johnson und dem sowjetischen Ministerpräsidenten Alexei Kossygin 1967 in Glassboro, sondern war auch über die Einschätzung der amerikanischen Verwaltung im Bild. Dies, obwohl bei diesem Gespräch mit Bedacht kein Protokoll erstellt wurde.[135] Auch über die berühmten Reisen Nixons nach Peking und Moskau im Jahr 1972 konnte Schnyder Bern detailliert informieren. Er erhielt seine Informationen von Begleitern des Präsidenten auf diesen Reisen.[136]

Als letztes Beispiel sei die Berichterstattung Schnyders zur Vietnampolitik der USA erwähnt. Schnyder erhielt zu diesem Thema zuerst sehr gute Informationen von einem alten Freund aus gemeinsamen UNO-Zeiten, dem australischen Botschafter Robert Furlonger. Australien und die USA pflegten zu dieser Zeit engen Kontakt bezüglich des Vietnamkriegs,[137] und Schnyder konnte davon profitieren. Auch traf er verschiedentlich mit Averell Harriman[138] zusammen, wobei die beiden meist über die Möglichkeiten für gute Dienste der Schweiz sprachen.[139] Später, unter der Administration Nixon, hatte er dann mit René Sonnenfeldt, einem engen Berater Kissingers,[140] einen direkten Kontakt ins Weisse Haus. Zudem unterhielt Schnyders Erster Mitarbeiter, Charles Müller, einen

      p.A.21.31. New York (UNO), Berichte des ständigen schweizerischen Beobachters bei der Organisation der Vereinigten Nationen (UNO), Bd. 5; Politischer Bericht, Nr. 26, 27. Juni 1967, BAR, E 2300-01 1973/156, Washington (Berichte, Briefe), 1967; Politischer Bericht, Nr. 47, 22. Juni 1972, BAR, E 2300-01 1977/28, Washington, 1972.

133 Felix Schnyder: Wegstationen eines Schweizer Diplomaten, 12. Dezember 1990, AfZ, TA Kolloquien FFAfZ/82.
134 Siehe dazu Kap. IX, 2.7.
135 Siehe Politischer Bericht, Nr. 26, 27. Juni 1967, BAR, E 2300-01 1973/156, Washington (Berichte, Briefe), 1967; Politischer Bericht, Nr. 28, 29. Juni 1967, ebd.
136 China: Quelle Jenkins, Chinaspezialist im State Department. Siehe Politischer Bericht, Nr. 19, 7. März 1972, BAR, E 2300-01 1977/28, Washington, 1972. UdSSR: Quelle Sonnenfeldt (siehe dazu auch Kap. IX, 2.7), diplomatischer Mitarbeiter des Weissen Hauses. Siehe Politischer Bericht, Nr. 47, 22. Juni 1972, BAR, E 2300-01 1977/28, Washington, 1972.
137 Politischer Bericht, Nr. 4, 16. Februar 1967, BAR, E 2300-01 1973/156, Washington (Berichte, Briefe), 1967.
138 Harriman war zu dieser Zeit Ambassador at Large und eine entscheidende Person in der US-Vietnampolitik. So leitete er die US-Delegation an den Pariser Friedensverhandlungen.
139 Siehe Politischer Bericht, Nr. 44, 29. Juni 1966, BAR, E 2300-01 1973/156, Washington (Berichte, Briefe), 1966; Telegramm, Nr. 269, Washington, 12. Mai 1966, BAR, E 2001 (E) 1978/84, Bd. 1036, dodis.ch/31184; Kabel, Nr. 185, 4. April 1968, BAR, E 2807 1974/12, Bd. 56, dodis.ch/32186.
140 Siehe dazu Kap. IX, 2.7.

informativen Kontakt zu Frank Sievert, der im State Department mit der Frage der Kriegsgefangenen in Nordvietnam betraut war.[141] Diese Kontakte erlaubten es Schnyder, kurz nach der Amtsübernahme Nixons zutreffende Voraussagen zu dessen Vietnampolitik zu machen.[142] Seine Berichterstattung hatte wohl auch Einfluss auf die späte diplomatische Anerkennung Nordvietnams durch die Schweiz,[143] betonte doch die Schweizer Botschaft in Washington wiederholt und dezidiert die ablehnende Haltung, die die USA gegenüber einem solchen Schritt einnehmen würden.[144] Als sich die Lage im Sommer 1971 so verändert hatte, dass sich verschiedene westliche Staaten überlegten, dem Beispiel Schwedens[145] zu folgen und Nordvietnam anzuerkennen, glaubte Schnyder, dass die USA nun nicht mehr gross reagieren und höchstens ihr Bedauern darüber ausdrücken würden. Wie sich herausstellte, hatte er die Lage in den USA einmal mehr richtig eingeschätzt und die Zentrale gut beraten.[146]
Alles in allem darf die Berichterstattung Schnyders als sehr gut bezeichnet werden. Vor allem die Vielfalt der verwendeten Quellen und deren Qualität waren ausserordentlich.

2.6 Engagement in verschiedenen Botschaftsaufgaben

Felix Schnyder war kein Mann der Wirtschaft. Er hatte in seiner Karriere keinen richtigen Handels- oder Wirtschaftsposten eingenommen, sondern sich mehr mit politischen und juristischen Fragen auseinandergesetzt. Es war aber inzwischen keinem Botschafter mehr möglich, sich den wirtschaftlichen Themen ganz zu verschliessen, erst recht nicht als Schweizer Vertreter bei einem so wichtigen Wirtschaftspartner wie den USA. Während Schnyders Amtszeit in Washington beschäftigten viele wirtschaftliche Fragen die Schweizer Bot-

---

141 Siehe Telegramm, Nr. 81, Washington, 10. Februar 1969, BAR, E 2200.36 1984/185, 370.1 Vietnam. Siehe auch Politischer Bericht, Nr. 56, 30. Juni 1969, BAR, E 2300-01 1977/28, Washington, 1969.
142 So erfuhr er wenige Tage nach Nixons Amtseid, dass dieser vorerst an der Linie Johnsons festhalten wolle, später aber einen schrittweisen Rückzug der US-Truppen für möglich halte. Viele Zeitungen gingen damals davon aus, dass Nixon schnell die gesamten US-Streitkräfte abziehen werde. Auch dass Nixon vorhatte, die Kampfführung immer mehr den südvietnamesischen Truppen zu übertragen, konnte Schnyder schnell nach Bern berichten. Politischer Bericht, Nr. 6, 24. Januar 1969, BAR, E 2300-01 1977/28, Washington, 1969; Politischer Bericht, Nr. 22, 3. März 1969, ebd.
143 Siehe Kaufmann, Nicht die ersten sein, aber vor den letzten handeln, 80.
144 Brief Botschafter Schnyder an Generalsekretär Micheli, 6. Februar 1969, BAR, E 2200.36 1984/185, 370.1 Vietnam; Telegramm, Nr. 269, Washington, 14. Mai 1969, ebd.; Politischer Bericht, Nr. 2, 14. Januar 1969, BAR, E 2300-01 1977/28, Washington, 1969.
145 Schweden war 1969 das erste nichtkommunistische Land, das Nordvietnam offiziell anerkannte, was heftige Reaktionen der USA auslöste.
146 Siehe Gaffino, Autorités et entreprises suisses face à la guerre de Viêt Nam, 186.

schaft. Eine der wichtigsten waren die Bestrebungen der Schweiz, die hohen Zölle, die die USA auf Käseimport erhoben, zu reduzieren.[147]

Schnyder zeigte sich in wirtschaftlichen Fragen vor allem in zwei Bereichen aktiv: Einerseits versuchte er ein Netzwerk zu wichtigen Wirtschaftspolitikern der Verwaltung aufzubauen, anderseits versuchte er, das positive Image der Schweiz in den USA zu stärken.

Schnyder suchte gleich zu Beginn seiner Amtszeit 1966 den Kontakt zu wichtigen Entscheidungsträgern der US-Wirtschaftspolitik aufzubauen. So besuchte er Gardner Ackley, Chairman of the Council of Economic Advisors,[148] und Henry Fower, Secretary of the Treasury.[149] Doch mit beiden ergaben sich anscheinend keine erspriesslichen Kontakte, auf jeden Fall sind keine Einträge erneuter Treffen zu finden. Anders sah dies im Falle William Roths aus, den er im Jahr 1968 regelmässig besuchte, um mit ihm die amerikanische Handelspolitik zu besprechen.[150] Roth war bereits Mitglied der amerikanischen Verhandlungsdelegation bei den Kennedy-Runden des GATT gewesen[151] und wurde anschliessend zum United States Trade Representative ernannt. Das «Büro Roth» versorgte die Schweizer Botschaft mit nützlichen Informationen zur Handelspolitik. Als sich gegen Ende 1968 der neue Wirtschaftsrat der Botschaft eingearbeitet hatte, übernahm dieser die Pflege des Kontakts zu Roth.[152] Schnyder baute also einen Kontakt auf, den er dann intern weiterreichte.

Ein wichtiges Anliegen Schnyders war es, das Ansehen der Schweiz in den USA zu verbessern.[153] Die Handelsförderung schien ihm ein geeignetes Mittel zu sein, um dies zu erreichen. Er meinte dazu: «Darüber hinaus ist die Handelsförderung ein möglicherweise sehr interessantes Vehikel, mit dem auch das allgemeine Interesse für die Schweiz gefördert werden kann.»[154] Dies ist deshalb erwähnenswert, weil es gegenüber der bisherigen Praxis sozusagen eine Umkehr von Ziel und Mittel darstellt. In den 1950er-Jahren sollte die

---

147 Siehe Formular 202 Geschäftsbericht, Washington, 1968, BAR, E 2400 1991/232, Formular 202 Geschäftsbericht der Auslandvertretungen: O-Z 1968.
148 Brief Botschafter Schnyder an EVD, Handelsabteilung, 14. Juni 1966, BAR, E 2200.36 1980/24, 512.0 Wirtschaft der USA.
149 Brief Botschafter Schnyder an EPD, Abteilung für politische Angelegenheiten, 11. Juli 1966, ebd.
150 Siehe Telegramm, Nr. 271, Washington 20. Mai 1968, ebd.; Telegramm, Nr. 388, Washington 8. Juli 1968, ebd.; Notice 30. Juli 1968, ebd.; Telegramm, Nr. 509, Washington, 12. September 1968, ebd.
151 Siehe dazu Kap. IX, 2.3.
152 Siehe BAR, E 2200.36 1980/24, 512.0 Wirtschaft der USA.
153 Auf das Thema des «Swiss Image» wird in Kap. IX, 2.6 genauer eingegangen.
154 Working Paper zum Thema des «Swiss Image» und der «Swiss Presence» in den Vereinigten Staaten von Amerika, 5. Juli 1967, BAR, E 2200.36 1980/24, 003.2 Postenchefkonferenz.

Werbung für das Ansehen der Schweiz noch der Ankurbelung von Tourismus und Exportindustrie dienen.[155] Schnyder sah es nun umgekehrt.
Zum Schluss sei erwähnt, dass man in der Schweiz mit der Arbeit Schnyders, trotz seiner relativen Distanz zu wirtschaftlichen Themen, zufrieden war. So dankte ihm der Präsident des Vorortes für «die persönliche Unterstützung und das grosse Interesse», das er den Anliegen der Schweizer Wirtschaft immer wieder entgegengebracht habe.[156]
«Eine Prüfung unseres Themas zeigt, dass die auf dem Spiel stehenden Interessen in Amerika, unsere Beziehungen zu dieser Grossmacht und die Voraussetzungen, von denen die Geltung und das Ansehen unseres Landes (das ‹Swiss Image›) in Amerika abhängt, tief greifende Wandlungen erfahren. Die schweizerischen Behörden stehen vor der Notwendigkeit, sich von dieser Entwicklung Rechenschaft abzulegen und die Aktionsmittel und Arbeitsmethoden unserer offiziellen Vertretungen in Amerika dementsprechend in rationeller Hinsicht zu überprüfen.»[157] Mit diesen dramatisch klingenden Worten leitete Schnyder 1967 ein Arbeitspapier ein, das den Grundstein zu seinen Ideen für eine nachhaltige Verbesserung des Ansehens der Schweiz in den USA darstellte. Dass es um das Image der Schweiz aber gar nicht so schlecht stand und Schnyder wohl eher etwas übertrieb, um seinen Begehren mehr Gewicht zu verleihen, zeigt sich in einer Gallup-Umfrage kurz vor diesem Schreiben, bei der die Schweiz nach Kanada zum zweitbeliebtesten Land der Amerikaner gewählt wurde.[158] Zusammen mit seinen Botschaftsmitarbeitern entwickelte Schnyder einen Strauss von Massnahmen zur Verbesserung des «Swiss Image»: von Arbeiten in der Schweizer Kolonie, dem Einbezug von Städten mit starkem Schweizer Bezug wie New Glarus, New Bern und Tell City über einen Informationsdienst für amerikanische Schüler, die sich für die Schweiz interessierten und einen verbesserten Umgang mit den US-Medien bis hin zu Kulturwerbung und Handelsförderung und zur Zusammenarbeit mit schweizerisch-amerikanischen Freundschaftsgesellschaften. Sein Hauptantrag war aber, «die Zweckmässigkeit unserer Konsularorganisation im Lichte der gestellten Aufgaben zu überprüfen».[159] Den Grund für diesen Änderungswunsch des Schweizer Botschafters umschrieb Raymond Probst später folgendermassen: Es sei zu dieser Zeit oft der Fall gewesen, dass man

155 Gillabert, La «Swiss Attitude» au contact américain, 77.
156 Brief Rudolf Bosshard, Präsident des Vororts, an Botschafter Schnyder, 22. Dezember 1972, BAR, E 2200.36 1984/185, 512.011 Sentinelle.
157 Working Paper zum Thema des «Swiss Image» und der «Swiss Presence» in den Vereinigten Staaten von Amerika, 5. Juli 1967, BAR, E 2200.36 1980/24, 003.2 Postenchefkonferenz.
158 Ebd.
159 Ebd.

verdiente Beamte der Berner Verwaltung sozusagen als Belohnung für eine Zeit lang als Konsul nach Amerika schickte. Diese seien zwar vielfach gute Verwalter und Beamte gewesen, zeigten sich aber mit den sozialen und repräsentativen Aufgaben eines Konsuls überfordert.[160] Schnyder hatte die Idee, dieses Problem als Chance zu nutzen und gleichzeitig die Schweizer Präsenz in den USA auszubauen. Er wollte die Zahl der Berufskonsulate reduzieren und nur noch mit wenigen grossen Konsularkreisen operieren. Andererseits sollte die Zahl der Honorarkonsuln ausgebaut werden. Für diese Aufgabe sollten eminente Persönlichkeiten aus der örtlichen Schweizer Kolonie rekrutiert werden. Er erhoffte sich durch diese Personen und ihre Netzwerke eine grössere repräsentative Präsenz in mehr Städten. Andererseits wollte er die administrativen Arbeiten zentralisieren, um die Honorarkonsuln nicht damit zu belasten,[161] sie sollten sich ganz auf die Repräsentation konzentrieren können. In Bern fanden seine Ideen zuerst nicht nur Zustimmung. Als er 1968 die Konsularkonferenz ganz dem Thema «Swiss Image» widmen wollte, wurde er aufgefordert, das Programm anzupassen und Platz für die Behandlung administrativer Fragen sowie von Massnahmen zur Handelsförderung zu schaffen.[162] An der Konferenz hingegen wurde seine Idee von den Konsuln befürwortet. Daraufhin stimmte die Leitung des EPD der gewünschten Aufstockung der Honorarkonsuln zu.[163] Trotzdem hatte in Bern Fred Bieri, der Leiter der Verwaltungsabteilung, gar keine Freude an dieser Entwicklung. In einem Schreiben an Schnyder beklagte er sich über die «Zwitterkonsulate», von deren Zweckmässigkeit er keineswegs überzeugt sei.[164] Nachdem mehrere solche Unmutsbekundungen Bieris in Washington eingetroffen waren, sah sich Schnyder zu einer Klarstellung veranlasst: «Ich bedaure selbstverständlich, dass Sie sich mit der meines Erachtens gebotenen Errichtung von weiteren Honorarkonsulaten in den USA noch nicht ganz abgefunden haben [...]. Ich möchte nochmals hervorheben, dass niemand, der mit den amerikanischen Realitäten vertraut ist, übersehen kann, dass ein Honorarkonsul eine bedeutend bessere Ausgangslage hat [...].»[165] Dieser Rüffel aus Washington dürfte

160 Felix Schnyder: Wegstationen eines Schweizer Diplomaten, 12. Dezember 1990, AfZ, TA Kolloquien FFAfZ/82.
161 Brief Botschafter Schnyder an EPD, Abteilung für Verwaltungsangelegenheiten, 20. Januar 1970, BAR, E 2200.36 1984/185, 010.11 Schweizer Vertretungsnetz in den USA. Siehe auch Protokoll der Botschaftertagung 1967 (30. August–1. September), 19. Oktober 1967, BAR, E 2004 (B) 1990/219, Bd. 22, dodis.ch/30851.
162 Brief EPD, Abteilung für Verwaltungsangelegenheiten, an Botschafter Schnyder, 17. Januar 1968, BAR, E 2200.36 1980/24, 003.2 Postenchefkonferenz.
163 Siehe Brief Botschafter Schnyder an Botschafter Bieri, 15. Juli 1969, BAR, E 2200.36 1984/185, 010.11 Schweizer Vertretungsnetz in den USA.
164 Brief Botschafter Bieri an Botschafter Schnyder, 29. Januar 1969, ebd.
165 Brief Botschafter Schnyder an Botschafter Bieri, 15. Juli 1969, ebd.

Bieri nicht besänftigt haben. Jedenfalls verlangte kurz darauf die Leitung des EPD von Schnyder ein Gesamtkonzept für das Konsularwesen in den USA, das der Ernennung von Honorarkonsuln Grenzen setzten sollte. Schnyder sah dies als Chance, seine Idee mit der Genehmigung des Bundesrates auf ein gutes institutionelles Fundament zu stellen. Er entwarf ein Modell mit sechs grossen Generalkonsulaten mit Konsularbezirk sowie einer grossen Anzahl Honorarkonsuln.[166] Dieses Modell, kurz darauf vom Bundesrat genehmigt,[167] wurde von Probst als «eines der grossen Verdienste Schnyders in Washington» gewürdigt. Es habe sich bis 1990 bewährt.[168]

Der grosse Erfolg der beschriebenen Reform und der Einsatz Schnyders für das «Swiss Image»[169] stehen einem ansonsten nicht besonders starken Engagement in der Kulturpolitik gegenüber. Schnyder erwähnte zwar in verschiedenen Vorträgen die Wichtigkeit der Kulturpromotion, überliess ihre Betreuung aber seinen Kulturattachés.[170]

Im oben erwähnten Working-Paper ging Schnyder auch auf die Auslandschweizer ein. Er meinte, dass «deren Charakter sich sehr stark von demjenigen unserer Kolonien in anderen Ländern» unterscheide.[171] «Sie sind dadurch gekennzeichnet, dass die Loyalität zu den USA besonders sorgfältig gegenüber der Loyalität zur Schweiz abgewogen werden muss.»[172] Er bezog sich dabei auf die Tatsache, dass von Schweizern in den USA eine grosse Loyalität gegenüber ihrer neuen Heimat erwartet wurde. Neuankömmlinge wurden als Bewerber für die amerikanische Staatsbürgerschaft betrachtet. Schnyder erachtete es daher als sehr wichtig, dass die Schweizer Kolonie in den USA besonders gepflegt werde. Er forderte vom EPD, dass in den Auslandschweizerorganisationen die Vertreter der US-Kolonien stark eingebunden würden. Als zentrales Mittel der Pflege des Kontakts mit den Kolonien erachtete er sein

166 Siehe Brief Botschafter Schnyder an EPD, Abteilung für Verwaltungsangelegenheiten, 20. Januar 1970, ebd.
167 Telegramm, unnummeriert, 1. Juli 1970, ebd.
168 Felix Schnyder: Wegstationen eines Schweizer Diplomaten, 12. Dezember 1990, AfZ, TA Kolloquien FFAfZ/82.
169 Auch die zweite Konsularkonferenz sollte nach Schnyders Meinung ganz unter dieses Motto gestellt werden. Siehe Brief Botschafter Schnyder an EPD, Abteilung für Verwaltungsangelegenheiten, 11. Februar 1972, BAR, E 2200.36 1984/185, 003.2 Konsularkonferenz.
170 Er überliess zum Beispiel die Arbeiten zu den grossen 200-Jahr-Feiern der USA ganz seinem Mitarbeiter. Siehe BAR, E 2200.36 1996/251, 063.31 (1) America's 200th Anniversary.
171 Working Paper zum Thema des «Swiss Image» und der «Swiss Presence» in den Vereinigten Staaten von Amerika, 5. Juli 1967, BAR, E 2200.36 1980/24, 003.2 Postenchefkonferenz.
172 Brief Botschafter Schnyder an EPD, Abteilung für Verwaltungsangelegenheiten, 11. August 1967, BAR, E 2200.36 1980/24, 003.2 Postenchefkonferenz.

Honorarkonsulsystem. Damit wurden «eminente» Mitglieder der Kolonie zu offiziellen Vertretern der Eidgenossenschaft gemacht und daher verpflichtet, das Ansehen der Schweiz in der Kolonie zu pflegen.[173]
Ein besonderes Problem dieser Zeit stellte die verstärkte Auswanderung von Schweizer Wissenschaftlern an amerikanische Universitäten dar. Diese Bewegung, die in ganz Europa zu beobachten war, wurde in England als «brain drain» bezeichnet.[174] Die Abwanderung dieser Kräfte stellte eine Gefahr für den Innovationsstandort Schweiz dar. Schnyder war es ein grosses Anliegen, dass diese Wissenschaftler den Kontakt zur Schweiz nicht verloren. Er erkannte ihren enormen Wert für die schweizerische Wirtschaft, wenn sie in die Schweiz zurückkehrten und ihr Know-how mitbrachten. In Zusammenarbeit mit seinem Wissenschaftsrat überarbeitete er diesen Bereich zu Beginn seiner Amtszeit.[175] Die beiden ergriffen hauptsächlich zwei Massnahmen: Einerseits wurde eine bereits bestehende Kartei der Schweizer Wissenschaftler in den USA verbessert und mit relevanten Informationen versehen. Anschliessend wurde sie Schweizer Arbeitgebern zugänglich gemacht.[176] Andererseits wurde ein von der Botschaft herausgegebenes «Bulletin for the Swiss Scientists and Engineers in North America» überarbeitet und explizit auf Informationen zu den Vorgängen in der Schweizer Wirtschaft und Forschung ausgerichtet. Damit sollte die «Bindung an die Heimat» gestärkt sowie den Wissenschaftlern Arbeitsmöglichkeiten in der Schweiz schmackhaft gemacht werden.[177] Ob es genau diese Massnahmen waren, die zur erfreulichen Entwicklung führten, dass rund zwei Drittel der in die USA übersiedelten Schweizer Wissenschaftler früher oder später in die Schweiz zurückkehrten, kann aufgrund der eingesehenen Quellen nicht beantwortet werden. Jedenfalls war die Entwicklung im europäischen Vergleich positiv und Schnyder meinte dazu, dass für die Schweiz eher von einem «brain gain» zu sprechen sei.[178]
Auch anderweitig kümmerte sich Schnyder um die Kolonie. So lud er zu grossen 1.-August-Feiern im Garten seiner Residenz ein und reiste im Land

---

173 Ebd.
174 Ansprache des Schweizerischen Botschafters in den USA Herrn Felix Schnyder, in: Gesellschaft Schweizerfreunde der USA, 50 Jahre SFUSA 1920–1970, 14.
175 Siehe Formular 202 Geschäftsbericht, Washington, 1966, BAR, E 2400 1991/232, Formular 202 Geschäftsbericht der Auslandvertretungen: O-Z 1966.
176 Formular 202 Geschäftsbericht, Washington, 1967, BAR, E 2400 1991/232, Formular 202 Geschäftsbericht der Auslandvertretungen: O-Z 1967.
177 Ansprache des Schweizerischen Botschafters in den USA Herrn Felix Schnyder, in: Gesellschaft Schweizerfreunde der USA, 50 Jahre SFUSA 1920–1970, 15.
178 Ebd., 14.

herum, um die Konsularbezirke zu besuchen.[179] Die Reisen nahmen aber doch nicht das Ausmass von Henry de Torrentés «Good-Will-Tours» an.[180] Bereits als UNICEF-Präsident erkannte Schnyder die Wichtigkeit der Presse. Mit einem proaktiven Vorgehen versuchte er, das Image der Organisation zu verbessern.[181] So überrascht es wenig, dass er auch als Botschafter in Washington der Meinung war, dass der Umgang mit den amerikanischen Medien «besonders bedeutungsvoll» sei.[182] Er suchte den Kontakt zur Presse und trat oft in Radio und TV auf.[183] Die «Neue Zürcher Zeitung» lobte Schnyder für seine Auftritte in der amerikanischen Öffentlichkeit und sein «gutes Verständnis für die Presse, das sich noch nicht alle schweizerischen Diplomaten angeeignet haben».[184] Auch um die Schweizer Presse kümmerte sich Schnyder. Vor allem mit den Korrespondenten der «Neuen Zürcher Zeitung» Werner Imhof und Hans Tütsch unterhielt er freundschaftliche Beziehungen, die auf einem diskreten Informationsaustausch basierten.[185]

Schliesslich war Schnyder für die Zunahme der Reisediplomatie von Schweizer Bundesräten in die USA wesentlich mitverantwortlich. Die beiden Besuche von Schaffner und Spühler 1967 in Washington waren nicht von langer Hand geplant. Es war die Initiative Schnyders, die die beiden Bundesräte bewog, in die amerikanische Hauptstadt zu reisen.[186] Spühler war damit der erste Bundesrat überhaupt, der den USA einen offiziellen Besuch abstattete. Interessant ist festzuhalten, dass Schnyder die Besuche nicht als Symbol für freundschaftliche Beziehungen zwischen den Staaten hervorhob, sondern in seinen Briefen an die Bundesräte auf die Nützlichkeit der persönlichen Gespräche zwischen den Ministern hinwies.[187] Auch der persönliche Kontakt der Bundesräte zur

---

179 Siehe Formular 202 Geschäftsbericht, Washington, 1966, BAR, E 2400 1991/232, Formular 202 Geschäftsbericht der Auslandvertretungen: O-Z 1966; BAR, E 2500 1990/6, a.21 Schnyder Felix.
180 Siehe dazu Kap. IV, 2.6.
181 Siehe Geschäftsbericht für 1960, BAR, E 2400 1000/717, New York (UNO), Bd. 234.
182 Working Paper zum Thema des «Swiss Image» und der «Swiss Presence» in den Vereinigten Staaten von Amerika, 5. Juli 1967, BAR, E 2200.36 1980/24, 003.2 Postenchefkonferenz.
183 Siehe Formular 202 Geschäftsbericht, Washington, 1969, BAR, E 2400 1991/232, Formular 202 Geschäftsbericht der Auslandvertretungen: O-Z 1969.
184 Abschied Botschafter Schnyders von den Vereinigten Staaten, in: Neue Zürcher Zeitung, 12. Dezember 1975, AfZ, PA Biographische Sammlung, Schnyder, Felix.
185 Felix Schnyder: Wegstationen eines Schweizer Diplomaten, 12. Dezember 1990, AfZ, TA Kolloquien FFAfZ/82.
186 Siehe Brief Botschafter Schnyder an Bundesrat Schaffner, 26. Juli 1967, BAR, E 2200.36 1980/24, 101.1. Bundesrat Hans Schaffner; Brief Botschafter Schnyder an Bundesrat Spühler, 20. Februar 1967, ebd.
187 Ebd.

Schweizer Kolonie war ihm ein Anliegen.[188] Die Besuche hatten für Schnyder also nicht so sehr Repräsentationsfunktion, sondern dienten hauptsächlich der Pflege guter persönlicher Beziehungen sowohl zu den Institutionen in den USA als auch zu den Auslandschweizern.

2.7 Gattin als Schlüsselfaktor im ausgedehnten Netzwerk

Wie bereits erwähnt, konnte Schnyder als UNO-Beobachter in New York nie an die besonders guten Beziehungen Lindts zu Hammarskjöld anknüpfen.[189] Trotzdem sei der Generalsekretär immer daran interessiert gewesen, wie sich die Schweiz in verschiedenen Fragen einbringen könnte.[190] Zum Nachfolger Hammarskjölds, U Thant, fand Schnyder auch als Hochkommissar für Flüchtlinge keinen direkten Draht.[191] In New York konzentrierte er sich vielmehr auf die Kontakte zum diplomatischen Corps. In diesem Zusammenhang sind der österreichische UNO-Botschafter Franz Matsch, der israelische Delegierte Yosef Tekoah sowie die Mitglieder der US-amerikanischen und der britischen Mission, James W. Barco und Harold Beeley, zu nennen.[192] Mit all diesen Diplomaten traf er sich regelmässig zum Gedankenaustausch. Nach eigenen Aussagen hatte er auch eine gute Beziehung zum Vertreter des algerischen Front de libération nationale, Abdel Kader Chaderli.[193]

«Ich glaube, in Washington, vielleicht mehr als anderswo, ist das Element des persönlichen Kontaktes, freundschaftlicher Beziehungen eine sehr wichtige Voraussetzung für eine wirksame Erfüllung der Arbeit als Vertreter der Schweiz.»[194] Diese Zeilen zeigen gut, welch grosses Gewicht Schnyder den persönlichen Kontakten zumass. Dementsprechend suchte und pflegte er sie. Seine Frau verriet dazu in einem Interview, dass die beiden täglich durchschnittlich zwei bis drei Empfänge besuchen würden, dass es aber bis zu sechs

---

188 Damit Bundesrat Spühler vor der Schweizer Kolonie in Washington auftreten konnte, wurde die 1.-August-Feier auf den 13. August verschoben. Siehe Programm des Aufenthalts von Herrn Bundesrat und Frau Willy Spühler, BAR, E 2200.36 1980/24, 101.1. Besucher in der USA, W. Spühler.
189 Siehe dazu Kap. VII, 2.7.
190 Felix Schnyder: Wegstationen eines Schweizer Diplomaten, 12. Dezember 1990, AfZ, TA Kolloquien FFAfZ/82.
191 Das zeigt sich zum Beispiel bei der Frage der Mandatsverlängerung von Schnyder. Schnyder hatte dabei keinen Kontakt zu U Thant, sondern Bundesrat Wahlen sprach mit dem Generalsekretär. Siehe Brief Hochkommissar Schnyder an Bundesrat Wahlen, 10. Juli 1963, BAR, E 2804 1971/2, 023.11 Felix Schnyder.
192 Siehe BAR, E 2300 1000/716, New York (UNO), Berichte des ständigen schweizerischen Beobachters bei der Organisation der Vereinigten Nationen (UNO), Bd. 6.
193 Felix Schnyder: Wegstationen eines Schweizer Diplomaten, 12. Dezember 1990, AfZ, TA Kolloquien FFAfZ/82.
194 Ebd.

sein konnten.[195] Felix Schnyder war der Meinung, dass es ausserordentlich wichtig sei, nicht nur zur Administration, sondern auch zu Senat, Repräsentantenhaus und vielen anderen einflussreichen Personen in Washington gute Kontakte zu unterhalten.[196] Aus dieser intensiven Beziehungspflege resultierte ein ausserordentliches Netzwerk.

Zu den Präsidenten Johnson, Nixon und Ford unterhielt Schnyder zwar keine persönliche Beziehung, gelegentliche Begegnungen oder Gespräche waren jedoch keine Ausnahme.[197] Henry Kissinger galt zu dieser Zeit als die entscheidende Person der US-Aussenpolitik. Schnyder wollte sich unbedingt Zugang zu ihm verschaffen, musste aber nach einem ersten Treffen feststellen, dass keine fruchtbare direkte Beziehung aufzubauen war. Er wich daher auf das Umfeld Kissingers aus und suchte den Kontakt zu seinem engen Mitarbeiter Helmut Sonnenfeldt.[198] Dieser war Mitglied des National Security Council und nach Schnyder das Alter Ego Kissingers.[199] Schnyder und Sonnenfeldt, der als Gourmet bekannt war, trafen sich regelmässig zum Essen, und der gut informierte Vertraute Kissingers wurde zu einer der Hauptquellen Schnyders.[200] Auch ins State Department hatte Schnyder mit Walter Stoessel eine gute Verbindung. Schnyder und Stoessel lernten sich während ihrer gemeinsamen Zeit in Moskau kennen und entwickelten in der speziellen Situation in der Hauptstadt der Sowjetunion eine enge Freundschaft, die später auch ihre Gattinnen einschloss.[201] Als Schnyder nach Washington kam, war Stoessel

---

195 Besteht Ihr Leben nur aus Parties?, in: Schweizer Illustrierte, 8. September 1975, BAR, E 2500 1990/6, a.21 Schnyder Felix.
196 Felix Schnyder: Wegstationen eines Schweizer Diplomaten, 12. Dezember 1990, AfZ, TA Kolloquien FFAfZ/82.
197 Siehe Politischer Bericht, Nr. 50, 16. November 1967, BAR, E 2300-01 1973/156, Washington (Berichte, Briefe), 1967. In seinem autobiografischen Vortrag meint Schnyder über Präsident Nixon: «Das war auch ein Mann, den man gelegentlich gesehen hat», und erzählt, dass er zusammen mit anderen Botschaftern und Kabinettsmitgliedern gelegentlich ins Weisse Haus zu einem Sonntagsgottesdienst eingeladen wurde. Felix Schnyder: Wegstationen eines Schweizer Diplomaten, 12. Dezember 1990, AfZ, TA Kolloquien FFAfZ/82.
198 Ebd.
199 Ebd.
200 Dies zeigte sich auch in vielen Berichten zu diesen Gesprächen. Siehe BAR, E 2300-01 1977/28, Washington, 1972. Sonnenfeldt wurde von Schnyders Nachfolger in Washington, Raymond Probst, als wichtige Quelle übernommen. Felix Schnyder: Wegstationen eines Schweizer Diplomaten, 12. Dezember 1990, AfZ, TA Kolloquien FFAfZ/82.
201 Brief Botschafter Schnyder an Botschafter Ganz, 6. Juli 1972, BAR, E 2200.36 1984/185, 342.1 State Department. Es lässt sich kein klarer Schluss ziehen, wann sich die beiden Frauen kennen lernten. Schnyder schreibt im oben erwähnten Schreiben zwar, dass sich die Ehepaare seit Moskau kennen würden, wie in Kap. IX, 1, aufgezeigt, war Schnyder aber sicher bis Dezember 1948 alleine in Moskau. Ob ihm seine Frau für die letzten paar Monate in der UdSSR nach Moskau nachreiste, ist unklar.

zum Stellvertreter des Leiters der Europaabteilung aufgestiegen.[202] Nachdem er zwischenzeitlich Botschafter in Warschau war, kam er 1972 zurück und übernahm die Europaabteilung des State Department.[203] Schnyder meinte dazu: «Er wird für uns hier in unserer praktischen Arbeit so ziemlich der wichtigste Mann der amerikanischen Verwaltung sein.»[204] Umso besser also für Schnyder, dass Stoessel ein persönlicher Freund war. Weitere wichtige Personen aus dem State Department, mit denen sich Schnyder regelmässig traf, waren Lucius D. Battle, Marshall Green und Joseph J. Sisco.[205] Doch auch in andere Departemente hatte Schnyder Beziehungen. Die Kontakte zum «Büro Roth» wurden bereits erwähnt, aber auch William True Davis, Assistant Secretary of the Treasury, zählte er zu seinen Freunden.[206]

Schnyder pflegte jedoch nicht nur Kontakte in die Verwaltung, sondern war auch bestrebt, sich in der Washingtoner Society ein Beziehungsnetz aufzubauen. Interessanterweise spielte dabei seine Frau eine wichtige Rolle. Es gab in Washington zu dieser Zeit Clubs, in denen sich die Gattinnen vieler wichtiger Personen zusammenschlossen. Sigrid Schnyder war nicht nur Mitglied in einem solchen Club, sondern präsidierte ihn sogar für zwei Jahre. Daraus ergab sich für Frau Schnyder ein Netzwerk zu Gattinnen der verschiedensten einflussreichen Persönlichkeiten in Washington, was für ihren Mann Gold wert war. Felix Schnyder meinte später dazu, dass sie ihm sozusagen bei jeder Person in Washington einen Termin verschaffen konnte, da sie die jeweilige Dame des Hauses kannte.[207] Das Netzwerk Schnyders machte Eindruck, so meinte die «Neue Zürcher Zeitung» dazu: «Sein und Frau Sigrids Freundeskreis scheint keine Limiten zu kennen.»[208] Auch die Bundesräte Spühler und Schaffner waren nach Besuchen in den USA «voll

---

202 Politischer Bericht, Nr. 12, 14. April 1967, BAR, E 2300-01 1973/156, Washington (Berichte, Briefe), 1967.
203 Politischer Bericht, Nr. 69, 20. Oktober 1972, BAR, E 2300-01 1977/28, Washington, 1972.
204 Brief Botschafter Schnyder an Botschafter Ganz, 6. Juli 1972, BAR, E 2200.36 1984/185, 342.1 State Department.
205 Siehe BAR, E 2300-01 1973/156, Washington (Berichte, Briefe), 1967; BAR, E 2300-01 1977/28, Washington, 1969; BAR, E 2300-01 1977/28, Washington, 1972.
206 In einem Brief im Rahmen des Besuchs von Bundesrat Schaffner in den USA redete ihn Schnyder mit Vornamen und «Friend» an. Siehe Brief Botschafter Schnyder an Assistant Secretary of the Treasury Davis, 16. November 1967, BAR, E 2200.36 1980/24, 101.1. Bundesrat Hans Schaffner.
207 Felix Schnyder: Wegstationen eines Schweizer Diplomaten, 12. Dezember 1990, AfZ, TA Kolloquien FFAfZ/82.
208 Abschied Botschafter Schnyders von den Vereinigten Staaten, in: Neue Zürcher Zeitung, 12. Dezember 1975, AfZ, PA Biographische Sammlung, Schnyder, Felix.

Bewunderung».[209] Schaffner schrieb: «Was ich an Kontakten in so kurzer Zeit habe erleben dürfen, ist ganz einzigartig.»[210]
Nicht nur in den USA, sondern auch in Bern verfügte Schnyder über ein besonders gutes Netzwerk. Zu seinem engen Freundeskreis gehörten viele hohe Funktionäre wie Paul Jolles, Albert Weitnauer, Antonino Janner, Roy Ganz[211] und natürlich Raymond Probst. Auch zu den Departementsvorstehern hatte er gute Beziehungen. Wie bereits erwähnt, hielt Petitpierre grosse Stücke auf Schnyder.[212] Wahlen vertraute ihm den wichtigen Posten in Washington an. Und Spühler war von den Diensten Schnyders so angetan, dass er nach seinem Rücktritt in einem Schreiben nicht nur für die hervorragende Zusammenarbeit dankte, sondern auch zur Du-Form überging.[213] Ein besonders gutes Verhältnis verband Schnyder aber mit Bundesrat Schaffner. Die beiden waren alte Schulkameraden, sie besuchten am Gymnasium Burgdorf dieselbe Klasse.[214] Die Freundschaft blieb über die Jahre bestehen. So trat Schaffner bereits beim Eintritt Schnyders ins EPD als dessen Referenz auf[215] und dankte später als Bundesrat dem Botschafter in Washington für die «unvergleichliche Freundschaft».[216]

209 Brief Bundesrat Spühler an Botschafter Schnyder, 8. September 1967, BAR, E 2200.36 1980/24, 101.1. Besucher in der USA, W. Spühler.
210 Brief Bundesrat Schaffner an Botschafter Schnyder, 29. Dezember 1967, BAR, J 1.239 1994/47, 7.1 Korrespondenz.
211 Zu Jolles siehe Brief Botschafter Schnyder an Direktor der Handelsabteilung Jolles, 18. März 1975, BAR, E 2200.36 1996/251, 334.1 Anschaffung von Kampfflugzeugen; zu Weitnauer ders., Rechenschaft, 151; zu Janner Brief Botschafter Schnyder an Botschafter Janner, 21. März 1972, BAR, E 2200.36 1984/185, 003.2 Konsularkonferenz; zu Ganz Brief Botschafter Schnyder an Botschafter Ganz, 6. Juli 1972, BAR, E 2200.36 1984/185, 342.1 State Department.
212 Siehe dazu Kap. IX, 1.
213 Siehe Brief Bundesrat Spühler an Botschafter Schnyder, 17. April 1970, BAR, J 1.239 1994/47, 7.1 Korrespondenz. Das Verhältnis mit Pierre Graber kann aufgrund der eingesehenen Quellen nicht schlüssig beurteilt werden.
214 Schnyder meinte in einer Ansprache, dass Schaffner der lebende Beweis dafür sei, dass ihr Lehrer falsch gelegen habe, als er meinte, dass aus ihrer Klasse nie etwas Gutes kommen werde. Tatsächlich sind ein Bundesrat und ein UNO-Hochkommissar für Flüchtlinge doch allerhand. Remarks by F. Schnyder, New York, 11. September 1967, BAR, E 2200.36 1980/24, 51.081 Vorträge Botschafter.
215 Personalblatt, BAR, E 2500 1990/6, a.21 Schnyder Felix.
216 Brief Bundesrat Schaffner an Botschafter Schnyder, 29. Dezember 1967, BAR, J 1.239 1994/47, 7.1 Korrespondenz.

3 Ansichten, Persönlichkeit und Familie

Für Felix Schnyder war klar, dass die Schweiz eine besondere Rolle in der Weltpolitik zu spielen habe. Er vertrat die Meinung, dass es in der Weltgemeinschaft eine «Arbeitsteilung» geben müsse.[217] Für die Schweiz sah er darin die Aufgabe des Dienstleisters und humanitären Helfers vor.[218] Bei Vorträgen in den USA erklärte er der Zuhörerschaft immer wieder, dass die Schweizer Neutralität nicht ein Mittel sei, um sich abzuschotten, sondern für die Schweiz notwendig und durch ihre guten Dienste für die USA von grossem Wert.[219] Besonders wichtig war ihm die humanitäre Rolle der neutralen Schweiz. Für dieses Anliegen setzte er sich auch persönlich stark ein. Bereits 1967 wurde er für seinen Einsatz im Flüchtlingswesen mit dem Goldenen Nansen-Ring ausgezeichnet.[220] Nach seinem Ausscheiden aus dem diplomatischen Dienst zeigte er sich weiter als aktiver Protagonist in der Flüchtlingspolitik[221] und engagierte sich in der Entwicklungshilfe.[222] In Bezug auf die damaligen aussenpolitischen Maximen Neutralität, Solidarität und Universalität kann man sagen, dass Schnyder das Schwergewicht auf Solidarität legte.

Fast logisch ergab sich daraus seine Einstellung gegenüber einem allfälligen Beitritt der Schweiz zur UNO, in deren Hallen er lange aktiv war. 1990 sagte er dazu: «Ich war nie frustriert, weil die Schweiz nicht Mitglied ist. […] Ich bin immer noch der Meinung, dass wir gewisse Dinge nützlicherweise tun können und um diese Dinge tun zu können, müssen wir auch darauf verzichten, [die Dinge zu tun, F. K.] die wir nicht nützlicherweise tun können.»[223] Er befürwortete also eine aktive Rolle der Schweiz als Unterstützerin der UNO und

---

217 Ansprache des Schweizerischen Botschafters in den USA Herrn Felix Schnyder, in: Gesellschaft Schweizerfreunde der USA, 50 Jahre SFUSA 1920–1970, 9.
218 Address delivered by the Ambassador of Switzerland Felix Schnyder before the Foreign Relations Association of New Orleans, 29. März 1967, BAR, E 2200.36 1980/24, 51.081 Vorträge Botschafter.
219 Siehe zum Beispiel Ansprache des Schweizerischen Botschafters in den USA, Herrn Felix Schnyder, in: Gesellschaft Schweizerfreunde der USA, 50 Jahre SFUSA 1920–1970, 8 f.
220 Brief Martin Kornrumpf an Botschafter Schnyder, 28. Februar 1978, BAR, J 1.239 1994/47, Bd. 3, Dossier ohne Titel.
221 Zusammen mit Lindt und Aga-Khan richtete sich Schnyder 1979 in einem öffentlichen Appell an die Regierungen der Welt mit der Bitte, die Not der Flüchtlinge in Südostasien zu lindern. Declaration to the press, 21. Juni 1979, BAR, J 1.239 1994/47, Bd. 1, Dossier ohne Titel. In der Schweiz setzte er sich gegen die Verschärfung des Asylrechts ein. Brief Groupe de travail pour le respect du droit d'asile an Conseil fédéral, 12. April 1984, ebd.
222 Er betreute für die UNO Energieprojekte in Entwicklungsländern. Siehe Brief Botschafter Schnyder an Generalsekretär Waldheim, 17. April 1980, BAR, J 1.239 1994/47, Bd. 3, Dossier ohne Titel.
223 Felix Schnyder: Wegstationen eines Schweizer Diplomaten, 12. Dezember 1990, AfZ, TA Kolloquien FFAfZ/82.

als Mitglied der verschiedenen Unterorganisationen, hielt aber einen Beitritt nicht für angebracht. Er mass dieser Frage gar keine grosse Bedeutung zu, da die Schweiz «der UNO in der Zusammenarbeit näher als 90 % der Mitglieder» stehe.[224]

Die Frage der europäischen Integration berührte ihn in seiner Karriere wenig und schien ihn nicht besonders zu beschäftigen. Er betonte aber in verschiedenen Ansprachen in den USA die Wichtigkeit des Freihandels und wies darauf hin, dass gerade die Schweiz sich stark dafür einsetze.[225]

Die Neutralität interpretierte er strikter als andere Kollegen. Er war nicht bereit, für jeden wirtschaftlichen Nutzen des Landes das Neutralitätsrecht zu brechen. So war er einer der wenigen im EPD, der die Waffen- und Waffenteilelieferungen an die USA während des Vietnamkriegs infrage stellte.[226]

Dass sich Schnyder ein sehr gutes Netzwerk aufbauen konnte, hatte auch mit seinem Wesen zu tun. Er wird in allen Berichten zu seiner Person als «offen und gewinnend»[227] beschrieben und zeigte sich als «redegewandt».[228] Sein Freund Raymond Probst strich seine geistige Flexibilität und Originalität hervor und meinte: «Nie war es eintönig in seiner Gegenwart. Geist, Ideenreichtum und Initiative begleiteten ihn bis ins hohe Alter.»[229] Schnyder verstand es, seine Gesprächspartner zu interessieren und für sich zu gewinnen.[230] Gegenüber seinen Mitarbeitern trat er mit viel Wertschätzung auf, stellte aber auch klar, was er von ihnen erwartete.[231] Schnyder konnte, wenn es die Situation verlangte, hartnäckig sein und Auseinandersetzungen in hartem Ton führen, wie

224 Ebd.
225 Speech before the Swiss Society and the Swiss-American Association in New York, 19. November 1975, BAR, E 2500 1990/6, a.21 Schnyder Felix; Address delivered by the Ambassador of Switzerland Felix Schnyder before the Foreign Relations Association of New Orleans, 29. März 1967, BAR, E 2200.36 1980/24, 51.081 Vorträge Botschafter. In der folgenden Ansprache wies er darauf hin, dass er sich in den USA stets für den Freihandel einsetzte. Ansprache des Schweizerischen Botschafters in den USA, Herrn Felix Schnyder, in: Gesellschaft Schweizerfreunde der USA, 50 Jahre SFUSA 1920–1970, 11–13.
226 Gaffino, Autorités et entreprises suisses face à la guerre de Viêt Nam, 153. Damit stellte er sich in Opposition zu seinem guten Freund Raymond Probst, der als Sohn einer Familie aus der Uhrenindustrie einer der vehementesten Verfechter der Lieferung von Uhrenteilen an die USA war. Siehe ebd., 149–156.
227 Abschied Botschafter Schnyders von den Vereinigten Staaten, in: Neue Zürcher Zeitung, 12. Dezember 1975, AfZ, PA Biographische Sammlung, Schnyder, Felix.
228 Felix Schnyder, der Botschafter mit dem Nansen-Ring, in: Schweizer Illustrierte, 23. Oktober 1967, AfZ, PA Biographische Sammlung, Schnyder, Felix.
229 Raymond Probst, Botschafter Felix Schnyder zum Gedenken, in: Neue Zürcher Zeitung, 10. November 1992.
230 Abschied Botschafter Schnyders von den Vereinigten Staaten, in: Neue Zürcher Zeitung, 12. Dezember 1975, AfZ, PA Biographische Sammlung, Schnyder, Felix.
231 Siehe Circular letter to the Consuls of Switzerland in the United States, 2. Juni 1972, BAR, E 2200.36 1984/185, 003.2 Konsularkonferenz.

das Beispiel des Honorarkonsulsystems zeigt.²³² Sigrid Schnyder verriet in einem Interview, dass sie und ihr Mann sozusagen keine Freizeit hätten, da sie auch am Sonntag entweder auf Empfängen unterwegs seien oder solche planten.²³³ Dies ist nur ein Indiz für den grossen Enthusiasmus, den Felix Schnyder in seinem Beruf an den Tag legte. Er fühlte sich gerade in der Rolle des Schweizer Botschafters in Washington sehr wohl.
Es ist auffallend, mit welcher Konstanz Schnyder die Wichtigkeit seiner Frau für seinen Erfolg als Botschafter betonte.²³⁴ Die beiden verstanden sich als Team.²³⁵ Sigrid Schnyder übernahm nicht nur die Aufgabe der Organisatorin und Gastgeberin vieler Empfänge in ihrer Residenz, sondern bewegte sich als eigenständige Akteurin in der Washingtoner Society.²³⁶ Dass sie dadurch ihrem Mann viele Türen öffnen konnte, wurde bereits erwähnt.²³⁷ Zudem engagierte sie sich stark in humanitären Projekten. Einen persönlichen Höhepunkt erlebte sie 1975, als sie zusammen mit Nancy Kissinger und drei anderen Damen zu den «most celebrated women in America» gewählt und von Präsident Ford persönlich geehrt wurde.²³⁸

4 Wertung

Felix Schnyders Karriere im EPD ist unter mehreren Aspekten bemerkenswert. Zuerst ist zu erwähnen, dass eine Militärkameradschaft Schnyder den Einstieg ins Departement ermöglichte. Während Heinz Vischer, der erste EPD-Mitarbeiter unter den Offizieren der Füsilierkompanie I/25, bereits früh wieder

---

232 Siehe dazu Kap. IX, 2.6.
233 Diese öffentliche Aussage wurde im EPD gar nicht gern gehört. Im Artikel wurde die Aussage handschriftlich unterstrichen und folgendermassen kommentiert: «Ist das Propaganda für unseren Beruf? Kaum!» Besteht Ihr Leben nur aus Parties?, in: Schweizer Illustrierte, 8. September 1975, BAR, E 2500 1990/6, a.21 Schnyder Felix.
234 Siehe Felix Schnyder: Wegstationen eines Schweizer Diplomaten, 12. Dezember 1990, AfZ, TA Kolloquien FFAfZ/82; Unser Image in den USA könnte nicht besser sein, in: Tages-Anzeiger, 13. Dezember 1975, BAR, E 2500 1990/6, a.21 Schnyder Felix; Abschied Botschafter Schnyders von den Vereinigten Staaten, in: Neue Zürcher Zeitung, 12. Dezember 1975, AfZ, PA Biographische Sammlung, Schnyder, Felix.
235 Felix Schnyder: Wegstationen eines Schweizer Diplomaten, 12. Dezember 1990, AfZ, TA Kolloquien FFAfZ/82.
236 Besteht Ihr Leben nur aus Parties?, in: Schweizer Illustrierte, 8. September 1975, BAR, E 2500 1990/6, a.21 Schnyder Felix.
237 Siehe dazu Kap. IX, 2.7.
238 International Women's Year Honors, in: The Washington Post, 13. Mai 1975, BAR, E 2500 1990/6, a.21 Schnyder Felix; Besteht Ihr Leben nur aus Parties?, in: Schweizer Illustrierte, 8. September 1975, ebd.

aus dem Departement ausschied,²³⁹ wurden die früheren Offizierskollegen Schnyder und Probst dort zu eminenten Persönlichkeiten.

Besonders ist zudem die Dreiteilung von Schnyders Karriere: Zuerst war er einige Jahre lang in der Berner Zentrale, wo er sich als junger Jurist einige Beachtung erarbeitete. Dann hielt er sich sieben Jahre lang in Moskau und Berlin im sowjetischen Einflussbereich auf. Und schliesslich krönte er seine Karriere mit einer langen Phase in den USA, zuerst bei der UNO in New York und später als Schweizer Botschafter in Washington. Er hat zwischen 1954 und 1975 fast ohne Unterbruch²⁴⁰ in den USA gelebt. Ein weiterer bemerkenswerter Faktor ist die Parallelität seiner Karriere in Übersee mit derjenigen von August Lindt.²⁴¹ Sowohl als Beobachter bei der UNO als auch als Hochkommissar für Flüchtlinge sowie als Botschafter in Washington war er ein Nachfolger des «ausgezeichneten Kollegen Lindt», wie Schnyder selbst zu sagen pflegte.²⁴² Dass Lindt entscheidenden Einfluss auf Schnyders Wahl zum Hochkommissar hatte, scheint er nicht gewusst zu haben.²⁴³

Anders als Lindt, der sich als starker «Macher» in der Botschafterrolle weniger wohl fühlte, war Schnyder als Botschafter in Washington in seinem Element. Er setzte das Schwergewicht seiner Arbeit auf die Pflege des «Swiss Image» sowie auf den Aufbau und den Unterhalt eines ausgedehnten Netzwerkes. Dieses Netzwerk half ihm in vielen Situationen, sei es bei der Informationsbeschaffung, beim Lösen von bilateralen Fragen oder bei der Organisation eines Besuchsprogramms. Doch noch wichtiger erschien es Schnyder, seinen Gesprächspartnern die Schweizer Sicht auf die Dinge erklären und damit das Ansehen der Schweiz bei diesen einflussreichen Personen steigern zu können. Er sah darin die Hauptaufgabe des Schweizer Vertreters in den USA, denn er wollte «Probleme vermeiden, statt sie zu lösen».²⁴⁴ Er war daher überzeugt, dass es nur von Nutzen sein könnte, wenn er sich länger als die üblichen vier Jahre in der amerikanischen Hauptstadt aufhalten würde.²⁴⁵ Trotz seiner langen Amtszeit in den USA ist das Phänomen des «going native» bei ihm kaum zu beobachten. Er zeigte sich gegenüber den USA kritisch und meinte zum Bei-

239 Siehe dodis.ch/P1039.
240 Er war einige Monate Minister in Israel. Der Hochkommissar hatte sein Büro in Genf, war aber oft in New York.
241 Siehe dazu Kap. VII.
242 Siehe Felix Schnyder: Wegstationen eines Schweizer Diplomaten, 12. Dezember 1990, AfZ, TA Kolloquien FFAfZ/82.
243 Er erwähnte es zumindest in seinem Vortrag, in dem er die Wahl genau beschrieb, nicht. Zur Wahl siehe Kap. IX, 2.2.
244 Zitiert nach Unser Image in den USA könnte nicht besser sein, in: Tages-Anzeiger, 13. Dezember 1975, BAR, E 2500 1990/6, a.21 Schnyder Felix.
245 Felix Schnyder: Wegstationen eines Schweizer Diplomaten, 12. Dezember 1990, AfZ, TA Kolloquien FFAfZ/82.

spiel 1972, dass sich die Staaten seit dem Zweiten Weltkrieg auf einem stetigen Niedergang befänden. Auch verurteilte er alle protektionistischen Tendenzen in seinem Gastland.[246] Interessant ist schliesslich, dass für den Aufbau seines Netzwerks die Kontakte seiner Frau eine grosse Hilfe waren, ganz ähnlich wie bei einem seiner Vorgänger auf dem Washingtoner Posten, Karl Bruggmann.[247] Schnyder vertrat die Schweiz in den USA, als zwischen den beiden Ländern gute Beziehungen herrschten. Die bilateralen Fragen wurden fast alle in gutem Einvernehmen gelöst und die Schweiz erfreute sich, nicht zuletzt dank ihren erfolgreichen Vermittlungen im Falle Kubas, eines hohen Ansehens. Dass dies gerade während Schnyders Zeit in Washington der Fall war, mag zu einem grossen Teil Zufall sein, doch hat der Schweizer Botschafter sicher dazu beigetragen. Er hat mit enormem Engagement diese Strömungen verstärkt und dauerhaft gemacht. Oder, wie sein Freund Raymond Probst schrieb: «Ein volles Jahrzehnt verblieb er in der amerikanischen Kapitale, wo er hohes Ansehen gewann und den Beziehungen zwischen den beiden Ländern bleibende Impulse und eine solide Basis verlieh.»[248]

---

246 Siehe Circular letter to the Consuls of Switzerland in the United States, 2. Juni 1972, BAR, E 2200.36 1984/185, 003.2 Konsularkonferenz.
247 Siehe dazu Kap. III, 3.
248 Raymond Probst, Botschafter Felix Schnyder zum Gedenken, in: Neue Zürcher Zeitung, 10. November 1992.

X Pierre Dupont – ein «agent de charme» in Paris

1 Genf und Paris als karriereprägende Schauplätze

Pierre Dupont wurde am 28. April 1912 in Genf geboren.[1] Als Sohn einer angesehenen Familie verbrachte er seine ganze Jugend in der Rhonestadt.[2] Nach der Grundschule besuchte er zwischen 1924 und 1931 das Gymnasium, wo er die Matura mit Schwerpunkt Latein ablegte.[3] Bereits in dieser Zeit zeigte sich sein starkes Kulturinteresse, so gründete er eine Gruppe namens Litterae, die eine literarische Zeitschrift mit dem Titel «Essais» veröffentlichte.[4] Anschliessend schrieb er sich an der Universität seiner Heimatstadt ein und schloss 1934 sein Studium mit dem Lizenziat in Jurisprudenz ab.[5] Nach dem Studium begann er ein Stage bei der Anwaltskanzlei C. Binzegger und erwarb 1937 das Anwaltspatent des Kantons Genf.[6] Als deren Mitarbeiter begann er seine Zukunft zu planen. Er spielte mit dem Gedanken, ein Doktorat in Angriff zu nehmen, reichte aber gleichzeitig bei Bundesrat Motta eine Bewerbung für den diplomatischen Dienst ein.[7] In diesem Zusammenhang zeigte sich das gute Netzwerk der Familie: Gleichzeitig mit der Bewerbung Duponts trafen bei Motta auch Schreiben von Regierungsrat Adrien Lachenal[8] und dem Präsidenten der «Tribune de Genève», Ed Junod,[9] ein. Beide setzten sich für den jungen Genfer Anwalt und dessen Aufnahme ins EPD ein. Junod wies dabei auf seine enge Freundschaft mit der Familie Dupont hin. Die Bemühungen fruchteten jedoch vorerst nicht. Minister Stucki, der damalige Schweizer Gesandte in Paris, schrieb Pierre Dupont, dass man momentan keine Vakanz habe, seine Bewerbung aber bei Gelegenheit, wie andere auch, prüfen werde.[10] Dupont liess aber nicht locker und erkundigte sich einige Monate später er-

1 Personalblatt, BAR, E 2500 1990/6, a.21 Pierre Dupont.
2 Die Freundschaft zur Familie wurde von verschiedenen Genfer Persönlichkeiten erwähnt, die sich später für Pierre Dupont einsetzten. Siehe weiter unten in diesem Kapitel.
3 Personalblatt, BAR, E 2500 1990/6, a.21 Pierre Dupont.
4 Siehe M. Dupont Ambassadeur de Suisse en France, in: Gazette de Lausanne, 11. März 1967, ebd.
5 Personalblatt, ebd.
6 Ebd.
7 Brief Dupont an Bundesrat Motta, 26. Juli 1938, ebd.
8 Brief Regierungsrat Lachenal an Bundesrat Motta, 23. Juli 1938, ebd.
9 Brief Junod an Bundesrat Motta, 28. Juli 1938, ebd.
10 Brief Minister Stucki an Dupont, 30. Juli 1938, ebd. Offensichtlich wurde die Bewerbung Duponts an Stucki weitergeleitet.

neut bei Motta.[11] Nun meldete sich Professor Paul Guggenheim, der zu dieser Zeit sowohl in Den Haag als auch am Institut universitaire des hautes études internationales[12] in Genf lehrte, beim EPD und legte ein gutes Wort für Dupont ein.[13] Es sollten aber weitere acht Monate vergehen, bis die Bewerbung Erfolg hatte. Pierre Dupont wurde am 18. September 1939 im Rahmen einer verstärkten Rekrutierung nach dem Ausbruch des Zweiten Weltkriegs in den Rechtsdienst des EPD aufgenommen.[14] Die Rekrutierungswelle wurde durch die Übernahme vieler Interessenvertretungen zwischen den Kriegsparteien durch die Schweiz ausgelöst.

Walter Stucki nahm nun den jungen Anwalt in die Vertretung in der französischen Hauptstadt auf. Dort traf Dupont auf Henry de Torrenté.[15] Anders als de Torrenté blieb er nach dem Zusammenbruch Frankreichs im Sommer 1940 nicht in Paris, sondern reiste mit Stucki nach Vichy, dem Sitz der Regierung Pétain. 1942 wurde er zum Attaché befördert.[16] Nach der «Gazette de Lausanne» hat Dupont sich in dieser Zeit verdient gemacht, indem er verschiedene Personen vor dem Erschiessungskommando rettete.[17] Zudem begleitete er seinen Chef auf dessen heiklen Missionen, als er gegen Kriegsende versuchte, weiteres Blutvergiessen zwischen den verschiedenen französischen Truppen zu verhindern.[18] Nach seiner Rückkehr in die Schweiz wurde Dupont nach Brüssel versetzt, wo er zum Legationssekretär zweiter Klasse befördert wurde.[19] Dort betreute er die wirtschaftlichen Angelegenheiten, was ihm nicht besonders zugesagt zu haben scheint, denn bereits nach wenigen Monaten meldete sich der Familienbekannte Adrien Lachenal erneut beim EPD. Er schrieb seinem Freund Petitpierre einen Brief und bat ihn, Dupont nach Bukarest zu versetzen, sollte dort Jean-Daniel de Montenach Gesandter werden.[20] Doch Dupont musste bis Oktober 1948 ausharren, bevor er versetzt wurde.[21] Er wurde zum Mitglied der Ständigen Schweizerischen Delegation bei der OECE

---

11 Brief Dupont an Bundesrat Motta, 11. Dezember 1938, ebd.
12 Dem heutigen Institut de hautes études internationales et du développement.
13 Brief Guggenheim an Minister Gorgé, 24. Januar 1939, ebd.
14 Personalblatt, ebd.
15 Siehe dazu Kap. IV.
16 Personalblatt, BAR, E 2500 1990/6, a.21 Pierre Dupont.
17 M. Dupont Ambassadeur de Suisse en France, in: Gazette de Lausanne, 11. März 1967, ebd. Da in den eingesehenen Quellen kein weiterer Verweis auf diese Aussagen zu finden war, kann sie nicht als gefestigt betrachtet werden.
18 Stucki, Von Pétain zur vierten Republik, 149.
19 Personalblatt, BAR, E 2500 1990/6, a.21 Pierre Dupont.
20 Brief Regierungsrat Lachenal an Bundesrat Petitpierre, 30. April 1946, ebd. Dupont und Montenach kannten sich aus gemeinsamen Zeiten an der Gesandtschaft in Paris. Siehe dodis.ch/P721.
21 Personalblatt, BAR, E 2500 1990/6, a.21 Pierre Dupont.

Pierre Dupont (1912–1993)

Schweizer Botschafter
in Paris 1967–1977
(undatiert, dodis.ch/P136)

in Paris ernannt. Die Delegation war der Gesandtschaft in Paris angehängt und bestand aus Pierre Dupont und Agostino Soldati. Die Schweiz stellte bis auf Island und Irland die kleinste ständige Delegation in der Organisation, die den Marshallplan umzusetzen hatte, und entsprechend viel Arbeit verteilte sich auf die beiden Mitarbeiter.[22] Eine weitere Beförderung liess trotz der verantwortungsvollen Position auf sich warten. Der Vorgesetzte Duponts, Minister Peter von Salis, beklagte sich 1951 bei der Verwaltungsabteilung über diesen Umstand und meinte: «Ich setze mich daher nicht für jemanden ein, der qualitativ nur mittelmässig ist, sondern für eine ausgezeichnete Kraft, die es nach langen Jahren anstrengendster Arbeit in der Delegation nicht verdient, übergangen zu werden.»[23] Seine Bemühungen fruchteten aber nichts und Dupont musste bis 1953 warten, bis er zum Legationsrat befördert wurde.[24] Kurz darauf wurde er nach Bern berufen. Er übernahm unter der Führung von Alfred Zehnder die Finanzsektion im EPD. Er befasste sich mit der Sicht des Aussendepartements auf die internationale Finanzpolitik der Schweiz und

---

22 Siehe Sitzung des Schweizerischen Bundesrates, Auszug aus dem Protokoll, 17. Januar 1950, ebd.
23 Brief Minister von Salis an Legationsrat Hegg, 25. Oktober 1951, ebd.
24 Personalblatt, ebd.

führte Verhandlungen in diesem Bereich.[25] Zudem war er in die Verhandlungen über die grosse Freihandelszone in der OECE involviert.[26] Seine Genfer Herkunft, seine Erfahrung mit Frankreich und das wirtschaftliche Wissen, das er sich während seiner Zeit bei der OECE angeeignet hatte, machten ihn zum idealen Kandidaten für die Führung der schweizerischen Delegation bei der Ständigen Schweizerisch-Französischen Kommission für die Freihandelszone Hochsavoyen und der Landschaft Gex.[27] Diese Funktion übernahm er neben seiner Aufgabe in der Berner Zentrale.

Am 9. April 1957 wurde er im Alter von 44 Jahren und nach siebzehn Jahren im EPD zum Minister ernannt.[28] Sein erster Posten als Gesandter führte ihn zum ersten Mal in seiner Berufskarriere über die Grenzen Europas hinaus und ebenfalls zum ersten Mal in ein nichtfrankophones Land. Er wurde Schweizer Gesandter in Venezuela und Panama. Seine Gesandtschaft befand sich in Caracas.[29] Die neuartige Aufgabe behagte ihm nicht besonders. Bereits nach zwei Jahren begann er beim EPD vorstellig zu werden und um eine Versetzung zu bitten. Als Hauptgrund führte er das schwierige Klima an. Er wünsche sich eine Rückkehr nach Europa.[30] Das EPD liess sich mit einer Reaktion aber Zeit.[31] Als er vernahm, dass der Posten des UNO-Beobachters in New York frei werde,[32] meldete er Interesse an, da er bereits Erfahrungen in multilateralen Organisationen habe und New York nur noch wenige Flugstunden von Europa entfernt sei.[33] Petitpierre, der nach dem Wunsch Duponts, sich Europa wieder anzunähern, eine Versetzung nach New York nicht ins Auge

---

25 Siehe Compte-rendu des entretiens qui ont eu lieu à Paris du 9 au 11 décembre 1954 au sujet des questions financières franco-suisses, 20. Dezember 1954, BAR, E 2001 (E) 1969/121, Bd. 367, dodis.ch/8965.
26 Siehe Au Conseil fédéral. Réunion du Conseil de l'OECE au niveau ministériel des 12 et 13 février 1957, 7. Februar 1957, BAR, E 1004.1 (-) -/1, Bd. 598, dodis.ch/11285.
27 Siehe Mitteilung zur Bundesratssitzung vom 9. April 1957, BAR, E 2500 1990/6, a.21 Pierre Dupont.
28 Mitteilung zur Bundesratssitzung vom 9. April 1957, ebd.
29 Personalblatt, ebd.
30 Brief Minister Dupont an Bundesrat Petitpierre, 23. Februar 1961, ebd.
31 Nach den Aussagen Duponts müssten die ersten Bemühungen im Frühjahr 1960 stattgefunden haben. Bis zu einem Vorschlag zur Planung seiner Versetzung dauerte es aber noch ein Jahr. Siehe Brief Minister Dupont an Bundesrat Petitpierre, 23. Februar 1961, BAR, E 2500 1990/6, a.21 Pierre Dupont.
32 Felix Schnyder, der den Posten bis zu diesem Zeitpunkt innehatte, wurde zum neuen UNO-Hochkommissar für Flüchtlinge. Siehe dazu Kap. IX, 2.2.
33 Brief Minister Dupont an Bundesrat Petitpierre, 23. Februar 1961, BAR, E 2500 1990/6, a.21 Pierre Dupont.

gefasst hatte, schlug ihm hingegen die Posten in Budapest oder Warschau vor.[34] Dupont entschied sich für Warschau.[35]

Mit dem Wechsel von Caracas nach Warschau wurde Dupont vom Minister zum Botschafter ernannt.[36] Seine Zeit in der polnischen Hauptstadt war von den Verhandlungen bezüglich der Entschädigungszahlungen für die Enteignungen im Zuge der kommunistischen Machtergreifung gekennzeichnet.[37] Ein 1949 von Max Troendle ausgehandelter Vertrag dazu sah vor, dass Polen bis 1963 eine Entschädigung von 53 Millionen Franken an die Schweiz zu zahlen hatte.[38] Bis 1962 wurde aber erst ein kleiner Teil dieser Summe überwiesen und die Schweiz drängte nun darauf, den Restbetrag bis Ende 1963 zu erhalten. Die polnische Seite wollte dies nicht gewähren und wie in den vorhergehenden Jahren einfach Produkte aus dem Agrarsektor anstelle einer Bezahlung an die Schweiz liefern.[39] Die Verhandlungen wurden auf Schweizer Seite von der Handelsabteilung geführt. Dupont unterstützte diese mit verschiedenen Demarchen bei der polnischen Regierung.[40]

Nach vier Jahren in Warschau wechselte er 1965 nach Den Haag. Doch sein Aufenthalt in der holländischen Hauptstadt war von kurzer Dauer: Am 11. Dezember 1966 verstarb überraschend der Schweizer Botschafter in Paris und ehemalige Kollege Duponts aus OECE-Zeiten, Agostino Soldati.[41] Die Suche nach einem Nachfolger gestaltete sich kompliziert. Gerne hätte man den Genfer Politiker Olivier Reverdin nach Paris geschickt, doch dieser zog es vor, in der Schweiz zu bleiben.[42] Gérard Bauer, der über zehn Jahre lang die Schweizer Delegation bei der OECD in Paris geleitet hatte, war gemäss Zeitungsberichten nicht allen Personen in Bern genehm.[43] Dieser Umstand wurde zur Chance für Pierre Dupont, der somit nach vierzehn Jahren wieder in die französische Hauptstadt zurückkehren konnte. Die Wahl Duponts wurde zwar nirgends

34 Ebd.
35 Ebd.
36 Personalblatt, BAR, E 2500 1990/6, a.21 Pierre Dupont.
37 Siehe dazu Kap. VIII, 1.
38 Brief Vizedirektor Bauer an Botschafter Dupont, 17. Juli 1962, BAR, E 2804 1971/2, elf Länderdossiers, Polen. Siehe auch Botschafter Dr. Max Troendle: Die Wirtschaftsbeziehungen mit Osteuropa und China nach dem Zweiten Weltkrieg (1945–1954), 29. Juni 1988, AfZ, TA Kolloquien FFAfZ/71.
39 Brief Vizedirektor Bauer an Botschafter Dupont, 17. Juli 1962, BAR, E 2804 1971/2, elf Länderdossiers, Polen.
40 Siehe Aktennotiz über die zweite Phase der schweizerisch-polnischen Verhandlungen 1962, vom 21. November–5. Dezember in Bern, BAR, E 2804 1971/2, elf Länderdossiers, Polen.
41 Siehe dodis.ch/P87.
42 Wer eignet sich für Paris? in: National-Zeitung, 11. März 1967, BAR, E 2500 1990/6, a.21 Pierre Dupont; Wer «darf» nach Paris?, in: Aargauer Tagblatt, 11. März 1967, ebd.
43 Wer eignet sich für Paris? in: National-Zeitung, 11. März 1967, ebd.

öffentlich kritisiert, doch hielt der «Tages-Anzeiger» fest, dass man durch die Nomination des «zweifellos tüchtigen Diplomaten, der aber noch keine besonders exponierten Posten innehatte», auch klar zeige, dass die Wichtigkeit des Pariser Postens abgenommen habe.[44]

2 Botschafter in Paris 1967–1977

2.1 Spezielle Anforderungen des Pariser Postens

Für Pierre Dupont ging es nach seinem Amtsantritt in Paris vor allem darum, das grosse Loch, das der Tod seines Vorgängers Agostino Soldati aufgerissen hatte, auszufüllen. Soldati war nämlich in der Öffentlichkeit, in Politik- und Wirtschaftskreisen wie auch bei der Auslandschweizerkolonie äusserst beliebt.[45] Paris blieb trotz dem schwindenden Einfluss Frankreichs auf die Weltpolitik ein wichtiger Beobachterposten.[46] Die Beziehungen zwischen der Schweiz und Frankreich waren zu dieser Zeit nicht besonders eng. Vor allem auf handelspolitischer Ebene gab es einigen Diskussionsstoff.[47] Zudem wurde eine weitere wirtschaftliche Annäherung zwischen der EFTA und der EWG lange durch de Gaulles Haltung blockiert. Erst mit dem Wechsel zu Pompidou ergab sich eine Entspannung. Dupont bezeichnete die Politik Pompidous als weniger spektakulär, dafür unterstütze sie eine entspanntere Stimmung zwischen den Staaten.[48] Als Dupont 1977 sein Amt niederlegte, stellte die «Tribune de Genève» «de remarquables rapprochements entre la France et la Suisse» fest.[49] Inwiefern der Schweizer Botschafter in Paris für diese Verbesserung der Beziehungen mitverantwortlich war, soll auf den nächsten Seiten dargelegt werden.

Der Posten in der Hauptstadt Frankreichs stellte noch ganz andere Anforderungen. Das EPD hielt 1967 fest: «[...] le choix d'un successeur à l'Ambassadeur Soldati est d'autant plus délicat qu'il doit s'agir d'une personnalité alliant aux qualités intellectuelles une résistance physique apte à supporter les obligations

---

44 Pierre Dupont neuer Botschafter in Paris, in: Tages-Anzeiger, 11. März 1967, ebd.
45 Siehe M. Pierre Dupont, notre nouvel ambassadeur en France présente ses lettres de créance, in: La Tribune de Genève, 24. September 1967, BAR, E 2500 1990/6, a.21 Pierre Dupont; Wer «darf» nach Paris?, in: Aargauer Tagblatt, 11. März 1967, ebd.
46 Pierre Dupont neuer Botschafter in Paris, in: Tages-Anzeiger, 11. März 1967, ebd.
47 Siehe dazu Kap. X, 2.3.
48 Procès-Verbal, Réunion Consulaire, 16./17. April 1970, BAR, E 2200.41 1984/95, 003.2 Conférences des Chefs de Postes.
49 Pierre Dupont ambassadeur de Suisse en France fait ses adieux à Paris, in: La Tribune de Genève, 18. Juni 1977, BAR, E 2500 1990/6, a.21 Pierre Dupont.

sociales extrêmement sévères de la vie dans la capitale française.»⁵⁰ Zu diesen Verpflichtungen gehörten neben den vielen kulturellen Veranstaltungen⁵¹ und den Empfängen im Corps diplomatique vor allem auch die Betreuung der Kolonie der Auslandschweizer. Rund ein Drittel aller Auslandschweizer lebte zu dieser Zeit in Frankreich, und Paris war mit 30 000 Schweizer Bürgern der grösste Konsularkreis weltweit.⁵²

Von einer anderen Aufgabe wurde Dupont befreit. Agostino Soldati führte seit 1961 sowohl die Schweizer Botschaft in Paris als auch die Schweizer Delegation bei der OECD.⁵³ Mit der Ernennung Duponts zum Botschafter in Paris übernahm Claude Caillat, der als Chargé d'Affaires ad interim den Pariser Posten zwischen Soldati und Dupont geleitete hatte, die Führung der Schweizer Delegation bei der OECD und wurde ebenfalls in den Botschafterrang gehoben.⁵⁴ Damit gab es in Paris zwei Schweizer Diplomaten, die sich als Botschafter bezeichnen durften. Die Aufgaben der Delegation bei der OECD wurden so definitiv von denjenigen der Schweizer Botschaft in Frankreich gelöst. Im Gegensatz dazu blieb der schweizerische Delegierte bei der UNESCO, deren Hauptsitz ebenfalls in Paris war, der Botschaft unterstellt.⁵⁵

2.2 Von de Gaulle zu Pompidou und die EWG-Frage

Während seiner zehnjährigen Amtszeit als Schweizer Botschafter in Paris erlebte Pierre Dupont die drei Präsidenten de Gaulle, Pompidou und Giscard d'Estaing, sechs Premierminister⁵⁶ und sieben Aussenminister.⁵⁷ Dieser für Frankreich typische schnelle Wechsel von Regierungspersonen und vor allem von zuständigen Ministern erschwerte den Aufbau von funktionierenden Beziehungen.

Die ersten Jahre Duponts in Frankreich, das damals von Charles de Gaulle regiert wurde, standen im Zeichen des Strebens des Präsidenten, Frankreich eine eigenständige Stellung als Weltmacht zu garantieren. Frankreich war 1966 aus der NATO ausgetreten, und mit dem erfolgreichen Test einer Wasserstoffbombe

---

50 Notiz EPD an Bundesrat, 16. Februar 1967, ebd.
51 Siehe dazu Kap. X, 2.5.
52 Pierre Dupont verlässt Paris, in: spk, 27. Juni 1977, BAR, E 2500 1990/6, a.21 Pierre Dupont.
53 Siehe dodis.ch/P87.
54 Siehe dodis.ch/R400.
55 Siehe Formular 202 Geschäftsberichte, Paris, 1967–1971, BAR, E 2400 1991/232, Formular 202 Geschäftsbericht der Auslandvertretungen: O-Z 1967–1971; Formular 202 Geschäftsberichte, Paris, 1971–1975, BAR, E 2400 1991/232, Formular 202 Geschäftsbericht der Auslandvertretungen: P-Z 1971–1975.
56 Pompidou, Couve de Murville, Chaban-Delmas, Messmer, Chirac, Barre.
57 Couve de Murville, Debré, Schumann, Bettencourt, Jobert, Sauvagnargues, Guiringaud.

1968 gelang die definitive Etablierung als Atommacht.[58] In der Europapolitik suchte de Gaulle die weitere Annäherung an Deutschland, gleichzeitig war er gegen einen EWG-Beitritt Grossbritanniens.[59] Er glaubte, dass die USA durch die Mitgliedschaft ihres traditionellen Verbündeten Grossbritannien zu viel Einfluss auf die EWG erhalten könnte. Das Ende der Präsidentschaft de Gaulles war durch die Studentenaufstände von 1968 gekennzeichnet.[60]

Als de Gaulle 1969 ein innenpolitisches Referendum verlor, an dessen Ausgang er sein Verbleib im Amt abhängig gemacht hatte, wurde Georges Pompidou in den Elysée-Palast gewählt.[61] Pompidou, ein «Gaullist», führte in vielen Punkten die Politik seines Vorgängers fort. Die wichtigste Änderung aus Schweizer Sicht nahm er in der Europapolitik vor: Nach einem gewonnenen europapolitischen Referendum gab er das Einlenken Frankreichs bekannt. Grossbritannien und Dänemark konnten daher 1973 der EWG beitreten.[62]

Im Vorfeld der Referendumsabstimmung um de Gaulles Verbleib im Amt ging Dupont wie eine grosse Mehrheit der politischen Beobachter davon aus, dass der Präsident diese Abstimmung für sich entscheiden werde.[63] Doch de Gaulle verlor sie und verkündete am 28. April 1969 seinen Rücktritt. Am folgenden Tag schickte Dupont eine Lagebeurteilung mit dem Titel «la france sans le general de gaulle» nach Bern.[64] Er beschreibt darin die verschiedenen Lager und ihre möglichen Kandidaten. Er sah voraus, dass die «Gaullisten» Pompidou ins Rennen schicken würden und dieser die grössten Chancen habe, neuer Präsident Frankreichs zu werden. Falsch lag er hingegen mit seiner Einschätzung der Aussenpolitik des künftigen Präsidenten: «En principe, il ne devrait pas y avoir de grands changements quant à l'attitude de la France face à la candidature britannique, donc aussi quant aux projets d'arrangement commerciaux avec les pays intéressés.»[65] Er fügte aber auch hinzu, dass es eine Änderung geben könnte, wenn sich Pompidou zur Wahl die Stimmen der Mitte sichern müsste. Eine Änderung in der Europapolitik hielt er für sicher, wenn ein Kandidat der Mitteparteien wie Valéry Giscard d'Estaing gewählt

---

58 Siehe Formular 202 Geschäftsbericht, Paris, 1968, BAR, E 2400 1991/232, Formular 202 Geschäftsbericht der Auslandvertretungen: O-Z 1968.
59 Siehe dazu Kap. VI, 2.1.
60 Siehe dazu Kap. X, 2.2.
61 Siehe Politischer Bericht, Nr. 38, 23. Juni 1968, BAR, E 2300-01 1977/28, Paris (Berichte, Briefe), Bd. 236.
62 Altermatt, La politique étrangère de la Suisse, 66.
63 Politischer Bericht, Nr. 22, 29. April 1969, BAR, E 2300-01 1977/28, Paris, Bd. 6.
64 Ebd. Der politische Bericht trug den erwähnten Titel und wurde als Telegramm übermittelt.
65 Telegramm, Nr. 231, Paris 29. April 1969, BAR, E 2807 1974/12, 09 Länderdossier Frankreich.

würde.⁶⁶ Schon wenige Tage später revidierte er sein Urteil und meinte an der Konferenz der Postenchefs in Lyon: «C'est ainsi que M. Pompidou a déjà laissé entendre qu'il considérerait les problèmes européens avec plus d'ouverture que son prédécesseur.»⁶⁷ Wenige Tage nach dem Rücktritt de Gaulles schickte Dupont also eine zutreffende Einschätzung des zukünftigen Präsidenten und von dessen Europapolitik nach Bern. Die Umsetzung der Änderungen in der Europapolitik zog sich aber dahin und der Beitritt Grossbritanniens, Dänemarks und Norwegens zur EWG wurde erst nach einer erneuten Referendumsabstimmung in Frankreich möglich. Das Resultat dieser Abstimmung prognostizierte Dupont gestützt auf Meinungsumfragen relativ genau.⁶⁸
Der Wechsel zu Pompidou und dessen andere Einstellung in der Europapolitik führten zur Deblockade der Verhandlungen zwischen der EWG und den restlichen EFTA-Staaten. 1972 wurde zwischen den beiden Staatengruppen ein Freihandelsabkommen unterzeichnet.⁶⁹ Für die Schweiz bedeutete dies ein lang ersehnter einfacherer Zugang zu ihren wichtigsten Absatzmärkten dieser Zeit. In den Verhandlungen zum Abkommen von 1972 war Frankreich ein zentraler Verhandlungspartner. Wie de Gaulle gezeigt hatte, war Frankreich bereit, die Vereinbarung zu blockieren, wenn französische Interessen auf dem Spiel standen. Der französische Wirtschafts- und Finanzminister Giscard d'Estaing spielte dann mit dem Gedanken, eine Einigung von der Bereitschaft der Schweiz abhängig zu machen, gegen Steuerflucht aus Frankreich vorzugehen.⁷⁰ Dies ist ein Anliegen, das aus heutiger Sicht nur allzu bekannt erscheint. Es ist in diesem Zusammenhang interessant, dass die Botschaft während der gesamten Verhandlungen kaum eine Rolle spielte. In den entsprechenden Dossiers⁷¹ sind diesbezüglich fast keine Aktivitäten der Botschaft zu finden. Es sind zwar einige Berichte nach Bern gesandt worden, doch übersteigt deren Anzahl kaum die Berichterstattung zu anderen Themen. Von einem aktiven Sammeln von Informationen bei entscheidenden Personen oder gar einer Lobbyingarbeit kann nicht gesprochen werden. Die Botschaft betätigte sich nur als Organisatorin von Treffen zwischen schweizerischen und französischen Persönlichkeiten.⁷²

66 Politischer Bericht, Nr. 22, 29. April 1969, BAR, E 2300-01 1977/28, Paris, Bd. 6.
67 Procès-verbal, Conférence Consulaire, 1./2. Mai 1969, BAR, E 2200.41 1984/95, 003.2 Conférences des Chefs de Postes.
68 Siehe Telegramm, Nr. 156, 21. April 1972, BAR, E 2200.41 1984/95, 531.03 Communauté économique européenne (CEE).
69 Siehe dazu Kap. I, 1.3.
70 Siehe Brief Legationsrat Bauermeister an Bundesrat Graber, 20. Dezember 1971, BAR, E 2200.41 1984/95, 531.03 Suisse – CEE.
71 Siehe BAR, E 2200.41 1984/95, 531.03 Suisse – CEE; BAR, E 2200.41 1984/95, 531.03 Intégration économique européenne; BAR, E 2200.41 1984/95, 743.1 Intégration européenne (Politique). Und Politische Berichte der Jahre 1969–1972.
72 Etwa zwischen dem französischen Diplomaten Jean-Pierre Brunet und Paul Jolles, Note

Als einzige Ausnahme ist ein Gespräch zwischen Dupont und Pompidou anlässlich eines Anlasses für das diplomatische Corps in Rambouillet 1970 zu erwähnen, bei welchem Dupont von einer Schweizer Studie zum Thema erzählte. Diese schickte er später dem Präsidenten zu.[73]
1973 wurde aus wirtschaftlicher Sicht die Ölkrise zum dominierenden Thema. Auch Frankreich litt unter dem stark angestiegenen Ölpreis und beschloss als Reaktion darauf, verstärkt in die Atomenergie zu investieren. Am 2. April 1974 starb Pompidou unvermittelt im Amt. Auf Pompidou folgte Valéry Giscard d'Estaing. Seine Politik war in den ersten Jahren ebenfalls von der Überwindung des Ölschocks geprägt. Dupont erlebte nur noch einen kleinen Teil der Präsidentschaft Giscard d'Estaings als Botschafter in Paris. 1977 ging er in den Ruhestand. Giscard d'Estaing blieb bis 1981 im Amt.

2.3 Wenig Einfluss auf bilaterale Fragen

An der Botschafterkonferenz 1966 wies Max Troendle darauf hin, dass die Öffentlichkeit ein verzerrtes Bild der Tätigkeit der Schweizer Diplomaten habe, man glaube immer noch, dass diese hauptsächlich im Besuch von Champagneranlässen bestehe.[74] Das EPD versuchte im darauf folgenden Jahr etwas gegen dieses Bild zu unternehmen und lud unter anderem einen Vertreter der «Neuen Zürcher Zeitung» nach Paris ein, der einen Artikel über das Leben an der Botschaft in Paris schreiben sollte.[75] Pierre Dupont fasste im Gespräch mit dem Journalisten seine Aufgaben wie folgt zusammen: «Er [der Schweizer Botschafter, F. K.] vertritt die ‹schweizerischen Interessen›, ein Pflichtenheft, das von der Vorbereitung und Überwachung von Staatsverträgen über die Darlegung der schweizerischen Ansichten und die Beobachtung der französischen Politik bis zur Repräsentation reicht.»[76] Auffallend ist, dass Dupont hier zum Ausdruck bringt, dass er seine Rolle nur in der Vorbereitung und in der Überwachung von Verträgen, nicht aber in der aktiven Verhandlung

---

de dossier, 22. Januar 1970, BAR, E 2200.41 1984/95, 531.03 Suisse – CEE; zwischen Ambroise Roux (Patronat Français) und Etienne Junod (Vorort), Brief Botschafter Dupont an Direktor der Handelsabteilung Jolles, 13. Oktober 1971, ebd., sowie zwischen Mayrzedt (Association suisse pour la coopération économique européenne) und Vertretern des Quai d'Orsay, Brief Botschafter Dupont an Generalsekretär Binswanger, 5. Oktober 1972, ebd.

73 Brief Botschafter Dupont an Präsident der Republik Pompidou, 29. Oktober 1970, BAR, E 2200.41 1984/95, 531.03 Suisse – CEE.

74 Brief EPD, Abteilung für Verwaltungsangelegenheiten an Botschafter Pierre Dupont, 23. November 1967, BAR, E 2200.41 1987/167, 001.10 Activité du service diplomatique et consulaire.

75 Ebd.

76 Die Arbeit der Diplomaten, in: Neue Zürcher Zeitung, 24. Dezember 1967, BAR, E 2200.41 1987/167, 001.10 Activité du service diplomatique et consulaire.

oder Unterstützung sah. Die folgenden Beispiele zeigen auf, dass er dieses Verständnis in die Praxis umsetzte.

Als erstes Beispiel seien die Verhandlungen zum bilateralen Handelsvertrag von 1967 erwähnt. 1966 scheiterten die Verhandlungen zwischen der Schweiz und Frankreich zur Erneuerung des bilateralen Handelsvertrags von 1955. Bezüglich der Anwendung des EWG-Milchproduktereglements auf die Exporte von Schweizer Schmelzkäse und Milchpulver konnte keine Einigung erzielt werden.[77] Die internationalen Vereinbarungen im Rahmen der GATT-Kennedy-Runde zwangen die beiden Länder aber zur Wiederaufnahme der Verhandlungen. Bevor diese von Delegationsleiter Albert Weitnauer im Herbst 1967 aufgenommen werden konnten, leistete die Botschaft in Paris ausgiebige Vorbereitungsarbeiten. Sie sammelte Informationen zu Gesprächspartnern, erfragte die französische Meinung zu technischen Fragen, überbrachte die Schweizer Meinung und führte Vorbesprechungen.[78] Diese Vorbereitungen wurden hauptsächlich von Jacques Ruedi, dem Handelsrat der Botschaft, vorangetrieben. Er war später Mitglied der Verhandlungsdelegation.[79] Pierre Dupont selbst trat wenig in Erscheinung.[80] Dass dies gar nicht gewünscht wurde, kann anhand einer Aussage von Weitnauer zu den Folgeverhandlungen im Januar 1968 erkannt werden: In einem Telefongespräch teilte er dem Schweizer Botschafter mit, dass seine Teilnahme an den Verhandlungen nicht erwünscht sei, da diese einen technischen Charakter behalten sollten und man Dupont für eine politische Intervention in der Rückhand behalten wolle.[81]

Auch im zweiten Beispiel, der Frage des Farbfernsehverfahrens, zeigt sich Duponts Verständnis der Aufgabe einer Botschaft in bilateralen Verhandlungen: In der zweiten Hälfte der 1960er-Jahre begann man vom bisherigen Schwarzweissfernsehen auf Farbfernsehen umzustellen. Zur Übertragung entwickelten sich mehr oder weniger gleichzeitig drei verschiedene Verfahren. Nordamerika setzte auf das NTSC-Verfahren. In Europa setzte sich mehrheitlich das in Deutschland entwickelte PAL-Verfahren durch, das sich stark ans NTSC-Verfahren anlehnte. Die Schweiz entschied sich im August 1967

---

77 Formular 202 Geschäftsberichte, Paris, 1967, BAR, E 2400 1991/232, Formular 202 Geschäftsbericht der Auslandvertretungen: O-Z 1967.
78 Siehe BAR, E 2200.41 1980/104, 541.0 Accords commerciaux et de paiement franco-suisse, Généralités. Speziell: Brief Botschaftsrat Ruedi an Delegierter für Handelsverträge Weitnauer, 1. Juni 1967, ebd.
79 Siehe Projet Suisse de Procès-verbal, undatiert, BAR, E 2200.41 1980/104, 541.0 Accords commerciaux et de paiement franco-suisse, Généralités.
80 Siehe BAR, E 2200.41 1980/104, 541.0 Accords commerciaux et de paiement franco-suisse, Généralités.
81 Téléphone de M. Albert Weitnauer, 24. Januar 1968, ebd.

für PAL.[82] Frankreich hingegen verfolgte, wie zu dieser Zeit üblich, vor allem aus politischen Gründen einen eigenen Weg und entwickelte das SECAM-Verfahren. Für die Schweiz drohte diese Entwicklung dazu zu führen, dass ihr Entscheid zugunsten von PAL den Empfang von Fernsehkanälen aus Frankreich verunmöglichen würde, was in der Westschweiz heftig kritisiert werden würde.[83]

Im September 1967 meldete sich der mit Dupont befreundete Präsident der SRG, André Guinand, beim Schweizer Botschafter in Frankreich und bat ihn um Hilfe in dieser Frage. Er wollte auf jeden Fall verhindern, dass die Westschweiz die Programme Frankreichs nicht mehr empfangen konnte. Er rechnete andernfalls mit heftigen Reaktionen bis hin zu Interventionen auf Bundesebene.[84] Er bat Dupont, für ihn ein Treffen mit dem Generaldirektor der Schweizer PTT, dem Generaldirektor der PTT Frankreichs, dem Generaldirektor des Französischen Fernsehens ORTF und dem zuständigen Minister Frankreichs zu organisieren.[85] Dupont nahm daraufhin Rücksprache mit dem zuständigen Bundesrat, dem Vorsteher des EVED Rudolf Gnägi. Sie einigten sich, dass Dupont auf unverbindlichem Weg beim französischen Aussenministerium am Quai d'Orsay in Erfahrung bringen solle, was Frankreich zu tun gedenke, um die französisch sprechende Bevölkerung in Nachbarländern zu bedienen.[86] Die von Dupont gesammelten Informationen waren nicht vielversprechend: Der Quai d'Orsay war der Meinung, das Problem sei gar nicht vorhanden, Erfahrungen in Belgien hätten gezeigt, dass SECAM-Sendungen auch auf PAL-Fernsehgeräten zu empfangen seien.[87] Das ORTF stellte sich demgegenüber auf den Standpunkt, dass dies ein Problem des Empfangs sei und die Schweiz dafür zu sorgen habe, dass TV-Apparate sowohl mit PAL- und als auch mit SECAM-Decodern produziert würden.[88] Dupont wurde daraufhin beauftragt, anlässlich einer Reise Gnägis zum Treffen der Transportminister in Paris ein Abendessen mit den in dieser Frage entscheidenden Personen zu organisieren. Während dieses Empfangs in der Schweizer Botschaft kam Bundesrat Gnägi mit dem Generalsekretär des ORTF überein, gemeinsam eine

---

82 Brief Président de la SSR Guinand an Botschafter Dupont, 5. September 1967, BAR, E 2200.41 1980/104, 632.0 Télévision en France, Systèmes SECAM et PAL.
83 Ebd.
84 Ebd.
85 Ebd.
86 Belgien, Italien und die Niederlande entschieden sich ebenfalls für das PAL-Verfahren. Brief Botschafter Dupont an Bundesrat Gnägi, 30. Oktober 1967, BAR, E 2200.41 1980/104, 632.0 Télévision en France, Systèmes SECAM et PAL.
87 Brief Botschafter Dupont an Bundesrat Gnägi, 30. Oktober 1967, ebd.
88 Telegramm, Nr. 601, Paris 1. Dezember 1967, ebd.

Lösung zu suchen.[89] Gnägi hielt anschliessend gegenüber Dupont fest, dass es sich um ein technisches und nicht um ein diplomatisches Problem handle und sich die Botschaft in der Folge aus der Sache heraushalten solle.[90]
Es zeigen sich hier exemplarisch die Aufgaben der Botschaft: Sie holte Informationen ein, besprach vor und bereitete den Rahmen für eine Lösung des Problems vor. Mit der eigentlichen Lösung hatte sie nichts zu tun.

2.4 Kaum Berichte des Botschafters

Dupont zählte die Beobachtung der Politik des Gastlands und die entsprechende Berichterstattung nach Bern zu den zentralen Aufgaben eines Botschafters.[91] Die Untersuchung der politischen Berichte und Briefe der Pariser Botschaft in der Amtszeit Duponts ergibt aber ein anderes Bild.[92] Zuerst fällt deren geringe Anzahl auf. Diese nahm von 91 im Jahr 1968 auf nur gerade 31 1972 ab, um dann 1974 auf 91 anzusteigen. Im selben Zeitraum schickte die weitaus kleinere Botschaft in Peking jährlich 113 politische Berichte an die Zentrale in Bern.[93] Ein weiterer auffälliger Punkt ist die relativ geringe Zahl von Berichten, die auf Gesprächen Duponts basierten. Nur rund ein Viertel bis ein Drittel aller persönlich eingeholten Informationen wurden vom Botschafter selbst beschafft.[94] Dies sind deutlich weniger als bei seinem Vorgänger Agostino Soldati, der 1965 mehr Informationen aus persönlichen Quellen zusammentrug als alle seine Mitarbeiter zusammen.[95] Auch Felix Schnyder, zu dieser Zeit Schweizer Botschafter in den USA, trug viel mehr Informationen persönlich zusammen.[96] Dupont hingegen überliess diese Aufgabe hauptsächlich seinem langjährigen ersten Mitarbeiter François de Ziegler. Dieser unterhielt vor allem Kontakte zum Quai d'Orsay.[97] Unterstrichen wird diese Beobachtung dadurch, dass es mit dem Wechsel des ersten Mitarbeiters von de Ziegler zu Gaspar Bodmer zu einer klaren Veränderung in der Berichterstattung kam. Dies zeigt sich unter anderem in einem sprunghaften Anstieg der Anzahl Berichte 1974. Es ist aber auch zu erwähnen, dass sich die Berichterstattung aus der Pariser Botschaft nicht auf politische Berichte beschränkte. Vielmehr

---

89 Note de dossier, 19. Dezember 1967, ebd.
90 Ebd.
91 Siehe dazu Zitat in Kap. X, 2.4.
92 Siehe Stichjahre 1968: BAR, E 2300 1973/156, Paris (Berichte, Briefe), Bd. 28; 1970: BAR, E 2300-01 1977/28, Paris, Bd. 15; 1972: BAR, E 2300-01 1977/29, Paris, Bd. 17; 1974: BAR, E 2300-01 1977/30, Paris, Bd. 15.
93 BAR, E 2300-01 1977/29, Peking, Bd. 59.
94 1968: 23 Prozent, 1970: 38 Prozent, 1972: 25 Prozent, 1974: 34 Prozent. Siehe ebd.
95 Siehe BAR, E 2300 1000/716, Paris, Politische Berichte und Briefe, Militärberichte, Bd. 118.
96 Siehe dazu Kap. IX, 2.5.
97 Vgl. vor allem die Jahre 1970 und 1972.

gab es daneben fast tägliche Reporte nach Bern zu verschiedenen Themen, die aber ausschliesslich auf Informationen aus Zeitungsartikeln basierten.[98] Es scheint eine allmorgendliche Aufgabe der Mitarbeiter der Botschaft gewesen zu sein, sich nicht nur aus den Zeitungen zu informieren, sondern diese in einem Bericht nach Bern zusammenzufassen. Dies ist bei anderen Botschaften dieser Zeit nicht zu beobachten. Verstärkte Berichterstattung fand im Zusammenhang mit besonderen Ereignissen statt. So erreichte Bundesrat Spühler im Rahmen des Studentenaufstands im Mai 1968 ein- bis zweimal täglich ein Telegramm aus Paris, das ihn über die neusten Entwicklungen in Frankreich informierte.[99] Anders als bei anderen Themen war es hier vor allem Dupont selbst, der die Lage für den Departementsvorsteher einschätzte.

Die aktive Mitarbeit in der KSZE bildet den symbolischen Startpunkt einer neuen und aktiveren Schweizer Neutralitätspolitik. Aus diesem Grund wird die Berichterstattung zu diesem Thema hier speziell herausgehoben und untersucht. Die Betrachtungen ergänzen die vorherigen Untersuchungen zur Berichterstattung von Botschafter Dupont.

Es ist interessant, dass sich die aktive Neutralitätspolitik im Rahmen der KSZE auch in der engeren Zusammenarbeit zwischen der Zentrale in Bern und ihren Aussenposten in den europäischen Hauptstädten beobachten lässt. Zu keinem anderen in dieser Arbeit untersuchten Thema konnte ein ähnlich intensiver Austausch festgestellt werden. Vor allem in den Jahren 1971 bis 1973 kam es zu einer umfangreichen Korrespondenz, in der Bern Informationen von der Delegation in Helsinki an die Aussenposten weiterleitete sowie über Berichte aus anderen Botschaften informierte.[100] Zudem wurden die Botschaften angewiesen, über bestimmte Punkte Auskunft zu geben. Die Botschaft in Paris zeigte sich ebenfalls sehr aktiv in diesem Zusammenhang. Es war vor allem der erste Mitarbeiter Duponts, François de Ziegler, der dieses Thema in engem Kontakt mit dem Quai d'Orsay bearbeitete. Er traf sich zum Teil wöchentlich mit Claude Arnaud, Directeur politique adjoint, und Jacques Andréani, die auf französischer Seite für die Verhandlungsführung verantwortlich waren. Die Zusammenarbeit ging über eine einfache gegenseitige Information hinaus. So versicherte sich Frankreich 1971, dass die Schweiz Interesse daran hätte, einer ständigen Organisation, die aus den KSZE-Verhandlungen entstehen

---

98 Siehe dazu zum Beispiel folgende Dossiers: BAR, E 2200.41 1984/95, 352.0 Partis politiques en France. BAR, E 2200.41 1984/95, 360.0 Politique extérieure de la France; BAR, E 2200.41 1984/95, 350.0 Politique intérieure de la France.
99 Siehe BAR, E 2807 1974/12, 09 Länderdossier Frankreich.
100 Siehe BAR, E 2200.41 1987/167, 333.1 Conférence sur la sécurité et la coopération en Europe.

könnte, in Genf Gastrecht zu geben.[101] Im Gegenzug versprach Frankreich der Schweiz, sich in der Gruppe der EWG-Länder für den Genfer Sitz der KSZE stark zu machen und zu versuchen, alle EWG-Länder auf diesen Kurs einzuschwören.[102] Auch wurden Projekte wie das Schweizer Anliegen zur friedlichen Streitschlichtung besprochen.[103] Schliesslich übergab Andréani de Ziegler verschiedene interne Papiere der EWG-Ländergruppe, damit sich die Schweizer Delegation auf die Vorschläge der Westmächte vorbereiten konnte.[104] Seine Gesprächspartner klärten de Ziegler auch über verschiedene Meinungen innerhalb der EWG-Gruppe auf.[105] De Ziegler und Arnaud lernten sich in dieser Zeit so gut kennen, dass sie sich mit Vornamen ansprachen.[106] Nach der Versetzung de Zieglers 1973 riss dieser gute Draht zum Quai d'Orsay jäh ab. Der Einfluss der Botschaft und damit des Botschafters war damit wieder deutlich geringer. Dupont traf sich in dieser Zeit zwar einige Male mit dem Staatssekretär des Aussenministeriums. Bei diesen Treffen war die KSZE aber nur noch ein Thema unter vielen in einer breit angelegten Tour d'Horizon. Dupont trug also zum schweizerisch-französischen Informationsaustausch betreffend KSZE nur wenig bei.

Zusammenfassend kann festgehalten werden, dass die Berichterstattung in der alltäglichen Arbeit von Pierre Dupont eine eher geringe Rolle gespielt hat. Die Berichte aus der Pariser Botschaft basierten mehrheitlich auf Zeitungsartikeln oder auf Gesprächen, die von Duponts Mitarbeitern geführt wurden. Vor allem de Ziegler und Bodmer nahmen sich dieser Aufgabe an. Diese Tatsache führte aber nicht dazu, dass die Zentrale in Bern aus Paris schlecht informiert worden wäre.

2.5 Engagement in verschiedenen Botschaftsaufgaben

Wirtschafts- und finanzorientiertes Denken war Dupont beim Antritt als Botschafter in Paris nicht fremd. Er hatte mehrere Jahre als Vertreter der Schweiz bei der OECE gearbeitet und als Vorsteher der Finanzabteilung im EPD geamtet.[107] Er erachtete solche Kenntnisse als unerlässlich für einen modernen Botschafter auf einem verantwortungsvollen Posten. Auch begrüsste er es, dass die Wirtschaft in der Diplomatie Einzug gehalten hatte: «Je trouve, pour ma part, cette évolution hautement bénéfique. Elle fait sortir le diplomate

---

101 Telegramm, Nr. 235, Paris, 16. Juni 1971, ebd.
102 Brief Botschafter Dupont an Botschafter Thalmann, 15. Juli 1971, ebd.
103 Siehe Brief Botschafter Dupont an Botschafter Thalmann, 28. Juni 1972, ebd.
104 Siehe Telegramm, Nr. 5, Paris, 9. Januar 1973, ebd.
105 Siehe Telegramm, Nr. 184, Paris, 18. April 1973, ebd.
106 Siehe Brief Botschaftsrat de Ziegler an Directeur politique adjoint Arnaud, 4. Januar 1973, ebd.
107 Siehe dazu Kap. IX, 1.

d'un certain ghetto mondain, à l'air raréfié, pour le plonger dans le concret des préoccupations contemporaines.»[108] Diese Einstellung zeigte sich in seiner Tätigkeit. Er betätigte sich dabei nicht als wirtschaftspolitischer Verhandlungsführer,[109] sondern interessierte sich vielmehr für die konkrete Förderung der Schweizer Wirtschaft im Gastland. Auf seinen Reisen in die verschiedenen Bezirke Frankreichs spielte die wirtschaftliche Betrachtung immer eine wichtige Rolle. So besprach er mit den Regionalregierungen den Gang der Wirtschaft und die Handelsbeziehungen zur Schweiz, besuchte Fabriken und Messen und traf sich mit der regionalen Handelskammer.[110] Als sich seine Konsuln an der Postenchefkonferenz 1971 darüber beschwerten, dass es ihnen wegen Personalmangels kaum möglich sei, die Schweizer Unternehmen in ihrem Konsularbezirk zu unterstützen, trat ihnen Dupont entschlossen entgegen und verlangte, dass diese Aufgabe in Zukunft prioritär zu behandeln sei. Dies im Gegensatz zu Antonio Janner, der diese Aufgabe als weniger wichtig einstufte.[111] Dupont förderte die Schweizer Präsenz an Messen in Frankreich und forderte von seinen Konsuln: «Nous devrions faire un effort particulier et notamment lorsqu'une foire célèbre son cinquantenaire, comme c'était le cas pour la foire de Lyon, la Suisse devrait être présente. un pavillon suisse est justifié [...].»[112] Ganz diesem Beispiel folgend, unterhielt er zum Präsidenten der Schweizer Handelskammer in Frankreich einen engen Kontakt.[113]

In kaum einer anderen Botschaft sind die kulturellen Verpflichtungen des diplomatischen Personals so gross wie in Paris. Dies ist durch die traditionell starke kulturelle Ausstrahlung der Stadt selbst, ihre Nähe zur Schweiz und auch durch die grosse Schweizer Kolonie in Paris zu erklären. Als Beispiel sei das

---

108 Conférence prononcée par M. Pierre Dupont, Ambassadeur de Suisse en France, le Lundi 20 avril 1970 au Cercle d'Etudes Economiques et Sociales du Haut-Léman, Vevey, BAR, E 2500 1990/6, a.21 Pierre Dupont.
109 Siehe dazu Kap. IX, 2.1 und IX, 2.3.
110 Siehe Brief Botschafter Dupont an EPD, Abteilung für Verwaltungsangelegenheiten, 28. Juni 1971, BAR, E 2200.41 1984/95, 053.1 Visite de l'Ambassadeur aux Consulats; Brief Botschafter Dupont an EPD, Abteilung für Verwaltungsangelegenheiten, 24. März 1972, ebd.; Brief Botschafter Dupont an EPD, Abteilung für Verwaltungsangelegenheiten, 24. Oktober 1969, ebd. Weitere Beispiele siehe BAR, E 2200.41 1984/95, 053.1 Visite de l'Ambassadeur aux Consulats.
111 Siehe Procès-verbal de la Réunion des Consuls de Suisse en France, 22./23. April 1971, BAR, E 2200.41 1984/95 003.2 Conférences des Chefs de Postes.
112 Procès-verbal, Conférence Consulaire, 1./2. Mai 1969, ebd.
113 Vor allem mit Jean-Louis Gilliéron, der dieses Amt bis 1970 innehatte, verstand er sich gut. Siehe Brief Botschafter Dupont an Jean-Louis Gilliéron, 23. Juni 1970, BAR, E 2200.41 1984/95, 551.40 Chambre de Commerce Suisse en France. Mit seinem Nachfolger, Georges Reymond, war der Kontakt weniger eng. Brief Georges-E. Reymond an Botschafter Dupont, 20. Dezember 1971, ebd.

Jahr 1973 erwähnt,[114] in welchem die Botschaft 136 kulturelle Veranstaltungen mit Schweizer Beteiligung zählte. Diese reichten vom Konzert eines Schweizer Musikers über die Ausstellungen von Schweizer Künstlern bis zu den Lesungen von Schweizer Autoren. Pierre Dupont selbst war kulturell sehr interessiert. Bereits in seiner Gymnasiumszeit veröffentlichte er mit Kollegen eine literarische Zeitschrift,[115] als junger Diplomat in Paris begab er sich oft auf Flohmärkte und suchte nach unterschätzten Meisterwerken unbekannter Künstler,[116] und als Botschafter veröffentlichte er einen literarischen Text mit dem Titel «Le voyage de Saussure à Paris».[117] Er baute in Paris zu kulturellen Kreisen ein enges Verhältnis auf und kannte viele Künstler persönlich.[118] Er besuchte wenn immer möglich sämtliche Veranstaltungen mit Schweizer Beteiligung.[119] Eines seiner Hauptanliegen in der Kulturförderung war, dass das breite Angebot an schweizerischem Kulturschaffen in Paris auf den Rest Frankreichs ausstrahlte. So forderte er seine Konsuln auf, vermehrt Anstrengungen zu unternehmen, dass Ausstellungen, die in Paris gezeigt wurden, auch im jeweiligen Konsularbezirk gastierten.[120] Er führte zudem ein Bulletin ein, das sämtliche kulturellen Veranstaltungen ankündigte,[121] und setzte es als Werbemittel ein. Er wollte die kulturellen Anlässe nutzen, um das Kolonieleben zu bereichern und die Auslandschweizer besser zusammenzuschweissen.[122]

Pierre Dupont erachtete die Interessenvertretung als eine der wichtigsten Aufgaben eines Botschafters überhaupt, wobei er die Vertretung der Interessen der Auslandschweizer hervorhob: «La prise en charge du sort, des biens, de la liberté de ses compatriotes vis-à-vis du pays de résidence la caractérise. […] Pour un agent diplomatique ou consulaire suisse cependant, la distinction entre les intérêts étatiques et ceux des personnes est plutôt théorique.»[123] Dementsprechend erachtete er die Betreuung der Auslandschweizer als eine

---

114 Siehe BAR, E 2200.41 1987/167, 643.2 Calendrier 1973–1975.
115 Siehe dazu Kap. IX, 1.
116 Ordioni, Mémoires à contretemps, 265.
117 Dupont, Le voyage de Saussure à Paris.
118 Siehe dazu Kap. IX, 2.7.
119 Une femme, auprès de son mari, undatiert, BAR, E 2200.41 1984/95, 051.11 Chef de Mission.
120 Procès-verbal, Conférence Consulaire Lyon, 2./3. Mai 1968, BAR, E 2200.41 1980/104, 003.2 Réunion des consuls.
121 Es bestand schon vorher ein Bulletin, welches aber die Anlässe im Rückblick behandelte. Auf seine Initiative hin wurde daraus ein Ausblick. Siehe Procès-verbal, Conférence Consulaire Lyon, 1./2. Juni 1967, ebd.
122 Siehe ebd.
123 Conférence prononcée par M. Pierre Dupont, Ambassadeur de Suisse en France, le Lundi 20 avril 1970 au Cercle d'Etudes Economiques et Sociales du Haut-Léman, Vevey, BAR, E 2500 1990/6, a.21 Pierre Dupont.

wichtige Aufgabe des Botschafters. Bereits nach einigen Tagen im neuen Amt in Paris lud er die wichtigsten Vertreter der Kolonie zu einem Empfang in die Botschaft.[124] Er übernahm gegenüber seinen Konsuln eine klare Führungsrolle[125] und wollte mit ihnen zusammen die Betreuung der Kolonie gewährleisten und stetig verbessern. So organisierte er nicht nur jährlich eine Konferenz aller Konsuln, sondern bestand auch darauf, dass diese immer örtlich und zeitlich auf den Kongress der Union des Suisses en France, der Dachorganisation aller Schweizer Vereine in Frankreich, abgestimmt wurde.[126] Ihm war diese jährliche Zusammenkunft seiner Konsuln so wichtig, dass er sich den Weisungen aus Bern widersetzte, als das EPD eine solche Zusammenkunft für das Jahr 1974 aus Kostengründen ablehnte.[127] Er veranstaltete das Treffen mit den Konsuln in einem leicht abgeänderten Rahmen trotzdem.[128] Er berichtete anschliessend nach Bern, dass diese Zusammenkunft sehr nützlich gewesen sei.[129] 1975 erlaubte ihm die Zentrale wieder, ein offizielles Zusammentreffen zu organisieren, gab dem Anlass aber nun den Titelzusatz «bisannuel».[130] Dies hinderte Dupont nicht, 1976 erneut eine inoffizielle Zusammenkunft zu organisieren.[131] Auch sonst pflegte Dupont einen engen Kontakt zu seinen Konsulaten. So unternahm er viele Reisen in die verschiedenen Konsularbezirke, die jeweils vom Konsul organisiert wurden.[132] Dabei war das Treffen mit der örtlichen Kolonie ein wichtiger Bestandteil des Programms, wenn es auch nicht zwingend im Zentrum des Besuchs stand.[133]

124 M. Pierre Dupont, notre nouvel ambassadeur en France présente ses lettres de créance, in: La Tribune de Genève, 24. September 1967, ebd.
125 Er trat bei den Konferenzen mit den Konsuln als Führungsperson auf. Er gab viele Anweisungen und schrieb Vorgehensweisen und Prozesse vor. Dabei setzte er Termine und verlangte Informationen. Siehe Procès-verbal, Conférence Consulaire Lyon, 2./3. Mai 1968, BAR, E 2200.41 1980/104, 003.2 Réunion des consuls.
126 Siehe BAR, E 2200.41 1980/104, 003.2 Réunion des consuls; BAR, E 2200.41 1987/167, 003.2 Réunion des Consuls.
127 Brief Botschafter Janner an Botschafter Dupont, 15. August 1973, BAR, E 2200.41 1987/167, 003.2 Réunion des Consuls.
128 Er informierte seine Konsuln, dass die diesjährige Konferenz nicht verbindlich sei, dass aber alle Konsuln, die ihre Kolonievertreter an den Kongress begleiten würden, herzlich zu einem gemeinsamen Gedankenaustausch im Anschluss der Konferenz in der Botschaft willkommen seien. Das Programm unterschied sich nicht von den früheren Zusammenkünften. Siehe Brief Botschafter Dupont an Schweizer Konsulate in Frankreich, 11. Februar 1974, ebd.
129 Brief Botschafter Dupont an EPD, Abteilung für Politische Angelegenheiten, 25. März 1974, ebd.
130 Brief Botschafter Dupont an Botschafter Janner, 27. März 1975, ebd.
131 Siehe BAR, E 2200.41 1987/167, 003.2 Réunion des Consuls.
132 Siehe dazu Kap. IX, 2.6.
133 Siehe Brief Botschafter Dupont an EPD, Abteilung für Verwaltungsangelegenheiten, 23. Dezember 1969, BAR, E 2200.41 1984/95, 053.1 Visite de l'Ambassadeur aux Consu-

Zu den Auslandschweizern im Pariser Konsularbezirk, dem grössten weltweit, unterhielt er ein enges, wenn auch nicht inniges Verhältnis.[134] Er betätigte sich in verschiedenen Funktionen aktiv am Kolonieleben. So sammelte er Spenden für das zu bauende «Hôpital suisse»,[135] war Präsident des Schweizerischen Studentenheims[136] und verschickte regelmässig Kondolenzschreiben, wenn bekannte Persönlichkeiten der Kolonie starben.[137] Alles in allem dürfen die Anstrengungen Duponts in diesem Bereich als engagiert bezeichnet werden, auch wenn sie nicht mit denjenigen eines Armin Daeniker verglichen werden können.[138]

In einem Vortrag zur Rolle der Diplomatie betonte Dupont 1970 die Aufgabe des «promouvoir des relations amicales»: «Il lui [dem Botschafter, F. K.] appartient de faire mieux connaître son pays, d'en donner une image fidèle, de faire comprendre ses institutions, ses attitudes, ses problèmes, en un mot de créer une atmosphère de sympathie.»[139] Ein wichtiges Mittel, um diese freundschaftliche Stimmung herbeizuführen, sah er in persönlichen Treffen zwischen Ministern: «[...] nos hommes d'état devraient pouvoir rendre les visites dont ils sont l'objet. Les pays y sont très sensibles.»[140] Inspirierend in diesem Punkt wirkte auf Dupont die Reisetätigkeit der holländischen Regierung während seiner Zeit als Botschafter in Den Haag. 1966 liess er darüber von seinem ersten Mitarbeiter eine Studie erstellen und benutzte diese später dazu, die Zentrale in Bern vom Sinn eines Ministerbesuchs zu überzeugen.[141] Entsprechend regte er nach seinem Amtsantritt an, dass Bundesrat Willy Spühler bei seiner nächsten Reise zur Ministerkonferenz des Europarats in Paris dem Staatspräsidenten oder dem Premierminister einen offiziellen Besuch abstatten sollte.[142] Sein

lats; Brief Botschafter Dupont an EPD, Abteilung für Verwaltungsangelegenheiten, 28. Juni 1971.
134 Es sind keine Indizien für enge Freundschaften mit Vertretern der Kolonie zu finden.
135 Formular 202 Geschäftsbericht, Paris, 1969, BAR, E 2400 1991/232, Formular 202 Geschäftsbericht der Auslandvertretungen: O-Z 1969.
136 Was ihm 1968 im Rahmen der Studentenunruhen eine Vermittlungsaktion einbrachte. Siehe BAR, E 2200.41 1984/95, 461.20 Fondation Suisse à la Cité Universitaire.
137 Siehe BAR, E 2200.41 1987/167, 063.5 Condoléances.
138 Siehe dazu Kap. VI, 2.4.
139 Conférence prononcée par M. Pierre Dupont, Ambassadeur de Suisse en France, le Lundi 20 avril 1970 au Cercle d'Etudes Economiques et Sociales du Haut-Léman, Vevey, BAR, E 2500 1990/6, a.21 Pierre Dupont.
140 Contribution à la discussion sur le thème «La Suisse devrait-elle avoir une diplomatie plus active?», handschriftlich, undatiert, BAR, E 2200.41 1984/95, 331.0 Visite Pierre Graber, Chef du DPF.
141 Siehe Notiz für Herrn Botschafter, 26. August 1966, ebd. Einsatz zur Argumentation: Contribution à la discussion sur le thème «La Suisse devrait-elle avoir une diplomatie plus active?», handschriftlich, undatiert, ebd.
142 Das wurde vom EPD abgelehnt, weil man glaubte, dass im Moment wenig aktuelle Themen

Engagement blieb aber vorerst ohne Erfolg. Erst Spühlers Nachfolger, Pierre Graber, setzte verstärkt auf Besuchsreisen als Mittel seiner Aussenpolitik.[143] Dupont setzte sich kurz nach der Amtsübernahme Grabers dafür ein, dass dieser nach Paris komme, um einerseits der französischen Regierung einen offiziellen Besuch abzustatten, andererseits das «Hôpital suisse de Paris» zu eröffnen.[144] Graber war gern bereit, diese Reise zu unternehmen.[145] Der offizielle Teil des Besuchs kam zwar wegen terminlicher Probleme des französischen Aussenministers Maurice Schumann nicht zustande,[146] in der Folge kam es jedoch zu regelmässigen Treffen zwischen den beiden Aussenministern.[147] Dass es zur Zeit von Botschafter Dupont vermehrt zu persönlichen Kontakten zwischen Schweizer Bundesräten und französischen Ministern kam, kann einer allgemeinen Tendenz, vermehrt persönlichen Kontakt auf Ministerebene zu pflegen, aber auch seinem Einsatz angerechnet werden.[148] Dupont war dabei nie der Meinung, dass durch diese Kontakte seine Rolle als Repräsentant der Schweizer Regierung in Frankreich an Wichtigkeit einbüssen könnte: «Je serais même tenté de dire que le rôle du diplomate, de l'ambassadeur en particulier, se trouve accru en raison même des contacts directs entre les ministres des affaires étrangères.»[149] Dies ergebe sich vor allem aus den intensiven Vorbereitungen eines solchen Treffens. Zudem seien auf dieser hohen Ebene schneller Einigungen möglich, die wiederum vom Botschafter umgesetzt werden müssten. Des Weiteren unterstützte er den Austausch auf allen Ebenen und glaubte, dass sich auch Chefbeamte, Parlamentarier und Wissenschaftler regelmässig treffen sollten.[150]

Neben den erwähnten Funktionen dienten die Staatsbesuche nach Duponts

zu besprechen seinen und daher kein Bedarf an einem persönlichen Treffen bestehe. Brief Botschafter Micheli an Botschafter Dupont, 28. November 1968, BAR, E 2806 1971/57, 17/34 France.

143 Siehe Altermatt, Die Schweizer Bundesräte, 528–533.
144 Brief Botschafter Dupont an Bundesrat Graber, 30. April 1970, BAR, E 2200.41 1984/95, 111.30 Hôpital suisse de Paris, Inauguration.
145 Siehe Brief Bundesrat Graber an Botschafter Dupont, 15. Juni 1970, ebd.
146 Brief Botschafter Dupont an Bundesrat Graber, 29. Juni 1970, ebd.
147 Siehe Pierre Dupont ambassadeur de Suisse en France fait ses adieux à Paris, in: La Tribune de Genève, 18. Juni 1977, BAR, E 2500 1990/6, a.21 Pierre Dupont; BAR, E 2200.41 1984/95, 331.0 Visite Pierre Graber, Chef du DPF.
148 Dieser Meinung war auch die Agentur Schweizerische Politische Korrespondenz (spk) im Rückblick auf Duponts Tätigkeit in Paris. Pierre Dupont verlässt Paris, in: spk, 27. Juni 1977, BAR, E 2500 1990/6, a.21 Pierre Dupont.
149 Conférence prononcée par M. Pierre Dupont, Ambassadeur de Suisse en France, le Lundi 20 avril 1970 au Cercle d'Etudes Economiques et Sociales du Haut-Léman, Vevey, ebd.
150 Contribution à la discussion sur le thème «La Suisse devrait-elle avoir une diplomatie plus active?», handschriftlich, undatiert, BAR, E 2200.41 1984/95, 331.0 Visite Pierre Graber, Chef du DPF.

Meinung vor allem auch als Symbol der Freundschaft zwischen zwei Staaten. Die Repräsentation war für ihn ein zentraler Punkt der Diplomatie überhaupt.[151] So setzte er sich dafür ein, dass zum Begräbnis von General de Gaulle eine möglichst repräsentative Vertretung der Schweiz entsandt wurde.[152] Auch für seine Tätigkeit als Botschafter mass er der Repräsentation viel Gewicht bei.[153] Dies kam bei seinen Reisen in die Konsularbezirke deutlich zum Ausdruck.[154] Diese wurden zwar vom jeweiligen Konsul vorbereitet, doch Dupont stellte vorher klar, wie er sich diesen Besuch vorstellte.[155] Die Besuche dauerten meistens mehrere Tage und hatten die Form von regelrechten kleinen Staatsbesuchen. So machte Dupont den regionalen Regierungen und Bürgermeistern seine offizielle Aufwartung, besichtigte Fabriken, Messen, liess sich zu kulturellen Veranstaltungen einladen, traf sich mit der Schweizer Kolonie und die Konsulate veranstalteten einen grossen Empfang mit Hunderten von geladenen Gästen.[156] Auch wurde die Presse zu einer Konferenz geladen. In Bordeaux wurde 1971 zu Ehren des Besuchs Duponts eine Ausstellung von Schweizer Büchern an der Universität organisiert.[157]

Der Pressearbeit mass Dupont weit grösseres Gewicht bei als andere in der vorliegenden Arbeit untersuchten Botschafter.[158] Auch hierin sah er eine Möglichkeit, ein «climat de sympathie» zu schaffen.[159] Sein Hauptanliegen war es, die Presse mit möglichst vielen Informationen zu beliefern. So veranstaltete er direkt nach der Übergabe seines Beglaubigungsschreibens eine Pressekonfe-

---

151 Conférence prononcée par M. Pierre Dupont, Ambassadeur de Suisse en France, le Lundi 20 avril 1970 au Cercle d'Etudes Economiques et Sociales du Haut-Léman, Vevey, BAR, E 2500 1990/6, a.21 Pierre Dupont.
152 Siehe Notice, 11. November 1970, BAR, E 2200.41 1984/95, 063.5 Condoléances, Général de Gaulle. Dass mit Altbundesrat Max Petitpierre kein aktiver Bundesrat entsandt wurde, führte zu Kritik aus jurassischen Kreisen. Hommage à Charles de Gaulle, in: Le Jura libre, 18. November 1970, ebd.
153 Siehe Die Arbeit der Diplomaten, in: Neue Zürcher Zeitung, 24. Dezember 1967, BAR, E 2200.41 1987/167, 001.10 Activité du service diplomatique et consulaire.
154 Siehe BAR, E 2200.41 1980/104, 053.1 Visites de M. l'Ambassadeur aux Consulats; BAR, E 2200.41 1984/95, 053.1 Visite de l'Ambassadeur aux Consulats.
155 Dupont wählte eine sehr diplomatische Ausdrucksweise, um einen solchen Auftrag zu erteilen: «Il me serait très agréable de faire, en votre compagnie, une visite officielle aux autorités de Nantes.» Brief Botschafter Dupont an Konsul Maurer, 21. Juni 1967, BAR, E 2200.41 1980/104, 053.1 Visites de M. l'Ambassadeur aux Consulats.
156 Brillante réception officielle en l'honneur de S. E. l'ambassadeur de Suisse M. Pierre Dupont, in: Nice-Matin, 27. September 1969, BAR, E 2500 1990/6, a.21 Pierre Dupont.
157 Brief Botschafter Dupont an EPD, Abteilung für Verwaltungsangelegenheiten, 28. Juni 1971, BAR, E 2200.41 1984/95, 053.1 Visite de l'Ambassadeur aux Consulats.
158 Siehe dazu Kap. XI, 2.
159 Contribution à la discussion sur le thème «La Suisse devrait-elle avoir une diplomatie plus active?», handschriftlich, undatiert, BAR, E 2200.41 1984/95, 331.0 Visite Pierre Graber, Chef du DPF.

renz für Zeitungs- und Radiojournalisten.[160] An der Botschaft führte er regelmässig Pressecommuniqués durch, die vor allem über anstehende kulturelle Veranstaltungen mit Schweizer Beteiligung informierten.[161] Anders als andere Schweizer Botschafter betrachtete er die Journalisten eher als Verbreiter von Informationen denn als mögliche Quellen.[162] Jedenfalls konnten im gesichteten Material keine Hinweise auf regelmässige persönliche Treffen mit Journalisten gefunden werden.[163]

2.6 Eine «eminente Pariser Persönlichkeit»

Die Erforschung des Netzwerkes von Dupont ist schwierig. Anders als andere Botschafter dieser Zeit legte er auch gegenüber der Zentrale grossen Wert auf Diskretion im Umgang mit seinen Quellen. So wurden in den Berichten aus Paris Quellen meist nur umschrieben und selten namentlich erwähnt.[164] Es fällt auf, dass es vor allem die Mitarbeiter der Botschaft und nicht der Botschafter selbst waren, die den Kontakt zum Aussenministerium unterhielten.[165] Einzig mit den Secrétaires d'Etat des Quai d'Orsay traf sich Dupont regelmässig. Vor allem mit Jean de Lipkowski, der dieses Amt zwischen 1968 und 1974 besetzte, kam er ab 1971 mindestens im Zweimonatsrhythmus zusammen.[166] Es scheint sich aber um ein rein professionelles Verhältnis gehandelt zu haben, denn die Gespräche wurden meist auf allgemeiner Ebene gehalten und es gibt in den untersuchten Quellen keine Anzeichen für einen engeren Kontakt.[167] Mit der Regierung selbst scheint Dupont sehr spärlichen Kontakt gehabt zu haben. Es finden sich kaum Spuren von Treffen mit Regierungsvertretern. Gegen die These, dass solche Treffen zwar stattgefunden, aber keine Spuren hinterlassen haben könnten, spricht, dass ein einmaliges Treffen

160 Notiz, 26. April 1967, BAR, E 2200.41 1980/104, 051.12 M. l'Ambassadeur Dupont.
161 Siehe Formular 202 Geschäftsbericht, Paris, 1967, BAR, E 2400 1991/232, Formular 202 Geschäftsbericht der Auslandvertretungen: O-Z 1967; BAR, E 2200.41 1980/104, 612.210 Correspondants de journaux suisses en France.
162 Andere in dieser Arbeit untersuchte Botschafter pflegten mit Journalisten (meist Korrespondenten von Schweizer Zeitungen) einen Austausch zur Situation im Gastland. Siehe dazu Bruggmann, Kap. III, 2.5, oder Schnyder, Kap. IX, 2.6.
163 Siehe BAR, E 2200.41 1980/104, 612.210 Correspondants de journaux suisses en France; BAR, E 2200.41 1980/104, 612.50 Articles de presse sur la Suisse.
164 Siehe Politische Berichte der Schweizer Botschaft in Paris der Jahre 1967–1977. BAR, E 2300 und E 2300-01.
165 Siehe dazu Kap. IX, 2.5.
166 Siehe Politische Berichte der Schweizer Botschaft in Paris der Jahre 1971–1974. BAR, E 2300-01. Und BAR, E 2200.41 1987/167, 333.1 Conférence sur la sécurité et la coopération en Europe.
167 Ebd.; BAR, E 2200.41 1984/95, 340.0 Autorités françaises; BAR, E 2200.41 1984/95, 342.0 Gouvernement Français; BAR, E 2200.41 1980/104, 340.0 Autorités Françaises; BAR, E 2200.41 1980/104, 342.0 Gouvernement Français.

mit Pompidou 1970 in mehreren Dossiers erwähnt wird.[168] Ein weiteres Indiz für ein eher schwaches Verhältnis zur Regierung liefert die Aussage von Botschaftsrat Caspar Bodmer im Rahmen der Vorbereitungen des Besuchs von Aussenminister Pierre Graber in Paris: Bodmer schrieb nach Bern, dass die Gegeneinladung[169] die einzige Möglichkeit für den Botschafter sei, den Aussenminister persönlich zu begrüssen.[170]

Man kann zusammenfassend feststellen, dass Dupont weder zur Regierung noch zum Quai d'Orsay persönliche Kontakte unterhielt. Dies, obwohl seine Frau zu berichten wusste, dass das Paar jede Einladung des Präsidenten, der Regierung oder der Stadt Paris annehme.[171]

Die vielen offiziellen Empfänge trugen aber andere Früchte. Jacques Chirac, damals Bürgermeister von Paris, verlieh Dupont zu dessen Verabschiedung als Botschafter die Grosse Vermeil-Medaille der Stadt Paris als «Zeugnis für die Wertschätzung und das Wohlwollen gegenüber einem grossen Botschafter», der zu einer «eminenten Pariser Persönlichkeit» geworden sei.[172] Pierre Dupont und seine Frau wurden während ihrer zehnjährigen Zeit im Palais an der Rue de Grenelle zu einem Teil der Pariser Société.[173] Um dieses Netzwerk aufzubauen und zu pflegen, besuchte der Botschafter nicht nur viele Anlässe, sondern organisierte auch gerne selbst welche. So nahm er Ausstellungen von Schweizer Künstlern immer wieder zum Anlass, Empfänge mit 300 bis 500 geladenen Gästen zu geben.[174] So richtig zeigte sich die Stellung der Duponts nochmals beim Empfang anlässlich ihres Abschieds von Paris. Daran nahmen nicht nur über tausend Personen teil, sondern unter den Geladenen waren auch Grössen der Kulturszene wie Eugène Ionesco, César Baldaccini oder Pierre

---

168 Siehe Brief Botschafter Dupont an Präsident der Republik Pompidou, 29. Oktober 1970, BAR, E 2200.41 1984/95, 531.03 Suisse – CEE; Brief Botschafter Dupont an Direktor der Handelsabteilung Jolles, 19. Oktober 1970, BAR, E 2200.41 1984/95, 111.30 Hôpital suisse de Paris, Inauguration.
169 Die Gegeneinladung ist ein fixer Bestandteil eines Staatsbesuchs. Dabei lädt der Gast des Staatsbesuches den Gastgeber zu einem Essen in «seiner» Botschaft ein. Keller, Wenn Aussenminister sich besuchen, 55 f.
170 Brief Botschaftsrat Bodmer an EPD, Protokoll Dienst, 4. November 1976, BAR, E 2200.41 1987/167, 062.5 Visites officielles en France.
171 Une femme, auprès de son mari, undatiert, BAR, E 2200.41 1984/95, 051.11 Chef de Mission.
172 Zitiert nach Auszeichnung für den Schweizer Botschafter in Paris, in: Neue Zürcher Zeitung, 30. Juni 1977, BAR, E 2500 1990/6, a.21 Pierre Dupont.
173 Siehe Botschafter Dupont verlässt Paris, in: Neue Zürcher Zeitung, 23. März 1977, AfZ, PA Biographische Sammlung, Dupont, Pierre.
174 Siehe Formular 202 Geschäftsberichte, Paris, 1967, BAR, E 2400 1991/232, Formular 202 Geschäftsbericht der Auslandvertretungen: O-Z 1967; Une femme, auprès de son mari, undatiert, BAR, E 2200.41 1984/95, 051.11 Chef de Mission.

Lyautey.[175] Vor allem zum Letztgenannten unterhielt Dupont freundschaftliche Beziehungen.[176] Im diplomatischen Corps verstand er sich mit seinem belgischen Kollegen gut, der ihm verschiedentlich Dokumente im Zusammenhang mit EWG-Tagungen aushändigte.[177]
Die Vernetzung Duponts mit der Zentrale in Bern war eher schwach. Positiv dürfte sich seine gute Beziehung zu Pierre Micheli, mit dem er während seiner Zeit in Bern eng zusammenarbeitete,[178] ausgewirkt haben.[179] Ansonsten zählte er Fred Bieri,[180] langjähriger Chef der Abteilung für Verwaltungsangelegenheiten, Maurice Jaccard,[181] der sich um die Auslandschweizerbelange kümmerte, und Claude Caillat[182] zu seinen Freunden. Zu den jeweiligen Departementsvorstehern scheint Dupont keine engeren Beziehungen unterhalten zu haben.

3   Ansichten, Persönlichkeit und Familie

Wie für alle anderen in dieser Studie untersuchten Diplomaten war für Pierre Dupont die Neutralität ein zentraler Punkt der Schweizer Aussenpolitik und wurde als solche nie infrage gestellt.[183] Ein Vortrag Duponts vor der Académie Diplomatique gibt einen guten Einblick in sein Verständnis der Schweizer Neutralität: Er führte diese nicht auf die Lehren aus der Niederlage bei Marignano, sondern auf die Reformation und die folgenden Auseinandersetzungen zurück.[184] Ihren Ursprung sah er also nicht in der Aussenpolitik, sondern vielmehr in ihrer Wirkung als Mittel, um die Kohäsion der verschiedenartigen Kantonskleinstaaten

---

175   Pierre Dupont ambassadeur de Suisse en France fait ses adieux à Paris, in: La Tribune de Genève, 18. Juni 1977, BAR, E 2500 1990/6, a.21 Pierre Dupont.
176   Siehe Brief Botschafter Dupont an Pierre Lyautey, 2. November 1967, BAR, E 2200.41 1980/104, 053.1 Visites de M. l'Ambassadeur aux Consulats, Nancy.
177   Siehe Brief Botschafter Dupont an Botschafter Micheli, 14. Dezember 1970, BAR, E 2200.41 1984/95, 743.1 Intégration européenne (Politique); Brief Botschafter Dupont an Botschafter Micheli und Botschafter Jolles, 21. Februar 1969, BAR, E 2200.41 1984/95, 531.03 Communauté économique européenne (CEE).
178   Pierre Micheli stand in dieser Zeit der Abteilung für Internationale Organisationen vor. Siehe dodis.ch/P86.
179   Siehe Brief Botschafter Micheli an Botschafter Dupont, 28. November 1968, BAR, E 2806 1971/57, 17/34 France.
180   Siehe Brief Botschafter Dupont an Botschafter Bieri, 24. Mai 1967, BAR, E 2200.41 1980/104, 003.2 Réunion des consuls 1967 à Lyon.
181   Siehe Brief Botschafter Dupont an Sektionschef Jaccard, 9. Juni 1967, ebd.
182   Siehe Brief Botschaftsrat Caillat an Botschafter Dupont, 5. April 1967, BAR, E 2200.41 1980/104, 051.12 M. l'Ambassadeur Dupont.
183   Dies führte er unter anderem bei seinem Besuch in Bordeaux vor dem Bürgermeister und Premierminister von Frankreich, Jacques Chaban-Delmas, aus. Déjeuner à l'Hôtel de Ville, 15. Mai 1971, BAR, E 2200.41 1984/95, 053.1 Visite de l'Ambassadeur aux Consulats.
184   Dupont, La Suisse dans le monde, 66.

im Bundesstaat zu sichern. Zudem glaubte er, dass sie die Schweiz in der Zeit der Nationalstaaten vor dem Auseinanderbrechen geschützt habe.[185] Daraus leitete er ab, dass die Neutralität selbst zwar nicht infrage gestellt, die Neutralitätspolitik hingegen nicht in Stein gemeisselt sei, sondern sich zu verändern habe. «Ceci appelle aussitôt deux remarques: tout d'abord, que la neutralité, si importante soit-elle, n'est qu'un moyen et non pas une fin en soi. Ensuite, que sa signification, sa portée et même son rôle ne sont pas immuablement tracés.»[186] Er stellte anschliessend eine alte, auf sich bezogene und enthaltsame Konzeption der Neutralität einer neuen Neutralitätspolitik gegenüber, die er als «active» und «altruiste» beschrieb.[187] Petitpierre zitierend fügte er an, dass Neutralität früher bedeutet habe «n'être pour personne», heute aber als «être avec tout le monde» verstanden werden müsse.[188]

Dupont war der Meinung, dass sich die Schweiz nicht auf sich zurückziehen könne, sondern eine aktive Rolle in der Weltpolitik zu spielen habe. «Comme les autres, notre pays est concerné. Il n'y a pas pour nous d'alternative préférentielle, pas de voie privilégiée, pas non plus d'existence possible à contre-courant.»[189] Zwar verstand er den Schweizer Nichtbeitritt zur UNO direkt nach dem Krieg aus den damaligen Umständen heraus, befürwortete aber Anfang der 1970er Jahre einen Richtungswechsel und einen Vollbeitritt: «Il me paraît, en effet, difficile d'imaginer que la Suisse toute seule puisse demeurer splendidement à l'écart d'une communauté réunissant la totalité des nations du monde [...].»[190] Doch war er davon überzeugt, dass ein Beitritt noch keine Mehrheit finden würde.[191] Den Beitritt der Schweiz zum Europarat begrüsste er, sei es doch das einzige Gremium, in welchem alle westeuropäischen Staaten einen Austausch führen könnten.[192] Überhaupt beurteilte er die internationalen Organisationen als positive Erscheinung der modernen Aussenpolitik, sie könnten viel zur Friedenserhaltung beitragen.[193] Dass dadurch der Druck auf

---

185 Ebd.
186 Ebd., 67.
187 Ebd., 69.
188 Ebd.
189 Allocation pour la Fête nationale de Jouy-en-Josas, le 30 juin 1968, BAR, E 2200.41 1980/104, 110.510 Fête du 1er août.
190 Dupont, La Suisse dans le monde, 72. Siehe auch Conférence prononcée par M. Pierre Dupont, Ambassadeur de Suisse en France, le Lundi 20 avril 1970 au Cercle d'Etudes Economiques et Sociales du Haut-Léman, Vevey, BAR, E 2500 1990/6, a.21 Pierre Dupont.
191 Dupont, La Suisse dans le monde, 72.
192 Ebd., 73.
193 Conférence prononcée par M. Pierre Dupont, Ambassadeur de Suisse en France, le Lundi 20 avril 1970 au Cercle d'Etudes Economiques et Sociales du Haut-Léman, Vevey, BAR, E 2500 1990/6, a.21 Pierre Dupont.

die bisher meist bilateral geführte Aussenpolitik der Schweiz zunahm, sah er im oben erwähnten Zusammenhang nicht negativ.
Bezüglich der wirtschaftlichen Integration sei der Schweiz, so Dupont, gar nichts anderes möglich gewesen, als die Kooperation im Rahmen der OECE zu suchen.[194] Es sei im nationalen Interesse gewesen, dass die wichtigen Handelspartner der Schweiz in Westeuropa nach dem Krieg möglichst bald wieder an wirtschaftlicher Kraft zulegten. Überhaupt beurteilte er den Freihandel positiv.[195] Er betonte auch, dass die Schweiz bereit sei, mit der EWG eine engere Kooperation zu finden, wenn dabei auf ihre Neutralität Rücksicht genommen werden könne.[196] Er befürwortete daher einen möglichst flexiblen Integrationsprozess in Europa, der den vielen Unterschieden und Besonderheiten gerecht werde.[197]
Zusammenfassend kann festgehalten werden, dass Dupont den grossen Linien der aussenpolitischen Ansichten des EPD folgte. Er vertrat also keine wesentlich neue Richtung. Hingegen leitete er aus diesen Ansichten Forderungen für die Diplomatie ab, die über die gängigen Meinungen im Department hinausgingen: «[...] je dirais que notre activité n'est vraiment remplie que si nous avons le sentiment d'œuvrer, [...] en faveur de la compréhension entre les peuples, c'est-à-dire, [...] de la paix mondiale.»[198] In diesem Sinne förderte er alles, was das Verständnis zwischen den Völkern verbessern konnte. Vor allem lag ihm viel am direkten Austausch zwischen den verschiedenen Ländern, vom Minister über den Parlamentarier, den Journalisten und Wissenschaftler bis zum normalen Bürger.[199]
Pierre Dupont zeichnete sich durch eine breite Bildung aus. Bereits in jungen Jahren entwickelte er neben seinem Rechtsstudium Interesse für die Literatur und publizierte später mehrere Schriften.[200] Im Umgang mit seinen Mitmenschen zeigte er grosses Taktgefühl.[201] So stellte eine Presseagentur beim Abschied Duponts von Paris fest, dass er nur Freunde zurücklasse.[202] An

194 Dupont, La Suisse dans le monde, 73.
195 Conférence prononcée par M. Pierre Dupont, Ambassadeur de Suisse en France, le Lundi 20 avril 1970 au Cercle d'Etudes Economiques et Sociales du Haut-Léman, Vevey, BAR, E 2500 1990/6, a.21 Pierre Dupont.
196 Dupont, La Suisse dans le monde, 76.
197 Ebd., 75.
198 Conférence prononcée par M. Pierre Dupont, Ambassadeur de Suisse en France, le Lundi 20 avril 1970 au Cercle d'Etudes Economiques et Sociales du Haut-Léman, Vevey, BAR, E 2500 1990/6, a.21 Pierre Dupont.
199 Siehe dazu Kap. X, 2.5.
200 Siehe dazu ebd.
201 Siehe Pierre Dupont ambassadeur de Suisse en France fait ses adieux à Paris, in: La Tribune de Genève, 18. Juni 1977, BAR, E 2500 1990/6, a.21 Pierre Dupont.
202 Pierre Dupont verlässt Paris, in: spk, 27. Juni 1977, ebd.

anderer Stelle wurde er für seine Diskretion, Zurückhaltung und Effektivität gelobt.[203] Der Umgang mit ihm als Schweizer Botschafter in Paris scheint in fast allen Fällen reibungslos vonstattengegangen zu sein, finden sich doch kaum Spuren von Auseinandersetzungen in den Akten. Festzuhalten ist Duponts klarer Auftritt als Führungsperson gegenüber seinen Mitarbeitern. In einem Vortrag zur Aufgabe der Diplomatie hielt er fest, dass zwar die verschiedenen diplomatischen Mitarbeiter eines Postens eigene Bereiche abdecken würden, dass aber der Botschafter alleine verantwortlich für sämtliche Tätigkeiten seiner Botschaft sei.[204] Ähnlich trat er gegenüber seinen Konsuln auf: Er erteilte ihnen klare Aufträge, setzte Termine fest und zeigte auf, wie er sich ihre Arbeit vorstellte.[205] Andererseits anerbot er ihnen allerlei Hilfestellungen der Botschaft.[206] Er setzte sich für ihre Anliegen ein[207] und betonte die Wichtigkeit des Teamgeists innerhalb einer Mission.[208]

Zusammenfassend kann Dupont als eine gebildete, vielseits beliebte, diplomatisch gewandte Person beschrieben werden, die sich um ihre Mitarbeiter kümmerte.

Seine Frau, Georgette Dupont, geborene Grillet, war wie Pierre Dupont Genferin. Die beiden bekamen kurz nach der Heirat ihr erstes Kind, zwei Jahre danach ihr zweites.[209] Pierre Dupont betonte in einem Vortrag, dass er die Arbeit nicht ohne seine Frau hätte bewältigen können.[210] Georgette Dupont beschrieb ihre Arbeit als «maîtresse de maison, femme du monde, ‹social worker›».[211] Es gefiel ihr, ihren Mann in seiner Arbeit zu unterstützen, was sie folgendermassen zum Ausdruck brachte: «C'est le plaisir d'être l'épouse d'un homme que l'on aime et qu'on peut aider dans sa carrière et dans sa tâche. A mes yeux c'est la chose la plus proche de la nature de la femme et la plus belle

---

203 Pierre Dupont ambassadeur de Suisse en France fait ses adieux à Paris, in: La Tribune de Genève, 18. Juni 1977, ebd.
204 Conférence prononcée par M. Pierre Dupont, Ambassadeur de Suisse en France, le Lundi 20 avril 1970 au Cercle d'Etudes Economiques et Sociales du Haut-Léman, Vevey, ebd.
205 Siehe zum Beispiel Procès-verbal, Conférence Consulaire Lyon, 1./2. Juni 1967, BAR, E 2200.41 1980/104, 003.2 Réunion des consuls.
206 Siehe ebd.
207 Siehe Brief Botschafter Dupont an François Daulte, 12. Mai 1967, BAR, E 2200.41 1980/104, 642.331 (1) Exposition en France, Exposition des Chef-d'œuvre des Collections suisses (1967).
208 Conférence prononcée par M. Pierre Dupont, Ambassadeur de Suisse en France, le Lundi 20 avril 1970 au Cercle d'Etudes Economiques et Sociales du Haut-Léman, Vevey, BAR, E 2500 1990/6, a.21 Pierre Dupont.
209 Heirat: 12. September 1939. Personalblatt, ebd.
210 Conférence prononcée par M. Pierre Dupont, Ambassadeur de Suisse en France, le Lundi 20 avril 1970 au Cercle d'Etudes Economiques et Sociales du Haut-Léman, Vevey, ebd.
211 Une femme, auprès de son mari, undatiert, BAR, E 2200.41 1984/95, 051.11 Chef de Mission.

dans le mariage.»[212] Sie war hauptsächlich mit der Organisation der vielen Empfänge auf der Botschaft beschäftigt, trat aber in der Öffentlichkeit nur an der Seite ihres Mannes auf.[213] Die Ausbildung der Kinder erforderte es über mehrere Jahre, dass sich das Ehepaar Dupont von ihnen trennen musste. Dies bedauerte der Schweizer Botschafter öffentlich, fügte aber gleich an, dass es trotzdem ein grosses Privileg sei, seinem Land in dieser Funktion zu dienen.[214]

4 Wertung

Pierre Dupont verbrachte den grössten Teil seiner diplomatischen Karriere in Paris. Er und sein langjähriger erster Mitarbeiter und späterer Nachfolger als Botschafter in Paris, François de Ziegler, vertraten die Schweiz bei der französischen Regierung fast zwanzig Jahre lang.[215] Eine so lange Amtszeit auf einem für die Schweiz entscheidenden Botschafterposten konnte in der zweiten Hälfte des 20. Jahrhunderts einzig Felix Schnyder in Washington aufweisen.[216] Aus Genf stammend und in der Jugend wenig gereist, hatte Dupont ein reges Interesse am Nachbarland und fühlte sich in Paris in seinem Element.
Bezeichnend für seine Tätigkeit in der langen Amtszeit ist seine Beschreibung der Rolle des Botschafters: «Le plus fascinant, dans notre métier, c'est bien cette impression d'être au cœur de l'histoire. Non pas en prétendant d'y jouer un rôle, ou moins encore d'en infléchir le cours, mais parce que les oscillations de la vie internationale – dont dépend en définitive notre destin à tous – sont tôt ou tard enregistrées sur nos sismographes.»[217] Duponts Ziel war es also nicht, die Weltpolitik zu beeinflussen, sondern sie zu beobachten und zu analysieren. Wie aufgezeigt, hatte er auf grössere bilaterale Themen zwischen Frankreich und der Schweiz wenig Einfluss. Er pflegte zu Regierungspersönlichkeiten und auch zum Quai d'Orsay kaum persönliche Kontakte. Zusammenfassend kann festgehalten werden, dass sich Dupont für die «grossen» politischen Aufgaben wenig engagierte. Vielmehr lag ihm die Feinarbeit. Immer wieder

---

212 Ebd.
213 Sie selber war nicht in Frauenvereinen oder anderen Vereinigungen tätig. Vgl. Frau Daeniker, Kap. VI, 3.
214 Conférence prononcée par M. Pierre Dupont, Ambassadeur de Suisse en France, le Lundi 20 avril 1970 au Cercle d'Etudes Economiques et Sociales du Haut-Léman, Vevey, BAR, E 2500 1990/6, a.21 Pierre Dupont.
215 Pierre Dupont 1967–1977; François de Ziegler 1977–1987.
216 Siehe dazu Kap. IX.
217 Conférence prononcée par M. Pierre Dupont, Ambassadeur de Suisse en France, le Lundi 20 avril 1970 au Cercle d'Etudes Economiques et Sociales du Haut-Léman, Vevey, BAR, E 2500 1990/6, a.21 Pierre Dupont.

hob er hervor, wie wichtig es für einen Diplomaten sei, die freundschaftlichen Beziehungen zwischen Staaten zu pflegen und die dafür notwendige Stimmung des gegenseitigen Verständnisses und der Sympathie zu schaffen. So förderte er das Schweizer Kulturschaffen in Frankreich, besuchte die Kolonien im ganzen Land, unterstützte die Schweizer Präsenz an Messen und versuchte durch seine offiziellen Besuche in den Regionen Zeichen für die schweizerisch-französische Freundschaft zu setzen. In diesem Zusammenhang ist auch sein Engagement für offizielle Besuche auf Ministerebene zwischen den beiden Staaten zu verstehen. Er förderte diese gezielt, und es darf seinem Wirken zugeschrieben werden, dass sich am Ende seiner Amtszeit die schweizerisch-französischen Beziehungen durch vielfältige Ministerbesuche verbessert hatten.[218] Dies war wohl der wichtigste Einfluss Duponts auf die Beziehung der beiden Länder. Dupont war sehr vielseitig. Vom Wesen her eher auf Diskretion, Takt und Zurückhaltung bedacht, pflegte er einen grossen Bekanntenkreis, ohne dabei allzu innige Freundschaften aufzubauen. Er wünschte sich eine aktive Neutralitätspolitik der Schweiz, war aber selbst der Vertreter einer stillen und ganz auf Ausgleich ausgerichteten Diplomatie. In seiner Art trennten ihn noch Welten von dem damals jungen Edouard Brunner, einem Vertreter einer neuen Generation von Schweizer Diplomaten, die sich gewandt auf dem Parkett der Weltpolitik zu bewegen wussten.

---

218 Bundespräsident Tschudi reiste 1970 zu Staatspräsident Pompidou. Bundesräte besuchten ihre Pendants in Paris: Graber Schumann 1972, Chevallaz Fourcade 1975, Brugger Barre und Rossi 1976. Siehe dazu Pierre Dupont verlässt Paris, in: spk, 27. Juni 1977, BAR, E 2500 1990/6, a.21 Pierre Dupont.

XI Konklusion

1 Schweizer Botschafter in den «Zentren der Macht» – eine Kollektivbiografie

Nachdem in Kapitel II bereits eine Annäherung an die Kollektivbiografie aller Schweizer Botschafter zwischen 1945 und 1975 versucht wurde, geht es im folgenden Kapitel darum, anhand eines Vergleichs der acht näher untersuchten Botschafter die Gruppe der Schweizer Vertreter auf ihren wichtigsten Aussenposten genauer zu beschreiben. Dabei wird der Fokus auf Parallelen und Unterschiede in Herkunft, Karriere, Aufgabenerfüllung, Persönlichkeit und politischen Ansichten gerichtet.

Erfahrene Diplomaten auf den passenden Posten[1]

Die Schweiz liess sich in den sechs ausgewählten Zentren zwischen 1945 und 1975 von insgesamt 38 Personen im Rang eines Missionschefs vertreten. Zu dieser Zeit war die Nomination von Quereinsteigern auf diese wichtigen Posten eine absolute Ausnahme.[2] 36 der 38 Botschafter hatten vor ihrem Amtsantritt bereits auf Aussenposten des EPD Erfahrungen gesammelt. Nur Carl Jacob Burckhardt, ab 1945 Gesandter in Paris,[3] und Hermann Flückiger, ab 1946 Gesandter in Moskau,[4] kamen als EPD-Neulinge auf einen solchen Posten. Während bei Burckhardt seine Erfahrungen als IKRK-Präsident und als Hochkommissar des Völkerbunds für Danzig den Ausschlag für seine Wahl gegeben haben, war es bei Flückiger seine Erfahrung mit der UdSSR als Leiter der Heimführungsmission von internierten Rotarmisten. Für die ausgewählten Posten wurden grossmehrheitlich Personen nominiert, die bereits Erfahrung als Missionschef hatten: 45-mal war ein neuer Botschafter für einen der sechs Posten zu nominieren, 34-mal fiel die Wahl auf eine Person mit Erfahrung als Botschafter auf einem anderen Posten.

Es können deutliche Unterschiede zwischen den sechs Posten festgestellt werden. Als Erstes sticht der unterschiedliche Versetzungsrhythmus ins Auge. Während ein Botschafter in Frankreich durchschnittlich 6,4 Jahre in Paris verweilte, wurde der Schweizer Vertreter in Moskau im Durchschnitt bereits

---

1 Siehe dazu Kap. II, 2.
2 Siehe dazu Kap. II, 1.2.
3 Siehe dodis.ch/P85.
4 Siehe dodis.ch/P77.

nach der Hälfte, nämlich 3,3 Jahren, ausgewechselt. Dies hat vor allem mit der besonderen Situation in der UdSSR zu tun. Die Verweildauern in London, Köln und Washington bewegen sich hingegen im ähnlichen Rahmen wie diejenige in Paris. Bei den Botschaftern auf dem New Yorker Posten kann eine Entwicklung während des Untersuchungszeitraums beobachtet werden: Blieben die ersten Botschafter nur rund vier Jahre auf dem Posten, waren ab 1965 längere Amtszeiten die Regel. Betrachtet man die Amtszeiten der einzelnen Botschafter über alle Posten hinweg, ist festzustellen, dass sie stark variieren. Sie konnten zwischen einigen Monaten[5] bis zu zehn Jahren[6] dauern, wobei eine normale Amtszeit zwischen drei und fünf Jahre betrug.

Auch bezüglich der Auswahl der Botschafter lassen sich klare Unterschiede zwischen den verschiedenen Posten feststellen. Für Paris wurden vor allem Personen mit grossem Ansehen gewählt. Dieses mussten sie sich nicht unbedingt als Botschafter auf anderen Posten erarbeitet haben. Interessanterweise wurden nicht mehrheitlich Personen aus der französischen Schweiz nach Paris geschickt. In London liess sich die Schweiz entweder durch erfahrene Botschafter oder durch Personen mit handelspolitischem Hintergrund vertreten. Der Posten in Washington nahm in der Schweizer Diplomatie eine herausragende Stellung ein. Hier wurden Personen eingesetzt, die sich sowohl durch grosse Botschaftererfahrung als auch durch ein besonderes internationales Rendement auszeichneten. Dies war eine Tendenz, die sich nach dem Untersuchungszeitraum fortsetzte. Zwischen 1945 und 1993 liess sich die Schweiz in den USA von vier ehemaligen oder angehenden Generalsekretären des EPD[7] und von zwei ehemaligen UNO-Hochkommissaren für Flüchtlinge vertreten. Für den Posten in Moskau wurden vor allem Personen mit Erfahrung im Umgang mit der UdSSR und dem Ostblock ausgewählt. In Köln lässt sich eine Veränderung der Auswahlkriterien über die Jahre hinweg feststellen. Wurden zuerst vor allem erfahrene Botschafter nominiert, rückten später immer mehr die Wirtschaftskenntnisse als entscheidender Faktor in den Mittelpunkt. Der Posten in New York ist nicht nur aufgrund seines speziellen Status als Beobachtermission, seiner geringen Grösse und seiner speziellen Aufgaben ein Exot unter den sechs Posten, sondern wurde vor allem zu Beginn des Untersuchungszeitraums auch bei der Missionschefauswahl anders behandelt. New York war für die fünf ersten Beobachter der Schweiz bei der UNO ein Sprungbrett für die weitere Karriere, ohne dass sie vorher grosse Erfahrungen als Botschafter

---

5 Zum Beispiel Agostino Soldati in New York. Siehe dazu Kap. IX, 1.
6 Rekordhalter war Pierre Dupont. Siehe dazu Kap. X, 2.
7 Später wurde die entsprechende Funktion «Staatssekretär des EDA» genannt.

mitgebracht hätten. Erst ab 1965 wurden mehrheitlich erfahrene Personen für diesen Posten nominiert.

Juristen aus gutem Haus und ihre Karriere im EPD

Während sich die oben gemachten Aussagen auf die Gesamtheit der Schweizer Botschafter an den sechs «Zentren der Macht» beziehen, wurden die folgenden Aussagen anhand der Untersuchung der acht ausgewählten Botschafter erarbeitet.

Nach den im Kapitel über das Personal des EPD[8] erarbeiteten Merkmalen ist ein durchschnittlicher Chefbeamter des EPD folgendermassen zu beschreiben: ein bürgerlicher, eher apolitischer Jurist aus der Ober- oder oberen Mittelschicht, der mit gleicher Wahrscheinlichkeit aus der Deutschschweiz oder der Romandie stammt und schon über zwanzig Jahre im EPD gedient hat. Im folgenden Abschnitt wird nun untersucht, ob dieses Bild auf die untersuchten Botschafter zutrifft.

Die in der vorliegenden Studie untersuchten Botschafter waren ausnahmslos Juristen. Zudem hatte die eine Hälfte von ihnen einen Doktortitel, die andere Hälfte ein Anwaltspatent.[9] Einzig Henry de Torrenté besuchte neben seinem Rechtswissenschaftsstudium auch Studiengänge in Handels- und Sozialwissenschaften.[10] Alle wuchsen in gut situierten Familien auf. Zum Teil stammten sie von alteingesessenen Familien ab,[11] ihre Väter waren Fabrikbesitzer, Direktor der Nordbahn, Ingenieur, Grossbauer, Arzt oder sogar Regierungs- und Ständerat.[12] Der Vater von Max Troendle verstarb hingegen früh, sodass er bei seiner Mutter aufwuchs.[13] Interessanterweise kann die proportionale Übervertretung von Westschweizern auf EPD-Chefposten, die von Klöti festgestellt wurde,[14] in dieser Gruppe nicht beobachtet werden. Mit zwei von acht Botschaftern sind sie ziemlich genau proportional zur Gesamtbevölkerung vertreten.

Der Eintritt der untersuchten Botschafter ins EPD erfolgte sehr unterschiedlich. Fünf der acht Diplomaten traten im Alter zwischen 27 und dreissig Jahren mit nur wenig Arbeitserfahrung ins Departement ein. De Torrenté, Lindt und Huber waren beim Eintritt bereits älter und hatten schon mehr als zehn Jahre

---

8 Siehe dazu Kap. I, 2.3.
9 Doktortitel: Bruggmann, Lindt, Daeniker, Troendle; Anwaltspatent: Bruggmann, de Torrenté, Huber, Schnyder, Dupont.
10 Siehe dazu Kap. IV, 1.
11 De Torrenté, Daeniker, Dupont.
12 Fabrikbesitzer: Lindt; Direktor der Nordbahn: Daeniker; Ingenieur: Schnyder; Grossbauer: Bruggmann; Arzt: Huber; Regierungs- und Ständerat: de Torrenté.
13 Siehe dazu Kap. VIII, 1.
14 Klöti, Chefbeamte, 94.

Berufserfahrung. Während de Torrenté und Huber zuvor in ähnlichen Organisationen tätig waren,[15] kann einzig der ehemals freischaffende Journalist Lindt als echter Quereinsteiger betrachtet werden.[16] Unterschiedlich waren auch die Gründe für die Aufnahme der Bewerber. De Torrenté und Huber kamen vor allem dank ihren starken Fürsprechern, Walter Stucki und Erich Calonder, ins EPD.[17] Lindts Einstellung wurde vom damaligen Generalsekretär des EPD regelrecht erkämpft.[18] Daeniker und Dupont verdankten ihre Aufnahme vor allem ihren hartnäckigen Bewerbungsbemühungen, wobei Dupont auf gewichtige Unterstützung von Familienfreunden mit Kontakten ins EPD zählen durfte.[19] Schnyder wurde von einem Militärkollegen ins EPD geholt und Troendle war wohl einfach zur richtigen Zeit am richtigen Ort und hat den aktuellen Personalbedarf des EPD decken können.[20] Die vorliegende Studie widerspricht also der oft gehörten Aussage, wonach zu dieser Zeit ausschliesslich gute Beziehungen ins EPD führten.

Während es für die Aufnahme ins EPD also nicht unbedingt eine besondere Beziehung ins Departement brauchte, waren Förderer für den weiteren Verlauf der Karriere entscheidend. Alle untersuchten Diplomaten erfreuten sich der Unterstützung verschiedener einflussreicher Personen im Department oder solcher mit guten Beziehungen zu demselben. Der wichtigste Förderer von Bruggmann und de Torrenté war Walter Stucki.[21] Für Huber setzte sich sein damaliger Vorgesetzter, der Gesandte in Berlin Hans Frölicher, verschiedentlich ein.[22] Lindt, Schnyder und Daeniker schafften es, den für ihre Karriere entscheidenden Departementsvorsteher Petitpierre früh von ihren Qualitäten zu überzeugen.[23] Für Dupont setzte sich ein Freund der Familie und Bekannter Petitpierres ein.[24] Exemplarisch für die Wichtigkeit eines Förderers und die Konsequenzen seines Wegfalls ist die Biografie Troendles. Jahrelang wurde er von Jean Hotz gefördert und machte eine steile Karriere in der Verwaltung. Aber nach Hotz' Rücktritt als Chef der Handelsabteilung wurden Troendles Karrierewünsche im EPD kaum mehr gehört.[25]

Auch die Karrieren der untersuchten Botschafter verliefen sehr unterschied-

---

15 De Torrenté war in der Handelsabteilung. Siehe dazu Kap. IV, 1. Huber war beim Völkerbund. Siehe dazu Kap. V, 1.
16 Siehe dazu Kap. VII, 1.
17 Siehe zu de Torrenté Kap. IV, 1, und zu Huber Kap. V, 1.
18 Siehe dazu Kap. VII, 1.
19 Siehe zu Daeniker Kap. VI, 1, und zu Dupont Kap. X, 1.
20 Siehe zu Troendle Kap. VIII, 1, und zu Schnyder Kap. IX, 1.
21 Siehe zu Bruggmann Kap. III, 1.2, und zu de Torrenté Kap. IV, 1.
22 Siehe dazu Kap. V, 1.
23 Siehe zu Daeniker Kap. VI, 1, zu Lindt Kap. VII, 1, und zu Schnyder Kap. IX, 1.
24 Siehe dazu Kap. X, 1.
25 Siehe dazu Kap. VIII.

lich. Bei der ersten Nomination für einen der sechs Posten hatten sie zwischen sieben und 22 Jahre Erfahrung auf Auslandsposten.[26] Dabei hatten sie eine bis zehn verschiedene Positionen im Departement inne.[27] Einige arbeiteten zuerst auf Konsulaten und waren somit dem konsularischen Dienst zuzurechnen.[28] Schnyder wurde zuerst im Rechtsdienst in Bern eingesetzt.[29] De Torrenté und vor allem Troendle verbrachten viele Jahre in der Handelsabteilung. Auch waren einige bereits zuvor als Mitarbeiter auf dem Posten tätig, den sie später als Botschafter übernahmen.[30] Den Ministertitel[31] erhielten die untersuchten Botschafter im Alter von 44 bis 52 Jahren.[32] Dabei variiert ihr Dienstalter im EPD zu diesem Zeitpunkt zwischen acht und 23 Jahren. Diese grosse Spannweite hat vor allem mit dem späten Departementseintritt Lindts und Hubers zu tun.[33] Alle anderen wurden nach siebzehn bis neunzehn Jahren im EPD zum Minister ernannt. Zusammenfassend kann festgestellt werden, dass es keinen einheitlichen oder auch nur in groben Zügen ähnlichen Weg gab, der am Ende auf den Botschafterposten in einem der sechs Zentren führte.

Wird der «Sprungbrett»-Posten New York ausgeschlossen, können hingegen beim Zeitpunkt der Nomination Parallelen festgestellt werden. Die Ernennung auf einen dieser Posten erfolgte im Alter von 53 bis 56 Jahren.[34] Zudem beendeten sieben der acht untersuchten Botschafter ihre diplomatische Karriere auf einem der Posten in den «Zentren der Macht».[35] Die Nomination für einen dieser Posten kann also durchaus als Karrierehöhepunkt der untersuchten Botschafter betrachtet werden.[36]

Die Untersuchung der Auswahlentscheidung bei der Postenbesetzung ergab, dass die erste Wahl des Departements sich meist durchsetzte. Nur bei drei von dreizehn Nominationen wurde der spätere Botschafter einzig deshalb mit

---

26   Sieben Jahre: Lindt und Huber; 22 Jahre: Daeniker.
27   Ein Posten: Lindt; zehn Posten: Daeniker.
28   Daeniker: Konsulate in Riga und Schanghai; Troendle: Konsulate in München und Zagreb.
29   Siehe dazu Kap. IX, 1.
30   Als Botschafter zurückgekehrt auf einen Posten, den sie bereits aus ihrer bisherigen Karriere kannten, sind: Bruggmann in Washington, Schnyder in Washington und Dupont in Paris.
31   Alle untersuchten Botschafter erhielten zuerst den Ministertitel, bevor sie zu Botschaftern ernannt wurden.
32   Dupont wurde im Alter von 44 Jahren zum Minister ernannt, Huber erst mit 52.
33   Lindt: acht Jahre; Daeniker: 23 Jahre.
34   Bruggmann nach dem Krieg: 56; de Torrenté: 54; Huber: 53; Lindt: 55; Daeniker: 56; Schnyder: 55; Troendle: 54; Dupont: 55.
35   Lindt wurde nach seiner Tätigkeit in Moskau noch für eineinhalb Jahre Botschafter in Neu-Delhi. Siehe dazu Kap. VII, 2.3.
36   Einschränkungen müssen hier bei Lindt und Schnyder gemacht werden, die in ihrer Karriere mit dem UNO-Hochkommissariat einen international hoch angesehenen Posten einnahmen.

diesem Posten betraut, weil ein anderer Kandidat abgesagt hatte oder weil er das Agrément des Gastlandes nicht erhielt.[37] Es ist aber auch zu erwähnen, dass viele Faktoren eine Wahl beeinflussen konnten. Dabei konnte es sich um reine Opportunität handeln, zum Beispiel als man mit der Nomination Lindts als Beobachter bei der UNO versuchte, Reisekosten zu sparen.[38]

Wird aber die Aussage, wonach jeweils eine Person für einen bestimmten Posten ausgewählt wurde, mit der Erkenntnis kombiniert, dass für die einzelnen Posten jeweils Personen mit ähnlichem Erfahrungsprofil ausgewählt wurden,[39] kann daraus geschlossen werden: Ein Botschafter in einem der sechs untersuchten «Zentren der Macht» wurde aufgrund seiner Erfahrungen und Kenntnisse spezifisch für diesen Posten ausgewählt. Es gab keine gerade Karriereleiter, die auf einen dieser Posten führte, auch Ancienniät war nicht das entscheidende Selektionskriterium. Damit lässt sich sagen, dass der Bundesrat und die Führung des EPD den ernannten Botschafter als passendsten Mann für einen bestimmten Posten ansahen. Dass die untersuchten Botschafter für eine zweite Amtsperiode auf ihrem Posten belassen wurden, darf als Zeichen dafür gedeutet werden, dass man im EPD mit ihrer Arbeit zufrieden war.

2 Vom bilateralen Troubleshooter zum «agent de charme»

Während im vorhergehenden Kapitel behandelt wird, wer die Schweiz in ihren wichtigen Aussenposten vertrat, auf welche Herkunft und welche Erfahrungen diese Personen bauten, steht in diesem Kapitel ihre Tätigkeit im Zentrum. Wie haben Sie ihre Aufgabe ausgefüllt? Und wo haben Sie Schwergewichte gelegt? Zu diesem Zweck wurden sieben typische Tätigkeitsbereiche einer Botschaft definiert und die acht Botschafter auf ihr Engagement darin untersucht.[40]

---

37 Für London war 1948 statt de Torrenté Stucki vorgesehen. Siehe dazu Kap. IV, 2.1. In der BRD wurde Stucki das Agrément 1951 ebenfalls verweigert, womit Huber an seine Stelle rückte. Siehe dazu Kap. V, 2.1. Für Paris waren 1967 verschiedene andere Kandidaten vorgesehen, die aber absagten, was zur Chance für Dupont wurde. Siehe dazu Kap. X, 2.1.

38 Siehe dazu Kap. VII, 1. Ein weiteres Beispiel wäre die Nomination von Albert Huber in Köln, wo man zuerst Walter Stucki einsetzen wollte und nach einer Absage Huber anfragte, der gerade vor Ort war. Siehe dazu Kap. V, 2.1. Die Wahl von Pierre Dupont für Paris wurde durch den Tod von Agostino Soldati und Absagen verschiedener anderer Kandidaten begünstigt. Siehe dazu Kap. X, 2.1.

39 Diese Aussage bezieht sich nur auf die untersuchten Posten.

40 Die Tätigkeitsbereiche wurden aus dem Wiener Übereinkommen über diplomatische Beziehungen von 1961 abgeleitet. Siehe dazu Kap. I, 3.2.

Welche Rolle spielte der Botschafter im bilateralen Kontakt zwischen den Staaten?
Den grössten Einfluss auf die zwischenstaatliche Politik hatten Albert Huber und Karl Bruggmann. Huber war ein entscheidender Treiber der Schweizer Deutschlandpolitik, die gegenüber der BRD eine schnelle Annäherung und Öffnung suchte und sich gleichzeitig gegenüber der DDR sehr reserviert zeigte.[41] Bruggmann hatte in den USA einen schweren Stand, da die Schweizer Neutralität in dieser Zeit arg unter Beschuss geriet. In entscheidenden bilateralen Fragen wie dem Washingtoner Abkommen spielte er eine wichtige Rolle. Er setzte sich bei vielen Verhandlungen persönlich an den Verhandlungstisch. Er zeigte sich dabei als hartnäckiger Verhandler und geschickter Schmied von Allianzen.[42] Auch Henry de Torrenté und August R. Lindt nahmen auf bilaterale Geschäfte stark Einfluss. De Torrenté war Ansprechperson für die britische Regierung in den Verhandlungen zur Abadan-Krise. In Washington bereitete er Verhandlungen im Uhrenkrieg und in der Atomfrage vor. Dabei führte er bei kleineren Fragen, wie beim Kauf des «Swimming-Pool»-Reaktors, die Verhandlungen selbst. Doch ist bei ihm auch zu beobachten, dass er im Gegensatz zu Huber und Bruggmann grössere Verhandlungen weder persönlich führte noch besonders eng mit der Verhandlungsdelegation zusammenarbeitete, sondern die Verhandlungen nur vor- und nachbereitete, dies dafür umso intensiver.[43] Die Freundschaft Lindts mit UNO-Generalsekretär Hammarskjöld war ein Hauptgrund dafür, dass die ersten UNO-Blauhelme mit Swissair-Flugzeugen zu ihrem Einsatz am Suezkanal geflogen wurden. Durch Lindts Lageeinschätzung betreffend die Nomination von Kennedys Kandidaten für den Botschafterposten zog die Schweiz den Unmut des Präsidenten auf sich. Kennedy spielte in dieser Zeit mit dem Gedanken, der Schweiz die Mission in Kuba zu entziehen. Andererseits war Lindt mitverantwortlich dafür, dass diese Interessenvertretung in der heissen Phase der Kubakrise ihren Teil zu einer friedlichen Lösung beitrug. Seine kurze Amtszeit in Washington hinderte ihn daran, weitere Themen im zwischenstaatlichen Verkehr zu beeinflussen.[44]
Die anderen vier untersuchten Botschafter hatten alle einen relativ geringen direkten Einfluss auf zwischenstaatliche Themen. So ging die Schweizer Beteiligung an der UNO-Mission im Kongo nicht auf den Schweizer Beobachter in New York Felix Schnyder zurück. Als er später in Washington tätig war, wurden bilaterale Verträge ohne relevanten Einbezug der Botschaft abgeschlossen. Einzig auf die Vermittlung zu Kuba hatte Schnyder persönlich

---

41 Siehe dazu Kap. V, 2.1 und V, 4.
42 Siehe dazu Kap. III, 2.2 und III, 4.
43 Siehe dazu Kap. IV, 2.4 und IV, 2.5.
44 Siehe dazu Kap. VII, 2.3.

direkten Einfluss.⁴⁵ Sowohl bei Schnyder wie auch bei Armin Daeniker, Max Troendle und Pierre Dupont zeigt sich deutlich, welche Aufgaben die Botschaften in bilateralen Geschäften in dieser Zeit hatten: Zunächst dienten sie als Kommunikationskanal, um im Gaststaat Verhandlungen anzuregen. Dann ging es darum, vor Ort Informationen über den Verhandlungsinhalt, über die Interessengruppen und ihre spezifischen Interessen sowie über die Verhandlungstaktik des Verhandlungspartners ausfindig zu machen. Schliesslich musste eine Verhandlungsrunde organisatorisch vorbereitet werden, indem Gesprächstermine vereinbart und Hotelbuchungen getätigt wurden. Von den eigentlichen Verhandlungen und Entscheidungen blieben die Botschaften und ihre Vorsteher dann aber vielfach ausgeschlossen. Sie betrieben auch keine Lobbyingarbeit mehr, wie dies Bruggmann beim Washingtoner Abkommen tat.⁴⁶ Zum Teil wurden sie von Bern sogar angewiesen, sich aus Verhandlungen herauszuhalten.⁴⁷ Allenfalls hatten sie im Anschluss die Einhaltung des Abkommens zu überwachen. Vielfach wurde von den Verhandlungsdelegationen darauf hingewiesen, dass es sich um ein technisches Problem handle und der Botschafter für eine allfällige politische Intervention «aufgespart» werden solle.⁴⁸ Einige der in diesem Buch untersuchten Episoden zeigen allerdings, dass der Verzicht auf die Hintergrundinformationen der Botschafter vor Ort zur Schwächung der Schweizer Position und zu schlechteren Verhandlungsergebnissen führte.

Interessanterweise nahm der Einfluss auf bilaterale Geschäfte mit der Zeit ab. So hatten die Gesandten der 1940er- und frühen 1950er-Jahre Bruggmann, de Torrenté, Huber und Lindt allesamt mehr Gewicht in bilateralen Fragen als ihre Kollegen der 1960er- und 1970er-Jahre. Es ist also in der vorliegenden Studie im Kleinen dieselbe Entwicklung zu beobachten, wie sie von der internationalen Forschungsliteratur für die Diplomatie im 20. Jahrhundert im Grossen festgestellt wurde.⁴⁹

---

45 Siehe dazu Kap. IX, 2.4.
46 Siehe dazu Kap. III, 2.2.
47 Siehe dazu Kap. X, 2.3.
48 Siehe dazu Kap. X, 2.3.
49 Eine gute Zusammenstellung zu diesem Thema liefert die Arbeit von John W. Young, der sich mit der Rolle des Botschafters im britischen Foreign and Commonwealth Office beschäftigte. Siehe Young, Twentieth-Century Diplomacy, 59–86. Ausführlich Hamilton/Langhorne, The Practice of Diplomacy, 183–245, speziell ab 221. Zur Entwicklung des französischen diplomatischen Dienstes siehe Kingston de Leusse, Diplomate, 75–82, und Baillou, Les affaires étrangères et le corps diplomatique français, 815–823. Weiter Nicolson, Diplomacy, 39–53; Neumann, Diplomatie ohne Diplomaten; Kaltenbrunner, Wozu Diplomatie, 9–17.

Welche Quantität und Qualität weisen die Informationen des Botschafters an die Zentrale in Bern auf?

Die Berichterstattung über politische Geschehnisse im Gastland und über die Sicht des Gastlands auf die Weltpolitik wurde von allen Botschaftern wenigstens theoretisch als eine der wichtigsten Aufgaben betrachtet. In der realen Umsetzung waren die Unterschiede aber riesig. So erreichten Bern 1952 aus Washington 35 politische Berichte während die Gesandtschaft in London im selben Jahr deren 157 an die Zentrale schickte.[50] 1972, zwanzig Jahre später, waren es aus Paris 31 und aus Washington 91.[51] Die grösste Anzahl politischer Berichte und politischer Briefe in einem Jahr schickte Felix Schnyder 1960 aus New York: 328. Es ist in diesem Zusammenhang aber festzuhalten, dass die Entscheidung, ob Informationen in einem politischen Bericht, einem politischen Brief oder einer anderen Form nach Bern zu berichten seien, von Botschafter zu Botschafter unterschiedlich gefällt wurde.[52] Bezüglich der Quantität der Berichte sind weder eine zeitliche Entwicklung noch Unterschiede zwischen den einzelnen Posten zu beobachten. Vielmehr war die Berichterstattung abhängig vom jeweiligen Botschafter. So war sie bei de Torrenté in London und in Washington auf dem gleichen Niveau,[53] und auch der Wechsel Troendles von Moskau nach Köln änderte an der Intensität seiner Berichterstattung wenig.[54] Einzig New York hatte als reiner Beobachtungsposten in diesem Sinn eine etwas spezielle Rolle.[55]

Auch was die Qualität der Berichterstattung betrifft, gibt die Gruppe der untersuchten Botschafter kein einheitliches Bild ab. So versorgten einige unter ihnen die Zentrale in Bern regelmässig mit treffenden Einschätzungen, während anderen das eine oder andere Fehlurteil unterlief.[56] In diesem Zusammenhang besonders bemerkenswert ist, dass sich keine Parallelen zwischen der Qualität der Berichterstattung und anderen Faktoren ziehen lassen. So konnten Botschafter mit einer intensiven Berichterstattung sowohl mässige als auch sehr gute Beobachter sein.[57] Eine Beziehung zwischen Quantität und

---

50 Siehe zu Washington Kap. III, 2.5 und zu London Kap. IV, 2.6.
51 Siehe zu Paris Kap. X, 2.4 und zu Washington Kap. IX, 2.5.
52 So wurde in Paris täglich die Presse analysiert und die wichtigsten Erkenntnisse wurden nach Bern übermittelt. Da diese Informationen aber nicht in politischen Berichten oder Briefen erfasst wurden, erscheinen sie nicht in der obigen Statistik. Siehe dazu Kap. X, 2.4.
53 Siehe dazu Kap. IV, 2.6.
54 Siehe dazu Kap. VIII, 2.4.
55 Siehe dazu Kap. IX, 2.5.
56 Als sehr gute Beobachter sind Lindt, Schnyder und Troendle hervorzuheben. Weniger treffend konnten Bruggmann, de Torrenté und Dupont die Zentrale informieren.
57 De Torrenté unterliefen in einer intensiven Berichterstattung auch ab und zu Fehlbeurteilungen. Troendle hingegen lag mit seinen vielen Berichten und Einschätzungen meist richtig.

Qualität ist also nicht zu beobachten.[58] Auch ein starkes Netzwerk im Gastland war kein Garant für eine gute Berichterstattung. Zwar erleichterte es die Einholung von Informationen aus erster Hand und machte es möglich, ein Urteil auf eine breite Quellenbasis zu stellen,[59] aber das Beispiel Bruggmanns zeigt, dass man auch mit einem sehr guten Netzwerk ab und zu falsch liegen konnte.[60] Andererseits konnte Troendle auch ohne starkes Netzwerk durch seine treffenden Beobachtungen überzeugen.[61] Es ist also anzunehmen, dass für eine qualitativ gute Berichterstattung eine gute Analysefähigkeit und Beobachtungsgabe wichtiger waren als ein gutes Netzwerk.

Welchen Einfluss nahm der Botschafter auf die wirtschaftliche Zusammenarbeit mit dem Gastland?
Das Engagement eines Botschafters für wirtschaftspolitische Fragen hing stark von seiner vorherigen Karriere ab. Botschafter wie de Torrenté, Troendle oder Dupont, die in ihrer Laufbahn wichtige handelspolitische Posten übernommen hatten, setzten sich als Botschafter stark für wirtschaftspolitische Fragen ein.[62] Andererseits überliessen Botschafter, die in ihrer vorherigen Karriere keine handelspolitischen Aufgaben übernommen hatten, wie Lindt, Daeniker und Schnyder, die wirtschaftlichen Fragen meist ihrem Handelsrat. Als Ausnahme ist Huber zu nennen, der sich ohne explizite wirtschaftliche Erfahrung stark für die Entwicklung des Handels zwischen der Schweiz und der BRD einsetzte.[63] Die Aktivitäten im Zusammenhang mit der wirtschaftlichen Zusammenarbeit lassen sich in zwei Gruppen aufteilen. Einerseits waren Fragen der Handelspolitik zu behandeln, in denen es um allgemeine Regelungen und Verträge zwischen den Staaten ging. Dem standen Wirtschaftspromotionsmassnahmen gegenüber, die den Absatz schweizerischer Firmen im Gastland zu verbessern suchten. In diesem Punkt konnte einerseits ein deutlicher Unterschied zwischen den verschiedenen Posten festgestellt werden: Während in den USA und in Grossbritannien eher handelspolitische Fragen im Zentrum standen, waren die Botschafter in Köln und Paris eher mit Wirtschaftspromotionsmassnahmen beschäftigt.[64] Anderseits kann eine zeitliche Verschiebung zwischen den

---

58 Auch Botschafter mit wenig Berichten konnten gute (Huber) oder eher mässige (Dupont) Beobachter sein. Siehe zu Huber Kap. V, 2.3 und zu Dupont Kap. X, 2.4.
59 Siehe dazu Huber, Kap. V, 2.4, Lindt, Kap. VII, 2.5, und Schnyder, Kap. IX, 2.5.
60 Siehe dazu Kap. III, 2.5.
61 Siehe dazu Kap. VIII, 2.4.
62 De Torrenté und Troendle waren beide Delegierte des Bundesrates für Handelsverträge und zuvor im Handelsdienst einer Gesandtschaft tätig. Dupont war Schweizer Vertreter bei der OECE und leitete die Finanzabteilung im EPD.
63 Siehe dazu Kap. V, 2.4.
64 Der Handel mit der UdSSR spielte bei den untersuchten Botschaftern keine grosse Rolle.

beiden Gruppen beobachtet werden: Die Gesandten der 1940er- und 1950er-Jahre, Bruggmann, de Torrenté und Huber, hatten viel grösseren Einfluss auf handelspolitische Fragen als Daeniker, Schnyder und Dupont, die Botschafter der 1960er- und 1970er-Jahre. Wobei hier erwähnt werden muss, dass in den 1960er- und 1970er-Jahren immer mehr wirtschaftspolitische Fragen auf multilateraler Ebene gelöst wurden. Die Botschafter dieser Jahre beschäftigten sich dagegen viel mehr mit der Wirtschaftspromotion.

Während also wirtschaftliche Fragen mit der Zeit an Wichtigkeit zulegten, kann der Aussage Troendles, wonach die «Wirtschaftspolitik im Mittelpunkt des Aufgabenkreises einer Auslandsvertretung»[65] stehe, für die Gruppe der untersuchten Botschafter nicht zugestimmt werden. Hier widerspricht die vorliegende Arbeit der aktuellen Forschungsliteratur, die in der Schweiz den Primat der Aussenwirtschaftspolitik über die anderen Bereiche der Aussenpolitik beobachtet.[66] Es zeigt sich hier, dass die Botschafter in ihrer Tätigkeit über eine relativ grosse Freiheit verfügten. Sie konnten sich den Faktoren, die die Aussenpolitik der Zentrale beeinflussten, wenigstens zum Teil entziehen.

Welchen Einfluss nahm der Botschafter auf die kulturelle Zusammenarbeit mit dem Gastland und die dortige Präsenz der Schweizer Kunst?
In diesem Punkt lässt sich klar eine Entwicklung beobachten. Während Bruggmann zu Beginn des Untersuchungszeitraums in Washington trotz starkem Kulturinteresse kaum etwas für die Präsenz des schweizerischen Kulturschaffens in den USA machte,[67] war der ebenfalls sehr kulturinteressierte Dupont in Paris am Ende des Untersuchungszeitraums ein aktiver Promotor von Schweizer Künstlern.[68] Von den ersten vier untersuchten Botschaftern hat nur Huber ein gewisses Engagement für die Kulturförderung gezeigt,[69] von den zweiten vier war einzig Troendle wenig aktiv in diesem Bereich, wobei dies mehrheitlich den speziellen Umständen zuzuschreiben ist.[70] Diese Entwicklung ist nicht weiter verwunderlich, nahm doch die schweizerische Kulturförderung im Ausland mit der gesetzlichen Einbindung von Pro Helvetia erst in den 1960er Jahren Konturen an.[71]

---

65 Troendle, Der Beruf eines schweizerischen Diplomaten, 6.
66 Siehe dazu Perrenoud, Banquiers et diplomates suisses.
67 Siehe dazu Kap. III, 2.5.
68 Siehe dazu Kap. X, 2.5.
69 Siehe dazu Kap. V, 2.4.
70 Troendle wollte in der UdSSR eine Zusammenarbeit auf kultureller Basis fördern, wurde aber durch den massiven Antikommunismus in der Schweiz gestoppt. In Köln war er deshalb nicht so aktiv, weil er gegen Deutschland eine klare Abneigung hatte. Siehe dazu Kap. VIII, 2.5.
71 Siehe Cordey, Relations culturelles.

Wie unterstützte der Botschafter die Auslandschweizer im Gastland?
Die Intensität, mit der sich ein Botschafter um die Kolonie der Auslandschweizer im Gastland kümmerte, hing nicht von der Grösse der Kolonie ab.[72] Auch sind keine kontinuierlichen Veränderungen über den Untersuchungszeitraum hinweg zu entdecken. So kümmerte sich Bruggmann in Washington wenig um die Schweizer Kolonie in den USA, vielmehr lag er in dauerndem Clinch mit ihr.[73] Sein Nachfolger de Torrenté hingegen versuchte den Streit gleich beizulegen, setzte sich anschliessend stark für die Kolonie ein und besuchte sie auf ausgiebigen «good will tours».[74] Während Huber sich mit viel Herzblut für die Schweizer in der BRD einsetzte, deren «Schweizer Art und Geist» bewahren wollte, sich für Sozialfälle einsetzte und Vereine ins Leben rief,[75] erklärte Troendle am gleichen Ort nur wenige Jahre später, dass es «mit dem althergebrachten, altväterlichen Zusammenhalt der Schweizer in Nachbarländern vorbei»[76] sei, und engagierte sich kaum für die Kolonie.[77]
Erneut waren die vorhergehenden Erfahrungen entscheidend, ob sich ein Botschafter für die Kolonie einsetzte oder nicht. Botschafter, die in ihrer Karriere bereits viel mit Auslandschweizern zu tun hatten, zum Beispiel als Konsul gearbeitet hatten, engagierten sich später stärker in diesem Bereich. Als markanteste Vertreter dieser Gruppe sind Huber und Daeniker zu nennen. Ersterer war zuvor Generalkonsul in Prag und Frankfurt, Letzterer hatte auf dem Konsulat in Schanghai gearbeitet.[78] Bruggmann und Lindt hingegen, die in ihrer Karriere keine solchen Aufgaben übernommen hatten, engagierten sich deutlich weniger für die Auslandschweizer.[79]

Über welches Netzwerk verfügte der Botschafter?
In der Gruppe der untersuchten Vertreter gab es sowohl gute als auch weniger gute Netzwerker. Ein gutes Netzwerk aufzubauen und viele persönliche Kontakte zu unterhalten, war auf diesen grossen Aussenposten besonders wichtig. Wie von Tscharner festhält, stand der Schweizer Vertreter in einem Gastland vor ganz anderen Problemen als sein amerikanischer oder britischer

---

72 Als Ausnahme ist hier Moskau zu nennen, da dort sozusagen keine Schweizer Kolonie vorhanden war.
73 Siehe dazu Kap. III, 2.5.
74 Siehe dazu Kap. IV, 2.6.
75 Siehe dazu Kap. V, 2.4.
76 Protokoll über die Konferenz der Postenchefs der schweizerischen konsularischen Vertretungen in der Bundesrepublik Deutschland am 13./14. Mai 1966 in Köln, BAR, E 2200.161 1982/60, 003.2 Postenchefkonferenz.
77 Siehe dazu Kap. VIII, 2.5.
78 Siehe zu Huber Kap. V, 1, und zu Daeniker Kap. VI, 1.
79 Siehe zu Bruggmann Kap. III, 1.2 und III, 2.5; siehe zu Lindt Kap. VII, 1, und VII, 2.6.

Kollege. Er musste dafür sorgen, dass seine Stimme überhaupt wahrgenommen wurde.[80] Schnyder meinte dazu: «[...] wenn man eine Zeit lang dort ist, kommt der Moment, wo man mit persönlichen Beziehungen doch die Möglichkeit hat, Gehör zu finden.»[81] Erneut kann festgestellt werden, dass die Qualität des Netzwerks eines Botschafters nicht nur von Gegebenheiten im Gastland abhing, sondern viel mehr durch die Fähigkeiten des Botschafters bedingt war. Eine Ausnahme ist hier jedoch zu machen: In Moskau schaffte es auch der hervorragende Netzwerker Lindt nicht, sich Zugang zu wichtigen Regierungskreisen zu verschaffen.[82] Ansonsten hing das Netzwerk stark mit der Person des Botschafters zusammen. Auf ein besonders gutes Netzwerk konnten Bruggmann, Huber, Lindt, Schnyder, in etwas geringerem Masse de Torrenté zurückgreifen, wobei die Freundschaften Hubers mit Bundespräsident Heuss und Bundeskanzler Adenauer[83] sowie diejenige von Lindt mit UNO-Generalsekretär Hammarskjöld spezielle Erwähnung verdienen.[84]
Spannend ist es nun zu beobachten, welche Faktoren beim Aufbau eines solchen Netzwerks halfen. Als wichtige Hilfe bei der Ankunft in einem neuen Land erwiesen sich Freundschaften aus früheren Zeiten. So kannte Huber, als er nach Köln kam, das Bundeskabinettsmitglied Hans Lukaschek aus gemeinsamen Zeiten in der Oberschlesienkommission.[85] Und Schnyder profitierte bei der Ankunft in Washington davon, dass sein Freund Walter Stoessel, den er aus gemeinsamen Moskauer Zeiten kannte, zu einer wichtigen Person im State Department aufgestiegen war.[86] Das Zusammentreffen mit früheren Bekannten darf übrigens als allgemeiner Vorteil von Karrierediplomaten betrachtet werden, kreuzten sich deren Karrieren doch ab und zu. Andere wichtige Personen konnten von Vorgängern «übernommen» werden. Huber konnte auf die Freundschaft zwischen Adenauer und von Weiss bauen.[87] Von Bruggmanns Freundschaft zu Walter Lippmann profitierten später sowohl de Torrenté als auch Lindt.[88] Und Schnyder übergab seinem Nachfolger Raymond Probst den guten Kontakt zu Kissingers Berater Helmut Sonnenfeldt.[89]
Vor allem aber brauchte ein gutes Netzwerk intensive Bearbeitung und Pflege.

80 Siehe von Tscharner, Profession ambassadeur, 28 und 31.
81 Felix Schnyder: Wegstationen eines Schweizer Diplomaten, 12. Dezember 1990, AfZ, TA Kolloquien FFAfZ/82.
82 Siehe dazu Kap. VII, 2.7.
83 Siehe dazu Kap. V, 2.5.
84 Siehe dazu Kap. VII, 2.7.
85 Siehe dazu Kap. V, 2.5.
86 Siehe dazu Kap. IX, 2.7.
87 Siehe dazu Kap. V, 1.
88 Siehe zu Bruggmann Kap. III, 2.6, zu de Torrenté Kap. IV, 2.7, und zu Lindt Kap. VII, 2.7.
89 Siehe dazu Kap. IX, 2.7.

Dabei kommt es nicht darauf an, ob auf Cocktailpartys gearbeitet wurde, wie dies Schnyder oder de Torrenté taten, oder ob eher das private Gespräch unter vier Augen oder in kleinen Gruppen gesucht wurde, wie dies Bruggmann oder Lindt pflegten. Weit wichtiger scheint die Person selbst zu sein. Die Begegnung mit dem Botschafter musste beim Gesprächspartner Spuren hinterlassen und es musste bei ihm das Interesse geweckt werden, den Kontakt beizubehalten und den Botschafter erneut zu sprechen. So wurde Bruggmann aufgrund seiner Intelligenz und seines unabhängigen Urteils[90] und Schnyder wegen seines Geistes und seines Ideenreichtums geschätzt.[91] Lindt beeindruckte seine Gesprächspartner nach deren Aussage mit seiner Intelligenz, seinem direkten Wesen und sicher auch mit seiner grossen Erfahrung.[92] Huber wiederum konnte seine Gegenüber, ohne selbst viel zu sprechen, zum Erzählen anregen.[93] Ein überraschender Faktor konnte bei Bruggmann und Schnyder in Washington beobachtet werden: Mitentscheidend für das hervorragende Netzwerk der beiden Botschafter waren deren Gattinnen, die ihren Männern viele Türen öffneten, die sonst nicht so leicht zu öffnen gewesen wären.[94] Schliesslich ist interessant, dass sich das Verständnis dessen, warum ein gutes Netzwerk wichtig ist, über die Zeit verändert hat. Während das Netzwerk bei den Botschaftern vor den 1970er-Jahren vor allem als Informationsquelle und eventuell als Einflussmöglichkeit betrachtet wurde, sahen sowohl Schnyder als auch Dupont die Netzwerkpflege als Mittel, um das Bild der Schweiz in der Gesellschaft des Gastlands zu verbessern. Da die Verbesserung des Ansehens der Schweiz im Gastland ihr grosses Ziel war, setzten sie sich für viele persönliche Kontakte ein.[95]

Wie vertrat der Botschafter die Schweiz gegenüber der Öffentlichkeit im Gastland?
Eine einheitliche Tendenz bezüglich der Öffentlichkeitsarbeit lässt sich interessanterweise nicht beobachten. Die einen Botschafter legten grossen Wert auf die Repräsentation und konnten ihr hohen Wert abgewinnen,[96] während andere die Diplomatie eher als etwas sahen, das nicht in der Öffentlichkeit in Erscheinung treten sollte.[97] Dupont und Huber hatten das Bestreben, das bilaterale Verhältnis zwischen ihren Gaststaaten und der Schweiz möglichst positiv darzustellen, und förderten daher die offiziellen Kontakte auf Regie-

90 Siehe dazu Kap. III, 3.
91 Siehe dazu Kap. IX, 3.
92 Siehe dazu Kap. VII, 3.
93 Siehe dazu Kap. V, 3.
94 Siehe zu Bruggmann Kap. III, 2.6 und III, 3, zu Schnyder Kap. IX, 2.7.
95 Siehe zu Schnyder Kap. IX, 2.7 und IX, 2.6, zu Dupont Kap. X, 2.6.
96 Daeniker, Schnyder, Dupont.
97 Bruggmann, Lindt, Troendle.

rungsebene.⁹⁸ Schnyder tat dasselbe, sah darin aber nicht hauptsächlich ein Symbol für gute Beziehungen, sondern wollte vor allem den persönlichen Kontakt zwischen den Entscheidungsträgern fördern.⁹⁹ Auch der Einbezug der Presse war von Botschafter zu Botschafter verschieden. Einige hatten engen Kontakt mit Korrespondenten und Journalisten,¹⁰⁰ einige betrieben gezielte Pressearbeit und setzten diese gekonnt ein,¹⁰¹ andere versuchten, die Presse möglichst auf Distanz zu halten.¹⁰² Es ist bemerkenswert, dass vor dem Hintergrund der laufenden Zunahme «öffentlicher Aussenpolitik» keine kontinuierliche Verstärkung der Pressearbeit beobachtet werden konnte.

Die gesamte Tätigkeitsanalyse zusammenfassend können verschiedene Resultate festgehalten werden:
Erstens: Die Analyse ergibt, dass die verschiedenen Botschafter ihre Tätigkeit sehr unterschiedlich ausübten. Sie hatten auch unterschiedliche Vorstellungen von dem, was sie auf ihrer Position zu erreichen hatten.
Zweitens: Die Gegebenheiten des Postens prägten die Art und Weise, wie die Botschafteraufgabe ausgeführt wurde, nur wenig. Einzig der Posten in Moskau hatte durch seine speziellen Gegebenheiten einen ausschliessenden Charakter, da die UdSSR festlegte, was nicht getan werden durfte.¹⁰³
Drittens: Während der Posten wenig Einfluss auf die Art und Weise der Aufgabenausführung hatte, war der Botschafter selbst der entscheidende Faktor. Es kann festgestellt werden, dass die untersuchten Botschafter auf verschiedenen Posten ihre Aufgabe nach dem gleichen oder nach ähnlichem Muster ausführten und die gleichen Schwerpunkte setzten.
Viertens: Es lassen sich zwei Veränderungen des Berufs des Botschafters beobachten. Einerseits nahm sein Einfluss auf bilaterale Geschäfte, Verträge und die gesamte Politik zwischen 1945 und 1975 laufend ab. Andererseits rückten gegen Ende des Untersuchungszeitraums die Bemühungen um ein gutes Ansehen

---

98 Siehe zu Huber Kap. V, 2.2, und zu Dupont Kap. X, 2.5.
99 Siehe dazu Kap. IX, 2.6.
100 Bruggmann, de Torrenté, Lindt, Schnyder.
101 De Torrenté, Lindt, Schnyder, Dupont.
102 Troendle und Bruggmann, der den Kontakt zu Zeitungsleuten nur zur Informationsbeschaffung suchte und die Zeitung nicht als Kommunikationsmittel verstand. Siehe zu Bruggmann Kap. III, 2.5.
103 Einschränkend muss hier erwähnt werden, dass sich die ausgewählten Posten bis auf New York und Moskau in der Grösse und bezüglich des Aufgabenspektrums ähnlich waren. Es ist anzunehmen, dass ein Botschafter auf einem kleinen Posten ein viel breiteres Spektrum von Arbeiten übernehmen musste als auf diesen grossen. Trotzdem waren die Anforderungen auch in der untersuchten Gruppe von Posten zu Posten verschieden, die Art und Weise, wie die Aufgabe erfüllt wurde, blieb aber bei den verschiedenen Botschaftern auch nach einem Postenwechsel stabil.

der Schweiz im Gastland durch Kulturförderung und Wirtschaftspromotion vermehrt ins Zentrum. Er entwickelte sich somit vom bilateralen Troubleshooter zum «agent de charme». In diesem Punkt zeigen sich die Grenzen der Freiheit der Botschafter in der Ausgestaltung ihrer Tätigkeit. Hier waren sie klar von der Zentrale in Bern abhängig.

Fünftens: Wo die Botschafter die Schwerpunkte ihrer Arbeit legten, hing hauptsächlich von ihren früheren Karriereerfahrungen ab. So waren ehemalige Konsuln als Botschafter starke Förderer der Auslandschweizerkolonie[104] und ehemalige Delegierte für Handelsverträge interessierte Wirtschaftspolitiker.[105] Zudem hatten starke Netzwerker wie Lindt und Schnyder früher in ihrer Karriere bei Bruggmann oder de Torrenté gelernt, wozu gute Netzwerke nütze sein können.[106]

Sechstens: Wie oben festgehalten wurde, berücksichtigte der Bundesrat bei der Nomination eines Diplomaten für einen Posten die Erfahrungen, die dieser mitbrachte. Da der Gewählte die Botschaft aufgrund dieser Erfahrungen führte, nahm der Bundesrat durch die Auswahl der Person einen entscheidenden Einfluss auf die künftige Arbeitsweise auf dem Posten. Die Auswahl war somit entscheidender als später erfolgte Weisungen. Ob sich der Bundesrat und die Führung des EPD dieser Tragweite bei der Auswahl bewusst waren, kann hier nicht beantwortet werden.

Die Veränderung der Aufgaben eines schweizerischen Botschafters vom bilateralen Troubleshooter zum «agent de charme» stellt keinen eidgenössischen Sonderfall dar. In der Diskussion der internationalen Forschungsliteratur über den Sinn von residierenden Botschaftern im Zeitalter von Reisediplomatie und modernen Medien wurde immer wieder erklärt, dass sich ihre Aufgaben in diese Richtung verschoben haben.[107] Auch dass jeder Botschafter seine Aufgaben unterschiedlich priorisierte und wahrnahm, wurde in Studien belegt. So zeigte Young anhand von sechs Fallbeispielen auf, wie unterschiedlich die Aufgaben britischer Botschafter auf verschiedenen Posten zur gleichen Zeit waren.[108] Im Unterschied zu den Resultaten der vorliegenden Studie geht er davon aus, dass dies vor allem aufgrund der unterschiedlichen Gegebenheiten der Posten der Fall war. Hier zeigt sich einmal mehr, dass die Gestaltungsfreiheit der Schweizer Botschafter in der Ausübung ihrer Aufgabe grösser ist als

---

104 Siehe dazu oben.
105 Siehe dazu oben.
106 Siehe zu Lindt Kap. VII, 1, und zu Schnyder Kap. IX, 1.
107 Siehe zum Beispiel Hamilton/Langhorne, The Practice of Diplomacy, 232–238; Young, Twentieth-Century Diplomacy, 59–86; von Staden, Changing Patterns and New Responsibilities.
108 Young, Twentieth-Century Diplomacy, 85.

bei ihren ausländischen Kollegen.¹⁰⁹ Diesbezüglich kann also durchaus von einem Schweizer Sonderfall gesprochen werden.¹¹⁰

Dass die frühere Karriere eines Botschafters ein entscheidender Faktor für die Ausübung seiner Tätigkeit sei, wurde im Zusammenhang mit der Frage, ob Quereinsteiger oder Karrierediplomaten erfolgreichere Botschafter abgäben, oft diskutiert.¹¹¹ Vor allem Vertreter der Karrierediplomatie weisen darauf hin, dass nur die Erfahrung auf einem Aussenposten dem Botschafter das Rüstzeug für eine erfolgreiche Tätigkeit verschaffe.¹¹² Karl Theodor Paschke, ein führender Mitarbeiter im Auswärtigen Amt, wies auf die Wichtigkeit der Erfahrung beim Auswahlprozess hin: «To make convincing proposals required a thorough knowledge of the persons, their record, and their reputation […].»¹¹³ Es handelt sich also in diesen zentralen Punkten nicht um einen Schweizer Sonderfall, da diese Entwicklungen auch in anderen diplomatischen Diensten beobachtet wurden.

---

109 Die internationale Forschungsliteratur hält zwar zu diesem Thema fest, dass ein Botschafter vor Ort immer einen gewissen Gestaltungsfreiraum für seine Tätigkeit hat. David D. Newsom meint dazu: «Washington will never totally define for any ambassador what that mission is or prepare the ambassador for the unexpected. Such circumstances require on the ambassador's part an understanding of the broad outlines of U. S. global and regional policies and a sense of how such policies apply to the ambassador's post.» Newsom, The Task of an Ambassador, 32. Im Gegenzug verweisen viele Autoren darauf, dass gerade die modernen Kommunikationsmittel – damit ist zum Teil noch das Telegramm gemeint – die Freiheit der Botschafter einschränkten und es der Zentrale erlaubten, stärker Einfluss zu nehmen. Siehe dazu Young, Twentieth-Century Diplomacy, 61–65; Hamilton/Langhorne, The Practice of Diplomacy, 217–245; Nicholson, Diplomacy, 52 f. Meredith Kingston de Leusse meint, dass sich Botschafter auf Posten ganz von alleine nach den Wünschen der Zentrale richten würden, da sie nur so die gewünschte Beachtung erlangen könnten. Kingston de Leusse, Diplomate, 145–174. Diese Einschätzung wird von Samy Cohen unterstützt, indem er bemerkt, dass sich Diplomaten oft über die mangelnde Rückmeldung der Zentrale zu ihren Berichten beklagten. Cohen, L'art de gérer les turbulences mondiales, 5. Auf den Punkt bringt es der frühere kanadische Botschafter John G. H. Halstead: «Today, instant communications have transformed all diplomatic posts into branch offices of headquarters and heads of post into branch managers. There is practically no detail of a post's operations too small to escape detailed instructions from headquarters […].» Halstead, Today's Ambassador, 23.
110 Gestützt wird diese These auch durch eine Aussage von Benedikt von Tscharner: «Tout compte fait, cependant, Berne ne donne plutôt pas assez que trop d'instructions. On peut s'en féliciter dans la mesure où cela laisse une grande liberté d'appréciation et d'action à l'ambassadeur.» Von Tscharner, Profession ambassadeur, 28.
111 Siehe dazu Kap. II, 1.2.
112 Siehe Hamilton/Langhorne, The Practice of Diplomacy, 232–271; Briggs, This Is a Professional Game, 146–153; Paschke, Experience Matters Most, 175–179.
113 Paschke, Experience Matters Most, 181.

3 Wie die Person die Tätigkeit prägte

Bezüglich der politischen Ansichten der untersuchten Botschafter kann grundsätzlich festgehalten werden, dass keiner die Neutralität der Schweiz als solche infrage stellte. Es wurde kein einziges Mal die Frage aufgeworfen, ob die Neutralität noch eine passende aussenpolitische Maxime sei. Waren sich die Botschafter im Grundsatz also einig, gingen ihre Ansichten bei der Frage auseinander, wie Neutralität in der praktischen Politik umzusetzen sei. Eine erste Gruppe sah die Aussenwirtschaft als Primat der schweizerischen Aussenpolitik. De Torrenté, Huber und in geringerem Masse auch Dupont waren bereit, die Universalität der Beziehungen zugunsten einer guten wirtschaftlichen Integration in den Westen zu opfern. Huber war sogar einer der Taktgeber für eine ungleichgewichtige Politik gegenüber den beiden deutschen Staaten.[114] Diese Botschafter sind Protagonisten einer typischen «Schild-und-Schwert»-Aussenpolitik (nach Hans Ulrich Jost),[115] die die Neutralität als eine Art Schutzschild verstanden, unter dem es die wirtschaftlichen Interessen der Schweiz zu verwirklichen galt. Die drei Botschafter unterstützten somit eine Politik, die von der Schweiz in vielen Fragen geschickt angewandt wurde.[116] Eine zweite Gruppe, der Bruggmann, Lindt, Schnyder und Daeniker zugerechnet werden können, sah das Schwergewicht der schweizerischen Aussenpolitik in der Position zwischen den beiden Machtblöcken und vor allem in den Dienstleistungen, die die Schweiz für die Weltgemeinschaft zu erbringen hatte. Einerseits waren sie geprägt von der Erfahrung, dass die Neutralität in die Kritik geraten konnte und deren positive Bewertung nicht selbstverständlich war. Sie waren daher der Ansicht, dass die Neutralität der Schweiz auch anderen Staaten einen Nutzen bringen musste, um überleben zu können. Als markantes Beispiel ist hier Bruggmann zu nennen, der die Schweiz in den USA vertrat, als die Neutralität in heftiger Kritik stand.[117] Andererseits glaubten die Vertreter dieser zweiten Gruppe, dass die Schweiz mit ihrer Position besonderes geeignet war, Konflikte zu entschärfen und humanitäre Hilfe zu leisten. Lindt, Schnyder, aber auch Daeniker wussten aus persönlicher Erfahrung, welche Rolle ein schweizerischer Vertreter übernehmen konnte.[118]

114 Siehe dazu Kap. V, 3 und V, 4.
115 Siehe dazu Kap. I, 1.2.
116 Siehe dazu Ebd.
117 Siehe dazu Kap. III, 2.1.
118 Lindt als IKRK-Vertreter im Nachkriegsdeutschland, als UNO-Hochkommissar für Flüchtlinge, als Vermittler zwischen den USA und Kuba, als Leiter der damaligen schweizerischen Entwicklungshilfe und als IKRK-Kommissar für Biafra. Schnyder als UNO-Hochkommissar für Flüchtlinge und als Vermittler zwischen den USA und Kuba. Daeniker als Schweizer Vertreter in der NNRC.

Alle sahen darin auch ein persönliches Anliegen und setzten sich nach ihrer diplomatischen Karriere weiter für das humanitäre Engagement der Schweiz ein.[119] Dies führte bei ihnen zum Teil zu einer stärkeren Abwehr von Übergriffen des Westens auf die Schweizer Politik.[120] Eine spezielle Stellung nimmt Troendle ein, der zwar der Aussenwirtschaft die zentrale Rolle in der Aussenpolitik zuordnete, daraus aber nicht den Schluss zog, die Schweiz müsse sich dem Westen annähern. Durch seinen starken Glauben an den Osthandel forderte er im Gegenteil vehement eine unabhängige Stellung zwischen den beiden Machtblöcken.[121]

Selten kam es in neutralitätspolitischen Fragen zu Differenzen zwischen den Botschaftern und der Zentrale. In viel diskutierten Fragen wie dem UNO-Beitritt und der europäischen Integration trugen die Botschafter die Politik der Zentrale fast immer mit. So befürwortete einzig Dupont den UNO-Beitritt der Schweiz,[122] während Schnyder und Lindt, beide mit einer beachtlichen Karriere in der UNO, den faktischen Beitritt entweder klar ablehnten oder für nicht wichtig hielten.[123] Keiner der untersuchten Botschafter war der Meinung, dass die Schweiz in der europäischen Integration einen anderen Weg einschlagen oder Mitglied der EWG werden sollte. Alle unterstützten sie eine wirtschaftliche Integration von Westeuropa unter Wahrung der absoluten politischen Unabhängigkeit der Mitglieder.[124]

Zusammenfassend kann festgestellt werden, dass die Botschafter die grundlegenden Fragen der Neutralitätspolitik mittrugen und dass sie kaum Anregungen in Bern machten, diese zu verändern. Es kann in diesem Zusammenhang nicht ausgeschlossen werden, dass die grundsätzliche Akzeptanz der wichtigen politischen Maximen eine Voraussetzung für die Erlangung von hohen Funktionen im EPD war. Hingegen wurden sowohl Personen, die der Aussenwirtschaft die Hauptrolle in der Aussenpolitik zuhielten, wie auch solche, die dies nicht taten, auf einen zentralen Botschafterposten entsandt.

Die parteipolitische Ausrichtung betreffend kann festgehalten werden, dass sich nur de Torrenté aktiv in einer Partei, hier der Katholisch-Konservativen,

---

119 Lindt war Berater in Ruanda, setzte sich zusammen mit Schnyder für eine humane Flüchtlingspolitik weltweit und in der Schweiz ein. Schnyder setzte sich zusätzlich in der Entwicklungshilfe ein. Daeniker arbeitete für Helvetas-Einsätze in Nepal und Malta.
120 Siehe dazu zum Beispiel Lindt Kap. VII, 3.
121 Siehe dazu Kap. VIII, 3.
122 Hier ist zu erwähnen, dass sich Bundesrat Spühler bereits 1966 für einen Beitritt ausgesprochen hatte und Dupont somit auf der Linie des EPD-Vorstehers argumentierte. Hingegen vollzog Schnyder diesen Kurswechsel des Bundesrats nicht mit.
123 Siehe zu Lindt Kap. VII, 3, und zu Schnyder Kap. IX, 3.
124 Hier ist anzumerken, dass zur Zeit Hubers, des stärksten Vertreters der ersten Gruppe, die Frage der europäischen Integration noch nicht in voller Klarheit auf dem Tisch lag. Es wäre interessant, seine Meinung in späteren Zeiten zu beobachten.

betätigte. Für den Rest galt eher der von Lindt übermittelte Ausdruck, stolz darauf zu sein, nie einer Partei angehört zu haben.[125] Wobei einschränkend zu erwähnen ist, dass alle Vertreter den bürgerlichen Parteien näher standen als den Sozialdemokraten.[126]

Als wenig ergiebig stellte sich die Aufstellung zur Persönlichkeit der Botschafter heraus. Es konnte kein Persönlichkeitsmerkmal isoliert werden, welches die untersuchten Personen für die Aufgabe als Botschafter besonders qualifiziert hätte. Dass Persönlichkeitsfaktoren einen Einfluss auf die Fähigkeit hatten, sich ein Netzwerk aufzubauen, wurde im vorhergehenden Kapitel erläutert. Ansonsten gab es erfolgreiche Botschafter, die eher verschlossen, und solche, die eher offen und redegewandt waren.[127] Auch zeigen die Beispiele, dass sowohl impulsive als auch besonnene Botschafter ihre Aufgabe erfolgreich ausfüllen konnten.[128]

Bisher kaum beachtet und daher unbedingt zu erwähnen ist die Rolle der Gattin in der Tätigkeit eines Botschafters. Raymond Probst meinte dazu: «Die Rolle der Frau eines Diplomaten wird unterschätzt und auch nicht belohnt. Auf einer mittleren oder grossen Botschaft hat die Frau einen Fulltime-Job zu erfüllen.»[129] Alle untersuchten Botschafter waren verheiratet. Einzig Lindt übte seine Botschafteraufgaben längere Zeit als Geschiedener aus.[130] Rund die Hälfte der Gattinnen waren Schweizerinnen. Zu den typischen Aufgaben einer Botschaftergattin gehörte die Organisation von Empfängen in der Residenz. Zudem musste sie ihren Ehemann zu Empfängen und Cocktailpartys begleiten.[131] Einige Gattinnen übernahmen Repräsentationsaufgaben in der Kolonie in Form eines Patronats oder in Vereinen. Frau Daeniker machte Vortragsreisen.[132] Auf die besondere Rolle, die Frau Bruggmann und Frau Schnyder in der Netzwerkarbeit ihrer Ehemänner übernahmen, wurde hingewiesen.[133] Festzuhalten ist, dass das Engagement der Gattin im Beruf ihres Mannes nicht von ihrer Herkunft abhing.

Eine weitere Besonderheit des Diplomatenberufs konnte bei den untersuchten Botschaftern beobachtet werden: Alle lebten früher oder später von ihrer

---

125 Richardot, Mot de passe «Nidwalden», 84.
126 Wobei gerade Lindt die engsten Kontakte zu sozialdemokratischen Politikern unterhielt. Siehe dazu Kap. VII, 1.
127 Zum Beispiel Bruggmann (Kap. III, 4.) versus de Torrenté (Kap. IV, 4.).
128 Zum Beispiel de Torrenté (Kap. IV, 4.) versus Huber (Kap. V, 4.).
129 Felix Schnyder: Wegstationen eines Schweizer Diplomaten, 12. Dezember 1990, AfZ, TA Kolloquien FFAfZ/82.
130 Siehe dazu Kap. VII, 3.
131 Siehe dazu zum Beispiel Schnyder Kap. IX, 2.7.
132 Siehe dazu Kap. VI, 2.5.
133 Siehe dazu oben.

Frau und noch öfters von ihren Kindern getrennt. Die Familie hatte ebenfalls Einfluss auf den Verlauf einer Karriere, so war der Antrieb, einen Posten in der Nähe der Schweiz anzustreben, verschiedentlich das Bestreben, den eigenen Kindern näher zu sein.[134] Dass Daeniker kinderlos war, könnte mit ein Grund für seine Bereitschaft gewesen sein, so viele Jahre auf weit entfernten Posten zu verbringen.[135]

Zusammenfassend können folgende Aussagen gemacht werden:
Erstens: Die untersuchten Botschafter erhoben in neutralitätspolitischer Sicht wenig Opposition gegen die Zentrale. Die Neutralität wurde als solche nie infrage gestellt. Hingegen gab es unterschiedliche Ansichten zu deren praktischer Umsetzung.
Zweitens: Welche Einstellung ein Botschafter gegenüber der praktischen Neutralitätspolitik hatte, hing im Wesentlichen von seinen Erfahrungen während der Karriere ab.
Drittens: Persönlichkeitsmerkmale, die einen erfolgreichen Botschafter ausmachen, konnten nicht beobachtet werden.

4 Fazit

Eine der wichtigsten Aufgaben eines Botschafters ist es, sein Entsendeland im Allgemeinen wie auch dessen Regierung im Speziellen zu vertreten. Die vorliegende Studie konnte aufzeigen, dass der Bundesrat zwischen 1945 und 1975 die Botschafter auf die sechs untersuchten Posten gezielt ausgewählt hat. Er glaubte, dass diese Personen die Interessen der Schweiz im entsprechenden Gastland am besten vertreten könnten.
Wer waren diese idealen Vertreter der Schweizer Interessen in den «Zentren der Macht»? Grundsätzlich lässt sich feststellen, dass sie sich von der Gesamtheit der Chefbeamten des EPD, wie sie Klöti beschrieb, kaum unterscheiden.[136] Es waren mehrheitlich nicht parteipolitisch aktive Juristen aus gut situiertem Hause. Sie kamen auf verschiedenen Wegen ins EPD und waren dabei, entgegen einer häufig geäusserten Meinung, nicht unbedingt auf gute Beziehungen ins EPD angewiesen. Sie durchliefen sehr unterschiedliche Karrieren. Es gab also keinen einheitlichen Weg, der von der Leitung des EPD und dem Bundesrat als ideal für die Vorbereitung auf einen so wichtigen Posten angeschaut wurde.

---

134 Siehe dazu zum Beispiel Troendle, Kap. VIII, 1, und Dupont, Kap. X, 1.
135 Schanghai, Tokio, Teheran und Neu-Delhi.
136 Siehe Klöti, Die Chefbeamten der schweizerischen Bundesverwaltung.

Für den Aufstieg innerhalb des Departements waren die Diplomaten jedoch auf einflussreiche Förderer angewiesen. Interessanterweise wiesen die untersuchten Botschafter wenig Übereinstimmung in ihren Persönlichkeitsmerkmalen auf, sodass angenommen werden kann, dass diese bei der Auswahl eine sekundäre Rolle spielten. Vielmehr standen die Erfahrungen, die ein Botschafter während seiner Karriere gemacht hatte, im Mittelpunkt der Auswahl. Dabei war es so, dass man für jeden Posten andere Erfahrungen in der Karriere als wichtig empfand. Die Botschafter, die die Schweiz über längere Zeit in den sechs «Zentren der Macht» vertraten, standen am Ende ihrer Karriere und schauten bei ihrer Wahl auf eine meist über zwanzigjährige Tätigkeit im EPD zurück.

Wie haben diese «idealen Vertreter» der Schweiz ihre Tätigkeit ausgeführt? Die Tätigkeit der Botschafter war sehr unterschiedlich und veränderte sich über die Zeit. So wurde aus dem Gesandten der 1940er- und 1950er-Jahre, der sich vor allem um bilaterale Geschäfte zu kümmern hatte, in den 1960er- und 1970er-Jahren ein Förderer des freundschaftlichen oder wenigstens guten Verhältnisses zwischen den Staaten. Dabei wurde nun das ganze Spektrum der Beziehungen zwischen den Gesellschaften mit einbezogen. Vor allem Kulturförderung und Wirtschaftspromotion, aber auch wissenschaftliche Zusammenarbeit und die Förderung der Kontakte auf Regierungsebene erfuhren grössere Beachtung. Es handelt sich bei dieser Entwicklung um keinen Schweizer Sonderfall, vielmehr folgte das EPD einem Trend, der auch in anderen diplomatischen Diensten beobachtet werden kann. Während sich also eine gewisse Entwicklung der Aufgaben eines Botschafters beobachten lässt, muss betont werden, dass die untersuchten Botschafter ihre Rolle sehr unterschiedlich wahrnahmen. Die Differenzen in der Schwergewichtsbildung sind markant. Es kann in diesem Zusammenhang festgestellt werden, dass Schweizer Botschafter grössere Freiheiten in der Ausübung ihrer Tätigkeit genossen als viele ihrer ausländischen Kollegen.

Den Haupteinfluss auf die Art und Weise, wie ein Botschafter seine Tätigkeit ausfüllte, hatten nicht Entwicklungen im diplomatischen Dienst, die Gegebenheiten des Postens oder Weisungen aus Bern, sondern die Erfahrungen, die der Botschafter in seiner vorhergehenden Karriere gesammelt hatte. Diese nahmen sowohl bei der Auswahl als auch bei der Ausführung der Tätigkeiten als Botschafter eine entscheidende Rolle ein. Dadurch wurde die Selektion des Botschafters zum stärksten Mittel der Einflussnahme der Zentrale auf die Geschäftstätigkeit eines Postens.

Während festgehalten werden muss, dass in der vorliegenden Studie keine Persönlichkeitsmerkmale beobachtet werden konnten, die einen Botschafter für einen der sechs Posten prädestiniert hätten, darf festgestellt werden, dass es die untersuchten Botschafter meist verstanden haben, die Arbeitsweise so ihrer Persönlichkeit anzupassen, dass sie die Schweiz erfolgreich vertreten konnten.

Von den untersuchten Botschaftern kam über alles gesehen relativ wenig Opposition zu den grossen Entscheidungen der Zentrale in der Neutralitätspolitik. Die Neutralität als aussenpolitische Maxime wurde nie infrage gestellt. Hingegen gab es unterschiedliche Ansichten bei der praktischen Umsetzung. Während die einen der Ansicht waren, dass aufgrund von aussenwirtschaftlichen Interessen eine stärkere Integration in den Westblock anzustreben sei, wollten die anderen eine Politik der strikten Äquidistanz zwischen den Blöcken betreiben.

Die Frage nach dem Erfolg der Tätigkeit der untersuchten Botschafter lässt sich hier nur teilweise beantworten. Wird aber in Betracht gezogen, welchen Stellenwert die Erfahrung auf die Tätigkeit des Botschafters hatte, sind vor allem zwei Nominationen infrage zu stellen: Max Troendle war in Köln nicht nur wegen seiner Abneigung gegen Deutschland, sondern auch wegen des Inhalts seiner Aufgabe als Botschafter unzufrieden.[137] Und in London wäre wohl ein wirtschaftlich stärker interessierter Botschafter als Armin Daeniker während der EFTA-Zusammenarbeit zwischen der Schweiz und Grossbritannien eine bessere Wahl gewesen.[138] Des Weiteren ist die frühe Abberufung von August R. Lindt aus Washington aus Sicht der Botschaft zu bedauern.[139]

Alles in allem darf aber festgestellt werden, dass die Schweiz sich durch herausragende Persönlichkeiten in diesen «Zentren der Macht» vertreten zu lassen wusste. So konnte im ganzen Untersuchungszeitraum kein eigentlicher Eklat beobachtet werden, vielmehr zeichneten sich viele der untersuchten Botschafter dadurch aus, dass sie der Schweiz eine weit bessere Stellung erarbeiten konnten, als dies deren Grösse und politischer Macht entsprach.[140]

5 Diskussion und Ausblick

Wie in der Einführung erwähnt, versteht sich die vorliegende Arbeit als Initialstudie zu einem noch wenig erforschten Thema der schweizerischen

---

137 Siehe dazu Kap. VIII, 4.
138 Siehe dazu Kap. VI, 4. Die wirtschaftliche Kompetenz wurde bei späteren Nominationen für London stark gewichtet. Man hatte das Manko also erkannt. Siehe dazu Kap. II, 2.3.
139 Siehe dazu Kap. VII, 4. Aus Sicht der Entwicklungshilfe und ihrer Geschichte im EPD ist die Entscheidung wohl eher zu begrüssen.
140 In diesem Zusammenhang sind Bruggmann, Lindt, Schnyder, Huber und in etwas geringerem Masse de Torrenté und Dupont zu nennen.

Diplomatiegeschichte. Sie ist auf eine kleine Gruppe von Schweizer Spitzendiplomaten konzentriert. Ziel war es, diese Spitzendiplomaten in ihrer Herkunft, Bildung, Karriere und Persönlichkeit zu beschreiben und den Einfluss dieser Faktoren auf die Ausgestaltung ihrer Tätigkeit zu untersuchen. Diese Herangehensweise wirft methodische Fragen auf, die in der Folge diskutiert werden sollen.

Beschränkte Stichprobenauswahl

Dem Autor ist bewusst, dass diese Methode nur Aussagen zu einer ganz bestimmten Gruppe von Diplomaten zulässt. Die finanziellen und zeitlichen Rahmenbedingungen der Studie liessen keine Ausweitung der Stichprobe zu, ohne dass die oben beschriebene Zielsetzung hätte aufgegeben werden müssen. Diesem Punkt wurde entgegengetreten, indem die Auswahlkriterien[141] so gewählt wurden, dass die Stichprobe eine Gruppe von Diplomaten beinhaltet, die vom Bundesrat als herausragende Vertreter ihres Faches gesehen wurden. Sie formen eine Gruppe von «idealen» Botschaftern mit bundesrätlichem Gütesiegel.

Freiheitsgrad in der Tätigkeitsgestaltung

Eine der wesentlichen Fallen der angewandten Methode ist, dass davon ausgegangen wird, dass die Botschafter in der Ausgestaltung ihrer Tätigkeit überhaupt frei waren. Merkmale wie Bildung, Erfahrung und Persönlichkeit können nur insofern auf die Tätigkeit der Botschafter Einfluss ausüben, als diese nicht von der Zentrale oder anderen Einflüssen bestimmt war. In der Studie konnte klar aufgezeigt werden, dass die untersuchten Botschafter in der Ausgestaltung ihrer Tätigkeit über grosse Freiheitsgrade verfügten.[142] Nicht nur haben verschiedene Botschafter ihre Tätigkeit zur gleichen Zeit sehr unterschiedlich ausgeführt, sondern der einzelne blieb darin über verschiedene Posten hinweg konstant. Dies zeigt, dass weder die Vorgaben der heimischen Aussenpolitik noch die Gegebenheiten des Postens die entscheidenden Einflüsse waren. Damit stützt die Studie die Ansicht Benedikt von Tscharners, der darauf hinweist, dass die Schweizer Botschafter noch mehr als ihre Kollegen aus anderen Ländern, in der Ausgestaltung ihrer Tätigkeit viel Freiheit genossen.[143] Es zeigt sich zudem, dass die Vertreter im Ausland sich starken Einflüssen anderer wichtiger Institutionen auf die Schweizer Aussenpolitik

---

141 Siehe dazu Kap. XII, 6.
142 Siehe dazu Kap. XI, 2.
143 «Tout compte fait, cependant, Berne ne donne plutôt pas assez que trop d'instructions. On peut s'en féliciter dans la mesure où cela laisse une grande liberté d'appréciation et d'action à l'ambassadeur.» Von Tscharner, Profession ambassadeur, 28.

besser entziehen konnten als die Zentrale in Bern.[144] Die Studie zeigt aber auch, dass die Freiheitsgrade nicht uneingeschränkt waren. So war der Posten in Moskau deutlich vom Ost-West-Verhältnis gezeichnet. Einerseits schränkte die Regierung der UdSSR die Bewegungsfreiheit der westlichen Diplomaten, und als solche wurden die Schweizer gesehen, deutlich ein. Andererseits hatte, wie das Beispiel Troendle zeigt, der Antikommunismus in der Schweiz einen starken Einfluss auf den Schweizer Vertreter an der Moskwa. Zudem stand die oben beschriebene Veränderung der Botschafteraufgabe vom bilateralen Troubleshooter zum «agent de charme» ausserhalb des Einflusses der Botschafter. Diese Veränderung, die keinen Schweizer Sonderfall darstellt, wurde von der Zentrale in Bern getrieben. Trotzdem ist festzuhalten, dass die Schweizer Botschafter einen grossen Freiheitsgrad in der Ausgestaltung ihrer Tätigkeit genossen.

Quellen
Die vorliegende Studie stützt sich hauptsächlich auf Schweizer Quellenmaterial, schwergewichtig auf Dokumente des EPD. Material aus anderen Departementen und privaten Archiven ergänzen das Bild. Weitere Erkenntnisse könnten durch eine Analyse ausländischen Quellenmaterials gewonnen werden. So wäre die Frage, wie die verschiedenen Gastländer die Schweizer Botschafter erlebt und beurteilt haben, interessant. Solche Analysen für alle untersuchten Botschafter zu machen, hätte den Rahmen der vorliegenden Studie gesprengt. Die Konzentration auf Schweizer Quellen erwies sich vor allem auch aus Sicht der Systematik und der Vergleichsmöglichkeiten als sinnvoll.

Ausblick
In weiterführenden Forschungen könnten die Beobachtungen dieser Studie auf ihre Gültigkeit für die Gesamtheit der Schweizer Botschafter dieser Zeit oder für das gesamte diplomatische Personal der Schweiz überprüft werden. Nach welchen Kriterien wurden Botschafter für andere Posten ausgewählt? Hatten sie auf kleinen Vertretungen ähnlich viele Freiheiten in der Ausgestaltung ihrer Arbeit oder sogar noch mehr? Wurden in kleinen Vertretungen in den 1960er- und 1970er-Jahren mehr bilaterale Geschäfte persönlich betreut, als dies auf den grossen Posten der Fall war? Auch die Umkehrung gewisser Fragestellungen könnte interessant sein: Welche Personen schafften es im EPD nie in die wichtigen Zentren? Was zeichnete Diplomaten aus, die den Hauptteil ihrer Karriere in Bern verbrachten? Überhaupt sind in der Geschichte

---

144 Siehe dazu «système policratique» von Marc Perrenoud, Banquiers et diplomates suisses, 459–469.

der Schweizer Diplomaten viele Fragen offen. So sind die Generalsekretäre des EPD und ihr Einfluss auf die Aussenpolitik noch wenig beleuchtet worden. In den letzten Jahren hat das Interesse an der «force de frappe» der schweizerischen Aussenpolitik, den Handelsdiplomaten, zugenommen, wie die kürzlich erschienenen Studien zu Jean Hotz oder Walter Stucki zeigen.[145] Aber auch in diesem Bereich sind übergreifende Fragestellungen noch wenig bearbeitet worden. Weitere interessante Personen könnten Victor Umbricht, der sich in unzähligen Entwicklungshilfeprojekten verdient gemacht hat, oder der «Freund» Fidel Castros, Emil A. Stadelhofer, sein.

Mit dem Jahr 1975 endet der Untersuchungszeitraum der vorliegenden Studie. Das aktive Vorgehen der Schweiz im Rahmen der KSZE gilt als Beginn einer neuen Aussenpolitik des EPD, das kurz darauf zum EDA wurde.[146] Die Schweiz begann sich nun aktiver auf dem Parkett der Weltpolitik zu bewegen und nahm zu verschiedenen Themen öffentlich Stellung.[147] Gleichzeitig kam es zu einem Generationenwechsel im schweizerischen diplomatischen Dienst. Die Generation der Diplomaten, die noch vor oder während des Zweiten Weltkriegs ins Departement eingetreten waren, trat sukzessive ab und wurde durch Diplomaten ersetzt, die nach 1956 zum EPD stiessen. Die neue Generation zeichnete sich dadurch aus, dass sie den Concours durchlaufen hatte, der zu einer Demokratisierung des diplomatischen Corps und einem besseren «esprit de corps» führte.[148] Als Galionsfigur dieser neuen Generation gilt Edouard Brunner. Während er selbst und seine Rolle in der KSZE bereits verschiedentlich untersucht wurden,[149] sind die restlichen Vertreter dieser Generation noch unerforscht. Was zeichnete die Botschafter dieser neuen Generation aus? Waren sie ganz anders als ihre Vorgänger? Hatte sich ihre Tätigkeit wesentlich verändert? Es bleibt künftigen Forschern überlassen, sich dieser Themen nach Ablauf der dreissigjährigen Sperrfrist anzunehmen.

---

145 Bondt, Der Minister aus dem Bauernhaus.
146 Siehe dazu Kap. I, 1.3.
147 Altermatt, Die Schweizer Bundesräte, 529–532.
148 Siehe dazu Kap. II, 1.3.
149 Siehe zum Beispiel Widmer, Schweizer Aussenpolitik, 369–413; Renk, Der Weg der Schweiz nach Helsinki; Breitenmoser, Sicherheit für Europa.

XII Zum Forschungsdesign

Das Folgende ist, leicht überarbeitet, der Dissertation «Unser Mann vor Ort. Schweizer Botschafter in den Zentren der Macht zwischen 1945 und 1975» des Autors entnommen.[1] Es diene dem wissenschaftlich interessierten Leser zum Verständnis des ursprünglichen Studiendesigns. Für die vorliegende Publikation wurde die ehemals rigide Strukturierung der Porträtbeschreibungen aufgebrochen. Zudem wurden im Bereich der Kollektivbiografie einige Teile neu verfasst und vielerorts Verbesserungen angebracht. Die Studie basiert aber essenziell auf der erwähnten Untersuchung.

1 Themenwahl

Die vorliegende Studie ist ein Beitrag zur schweizerischen Diplomatiegeschichte. Sie befasst sich mit einem Akteur der Aussenpolitik, der in der bisherigen Forschung eher vernachlässigt wurde, dem Botschafter. Im Mittelpunkt steht die Rolle des Botschafters in der schweizerischen Aussenpolitik in der zweiten Hälfte des 20. Jahrhunderts. Das Augenmerk richtet sich weniger auf die theoretische Konzeption der Botschafteraufgabe und die direktiven Weisungen der Zentrale in Bern zur Funktion als vielmehr auf die praktizierte Politik der Akteure. Und die Studie befasst sich nicht nur mit der Botschafterrolle, sondern auch mit den darin agierenden Personen. Dabei wird untersucht, welchen Einfluss die Person auf die Ausfüllung der Funktion hatte. Weder die Rolle des Schweizer Botschafters nach dem Zweiten Weltkrieg noch die Personen waren bisher Gegenstand genauerer Untersuchungen.

Um den weiten Forschungsgegenstand auf eine erarbeitbare Grösse einzuengen, mussten Einschränkungen vollzogen werden. Als Erstes wurde die Zahl der untersuchten Botschaften auf die sechs für die Schweiz relevantesten Zentren der Weltpolitik eingeschränkt: Washington, Moskau, London, Paris, Bonn/Köln und New York (UNO).[2] Die zweite Restriktion betrifft die Zeitspanne. Die Periode zwischen 1945 und 1975 kann einerseits in der Geschichte der schweizerischen Aussenpolitik als eigene Phase betrachtet werden, die

---

[1] Keller, Unser Mann vor Ort, 1–12.
[2] Siehe zur genaueren Darlegung der Einschränkung in Kap. XII, 1.

mit der aktiven Beteiligung an der KSZE 1975 ihr Ende fand,[3] andererseits handelt es sich bei den untersuchten Botschaftern um die letzte Generation von Schweizer Spitzendiplomaten, die noch vor der «Demokratisierung» des Auswahlprozesses durch die Einführung des Concours 1956 ins EPD eingetreten sind.[4] Da nach diesen Einschränkungen immer noch 32 Botschafter[5] für die Untersuchung infrage kamen, musste eine weitere Reduktion vorgenommen werden. So werden acht Botschafter untersucht, die die Schweiz in einem oder mehreren dieser «Zentren der Macht» länger als acht Jahre[6] vertreten haben.[7] Die längere Amtszeit wurde als Selektionskriterium gewählt, weil sie darauf hindeutet, dass die Departementsführung mit der Arbeit ihres Vertreters zufrieden war.[8] Diese acht Botschafter vertraten die Schweizer Interessen in den sechs ausgewählten Zentren der Weltpolitik in der Summe fast gleich lang wie die übrigen 24 zusammen.

2 Fragestellung

Die Fragestellung lässt sich in mehrere Komplexe aufteilen:
1. Wer hat die Eidgenossenschaft als Botschafter in den sechs für die Schweiz relevanten Zentren der Weltpolitik zwischen 1945 und 1975 vertreten? In welcher Abfolge und in welchem Rhythmus wechselten die Botschafter den Posten? Welche Gemeinsamkeiten unter den Vertretern auf den jeweiligen Posten können beobachtet werden? Es wird aufgezeigt, wer die Schweiz namentlich vertreten hat. Zudem wird der Wechselrhythmus auf dem Posten untersucht. Die durchschnittliche Erfahrung der Missionschefs sowie ihre berufliche Herkunft wird betrachtet. Dabei sollen eventuelle Unterschiede der

---

3 Siehe Kap. I, 1.3.
4 Siehe Kap. I, 1.2.3.
5 Siehe Anhang, Tab. 1.
6 Im diplomatischen Dienst ging man zu dieser Zeit von einer durchschnittlichen Verweildauer auf einem Posten von vier Jahren aus. Die acht Jahre entsprechen demnach mindestens einer doppelten Amtsdauer auf einem oder mehreren Posten.
7 Folgende Botschafter entsprachen den gesetzten Kriterien: Karl Bruggmann, Henry de Torrenté, Albert Huber, Armin Daeniker, August R. Lindt, Max Troendle, Felix Schnyder und Pierre Dupont.
8 In einer Chefbeamtensitzung von 1966 hielt Minister Burckhardt dazu fest: «Man sollte sich jeweils überlegen, ob sich jemand für einen bestimmten Posten mehr aufdrängt als derjenige, der dort ist.» Generalsekretär Micheli und Bundesrat Spühler schlossen sich dieser Meinung an und lehnten aus diesem Grund einen Wechsel auf dem Posten in Rom ab. Chefbeamtenbesprechung vom 27. Januar 1966, 31. Januar 1966, BAR, E 2807 1974/12, 023.1-05 Chefbeamten-Besprechungen.

sechs Posten hervorgehoben sowie die Entwicklung der Posten angeschaut werden.

2. Wie kamen die Botschafter zu den Positionen? Welche Karriere haben sie durchlaufen? Im Zentrum der Betrachtung steht die Karriere der acht ausgewählten Botschafter. Neben Herkunft und Bildungslaufbahn werden vor allem die Stationen der Karriere im EPD beleuchtet. Einen wichtigen Punkt stellt der Eintritt ins EPD dar. Dabei wird der Frage nach Personen, die die Karriere des einzelnen Botschafters gefördert haben, nachgegangen. Schliesslich soll geklärt werden, wie die Wahl des jeweiligen Botschafters auf einen der sechs Posten zustande kam.

3. Wo haben die Botschafter in ihrer Tätigkeit Schwerpunkte gesetzt? Wie stark haben sie sich in verschiedenen Aufgabenbereichen einer Botschaft engagiert? Wie gross war ihr persönlicher Einfluss in den verschiedenen Bereichen? Die Untersuchung dieser Fragen bildet das Kernstück der Studie. Die Tätigkeit des Botschafters auf dem jeweiligen Posten wird einer Analyse unterzogen. Basierend auf den Aufgaben einer diplomatischen Vertretung, die im Wiener Übereinkommen über diplomatische Beziehungen von 1961 definiert wurden, wird die Tätigkeit der Botschafter nach folgenden Kriterien untersucht: Welche Rolle nahm der Botschafter im bilateralen Kontakt zwischen den Staaten wahr? Welche Quantität und Qualität weisen die Informationen des Botschafters an die Zentrale in Bern auf? Welchen Einfluss nahm der Botschafter auf die wirtschaftliche Zusammenarbeit mit dem Gastland? Welchen Einfluss nahm der Botschafter auf die kulturelle Zusammenarbeit mit dem Gastland und die Präsenz der Schweizer Kultur in demselbigen? Wie unterstützte der Botschafter die Auslandschweizer im jeweiligen Gastland?[9] Über welches Netzwerk verfügte der Botschafter?[10] Wie vertrat der Botschafter die Schweiz gegenüber der Öffentlichkeit im Gastland?[11] Dabei wird auch auf die zeitliche Entwicklung eingegangen. Es wird danach gefragt, ob und wie sich die Tätigkeit der Botschafter über die Jahre verändert hat.[12] Zudem

---

9   Wiener Übereinkommen über diplomatische Beziehungen. Abgeschlossen in Wien am 18. April 1961, Stand 26. Mai 2009, SR 0.191.01, www.admin.ch/ch/d/sr/sr.html, 12. April 2011. Die Fragen sind abgeleitet von Art. 3.1.b, d, e. Siehe oben, Kap. I, 3.2.

10 Das Netzwerk bildet vielfach die Grundlage für Berichte, ist aber vor allem für die Informationsgewinnung entscheidend. Man könnte diese Frage von ebd., Art. 3.e, «freundschaftliche Beziehungen unterhalten», ableiten.

11 Abgeleitet von ebd., Art 3.a, «den Entsendestaat vertreten». Die im Wiener Übereinkommen festgehaltene Aufgabe, zu «vertreten», umfasst mehr als die Vertretung des Entsendestaates in der Öffentlichkeit. Die weiteren Bedeutungen von «vertreten» sind aber in den vorhergehenden Fragestellungen eingeschlossen. Der Umgang mit den Medien ist nicht aus dem Wiener Übereinkommen abgeleitet, spielt aber in dieser Zeit eine immer wichtigere Rolle im Umgang mit der Öffentlichkeit.

12 Dabei steht weniger die Veränderung des einzelnen Botschafters während seiner Amtszeit

soll der Einfluss von spezifischen Gegebenheiten einzelner Posten auf die Ausübung der Tätigkeit untersucht werden.

4. Hatten die Persönlichkeit und die Lebensgeschichte der Botschafter einen wesentlichen Einfluss auf die Art und Weise, wie sie ihre Tätigkeit ausführten? Behandelt werden zuerst einige Faktoren der Persönlichkeit und der politischen Ansichten der Botschafter. Es wird untersucht, ob es Botschafter gab, die mit ihren politischen Ansichten von der vom EPD vertretenen Konzeption der Schweizer Aussenpolitik abwichen. Anschliessend soll in Kombination mit den Resultaten der Untersuchung des dritten Fragenkomplexes aufgezeigt werden, welchen Einfluss die Faktoren Persönlichkeit, politische Ansichten sowie Karriere des Botschafters auf dessen Tätigkeit hatten. Schliesslich wird auf die Rolle der Ehefrau des Botschafters im diplomatischen Alltag eingegangen.

5. Unterscheiden sich die Schweizer Botschafter in ihrer Tätigkeit wesentlich von ihren Kollegen aus anderen Ländern? Die zuvor ermittelten Resultate werden zur internationalen Forschungsliteratur in Beziehung gesetzt. Damit sollen eventuelle Schweizer Besonderheiten ausfindig gemacht werden.

Während der erste Fragenkomplex an der Gesamtheit der Botschafter auf den ausgewählten Posten zwischen 1945 und 1975 erforscht wird, beschränkt sich die Untersuchung der übrigen Fragen auf die acht ausgewählten Botschafter.

3 Gliederung

Die Studie kann grundsätzlich in drei Teile geteilt werden.

Der erste Teil führt in die Thematik ein und stellt sowohl das EPD als auch dessen Personal vor. Ein Schwergewicht wurde auf die Kollektivbiografie der Schweizer Botschafter zwischen 1945 und 1975 gelegt. Zuerst wird auf Herkunft und Bildungshintergrund des gesamten diplomatischen Corps dieser Zeit eingegangen, anschliessend werden die Botschafter auf den Aussenposten in den sechs «Zentren der Macht» genauer untersucht.

Der zweite Teil umfasst die Botschafterporträts. In chronologischer Reihenfolge[13] werden die acht ausgewählten Botschafter in biografischer Form bearbeitet und nach den gleichen Punkten analysiert. In einem ersten Unterkapitel werden die Herkunft und die Karriere innerhalb des EPD erläutert. Es folgt die Untersuchung der Tätigkeit als Botschafter. Darauf werden personale Faktoren betrachtet, die nicht direkt mit der Botschaftertätigkeit in Verbindung stehen,

---

als vielmehr die Veränderung der Tätigkeit aller untersuchten Botschafter und somit des Berufs an sich während des Untersuchungszeitraums im Zentrum.

13 Die Chronologie bezieht sich auf den ersten Amtsantritt als Botschafter oder Gesandter auf einem der sechs ausgewählten Posten.

wie politische Ansichten, Persönlichkeit und Familie. Zum Schluss wird eine Gesamtsicht der Tätigkeit des Botschafters versucht.

Der dritte Teil umfasst die Konklusion. Diese wird hauptsächlich durch den Quervergleich der acht Botschafter gewonnen. Es werden drei Hauptaussagen ausgeführt. Zuerst wird die Kollektivbiografie der Botschafter in den «Zentren der Macht» beschrieben und ergründet. Anschliessend wird die Tätigkeit der verschiedenen Botschafter verglichen. Dabei werden Parallelen und Unterschiede herausgearbeitet und es wird nach deren Gründen gefragt. Zudem werden die Resultate der Studie zu Erkenntnissen der internationalen Forschung in Beziehung gesetzt. Dies soll helfen, Thesen für die weitere Forschung zu generieren. Dann werden die Einflüsse der Persönlichkeit auf die Tätigkeitsausübung erarbeitet und es wird Fazit gezogen. Der Teil schliesst mit einer methodischen Diskussion der Resultate und einem Ausblick auf die weitere Forschung.

4 Quellenlage und Forschungsstand

Die schweizerische Aussenpolitik nach dem Zweiten Weltkrieg gilt seit dem Nationalen Forschungsprogramm 42 «Grundlagen und Möglichkeiten der schweizerischen Aussenpolitik»[14] als gründlich erforscht. Sowohl vor als auch nach dem grossen Forschungsprogramm um die Jahrtausendwende wurde die Forschung auf diesem Gebiet vorangetrieben.[15] Das Schwergewicht lag dabei meist auf dem Inhalt der Aussenpolitik. Zudem wurde die Funktion des Gesamtsystems der politischen Institutionen politikwissenschaftlichen Analysen unterzogen. Dabei ist festzuhalten, dass die Geschichte des EPD/EDA als Institution für die Zeit von 1848 bis zum Ersten Weltkrieg wesentlich besser aufgearbeitet ist, als dies für die Zeit nach dem Zweiten Weltkrieg der Fall ist. Die Aufarbeitung der Geschichte des EPD vor dem Ersten Weltkrieg ist vor allem dem Schweizer Botschafter Claude Altermatt zu verdanken.[16] Als hilfreich für die Zusammenfassung der Geschichte des EPD nach dem Zweiten Weltkrieg erwies sich die Studie zur Geschichte der schweizerischen

---

14 Zur Übersicht über das Forschungsprogramm und seine Resultate siehe Goetschel, Aussenpolitik im Wandel.
15 Zur Forschung vor dem NFP 42 sind sicher die beiden Handbücher der schweizerischen Aussenpolitik zu erwähnen: Riklin/Haug/Binswanger, Handbuch der schweizerischen Aussenpolitik; Riklin/Haug/Probst, Neues Handbuch der schweizerischen Aussenpolitik. Die Forschung nach dem NFP 42 konzentrierte sich stark auf die Frage der Europäischen Integration, zum Beispiel Freiburghaus/Epiney, Beziehungen Schweiz – EU; Altermatt, Die Schweiz in Europa.
16 Altermatt, Les débuts de la diplomatie professionnelle en Suisse.

Sozialattachés von Ursina Ackmann.[17] Ein umfassendes Standardwerk zur Geschichte des EPD nach dem Zweiten Weltkrieg, wie es die Arbeit von Claude Altermatt für die Zeit bis 1914 darstellt, steht noch aus.
Deutlich weniger wurde bis anhin in die Untersuchung einzelner Personen als aussenpolitische Akteure nach dem Zweiten Weltkrieg investiert. Bisher standen hauptsächlich Bundesräte als Leiter des EPD, vor allem Max Petitpierre, im Zentrum des Interesses.[18] Kürzlich erschien über Petitpierre eine Studie von Daniel Trachsler. Ebenfalls erwähnenswert ist die Studie von René Bondt zu Jean Hotz, dem langjährigen Leiter der Handelsabteilung, einer der wichtigsten Institutionen der Schweizer Aussenpolitik.[19] In Untersuchungen zu Schweizer Diplomaten standen bis anhin vor allem Akteure aus dem 19. Jahrhundert im Zentrum des Interesses. So veröffentlichte der ehemalige Botschafter der Schweiz in Paris, Benedikt von Tscharner, ein Buch über Johann Konrad Kern, einen der wichtigsten Diplomaten der ersten Jahre des Bundesstaats.[20] Ein weiterer ehemaliger Schweizer Diplomat und Botschafter, Paul Widmer, veröffentlichte 2003 einen Band zu verschiedenen Akteuren der Schweizer Aussenpolitik.[21] Darin befasst er sich mit einzelnen Vertretern des EPD aus verschiedenen Epochen des Bundesstaats und untersucht ihren Einfluss auf die Aussenpolitik. Während sich Widmer für das 19. Jahrhundert vor allem auf Diplomaten konzentriert, greift er als Akteur für den Untersuchungszeitraum der vorliegenden Arbeit Bundesrat Petitpierre heraus. Für die Zeit nach 1975 behandelt er Edouard Brunner. In den letzten Jahren ist der Fokus durch verschiedene Autoren auf einige markante Personen der Schweizer Diplomatie der Kriegsjahre gerichtet worden. So veröffentliche 2013 Konrad Stamm ein spannendes Buch über Walter Stucki, den Generalsekretär des EPD und Botschafter in Vichy-Frankreich.[22] Ein Jahr zuvor erschien ein Buch von Paul Widmer zu Minister Hans Frölicher, der die Schweizer Interessen im Dritten Reich vertrat.[23] Benedikt von Tscharner veröffentlichte zudem eine breite Sammlung von Texten zu Schweizer Diplomaten und aussenpolitischen Denkern von Matthäus Schiner im 15. Jahrhundert bis zu Zeitgenossen wie

---

17 Ackmann-Bodenmann, Die schweizerischen Sozialattachés.
18 Roulet, Max Petitpierre; Trachsler, Bundesrat Max Petitpierre; Knöpfel, Bundesrat F. T. Wahlen als Protagonist der schweizerischen Aussenpolitik 1961–1965; Hermann Wahlen, Bundesrat F. T. Wahlen, Bern 1975; Bovard, Nos Excellences à Berne; Altermatt, Die Schweizer Bundesräte.
19 Bondt, Der Minister aus dem Bauernhaus.
20 Von Tscharner, Johann Konrad Kern.
21 Widmer, Schweizer Aussenpolitik.
22 Stamm, Der «grosse» Stucki.
23 Widmer, Minister Hans Frölicher.

Carla Del Ponte oder Heidi Tagliavini.[24] Des Weiteren ist der Sammelband «Diplomatenleben» des Schweizer Ministers Max Schweizer zu erwähnen,[25] der eine interessante und leserfreundliche Vielfalt an Perspektiven auf das Leben von Schweizer Diplomaten liefert. Während eine wissenschaftliche Aufarbeitung der Geschichte einer Grosszahl von prägenden Schweizer Diplomaten also fehlt, haben sich einige von ihnen autobiografisch geäussert.[26] Zusammenfassend kann festgehalten werden, dass die Aussenpolitik vielfach im Zentrum des Interesses stand, die Akteure dieser Politik aber wenig behandelt wurden. Einzig Bundesrat Petitpierre und einige Akteure aus dem 19. Jahrhundert wurden verschiedentlich untersucht.

Die Frage, welche Rolle Botschafter in der Aussenpolitik einnehmen, wurde für die Schweiz noch wenig bearbeitet. Dabei stand mehr der Soll-Zustand[27] oder eine Beschreibung der eigenen Erfahrung[28] als eine Untersuchung des effektiven historischen Geschehens im Zentrum. Die internationale Forschungsliteratur hingegen hat die Rolle der Botschaften und Botschafter verschiedentlich bearbeitet.[29] In den letzten Jahrzehnten interessierte vor allem die Veränderung dieser Rolle mit dem Aufkommen anderer Formen der Diplomatie und des direkten Austausches zwischen Regierungsmitgliedern.[30] Im Ansatz ähnliche Studien wie die vorliegende wurden von Seymour S. Finger über Botschafter der Vereinigten Staaten bei der UNO[31] und von Xiaohong Liu über chinesische Botschafter verfasst.[32] Beide gingen die Betrachtung aber mehr in einer allgemeinen Form an und stützten sich weniger auf Quellenmaterial. Die acht in dieser Studie bearbeiteten Botschafter waren bis auf einen noch nicht Gegenstand wissenschaftlicher Betrachtungen. Einzig die Tätigkeit Henry de Torrentés als Botschafter in China wurde 2005 von Antoinette Moser untersucht.[33]

---

24 Von Tscharner, Inter Gentes.
25 Schweizer, Diplomatenleben.
26 Zum Beispiel Stucki, Von Pétain zur vierten Republik; Weitnauer, Rechenschaft; Lindt, Sardinenöl gegen Wodka; Schneeberger, Wirtschaftskrieg und «anderes».
27 Wildhaber, Kompetenzverteilung innerhalb der Bundesorgane; Manz, Bundeszentralverwaltung; EPD, Ein Aussenministerium befragt sich selbst; Armin Daeniker, Die Rolle der Verwaltung in der schweizerischen Aussenpolitik, in: Schweizerisches Jahrbuch der politischen Wissenschaften, Nr. 6, Bern 1966, 61–74.
28 Von Tscharner, Profession ambassadeur.
29 Siehe dazu Einleitung.
30 Hier sind nur einige Autoren und Sammelbände aufgeführt, einen detaillierteren Überblick vermittelt die Einleitung: Herz, The Modern Ambassador; Hamilton/Langhorne, The Practice of Diplomacy; Kingston de Leusse, Diplomate; Kaltenbrunner, Wozu Diplomatie.
31 Finger, American Ambassadors at the UN.
32 Liu, Chinese Ambassadors.
33 Moser, Henri de Torrenté.

Als Grundlage für die vorliegende Untersuchung dienten hauptsächlich Akten des Bundesarchivs in Bern. Dabei standen die Akten der verschiedenen Auslandsvertretungen im Zentrum.[34] Als hilfreich erwiesen sich die Jahres- beziehungsweise Geschäftsberichte der Auslandsvertretungen, die einen guten Überblick über die gesamte Tätigkeit einer Botschaft geben.[35] Eine weitere aufschlussreiche Quelle stellten die politischen Berichte und Briefe der jeweiligen Posten dar.[36] Einerseits ermöglicht die standardisierte Form der Berichterstattung eine quantitative Analyse derselben und damit auch einen Vergleich zwischen Botschaften und Botschaftern. Andererseits legten die meisten Verfasser solcher Berichte darin ihre Quellen offen, was es ermöglichte, eine Grundstruktur ihres Netzwerks im Gastland abzuleiten. Um das Bild des Netzwerks zu vervollständigen, mussten aber weitere Quellen hinzugezogen werden.[37] Für die quantitative Analyse der Berichterstattung wurden einige Jahrgänge während der Vertretungsperiode eines Botschafters herausgegriffen.[38] Dabei wurden die Anzahl Berichte, die Struktur der verwendeten Quellen, die Zahl der vom Botschafter selbst verfassten oder diktierten Berichte und die Themenwahl erfasst und analysiert. Für die qualitative Analyse der Berichterstattung wurden einige wichtige Themen der Zeit ausgewählt und die gesamte Berichterstattung der Botschaft, nicht nur die als politische Briefe oder Berichte bezeichneten Schreiben, untersucht.[39] Der Einfluss der Botschafter auf zwischenstaatliche Geschäfte wurde anhand der nach Einschätzung des Verfassers wichtigsten Geschäfte während der Amtszeit des Botschafters untersucht. Hierzu wurde das ganze Set der im Bundesarchiv lagernden Akten verwendet.[40] Einige dieser bilateralen Geschäfte waren bereits Gegenstand von wissenschaftlichen Untersuchungen. Diese wurden mit einbezogen.[41] Als

---

34 BAR, Bestand E 2200.
35 BAR, Bestand E 2400.
36 BAR, Bestände E 2300 und E 2300-01.
37 Diese stammen aus autobiografischen Arbeiten oder aus Dossiers zu einzelnen Geschäften in den Akten der Auslandsvertretungen (Bestand E 2200).
38 Im Durchschnitt jedes zweite Jahr.
39 Dabei waren die politischen Berichte (Bestände E 2300 und E 2300-01) der Ausgangspunkt. Ergänzt wurden diese durch die Akten der Auslandsvertretung (Bestand E 2200), der EPD-Zentralregistratur (E 2001) und Handakten von Bundesrat und Chefbeamten (Bestand E 2800 und folgende).
40 Jahresberichte (E 2400), Akten der Auslandvertretungen (E 2200), Zentralregistratur (E 2001) und Handakten (E 2800 und folgende).
41 Zum Washingtoner Abkommen: Schiemann, Neutralität in Krieg und Frieden; zur Rolle der Schweiz im Vietnamkrieg: Gaffino, Autorités et entreprises suisses face à la guerre de Viêt Nam; zur Aufnahme diplomatischer Beziehungen zur BRD: Schmitz, Westdeutschland und die Schweiz nach dem Krieg; Flury-Dasen, Vom Ausnahmezustand zur guten Nachbarschaft.

Ausgangspunkt für diverse Teile der Untersuchung waren die «Diplomatischen Dokumente der Schweiz» von grossem Nutzen.[42]
Für die Untersuchung der Botschafter, ihrer Karriere im EPD und ihrer Persönlichkeit waren zuerst die Personaldossiers des EPD eine grosse Hilfe.[43] Einen Einblick in die Gedankenwelt einzelner Botschafter gewährten autobiografische Arbeiten. Zu erwähnen ist hier vor allem August Lindt, der mehrere Bücher zu verschiedenen Etappen seines Lebens veröffentlichte.[44] Dabei gilt es festzuhalten, dass die Tätigkeit als Botschafter in diesen Büchern nur am Rande thematisiert wird. Ebenfalls als hilfreich erwiesen sich Aufzeichnungen von Kolloquien des Archivs für Zeitgeschichte. Verschiedene Altbundesräte und -botschafter haben in Vortragsform in der Retrospektive über ihre Tätigkeit Auskunft gegeben. Von den in dieser Studie im Zentrum stehenden Botschaftern haben Felix Schnyder und Max Troendle solche Kolloquien bestritten.[45] Schliesslich seien noch die Tagebücher erwähnt, die Henry de Torrenté führte.[46] Ebenfalls zum Einsatz kamen veröffentlichte Erzählungen von Mitarbeitern oder anderen Personen aus dem Umfeld der Botschafter.[47] Sie dienten als Grundlage für die Themenkreise Persönlichkeit und politische Ansichten. Die Prüfung von Fakten der Lebensgeschichte basiert hingegen auf anderen Quellen.[48] Zur Abrundung der Betrachtungen zur Person wurden persönliche Nachlässe der Botschafter[49] und Veröffentlichungen[50] herbeigezogen.

---

42 Diplomatische Dokumente der Schweiz, Onlinedatenbank Dodis: dodis.ch.
43 Bestand E 2500.
44 Lindt, Im Sattel durch Mandschukuo; ders., Die Schweiz, das Stachelschwein; ders., Sardinenöl gegen Wodka; ders., Generale hungern nie; ders., Kindheit und Gedächtnis. Letzteres wurde zwar von Lindt verfasst, aber nicht von ihm veröffentlicht. Zudem erschien eine Gedenkschrift, in der viele Mitmenschen Lindts von ihren Begegnungen mit dem Diplomaten und ehemaligen UN-Hochkommissar für Flüchtlinge berichten. Wilhelm/Gygi/Vogelsanger/Iseli, August R. Lindt.
45 Felix Schnyder: Wegstationen eines Schweizer Diplomaten, 12. Dezember 1990, AfZ, TA Kolloquien FFAfZ/82; Botschafter Dr. Hans Lacher, Botschafter Felix Schnyder: Die Schweizerische Delegation in Berlin 1945–1961, 29. Mai 1985, AfZ, TA Kolloquien FFAfZ/55; Botschafter Dr. Max Troendle: Die Wirtschaftsbeziehungen mit Osteuropa und China nach dem Zweiten Weltkrieg (1945–1954), 29. Juni 1988, AfZ, TA Kolloquien FFAfZ/71.
46 SAW, CH AEV, Henri de Torrenté, 129/1-35.
47 Wilhelm/Gygi/Vogelsanger/Iseli, August R. Lindt; Weitnauer, Rechenschaft; Schneeberger, Wirtschaftskrieg und «anderes»; Rimensberger, Mit Henry de Torrenté in Washington.
48 Hier zu erwähnen sind die Personaldossiers (BAR, E 2500), aber auch die Curricula Vitae in diversen Akten, Nachrufe, Beschlussprotokolle des Bundesrates usw.
49 Henry de Torrenté: SAW, CH AEV, Henri de Torrenté. Armin Daeniker: BAR, J 1.190. Max Troendle: AfZ, NL Troendle. Felix Schnyder: BAR, J 1.239 1994/47, Bde. 1–4, Nachlass Felix Schnyder. August R. Lindt: AfZ, NL Lindt, BAR, J1.204.
50 Siehe dazu Anhang, Bibliografie.

5 Methode

Wie erwähnt, stellte sich die Gesamtheit der Schweizer Botschafter nach dem Zweiten Weltkrieg als zu grosses Untersuchungsobjekt für eine umfassende Behandlung heraus. Es wurde daher entschieden, eine Fallstudie durchzuführen. Dabei wurden die im Hauptteil untersuchten Botschafter anhand von drei qualitativen Kriterien ausgewählt: Sie mussten zwischen 1945 und 1975 in einem oder mehreren in dieser Studie festgelegten «Zentren der Macht» mehr als acht Jahre als Schweizer Botschafter tätig gewesen sein. Das erste Kriterium wurde gewählt, weil nach 1975 sowohl in der Schweizer Aussenpolitik als auch in der personellen Zusammensetzung des EPD ein Bruch stattfand und die Zeit zwischen 1945 und 1975 eine abgeschlossene Periode darstellt. Das zweite und das dritte Kriterium wurden in der Annahme gewählt, dass ein Vertreter, der mehr als zwei Amtsperioden lang eine der wichtigsten Auslandsvertretungen führte, das Vertrauen der Zentrale genoss. Er führte den Posten also zur Zufriedenheit seiner Vorgesetzten.[51] Bei der vorliegenden Untersuchung handelt es sich also um eine Fallstudie mit analytischer Stichprobe.[52]
Grundsätzlich nimmt die Studie eine politik- und institutionsgeschichtliche Perspektive ein. Dabei steht der Schweizer Botschafter als Institution und als Akteur der Schweizer Aussenpolitik im Zentrum. Durch den Einbezug von Herkunft und Karriere erhält die Studie aber auch eine sozialgeschichtliche Perspektive. Sie beschreibt einen Teil der Schweizer politischen Elite, indem sie auf deren familiäre Herkunft, Ausbildung, beruflichen Werdegang und Netzwerk eingeht.
Zur Beantwortung der Fragestellungen wurden verschiedene Zugänge angewandt. Als Erstes sei der prosopografische oder kollektivbiografische Ansatz erwähnt. Durch Generalisierung der Ergebnisse der detaillierten Untersuchung der acht einzelnen Botschafter lassen sich Aussagen über die Gesamtheit der Schweizer Botschafter dieser Zeit machen.[53] Es wird dabei auf Gemeinsamkeiten und Unterschiede in der Biografie dieser Personen eingegangen. Des Weiteren wurden auch diskursgeschichtliche Methoden angewandt, vor allem in der Verarbeitung von autobiografischem Quellenmaterial.[54] Zur Analyse der Berichterstattung wurden sowohl quantitative als auch qualitative Me-

---

[51] Dies musste nicht bedeuten, dass er – eine Sie gab es zu dieser Zeit auf keinem der sechs Botschafterposten – auch objektiv als guter Vertreter der Landesinteressen betrachtet werden kann.
[52] Lengwiler, Praxisbuch Geschichte, 66–71.
[53] Junker, Memoiren als Quelle zur Geschichte der schweizerischen Politik.
[54] Bourdieu, Die biographische Illusion; Niethammer, Kommentar zu Pierre Bourdieu: Eine biographische Illusion; Rahkonen, Der biographische Fehlschluss.

thoden eingesetzt.⁵⁵ Mit der Untersuchung des Netzwerks eines Botschafters wurde einerseits seine Aufgabenerfüllung studiert, gehört die Bildung von Netzwerken im Gastland doch zu den Kernaufgaben eines Botschafters, anderseits soll sie darüber Auskunft geben, welche informellen Netzwerke dem Botschafter zu beruflichem Erfolg verholfen haben. Ebenfalls zum Einsatz kam die Methode des Vergleichs, sowohl zwischen den einzelnen Botschaftern als auch zwischen der Gruppe der Schweizer Botschafter und Botschaftern anderer Länder. Zum Schluss sei erwähnt, dass der Grossteil der Untersuchung auf einer hermeneutischen Analyse des Quellenmaterials basiert.

6   Botschafterstichprobe: Kriterien der Auswahl

Im folgenden Kapitel wird dargelegt, warum gerade Washington, Moskau, London, Paris, Köln und New York in der vorliegenden Studie als für die Schweizer Aussenpolitik neuralgische «Zentren der Macht» ausgewählt wurden. Dabei werden die wichtigsten Fakten betreffend die Beziehungen zwischen den jeweiligen Ländern oder Institutionen und der Schweiz wiedergegeben. Aufgrund der Wahl dieser sechs «Zentren der Macht» wird dann die Botschafterstichprobe festgelegt.

Washington: Die USA stellten nach dem Zweiten Weltkrieg die entscheidende Macht im Westblock dar und waren eine der beiden globalen Supermächte. Sie waren einer der wichtigsten Handelspartner der Schweiz. Das spiegelte sich im Stellenwert der Vertretung in Washington wider, die im EPD oft als die wichtigste schlechthin betrachtet wurde.⁵⁶ Die Beziehungen waren ab und zu problematisch, in diesem Zusammenhang sind das Washingtoner Abkommen oder das Hotz-Linder-Agreement zu nennen. Weitere wichtige Punkte in den Beziehungen zwischen den beiden Ländern sind der Uhrenstreit in den 1950er- und 1960er-Jahren sowie der Fall Interhandel. Die Schweiz hat im Sinne von guten Diensten die Interessen der USA in Kuba und Algerien, später auch im Iran vertreten.⁵⁷

Moskau: Die UdSSR stellte nach dem Zweiten Weltkrieg das Gegengewicht zu den USA dar und war die zweite Supermacht. Die Wiederaufnahme der diplomatischen Beziehungen 1946 zur UdSSR war ein grosser Schritt für die Schweizer Diplomatie. Zwar wurden die grossen Hoffnungen, die damit verbunden waren, relativ rasch enttäuscht, da der Spielraum der Diplomaten in Moskau

---

55 Siehe dazu Kap. XII, 4.
56 Tütsch, Botschafter in Washington D. C., 420.
57 Fischer, From Good Offices to an Active Policy of Peace, 77.

stark eingeschränkt war,[58] doch der Posten in Moskau bleib der wichtigste im ganzen Ostblock. Die Beziehungen der Schweiz zur UdSSR waren mit einigen Schwankungen meist kühl und vom schweizerischen Antikommunismus[59] geprägt. Besonders stark war dies bei den sowjetischen Interventionen gegen den Ungarnaufstand 1956 und den Prager Frühling 1968 spürbar.

London: Grossbritannien verlor mit dem Zweiten Weltkrieg definitiv seine Stellung als führende Weltmacht. Für die Schweiz war London aber vor allem wegen der EWG-kritischen Haltung der Briten interessant. Bis zum Beitritt zur EWG 1973 war Grossbritannien der mächtigste Wirtschaftspartner in der EFTA. Zudem war London immer noch ein diplomatisches Parkett erster Güte. Die britischen Diplomaten gelten bis heute als hervorragende Vertreter ihres Metiers.[60] Die Schweiz übernahm im Sinne von guten Diensten die Vertretung der britischen Interessen im Iran 1952/53,[61] in Algerien 1967–1973 und im Zusammenhang mit der Suezkrise in der Vereinten Arabischen Republik 1956.[62]

Paris: Die Schweiz und Frankreich verbindet seit Langem ein enges Verhältnis, bezeichnen sich die beiden doch als Schwesterrepubliken. Auch Frankreich büsste seine Stellung als Weltmacht ein, trotz den Anstrengungen unter de Gaulle, eine eigene Machtposition aufzubauen. Der Schweizer Posten in Paris blieb aber nicht nur aufgrund seiner langen Geschichte[63] und seiner Stellung im grossen Nachbarland, sondern auch wegen der Grösse der Schweizer Kolonie in Frankreich sehr wichtig. Jeder dritte Auslandschweizer lebte 1970 in Frankreich, davon allein in Paris rund 30 000.[64] Zudem spielte Frankreich in der europäischen Integration zusammen mit der BRD eine tragende Rolle. Die Beziehungen zwischen der Schweiz und Frankreich waren zwar freundnachbarlich, aber in dieser Zeit nicht besonders eng. Die Schweiz vertrat die französischen Interessen während der Suezkrise 1956 in verschiedenen arabischen Staaten.

Köln/Bonn:[65] Der grosse Kriegsverlierer Deutschland litt lange unter der

---

58 Siehe Gehrig-Straube, Beziehungslose Zeiten, 495–500.
59 Siehe dazu Kap. I, 1.2.
60 Nicolson, Diplomacy, 70–78.
61 Fischer, From Good Offices to an Active Policy of Peace, 77. Siehe auch Kap. IV, 2.2.
62 Fischer, From Good Offices to an Active Policy of Peace, 77.
63 In Paris wurde 1798 die erste Auslandsvertretung der helvetischen Republik eröffnet. Altermatt, 1798–1998, 6.
64 Conférence prononcée par M. Pierre Dupont, Ambassadeur de Suisse en France, le Lundi 20 avril 1970 au Cercle d'Etudes Economiques et Sociales du Haut-Léman, 20. April 1970, BAR, E 2500 1990/6, a.21 Pierre Dupont.
65 Die Schweizer Gesandtschaft/Botschaft befand sich zu dieser Zeit in Köln und nicht im angrenzenden Bonn. Ist also vom Kölner Posten die Rede, ist damit die Schweizer Vertretung bei der Regierung der BRD in Bonn gemeint.

Teilung in einen westlichen und einen östlichen Teil. Die aus der britischen, der französischen und der amerikanischen Besatzungszone entstandene BRD entwickelte sich dank dem Wirtschaftswunder in den 1950er-Jahren wieder zu einer führenden Wirtschaftskraft Europas. Die Schweiz war 1951 bemüht, mit der neu entstandenen BRD möglichst rasch diplomatischen Kontakt aufzunehmen, war doch bereits damals klar, dass diese Beziehungen für die wirtschaftliche Entwicklung der Eidgenossenschaft entscheidend waren.[66] Bereits 1954 wurde die BRD wieder zum wichtigsten Handelspartner der Schweiz.[67] Auch sonst entwickelten sich die Beziehungen zum Nachbarstaat sehr gut. Sie waren eng und auf wirtschaftliche Prosperität ausgerichtet. Dementsprechend nahm der Posten in Köln eine zunehmend wichtigere Rolle ein.

New York (UNO): Die UNO hat vor allem im letzten Jahrzehnt des 20. Jahrhunderts deutlich an Stellenwert eingebüsst. In den ersten Jahrzehnten nach dem Zweiten Weltkrieg, als namentlich die USA sich viel von der multilateralen Organisation erhofften, war New York eine Drehscheibe der Weltpolitik.[68] Obwohl die Schweiz als Nichtmitglied anstelle eines Vertreters, der an den Sitzungen teilnahm und ein Stimmrecht hatte, nur einen Beobachter entsandte, waren dessen Informationen für die Zentrale der Schweizer Aussenpolitik äusserst wichtig.[69] Zudem entwickelten sich die sogenannten technischen Dienste der UNO zu einem wichtigen Betätigungsfeld der Schweizer Aussenpolitik.

Nachdem ausgeführt ist, warum die sechs genannten Zentren ausgewählt wurden, gilt es noch zu erläutern, warum andere Posten nicht in die Liste der zu untersuchenden Vertretungen aufgenommen wurden. Peking und Tokio waren trotz ihrer wachsenden politischen und wirtschaftlichen Stellung in der Welt für die Schweizer Aussenpolitik zu weit weg, als dass sie in dieser Zeit eine entscheidende Rolle hätten spielen können. Auch die Zentrale der EWG, EG beziehungsweise EU in Brüssel begann erst in den 1970er-Jahren entscheidenden Einfluss auf die Schweizer Aussenpolitik zu gewinnen. In der Frage nach der Berücksichtigung Roms liessen sich für beide Seiten Argumente finden. Für die Aufnahme des Römer Postens spräche die Stellung Italiens als grosses Nachbarland, vitale wirtschaftliche Interessen und die interessante Thematik der italienischen «Gastarbeiter» in der Schweiz. Anderseits muss festgehalten werden, dass die schweizerischen Wirtschaftsinteressen in Italien deutlich geringer waren als in Frankreich, Deutschland oder den USA. Vor

---

66 Siehe dazu Kap. V, 2.2, und V, 2.4.
67 Ebd.
68 Siehe Finger, American Ambassadors at the UN, 330–356.
69 Siehe dazu Kap. VII, 2.1, und IX, 2.1.

allem sprach aber das relativ geringe Gewicht Italiens in der Weltpolitik gegen eine Berücksichtigung.[70]

Die Untersuchung der oben ausgeführten Fragenkomplexe zwei bis fünf wird nicht an der Gesamtheit aller Botschafter, sondern an einer Stichprobe durchgeführt. Anhand objektiver Kriterien musste eine Auswahl aus allen Botschaftern getroffen werden. Die ausgewählten Personen mussten zwischen 1945 und 1975 in einem oder mehreren der oben festgelegten «Zentren der Macht» mehr als acht Jahre als Schweizer Botschafter tätig gewesen sein.[71] Die Gruppe der Botschafter, die zwischen 1945 und 1975 einen der erwähnten Posten führten, umfasst 32 Personen.[72] Von den 32 Botschaftern weisen deren acht eine Amtszeit von über acht Jahren auf, erfüllen also das dritte Kriterium und bilden somit die Stichprobe.[73]

Die Stichprobe umfasst vier Botschafter, die nur einen der erwähnten Posten führten: Karl Bruggmann (Washington), Albert Huber (Köln), Armin Daeniker (London) und Pierre Dupont (Paris). Drei Botschafter der Stichprobe verteilten ihre Amtsjahre auf zwei Posten in den «Zentren der Macht»: Felix Schnyder (New York und Washington), Henry de Torrenté (London und Washington) und Max Troendle (Moskau und Köln). August R. Lindt führte als einziger Botschafter drei der erwähnten Posten (New York, Washington und Moskau). Die ausgewählten Botschafter decken sowohl zeitlich als auch geografisch den gesamten Untersuchungsraum ab.[74] In den 1940er-Jahren waren drei Botschafter der Stichprobe aktiv, in den 1950er-Jahren sechs, in den 1960er-Jahren wiederum sechs und in den 1970er-Jahren noch zwei. Geografisch gesehen fällt vor allem das Schwergewicht der Botschafter in Washington auf: vier der fünf Botschafter zwischen 1945 und 1975 befinden sich in der Stichprobe. Zum Schluss sei erwähnt, dass die Botschafter der Stichprobe mit kumulierten 79 Amtsjahren fast gleich viele Amtsjahre aufweisen wie die restlichen 24 Botschafter zusammen.[75]

---

70 So wurde Rom nicht berücksichtigt, obwohl es ebenfalls interessante Persönlichkeiten auf diesem Posten gegeben hätte, wie etwa Enrico Celio, der letzte Bundesrat, der nach seinem Rücktritt aus der Regierung einen Gesandtschaftsposten übernahm. Dodis.ch/P343. Dieser Werdegang eines Bundesrates ist im 19. Jahrhundert öfters anzutreffen. Siehe Altermatt, Les débuts de la diplomatie professionnelle en Suisse, 286.
71 Siehe dazu Kap. XII, 5.
72 Siehe dazu Anhang, Tab. 3.
73 Die Tabelle 3 gibt Werte wieder, die bis auf 0,25 Jahre genau sind. Max Troendle weist eine Amtszeit von acht Jahren und einem Monat auf und gehört somit zur Stichprobe. Bernhard Turrittini, der in der Tabelle ebenfalls eine Amtszeit von acht Jahren ausweist, war effektiv nur sieben Jahre und elf Monate im Amt und gehört folglich nicht in die Stichprobe. Siehe dazu Anhang, Tab. 2.
74 Siehe dazu Anhang, Tab. 2.
75 94,75 Amtsjahre. Siehe dazu Anhang, Tab. 3.

Anhang

Tabelle 1: Übersicht über die Schweizer Botschafter in den sechs «Zentren der Macht»

	Paris	London	Washington	Moskau	Köln	New York
		Seit 1944				
1945	Carl J. Burckhardt	Paul Ruegger		Hermann Flückiger		
1946						
1947						
1948			Karl Bruggmann	Hans Zurlinden		
1949						
1950	Peter A. von Salis	Henry de Torrenté		Camille Gorgé		Jean F. Wagnière
1951						
1952						
1953					Albert Huber	
1954				Edouard de Haller		August R. Lindt
1955						
1956						
1957	Pierre Micheli	Armin Daeniker	Henry de Torrenté	Alfred Zehnder		A. Soldati
1958						
1959						Felix Schnyder
1960					Alfred Escher	
1961			August R. Lindt	Max Troendle		
1962						Ernesto A. Thalmann
1963	Agostino Soldati		Alfred Zehnder			
1964						
1965		Beat von Fischer		Anton R. Ganz	Max Troendle	
1966						
1967		Olivier Long		August R. Lindt		
1968						
1969		René Keller				Bernard Turrettini
1970	Pierre Dupont		Felix Schnyder	Jean de Stoutz	Hans Lacher	
1971						
1972						
1973		Albert Weitnauer				
1974				René Fässler		Sigismund Marcuard
1975						
	Bis 1977			Bis 1977	Bis 1981	Bis 1982

Tabelle 2: Analyse der Schweizer Botschaften in den sechs «Zentren der Macht»

	Paris	London	Washington	Moskau	Köln	New York
Allgemein						
Anzahl Botschafter Anzahl der Minister und Botschafter zwischen 1945 und 1975	5	7	5	10	5	7
Durchschnittliche Amtszeit Durchschnittliche Amtszeit der Minister und Botschafter zwischen 1945 und 1975.	6.4	4.4	6.2	3.3	6.0	4.8
Erfahrung						
Erfahrung bei Amtsantritt Durchschnittliche Anzahl Jahre als Chef (im Ministerrang) eines Postens vor Amtsantritt auf dem jeweiligen Posten.	3.2	6.4	7.0	6.7	3.6	1.4
Karrieren der Botschafter*						
Anzahl Posten Durchschnittliche Anzahl aller Posten, die die Minister/Botschafter in dieser Funktion in ihrer Karriere geführt haben.	2.2	2.4	2.8	3.2	2.2	2.9
Anzahl Jahre als Postenchef Durchschnittliche Anzahl Jahre, während der die Minister/Botschafter in dieser Funktion einen Posten geführt haben.	9.4	11.4	11.4	12.1	12.6	12.0
Anzahl Posten in den sechs Zentren Durchschnittliche Anzahl Posten in den sechs «Zentren der Macht», die die Minister/Botschafter in dieser Funktion in ihrer Karriere geführt haben.	1.2	1.1	1.8	1.3	1.2	1.6
Anzahl Jahre in den sechs Zentren als Postenchef Durchschnittliche Anzahl Jahre, während der die Minister/Botschafter in dieser Funktion einen Posten in den sechs «Zentren der Macht» geführt haben.	6.4	5.0	9.2	4.4	7.4	8.1
Anzahl Jahre in Bern Durchschnittliche Anzahl Jahre, die die Minister/Botschafter in ihrer Karriere in Bern als hohe Beamte verbracht haben.	3.4	3.3	3.2	2.8	3.0	3.0

Tabelle 3: Analyse der Schweizer Botschaften in den sechs «Zentren der Macht»

	Anzahl Jahre als Minister/Botschafter in den sechs Zentren 1945–1975	Anzahl Posten als Minister/Botschafter in den sechs Zentren 194–1975	Anzahl Posten als Minister/Botschafter gesamt
Felix Schnyder	13	2	3
Henry de Torrenté	12.25	2	3
Karl Bruggmann	10	1	1
Albert Huber	9.25	1	1
August R. Lindt	9	3	4
Armin Daeniker	9	1	3
Pierre Dupont	8.75	1	4
Max Troendle	8	2	3
Bernard Turrettini	8	1	3
Alfred Zehnder	7	2	3
Peter A. von Salis	6.75	1	2
Agostino Soldati	6.25	2	3
Hans Lacher	5.5	1	2
Alfred Escher	5.25	1	4
Pierre Micheli	5	1	1
Albert Weitnauer	5	1	1
Ernesto A. Thalmann	4.75	1	2
Carl J. Burckhard	4.5	1	1
Jean de Stoutz	4.25	1	2
Jean F. Wagnière	4	1	3
Edouard de Haller	3.5	1	3
Camille Gorgé	3.25	1	4
Paul Ruegger	3.25	1	2
Beat von Fischer	3	1	4
René Keller	2.5	1	3
Anton R. Ganz	2.5	1	7
Hans Zurlinden	2	1	1
Hermann Flückiger	2	1	1
René Faessler	2	1	4
Sigismond Marcuard	1.75	1	2
Olivier Long	1.5	1	1
Michael Gelzer	1.25	1	1
Amtsjahre der untersuchten Botschafter	79.25		
Amtsjahre der übrigen Botschafter	94.75		

Abkürzungsverzeichnis

AAPD	Akten zur Auswärtigen Politik der Bundesrepublik Deutschland
AfZ	Archiv für Zeitgeschichte
AHK	Alliierte Hohe Kommission
BAR	Schweizerisches Bundesarchiv
BAZL	Bundesamt für Zivilluftfahrt
BBC	British Broadcasting Corporation
BBl.	Bundesblatt
BIGA	Bundesamt für Industrie, Gewerbe und Arbeit
BR	Schweizerischer Bundesrat
BRB	Bundesratsbeschluss
BRD	Bundesrepublik Deutschland
CDU	Christlich Demokratische Union Deutschlands
CEE	Communauté économique européenne
CSSR	Tschechoslowakische Sozialistische Republik
CSU	Christlich-Soziale Union in Bayern
DDR	Deutsche Demokratische Republik
DDS	Diplomatische Dokumente der Schweiz
DEZA	Direktion für Entwicklung und Zusammenarbeit
DGB	Deutscher Gewerkschaftsbund
EAG	Europäische Atomgemeinschaft
EDA	Eidgenössisches Departement für auswärtige Angelegenheiten
EFZD	Eidgenössisches Finanz- und Zolldepartement
EFTA	Europäische Freihandelsassoziation
EGKS	Europäische Gemeinschaft für Kohle und Stahl, auch Montanunion genannt
EG	Europäische Gemeinschaft
EJPD	Eidgenössisches Justiz- und Polizeidepartement
EPD	Eidgenössisches Politisches Departement
ETHZ	Eidgenössische Technische Hochschule Zürich
EU	Europäische Union
EURATOM	Europäische Atomgemeinschaft
EVD	Eidgenössisches Volkswirtschaftsdepartement
EVED	Eidgenössisches Verkehrs- und Energiewirtschaftsdepartement
EWG	Europäische Wirtschaftsgemeinschaft
EWR	Europäischer Wirtschaftsraum
FDP	Freie Demokratische Partei Deutschlands
FDP	Freisinnig-Demokratische Partei der Schweiz

FFAfZ	Freundes- und Förderkreis des Archivs für Zeitgeschichte
GATT	General Agreement on Tariffs and Trade
IAEA	International Atomic Energy Agency, Internationale Atomenergieorganisation
KSZE	Konferenz über Sicherheit und Zusammenarbeit in Europa
MUBA	Mustermesse Basel
NARS	National Archives and Records Service
NFP	Nationales Forschungsprogramm des Schweizerischen Nationalfonds
NL	Nachlass
N+N	Neutrale und nicht blockgebundene Staaten
NNRC	Neutral Nations Repatriation Commission
NNSC	Neutral Nations Supervisory Commission
NS	Nationalsozialismus, nationalsozialistisch
NTSC	National Television Systems Committee
OECE	Organisation für europäische wirtschaftliche Zusammenarbeit
OECD	Organisation für wirtschaftliche Zusammenarbeit und Entwicklung
ONUC	Opération des Nations Unies au Congo
ORTF	Office de radiodiffusion télévision française
OSEC	Office suisse d'expansion commerciale, Zentrale für Handelsförderung
PA/AA	Politisches Archiv des Auswärtigen Amts
PAL	Phase Alternating Line
PTT	Post-, Telefon- und Telegrafenbetriebe
RTS	Radio télévision suisse
SECAM	Séquentiel couleur à mémoire
SP	Sozialdemokratische Partei der Schweiz
spk	Schweizerische Politische Kommunikation, Nachrichtenagentur
SPD	Sozialdemokratische Partei Deutschlands
SR	Systematische Sammlung des Bundesrechts
SRG	Schweizerische Radio- und Fernsehgesellschaft
SSR	Société suisse de radiodiffusion et télévision
TA	Tondokumente «Zeugen der Zeit»
UdSSR	Union der Sozialistischen Sowjetrepubliken
UN	United Nations
UNESCO	United Nations Educational, Scientific and Cultural Organization
UNHCR	United Nations High Commissioner for Refugees
UNICEF	United Nations Children's Fund
UNO	United Nations Organization
UNOC	United Nations Operation in the Congo
UNWRA	United Nations Relief and Works Agency for Palestine Refugees in the Near East
USA	United States of America

2 Bibliografie

2.1 Quellen

2.1.1 Ungedruckte Quellen

Schweizerisches Bundesarchiv, Bern

Bundesrat: Anträge der Bundeskanzlei und der Departemente (1848–1998)
        E 1001   1000/6 (vereinzelte Dossiers und Dokumente)
Bundesrat: Verhandlungsprotokolle und Beschlussprotokolle II (1946–1992)
        E 1003   1000/8, 1970/334, 1970/343 (vereinzelte Dossiers und Dokumente)
Bundesrat: Beschlussprotokolle (1848–1996)
        E 1004.1   1000/9, 1000/10 (vereinzelte Dossiers und Dokumente)
Abteilung für politische Angelegenheiten: Zentrale Ablage (1950–1973)
        E 2001 (E) 1961/121, 1968/82, 1969/121, 1970/217, 1972/33, 1976/17, 1978/84, 1979/28, 1988/16, 1998/199 (vereinzelte Dossiers und Dokumente)
Abteilung für Internationale Organisationen: Zentrale Ablage (1955–1972)
        E 2003 (A) 1974/52 (vereinzelte Dossiers und Dokumente)
Abteilung für Internationale Organisationen: Vereinte Nationen (1950–1954)
        E 2003-04 1970/346 (vereinzelte Dossiers und Dokumente)
Verwaltungsdirektion im Eidgenössischen Politischen Departement: Zentrale Ablage (1853–1987)
        E 2004 (B) 1968/217, 1970/2, 1971/13, 1978/136, 1990/219 (vereinzelte Dossiers und Dokumente)
Schweizerische Vertretung, Washington: Zentrale Ablage (1822–)
        E 2200.36 1000/1746, 1967/16, 1967/17, 1970/72, 1972/18, 1974/154, 1976/154, 1980/24, 1984/185, 1996/251
Schweizerische Vertretung, London: Zentrale Ablage (1913–)
        E 2200.40 1000/1666, 1967/128, 1968/66, 1971/164, 1971/165, 1975/93, 1984/33, 1984/34
Schweizerische Vertretung, Paris: Zentrale Ablage (1920–)
        E 2200.41 1980/104, 1984/95, 1987/167
Schweizerische Vertretung, New Delhi: Zentrale Ablage (1913–)
        E 2200.64 1971/68 (vereinzelte Dossiers und Dokumente)
Schweizerische Vertretung, Tokio: Zentrale Ablage (1863–)
        E 2200.136 1973/35

Schweizerische Vertretung, Moskau: Zentrale Ablage (1945–)
 E 2200.157 1978/129, 1985/132
Schweizerische Vertretung, Köln: Zentrale Ablage (1920–1975)
 E 2200.161 1000/251, 1968/134, 1976/194, 1977/76, 1982/60
Ständige Mission der Schweiz bei den Vereinten Nationen, New York: Zentrale
 Ablage (1949–)
 E 2210.5 1000/714, 1970/17, 1976/193
Eidgenössisches Politisches Departement: Politische und militärische Berichte der
 Auslandvertretungen (1848–1965)
 E 2300 1000/716 Frankfurt am Main, Köln, London, Moskau
 Paris, New York (UNO), Washington
Eidgenössisches Politisches Departement: Politische und militärische Berichte der
 Auslandvertretungen (1966–1978)
 E 2300-01 1973/156, Köln, Moskau, Paris, Washington; 1977/28
 Paris, Peking, Washington, 1977/30, Paris
Eidgenössisches Politisches Departement: Geschäftsberichte der Auslandvertretungen (1848–1979)
 E 2400 1000/717, 1991/232 (jeweils relevante Posten)
Eidgenössisches Politisches Departement: Personaldossiers (1918–1979)
 E 2500 1968/87, Karl Bruggmann, Albert Huber; 1982/120,
 de Torrenté Henri, Daeniker Armin, Troendle Max; 1990/6, Pierre
 Dupont, August Lindt, Felix Schnyder, Heinz Vischer
Eidgenössisches Politisches Departement: Handakten Max Petitpierre, Bundesrat
 (1945–1961)
 E 2800 1967/59, 1967/61, 1990/106 (diverse Dossiers und Dokumente)
Eidgenössisches Politisches Departement: Handakten Walter Stucki, Minister
 (1945–1963)
 E 2801 1967/77, 1968/84 (diverse Dossiers und Dokumente)
Eidgenössisches Politisches Departement: Handakten Alfred Zehnder, Minister
 (1946–1957)
 E 2802 1967/78 (diverse Dossiers und Dokumente)
Eidgenössisches Politisches Departement: Handakten Friedrich Traugott Wahlen,
 Bundesrat (1961–1965)
 E 2804 1971/2 (diverse Dossiers und Dokumente)
Eidgenössisches Politisches Departement: Handakten Pierre Micheli, Botschafter
 (1961–1971)
 E 2806 1971/57 (diverse Dossiers und Dokumente)
Eidgenössisches Politisches Departement: Handakten Willy Spühler, Bundesrat
 (1966–1970)
 E 2807 1974/12 (diverse Dossiers und Dokumente)
Eidgenössisches Politisches Departement: Handakten Robert Kohli, Minister
 (1957–1961)
 E 2808 1974/13 (diverse Dossiers und Dokumente)

Eidgenössisches Politisches Departement: Handakten Pierre Graber, Bundesrat
       (1970–1978)
              E 2812   1985/204 (diverse Dossiers und Dokumente)
Polizeiabteilung: Zentrale Ablage (1957–1979)
              E 4260D   1987/2 (vereinzelte Dossiers und Dokumente)
Bundesanwaltschaft: Polizeidienst (1931–1959)
              E 4320B   1990/226 (vereinzelte Dossiers und Dokumente)
Armeestab: Tagebücher der Stäbe und Einheiten (1850–2003)
              E 5790   1000/948 (vereinzelte Dossiers und Dokumente)
Handelsabteilung – Dienst für wirtschaftliche Zusammenarbeit in Europa
              E 7111 (A)   -/1 (vereinzelte Dossiers und Dokumente)
Arbeitsgruppe Historische Standortbestimmung: Zentrale Ablage
              E 9500.225   1000/1190 (vereinzelte Dossiers und Dokumente)
Persönlicher Nachlass: Daeniker Armin (1898–1983)
              J 1.190   1000/1309
Persönlicher Nachlass: Lindt August R. (1905–2000)
              J 1.204   1987/174
                            1995/458
Persönlicher Nachlass: Schnyder Felix (1910–1992)
              J 1.239   1994/47

Archiv für Zeitgeschichte, Eidgenössische Technische Hochschule Zürich

Tondokumente «Zeugen der Zeit», Kolloquien des Freundes- und Fördererkreises des Archivs für Zeitgeschichte, 1973 ff.
TA Kolloquien FFAfZ / 55
TA Kolloquien FFAfZ / 71
TA Kolloquien FFAfZ/82

Nachlässe und Einzelbestände
NL Lindt   Nachlass Dr. iur. August R. Lindt (1905–2000)
NL Troendle   Einzelbestand Dr. iur. Max Troendle (1905–2004)
NL Ruegger   Nachlass Dr. iur. Paul Ruegger (1897–1988)
NL Nordmann   Nachlass René G. Nordmann (1915–1996)

Sammlungen gedruckter Quellen
PA Biographische Sammlung, Bruggmann, Charles (3. April 1889–16. September
       1967), Dr. iur., Diplomat
PA Biographische Sammlung, Schnyder, Felix (5. März 1910–8. November 992),
       Botschafter/UNO-Hochkommissar für Flüchtlinge (UN-HCR)
PA Biographische Sammlung, Daeniker, Armin (1898–14. Januar 1983), Dr. iur.,
       Botschafter
PA Biographische Sammlung, Dupont, Pierre (28. April 1912), Botschafter

Staatsarchiv Wallis, Sitten

Archives privées, CH AEV, Henri de Torrenté, 94-248

2.1.2 Gedruckte oder Onlinequellen

Amtliche Quellen

Systematische Sammlung des Bundesrechts

Wiener Übereinkommen über diplomatische Beziehungen. Abgeschlossen in Wien am 18. April 1961, Stand 26. Mai 2009, SR 0.191.01, www.admin.ch/ch/d/sr/sr.html, 12. April 2012.
Abkommen vom 2. Mai 1956 zwischen der Schweizerischen Eidgenossenschaft und der Bundesrepublik Deutschland über den Luftverkehr (mit Notenaustausch), 2. Mai 1956, SR. 0.748.127.191.36. www.admin.ch/ch/d/sr/sr.html, 22. Juni 2011.

Bundesblatt

Aus den Verhandlungen des Bundesrates, 27. Juni 1939, BBl. 1939/2, 117.
Botschaft des Bundesrates vom 5. Dezember 1955 betreffend die Umwandlung schweizerischer Gesandtschaften in Botschaften, BBl. 1955/2, 1326–1337.
Bericht über das Verhältnis der Schweiz zu den Vereinten Nationen und ihren Spezialorganisationen für die Jahre 1972–1976, BBl. 1977/2, 813–980.
Bundesgesetz über die Organisation und die Geschäftsführung des Bundesrates und der Bundesverwaltung (Verwaltungsorganisationsgesetz [VwOG]), 19. September 1978, SR 172.010, BBl. 1978/2, 745–770.

Medienmitteilungen

Medienmitteilung EJPD, Das Referendumsrecht bei Staatsverträgen massvoll ausweiten, 1. Oktober 2010, www.ejpd.admin.ch.
Medienmitteilung BfS, Nationalratswahlen 2007. Der Wandel der Parteilandschaft seit 1971, 3. Dezember 2007, www.bfs.admin.ch.

Nachschlagewerke und Dokumentensammlung

Historisches Lexikon der Schweiz, www.hls-dhs-dss.ch/textes/d/D14848.php, 29. April 2010, www.hls-dhs-dss.ch/textes/d/D14852.php, 29. April 2010; www.hls-dhs-dss.ch/textes/d/D14838.php, 25. November 2010; www.hls-dhs-dss.ch/textes/d/D14854.php, 9. Februar 2011.
Diplomatische Dokumente der Schweiz, Bde. V, X, XIII, XVI, XVIII, XX.
Diplomatische Dokumente der Schweiz, 1848 ff., Onlinedatenbank Dodis: dodis.ch.

Websites

Google Maps, maps.google.com, 15. Mai 2010.
RTSarchives, www.rts.ch/archives/radio/information/journal-de-13h/6398705-auguste-lindt.htm, 20. November 2016.
Schweizer Botschaft in Paris, www.eda.admin.ch/eda/fr/home/reps/eur/vfra/regfra/pahist.html, 9. November 2011.
Schweizer Botschaft in Washington, www.eda.admin.ch/eda/en/home/reps/nameri/vusa/wasemb/theemb/chresi.html, 12. Juni 2010.
The National Center for Public Policy Research, www.nationalcenter.org/JFKTaxes1961.html, 3. Februar 2010.
Unternehmenswebsite Lindt und Sprüngli, www.lindt.com/ch/swf/ger/das-unternehmen/geschichte, 5. September 2011.
Verband Schweizer Studierendenschaften, www.vss-unes.ch/typo3/index.php?id=26, 14. September 2010.

Zeitungen und Zeitschriften

Es wurde keine systematische Presseanalyse vorgenommen, sondern es wurden hauptsächlich Artikel verwendet, die in den Aktendossiers abgelegt wurden.

Aargauer Tagblatt, Baden: Wer «darf» nach Paris?, 11. März 1967.
Der Aufbau. Schweizerische Wochenzeitschrift für Recht, Freiheit und Frieden, Zürich: Andenken an einen Freund, 2. November 1967.
Der Bund, Bern: Minister Daeniker verlässt Indien, 13. März 1952.
Die Tat, Zürich: Was geht in der Wirtschaft vor?, 18. Mai 1950.
Echo. Zeitschrift der Schweizer im Ausland, Bern: Fritz Real, Minister Charles Bruggmann, Nr. 11, November 1967.
Freies Volk, Schwarzenburg: Langevin und de Torrenté, 12. Januar 1945.
Gazette de Lausanne, Lausanne: M. Dupont Ambassadeur de Suisse en France, 11. März 1967.
Journal de Genève, Genf: L'ambassadeur de Suisse a présenté ses lettres de créance, 10. April 1964; M. Troendle, nommé commissaire général du pavillon helvétique à l'exposition mondiale d'Osaka, 1. März 1969.
La Tribune de Genève, Genf: Le nouveau Ministre de Suisse aux Etats-Unis,

20. April 1939; Henry de Torrenté, Ma mission à Washington, 22. Oktober 1960; M. Pierre Dupont, notre nouvel ambassadeur en France présente ses lettres de créance, 24. September 1967; Pierre Dupont ambassadeur de Suisse en France fait ses adieux à Paris, 18. Juni 1977.

National-Zeitung, Basel: Wer eignet sich für Paris?, 11. März 1967.

Neue Zürcher Zeitung, Zürich: Der unwissende Minister, 24. November 1955; Friedrich T. Gubler, Erinnerungen an einen schweizerischen Diplomaten, 5. Oktober 1959; Die Vertretungen der Schweiz im Ausland, 6. Mai 1961; Schweizer im Ausland, Kolonieabschied von Botschafter Daeniker, 23. November 1963; In Memoriam, 18. September 1967; Paul Jolles, Abschied von Minister Bruggmann, 21. September 1967; Die Arbeit der Diplomaten, 24. Dezember 1967; Abschied Botschafter Schnyders von den Vereinigten Staaten, 12. Dezember 1975; Botschafter Dupont verlässt Paris, 23. März 1977; Auszeichnung für den Schweizer Botschafter in Paris, 30. Juni 1977; Zum Tod von Armin Daeniker, 19. Januar 1983; Raymond Probst, Botschafter Felix Schnyder zum Gedenken, 10. November 1992; René G. Nordmann, Schweizer Briefträger für den Frieden, 2./3. September 1995; Thomas Maissen, Wer verriet den Amerikanern die Zahl von 250 Millionen Franken? Abhöraktion und Intrigen an der Washingtoner Konferenz von 1946, Nr. 76, 1. April 1998; Thomas Maissen, Wer verriet 1946 die Schweizer Verhandlungsstrategie? Robert Grimm als US-Informant beim Washingtoner Abkommen, 18. Mai 1998; Thomas Maissen, Berichtigung: «Wer verriet 1946 die Schweizer Verhandlungsstrategie?», Nicht Grimm – Hans Oprecht als Informant der Amerikaner, 23. Mai 1998; Der Bericht einer Historikerkommission beleuchtet das schändliche Spiel des deutschen Auswärtigen Amtes vor und nach 1945, 27. Oktober 2010.

Schaffhauser Nachrichten, Schaffhausen: Licht und Schatten am Diplomatenhimmel, 2. Juni 1950.

Schwarz auf Weiss, Bern: Der 160000fränkige Gesandte, 21. Dezember 1955.

Schweizerische allgemeine Volkszeitung, Zofingen: Ein modernes Gesandtenpaar, 30. Oktober 1954.

Schweizerische Politische Korrespondenz (spk), Bern: Eidgenössischer Wochenspiegel, 6. April 1961; Pierre Dupont verlässt Paris, 27. Juni 1977.

Schweizer Illustrierte, Zofingen: Felix Schnyder, der Botschafter mit dem Nansen-Ring, 23. Oktober 1967; Besteht Ihr Leben nur aus Parties?, 8. September 1975; St. Galler Tagblatt, St. Gallen; Goldfisch in Moskau, 13. November 1960.

Tages-Anzeiger, Zürich: Ein Gesandter guten Willens, 15. Juni 1956; Pierre Dupont neuer Botschafter in Paris, 11. März 1967; Wie lange noch?, 21. Februar 1969; Unser Image in den USA könnte nicht besser sein, 13. Dezember 1975.

Time Magazine, New York: CUBA: End of Freedom Flights, 13. September 1971, www.time.com/time/magazine/article/0,9171,903113,00.html, 23. September 2010.

The Washington Post, Washington: International Women's Year Honors, 13. Mai 1975.

Vaterland, Luzern: Bückling vor dem Osten?, 23. Mai 1950; Des Rätsels Lösung, 25. Mai 1950.

2.1.3 Gespräche

Interview mit Botschafter Dr. Claude Altermatt, Historiker und Mitarbeiter EDA, geführt von Florian Keller am 1. September 2010 in Bern.
Gespräch mit Prof. Dr. iur. Daniel Thürer, Mitglied der Auswahlkommission für den diplomatischen Dienst, geführt von Florian Keller am 27. Juli 2009 in Zürich.

2.2 Literatur

Ackmann-Bodenmann, Ursula: Die schweizerischen Sozialattachés. Ein Beitrag zur Geschichte des diplomatischen Dienstes nach dem Zweiten Weltkrieg, Diss. phil. I, Zürich 1992.
Altermatt, Claude: 1798–1998. Zwei Jahrhunderte Schweizer Aussenvertretungen, Bern 1998.
Altermatt, Claude: Die Geschichte der eidgenössischen Diplomatie, ihrer Diplomaten und Diplomatinnen, in: In heikler Mission. Geschichten zur Schweizer Diplomatie, Publikation zur gleichnamigen Sonderausstellung im Landesmuseum, Zürich 2007, 20 f.
Altermatt, Claude: Les débuts de la diplomatie professionnelle en Suisse (1848–1914), Fribourg 1990.
Altermatt, Claude: La politique étrangère de la Suisse (Collection Le savoir suisse 5), Lausanne 2003.
Altermatt, Urs (Hg.): Die Schweizer Bundesräte. Ein biographisches Lexikon, Zürich, München 1991.
Altermatt, Urs: Vom Ende des Zweiten Weltkrieges bis zur Gegenwart (1945–1991), in: Riklin/Haug/Probst, Neues Handbuch der schweizerischen Aussenpolitik, 61–78.
Altermatt, Urs: Die Schweiz in Europa. Antithese, Modell oder Biotop? Frauenfeld 2011.
Andréani, Jacques: Être ambassadeur auprès de la première puissance mondiale, in: Samy Cohen (Hg.): Les diplomates. Négocier dans un monde chaotique, Paris 2002, 44–55.
Arbenz, Peter: Begegnungen, in: Wilhelm/Gygi/Vogelsanger/Iseli, August R. Lindt, 150–152.
Auswärtiges Amt, Historischer Dienst (Hg.): Biographisches Handbuch des deutschen Auswärtigen Dienstes 1871–1945, Paderborn 2000.
Baillou, Jean (Hg.): Les affaires étrangères et le corps diplomatique français, Bd. 2: 1870–1980, Paris 1984.
Beer, Urs: Die Diskussion um die Staatssekretäre innerhalb der Regierungs- und Verwaltungsreform in der Schweiz seit den 1960er Jahren, lic. phil. I, Freiburg (CH), 1998.
Berridge, Geoffrey R.: Diplomacy. Theory and Practice, 2. Auflage, Basingstoke 2002.

Berridge, Geoffrey R.: The Resident Ambassador. A Death Postponed, in: Diplomatic Studies Program Discussion Papers, Nr. 1, Leicester 1994, 1–3.
Bios, Pierre du: La politique extérieure de la Suisse à la croisée des interrogations, in: Revue d'Allemagne et des pays de langue allemande, Bd. 28, Nr. 3, Juli–September 1996, 239–244.
Bonhage, Barbara, Hanspeter Lussy, Marc Perrenoud: Nachrichtenlose Vermögen bei Schweizer Banken. Depots, Konten und Safes von Opfern des nationalsozialistischen Regimes und Restitutionsprobleme in der Nachkriegszeit (Veröffentlichungen der Unabhängigen Expertenkommission Schweiz – Zweiter Weltkrieg, Bd. 15), Zürich 2001.
Bondt, René: Der Minister aus dem Bauernhaus. Handelsdiplomat Jean Hotz und seine turbulente Zeit, Zürich 2010.
Borer, Thomas G.: Public affairs. Bekenntnisse eines Diplomaten, München 2003.
Borer, Thomas G., André Schaller: Struktur und Arbeitsweise des EDA im Wandel, in: Revue d'Allemagne et des pays de langue allemande, Nr. 3, Juli–September 1996, 261–275.
Bovard, Pierre-André: Nos Excellences à Berne. D'Henri Druey à Pierre Graber, 1848–1977, portraits de vingt-quatre conseillers fédéraux romandes, Morges 1997.
Breitenmoser, Christoph: Sicherheit für Europa. Die KSZE-Politik der Schweiz bis zur Unterzeichnung der Helsinki-Schlussakte zwischen Skepsis und aktivem Engagement (Zürcher Beiträge zur Sicherheitspolitik und Konfliktforschung), Zürich 1996.
Briggs, Ellis O.: This Is a Professional Game, in: Herz, The Modern Ambassador, 146–153.
Brugger, Ernst: Von der Präsenz der Schweiz im Ausland, in: Brunner/Muheim/Stücheli/Widmer, Einblicke in die schweizerische Aussenpolitik, 101–114.
Brunner, Edouard: Lambris dorés et coulisses. Souvenirs d'un diplomate, Genève 2001.
Brunner, Edouard: La négociation – quelques enseignements et quelques réminiscences, in: Corti/Ziegler, Diplomatische Negoziation, 33–36.
Brunner, Edouard: Le trop court séjour d'un ambassadeur de Suisse à Washington, in: Wilhelm/Gygi/Vogelsanger/Iseli, August R. Lindt, 122–126.
Brunner, Edouard: Un grand serviteur de l'état, in: Wilhelm/Gygi/Vogelsanger/Iseli, August R. Lindt, 228 f.
Brunner, Edouard, Franz E. Muheim, Rolf Stücheli, Paul Widmer (Hg.): Einblicke in die schweizerische Aussenpolitik. Zum 65. Geburtstag von Staatssekretär Raymond Probst, Zürich 1984.
Bührer, Werner: Der Bundesverband der Deutschen Industrie und die schweizerische Wirtschaft in der 50er Jahren, in: Fleury/Möller/Schwarz, Die Schweiz und Deutschland 1945–1961, 135–146.
Caratsch, Claudio: L'art et la manière, in: Corti/Ziegler, Diplomatische Negoziation, 13–22.
Clausewitz, Carl von: Vom Kriege. Hinterlassenes Werk des Generals Carl von Clausewitz, 19. Auflage, Bonn 1980.

Clement, Verena: Korporal Lindt, in: Wilhelm/Gygi/Vogelsanger/Iseli, August R. Lindt, 92–100.
Cohen, Samy: L'art de gérer les turbulences mondiales, in: ders. (Hg.): Les diplomates. Négocier dans un monde chaotique, Paris 2002, 5–20.
Conze, Eckart, Norbert Frei, Peter Hayes, Moshe Zimmermann: Das Amt und die Vergangenheit. Deutsche Diplomaten im Dritten Reich und in der Bundesrepublik, München 2010.
Cordey, Pierre: Relations culturelles, in: Riklin/Haug/Binswanger, Handbuch der schweizerischen Aussenpolitik, 847–862.
Corti, Mario A., Peter Ziegler (Hg.): Diplomatische Negoziation. Festschrift für Franz A. Blankart zum 60. Geburtstag, 2. Auflage, Bern, Stuttgart, Wien 1998.
Däniken, Franz von: Diplomatie als Dienst an der Öffentlichkeit. Aussenpolitik im Zeitalter der Globalisierung, in: Raoul Blindenbacher, Peter Hablützel, Bruno Letsch (Hg.): Vom Service Public zum Service au Public. Regierung und Verwaltung auf dem Weg in die Zukunft, Zürich 2000, 123–130.
Daeniker, Armin: Die Rolle der Verwaltung in der schweizerischen Aussenpolitik, in: Schweizerisches Jahrbuch der politischen Wissenschaften, Nr. 6, Bern 1966, 61–74.
Diethelm, Robert: Die Schweiz und friedenserhaltende Missionen 1920–1995, Bern, Stuttgart, Wien 1997.
Dolfini, Marco: Erinnerungen, in: Wilhelm/Gygi/Vogelsanger/Iseli, August R. Lindt, 203 f.
Dupont, Pierre: La Suisse dans le monde. Exposé présenté à l'Académie diplomatique international par M. Dupont, Ambassadeur de Suisse en France, in: Documenta helvetica, 1970/5, 65–77.
Dupont, Pierre: Le voyage de Saussure à Paris, Paris 1972.
Durrer, Marco: Die schweizerisch-amerikanischen Finanzbeziehungen im Zweiten Weltkrieg. Von der Blockierung der schweizerischen Guthaben in den USA über die «Safehaven»-Politik zum Washingtoner Abkommen (1941–1946), Bern, Stuttgart 1984.
Duroselle, Jean-Baptiste: Histoire diplomatique de 1919 à nos jours, Paris 1971.
Egger, Charles A.: Erinnerungssplitter, in: Wilhelm/Gygi/Vogelsanger/Iseli, August R. Lindt, 200–202.
Eidgenössisches Departement für auswärtige Angelegenheiten (Hg.): ABC der Diplomatie, Bern 2008.
Eidgenössisches Politisches Departement: Ein Aussenministerium befragt sich selbst. Bericht einer Arbeitsgruppe an den Vorsteher des Eidgenössischen Politischen Departements, Bern 1975.
Ettmayer, Wendelin: Kriege und Konferenzen. Diplomatie einst und jetzt (Schriftenreihe der Landesverteidigungsakademie 5/03), Wien 2003.
Fässler, René, Philippe Moser: Quelques regards sur trente années d'activité. Du premier novembre 1956 au premier novembre 1986, Le Locle 1986.
Fellenberg, Theddy von: «Wüsst dr no, wie früecher d'Are gschmöckt het?», in: Wilhelm/Gygi/Vogelsanger/Iseli, August R. Lindt, 198 f.
Fischer, David: History of the International Atomic Energy Agency. The First Forty Years, a Fortieth Anniversary Publication, Wien 1997.

Fischer, Thomas: Die guten Dienste des IKRK und der Schweiz in der Kuba-Krise 1962, Zürich 2000.

Fischer, Thomas: From Good Offices to an Active Policy of Peace: Switzerland's Contribution to International Conflict Resolution, in: Gabriel/Fischer, Swiss Foreign Policy, 1945–2002, 74–104.

Finger, Seymour M.: American Ambassadors at the UN. People, Politics, and Bureaucracy in Making Foreign Policy, New York, London 1988.

Fleury, Antoine, Horst Möller, Hans-Peter Schwarz (Hg.): Die Schweiz und Deutschland 1945–1961, München 2004.

Fleury, Antoine: Le débat en Suisse sur la création de la fonction d'attaché scientifique à Washington, Paper zur Tagung anlässlich des 50. Jubiläums der Schaffung des ersten Postens eines Schweizerischen Wissenschaftsattachés, 3./4. Dezember 2008, DDS Bern, www.dodis.ch/de/aktivitaeten/papers.

Flury-Dasen, Eric: Vom Ausnahmezustand zur guten Nachbarschaft. Die Normalisierung der Beziehungen zwischen der Schweiz und der Bundesrepublik Deutschland in der Nachkriegszeit, in: Fleury/Möller/Schwarz, Die Schweiz und Deutschland 1945–1961, 31–49.

Flury-Dasen, Eric: «Zum Konzentrationslager gewordene Stadt». Die schweizerische Haltung zur Berlin-Krise und zum Mauerbau 1958–1961, in: Heiner Timmermann (Hg.): 1961 – Mauerbau und Aussenpolitik, Münster 2002, 269–292.

Frei, Daniel: Das Washingtoner Abkommen von 1946. Ein Beitrag zur Geschichte der schweizerischen Aussenpolitik zwischen dem Zweiten Weltkrieg und dem Kalten Krieg, in: Schweizerische Zeitschrift für Geschichte, Nr. 19, Basel 1969, 586–608.

Freiburghaus, Dieter, Astrid Epiney: Beziehungen Schweiz – EU. Standortbestimmung und Perspektiven, Zürich 2010.

Freymond, Jacques (Hg.): La Suisse et la diplomatie multilatérale, Genève 1976.

Gabriel, Jürg M.: Swiss Neutrality and the «American Century». Two Conflicting Worldviews (Beiträge der Eidgenössischen Technischen Hochschule, Forschungsstelle für Internationale Beziehungen, Nr. 14), Zürich 1998.

Gabriel, Jürg M.: The American Concept of Neutrality after 1941, Basingstoke 2002.

Gabriel, Jürg M.: The Price of Political Uniqueness. Swiss Foreign Policy in a Changing World, in: Gabriel/Fischer, Swiss Foreign Policy, 1945–2002, 1–21.

Gabriel, Jürg M., Thomas Fischer (Hg.): Swiss Foreign Policy, 1945–2002, New York 2003.

Gaffino, David: Vietnamkrieg. Die Schweiz im Schatten Washingtons, in: traverse. Zeitschrift für Geschichte, Zürich 2009, Nr. 2: Schweiz – USA im kalten Krieg, 23–35.

Gaffino, David: Autorités et entreprises suisses face à la guerre de Viêt Nam, 1960–1975, Neuchâtel 2006.

Gamarekian, Barbara: Has Diplomacy Become Out of Date?, in: Herz, The Modern Ambassador, 16–18.

Gasiorowski, Mark J.: The 1953 Coup d'Etat in Iran, in: International Journal of Middle East Studies, 1987, Nr. 19, 261–286.

Gees, Thomas, Daniela Meier Mohseni: Aussenpolitische Entscheide des Bundesrates 1918–1976. Eine Datenbank zu den Protokollen des Bundesrates als Einstieg in die Geschichte der schweizerischen Aussenpolitik, in: dies. (Hg.): Gouvernementale Aussenpolitik. Staatsverträge (1848–1996), Bundesratsentscheide zur Aussenpolitik (1918–1976) und Fallbeispiele, Bern 1999, 13–24.

Gehrig-Straube, Christine: Beziehungslose Zeiten. Das schweizerisch-sowjetische Verhältnis zwischen Abbruch und Wiederaufnahme der Beziehungen (1918–1946) aufgrund schweizerischer Akten, Diss. phil. I, Zürich 1997.

Geissbühler, Simon: Sozialstruktur und Laufbahnmuster der schweizerischen diplomatischen Elite, in: Schweizerische Zeitschrift für Politikwissenschaften 8 (2002), Heft 1, 79–92.

Gillabert, Mattieu: La «Swiss Attitude» au contact américain. Evolution d'une présence culturelle, in: traverse. Zeitschrift für Geschichte, Zürich 2009, Nr. 2: Schweiz – USA im kalten Krieg, 73–84.

Gimes, Miklos, Roger Köppel: Für eine weltoffene und neutrale Schweiz. Interview mit August R. Lindt zum 1. August 1999, in: Wilhelm/Gygi/Vogelsanger/Iseli, August R. Lindt, 56–69.

Giovannini, Jean-François: Souvenirs, in: Wilhelm/Gygi/Vogelsanger/Iseli, August R. Lindt, 179 f.

Glur, Stefan: Vom besten Pferd im Stall zur «persona non grata». Paul Ruegger als Schweizer Gesandter in Rom 1936–1942, Diss phil. I, Zürich 2005.

Goetschel, Laurent: Aussenpolitik im Wandel. Synthese des NFP 42, Bern 2000.

Graf, Christoph, Peter Maurer: Die Schweiz und der Kalte Krieg 1945–1950, in: Studien und Quellen 11, Bern 1985, 5–82.

Gruber, Karl: Common Denominators of Good Ambassadors, in: Herz, The Modern Ambassador, 62–66.

Grüter, Urs: Neutrale Beobachter der Weltpolitik. Schweizer Diplomaten und Militärs im Kalten Krieg, Diplomarbeit in Allgemeiner Neuerer Geschichte, Bern 1990.

Günther, Frieder: Heuss auf Reisen. Die auswärtige Repräsentation der Bundesrepublik durch den Bundespräsidenten, Stuttgart 2006.

Halbeisen, Patrick: Die Finanzbeziehungen zwischen der Schweiz und der Bundesrepublik Deutschland in der Nachkriegszeit. Etappen auf dem Weg zur Normalisierung, in: Fleury/Möller/Schwarz, Die Schweiz und Deutschland 1945–1961, 165–179.

Halstead, John G. H.: Today's Ambassador, in: Herz, The Modern Ambassador, 23–27.

Hamilton, Keith, Richard Langhorne: The Practice of Diplomacy. Its Evolution, Theory and Administration, London, New York 1996.

Haunfelder, Bernd (Hg.): Aus Adenauers Nähe. Die politische Korrespondenz der schweizerischen Botschaft in der Bundesrepublik Deutschland 1956–1963 (Quaderni di Dodis 2), Bern 2012.

Heinemann, Wilfried (Hg.): Das internationale Krisenjahr 1956. Polen, Ungarn, Suez, München 1999.

Herz, Martin F. (Hg.): The Modern Ambassador. The Challenge and the Search, Washington D. C. 1983.

Homann-Herimberg, Franz-Josef: High Commissioner Lindt's Term of Office, in: Wilhelm/Gygi/Vogelsanger/Iseli, August R. Lindt, 116–121.

Höpker, Wolfgang: Training für den Auswärtigen Dienst, in: Kaltenbrunner, Wozu Diplomatie, 131–135.

Hug, Peter: Rüstung und Kriegswirtschaft. Fragen der modernen Archivkunde, Bern, Stuttgart, Wien 1997.

Hug, Peter, Thomas Gees, Katja Dannecker: Die Aussenpolitik der Schweiz im kurzen 20. Jahrhundert. Antibolschewismus, Deutschlandpolitik und organisierte Weltmarktintegration – segmentierte Praxis und öffentliches Ritual (Synthesis des NFP 42, Bd. 49), Bern 2000.

Hug, Peter, Marc Perrenoud: In der Schweiz liegende Vermögenswerte von Nazi-Opfern und Entschädigungsabkommen mit Oststaaten. Bericht über historische Abklärungen, Bern 1997.

Jackson, Geoffrey: Concorde Diplomacy. The Ambassador's Role in the World Today, London 1981.

Jackson, Ivor C.: The High Commissioner in Action, in: Wilhelm/Gygi/Vogelsanger/Iseli, August R. Lindt, 113–115.

Jaeger, Gilbert: Samedi matin avec le Haut Commissaire, in: Wilhelm/Gygi/Vogelsanger/Iseli, August R. Lindt, 110–112.

Jaeggi, André: Unabhängigkeit als Politik. Die Gestaltung der schweizerischen Aussenbeziehungen im Umgang mit der Abhängigkeit, Bern 1983.

Jaeggi, André, Victor Schmid, Bruno Hugentobler: Die Chefbeamten des EPD. Eine Untersuchung zur Personalstruktur, Zürich 1978.

Jaggi, Heinrich: Fünf Tage in Biafra, in: Wilhelm/Gygi/Vogelsanger/Iseli, August R. Lindt, 160–166.

Jagmetti, Carlo: Bilaterale und multilaterale Zusammenarbeit der Schweiz, in: Riklin/Haug/Probst, Neues Handbuch der schweizerischen Aussenpolitik, 211–220.

Jett, Dennis C.: American Ambassadors. The Past, Present, and Future of America's Diplomats, New York 2014.

Jolles, Paul R.: Verhandlungskunst, in: Corti/Ziegler, Diplomatische Negoziation, 23–32.

Joye-Cagnard, Frédéric, Bruno J. Strasser: Energie atomique, guerre froide et neutralité. La Suisse et le plan Atomes pour la Paix, 1945–1957, in: traverse. Zeitschrift für Geschichte, Zürich 2009, Nr. 2: Schweiz – USA im kalten Krieg, 37–49.

Jost, Hans Ulrich: La Suisse dans le sillage de l'impérialisme américain, in: ders.: A tire d'ailes. Contribution de Hans Ulrich Jost à une histoire critique de la Suisse, Lausanne 2007, 537–547.

Kälin, Walter, Alois Riklin: Ziele, Mittel und Strategien der schweizerischen Aussenpolitik, in: Riklin/Haug/Probst, Neues Handbuch der schweizerischen Aussenpolitik, 167–189.

Kaltenbrunner, Gerd-Klaus (Hg.): Wozu Diplomatie? Aussenpolitik in einer zerstrittenen Welt, München 1987.

Kaufmann, Urban: «Nicht die ersten sein, aber vor den letzten handeln». Grundsätze und Praxis der Anerkennung von Staaten und Regierungen durch die

Schweiz (1945–1961), in: Fleury/Möller/Schwarz, Die Schweiz und Deutschland 1945–1961, 69–87.
Keller, Florian: Österreichs Vorpreschen, in: Schweizer/Ursprung, Integration am Ende, 161–167.
Keller, Florian: Wenn Aussenminister sich besuchen. Funktion der Aussenminister-Besuche in der Beziehung zwischen der Schweiz und Österreich, lic. phil. I, Freiburg (CH) 2003.
Keller, Florian: Unser Mann vor Ort. Schweizer Botschafter in den «Zentren der Macht» zwischen 1945 und 1975, Dissertation Universität Freiburg, Freiburg 2013.
Keller, René: La participation de la Suisse aux organisations internationales: problèmes politiques, in: Freymond, La Suisse et la diplomatie multilatérale, 29–38.
Kessler, Marie-Christine: La politique étrangère de la France. Acteurs et processus, Paris 1999.
Kingston de Leusse, Meredith: Diplomate. Une sociologie des ambassadeurs, Paris, Montréal 1998.
Kissinger, Henry A.: The White House Years, London 1979.
Kissinger, Henry A.: Diplomacy, New York 1994.
Kitahara, Hideo: The Makings of a Good Ambassador, in: Herz, The Modern Ambassador, 76–79.
Klöti, Ulrich: Die Chefbeamten der schweizerischen Bundesverwaltung. Soziologische Querschnitte in den Jahren 1938, 1955 und 1969, Bern 1972.
Klöti, Ulrich, Christian Hirschi, Uwe Serdült, Thomas Widmer: Verkannte Aussenpolitik. Entscheidungsprozesse in der Schweiz, Zürich, Chur 2005.
Knöpfel, Adolf Walter: Bundesrat F. T. Wahlen als Protagonist der schweizerischen Aussenpolitik 1961–1965, lic. phil. I, Freiburg (CH) 2002.
König, Mario: Interhandel. Die schweizerische Holding der IG Farben und ihre Metamorphosen – eine Affäre um Eigentum und Interessen (1910–1999) (Veröffentlichungen der Unabhängigen Expertenkommission Schweiz – Zweiter Weltkrieg, Bd. 2), Zürich 2001.
Korowin, Elena: Der Russen-Boom. Sowjetische Ausstellungen als Mittel der Diplomatie in der BRD, Köln 2015.
Kreis, Georg: Der Negoziator und die Dimension Zeit und Raum in der schweizerischen Aussenpolitik, in: Corti/Ziegler, Diplomatische Negoziation, 37–42.
Kreis, Georg: Von der Gründung des Bundesstaates bis zum Ersten Weltkrieg, in: Riklin/Haug/Probst, Neues Handbuch der schweizerischen Aussenpolitik, 27–40.
Küsters, Hanns Jürgen: Die Schweiz und die Deutsche Frage 1945–1961, in: Fleury/Möller/Schwarz, Die Schweiz und Deutschland 1945–1961, 99–118.
Lévêque, Gérard: La Suisse et la France gaulliste 1943–1945. Problèmes économiques et diplomatiques, travail présenté à l'Institut des hautes études internationales pour l'obtention du diplôme, Genève 1975.
Lindt, August R.: Die Schweiz das Stachelschwein. Erinnerungen, Bern 1992.
Lindt, August R.: Generale hungern nie. Geschichte einer Hilfsaktion in Afrika, Bern 1983.

Lindt, August R.: Im Sattel durch Mandschukuo. Als Sonderberichterstatter bei Generälen und Räubern, Leipzig 1934.

Lindt, August R.: Kindheit und Gedächtnis, in: Wilhelm/Gygi/Vogelsanger/Iseli, August R. Lindt, 15–43.

Lindt, August R.: Sardinenöl gegen Wodka. Erinnerungen eines Schweizer Diplomaten, Freiburg 1998.

Lindt Gollin, Karin: Ansprache beim Trauergottesdienst, in: Wilhelm/Gygi/Vogelsanger/Iseli, August R. Lindt, 220 f.

Linke, Manfred: Schweizerische Aussenpolitik der Nachkriegszeit (1945–1989). Eine von amtlichen Verlautbarungen des Bundesrats ausgehende Darstellung und Analyse, Diss. phil. I, Chur, Zürich 1995.

Lippmann, Walter: The Cold War. A Study in U. S. Foreign Policy, New York 1947.

Liu, Xiaohong: Chinese Ambassadors. The Rise of Diplomatic Professionalism since 1949, Washington 2001.

Lommatzsch, Erik: Hans Globke (1898–1973). Beamter im Dritten Reich und Staatssekretär Adenauers, Frankfurt 2009.

Manz, Johannes J.: Bundeszentralverwaltung, Eidgenössisches Departement für auswärtige Angelegenheiten (EDA) und schweizerischer Aussendienst, in: Riklin/Haug/Probst, Neues Handbuch der schweizerischen Aussenpolitik, 151–163.

Marcuard, Sigismond: Souvenirs, in: Wilhelm/Gygi/Vogelsanger/Iseli, August R. Lindt, 139 f.

Matter, Dominik: «SOS Biafra». Die schweizerischen Aussenbeziehungen im Spannungsfeld des nigerianischen Bürgerkriegs 1967–1970 (Quaderni di Dodis 5), Bern 2015.

Matzinger, Alfred: Die Anfänge der schweizerischen Entwicklungshilfe. 1948–1961, Bern 1991.

Mensing, Hans Peter: Adenauer und die Schweiz, in: Fleury/Möller/Schwarz, Die Schweiz und Deutschland 1945–1961, 89–97.

Menzi, Martin: Entwicklungszusammenarbeit ist Chefsache, in: Wilhelm/Gygi/Vogelsanger/Iseli, August R. Lindt, 181 f.

Michel, Sylvia: In kirchlicher Mission, in: Wilhelm/Gygi/Vogelsanger/Iseli, August R. Lindt, 193–195.

Möckli, Daniel: Neutralität, Solidarität, Sonderfall. Die Konzeptionierung der schweizerischen Aussenpolitik der Nachkriegszeit, 1943–1947, hg. von Kurt R. Spillmann et al., Zürich 2000.

Mantovani, Mauro: Schweizerische Sicherheitspolitik im Kalten Krieg (1947–1963). Zwischen angelsächsischem Containment und Neutralitäts-Doktrin, Bern 2002.

Moser, Antoinette: Henri de Torrenté, un diplomate suisse au miroir de son journal et de sa correspondance. L'installation de la première légation de Suisse en Chine (1946–1948), lic. phil. I, Fribourg 2005.

Mueller-Lhotska, Urs Alfred: Schweizer Korea Mission im Wandel der Zeit 1953–1997. Eine Studie zur Geschichte und Aufgabe der schweizerischen Delegation in der Überwachungskommission der Neutralen Nationen in der Republik (Süd-)Korea 1953 bis 1997, Zürich, Prag 1997.

Müller, Linda: Von Willi bis Blankart. Einblicke in die Geschichte des Bundesamtes für Aussenwirtschaft, lic. phil. I, Freiburg (CH) 1998.
Neumann, Heinzgeorg: Diplomatie ohne Diplomaten? in: Kaltenbrunner, Wozu Diplomatie, 43–68.
Newsom, David D.: The Task of an Ambassador, in: Herz, The Modern Ambassador, 32–36.
Nicolson, Harold: Diplomacy, Oxford 1970.
Noland, Cathal J. (Hg.): Notable U. S. Ambassadors since 1775. A Biographical Dictionary, Westport 1997.
Ordioni, Pierre: Mémoires à contretemps 1945–1972, Paris 2000.
Paschke, Karl T.: Experience Matters Most, in: The Hague Journal of Diplomacy, Nr. 2, 2007, 175–185.
Pautsch, Ilse Dorothee: Altschulden und Neubeginn. Die «Clearingmilliarde» und die Aufnahme diplomatischer Beziehungen zwischen der Bundesrepublik Deutschland und der Schweiz, in: Fleury/Möller/Schwarz, Die Schweiz und Deutschland 1945–1961, 17–29.
Perrenoud, Marc: Banquiers et diplomates suisses (1938–1946), Lausanne 2011.
Pictet, François: La conférence de Téhéran sur les droits de l'homme, in: Wilhelm/Gygi/Vogelsanger/Iseli, August R. Lindt, 184–186.
Pictet, François: Lindt en Afrique occidentale, in: Wilhelm/Gygi/Vogelsanger/Iseli, August R. Lindt, 167–171.
Probst, Raymond R.: «Good Offices» in the Light of Swiss International Practice and Experience, Dordrecht, Boston 1989.
Quinche, Jean: Quelques souvenirs, in: Wilhelm/Gygi/Vogelsanger/Iseli, August R. Lindt, 187 f.
Ramseyer, Paul-André: Un «oiseau rare» vu par le 3ème secrétaire d'ambassade, in: Wilhelm/Gygi/Vogelsanger/Iseli, August R. Lindt, 172–178.
Renk, Hans-Jörg: Der Weg der Schweiz nach Helsinki. Der Beitrag der schweizerischen Diplomatie zum Zustandekommen der Konferenz über Sicherheit und Zusammenarbeit in Europa (KSZE), 1972–1975, Bern, Stuttgart, Wien 1996.
Reverdin, Olivier: La promotion de la recherche scientifique, in: Louis-Edouard Roulet, Max Petitpierre. Seize ans de neutralité active, Neuchâtel 1980.
Reza Afkhami, Gholam: The Life and Times of the Shah, Berkeley 2009.
Rial, Jacques: Le bicorne et la plume. Les publications de diplomates suisses de 1848 à nos jours, un essai de bibliographie, Genève 2008.
Richardot, Jean-Pierre: Mot de passe «Nidwalden», in: Wilhelm/Gygi/Vogelsanger/Iseli, August R. Lindt, 72–91.
Riklin, Alois: Gerechtigkeit und Mächtegleichgewicht, in: Corti/Ziegler, Diplomatische Negoziation, 43–49.
Riklin, Alois: Ziele, Mittel und Strategien der schweizerischen Aussenpolitik, in: Riklin/Haug/Binswanger, Handbuch der schweizerischen Aussenpolitik, 21–56.
Riklin, Alois, Hans Haug, Hans Christoph Binswanger (Hg.): Handbuch der schweizerischen Aussenpolitik, Bern 1975.
Riklin, Alois, Hans Haug, Raymond Probst (Hg.): Neues Handbuch der schweizerischen Aussenpolitik, Bern, Stuttgart, Wien 1992.

Riklin, Alois, Willy Zeller: Verhältnis der Schweiz zu den Europäischen Gemeinschaften, in: Riklin/Haug/Binswanger, Handbuch der schweizerischen Aussenpolitik, 447–498.

Rimensberger, Emil Friedrich: Mit Henry de Torrenté in Washington, in: Gewerkschaftliche Rundschau, 1962, Heft 5, 157–159.

Roulet, Louis-Edouard: Max Petitpierre. Seize ans de neutralité active, Neuchâtel 1980.

Ryser, Monique: Dialog. Aussenpolitik im Dialog, Eidgenössisches Departement für Auswärtige Angelegenheiten, Bern 2007.

Saner, Hans: Ein Spiel ohne optimale Strategie, in: Corti/Ziegler, Diplomatische Negoziation, 3–11.

Schaufelbuehl, Janick Marina, Mario König: Die Beziehungen zwischen der Schweiz und den Vereinigten Staaten im Kalten Krieg, in: traverse. Zeitschrift für Geschichte, Zürich 2009, Nr. 2, 7–14.

Schäfer, Peter: Die Präsidenten der USA im 20. Jahrhundert. Biographien, Daten, Dokumente, Berlin 1990.

Schiemann, Catherine: Neutralität in Krieg und Frieden. Die Aussenpolitik der Vereinigten Staaten gegenüber der Schweiz 1941–1949, Chur, Zürich 1991.

Schmitz, Markus: Westdeutschland und die Schweiz nach dem Krieg. Die Neuformierung der bilateralen Beziehungen 1945–1952, Zürich 2003.

Schmitz, Markus, Bernd Haunfelder: Humanität und Diplomatie. Die Schweiz in Köln 1940–1949, Münster 2001.

Schneeberger, Ernst: Wirtschaftskrieg und «anderes», als Diplomat erlebt in Bern und Washington D. C. 1940–1948, Wädenswil 1984.

Schnyder, Felix: Erfahrungen als UN-Hochkommissar für das Flüchtlingswesen 1961–1965, in: Brunner/Muheim/Stücheli/Widmer, Einblicke in die schweizerische Aussenpolitik, 357–373.

Schnyder von Wartsee, Robert: Heer und Haus, in: Wilhelm/Gygi/Vogelsanger/Iseli, August R. Lindt, 101–104.

Schwarb, Marius: Die Mission der Schweiz in Korea. Ein Beitrag zur Geschichte der schweizerischen Aussenpolitik im kalten Krieg, Bern, Frankfurt am Main 1986.

Schweizer, Max (Hg.): Diplomatenleben. Akteure, Schauplätze, Zwischenrufe: ein Lesebuch, Zürich 2014.

Schweizer, Max, Dominique Ursprung (Hg.): Integration am Ende? Die Schweiz im Diskurs über ihre Europapolitik, Zürich 2015.

Sidler, Roger: Arnold Künzli. Kalter Krieg und «geistige Landesverteidigung», eine Fallstudie, Zürich 2006.

Smith/Simpson: Three Successful Diplomats, in: Herz, The Modern Ambassador, 187–189.

Smedley, Beryl: Partners in Diplomacy, Ferring (West Sussex, GB) 1990.

Smith, Gerard C.: Non-Professional Diplomats: Do We Need Them?, in: Herz, The Modern Ambassador, 168–170.

Sonnenhol, Gustav A.: Diplomatie ohne Aussenpolitik in einer unregierbaren Welt, in: Kaltenbrunner, Wozu Diplomatie, 76–95.

Staden, Berndt von: Changing Patterns and New Responsibilities, in: Herz, The Modern Ambassador, 19–22.

Stamm, Konrad: Der «grosse» Stucki. Eine schweizerische Karriere von weltmännischem Format: Minister Walter Stucki (1888–1963), Zürich 2013.
Steffen Gerber, Therese: Das Kreuz mit Hammer, Sichel, Ährenkranz. Die Beziehungen zwischen der Schweiz und der DDR in den Jahren 1949–1972, Diss. phil. I, Berlin 2002.
Struckmann, Johann C.: Preussische Diplomaten im 19. Jahrhundert. Biographien und Stellenbesetzungen der Auslandsposten 1815–1870, Berlin 2003.
Stucki, Walter: Von Pétain zur vierten Republik. Ein Dokument aktiver Neutralität, Bern 1947.
Stucki, Walter: Das Abkommen von Washington und die deutschen Vermögenswerte in der Schweiz, in: Neue Helvetische Gesellschaft (Hg.): Die Schweiz. Ein nationales Jahrbuch, Bern 1950, 137–143.
Tanner, Jakob: Grundlinien der schweizerischen Aussenpolitik seit 1945 (Arbeitspapiere der Schweizerischen Friedensstiftung, Nr. 16), Bern 1993.
Thalmann, Ernesto A.: Raymond Probst – ein Lebenslauf, in: Brunner/Muheim/Stücheli/Widmer, Einblicke in die schweizerische Aussenpolitik, 17–55.
Todt, Manfred (Hg.): Anfangsjahre der Bundesrepublik Deutschland. Berichte der Schweizer Gesandtschaft in Bonn 1949–1955 (Schriftenreihe der Vierteljahrshefte für Zeitgeschichte, Bd. 55), München 1987.
Torrenté, Henry de: La recherche scientifique et ses conséquences économiques, in: Revue économique et social, 1959, Nr. 17, 377–394.
Torrenté, Henry de: Nos représentations à l'étranger, première ligne de sauvegarde de nos intérêts économiques. Impression et expériences, in: Schweizer Arbeitgeberzeitung, 1960, Jg. 55, Nr. 41, 740–747.
Trachsler, Daniel: Bundesrat Max Petitpierre. Schweizerische Aussenpolitik im Kalten Krieg 1945–1961, Diss. phil. I, Zürich 2011.
Troendle, Max: Das Pfandrecht der Bauhandwerker und Unternehmer, Diss. jur., Basel 1929.
Troendle, Max: Der Beruf eines schweizerischen Diplomaten, Referat gehalten am 15. Juni 1967 an der Hochschule St. Gallen, von Botschafter M. Troendle, Präsident der Prüfungskommission für Zulassung zum diplomatischen und konsularischen Dienst der schweizerischen Eidgenossenschaft.
Tscharner, Benedikt von: Aussenwirtschaft und Aussenwirtschaftspolitik der Schweiz, Zürich 1984.
Tscharner, Benedikt von: CH-CD. Schweizer Diplomatie – heute, Zürich 1993.
Tscharner, Benedikt von: Identität und Integration, in: Corti/Ziegler, Diplomatische Negoziation, 53–60.
Tscharner, Bénédict von: Profession ambassadeur. Diplomate suisse en France, Yens sur Morges 2002.
Tscharner, Benedikt von: Johann Konrad Kern (1808–1888). Homme d'Etat et diplomate, Pregny-Genève 2005.
Tscharner, Benedikt von: Inter Gentes. Staatsmänner, Diplomaten, politische Denker, Pregny-Genève 2012.
Tütsch, Hans E.: Botschafter in Washington D. C.: «The Greatest Show on Earth», in: Brunner/Muheim/Stücheli/Widmer, Einblicke in die schweizerische Aussenpolitik, 401–420.

Unabhängige Expertenkommission Schweiz – Zweiter Weltkrieg: Die Schweiz, der Nationalsozialismus und der Zweite Weltkrieg. Schlussbericht, 2. Auflage, Zürich 2002.

Unternährer, Nathalie: Diplomatie-Geschichten 1990–2007: Neue Diplomatie?, in: In heikler Mission. Geschichten zur Schweizer Diplomatie, Publikation zur gleichnamigen Sonderausstellung im Landesmuseum, Zürich 2007, 58–61.

Unternährer, Nathalie: Diplomatie-Geschichten 1950–1990: Mitten in der Weltdiplomatie, in: In heikler Mission. Geschichten zur Schweizer Diplomatie, Publikation zur gleichnamigen Sonderausstellung im Landesmuseum, Zürich 2007, 51–53.

Urio, Paolo, Gabriella Arigoni, Elisabeth Baumann, Dominique Joye: Sociologie politique de la haute administration politique de la Suisse, Paris 1989.

Védrine, Hubert: Le monde va rester dur, Entretien par Samy Cohen, in: Samy Cohen (Hg.): Les diplomates. Négocier dans un monde chaotique, Paris 2002, 66–79.

Vulpe, Thomas, Daniel Kealey, David Protheroe, Doug MacDonald: A Profile of the Interculturally Effective Person, Department of Foreign Affairs and International Trade of Canada, 2001.

Wahlen, Hermann: Bundesrat F. T. Wahlen, Bern 1975.

Walder-Bohner, Hans Ulrich, Carl Jaeger, Marta Daeniker: SchKG. Schuldbetreibung und Konkurs, 17. Auflage, Zürich 2007.

Webster, Charles: The Art and Practice of Diplomacy, London 1961.

Weck, Roger de: Nadelstiche und Narkose. Das gestörte Verhältnis der Schweiz zu ihren Diplomaten, in: In heikler Mission. Geschichten zur Schweizer Diplomatie, Publikation zur gleichnamigen Sonderausstellung im Landesmuseum, Zürich 2007, 64 f.

Weitnauer, Albert: Rechenschaft. Vierzig Jahre im Dienst des schweizerischen Staates, Zürich 1981.

Widmer, Paul: Diplomatie. Ein Handbuch, Zürich 2014.

Widmer, Paul: Minister Hans Frölicher. Der umstrittenste Schweizer Diplomat, Zürich 2012.

Widmer, Paul: Schweizer Aussenpolitik. Von Charles Pictet de Rochemont bis Edouard Brunner, Zürich 2003.

Wildhaber, Luzius: Aussenpolitische Kompetenzordnung im schweizerischen Bundesstaat, in: Riklin/Haug/Probst, Neues Handbuch der schweizerischen Aussenpolitik, 121–149.

Wildhaber, Luzius: Beteiligung an friedenserhaltenden Aktionen, in: Riklin/Haug/Binswanger, Handbuch der schweizerischen Aussenpolitik, 583–590.

Wildhaber, Luzius: Kompetenzverteilung innerhalb der Bundesorgane, in: Riklin/Haug/Binswanger, Handbuch der schweizerischen Aussenpolitik, 253–273.

Wildhaber, Luzius: Kompetenzen und Funktionen der Bundeszentralverwaltung und des diplomatischen Diensts im Ausland, in: Riklin/Haug/Binswanger, Handbuch der schweizerischen Aussenpolitik, 275–284.

Wilhelm, Rolf: Aus der Anfangszeit der schweizerischen Entwicklungshilfe, in: Wilhelm/Gygi/Vogelsanger/Iseli, August R. Lindt, 127–138.

Wilhelm, Rolf: Gemeinsame Arbeit schuf Freude, in: Wilhelm/Gygi/Vogelsanger/ Iseli, August R. Lindt, 205–210.
Wilhelm, Rolf, Pierre Gygi, David Vogelsanger, Esther Iseli (Hg.): August R. Lindt. Patriot und Weltbürger, Bern 2002.
Wohlan, Martina: Das diplomatische Protokoll im Wandel, Tübingen 2014.
Young, John W.: Twentieth-Century Diplomacy. A Case Study of British Practice 1963–1976, Cambridge 2008.
Ziegler, Andreas R.: Die Schweiz und die Europäische Wirtschaftsintegration (EG und EFTA), in: Richard Senti, Andreas R. Ziegler (Hg.): Die Schweiz und die internationalen Wirtschaftsorganisationen, Zürich, Basel, Genf 2005, 1–25.
Ziegler, François de: La Suisse face au bouleversement de l'équilibre mondial, in: Freymond, La Suisse et la diplomatie multilatérale, 15–26.
Ziegler, Peter: Diplomatie, Diskretion und Information. Eine Studie zur Konzeption der Informationspolitik des Eidgenössischen Departementes für auswärtige Angelegenheiten (Beiträge zur Kommunikations- und Medienpolitik, Bd. 4), Aarau, Frankfurt am Main 1983.

Methodenliteratur
Bourdieu, Pierre: Die biographische Illusion, in: Bios. Zeitschrift für Biographieforschung und Oral History, 1990 Heft 1, 75–81.
Depkat, Volker: Lebenswenden und Zeitwenden. Deutsche Politiker und die Erfahrungen des 20. Jahrhunderts, München 2007.
Friedrich, Hans-Edwin: Deformierte Lebensbilder. Erzählmodelle der Nachkriegsautobiographie, Tübingen 2000.
Heinritz, Charlotte: Auf ungebahnten Wegen. Frauenbiographien um 1900, Königstein 2000.
Heinritz, Charlotte: Autobiographien als Medien lebensgeschichtlicher Erinnerungen. Zentrale Lebensthemen und autobiographische Schreibformen in Frauenbiographien um 1900, in: Bios. Zeitschrift für Biographieforschung und Oral History, 2008 Heft 1, 114–123.
Heinritz, Charlotte, Angela Rammstedt: Biographieforschung in Frankreich, in: Bios. Zeitschrift für Biographieforschung und Oral History, 1989, Heft 2, 253–300.
Junker, Beat: Memoiren als Quelle zur Geschichte der schweizerischen Politik, in: Ernst Walder, Peter Gilg, Ulrich im Hof, Beatrix Mesmer (Hg.): Festgabe Hans von Greyerz. Zum sechzigsten Geburtstag, Bern 1967, 173–185.
Lengwiler, Martin: Praxisbuch Geschichte. Einführung in die historischen Methoden, Zürich 2011.
Losego, Sarah Vanessa: Überlegungen zur «Biographie», in: Bios. Zeitschrift für Biographieforschung und Oral History, 2002 Heft 1, 24–46.
Mohr, Arno: Die Rolle der Persönlichkeit in politischen Institutionen. Biographische Ansätze in der Politikwissenschaft, in: Bios. Zeitschrift für Biographieforschung und Oral History, 1990, Heft 2, 225–237.
Niethammer, Lutz (Hg.): «Die Jahre weiss man nicht, wo man die heute hinsetzen soll». Faschismuserfahrungen im Ruhrgebiet, Bonn 1986.

Niethammer, Lutz: Kommentar zu Pierre Bourdieu: Eine biographische Illusion, in: Bios. Zeitschrift für Biographieforschung und Oral History, 1990, Heft 1, 91–93.

Plato, Alexander von: Widersprüchliche Erinnerungen. Internationale Protagonisten der Wiedervereinigung und nationale Vereinigungsmythen, in: Bios. Zeitschrift für Biographieforschung und Oral History, 2001, Heft 1, 37–72.

Rahkonen, Keijo: Der biographische Fehlschluss. Einige kritische Bemerkungen, in: Bios. Zeitschrift für Biographieforschung und Oral History, 1991, Heft 2, 243–246.